# 国立高等専

JN015146

## 〈収録内容〉

■ 本書に収録の問題は、全国の国立高等専門学校で実施されている共通問題です。
実施教科数は学校により異なる場合があります。

2024 年度 ……………… 数・英・理・社・国

2023 年度 ……………… 数・英・理・社・国

2022 年度 ……………… 数・英・理・社・国

2021 年度 ……………… 数・英・理・社・国

2020 年度 ……………… 数・英・理・社・国

2019 年度 ……………… 数・英・理・社・国

DL 平成 30 年度 ……………… 数・英・理・社

便利な DL コンテンツは右の QR コードから

解答用紙　過去年度 ⇒

※データのダウンロードは 2025 年 3 月末日まで。
※データへのアクセスには、右記のパスワードの入力が必要となります。 ⇒ 931239

## 〈合格最低点〉

※学校からの合格最低点の発表はありません。

# 本書の特長

## 実戦力がつく入試過去問題集

- ▶ 問題 …………… 実際の入試問題を見やすく再編集。
- ▶ 解答用紙 …… 実戦対応仕様で収録。
- ▶ 解答解説 …… 詳しくわかりやすい解説には、難易度の目安がわかる「基本・重要・やや難」の分類マークつき（下記参照）。各科末尾には合格へと導く「ワンポイントアドバイス」を配置。採点に便利な配点つき。

### 入試に役立つ分類マーク

**基本** 確実な得点源！
受験生の 90％以上が正解できるような基礎的、かつ平易な問題。
何度もくり返して学習し、ケアレスミスも防げるようにしておこう。

**重要** 受験生なら何としても正解したい！
入試では典型的な問題で、長年にわたり、多くの学校でよく出題される問題。
各単元の内容理解を深めるのにも役立てよう。

**やや難** これが解ければ合格に近づく！
受験生にとっては、かなり手ごたえのある問題。
合格者の正解率が低い場合もあるので、あきらめずにじっくりと取り組んでみよう。

## 合格への対策、実力錬成のための内容が充実

- ▶ 各科目の出題傾向の分析、合否を分けた問題の確認で、入試対策を強化！
- ▶ その他、学校紹介、過去問の効果的な使い方など、学習意欲を高める要素が満載！

**解答用紙ダウンロード** 解答用紙はプリントアウトしてご利用いただけます。弊社ＨＰの商品詳細ページよりダウンロードしてください。トビラのＱＲコードからアクセス可。

**UD FONT** 見やすく読みまちがえにくいユニバーサルデザインフォントを採用しています。

# 2024年度国立高専入試実施要領　共　通

## 1　概　要

高等専門学校は，時代が求める実践的技術者を養成する高等教育機関であり，入学後，**５年（工業に関する学科）～５年６か月（商船に関する学科）の一貫教育**を行っている。

卒業後の就職率はきわめて高く，さらに高度な理論と技術を身につけたい人のためには，専攻科への進学や，編入試験による**国公私立大学への編入学**の道も開けている。

国立高等専門学校は，**工業高専・商船高専を中心として**，全国に51校設置されている。

| 工　業　高　専 | 商船高専 | 高　　専 |
|---|---|---|
| 函館・苫小牧・釧路・旭川・八戸・一関・秋田・鶴岡・福島・茨城・小山・群馬・木更津・東京・長岡・石川・福井・長野・岐阜・沼津・豊田・鈴鹿・舞鶴・明石・奈良・和歌山・米子・松江・津山・呉・徳山・宇部・阿南・新居浜・高知・北九州・久留米・有明・佐世保・大分・都城・鹿児島・沖縄 | 鳥羽<br>広島<br>大島<br>弓削 | 仙台<br>富山<br>香川<br>熊本 |
| **主　な　設　置　学　科** | | |
| 機械工学・機械システム工学・電気工学・電子工学・生物応用化学・電子制御システム工学・物質化学工学・電気電子システム工学・制御情報工学・電子情報工学・環境都市工学・都市システム工学・建築学・創造工学・国際創造工学　など | 商船・電子機械工学・電子制御工学・流通情報工学 など | 機械システム工学・商船・国際ビジネス・物質化学工学・通信ネットワーク工学　など |

☞ **各学校別の設置学科については各学校にお問い合わせ下さい。**

入学者の選抜は，**「学力検査」「調査書」等（「作文」「健康診断書」「入学意思確認書」を選抜資料に加える学校や，「面接」を実施しその結果を選抜資料に加えている学校もある）に基づいて行う『学力検査による入学者の選抜』**と，中学校長の推薦に基づき，**「面接（口頭試問を含む学校もある）」と「作文」「小論文」「適性検査」（実施しない学校もある）および「推薦書」「調査書」等（「健康診断書」や「自己アピール書」「志望理由書」を選抜資料に加えている学校もある）に基づいて総合的に判定する『推薦による入学者の選抜』**の２種類が**全ての学校で行われる。「体験学習選抜」**（鳥羽商船，大島商船），**「体験実習入試」**（和歌山工業），**「国際的エンジニア育成特別選抜」**（八戸工業）を実施する学校や，課外活動で優秀な成績を修めた者を優先的に選抜する**「特別推薦」**（釧路工業，呉工業，鳥羽商船，広島商船），**「課題達成型推薦」**（福島工業）を実施する学校，**「帰国生徒特別選抜」**や**「外国人特別選抜」**（茨城工業，大分工業）を実施する学校もある。また，北海道内にある４高専（函館工業，苫小牧工業，釧路工業，旭川工業）は「学力検査による選抜」において**「複数校志望受検制度」**を採用しており，それぞれの学校を併願することができる。東北地区にある３高専（秋田工業，仙台，八戸工業）も「学力検査による選抜」において，それぞれの学校を併願することができる**（東北地区高専複数校志望受験制度）**。瀬戸内にある３商船高専（広島商船，大島商船，弓削商船）の「学力検査による選抜」においても，それぞれの学校の商船学科を併願することが認められている（**商船学科複数校志望受検制度**）。また，弓削商船の電子機械工学科と広島商船の電子制御工学科を併願することができる制度もある（**電子機械工学科・電子制御工学科複数校志望受検制度**）。１月に行われる『推薦による入学者の選抜』において，合格内定にならなかった者は，『学力検査による入学者の選抜』の志願者となることができる。

**※学力検査による入学者の選抜は，以下の要領で，全国共通一斉**に行われる。

## 2 日　程

**◇ 2024 年度 『学力検査による入学者の選抜』に関する日程**

| 事　項 | 月　　日 |
|---|---|
| 出 願 手 続 | ＊学校によって異なる。 |
| 学 力 検 査 | 2024年2月11日(日)　※追試験 2024年2月25日(日) |
| 合格者発表 | ＊学校によって異なる。 |

## 3 学力検査

**実施日：2024 年 2 月 11 日（日）　※追試験　2024 年 2 月 25 日（日）**

学力検査は，**全国共通の問題で一斉**に行われる。

実施する教科は，４～５教科の範囲で学校や学科によって異なる。

① 理科・英語・数学・国語・社会の**５教科**

② 理科・英語・数学・国語の**４教科**

③ 理科・英語・数学・社会の**４教科**および作文

検査時間は各教科 **50 分**，配点は各教科 **100 点**満点であるが，傾斜配点を行う学校や学科もある。

**▼検査時間割（例）**

| 時　間 | 教科 |
|---|---|
| (9：00) | 受検者集合 |
| 9：30 ～ 10：20 | 理　科 |
| 10：50 ～ 11：40 | 英　語 |
| 12：10 ～ 13：00 | 数　学 |
| 13：50 ～ 14：40 | 国　語 |
| 15：10 ～ 16：00 | 社　会 |

※学力検査の実施方法，試験科目は，学校ごとに発表される募集要項などで確認してください。

**☞ 2025 年度の実施要領は，2024 年夏以降，各校より発表。**

# 国立高専／学校一覧

※本問題集には，下記の国立高専で一斉に実施された問題がすべて収められています。

| 高専名 | 所在地 | HPアドレス |
|---|---|---|
| 函館工業 | 〒042−8501　北海道函館市戸倉町14−1<br>☎0138−59−6333 | https://www.hakodate-ct.ac.jp |
| 苫小牧工業 | 〒059−1275　北海道苫小牧市字錦岡443<br>☎0144−67−8001 | https://www.tomakomai-ct.ac.jp |
| 釧路工業 | 〒084−0916　北海道釧路市大楽毛西2−32−1<br>☎0154−57−7222 | https://www.kushiro-ct.ac.jp |
| 旭川工業 | 〒071−8142　北海道旭川市春光台2条2−1−6<br>☎0166−55−8121 | https://www.asahikawa-nct.ac.jp |
| 八戸工業 | 〒039−1192　青森県八戸市大字田面木字上野平16−1<br>☎0178−27−7243 | https://www.hachinohe-ct.ac.jp |
| 一関工業 | 〒021−8511　岩手県一関市萩荘字高梨<br>☎0191−24−4717 | https://www.ichinoseki.ac.jp |
| 仙台 名取キャンパス | 〒981−1239　宮城県名取市愛島塩手字野田山48<br>☎022−381−0254 | https://www.sendai-nct.ac.jp |
| 仙台 広瀬キャンパス | 〒989−3128　宮城県仙台市青葉区愛子中央4−16−1<br>☎022−391−5542 | https://www.sendai-nct.ac.jp |
| 秋田工業 | 〒011−8511　秋田県秋田市飯島文京町1−1<br>☎018−847−6018 | https://akita-nct.ac.jp |
| 鶴岡工業 | 〒997−8511　山形県鶴岡市井岡字沢田104<br>☎0235−25−9025・9425 | https://www.tsuruoka-nct.ac.jp |
| 福島工業 | 〒970−8034　福島県いわき市平上荒川字長尾30<br>☎0246−46−0721 | https://www.fukushima-nct.ac.jp |
| 茨城工業 | 〒312−8508　茨城県ひたちなか市中根866<br>☎029−271−2828・2829・2852 | https://www.ibaraki-ct.ac.jp |
| 小山工業 | 〒323−0806　栃木県小山市大字中久喜771<br>☎0285−20−2142 | https://www.oyama-ct.ac.jp |
| 群馬工業 | 〒371−8530　群馬県前橋市鳥羽町580<br>☎027−254−9060 | https://www.gunma-ct.ac.jp |
| 木更津工業 | 〒292−0041　千葉県木更津市清見台東2−11−1<br>☎0438−30−4040 | https://www.kisarazu.ac.jp |
| 東京工業 | 〒193−0997　東京都八王子市椚田町1220−2<br>☎042−668−5127 | https://www.tokyo-ct.ac.jp |
| 長岡工業 | 〒940−8532　新潟県長岡市西片貝町888<br>☎0258−34−9434 | https://www.nagaoka-ct.ac.jp |
| 富山 本郷キャンパス | 〒939−8630　富山県富山市本郷町13<br>☎076−493−5498 | https://www.nc-toyama.ac.jp |
| 富山 射水キャンパス | 〒933−0293　富山県射水市海老江練合1−2<br>☎0766−86−5145 | https://www.nc-toyama.ac.jp |
| 石川工業 | 〒929−0392　石川県河北郡津幡町北中条<br>☎076−288−8024 | https://www.ishikawa-nct.ac.jp |
| 福井工業 | 〒916−8507　福井県鯖江市下司町<br>☎0778−62−8290 | https://www.fukui-nct.ac.jp |
| 長野工業 | 〒381−8550　長野県長野市徳間716<br>☎026−295−7017・7007 | https://www.nagano-nct.ac.jp |
| 岐阜工業 | 〒501−0495　岐阜県本巣市上真桑2236−2<br>☎058−320−1260 | https://www.gifu-nct.ac.jp |

| 高専名 | 所在地 | HPアドレス |
|---|---|---|
| 沼津工業 | 〒410−8501　静岡県沼津市大岡3600<br>☎055−926−5962 | https://www.numazu-ct.ac.jp |
| 豊田工業 | 〒471−8525　愛知県豊田市栄生町2−1<br>☎0565−36−5912 | https://www.toyota-ct.ac.jp |
| 鈴鹿工業 | 〒510−0294　三重県鈴鹿市白子町<br>☎059−368−1739 | https://www.suzuka-ct.ac.jp |
| 舞鶴工業 | 〒625−8511　京都府舞鶴市字白屋234<br>☎0773−62−8881 | https://www.maizuru-ct.ac.jp |
| 明石工業 | 〒674−8501　兵庫県明石市魚住町西岡679−3<br>☎078−946−6149 | https://www.akashi.ac.jp |
| 奈良工業 | 〒639−1080　奈良県大和郡山市矢田町22<br>☎0743−55−6032 | https://www.nara-k.ac.jp |
| 和歌山工業 | 〒644−0023　和歌山県御坊市名田町野島77<br>☎0738−29−8241・8242 | https://www.wakayama-nct.ac.jp |
| 米子工業 | 〒683−8502　鳥取県米子市彦名町4448<br>☎0859−24−5022 | https://www.yonago-k.ac.jp |
| 松江工業 | 〒690−8518　島根県松江市西生馬町14−4<br>☎0852−36−5131 | https://www.matsue-ct.jp |
| 津山工業 | 〒708−8509　岡山県津山市沼624−1<br>☎0868−24−8292 | https://www.tsuyama-ct.ac.jp |
| 呉工業 | 〒737−8506　広島県呉市阿賀南2−2−11<br>☎0823−73−8416 | https://www.kure-nct.ac.jp |
| 徳山工業 | 〒745−8585　山口県周南市学園台<br>☎0834−29−6232 | https://www.tokuyama.ac.jp |
| 宇部工業 | 〒755−8555　山口県宇部市常盤台2−14−1<br>☎0836−35−4974 | https://www.ube-k.ac.jp |
| 阿南工業 | 〒774−0017　徳島県阿南市見能林町青木265<br>☎0884−23−7133 | https://www.anan-nct.ac.jp |
| 香川　高松<br>キャンパス | 〒761−8058　香川県高松市勅使町355<br>☎087−869−3866 | https://www.kagawa-nct.ac.jp |
| 香川　詫間<br>キャンパス | 〒769−1192　香川県三豊市詫間町香田551<br>☎0875−83−8516 | https://www.kagawa-nct.ac.jp |
| 新居浜工業 | 〒792−8580　愛媛県新居浜市八雲町7−1<br>☎0897−37−7724・7725 | https://www.niihama-nct.ac.jp |
| 高知工業 | 〒783−8508　高知県南国市物部乙200−1<br>☎088−864−5622・5623 | https://www.kochi-ct.ac.jp |
| 久留米工業 | 〒830−8555　福岡県久留米市小森野1−1−1<br>☎0942−35−9316 | https://www.kurume-nct.ac.jp |
| 有明工業 | 〒836−8585　福岡県大牟田市東萩尾町150<br>☎0944−53−8622 | https://www.ariake-nct.ac.jp |
| 北九州工業 | 〒802−0985　福岡県北九州市小倉南区志井5−20−1<br>☎093−964−7232 | https://www.kct.ac.jp |
| 佐世保工業 | 〒857−1193　長崎県佐世保市沖新町1−1<br>☎0956−34−8428 | https://www.sasebo.ac.jp |
| 熊本　熊本<br>キャンパス | 〒861−1102　熊本県合志市須屋2659−2<br>☎096−242−6197 | https://www.kumamoto-nct.ac.jp |
| 熊本　八代<br>キャンパス | 〒866−8501　熊本県八代市平山新町2627<br>☎0965−53−1331 | https://www.kumamoto-nct.ac.jp |

| 高専名 | 所在地 | HPアドレス |
|---|---|---|
| 大分工業 | 〒870−0152　大分県大分市大字牧1666<br>☎097−552−6359 | https://www.oita-ct.ac.jp |
| 都城工業 | 〒885−8567　宮崎県都城市吉尾町473−1<br>☎0986−47−1133・1134 | https://www.miyakonojo-nct.ac.jp |
| 鹿児島工業 | 〒899−5193　鹿児島県霧島市隼人町真孝1460−1<br>☎0995−42−9014 | https://www.kagoshima-ct.ac.jp |
| 沖縄工業 | 〒905−2192　沖縄県名護市字辺野古905<br>☎0980−55−4028 | https://www.okinawa-ct.ac.jp |
| 鳥羽商船 | 〒517−8501　三重県鳥羽市池上町1−1<br>☎0599−25−8404 | https://www.toba-cmt.ac.jp |
| 広島商船 | 〒725−0231　広島県豊田郡大崎上島町東野4272−1<br>☎0846−67−3022 | https://www.hiroshima-cmt.ac.jp |
| 大島商船 | 〒742−2193　山口県大島郡周防大島町大字小松1091−1<br>☎0820−74−5473 | https://www.oshima-k.ac.jp |
| 弓削商船 | 〒794−2593　愛媛県越智郡上島町弓削下弓削1000<br>☎0897−77−4620 | https://www.yuge.ac.jp |

# 数学

## 出題傾向の分析と 合格への対策

### ●出題傾向と内容

本年度の出題数は，大問が4題，小問数にして18題で，小問数がやや増えた。

[1]は8題の小問群で，数の計算，二次方程式，関数，確率，統計，角度，図形の計量問題と範囲は広い。[2]以降が大問で数題の小問で構成されている。[2]は図形と関数・グラフの融合問題，[3]は平面図形の計量問題，[4]は数の規則性となっている。

本年度の[4]の問題は，会話式になっていて，さほど難しい内容ではなかったが，読解力が必要とされた。

### 学習のポイント

まずは教科書内容の徹底的な理解に努めよう。関数や図形などは，表や図を書きながら学習しよう。

### ●2025年度の予想と対策

来年度も，問題の質や量，出題形式に大きな変化はないものと思われる。中学数学の全範囲について，基本的な事項を問うものから思考力や応用力，ときにはひらめきを必要とするものまで，小問数にして17～20題程度がバランスよく出題されるだろう。

まずは，教科書のまとめや例題を確実なものにし，その上で，標準的な問題集や過去問などで数多くの問題にあたっておこう。大問として，図形と関数・グラフの融合問題，図形の計量問題などがよく出されている。着実な力をつけるために途中経過をしっかりまとめながら学習するようにしよう。

### ▼年度別出題内容分類表 ……

| 出題内容 | | | 2020年 | 2021年 | 2022年 | 2023年 | 2024年 |
|---|---|---|---|---|---|---|---|
| 数と式 | | 数の性質 | | | | | ○ |
| | | 数・式の計算 | ○ | ○ | ○ | ○ | ○ |
| | | 因数分解 | | | | | |
| | | 平方根 | | | | | |
| 方程式・不等式 | | 一次方程式 | | | ○ | | |
| | | 二次方程式 | ○ | ○ | | ○ | ○ |
| | | 不等式 | | | | | |
| | | 方程式・不等式の応用 | ○ | | | ○ | |
| 関数 | | 一次関数 | ○ | ○ | ○ | ○ | ○ |
| | | 二乗に比例する関数 | ○ | ○ | ○ | ○ | ○ |
| | | 比例関数 | | ○ | | | ○ |
| | | 関数とグラフ | ○ | ○ | | ○ | ○ |
| | | グラフの作成 | | | | | |
| 図形 | 平面図形 | 角度 | ○ | ○ | ○ | ○ | ○ |
| | | 合同・相似 | ○ | ○ | ○ | | ○ |
| | | 三平方の定理 | ○ | | ○ | ○ | ○ |
| | | 円の性質 | ○ | | ○ | ○ | ○ |
| | 空間図形 | 合同・相似 | | | | ○ | |
| | | 三平方の定理 | ○ | | | ○ | ○ |
| | | 切断 | | | | ○ | |
| | 計量 | 長さ | ○ | ○ | ○ | ○ | ○ |
| | | 面積 | ○ | ○ | ○ | ○ | ○ |
| | | 体積 | ○ | ○ | | ○ | |
| | | 証明 | | | | | |
| | | 作図 | | | | | |
| | | 動点 | | | | | |
| 統計 | | 場合の数 | | ○ | | | |
| | | 確率 | ○ | | ○ | ○ | ○ |
| | | 統計・標本調査 | ○ | ○ | ○ | ○ | ○ |
| 融合問題 | | 図形と関数・グラフ | ○ | | | ○ | ○ |
| | | 図形と確率 | | | | | |
| | | 関数・グラフと確率 | | | | | |
| | | その他 | ○ | | | | |
| その他 | | | ○ | ○ | ○ | | ○ |

国立高等専門学校

# 英語

## 出題傾向の分析と 合格への対策

### ●出題傾向と内容

本年度は, 言い換え問題, 対話文完成, 語句整序問題, 長文中の適語選択・語彙問題, 長文読解問題2題の計6題が出題された。例年, 簡単な計算を要求する設問を含む長文が出題されている。

長文の長さは標準的で難しい語句には注釈が与えられているが, 話の流れや細かい内容まで正確に読み取る力が必要である。資料や表を読み取る問題が例年出題されている。

言い換え問題, 語句整序問題では語彙力, 文法力が要求される。中学での学習範囲内の基本的な文法事項, 語彙レベルであるが出題範囲は幅広い。確実な読解力, 文法力の両方が必須である。

### 学習のポイント

細かい数字や, それにまつわる一定の規則を正確に理解して, 応用していく力を養う練習をしておくべきである。

### ●2025年度の予想と対策

出題形式に多少の変化はあっても, 全体の傾向や出題数などは, ほぼ例年通りと予想される。基本的な文法知識と読解力を身につける対策を立てることが必要である。

文法事項は, 教科書の範囲内の知識で充分なので, 基本的な内容をくり返し練習して, ミスなく使えるようにしておくことが望まれる。語彙力においても, ごく基本的なものを正確に身につけておけばよい。

例年, 読解問題の比重が高いので, 長文・会話文ともに多くの例にあたり, より正確に, かつ, 速く読みこなせるようにしておくとよい。基礎的な練習をくり返し行おう。

### ▼年度別出題内容分類表 ……

| | 出題内容 | 2020年 | 2021年 | 2022年 | 2023年 | 2024年 |
|---|---|---|---|---|---|---|
| 話し方・聞き方 | 単語の発音 | | | | | |
| | アクセント | | | | | |
| | くぎり・強勢・抑揚 | | | | | |
| | 聞き取り・書き取り | | | | | |
| 語い | 単語・熟語・慣用句 | | | ○ | ○ | ○ |
| | 同意語・反意語 | | | | | |
| | 同音異義語 | | | | | |
| 読解 | 英文和訳(記述・選択) | | | | | |
| | 内容吟味 | ○ | ○ | ○ | ○ | ○ |
| | 要旨把握 | | | | | |
| | 語句解釈 | | | ○ | ○ | |
| | 語句補充・選択 | ○ | ○ | ○ | ○ | ○ |
| | 段落・文整序 | | | | | |
| | 指示語 | | | ○ | ○ | |
| | 会話文 | ○ | ○ | ○ | ○ | ○ |
| 文法・作文 | 和文英訳 | | | | | |
| | 語句補充・選択 | ○ | ○ | ○ | ○ | ○ |
| | 語句整序 | ○ | ○ | ○ | ○ | ○ |
| | 正誤問題 | | | | | |
| | 言い換え・書き換え | | | | ○ | ○ |
| | 英問英答 | | | | | |
| | 自由・条件英作文 | | | | | |
| 文法事項 | 間接疑問文 | ○ | | | ○ | ○ |
| | 進行形 | | ○ | | ○ | ○ |
| | 助動詞 | ○ | ○ | ○ | ○ | ○ |
| | 付加疑問文 | | | | | |
| | 感嘆文 | | | | | |
| | 不定詞 | ○ | ○ | ○ | ○ | ○ |
| | 分詞・動名詞 | ○ | ○ | | ○ | ○ |
| | 比較 | | | | ○ | ○ |
| | 受動態 | | ○ | | ○ | |
| | 現在完了 | | | ○ | ○ | ○ |
| | 前置詞 | ○ | ○ | ○ | ○ | ○ |
| | 接続詞 | ○ | ○ | ○ | ○ | |
| | 関係代名詞 | ○ | | ○ | ○ | ○ |

国立高等専門学校

# 理科 出題傾向の分析と合格への対策

## ●出題傾向と内容

例年，問題数は，大問が7問～8問，小問数25問～35問と幅広く出題されている。

また，化学・物理・生物・地学の各分野に大問が2題ずつ割り当てられており，4つの分野がバランスよく出題されている。全体としてのレベルは標準的な問題が多いが，すべての分野において，思考力を試す問題が見られるのが特徴である。また，実験・観察をもとにした思考力を問う出題や，データの読み取り，総合的な知識の問題も含まれている。出題の観点が目新しく，典型題のパターンどおりにはいかない問題もあるが，高専に入学したいならば，思考・処理できてほしいレベルといえよう。

### 学習のポイント

全分野を幅広く学習し，多くの問題を解いて理科を得意科目にしよう。

## ●2025年度の予想と対策

来年度も，すべての分野からバランスよく，幅広い範囲で出題されるだろう。日ごろからどの分野においても手を抜かず，苦手な分野を残さないように学習する姿勢が大切である。

問題の水準は教科書を基本としている。学校で行った実験や観察の原理・操作手順・結果・考察などを含んだ問題は，特に大切に解いておくのがよい。

公立高校入試向けの問題集を数多く解くことで充分な学習はできるだろうが，難度の高い問題が出されるので対策として，特に計算問題は，意識して多めに練習しておきたい。

### ▼年度別出題内容分類表……

| | 出題内容 | 2020年 | 2021年 | 2022年 | 2023年 | 2024年 |
|---|---|---|---|---|---|---|
| 第一分野 | 物質とその変化 | | ○ | | | ○ |
| | 気体の発生とその性質 | | | | | ○ |
| | 光と音の性質 | ○ | | | ○ | |
| | 熱と温度 | | ○ | | | |
| | 力・圧力 | | ○ | ○ | | |
| | 化学変化と質量 | ○ | ○ | ○ | | ○ |
| | 原子と分子 | | ○ | ○ | ○ | |
| | 電流と電圧 | ○ | ○ | ○ | ○ | ○ |
| | 電力と熱 | ○ | | ○ | ○ | ○ |
| | 溶液とその性質 | | ○ | | ○ | ○ |
| | 電気分解とイオン | | ○ | ○ | ○ | ○ |
| | 酸とアルカリ・中和 | ○ | | ○ | | ○ |
| | 仕事 | | | | | |
| | 磁界とその変化 | | ○ | | | |
| | 運動とエネルギー | | | ○ | ○ | ○ |
| | その他 | | | | | |
| 第二分野 | 植物の種類とその生活 | | | ○ | ○ | ○ |
| | 動物の種類とその生活 | | | ○ | | |
| | 植物の体のしくみ | | ○ | | ○ | ○ |
| | 動物の体のしくみ | | ○ | | | |
| | ヒトの体のしくみ | ○ | | ○ | ○ | ○ |
| | 生殖と遺伝 | | | ○ | ○ | |
| | 生物の類縁関係と進化 | | | ○ | | |
| | 生物どうしのつながり | | | | | ○ |
| | 地球と太陽系 | | | | ○ | ○ |
| | 天気の変化 | | ○ | ○ | ○ | ○ |
| | 地層と岩石 | | ○ | ○ | ○ | ○ |
| | 大地の動き・地震 | ○ | | | ○ | |
| | その他 | | | | | |

# 社会

## 出題傾向の分析と合格への対策

### ●出題傾向と内容

本年度も大問が8題で小問数は25問，解答はすべてマークシート方式と例年通りの内容である。試験時間は50分と十分あるが，読み取り問題が多いので時間配分には注意を要する。

地理は4つの国の気候や産業，貿易，$CO_2$の排出量などの識別，3県の人口や全国の産業別人口割合の分布，訪日外国人の訪問先，地形図の読み取り問題。歴史は古代文明，税制の歴史，二つの大戦の間に起こった社会運動に関するもの。いずれもいくつかの資料からの出題である。公民は授業で学習した人権に関する裁判の判決と，3人の生徒が参加した財政赤字の解消に関する若者シンポジウムからの出題となっている。

### 学習のポイント

地理：資料・地図の読み取りに強くなろう！
歴史：世界史と関連づけながら学習しよう！
公民：政治・経済の基礎を固めよう！

### ●2025年度の予想と対策

来年度も例年通りの出題が予想される。教科書の事項を正確に理解しておく必要がある。

地理では，諸地域について基本的なことを把握するとともに，地図や表，グラフにも目を通し，資料を読み取る力をつけておきたい。

歴史では時代の流れを正しく把握すること。そして世界の動きをしっかり整理するとともに，日本史との関連にも注意をしておきたい。

公民では，基本的な用語を理解するとともに，表，グラフなどにも目を通す必要がある。

また，時事問題をからめた複合的な出題もみられるので，日頃から新聞やテレビのニュースなどに触れる習慣を身につけておきたい。

### ▼年度別出題内容分類表 ……

| | | 出題内容 | 2020年 | 2021年 | 2022年 | 2023年 | 2024年 |
|---|---|---|---|---|---|---|---|
| 地理的分野 | （日本） | 地形図 | | ○ | ○ | | ○ |
| | | 地形・気候・人口 | ○ | ○ | | ○ | ○ |
| | | 諸地域の特色 | | | | | ○ |
| | | 産業 | ○ | ○ | ○ | ○ | ○ |
| | | 交通・貿易 | | ○ | | ○ | |
| | （世界） | 人々の生活と環境 | | | ○ | | |
| | | 地形・気候・人口 | ○ | ○ | ○ | ○ | ○ |
| | | 諸地域の特色 | | ○ | ○ | ○ | ○ |
| | | 産業 | | ○ | ○ | | ○ |
| | | 交通・貿易 | | | | ○ | ○ |
| | 地理総合 | | | | | | |
| 歴史的分野 | （日本史） | 各時代の特色 | | ○ | | | |
| | | 政治・外交史 | ○ | ○ | ○ | ○ | ○ |
| | | 社会・経済史 | ○ | ○ | ○ | ○ | ○ |
| | | 文化史 | ○ | ○ | ○ | | |
| | | 日本史総合 | | | | | |
| | （世界史） | 政治・社会・経済史 | ○ | ○ | ○ | ○ | ○ |
| | | 文化史 | ○ | | | ○ | ○ |
| | | 世界史総合 | | | | | |
| | 日本史と世界史の関連 | | ○ | ○ | ○ | ○ | ○ |
| | 歴史総合 | | | | | | |
| 公民的分野 | 家族と社会生活 | | | | | | ○ |
| | 経済生活 | | ○ | | | | ○ |
| | 日本経済 | | ○ | ○ | | ○ | |
| | 憲法（日本） | | ○ | ○ | ○ | | ○ |
| | 政治のしくみ | | ○ | ○ | ○ | ○ | |
| | 国際経済 | | | | ○ | ○ | |
| | 国際政治 | | ○ | ○ | | ○ | |
| | その他 | | | | | | |
| | 公民総合 | | | | | | |
| 各分野総合問題 | | | | | | | |

# 国語　出題傾向の分析と合格への対策

## ●出題傾向と内容

本年度も，現代文の読解問題3題という大問構成であった。問題量は多く，いずれの文章もスピーディかつ正確な読解力が求められてる。漢字や語句の意味・慣用句，文法などの知識分野は大問に含まれる形で出題されている。

[1]と[2]はいずれも論説文からの出題で，内容吟味，文脈把握の設問を中心に，筆者の主張を読み取らせるものとなっている。[3]は小説が採用されており，情景や心情のていねいな読み取りが要求されている。

同じテーマの二種類の文章を比較させる設問や，生徒同志の会話を通じて主題をとらえさせる設問が目をひいた。

解答形式は，漢字の読み書きも含めてすべてマークシート方式が採用されている。

### 学習のポイント

現代文の読解力を重点にした出題が中心なので，普段から精度の高い読み取りができるように練習しておこう。

## ●2025年度の予想と対策

今後も読解力を重視した内容が続くと予想される。

論理的文章では，筆者の考えの的確な読解，また，二種類の文章の比較や，図表の正確な読み取りにも慣れておきたい。

文学的文章では，登場人物の心情の変化をおさえることが大切である。同様に，情景描写や登場人物の描写などについても，ふだんから意識しておくようにしよう。

古文や韻文についても，問題文の中に含まれて出題されることがあるので，基本的な知識は確実に身につけておきたい。漢字・語句の意味・文法についても日々の演習を重ねておこう。

## ▼年度別出題内容分類表 ……

| 出題内容 | | | 2020年 | 2021年 | 2022年 | 2023年 | 2024年 |
|---|---|---|---|---|---|---|---|
| 内容の分類 | 読解 | 主題・表題 | | | ○ | | ○ |
| | | 大意・要旨 | ○ | ○ | ○ | ○ | ○ |
| | | 情景・心情 | ○ | ○ | ○ | ○ | ○ |
| | | 内容吟味 | ○ | ○ | ○ | ○ | ○ |
| | | 文脈把握 | ○ | ○ | ○ | ○ | ○ |
| | | 段落・文章構成 | | | | | |
| | | 指示語の問題 | | | | | |
| | | 接続語の問題 | ○ | ○ | ○ | ○ | ○ |
| | | 脱文・脱語補充 | ○ | ○ | ○ | ○ | |
| | 漢字・語句 | 漢字の読み書き | ○ | ○ | ○ | ○ | ○ |
| | | 筆順・画数・部首 | | | | | |
| | | 語句の意味 | ○ | ○ | ○ | ○ | |
| | | 同義語・対義語 | | | | | |
| | | 熟語 | | | | | ○ |
| | | ことわざ・慣用句 | ○ | | | | ○ |
| | 表現 | 短文作成 | | | | | |
| | | 作文（自由・課題） | | | | | |
| | | その他 | | | | | |
| | 文法 | 文と文節 | | | | | |
| | | 品詞・用法 | ○ | ○ | ○ | ○ | ○ |
| | | 仮名遣い | | | | | |
| | | 敬語・その他 | | | | | |
| | 古文の口語訳 | | ○ | ○ | | | |
| | 表現技法 | | ○ | ○ | | | |
| | 文学史 | | ○ | | | | |
| 問題文の種類 | 散文 | 論説文・説明文 | ○ | ○ | ○ | ○ | ○ |
| | | 記録文・報告文 | | | | | |
| | | 小説・物語・伝記 | ○ | ○ | ○ | ○ | ○ |
| | | 随筆・紀行・日記 | ○ | ○ | | | |
| | 韻文 | 詩 | | | | | |
| | | 和歌（短歌） | ○ | | | | |
| | | 俳句・川柳 | | | | | |
| | 古文 | | | | | | |
| | 漢文・漢詩 | | | | | | |

国立高等専門学校

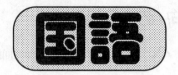

# 2024年度　合否の鍵はこの問題だ!!

## 数　学　[3] (4)

(4)　BF//ACより，$\triangle AFC=\triangle ABC=\frac{1}{2}\times 6\times 3=9$

$\triangle AFC$の面積から，$\frac{1}{2}\times 5\times FG=9$　　$FG=9\times\frac{2}{5}=\frac{18}{5}$

$\triangle ABF$と$\triangle CFB$において，共通な辺だから，BF＝FB…①

円周角の定理と平行線の錯角から，$\angle AFB=\angle ACB=\angle CBF$

…②　　$\angle ABF=\angle ABC+\angle CBF=\angle CFA+AFB=\angle CFB$

…③　　①，②，③より，一辺とその両端の角がそれぞれ等しいから，$\triangle ABF\equiv\triangle CFB$　　よって，AF＝CB＝6

$\triangle AFG$においてに三平方の定理を用いると，

$AG=\sqrt{AF^2-FG^2}=\sqrt{6^2-\left(\frac{18}{5}\right)^2}=\sqrt{36-\frac{324}{25}}=\sqrt{\frac{576}{25}}=\frac{24}{5}$

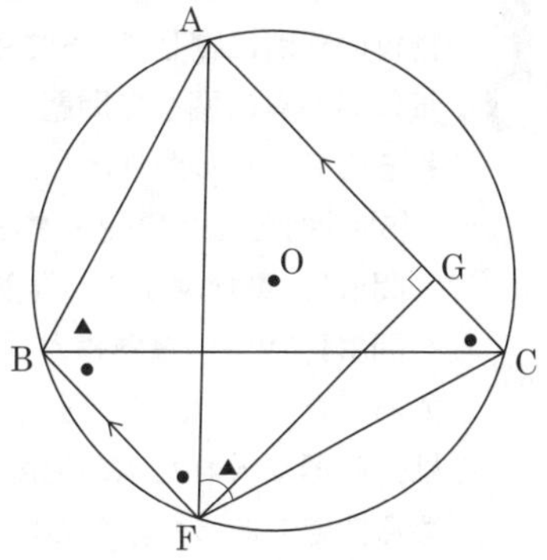


◎　この問題は，△ABFと△CFBが合同な図形であることに気づくことがポイントである。上図のように，円周角の定理と平行線から，等しい角に印をつけていこう。

## 英　語　[6]

[6]は長文読解問題である。A，B，C，Dの4つのパートに分けられた読解問題で設問はすべて内容把握問題となっている。長文のレベルは標準的で難しい語句には注釈がつけられているので読みやすい。設問では細かい内容が問われており，それぞれ4つのパートの文章を細かい部分まで正確に読み内容を把握する必要がある。また設問も太線で引かれている条件をきちんと捉え内容を吟味して答えるため，最終問題で残された限られた時間内で正答を導き出せるか否かが合否を分けると推測される。

通常，長文読解問題では長文を読み始める前に一度設問に目を通し，何を問われているかを確認してから一気に最後まで長文を読み，その後に設問に答えていく。

ただしこの問題の場合は，長文のスタイルを把握してから設問に目を通し，それぞれのパートの空所に入る文を選ぶ問1から問4まではその都度答えを考えながら読んでいこう。正しい答えを選択し，その部分も含めそれぞれのパートの内容を正確に把握しよう。そうすることで，問5から問7までの答えは容易に正答にたどり着けるはずである。

Aは祖父が技師で，彼を尊敬し祖父のような技師になりたいと思い高専で機械工学を学んでいる生徒の話。

Bは化粧が好きで化粧品の原料に興味があり，卒業後は化粧品開発をしたいと考えている生徒の話。

Cは海外からの留学生で寮に住んでいる。土木工学を学び将来は自国で技師になり大型プロジェクトに参加したいと考えている生徒の話。

Dは高専の卒業生でその娘が今高専で学んでいる。その娘の学校生活や女性技師が増えてきたことを嬉しく思う女性の話。

細かい部分が問われているので正確に読み取ろう。

## 理 科　[5] 問1～問3

[1]で小問集合，[2]で消化と吸収・細胞呼吸・血液に関して，[3]で太陽系・太陽の動きに関して，[4]で物質の判別に関して，[5]で電熱線による発熱に関して，[6]で地球温暖化・分解者・金星・森林と光合成・気体の性質に関して問題が出された。このように，当校においては，いろいろな分野から幅広く出題されるので，しっかりとした対策が必要である。

[5]の問1では，電流・電圧・抵抗の関係について，しっかり理解しておく必要があった。

問2は，電熱線からの発熱量を求める計算問題であった。

問3は，2つの電熱線が並列につながり，もう1つの電熱線が直列につながっている回路に関する問題であった。1では，並列につながっている電熱線の全体の抵抗の大きさを式で求める問題であった。2では，容器に入れた水の温度変化の比から，並列につながっている電熱線に流れる電流の大きさの比を求める問題であった。この場合は，並列回路では，2つの電熱線にかかる電圧の大きさが等しくなることから，水の温度変化の比が電流の比でもあることに気がつけば良かった。3では，水の温度変化の比が電力量の比でもあることに気がつけばよかった。4では，3つの電熱線に流れる電流の比と電力量の比が同じであることから，それぞれの電熱線にかかる電圧が等しいことに気がつく必要があった。その上で，抵抗の大きさと電流の大きさが反比例の関係になっていることに気がつく必要があった。

## 社 会　[7] 問2

設問は「人々の平等を実現するための対策や現状の説明として正しいものをア～エの中から一つ選べ」というもの。アは「育児・介護休業法の制定で男女間の育休取得率の差はなくなった」というもの。女性の社会進出に伴い育児休暇を取得する女性の割合は増加しつつあり，かつて先進国の中で最悪といわれた男性の育児や家事をする時間は以前に比べると増えつつあるようだ。1991年には育児・介護休業法も制定，2021年には男性の育児休業の取得を容易にする改正も行われている。ただ，伸びたとはいえ女性の80％に対し男性は17％程度に過ぎない。イは「日本人だけでなく外国人も不当な差別や不利益を受けないような対策が求められる」というもの。外国人であろうと人権を無視してよいわけではなく，憲法が保障する人権は在留外国人にも等しく及ぶという最高裁の判決も1970年代に出されている。現在日本に長期滞在する外国人の数は300万人を超え人口減少国となった日本の労働力不足に一役買ってくれている。最高裁も国政参政権は国民のみで認められないものの，地方参政権については憲法上禁止されているものではなく，納税などの義務を果たしているのであるからこれを認め法改正すべきとの意見も出されている。ウは「アイヌ文化振興法の制定で同化政策が進み，そのことで差別の解消が目指されるようになった」というもの。アイヌ文化振興法は1997に制定された民族の伝統や文化の振興に努めるものだが，2019年にアイヌを日本の先住民族と認め差別の禁止を定めたアイヌ施策推進法の成立によって廃止されている。さらに，同化政策とは植民地民族に対し本国との生活様式や思想などに同化させようとすることで，決して差別解消につながるようなものではない。エは「男女共同参画社会基本法によってはじめて性別を理由として募集や採用の機会を制限することが禁じられた」というもの。性別による禁止は女子差別撤廃条約の批准を受けて1985年に制定された男女雇用機会均等法が最初である。男女共同参画社会の形成を目指した法の制定は1999年のことである。
いずれにしても平等とはすべての人間が権利において平等であるとする基本的人権の前提となる権利であり，法の適用の平等だけでなく，内容の平等についても忘れてはならない。

## 国 語　2 問9

★合否を分けるポイント

二種類の文章を比較させる問題は，年々増加している。設問で問われている朔太郎の解釈が誤読であるとする根拠をそれぞれの文章から見つけ出して比較しよう。文章【Ⅱ】で触れられていない根拠を，文章【Ⅰ】から探し，その内容に当てはまる選択肢を選ぼう。それぞれの文章の内容を理解した上で異なる点をとらえられるかどうかが，合否を分けることになる。

★こう答えると「合格」できない！

同じ俳句を扱った対談形式の文章と，その対談で触れられた文章とを比較するという形式に戸惑ってしまうと，問われている内容をつかむことができず，「合格」できない。普段とは異なった形式の文章や複数の文章を提示されても，問われている内容が書かれている箇所を見つけ出して比較するという手順は一般的な論説文を読むときと変わらない。

★　これで「合格」！

〈説明文〉の内容から，蕪村の「しら梅や誰むかしより垣の外」という句を，萩原朔太郎が恋の句と解釈したのは誤読だとする根拠を読み取ればよい。文章【Ⅱ】の「この句は『この梅の木はいったい誰が，いつの頃に植えたものであろうか』……というように解釈するのが一般的であり，おそらくは蕪村の意図もこのとおりであっただろう」は，文章【Ⅰ】の「この句は」で始まる段落に書かれている根拠と同一であることを確認しよう。したがって，文章【Ⅰ】からこれ以外の根拠を探せばよい。二つ目の大塚の会話の「朔太郎が生きた近代では，そういう読みもありえないわけではない」とは，どういう意味だろうか。三つ目の大塚の会話「西欧から『愛』の概念が入ってくる以前の蕪村と，それ以後の朔太郎で，意図と読みがくいちがってしまいました」に着目しよう。江戸時代の蕪村は「愛」の概念を知らなかったので，「しら梅の」の句は当然「恋」を詠んだものではないとわかる。この内容を述べているイを選ぼう。他の選択肢が，明治時代に西洋からもたらされた「愛」の概念を根拠としていないことを確認すれば，「合格」だ！

MEMO

大切なことはメモしておこうネ！

# 2024年度

★★★★★★★★★★★★★★★★★★★★★★★★★

# 入　試　問　題

## 2024年度

# 国立高等専門学校入試問題

【数　学】（50分）　＜満点：100点＞

【注意】 1．定規，コンパス，ものさし，分度器及び計算機は用いないこと。

問題の文中の [アイ] ，[ウ] などには，特に指示がないかぎり，負の符号（－）または数字（０～９）が入り，ア，イ，ウの一つ一つは，これらのいずれか一つに対応する。それらを解答用紙のア，イ，ウで示された解答欄に，マーク部分を塗りつぶして解答すること。

例　[アイウ] に
－83と解答するとき

| | | | | | | | | | | | | |
|---|---|---|---|---|---|---|---|---|---|---|---|---|
| （1） | ア | ● | ⓪ | ① | ② | ③ | ④ | ⑤ | ⑥ | ⑦ | ⑧ | ⑨ |
| | イ | ⊖ | ⓪ | ① | ② | ③ | ④ | ⑤ | ⑥ | ⑦ | ● | ⑨ |
| | ウ | ⊖ | ⓪ | ① | ② | ● | ④ | ⑤ | ⑥ | ⑦ | ⑧ | ⑨ |

解答は解答欄の形で解答すること。例えば，解答が $\frac{2}{5}$ のとき，解答欄が [エ] ．[オ] ならば0.4として解答すること。

2．分数の形の解答は，それ以上約分できない形で解答すること。

3．解答に負の符号がつく場合は，負の符号は，分子につけ，分母にはつけないこと。

4．根号を含む形で解答する場合，根号の中に現れる自然数が最小となる形で解答すること。

[1]　次の各問いに答えなさい。

(1)　$-2^2-\frac{5}{3}\div\left(\frac{1}{2}+\frac{1}{3}\right)+(-3)^2$ を計算すると [ア] となる。

(2)　２次方程式 $x^2-4x+1=0$ を解くと $x=$ [イ] $\pm\sqrt{\text{[ウ]}}$ となる。

(3)　$y$ は $x$ に反比例し，$x=4$ のとき $y=3$ である。この関数において $x$ の変域を $3\leqq x\leqq 6$ とするとき，$y$ の変域は [エ] $\leqq y\leqq$ [オ] となる。

(4)　２つの関数 $y=ax^2$，$y=2x+3$ について，$x$ の値が２から６まで増加するときの変化の割合が等しいとき，$a=\frac{\text{[カ]}}{\text{[キ]}}$ である。

(5)　２個のさいころを同時に投げるとき，出る目の数の和が３の倍数になる確率は $\frac{\text{[ク]}}{\text{[ケ]}}$ である。ただし，２個のさいころはそれぞれ１から６までの目が出るとし，どの目が出ることも同様に確からしいものとする。

(6)　下の図は，あるクラスの１ヶ月の読書時間の記録を箱ひげ図にしたものである。単位は時間である。

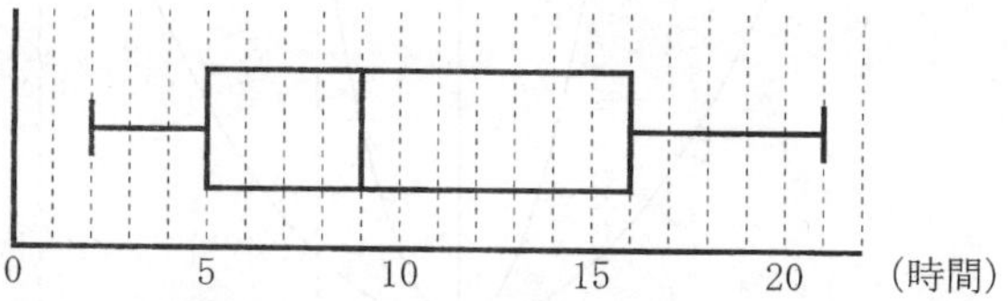


このとき，四分位範囲は [コサ]（時間）である。

(7)　右の図の△ABCにおいて，∠A＝36°であり，点Dは∠Bと∠Cの二等分線の交点である。このとき，∠$x$ ＝ シスセ °である。

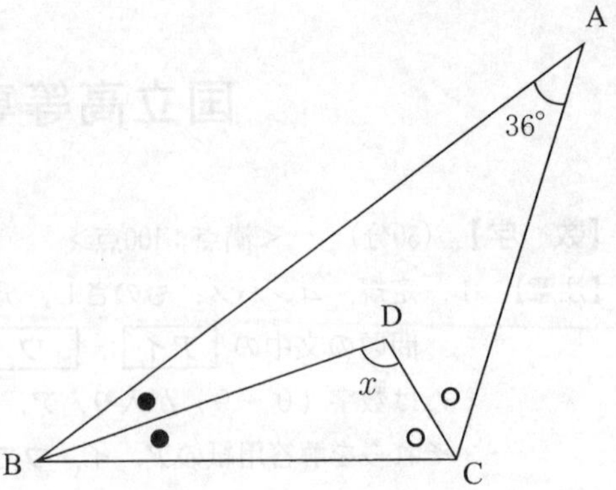


(8)　右の図のように，底面の半径が２㎝，高さ$4\sqrt{2}$㎝の円錐があり，底面の円周上の１点から側面にそって１周するように糸をかける。この糸が最も短くなるときの糸の長さは ソ $\sqrt{\text{タ}}$ ㎝である。

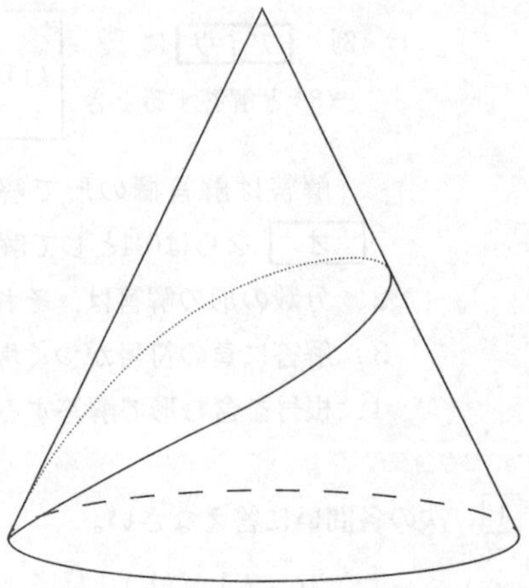

**2**　$t$は正の定数とする。図１のように，関数$y=6x^2$のグラフ上に点A（$t$，$6t^2$）をとり，関数$y=x^2$のグラフ上に点B（$3t$，$9t^2$）をとる。また，$y$軸に関して点Bと対称な点をB′とする。

図１

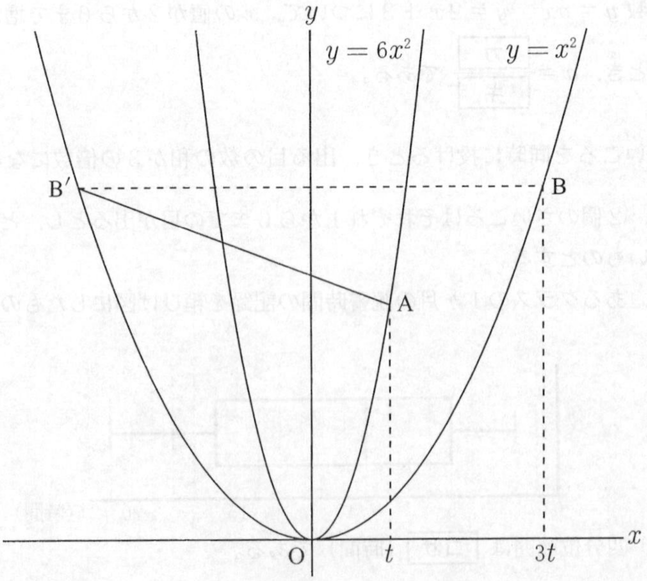

このとき，次の各問いに答えなさい。

(1)　$t=2$ のとき，直線AB′の傾きは $\dfrac{\boxed{\text{アイ}}}{\boxed{\text{ウ}}}$ である。

(2)　直線AB′の方程式を $t$ を用いて表すと

$$y=\frac{\boxed{\text{エオ}}}{\boxed{\text{カ}}}tx+\frac{\boxed{\text{キク}}}{\boxed{\text{ケ}}}t^2$$

である。

(3)　**図2**のように，$y$ 軸上を動く点Pを考える。線分APと線分BPの長さの和が最小となる点Pの座標が（0，3）であるとき，$t=\dfrac{\boxed{\text{コ}}}{\boxed{\text{サ}}}$ である。

図2

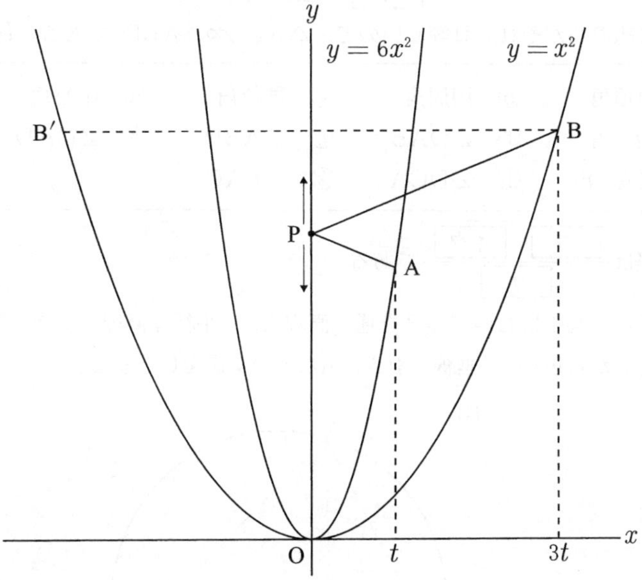


**3**　**図1**のように，円Oの円周上に3点A，B，Cがある。△ABCにおいてAB＝$\sqrt{13}$，BC＝6，CA＝5である。**図2**は，**図1**において点Aから辺BCに垂線を引き，BCとの交点をDとしたものである。また，点Aを通る直径AEを引き，2点C，Eを線分で結ぶ。

図1

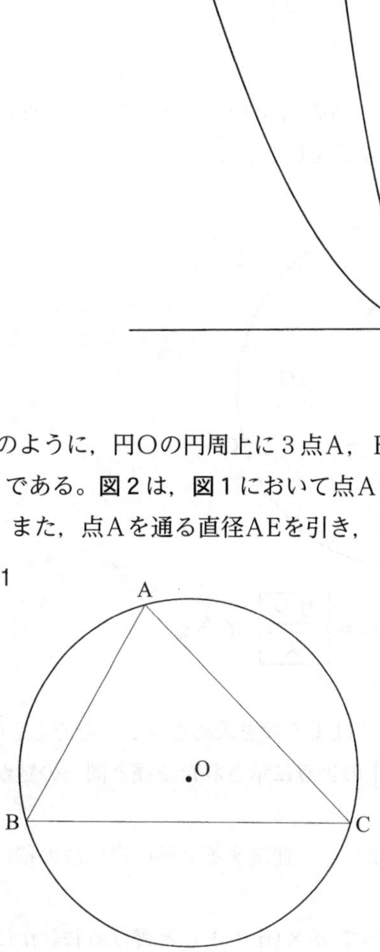


図2

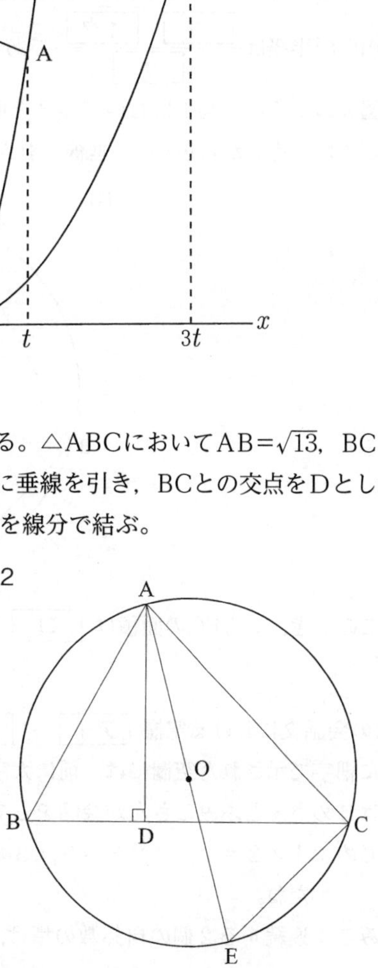

このとき，次の各問いに答えなさい。

(1)　AD＝ [ア] である。

(2)　△AEC∽△ABDであることを次のように証明した。 [イ] から [オ] に当てはまるものを，下記のⓐからⓚの中から選びなさい。ただし，細字の空欄 [イ] ， [オ] には，それぞれ前にある太字の空欄 [イ] ， [オ] と同じものが当てはまる。

【証明】　△AECと△ABDにおいて

1つの弧に対する [イ] は等しいので，弧ACにおいて

∠AEC＝ [ウ] ‥‥①

仮定より∠ADB＝90°である。また，1つの弧に対する [イ] の大きさは [エ] の大きさの$\frac{1}{2}$倍なので，弧AEにおいて [オ] ＝90°である。よって，

[オ] ＝∠ADB‥‥②

①，②より2組の角がそれぞれ等しいので，△AEC∽△ABD である。【証明終わり】

| | | | |
|---|---|---|---|
| ⓐ　対頂角 | ⓑ　円周角 | ⓒ　同位角 | ⓓ　中心角 |
| ⓔ　錯　角 | ⓕ　∠DAB | ⓖ　∠ABD | ⓗ　∠CAD |
| ⓘ　∠ACE | ⓙ　∠DCA | ⓚ　∠BAC | |

(3)　円Oの半径は$\dfrac{\boxed{\text{カ}}\sqrt{\boxed{\text{キク}}}}{\boxed{\text{ケ}}}$である。

(4)　図3のように，図1において点Bを通り直線ACに平行な直線を引き，円Oとの交点をFとする。また，点Fから辺ACに垂線を引き，ACとの交点をGとする。

図3

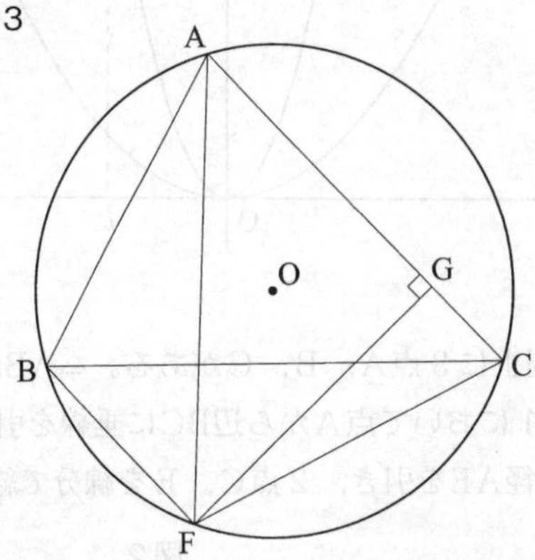


このとき，△AFCの面積は [コ] であり，AG＝$\dfrac{\boxed{\text{サシ}}}{\boxed{\text{ス}}}$ である。

**4**　次の会話文における空欄 [アイ] ～ [ス] にあてはまる数を求めなさい。ただし， [アイ] のように細字で示された空欄には，前に太字で [アイ] のように示された空欄と同一の数が入る。

(1)　はじめさんとふみこさんが会話をしている。

はじめ：1×2＝2，2×3＝6，3×4＝12のように，連続する2個の自然数の積は必ず偶数だね。

ふみこ：連続する2個の自然数の積は，文字を使って $n\times(n+1)$ と書けるね。$n$ にはいろい

ろな自然数の可能性があるけど，$n$ か $n+1$ のどちらかは必ず偶数なんだね。

はじめ：だから積 $n(n+1)$ は偶数になるんだ！

ふみこ：$\dfrac{n(n+1)}{2}$ はどんな自然数になるのかな？

はじめ：実際に調べてみると，右の**表1**のようになったよ。

ふみこ：例えば $n=5$ のときは $\dfrac{n(n+1)}{2}=$ **アイ** だね。

表1

| $n$ | $\frac{n(n+1)}{2}$ |
|---|---|
| 1 | 1 |
| 2 | 3 |
| 3 | 6 |
| 4 | 10 |
| 5 | **アイ** |
| ⋮ | ⋮ |

(2) ふみこさんとみつおさんが会話をしている。

ふみこ：連続する3個の自然数 $n$，$n+1$，$n+2$ があったら，どれか1つは3の倍数だね。だから積 $n(n+1)(n+2)$ は必ず3の倍数なんだね。

みつお：$\dfrac{n(n+1)(n+2)}{3}$ はどんな自然数になるのかな？ 実際に調べてみると，右の**表2**のようになったよ。

ふみこ：例えば $n=5$ のときは $\dfrac{n(n+1)(n+2)}{3}=$ **ウエ** だね。

表2

| $n$ | $\frac{n(n+1)(n+2)}{3}$ |
|---|---|
| 1 | 2 |
| 2 | 8 |
| 3 | 20 |
| 4 | 40 |
| 5 | **ウエ** |
| ⋮ | ⋮ |

(3) $\dfrac{n(n+1)}{2}$ や $\dfrac{n(n+1)(n+2)}{3}$ の規則性に興味をもったふみこさんは，お姉さんのけいこさんに聞いてみることにした。けいこさんは高専生で，数学が得意である。

けいこ：はじめさんとみつおさんの表から下の**表3**を作ってみたらどうかな。

表3

| $n$ | $\frac{n(n+1)}{2}$ | $n(n+1)$ | $\frac{n(n+1)(n+2)}{3}$ |
|---|---|---|---|
| 1 | 1 | 2 | 2 |
| 2 | 3 | 6 | 8 |
| 3 | 6 | 12 | 20 |
| 4 | 10 | 20 | 40 |
| 5 | アイ | **オカ** | ウエ |
| ⋮ | ⋮ | ⋮ | ⋮ |
| (1列目) | (2列目) | (3列目) | (4列目) |

$n(n+1)$ も考えるのがポイントだよ。$n=5$ のときは $n(n+1)=$ **オカ** だね。

**表3**の中には

| ＊ | $b$ |
|---|---|
| $a$ | $a+b$ |

というパターンがたくさん出てくるね。

ふみこ：1列目と2列目を見てみると…

| ＊ | 1 |
|---|---|
| 2 | 3 |

や

| ＊ | 3 |
|---|---|
| 3 | 6 |

や

| ＊ | 6 |
|---|---|
| 4 | 10 |

というパターンがあるね。

あっ，[アイ] というのは [キ] ＋10と同じだね！

もしかして，[アイ] のすぐ下の欄は [ク] ＋ [アイ] かな？

けいこ：そうだね。例えば [アイ] について，ふみこさんが気づいた等式

[アイ] ＝ [キ] ＋10，10＝4＋6，6＝3＋3，3＝2＋1

を組み合わせると，どんなことがわかるかな？

[アイ] というのは1から [ケ] までの自然数の合計になるんだよ。

例えば，表にはないけど1から7までの自然数の合計なら…

ふみこ：つまり1＋2＋3＋4＋5＋6＋7でしょ？このまま足し算すれば28とわかるね。

けいこ：その28とは，$\dfrac{n(n+1)}{2}$ において $n=$ [コ] を代入した値でしょ？

ふみこ：なるほど！文字式 $\dfrac{n(n+1)}{2}$ を使うといちいち足し算しなくとも合計が求められるね！

けいこ：表の3列目と4列目を見ると，連続する2個の自然数の積の合計がわかるね。

ふみこ：例えば1×2＋2×3＋3×4なら20だね…。あっ，これは $\dfrac{n(n+1)(n+2)}{3}$ において $n=3$ を代入した値だね！

けいこ：表には書いていないけど

1×2＋2×3＋3×4＋4×5＋5×6＋6×7＋7×8

という連続する2個の自然数の積の合計は，$\dfrac{n(n+1)(n+2)}{3}$ において

$n=$ [サ] を代入した値だよ。

ふみこ：連続する2個の自然数の積の合計を求めるときに，連続する3個の自然数の積を3で割った値が使えるなんて，おもしろいね。

けいこ：連続する $k$ 個の自然数の積の合計を求めるときにも，連続する $k+1$ 個の自然数の積を $k+1$ で割った値が使えるよ。

まあ，一般的な $k$ 個の話なんてまだ難しいかもしれないけどね。

ふみこ：う～ん…チンプンカンプンだけど，いつか理解できるようになってみたいな。

けいこ：実は表の4列目と2列目の差についても規則性があるよ。

ふみこさん，差

$$\frac{n(n+1)(n+2)}{3}-\frac{n(n+1)}{2}$$

を計算して

$$\frac{n(n+1)X}{6}$$

という形に整理してみて。$X$ はどんな式になるかな？

ふみこ：え～っ！？難しい…

けいこ：正解は $X=$ [シ] $n+$ [ス] だよ。

この数式や4列目と2列目の差の規則性には，高専に入ったら再会するよ。

勉強がんばってね！

## 【英　語】（50分）　＜満点：100点＞

**1**　次の各組の英文の意味がほぼ同じ内容となるような（A）と（B）に入るものの最も適した組み合わせを，それぞれア～エの中から一つずつ選びなさい。

1．Ms. Yoneda was bom (　A　) February 21.
February 21 (　B　) Ms. Yoneda's birthday.

ア (A) in (B) gets　　イ (A) on (B) gets　　ウ (A) in (B) is　　エ (A) on (B) is

2．We are (　A　) to go fishing tomorrow.
We (　B　) to go fishing tomorrow.

ア (A) going (B) plan　　イ (A) doing (B) take　　ウ (A) playing (B) go　　エ (A) taking (B) play

3．John likes (　A　) math and science.
John likes (　B　) math but also science.

ア (A) between (B) not only　　イ (A) both (B) not only　　ウ (A) between (B) only　　エ (A) both (B) only

4．I (　A　) wake up at seven in the morning.
I get up at seven almost (　B　) day.

ア (A) always (B) some　　イ (A) never (B) any　　ウ (A) usually (B) every　　エ (A) sometimes (B) one

5．Ken can carry that heavy box because he is (　A　) strong.
Ken is (　B　) strong that he can carry that heavy box.

ア (A) very (B) so　　イ (A) few (B) too　　ウ (A) little (B) too　　エ (A) many (B) so

**2**　次の各会話文について，場面や状況を考え，(　) に入る最も適したものを，それぞれア～エの中から一つずつ選びなさい。

1．A : What sports do you play, Ann?
B : I play tennis and soccer.　I also go jogging twice a month.
A : Which is your favorite?
B : (　　　　) I play it with my father every Sunday.

ア　I sometimes go fishing with my friend.
イ　No, I never play soccer.
ウ　I go jogging near my house.
エ　I like tennis the best.

2．A : Thanks for dinner, Atsushi.　I really like this curry.　What kind of meat is in it?
B : Oh, did you like it?　Actually, I didn't use any beef or pork.　(　　　　)
A : Really?　I thought you used meat.

ア I will pay you some money.　　イ The pork is delicious.
ウ I used beans for the curry.　　エ It is expensive beef.

3．A：I will go shopping for Amy's birthday present today.
B：Oh!　I forgot about it!　(　　　　)
A：Yes.　How about this afternoon?
B：Sure.　I'll meet you at two o'clock.
ア What will you get for her?　　イ When is her birthday?
ウ How will we go?　　エ Can I go with you?

4．A：Have you ever been to a foreign country?
B：No. Actually, I have never been abroad.
A：I see.　(　　　　)
B：I'd like to go to Italy.
ア How many times have you been abroad?
イ What country do you want to visit in the future?
ウ Where did you go last summer?
エ When did you get back to Japan?

5．A：Did you hear that Mr. Jones will go back to Australia next month?
B：No, I didn't.　Why does he leave so suddenly?
A：His mother has been sick in hospital.　He will take care of her.
B：I'm sorry to hear that.　(　　　　)
ア Is there anything we can do for him?
イ I didn't know that he had a sister.
ウ You are welcome.
エ She's fine, thank you.

3 次の各会話文につき，場面や状況を考え（ ）内の語（句）を最も適した順に並べ替え，（ ）内において３番目と５番目にくるものの記号を選びなさい。なお，文頭にくるべき語の最初の文字も小文字で書かれています。

1．A：I found a key on my desk.　Is this yours?
B：No, it's not mine.
A：Then, ( ア find　イ it　ウ key　エ let's　オ out　カ whose ) is.
B：Can you see the letter K on it?　It must be Ken's.

2．A：Did you finish your homework?
B：No.　I was very busy, but I'll finish it by tomorrow.
A：I think it's hard for you to finish it.　You need more time.
B：Oh, really?　Please help me ( ア are　イ homework　ウ if　エ the　オ with　カ you ) free tonight!

3．A：Have you seen the price of meat at the supermarket?　I can't believe it.
B：Yes, I know.　Meat prices ( ア been　イ for　ウ have　エ increasing

オ more　カ than ) a year.

A : Oh, no. I hope it will end very soon.

4．A : Have you been to the new restaurant that opened last week? It has a lot of vegetable dishes.

B : No, not yet. It ( ア the　イ I　ウ is　エ place　オ that　カ want to ) visit the most.

A : You should. I've already been there twice. You'll love it.

5．A : Why will you go to the U.K. during your spring vacation?

B : ( ア for　イ going　ウ is　エ my　オ reason　カ there ) to improve my English skills.

A : You can do it!

**4** スマートフォンなどで読み取って使用するQRコード（QR code）について書かれた次の英文を読み，後の問題に答えなさい。

QR codes are special barcodes that can hold ア different types of ( 1 ) such as websites. QR codes were created in 1994 because traditional barcodes were not good enough. Traditional barcodes can only hold 20 characters and they can only be scanned from one direction. But QR codes can hold イ more characters and can also be scanned from ( 2 ) direction. They are more useful because they can be scanned faster. They were first used by companies in the automotive industry when they were making cars. After that, QR codes became ウ popular in advertising, and companies ( 3 ) to use them on billboards and in magazines as a way to connect with customers and guide them to their website.

At first, many people didn't know QR codes or how to use them. Also, scanners were not very good at that time, so it was エ difficult to scan the codes. ( 4 ) then, QR codes have improved in many ways, and now it is very ( 5 ) to scan them by using a smartphone. QR codes are now used in various ways. They are often used for mobile payment services. A customer just scans the code in the shop to ( 6 ) for goods and services.

QR codes started in the automotive industry but now we use them for things such as tickets and mobile payments. They have become an オ important part of our daily lives. They will probably continue to change in the future, and we will use them in カ various new ways.

（注）　barcode　バーコード　　enough　十分に　　character　文字　　scan　スキャンする
automotive industry　自動車産業　　advertising　広告　　billboard　看板
scanner　読取器，スキャナー
mobile payment service　モバイル決済サービス（スマートフォン等のモバイル機器による支払い）

問1　本文中の（1）～（6）に入る最も適したものを，ア～エの中から一つずつ選びなさい。

（1）ア　books　　イ　computers　　ウ　goods　　エ　information

（2）ア any　イ one　ウ no　エ little
（3）ア ended　イ found　ウ started　エ watched
（4）ア During　イ Since　ウ Through　エ While
（5）ア difficult　イ easy　ウ poor　エ slow
（6）ア get　イ make　ウ pay　エ take

問２　次の⑴と⑵と同じような意味で使われている語を本文中の下線部ア～カからそれぞれ一つずつ選びなさい。

⑴ not easy to do or to understand

⑵ valuable, useful or necessary

**5**　次のＡとＢの英文を読み，各設問に答えなさい。なお，計算等は，それぞれの問題のページの余白で行うこと。

Ａ　次の英文は，OECD（経済協力開発機構）が2021年に調査した国民一人当たりの年間平均労働時間（average annual working hours per person）の国別ランキングについて述べたものです。英文と表を読み，後の問題に答えなさい。

Many people often say that Japanese people work much longer than the people in other countries. However, according to the results of a survey in 2021, the situation has changed. The survey was done in OECD member countries. Table 1 shows the results of the survey.

Mexico had the longest average annual working hours among OECD member countries. In Asian countries, South Korea had the longest working hours. Working hours in Japan were about 84 percent of the working hours in South Korea. The U.S.A. was ranked higher than New Zealand. People in Canada worked about 100 hours shorter than people in the U.S.A., and Italy was ranked below them. The shortest annual working hours were in Germany. The average annual working hours among OECD countries were between the values of Australia and New Zealand. In Table 1, we can see that the average annual working hours in Japan were lower than those of the world average.

Table 1

| Average Annual Working Hours in 2021 | |
|---|---|
| Countries | Working Hours |
| Mexico | 2,128 |
| South Korea | 1,915 |
| （　Ａ　） | 1,791 |
| New Zealand | 1,730 |
| Australia | 1,694 |
| （　Ｂ　） | 1,685 |
| （　Ｃ　） | 1,669 |
| Japan | （　Ｄ　） |
| Germany | 1,349 |

（注）　table　表　Mexico　メキシコ
South Korea　韓国
be ranked　位置を占める
below ～　～の下に　value　値

問1　Table 1 の（A），（B），（C）に対応する国の組み合わせとして正しいものを，ア～エの中から一つ選びなさい。

| | ア | イ | ウ | エ |
|---|---|---|---|---|
| （　A　） | U.S.A. | U.S.A. | Italy | Canada |
| （　B　） | Canada | Italy | U.S.A. | U.S.A. |
| （　C　） | Italy | Canada | Canada | Italy |

問2　本文と表から考えて，次の(1)と(2)の英文の（　）に入る適切なものを，ア～エの中からそれぞれ一つずつ選びなさい。

(1)　The value in (　D　) is (　　　).

ア　1,594　　イ　1,601　　ウ　1,609　　エ　1,615

(2)　The value of the average annual working hours among OECD countries was (　　　).

ア　1,694　　イ　1,716　　ウ　1,730　　エ　1,746

B　次の英文は2010年から2021年までの日本の有給休暇取得率（percentage of employees taking paid leave）について調べたJohnとKateの会話です。英文を読み，後の問題に答えなさい。

John:　What were the results of the survey on paid leave?

Kate:　According to the results, 56 percent of people took paid leave in 2010, but the value was 17 points lower in 2013.  In the case of 2016, the value recovered.  The value was the same in 2016 and 2019.  The value of 2021 was ten points higher than that in 2019.

John:　I can't see much change in the results over the years.  Why don't many people take paid leave?

Kate:　The survey says that they can't take paid leave because there is not enough staff.

John:　That's interesting.  I think I'll write my report about the results of this survey.  When do we have to finish it?

Kate:　By next Friday.

John:　Then, can you check the manuscript next Tuesday?

Kate:　Do you mean September 19?　O.K.

（注）paid leave　有給休暇　　manuscript　原稿

問1　Kateの説明と一致する折れ線グラフを次のページのア～エの中から一つ選びなさい。

ア

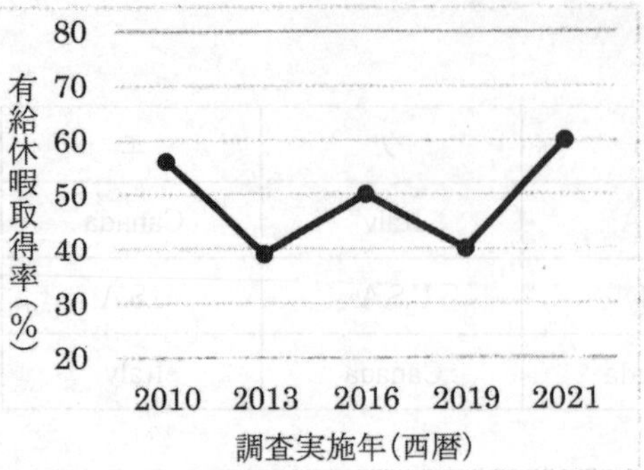


イ

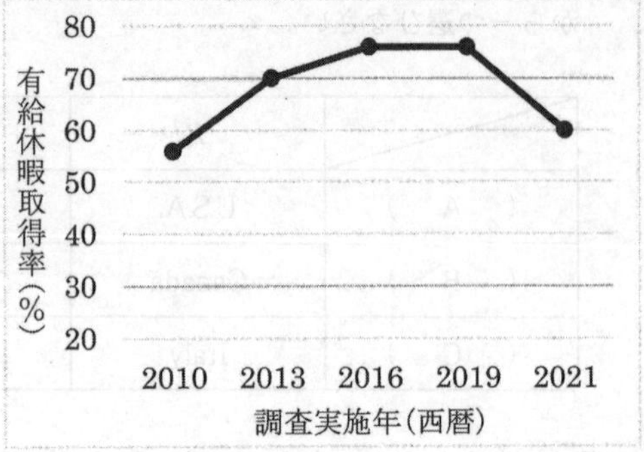


ウ

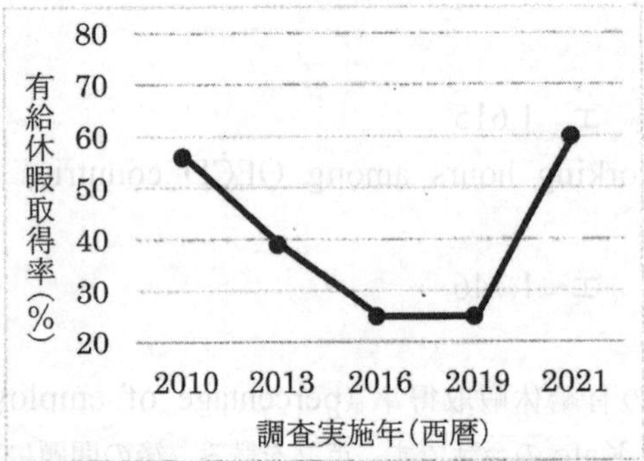


エ

問２　報告書の提出締切日をア～エの中から一つ選びなさい。

ア　September 20　イ　September 21　ウ　September 22　エ　September 23

**6**　高等専門学校（高専 KOSEN）に所属する学生および卒業生が自分自身について語った次の各英文を読み，後の問題に答えなさい。なお，これらの人物が実在するとは限りません。

A：I wanted to go to KOSEN since I was in elementary school. I decided to study mechanical engineering there, because my grandfather was an engineer and I respect him very much. I am a member of the robot contest team at KOSEN, and I often remember the things that he told me about machines. I should study more about mechanical engineering to become an engineer like my grandfather. ［ 1 ］.

（注）mechanical engineering　機械工学

B：I started to become interested in science in my third year of junior high school, and then studied very hard to enter KOSEN. Now I'm a fourth-year student at KOSEN in the department of chemistry, and I enjoy using cosmetics and putting on makeup. I am interested in the materials used to make the cosmetics I usually use. ［ 2 ］, so I want to develop new cosmetics that wil make people happy after I graduate.

（注）department　学科　chemistry　化学　cosmetic　化粧品　put on makeup　化粧をする
material　原料

C：It has been two years since I came to KOSEN. I came here from a foreign country to study civil engineering. [ 3 ], so I hope that I will become an engineer and join big projects like building highways and railways in my country. At KOSEN, I live in a dormitory with a lot of students who are now good friends of mine. They teach me about Japanese culture and help me practice speaking Japanese because I usually speak English in my country. I love Japan!

（注） civil engineering 土木工学　highway 主要道路　railway 鉄道　dormitory 寮

D：I graduated from KOSEN about 20 years ago, but [ 4 ]. Though I felt sad because I had to stop my job, now I'm happy that my daughter is enjoying her life at KOSEN. She participated in the Presentation Contest held in winter in Tokyo. These days, there are many female students at KOSEN, and female engineers are becoming more common. I am glad that she will have the same chances that male workers have now. I wish her happy life.

（注） participate in 参加する　female 女性の　male 男性の

問１　本文中の空所 [ 1 ] に入る最も適したものを次の**ア**～**ウ**の中から一つ選びなさい。

**ア**　Everything that I study at KOSEN will make my life better in the future

**イ**　It is not so important for me to become an engineer

**ウ**　I want to fly in the sky without using any machines

問２　本文中の空所 [ 2 ] に入る最も適したものを次の**ア**～**ウ**の中から一つ選びなさい。

**ア**　I don't want to understand the importance of the materials

**イ**　I haven't used any cosmetics since I was in junior high school

**ウ**　I believe many people want to use good products

問３　本文中の空所 [ 3 ] に入る最も適したものを次の**ア**～**ウ**の中から一つ選びなさい。

**ア**　I will never go back to my home country

**イ**　We can't move between our cities easily in my country

**ウ**　I'm not interested in studying and working at all

問４　本文中の空所 [ 4 ] に入る最も適したものを次の**ア**～**ウ**の中から一つ選びなさい。

**ア**　I have kept working as an engineer at this company since then

**イ**　I had to leave my company when my first child was born

**ウ**　all my children started working after they graduated from junior high school

問５　ＡさんからＤさんの４人の発言の中で触れられていない情報（４人の発言と異なるもの）を次の**ア**～**ウ**の中から一つ選びなさい。

**ア**　As an engineer, one of the speakers' grandfathers talked about machines.

**イ**　One of the speakers wants to study new cosmetics in the future.

**ウ**　One of the speakers visited the dormitory during the winter vacation.

問６　ＡさんとＢさんは毎年１月の第４週末に東京で開催される英語でのプレゼンテーションコンテストに出場し，その際Ｃさんが英語の指導をしてくれました。ＡさんからＣさんの３人でない人物の発言を次の**ア**～**ウ**の中から一つ選びなさい。

ア I once was a KOSEN student, but the Presentation Contest was not yet held then.
イ I was very glad to teach my friends how to speak English well.
ウ Putting on makeup made me feel better at the Presentation Contest because I usually enjoy using cosmetics.

問7 Dさんの発言として正しいものを次のア～ウの中から一つ選びなさい。なお，問6で説明されているプレゼンテーションコンテストに関する内容も前提にすること。
ア My daughter joined the Presentation Contest held in winter in Tokyo.
イ I was surprised at my daughter's presentation at the Presentation Contest held this February.
ウ I'm very good at English presentations because I've been working abroad as an engineer for about 20 years.

**【理　科】**（50分）　＜満点：100点＞

**【注意】** 定規，コンパス，ものさし，分度器及び計算機は用いないこと。

1　以下の問１から問８に答えよ。

問１　**図１**は，ある地点での天気の様子を表した天気記号である。この天気記号が示す天気，風向，風力の組み合わせとして最も適当なものはどれか。下の**ア**から**ク**の中から選べ。

| | 天気 | 風向 | 風力 |
|---|---|---|---|
| ア | 晴れ | 北東 | 3 |
| イ | 晴れ | 北東 | 4 |
| ウ | 晴れ | 南西 | 3 |
| エ | 晴れ | 南西 | 4 |
| オ | くもり | 北東 | 3 |
| カ | くもり | 北東 | 4 |
| キ | くもり | 南西 | 3 |
| ク | くもり | 南西 | 4 |

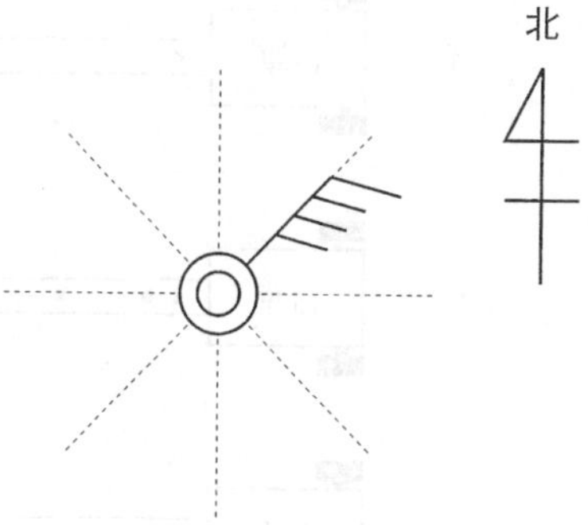

図１

問２　マグマが冷えて固まったことによってできた以下の四つの岩石のうち，深成岩はどれか。以下の**ア**から**エ**の中から<u>**二つ**</u>選べ。

**ア**　玄武岩　　**イ**　はんれい岩　　**ウ**　せん緑岩　　**エ**　安山岩

問３　Ａ地点からＢ地点まで20kmの距離がある。往路は時速８kmで移動し，すぐに折り返して復路は時速４kmで移動した。往復の平均の速さはいくらか。

時速 ［ア］．［イ］ km

問４　**図２**のようになめらかな斜面に台車を置き，そっと手を離して台車が斜面を下る様子を記録タイマーで記録した。**図３**はこのとき得られた記録テープである。**図２**より斜面の角度を大きくして同様の実験を行ったときに得られる記録テープはどれか。次の**ア**から**オ**の中から最も適当なものを選べ。ただし，選択肢には，台車に記録テープをつけたままの状態で示してある。また，**図３**のテープの長さと選択肢のテープの長さは同じである。

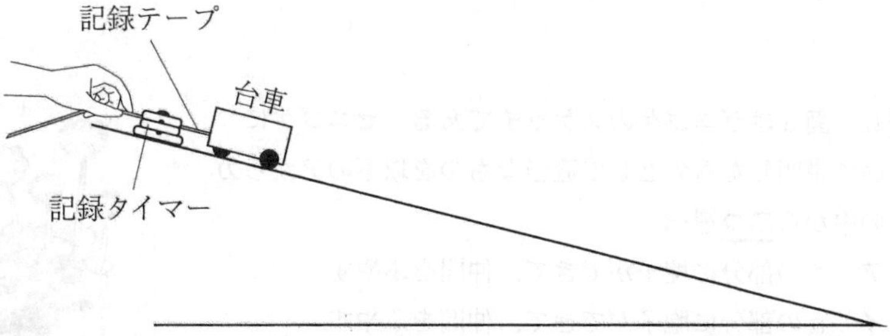

図２

図３

ア 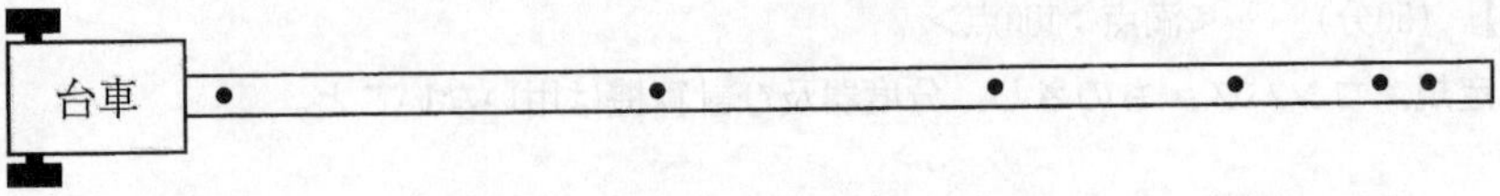


イ 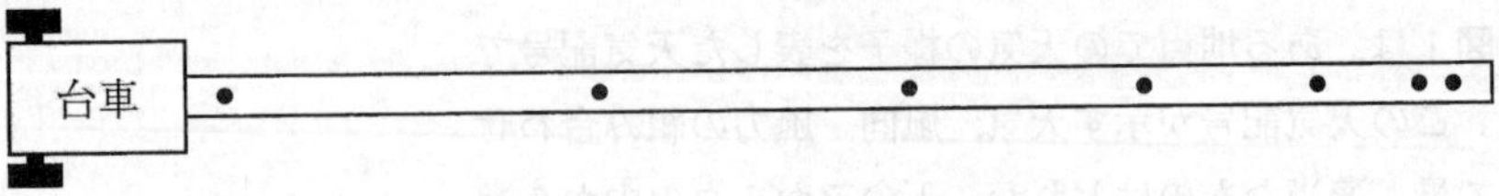


ウ 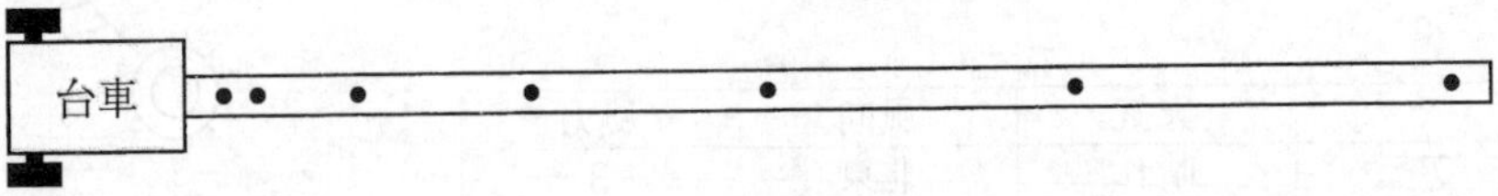


エ 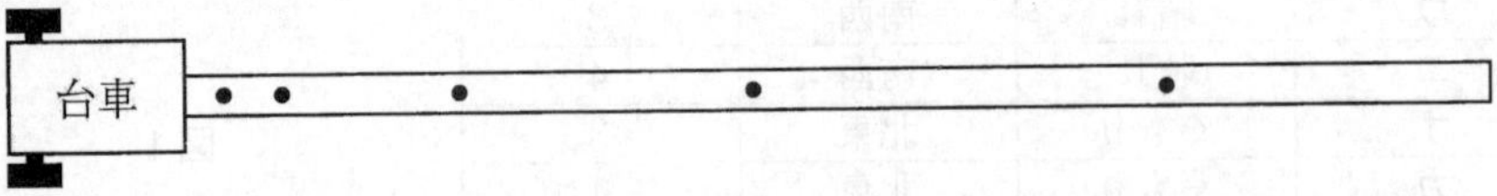


オ 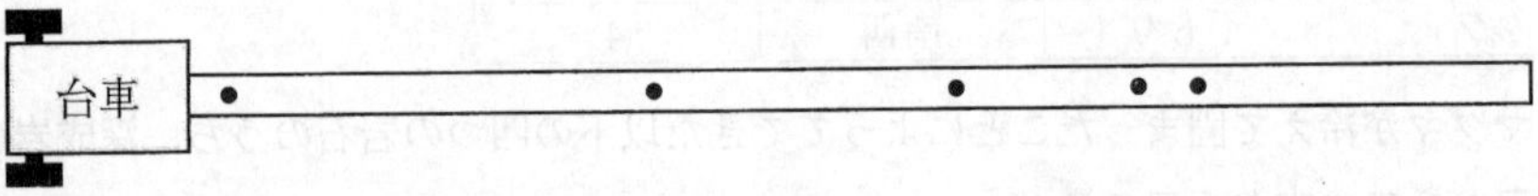


問5　図4はある植物の葉の細胞を模式的に示したものである。動物の細胞と比べたとき，植物の細胞に特徴的なつくりを図4のアからカの中から三つ選べ。

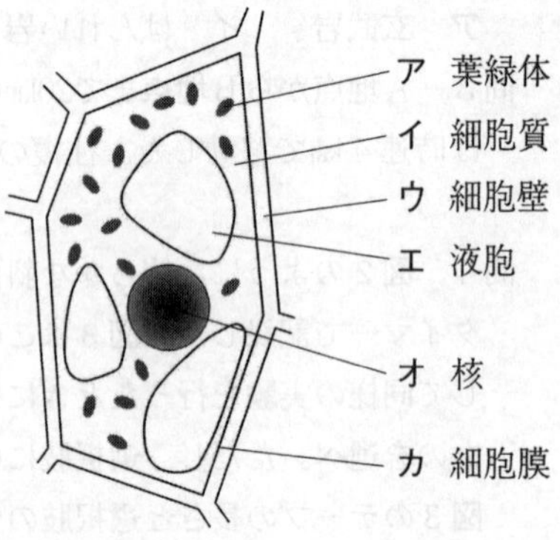


図4

問6　図5はゼニゴケのスケッチである。ゼニゴケについて説明したものとして適当なものを以下のアからカの中から二つ選べ。

ア　aの部分に種子ができて，仲間をふやす
イ　aの部分に胞子ができて，仲間をふやす
ウ　bの部分に種子ができて，仲間をふやす
エ　bの部分に胞子ができて，仲間をふやす
オ　cの部分は地下茎といい，主に水分を吸収する
カ　cの部分は仮根といい，からだを支える

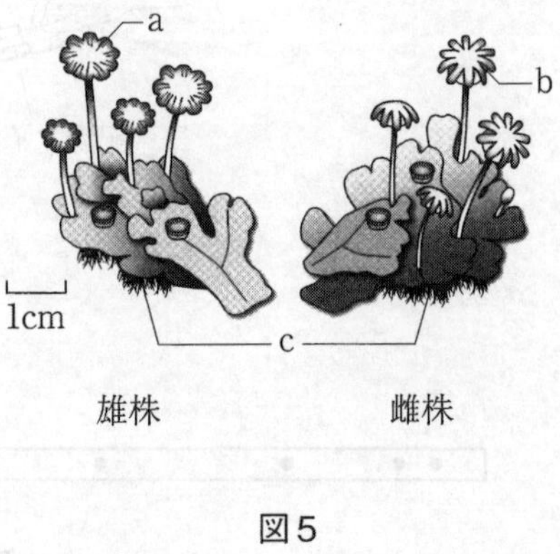


図5

問7　ステンレス皿に銅粉をのせ，十分に加熱してすべての銅粉を空気中の酸素と反応させた。**図6**は銅粉の質量と，銅と結びついた酸素の質量の関係を表したものである。以下の1と2に答えよ。

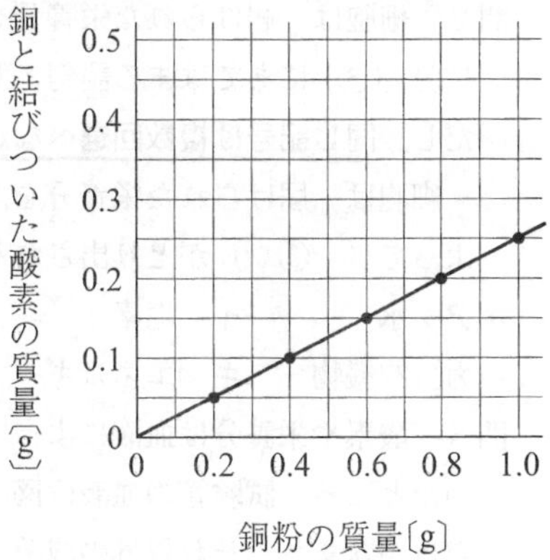


図6

1　銅粉1.6gをすべて酸素と反応させたときに得られる酸化銅の質量として，最も適当なものを以下の**ア**から**カ**の中から選べ。

**ア**　0.4g　　**イ**　0.8g　　**ウ**　1.6g

**エ**　2.0g　　**オ**　2.4g　　**カ**　3.2g

2　銅と酸素が結びつく反応の化学反応式として，最も適当なものを以下の**ア**から**エ**の中から選べ。

**ア**　$Cu + O \rightarrow CuO$　　**イ**　$Cu + O_2 \rightarrow CuO_2$

**ウ**　$Cu_2 + O \rightarrow Cu_2O$　　**エ**　$2Cu + O_2 \rightarrow 2CuO$

問8　ビーカーA，B，Cに，ある濃度のうすい塩酸10$cm^3$とBTB溶液2滴を入れた。これらのビーカーに，ある濃度の水酸化ナトリウム水溶液を異なる体積でそれぞれ加えてよく混ぜたところ，**表**のような結果が得られた。水酸化ナトリウム水溶液を加えた後のビーカーCの水溶液中に含まれるイオンのうち，最も数の多いイオンを下の**ア**から**エ**の中から選べ。

表

| ビーカー | A | B | C |
|---|---|---|---|
| うすい塩酸〔$cm^3$〕 | 10 | 10 | 10 |
| 水酸化ナトリウム水溶液〔$cm^3$〕 | 4 | 6 | 8 |
| 混ぜた後の水溶液の色 | 黄色 | 緑色 | 青色 |

**ア**　水素イオン　**イ**　水酸化物イオン　**ウ**　ナトリウムイオン　**エ**　塩化物イオン

**2**　動物は，デンプンなどの炭水化物，タンパク質，脂肪を食物として取り入れ，消化してもっと小さい栄養分にして吸収する。吸収された栄養分や酸素は，全身を循環する血液によって細胞に届けられる。以下の問1から問4に答えよ。

問1　ヒトの場合，食物に含まれるデンプン，タンパク質，脂肪は，それぞれどのような栄養分として小腸から吸収されるか。デンプン，タンパク質，脂肪のそれぞれについて，**表**の①，②，③にあてはまる最も適当なものを以下の**ア**から**キ**の中から選べ。

表

| 食物に含まれる物質 | 小腸から吸収される栄養分 |
|---|---|
| デンプン | ① |
| タンパク質 | ② |
| 脂肪 | ③ |

**ア**　アミノ酸　　**イ**　アンモニア　　**ウ**　二酸化炭素　　**エ**　ブドウ糖

**オ**　メタン　　**カ**　脂肪酸　　**キ**　酸素

問２　細胞は，届けられた栄養分を用いて細胞呼吸を行う。これについて記した以下の文の（①），（②），（③）にあてはまる語句として最も適当なものを以下のアからキの中からそれぞれ選べ。ただし，**同じ記号は複数回選べないものとする**。

細胞は，届けられた栄養分を，酸素を用いて（　①　）と（　②　）に分解する。この分解によって（　③　）がとり出される。

**ア**　水　　**イ**　塩素　　**ウ**　二酸化炭素　　**エ**　尿素　　**オ**　水素

**カ**　有機物　　**キ**　エネルギー

問３　酸素や栄養分は血液によって運ばれる。ヒトの血液を試験管に採取して，30分ほど静かに置いたところ，試験管の血液は図１のように上と下の２つの層に分離し，上の層には「血しょう」だけが含まれ，それ以外の成分は下の層に存在した。この時の**下の層**の成分とヘモグロビンの量について，最も適当なものをそれぞれ選べ。

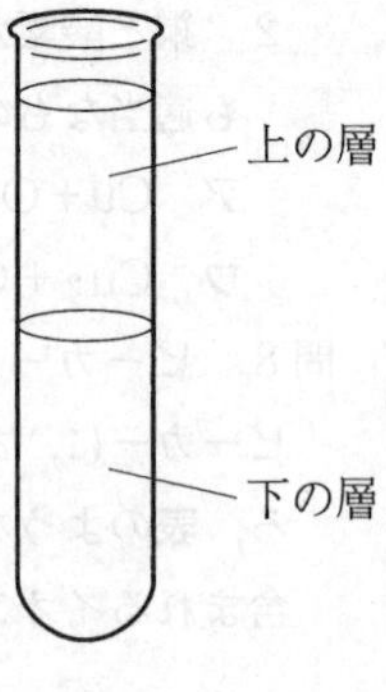

図1

[成分]

**ア**　上の層と比べて，赤血球を多く含むが白血球は少ない

**イ**　上の層と比べて，白血球を多く含むが赤血球は少ない

**ウ**　上の層と比べて，赤血球も白血球も多く含む

[ヘモグロビンの量]

**エ**　上の層と比べて，ヘモグロビンを大量に含む

**オ**　上の層と比べて，ヘモグロビンをほとんど含まない

問４　次の１と２に答えよ。

１　図２のグラフは，血液中の全ヘモグロビンのうち酸素と結びついたヘモグロビンの割合を示している。このグラフから，ヘモグロビンは酸素濃度が高いと酸素と結びつきやすく，酸素濃度が低いと酸素をはなしやすいことがわかる。この性質のため，ヘモグロビンは肺胞で酸素と結びつき，それを運んで様々な組織に渡すことができる。今，肺胞での酸素濃度が70，筋肉組織での酸素濃度が30だったとする。ヘモグロビンが肺胞から筋肉組織に到達したとき，肺胞で酸素と結びついていたヘモグロビンのうち，酸素をはなしたヘモグロビンは何％か。

アイ . ウ ％

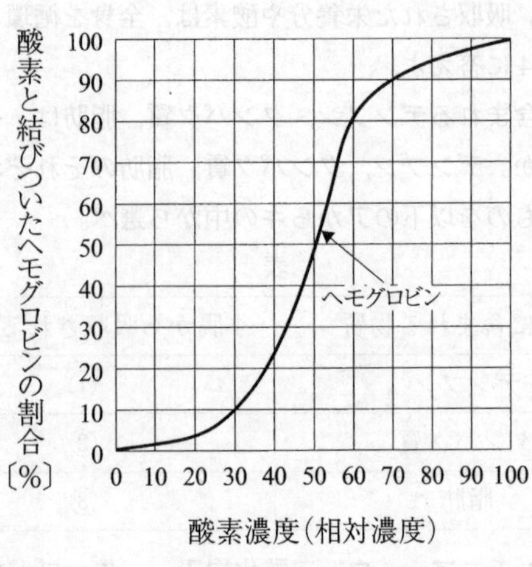

図2

2　筋肉組織にはミオグロビンと呼ばれる物質があり，これは**図3**のグラフの破線に示すように酸素と結びつく能力を持つ。ミオグロビンと酸素の結びつきについて言えることとして，最も適当なものを以下の**ア**から**エ**の中から選べ。

**ア**　酸素濃度が20の場合にはヘモグロビンより酸素をはなしにくい

**イ**　酸素濃度が80の場合にはヘモグロビンより酸素をはなしやすい

**ウ**　酸素濃度が低いほど酸素と結びつきやすい

**エ**　酸素濃度を0から30まで増加させたとき，酸素と結びついたものの割合はヘモグロビンより緩やかに増加する

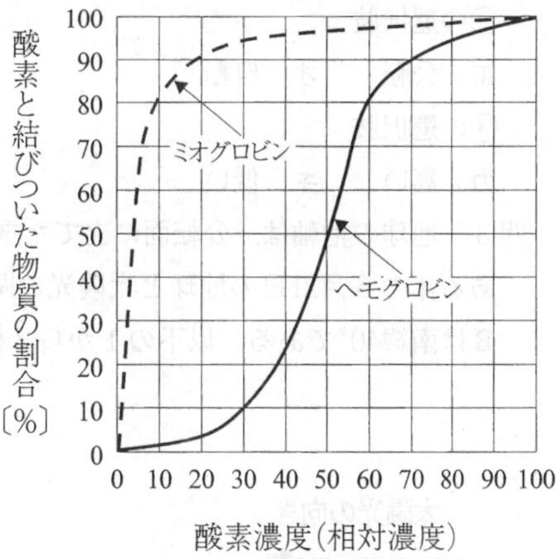


図3

**3**　地球から観測される天体について，以下の問1から問3に答えよ。

問1　太陽系内の天体のうち，(i)衛星，(ii)小惑星，(iii)太陽系外縁天体の運動について，最も適当なものを，**ア**または**イ**からそれぞれ選べ。

**ア**　太陽の周りを公転する

**イ**　惑星の周りを公転する

問2　16世紀ごろに天体望遠鏡が発明されると，夜空の星だけでなく太陽の観測も盛んに行われるようになった。**図1**は，17世紀のイタリアの天文学者ガリレオ・ガリレイが，望遠鏡を用いて3日間にわたり観測した太陽のスケッチである。図中の円は太陽の輪郭を表している。下の文章は，太陽の黒いしみのような部分についての説明文である。文章の（①），（②），（③）に当てはまる語句をそれぞれ選べ。

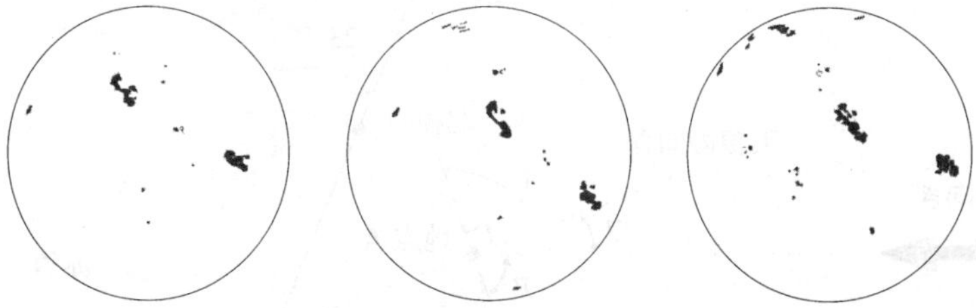

1日目　　2日目　　3日目

引用：Istoria e dimostrazioni intorno alle macchie solari e loro accidenti (1612)

図1

黒いしみのような部分を，太陽の（　①　）という。（　①　）は時間が経過するとその位置が決まった向きに移動することから，太陽が（　②　）していることが分かった。また現在では，（　①　）は周囲より温度が（　③　）部分であることが知られている。

①の選択肢

**ア**　プロミネンス　　**イ**　黒点　　**ウ**　コロナ

②の選択肢

**エ**　公転　　**オ**　自転

③の選択肢

**カ**　高い　　**キ**　低い

問３　地球の地軸は，公転面に立てた垂線に対して23.4°傾いていることが知られている。**図２**は，ある年の６月21日の地球と太陽光の関係を模式的に表した図である。**地点A**は北緯40°で，**地点B**は南緯40°である。以下の１から３に答えよ。

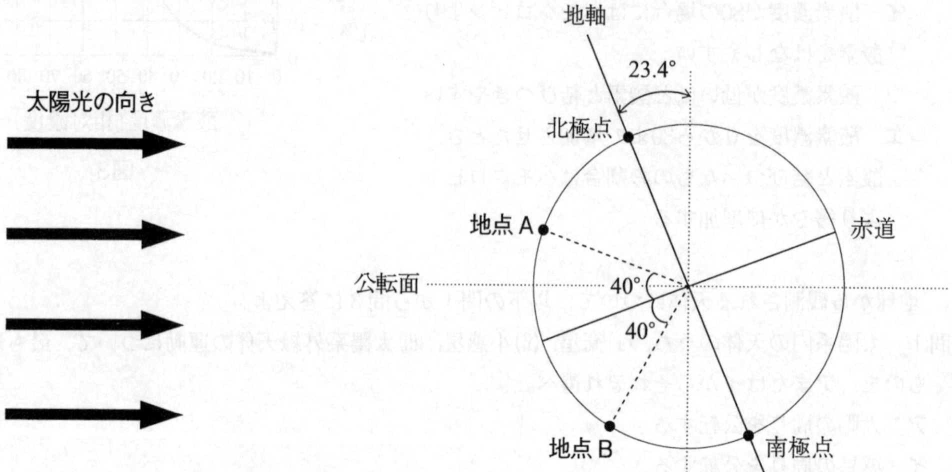


図２

１　**図３**は，**地点A**に地平線を描き加えたものである。**地点A**における南中高度を表しているものとして正しいものを，図中の**ア**から**ウ**の中から選べ。

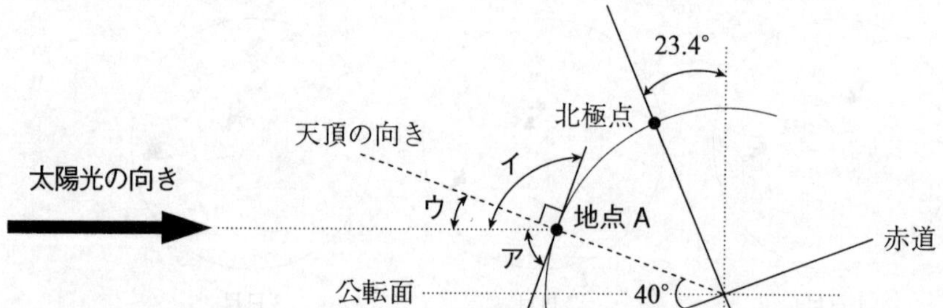


図３

２　**地点A**における，この日の太陽の南中高度はいくらか。

アイ . ウ °

3　**図 4** は，**図 2** の**地点 B** に透明半球を置いたものである。この日の太陽の動きを，日の出から日の入りまで記録した図として，最も適当なものを下の**ア**から**ク**の中から選べ。ただし，選択肢中の矢印は太陽が移動する向きを示すものとする。

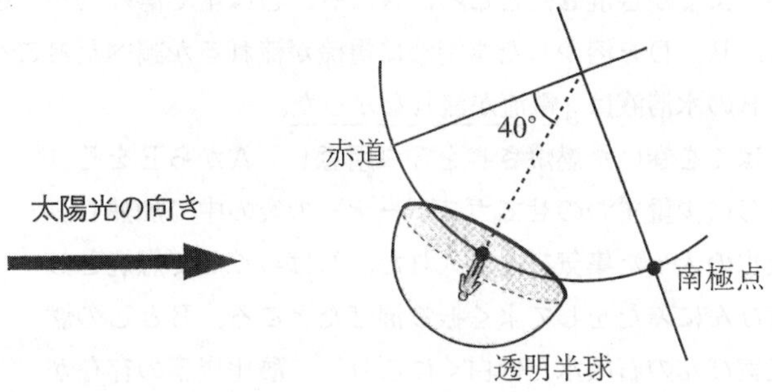


図 4

ア

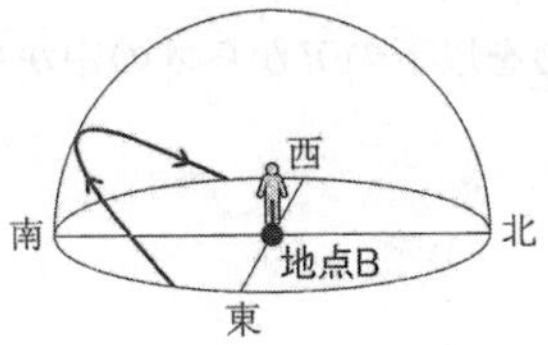


イ

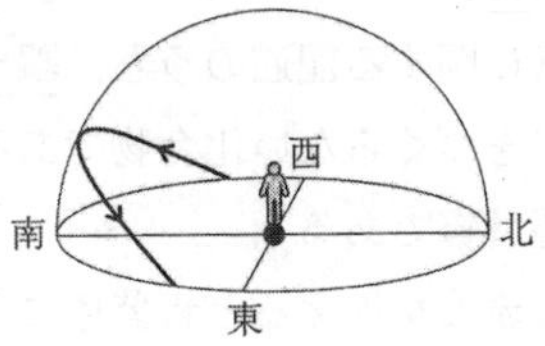


ウ

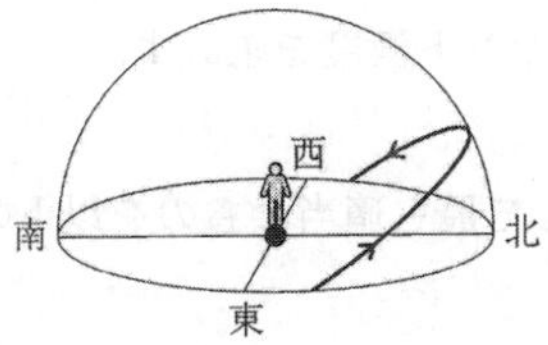


エ

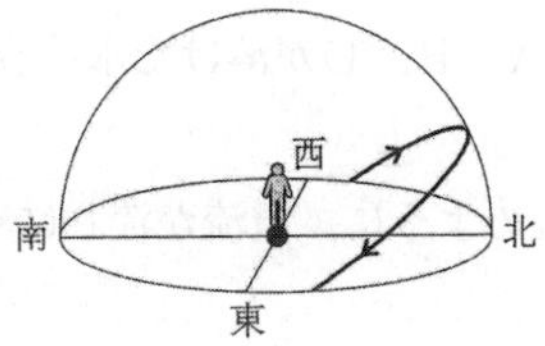


オ

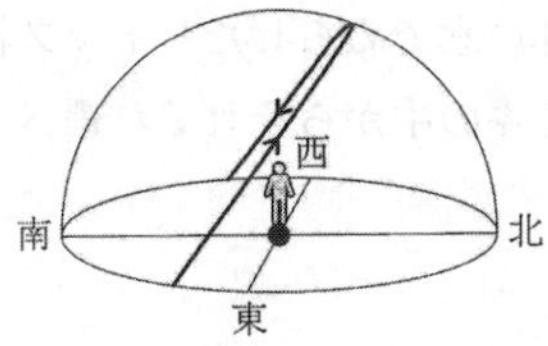


カ

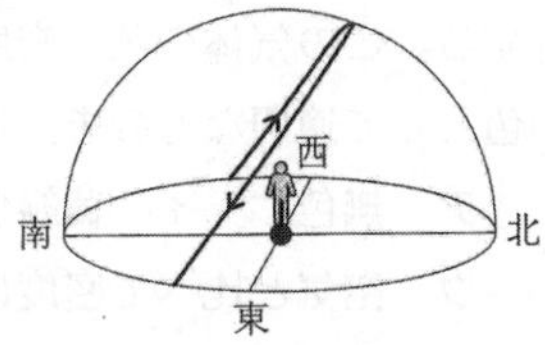


キ

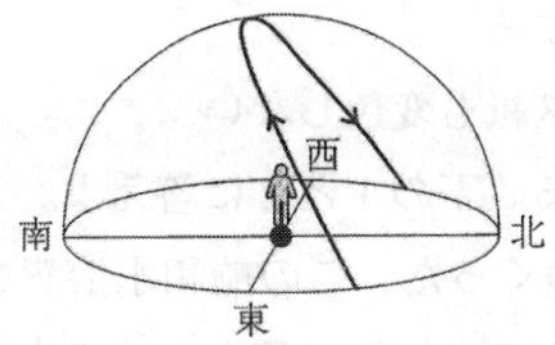


ク

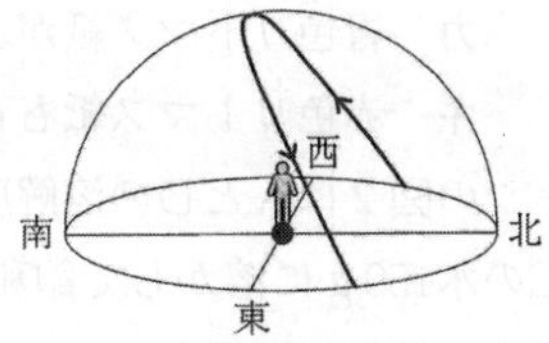

**4** 白色固体A，B，C，D，Eは砂糖，塩化ナトリウム，塩化アンモニウム，硫酸バリウム，デンプンのいずれかである。［Ⅰ］から［Ⅲ］の実験について，下の問1から問5に答えよ。

［Ⅰ］ 異なるビーカーにAからEをそれぞれ10gずつ入れた。そこに純粋な水（蒸留水）を60gずつ加えてガラス棒でよくかき混ぜたところ，A，B，Dは全て溶けたが，CとEは溶けずに残った。つづいて，A，B，Dを溶かした水溶液に電流が流れるか調べたところ，AとDの水溶液は電流が流れたが，Bの水溶液は a電流が流れなかった。

［Ⅱ］ アルミニウムはくを巻いた燃焼さじを5つ用意し，AからEをそれぞれ異なる燃焼さじに少量ずつのせてガスバーナーの炎の中で加熱し，**図1**のように石灰水の入った集気びんに入れた。しばらくして燃焼さじを取り出し，集気びんにふたをしてよく振り混ぜたところ，BとCの燃焼さじを入れた集気びんの石灰水だけ白くにごり，二酸化炭素の存在が確認された。

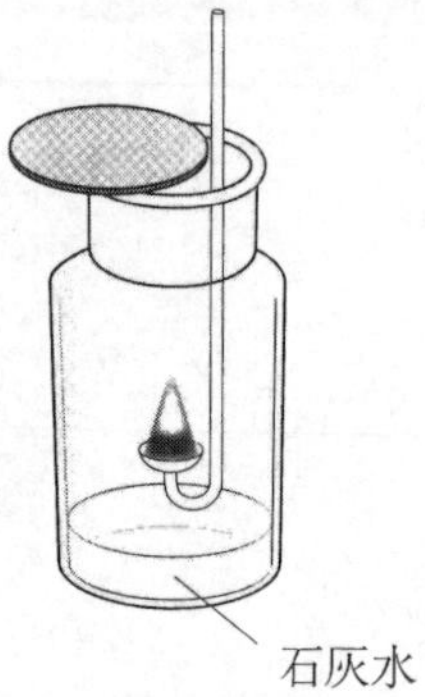


図1

［Ⅲ］ 異なる試験管に少量のAとDをそれぞれ入れ，少量の水酸化カルシウムを加えて混合し，加熱すると，Dの試験管からのみ b刺激臭のある気体が発生した。

問1 AからEに関する記述のうち，**誤っているもの**を以下の**ア**から**オ**の中から選べ。

**ア** Aは分子をつくらない化合物である
**イ** Bは非電解質である
**ウ** Cにヨウ素液を加えると青紫色になる
**エ** Dは有機物である
**オ** Eは硫酸と水酸化バリウム水溶液の中和によって生成する塩である

問2 ［Ⅰ］でA，B，Dが溶けた水溶液の質量パーセント濃度を求めよ。

**アイ** %

問3 下線部aのように，電流が流れにくいものとして最も適当なものを以下の**ア**から**エ**の中から選べ。

**ア** 塩酸 **イ** エタノール水溶液 **ウ** 食酢 **エ** レモン果汁

問4 下線部bで発生した気体は，Dと水酸化ナトリウムを試験管中で混合し，少量の水を加えた場合にも発生する。この気体の色，密度，この気体に水でぬらしたリトマス紙をかざしたときのリトマス紙の色として適切なものを，以下の**ア**から**キ**の中からそれぞれ選べ。

［気体の色］ **ア** 無色 **イ** 黄緑色
［密度］ **ウ** 空気と比べて密度は大きい
**エ** 空気と比べて密度は小さい
［リトマス紙］ **オ** 赤色リトマス紙が青色に変色する
**カ** 青色リトマス紙が赤色に変色する
**キ** 赤色リトマス紙も青色リトマス紙も変色しない

問5 次のページの**図2**はAとDの溶解度曲線である。下の1と2に答えよ。

1 Dを70℃の水150gに溶かして飽和水溶液をつくった。この飽和水溶液を50℃まで冷やしたときに出てくる結晶の質量として，最も適当なものを以下の**ア**から**オ**の中から選べ。

**ア** 5g **イ** 10g **ウ** 15g **エ** 20g **オ** 25g

2　図２の溶解度曲線に関する記述のうち，**誤っているもの**を以下のアからエの中から選べ。

**ア**　0℃における溶解度はDよりもAの方が大きい

**イ**　70℃におけるAの飽和水溶液100ｇとDの飽和水溶液100ｇを20℃までゆっくり冷やしたとき，より多くの結晶が出てくるのはDの水溶液である

**ウ**　50℃におけるAの飽和水溶液100ｇとDの飽和水溶液100ｇをそれぞれ加熱して水を10ｇずつ蒸発させ，再び50℃にすると，どちらの水溶液からも結晶が出てくる

**エ**　異なるビーカーにAとDをそれぞれ30ｇずつはかりとり，水50ｇを加えて50℃まで加熱すると，AもDもすべて溶ける

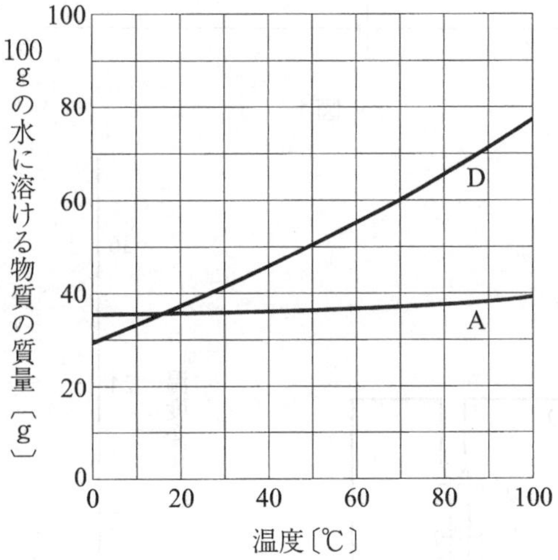


図２

**5**　以下の問１から問３に答えよ。

問１　抵抗に電流を流したときの(i)から(iii)の説明文において，正しいものは○を，誤っているものは×をそれぞれ選べ。

(i)　$\dfrac{[電流の大きさ]}{[電圧の大きさ]}$ で示される値が大きいほど，電流が流れやすいことを示す

(ii)　電圧が一定の時，一定時間の発熱量は，電流の大きさに比例して大きくなる

(iii)　並列につながれた二つの各抵抗に流れる電流の大きさは，抵抗の大きさに比例する

問２　100Ｖ－1200Ｗと表示されている電気ケトルを100Ｖのコンセントで２分間使用したときに発生する熱量はいくらか。

**アイウ** kJ

問３　それぞれ$R_1$，$R_2$，$R_3$の大きさの抵抗をもつ電熱線Ａ，Ｂ，Ｃを用いて次のページの**図１**のような回路を作った。次に，各電熱線を**図２**のように同じ量・同じ温度の水が入った別々の容器に入れた。**図３**はスイッチを入れてから水温が何度上昇したかを表したグラフである。ただし，水はゆっくりかき混ぜられているとし，電熱線で発生した熱量はすべて水の温度上昇に使われたものとする。あとの１から４に答えよ。

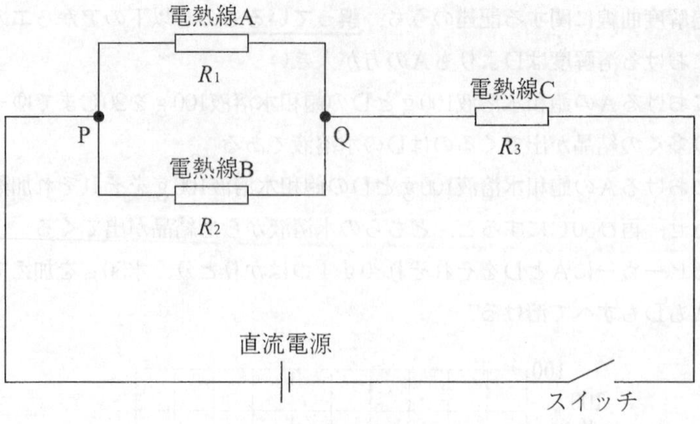


図1

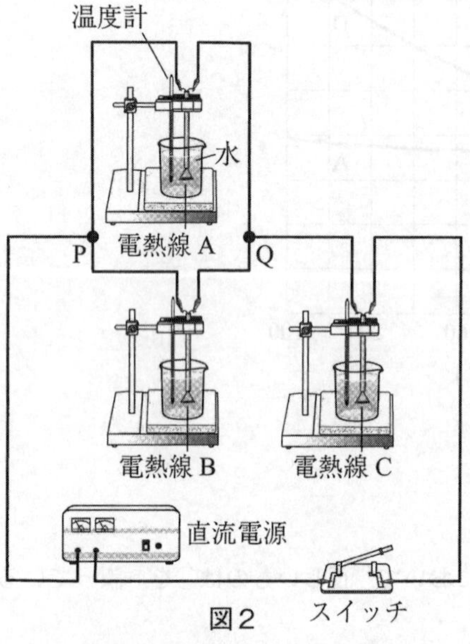


図2

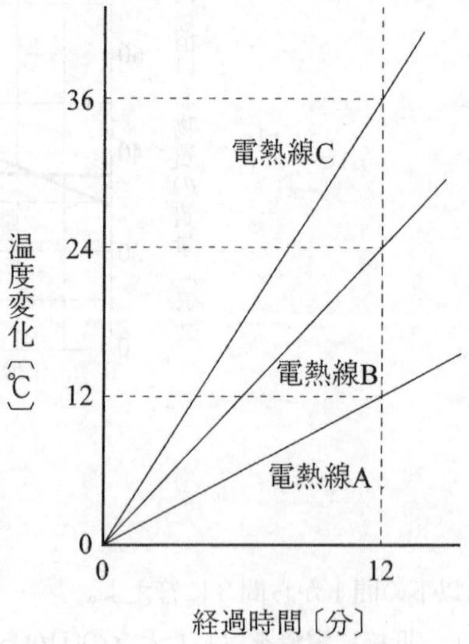


図3

1　PQ間の抵抗の大きさはいくらか。以下のアからキの中から適切なものを選べ。

ア　$R_1+R_2$　　イ　$\dfrac{1}{R_1+R_2}$　　ウ　$\dfrac{R_1-R_2}{R_1+R_2}$　　エ　$\dfrac{R_1+R_2}{R_1R_2}$　　オ　$\dfrac{R_1+R_2}{R_1-R_2}$

カ　$\dfrac{R_1+R_2}{R_2-R_1}$　　キ　$\dfrac{R_1R_2}{R_1+R_2}$

2　電熱線Aと電熱線Bに流れる電流の大きさをそれぞれ$I_1$，$I_2$としたとき，これらの比を最も簡単な整数比で表せ。

$I_1$：$I_2$＝ ア ： イ

3　電熱線A，B，Cで消費される電力量をそれぞれ$W_1$，$W_2$，$W_3$としたとき，これらの比を最も簡単な整数比で表せ。

$W_1$：$W_2$：$W_3$＝ ア ： イ ： ウ

4　電熱線A，B，Cの抵抗の大きさ$R_1$，$R_2$，$R_3$の比を最も簡単な整数比で表せ。

$R_1$：$R_2$：$R_3$＝ ア ： イ ： ウ

6 二酸化炭素は地球温暖化の要因であると考えられており，大気中の二酸化炭素濃度の増減は人間の活動にも結びついている。二酸化炭素について，以下の問1から問6に答えよ。

問1 地球環境に影響を与える二酸化炭素のはたらきとして最も適当なものを，以下の**ア**から**エ**の中から選べ。

**ア** 地表から放出される熱の一部を地表に戻す　　**イ** 太陽からの熱を増幅して地表に届ける

**ウ** 海水に溶け込んで，海水面を上昇させる　　**エ** 北極や南極にある冷たい空気を吸収する

問2 大気中の二酸化炭素濃度に関するあとの1，2に答えよ。

気象庁大気環境観測所では，世界気象機関（WMO）の「全球大気監視」(Global Atmosphere Watch: GAW) 計画の一環として，大気中の二酸化炭素濃度を観測している。次の文章は，大気中の二酸化炭素濃度の変化について述べた気象庁のホームページからの引用である。

> 濃度の変化を見ると，２つの大きな特徴があります。
>
> ・１年間の平均値を比較すると，濃度は経年増加している
>
> ・１年の中で周期的な季節変動をする
>
> 大気中二酸化炭素濃度の長期的な濃度増加の要因には，人間活動に伴う化石燃料の消費，セメント生産，森林破壊などの土地利用の変化などが挙げられます。（中略）
>
> 大気中二酸化炭素濃度の季節変動は，主に陸上生物圏の活動によるものであり，夏季に植物の光合成が活発化することにより，二酸化炭素が吸収され大気中濃度が減少し，冬季に植物の呼吸や土壌有機物の分解が優勢となり，二酸化炭素が放出され大気中の濃度が上昇します。

1 日本のある観測地点で観測された二酸化炭素濃度の変化を表したものはどれか。以下の**ア**から**エ**の中から，最も適当なものを選べ。ただし，横軸は2019年の６月から2022年の12月までの各月を表し，縦軸の単位の〔ppm〕とはparts per millionの頭文字で100万分の１を表す。

**ア**

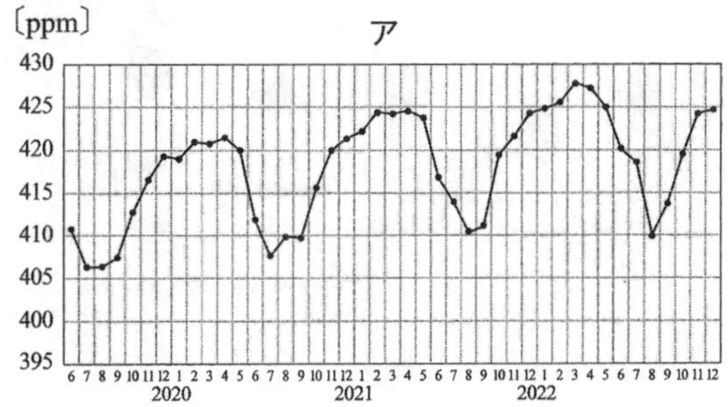


**イ**

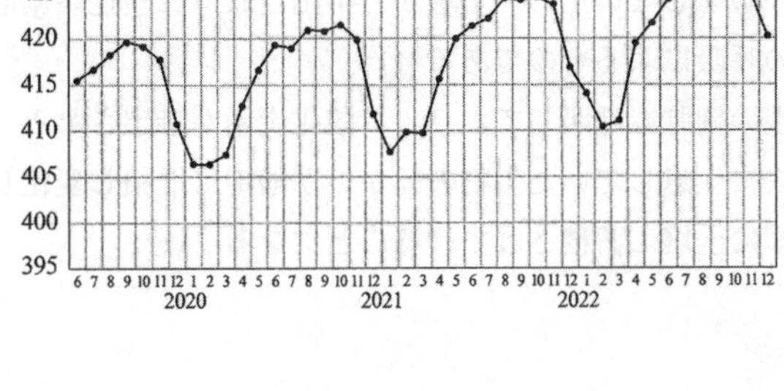

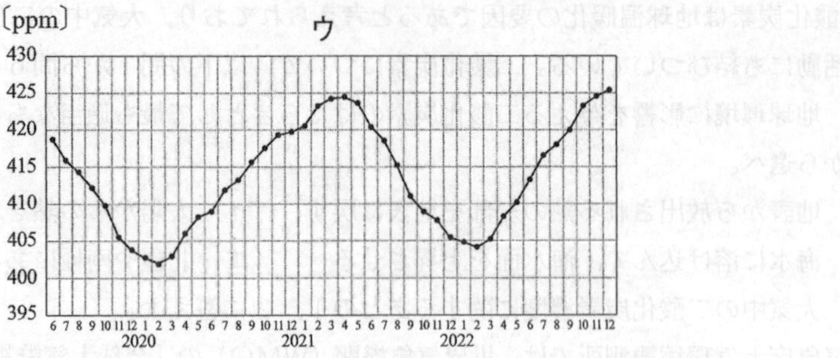


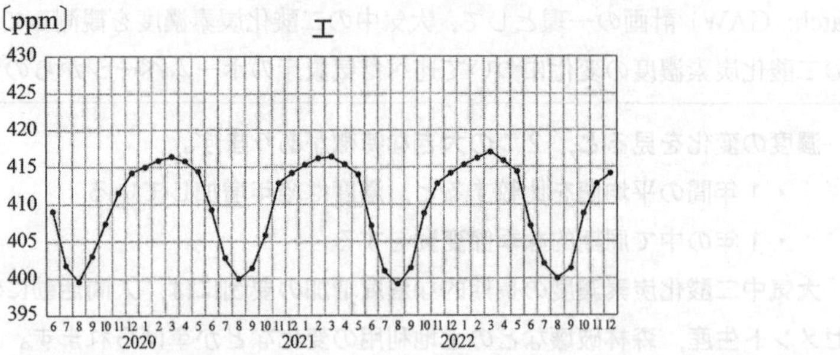


2　現在の大気中の二酸化炭素濃度として最も適当なものを，以下のアからエの中から選べ。

ア　約４％　　イ　約0.4%　　ウ　約0.04%　　エ　約0.004%

問３　図１は，地球上の二酸化炭素の循環を表したものである。これより，土壌からの二酸化炭素の排出量が最も多いことがわかる。これに関係する説明文のうち**誤りを含むもの**を，以下のアからエの中から選べ。

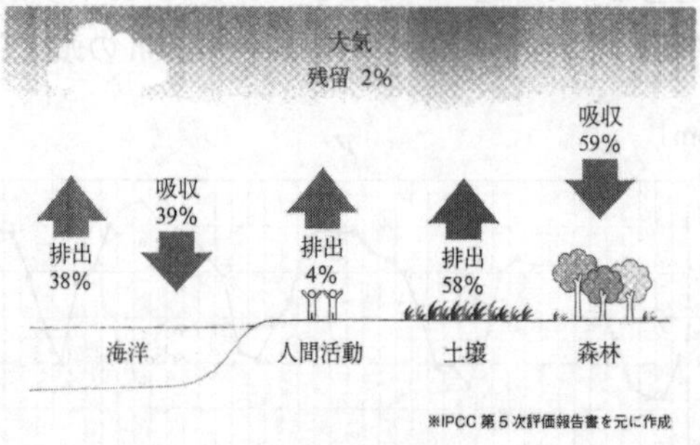


図１

ア　土壌中の小動物や菌類，細菌類は，生態系の中で消費者であるとともに分解者と呼ばれ，生物の死がいなどを分解している

イ　菌類，細菌類は呼吸をしないため，土壌から排出される二酸化炭素の多くはミミズやモグラなどの土壌小動物の呼吸によるものである

ウ　土壌中の植物の根の細胞も呼吸しており，二酸化炭素が排出される

エ　化石燃料は，過去に生息していた生物の死がいが地中に堆積し変化したものであるため，炭素の一部は循環せずに土壌に蓄積されていることになる

問４　**図２**は，大気の主成分が二酸化炭素である天体が，太陽の前を横切る様子を日本で観察した記録である。この天体を下の**ア**から**エ**の中から選べ。

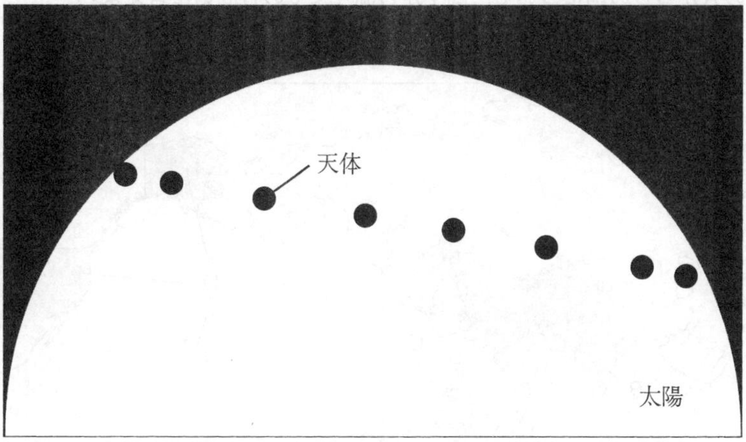


図２

**ア**　月　　**イ**　水星　　**ウ**　火星　　**エ**　金星

問５　日本において1 kWhの電気を発電する際に排出される二酸化炭素量を平均すると450 g 程度である。また，1 haの杉林が吸収する二酸化炭素の量は，一年間を通じて平均すると，一日当たり約25kgである。ある家庭の一年間の電気使用量が5500kWhのとき，この家庭が一年間で排出する二酸化炭素を一年かけて吸収するのに必要な杉林は何haか。最も適当なものを以下の**ア**から**カ**の中から選べ。

**ア**　0.03ha　　**イ**　0.06ha　　**ウ**　0.1ha　　**エ**　0.3ha　　**オ**　0.6ha　　**カ**　0.9ha

問６　乾いた空のペットボトルを，酸素，二酸化炭素，アンモニアのいずれかの気体でそれぞれ満たした。ゴム管をつないだ注射器に50mLの水を入れ，クリップで閉じて，ペットボトルにつないだ。次にクリップをはずし，水をペットボトルに入れて振り混ぜたところ，それぞれのペットボトルは下図の**ア**から**ウ**のように変形した。二酸化炭素で満たされていたペットボトルとして最も適当なものを以下の**ア**から**ウ**の中から選べ。

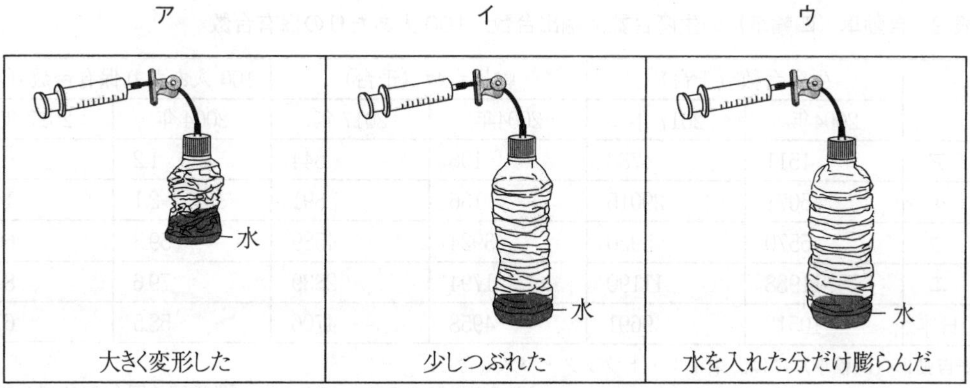

【社　会】（50分）　＜満点：100点＞

1　次の図1のAからDの国について，問1から問4までの各問いに答えよ。

図1

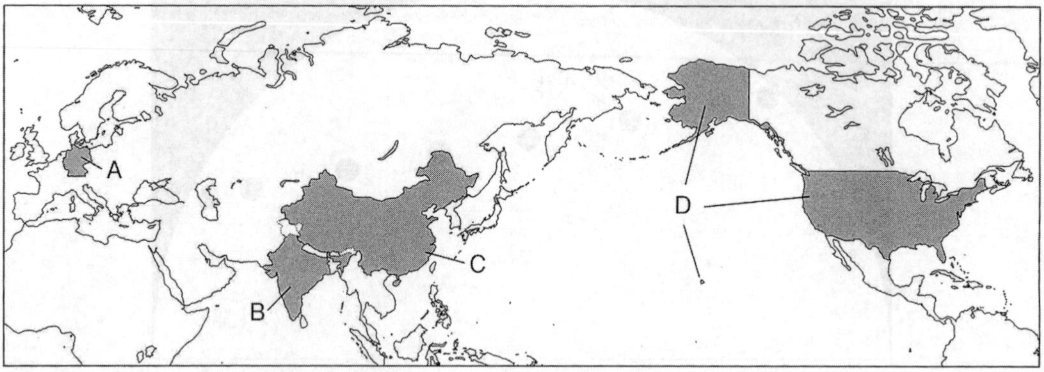


※国境線が未確定な部分には着色していない。

問1　右の表1は，図1中のAからDの国の首都で観測された月平均気温と月降水量をまとめたものである。表1中のアからエには，それぞれ図1中のAからDのいずれかの国の首都が当てはまる。図1中のBの国の首都に当てはまるものを，表1中のアからエのうちから一つ選べ。

表1　月平均気温と月降水量

| | 月平均気温（℃） | | 月降水量（mm） | |
|---|---|---|---|---|
| | 1月 | 7月 | 1月 | 7月 |
| ア | −2.8 | 27.2 | 2.1 | 170.6 |
| イ | 13.9 | 31.5 | 20.0 | 197.2 |
| ウ | 2.8 | 27.0 | 73.4 | 109.8 |
| エ | 1.0 | 19.5 | 54.4 | 83.9 |

（気象庁ホームページより作成）

問2　次の表2は，図1中のAからDの国と日本における自動車（四輪車）の生産台数，輸出台数，100人あたり保有台数を示しかものである。表2中のアからエには，それぞれ図1中のAからDのいずれかの国が当てはまる。図1中のCに当てはまるものを，表2中のアからエのうちから一つ選べ。

表2　自動車（四輪車）の生産台数，輸出台数，100人あたりの保有台数

| | 生産台数（千台） | | 輸出台数（千台） | | 100人あたり保有台数（台） | |
|---|---|---|---|---|---|---|
| | 2004年 | 2017年 | 2004年 | 2017年 | 2004年 | 2017年 |
| ア | 1511 | 4783 | 196 | 844 | 1.2 | 3.5 |
| イ | 5071 | 29015 | 136 | 891 | 2.1 | 14.7 |
| ウ | 5570 | 5920 | 3924 | 4589 | 59.3 | 60.6 |
| エ | 11988 | 11190 | 1794 | 2839 | 79.6 | 84.9 |
| 日本 | 10512 | 9691 | 4958 | 4706 | 58.5 | 61.2 |

※自動車（四輪車）には，乗用車・トラック・バスも含む。

（『世界国勢図会 2006/07年版』，『世界国勢図会 2020/21年版』，『世界自動車統計年報 第18集（2019）』より作成）

問３　次の**図２**中のＸからＺのグラフは，綿花，原油，鉄鉱石のいずれかの輸入額上位５か国とその割合を示したものである。**図２**中のＡからＤは，**図１**中のＡからＤと同じ国を示している。ＸからＺの組み合わせとして正しいものを，下の**ア**から**カ**のうちから一つ選べ。

図２　品目別輸入額上位５か国とその割合（2021 年）

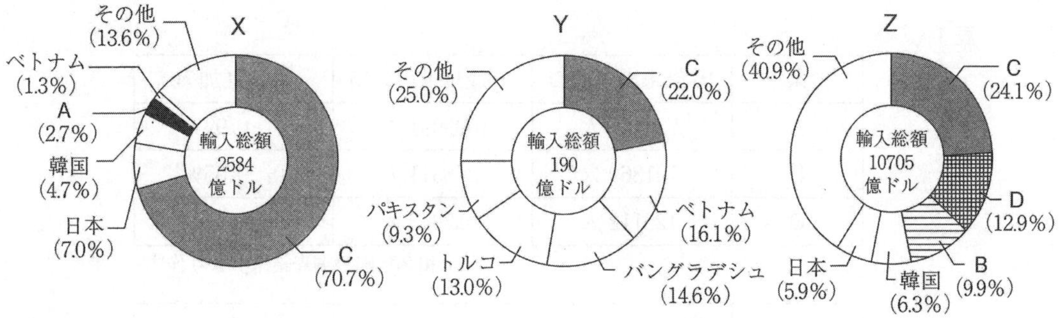


※その他は，輸入額６位以下の国の総計を示している。

（『国際連合貿易統計年鑑 70 集 (2021)』より作成）

| | ア | イ | ウ | エ | オ | カ |
|---|---|---|---|---|---|---|
| X | 綿花 | 綿花 | 原油 | 原油 | 鉄鉱石 | 鉄鉱石 |
| Y | 原油 | 鉄鉱石 | 綿花 | 鉄鉱石 | 綿花 | 原油 |
| Z | 鉄鉱石 | 原油 | 鉄鉱石 | 綿花 | 原油 | 綿花 |

問４　次の**表３**は，**図１**中のＡからＤの国と日本における経済成長率，$CO_2$（二酸化炭素）総排出量，$CO_2$一人あたり排出量をまとめたものである。**表３**中の**ア**から**エ**には，それぞれ**図１**中のＡからＤのいずれかの国が当てはまる。**図１**中のＡに当てはまるものを，**表３**中の**ア**から**エ**のうちから一つ選べ。

表３　各国の経済成長率，$CO_2$（二酸化炭素）総排出量，$CO_2$一人あたり排出量

| | 経済成長率（%） | | $CO_2$総排出量（百万 t） | | $CO_2$一人あたり排出量（t） | |
|---|---|---|---|---|---|---|
| | 1995年 | 2018 年 | 1995年 | 2018 年 | 1995 年 | 2018 年 |
| ア | 11.0 | 6.7 | 2900 | 9823 | 2.4 | 7.0 |
| イ | 7.6 | 6.5 | 703 | 2372 | 0.7 | 1.7 |
| ウ | 2.7 | 2.9 | 5074 | 4987 | 19.0 | 15.0 |
| エ | 1.5 | 1.1 | 857 | 704 | 10.5 | 8.4 |
| 日本 | 2.6 | 0.6 | 1118 | 1100 | 8.9 | 8.6 |

（『国際連合世界統計年鑑 63 集 (2020)』,『国際連合世界統計年鑑 65 集 (2022)』より作成）

**2** 日本の地理について，問１から問３までの各問いに答えよ。

問１　次の**表１**は，青森県，千葉県，滋賀県における2020年の15歳未満の人口と65歳以上の人口，2015年から2020年までの５年間の人口増加率を示したものである。**表１**中の**A**から**C**は，青森県，千葉県，滋賀県のいずれかに当てはまる。組み合わせとして正しいものを，下の**ア**から**カ**のうちから一つ選べ。

表１

| 県 | 15 歳未満の人口 | 65 歳以上の人口 | 人口増加率 |
|---|---|---|---|
| A | 734496 人 | 1699991 人 | 0.99% |
| B | 191369 人 | 365311 人 | 0.05% |
| C | 129112 人 | 412943 人 | －5.37% |

（「令和２年国勢調査結果」より作成）

| | ア | イ | ウ | エ | オ | カ |
|---|---|---|---|---|---|---|
| 青森県 | A | A | B | B | C | C |
| 千葉県 | B | C | A | C | A | B |
| 滋賀県 | C | B | C | A | B | A |

問２　次の**図**は，都道府県別の就業者数に占める第一次産業，第二次産業，第三次産業それぞれの就業者の割合が全国で上位10位以内の都道府県を塗りつぶして示した地図である。**図**の**A**から**C**は，それぞれ第一次産業，第二次産業，第三次産業のいずれかに当てはまる。組み合わせとして正しいものを，下の**ア**から**カ**のうちから一つ選べ。

図

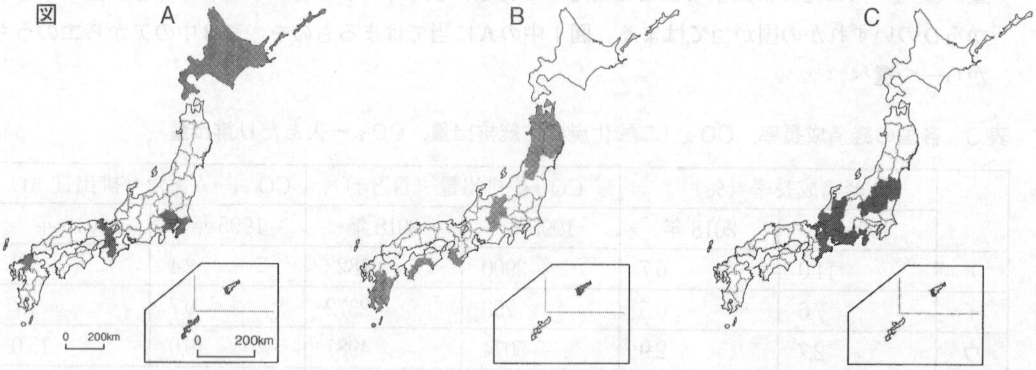


（「令和２年国勢調査結果」より作成）

| | ア | イ | ウ | エ | オ | カ |
|---|---|---|---|---|---|---|
| 第一次産業 | A | A | B | B | C | C |
| 第二次産業 | B | C | A | C | A | B |
| 第三次産業 | C | B | C | A | B | A |

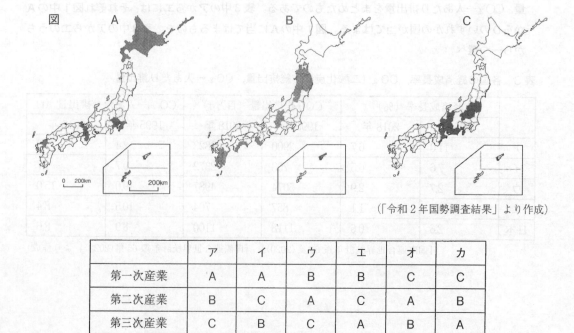

問３　次の**表２**，**表３**は，２種類の統計資料について，北海道，埼玉県，山梨県，京都府の四つの道府県に関する数値を抜粋したものである。**表２**は，宿泊施設への外国人の延べ宿泊者数（２月，８月，１年間），日本人も含めた１年間の延べ宿泊者数に占める外国人の割合を示したものである。**表３**は，日本に居住する人で四つの道府県を主な目的地として訪れた国内旅行者について，宿泊旅行者と日帰り旅行者に分けて延べ人数を示したものである。なお，延べ人数とは人数×回数（泊数）を示す。

**表中のア**から**エ**は，**表２**，**表３**ともに同じ道府県を示している。下に示す**各道府県の状況**も参考にして，北海道に当てはまるものを，**表中のア**から**エ**のうちから一つ選べ。

表２　外国人宿泊者数に関する統計（2019年）

| 道府県 | 外国人の延べ宿泊者数 | | | １年間の延べ宿泊者数に占める外国人の割合 |
|---|---|---|---|---|
| | ２月 | ８月 | １年間 | |
| ア | 743770人 | 1036180人 | 12025050人 | 39.11% |
| イ | 1236540人 | 646280人 | 8805160人 | 23.81% |
| ウ | 167950人 | 177970人 | 2054960人 | 22.65% |
| エ | 12430人 | 16100人 | 219520人 | 4.04% |

（「宿泊旅行統計調査」より作成）

表３　日本に居住する人の国内旅行に関する統計（2019年）

| 道府県 | 訪れた宿泊旅行者の延べ人数 | 訪れた日帰り旅行者の延べ人数 | 訪れた旅行者の延べ人数（宿泊と日帰りの合計） |
|---|---|---|---|
| ア | 837万人 | 1027万人 | 1864万人 |
| イ | 1847万人 | 849万人 | 2696万人 |
| ウ | 512万人 | 618万人 | 1130万人 |
| エ | 405万人 | 878万人 | 1283万人 |

（「旅行・観光消費動向調査」より作成）

**各道府県の状況**

北海道　豊かな自然が観光客を呼び寄せており，良質の雪を求め海外からのスキー客も多い。
埼玉県　首都圏に位置し，仕事での宿泊客は多いが，県の人口に対して観光客は少ない。
山梨県　東京から近く，高原や湖，温泉などの観光資源がある。夏には富士山への登山客も多い。
京都府　古くからの都市があり，有名な寺社なども多く，外国人にも知られた観光地である。

**3** 右のＡからＣの３枚の地図は，ある地域の約50年前，約25年前，最近の２万５千分１地形図の同じ範囲を拡大して加工したものである。これらを見て，問１，問２に答えよ。

（編集の都合により88％に縮小してあります。）

問１　３枚の地図を年代の古いものから新しいものの順に並べたものとして正しいものを，次の**ア**から**カ**のうちから一つ選べ。

**ア**　Ａ→Ｂ→Ｃ

**イ**　Ａ→Ｃ→Ｂ

**ウ**　Ｂ→Ａ→Ｃ

**エ**　Ｂ→Ｃ→Ａ

**オ**　Ｃ→Ａ→Ｂ

**カ**　Ｃ→Ｂ→Ａ

問２　これらの地図から読み取れることとして正しいものを，次の**ア**から**カ**のうちから一つ選べ。

**ア**　Ａでは,「たろう」駅の東側から海までの間に畑と針葉樹林がある。

**イ**　Ａでは,「たろう」駅の南に町役場がある。

**ウ**　Ｂでは,「たろう」駅の南西の河川沿いに果樹園が広がっている。

**エ**　Ｂの「たろう」駅の南東には，標高130m以上の山がある。

**オ**　Ｃでは,「新田老駅」の西に図書館がある。

**カ**　Ｃでは，海岸線から100m以内に神社がある。

**4** 次の**地図**中のＡからＦは，古代の文明が栄えた地域の河川である。これを見て，問１，問２に答えよ。

地図

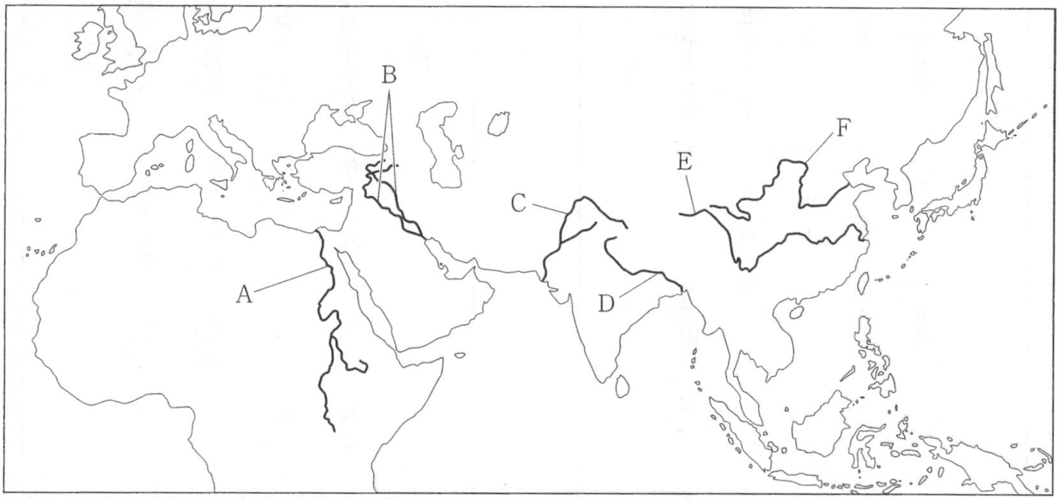


問１　右の**写真**の中の文字は，古代の文明で使用されていたもので，いまだに解読されていない。この文字が使用されていた文明が栄えた地域の河川を，次の**ア**から**カ**のうちから一つ選べ。

**ア**　Ａ　　**イ**　Ｂ　　**ウ**　Ｃ
**エ**　Ｄ　　**オ**　Ｅ　　**カ**　Ｆ

写真

問２　次のａからｅの文について，**地図**中の河川Ａの中・下流域に栄えた文明に関する説明として正しいものの組み合わせを，下の**ア**から**コ**のうちから一つ選べ。

ａ　都市国家の一つであるアテネでは，成年男性からなる市民が参加する民会を中心に民主政がおこなわれた。
ｂ　モヘンジョ・ダロなどの都市では，整然とした道路や下水路などが整備された。
ｃ　紀元前3000年ごろに統一王国ができ，神殿やピラミッドがつくられた。
ｄ　月の満ち欠けに基づく太陰暦《たいいんれき》や，時間を60進法で測ること，１週間を７日とすることが考え出された。
ｅ　川のはんらんの時期を知るために天文学が発達し，１年を365日とする太陽暦がつくられた。

| ア | イ | ウ | エ | オ | カ | キ | ク | ケ | コ |
|---|---|---|---|---|---|---|---|---|---|
| a・b | a・c | a・d | a・e | b・c | b・d | b・e | c・d | c・e | d・e |

**5** ケンタさんは税制の歴史について授業で発表することになった。異なる時代の税について調べてノートにまとめ，税の徴収に使われた帳簿を書き写して次のページの**資料１**，**資料２**を作成したが，調べた内容と資料との関係がわからなくなってしまった。**資料１**，**資料２**を見て，問１から問３までの各問いに答えよ。

資料1

（略）

中田　七畝《せ》十五歩《ぶ》　九斗《と》　源左衛門尉《げんざえもんのじょう》

下田　五畝十五歩　六斗五合《ごう》　同人

中田　二畝　二斗四升《しょう》　同人

下田　四畝　四斗四升　同人

中田　二反《たん》五畝　三石《こく》　市兵衛《いちべえ》

（略）

資料2

（略）

戸主《こしゅ》大神部荒人《おおみわべのあらひと》　年五十七歳　正丁《せいてい》　課戸《かこ》

妻中臣部与利売《なかとみべのよりめ》　年六十七歳　耆妻《きさい》

男《むすこ》大神部伊止甫《いしほ》　年二十六歳　兵士　嫡子《ちゃくし》

女《むすめ》大神部妹津売《いもつめ》　年十六歳　小女　嫡女《ちゃくじょ》

（略）

※いずれの資料も文字を読みやすく書き改め，一部に読みがなをつけたが，人名の読みは推定である。

※反・畝・歩は面積の単位，石・斗・升・合は容積の単位，正丁＝21～60歳の男性，課戸＝税を負担する男性がいる戸，耆妻＝66歳以上の妻，小女＝4～16歳の女児，嫡子・嫡女＝長男・長女。

問１　次のＡからＣは，ケンタさんが異なる時代の税について調べてまとめたノートの一部である。**資料１**，**資料２**は，それぞれＡからＣのうちのいずれかに関連している。ＡからＣと**資料**の組み合わせとして正しいものを，下の**ア**から**カ**のうちから一つ選べ。

Ａ　戸籍に登録された６歳以上の人々には，性別や身分に応じて口分田が与えられ，人々は，男女ともに，口分田の面積に応じて収穫した稲の約３％を納めることになった。

Ｂ　田畑の善《よ》し悪《あ》しや面積，実際に耕作している百姓を検地帳に登録し，石高に応じて年貢を納めることが義務づけられた。

Ｃ　地券を発行して土地の個人所有を認め，土地所有者には地価の３％を納めさせるとともに土地の売買も可能になった。

| | ア | イ | ウ | エ | オ | カ |
|---|---|---|---|---|---|---|
| 資料１ | Ａ | Ａ | Ｂ | Ｂ | Ｃ | Ｃ |
| 資料２ | Ｂ | Ｃ | Ａ | Ｃ | Ａ | Ｂ |

問２　ケンタさんは，特に興味をもった**資料１**についてさらに調べてみることにした。**資料１**のような帳簿が使われた時代の幕府に関する説明として誤っているものを，次の**ア**から**エ**のうちから一つ選べ。

**ア**　幕府はキリスト教の禁止を徹底するため，ポルトガル船の来港を禁止し，次いで平戸のオランダ商館を長崎の出島に移した。

**イ**　８代目の将軍は，質素・倹約を命じて幕府の財政立て直しに取り組んだほか，民衆の意見を取り入れるために江戸に目安箱を設置した。

**ウ**　幕府の政策を批判する人々をきびしく弾圧した大老井《い》伊《い》直弼《なおすけ》が，江戸城に向かう途中で水戸藩の元藩士らによって暗殺された。

**エ**　幕府には将軍の補佐役として管領が置かれ，細川氏や畠山《はたけやま》氏などの有力な守護大名が任命された。

問３　発表を終えたケンタさんは，事後学習として，気になったことがらを調べて**メモ**を作成した。次の**メモ**中の ① と ② に入る語句の組み合わせとして正しいものを，下の**ア**から**エ**のうちから一つ選べ。

**メモ**

地方は国・郡・ ① に分けられ，国ごとに都から派遣されてきた国司が，地方の豪族から任命される郡司らを指揮して人々を治めた。しかし，10世紀後半になると，国司の役割は ② から徴収した税を朝廷に納めることが中心になっていった。国司のなかには，自分では任命された国に行かないで代理人を送る者や，税をきびしく取り立てて自分の収入を増やす者などが増えていき，地方の政治はしだいに乱れていった。

**ア**　①－里　　②－公領
**イ**　①－惣村　②－公領
**ウ**　①－里　　②－荘園
**エ**　①－惣村　②－荘園

**6**　次の**資料１**から**資料３**は，第一次世界大戦から第二次世界大戦の間におこった社会運動に関連する資料である。**資料１**から**資料３**を見て，問１から問４までの各問いに答えよ。

資料１

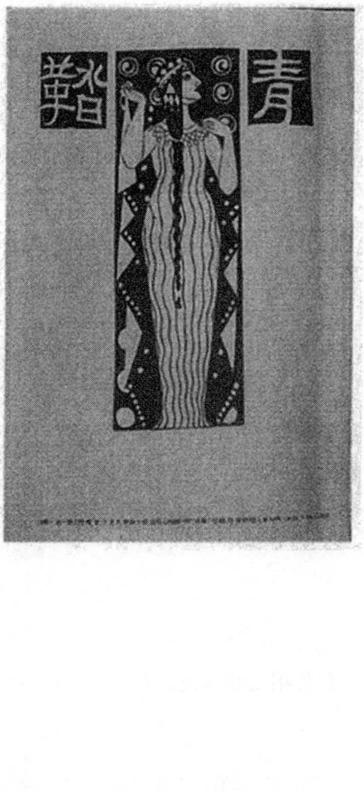


資料２

米《こめ》の騒動《さうどう》
各地に勃発す
▽富山の騒動益烈しく
▽警察部長遂に出動す
―關西方面にも波及
△一千圓の
△多數警官
△潮の如く
●漁民に同情
△魚津や生地も不穩
窮狀を哀訴す
△四方町でも
△泊町の救助
△堺の米屋續
續閉店
市民の恐慌
△女一揆
飛火す

**資料３**

※資料中の演台に立つ人物は，大会で演説する山田孝野次郎少年である。

問１　**資料１**は，女性を社会的な差別から解放し，その地位を高めようとして明治末期に発刊された雑誌の創刊号の表紙である。この創刊号に次の文章を寄せた人物を，下の**ア**から**エ**のうちから一つ選べ。なお，文章は現代語に訳し，わかりやすくするために一部を補足したり省略したりしてある。

> 元始，女性は実に太陽であった。真正の人であった。今，女性は月である。他によって生き，他の光によってかがやく，病人のように青白い顔の月である。私たちはかくされてしまった我が太陽を今や取りもどさなくてはならない。

**ア**　市川房枝　　**イ**　与謝野晶子　　**ウ**　平塚らいてう　　**エ**　津田梅子

問２　**資料２**は，富山県の漁村の女性たちが米の県外積み出しに反対し，安売りすることを要求したことからおこった騒動《そうどう》についての記事である。この騒動は，日本のシベリア出兵をきっかけとして米の値段が急上昇したことが原因であった。この騒動によって生じた政治的変化を，次の**ア**から**エ**のうちから一つ選べ。

**ア**　伊藤博文が自ら立憲政友会の結成に乗り出した。

**イ**　立憲政友会の内閣が倒れ，新たに桂太郎内閣が発足した。

**ウ**　当時の内閣が退陣し，原敬《たかし》が本格的な政党内閣を組織した。

**エ**　加藤高明《たかあき》内閣において，治安維持法が成立した。

問３　**資料３**は，被差別部落の人々が人間としての平等を求めて結成したある団体の大会の写真である。この団体が結成された年におこった出来事として正しいものを，次の**ア**から**エ**のうちから一つ選べ。

**ア**　ソビエト社会主義共和国連邦（ソ連）が成立した。

**イ**　アメリカ，イギリス，ソ連の首脳がヤルタで会談した。

**ウ**　日本とイギリスとの間で日英同盟が結ばれた。

**エ**　ドイツでは，ナチス（ナチ党，ナチス党）を率いるヒトラーが首相になった。

問４　**資料１**から**資料３**の社会運動について，**資料１**の創刊された年，**資料２**の騒動がおこった年，**資料３**の団体が結成された年を年代の古い順に並べ直したとき正しいものを，次の**ア**から**カ**のうちから一つ選べ。

**ア**　資料１→資料２→資料３　　**イ**　資料１→資料３→資料２　　**ウ**　資料２→資料１→資料３

**エ**　資料２→資料３→資料１　　**オ**　資料３→資料１→資料２　　**カ**　資料３→資料２→資料１

7　次の**資料１**は，ハルカさんが授業で調べた，人権に関する裁判の判決の内容である。**資料１**を読み，問１から問４までの各問いに答えよ。

**資料１**

憲法第19条※の規定は，同じ憲法第３章※※のその他の(1)自由権の保障についての規定と同じく，国または地方公共団体の政治に対して個人の基本的な自由と(2)平等を保障する目的をもっており，特に国または地方公共団体の関係を規律するものであり，個人と個人の相互の関係を直接規律することを想定しているのではない。このことは，(3)基本的人権という観念の成立および発展の歴史が示していることであるし，また，憲法の人権保障の規定の形式や内容をみても明らかである。

※　日本国憲法の条文［思想及び良心の自由は，これを侵してはならない］。

※※日本国憲法のうち，第10条から第40条までの，国民の権利と義務が書かれた箇所。

問１　下線部(1)に関して，自由権のうち「経済活動の自由」が争点となった裁判の説明として正しいものを，次の**ア**から**エ**のうちから一つ選べ。

**ア**　学校で使用する教科書を文部省（現在の文部科学省）が検定する制度は，憲法の禁じる検閲《けんえつ》にあたるとして訴えた裁判。

**イ**　建築工事の安全祈願のための儀式をおこなうにあたり，市が神社に公費を支出したことが政教分離の原則に反するとして，市が訴えられた裁判。

**ウ**　小説のモデルが特定の人物だとわかってしまうことはプライバシーの侵害だとして，その小説の出版の取り消しを求めて訴えた裁判。

**エ**　薬局の開設にあたって，別の薬局からの距離が一定以上でなければならないという制約があるのは職業選択の自由に反すると訴えた裁判。

問２　下線部(2)に関して，現在の日本における，さまざまな人々の平等を実現するための対策や現状の説明として正しいものを，次の**ア**から**エ**のうちから一つ選べ。

**ア**　育児・介護休業法が制定され，男性の育児休暇取得率は大幅に上昇し，現在では男女間で取得率の差は見られなくなっている。

**イ**　日本における外国人居住者は増加傾向にあり，外国人が不当な差別や不利益を受けないようにする対策が求められている。

**ウ**　アイヌ文化振興法などが制定され，同化政策を進めることによってアイヌ民族の差別解消が目指されるようになった。

**エ**　男女共同参画社会基本法によってはじめて，性別を理由として募集や採用の機会を制限することが禁じられるようになった。

問３　下線部(3)に関して，次の**資料２**は，基本的人権の歴史において重要な役割を果たしたワイマール（ヴァイマル）憲法の一部である。**資料２**についての下の**説明文**ａ，ｂの正誤の組み合わせとして正しいものを，後の**ア**から**エ**のうちから一つ選べ。

**資料２**

| |
|---|
| 第151条　経済生活の秩序は，すべての者に人間たるに値する生活を保障する目的をもつ正義の原則に適合しなければならない。この限界内で，個人の経済的自由は確保されなければならない。<br>第159条　労働条件および経済条件を維持し，かつ，改善するための団結の自由は，各人およびすべての職業について，保障される。 |

**説明文**

ａ　第151条では経済活動の自由の考え方が示されている。これは日本国憲法では，「すべて国民は，健康で文化的な最低限度の生活を営む権利を有する」という条文で保障されている。

ｂ　第159条では労働者の団結の権利が示されている。これは日本国憲法では，団体交渉権，団体行動権とならぶ労働三権の一つとして保障されている。

**ア**　ａ－正　ｂ－正　　**イ**　ａ－正　ｂ－誤　　**ウ**　ａ－誤　ｂ－正　　**エ**　ａ－誤　ｂ－誤

問４　前のページの**資料１**には，立憲主義の考え方が反映されていると考えられる。**資料１**から読み取ることのできる，立憲主義における憲法の意義として最も適当なものを，次の**ア**から**エ**のうちから一つ選べ。

**ア**　憲法とは，国または地方公共団体が政治をおこなうあり方を定め，権力の濫用《らんよう》から国民の人権を守るという意義をもつ。

**イ**　憲法とは，国家権力に反する行動をとる人間を取り締まり，犯罪に対する処罰を明確化するという意義をもつ。

**ウ**　憲法とは，家族関係や雇用関係など，個人と個人の関係を規制し，人々の日常生活の秩序を保つという意義をもつ。

**エ**　憲法とは，国または地方公共団体の統治者が国民を統治しやすくするための手段としての意義をもつ。

**8**　次に示すのは，中学生Ａ，Ｂ，Ｃが市内の若者シンポジウムに参加した時の一場面である。これを読み，問１から問３までの各問いに答えよ。

| |
|---|
| 司会：では次のテーマです。現在わが国では，政府の財政赤字が長年の課題となっています。この課題をどのように解決すればよいでしょうか。まずは参加者のみなさんのご意見をお聞かせ下さい。<br>Ａ　：財政赤字は，政府の収入よりも支出が大きくなることでおこります。だから，政府の支出を減らせば財政赤字は解決できると思います。具体的には，国がおこなう仕事を減らせば，政府の支出も減ります。支出は税金などの収入に見合うようにすべきです。<br>Ｂ　：国の仕事を減らすことには反対です。私たちの生活を支えるために，国がするべきことはたくさんあります。政府の支出に合うように，税金など収入を増やすことで財政赤字 |

を解決するべきです。特に国が企業の努力を促《うなが》して，国全体の経済状況をよくすれば，多くの人から幅広く集められる消費税による収入が増えると思います。

C　：国の仕事を減らさず，税収を増やすことには賛成ですが，原則としてみんなが同じ税率である消費税を増やすと，所得が低い人の負担が大きくなると思います。税金は所得が高い人がなるべく多く負担するべきです。また，(1)企業などが納める法人税を，特に経営状況がよい企業を中心に増やすことも考えられます。

B　：法人税を増やせば，企業の経営が悪化してしまうかもしれません。国としても(2)景気が悪くなるのは避けたいので，国が企業を支える積極的な手立てを考えた方がいいと思います。

A　：そうするとやはり，税金を増やす方法自体に問題があります。国の仕事を減らして政府の支出を減らすことが最もよいと思います。

C　：政府でなければ解決できない社会的な課題も多くあり，その仕事まで減らしてしまっては財政赤字以外の課題を解決できません。所得の高い人から税金を多く集め，所得の低い人の生活を支えることも，政府の大切な役割です。

司会：それぞれの立場から発言してもらいました。ではこのあとは，専門家の先生のご意見を聞いて，よりよい解決策をともに考えていくことにしましょう。

問１　下線部(1)に関して，法人税と同様に，納める人と負担する人が同じである税を，次の**ア**から**エ**のうちから一つ選べ。

**ア**　関税　　**イ**　ガソリン（揮発油）税

**ウ**　消費税　　**エ**　所得税

問２　下線部(2)に関して，左下の**図１**は，景気の変動と時間との関係を模式的に表したものである。右下の**事例**の状況がおこっている時期として最も適当なものを，**図１**中の**ア**から**エ**のうちから一つ選べ。

図 1

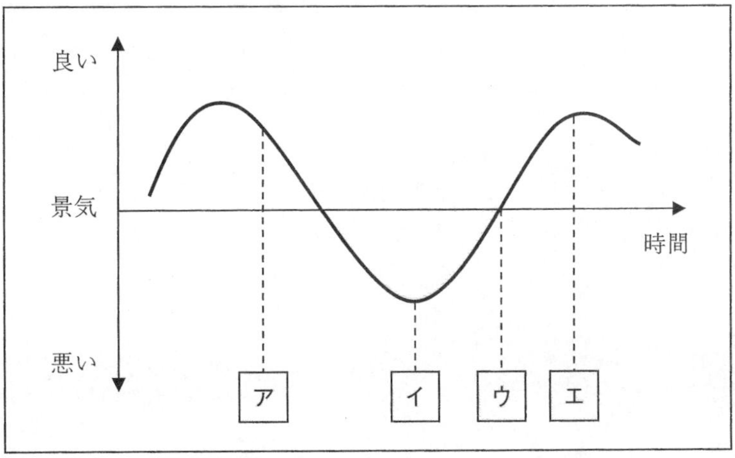


**事例**
売れ行きが悪くなる商品が出はじめ，商品の在庫が増えはじめる。人々の賃金が徐々に下がりつつあり，企業の倒産や失業者も目立ちはじめる。

問３　次の**図２**は，前ページの場面中でA，B，Cのそれぞれが述べたことを，「国民の経済的格差の改善」，「国の経済成長の進展」，「大きな政府」，「小ささな政府」の４つの観点から整理しようとしたものである。A，B，Cのそれぞれが述べたことを，**図２**中のⅠ，Ⅱ，Ⅲのいずれかに当てはめたときの組み合わせとして最も適当なものを，下の**ア**から**カ**のうちから一つ選べ。

図２

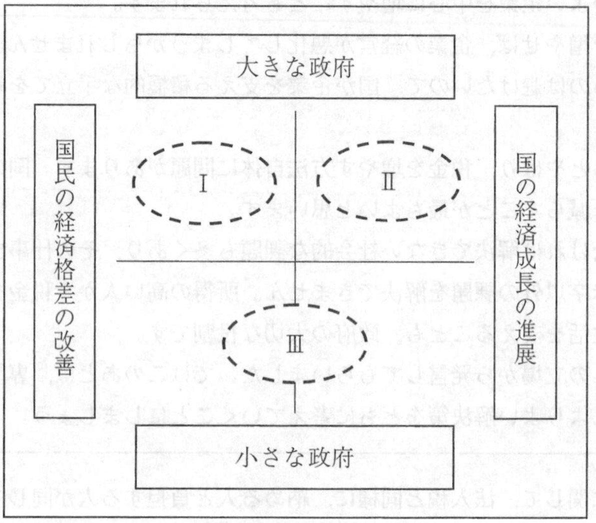


**ア**　Ⅰ－A　Ⅱ－B　Ⅲ－C　　**イ**　Ⅰ－A　Ⅱ－C　Ⅲ－B

**ウ**　Ⅰ－B　Ⅱ－A　Ⅲ－C　　**エ**　Ⅰ－B　Ⅱ－C　Ⅲ－A

**オ**　Ⅰ－C　Ⅱ－A　Ⅲ－B　　**カ**　Ⅰ－C　Ⅱ－B　Ⅲ－A

合っている。会話文の［Ⅰ］に当てはまるものを、次の**ア**から**エ**までの中から一つ選べ。

生徒1　「わたし」は、空想の世界に入り込むことが多いみたいだね。網野先生の話を聞きながら「わたしの意識は、海へと潜っていった。」とあるから、ここは海へ潜る空想をしているんだね。

生徒2　すぐ後で「だがもうわたしは、プランクトンではない。」とも言っているけど、どういうことだろう。

生徒3　この本文より前の部分に、こんな記述があったよ。

**プランクトンもいいな、とふと思った。**

**わたしが海に還るとすれば、の話だ。**

**深海魚、あるいは貝もいいと思っていたが、プランクトンが一番いいかもしれない。**

**プランクトンに生まれて、海中を漂う。自分の意思や力で泳いだりしなくていい。ただ潮の流れに任せるだけ。喜びもないけれど、苦痛もない。生きていると実感することもないだろうが、それは今も同じだ。**

**そのうちに、巨大な影が近づいてくる。シロナガスクジラだ。あっという間に飲み込まれる。**

**束《つか》の間の静寂。気づけばまた、プランクトンとして生まれている。そして、クジラの餌になる。永遠にその繰り返し。最高だ。**

本文には「わたしの息苦しい日常」とあるし、この文章には「自分の意思や力で泳いだりしなくていい。」「クジラの餌になる。永遠にその繰り返し。最高だ。」ともあるから、プランクトンになって「海に還る」というのは、日常からの現実逃避なんじゃないかな。

生徒2　じゃあ、「だがもうわたしは、プランクトンではない。」っていうのは、「わたし」の心境に何か変化があったってことだね。

生徒1　網野先生からクジラの歌や、人間には想像できないようなクジラの知性や精神の話を聞いた後では、空想の「わたし」はプランクトンじゃなく、自分の姿でクジラと泳いでいるよ。

生徒3　クジラが暗く、冷たい海で一人静かに深く考えごとをしていると知って、自分と似たものを感じたのかもしれないね。この場面では、そのままクジラと別れて、人間の姿で海面に上がってきているから、「わたし」は最後には［Ⅰ］と感じられるようになったんじゃないかな。

生徒2　そうか、だからもう「還る海をさがす」必要はない、っていうことなんだね。

**ア**　空想に頼ってばかりいなくても、いつか誰かが自分を助けてくれると信じて生きていける

**イ**　現実に傷ついてばかりいなくても、嫌なことを全て忘れることで心地よく生きていける

**ウ**　空想に逃げ込んでばかりいなくても、自分なりに現実と向き合いながら生きていける

**エ**　現実にこだわってばかりいなくても、自分が本当に望むことを空想しながら生きていける

しようとしており、それが博物館の絵にも表れていたこと。

問3　本文中に、(2)夢のある話、というか、夢みたいな話ねえ。とあるが、宮下さんがこう言ったのはなぜか。その理由として最も適当なものを、次のアからエまでの中から一つ選べ。

**ア**　とても実現するはずのない下らない話ではあるものの、想像だけなら楽しいだろうと感じたから。

**イ**　よく知られた有名な話ではあるものの、現実にあるとは信じ難い内容に行き着いてしまったから。

**ウ**　現実にあったら面白い話ではあるものの、実現する可能性はそれほどなさそうに思われたから。

**エ**　子どもの視点では希望にあふれた話ではあるものの、大人の立場では興味を持てない話だから。

問4　本文中に、(3)ただのクジラ好きのオヤジとしてなら　とあるが、網野先生がこのようにことわったのはなぜか。その理由として最も適当なものを、次のアからエまでの中から一つ選べ。

**ア**　自分はまだ研究者として勉強が足りておらず、クジラの考えていることを十分に研究し理解できているという自信がないから。

**イ**　クジラやイルカの知性については十分に解明できていないため、研究者としては明言できず、想像力を働かせるしかないから。

**ウ**　クジラの知性に関する科学的なデータは得られているものの、発掘調査の仕事が忙しく、まだ十分に研究を進めていないから。

**エ**　研究者のキャリアよりクジラ愛好家として過ごした時間の方が長く、その立場からなら自信を持って説明できると感じたから。

問5　本文中に、(4)わたしは、何だかとてもうれしくなった　とあるが、それはなぜか。その理由として最も適当なものを、次のアからエまでの中から一つ選べ。

**ア**　ヒトが発達させてきた外向きの知性では思いもよらないことを、クジラが内向きの知性で考え続けてくれている、と感じられたから。

**イ**　クジラとともに海へ潜る想像をすることで、ヒトとはまったく違うクジラの思考に触れ、その印象を深く心に刻むことができたから。

**ウ**　海で泳ぐクジラたちの音の世界に包まれることで、謎だった歌の意味を理解することができ、全身が震えるほどの感動を覚えたから。

**エ**　妄想の世界とはいえ、自分の息が続くかぎり静かな深い海のなかをクジラと自由に泳ぎまわって、この上ない満足感を得られたから。

問6　本文中に、(5)この子には、世界をありのままに見つめる人間に育ってほしい。とあるが、「わたし」は娘の将来にどんなことを期待しているか。その説明として最も適当なものを、次のアからエまでの中から一つ選べ。

**ア**　世間からの様々な評価にとらわれず、信念をもって自分の道を進んでいくこと。

**イ**　自分の好きなことに打ち込み、綿密な調査を重ねて自然の真理を発見すること。

**ウ**　自分の目に映った世界の姿を、作品として正確に写し取る芸術家になること。

**エ**　目の前の世界で自分にできることにめぐりあい、それを生かして生きていくこと。

問7　本文中の、(6)還る海をさがすことは、もうないだろう。という表現について、それがどういうことを表しているか、生徒たちが話しわるそうだ。

果穂はまだ眠っていた。風が強くなってきたので、薄手のブランケットを掛けてやる。

「この子、さっき言ってました。」わたしは宮下さんに言った。「いつか、生きてるクジラに会いに行きたいって。一緒に泳ぐそうです。」

「そう。」宮下さんは優しく微笑《ほほえ》む。「そんなこと、きっと簡単に叶えちゃうわよ。わたしもお付き合いしたいわ。水泳教室に通おうかしら。」

「じゃあ、わたしも。」頬が緩んだ。「実はわたしも、泳げないんです。」手をのばし、風で乱れた果穂の前髪を分けてやる。

(5)この子には、世界をありのままに見つめる人間に育ってほしい。わたしのように、虚《むな》しい空想に逃げたりせずに。

そうしたらきっと、宮下さんのように、何かを見つけるだろう。そしていつか、必ず何かが実るだろう。

わたしは――。

顔を上げて海に向け、ぼやけた水平線のまだ先を望む。何が見えるというわけではない。それでも、(6)還る海をさがすことは、もうないだろう。

いつの間にか、波の音がここまで響いてくるようになっていた。心地よく繰り返されるその音の向こうに、ザトウクジラの歌声をさがした。

（伊与原新《いよはらしん》「海へ還る日」新潮社　による）

（注1）　対峙＝向き合って立つこと。
（注2）　東屋＝庭園や公園内に休憩、眺望のために設けられる小さな建物。
（注3）　悟性＝物事を判断・理解する思考力。
（注4）　ニューロン＝神経細胞。

問1　本文中の、(a)かぶりを振る、(b)我に返った について、ここでの意味として最も適当なものを、それぞれ次のアからエまでの中から一つ選べ。

(a)　ア　両肩を上下に振っておどけてみせる
　　イ　頭を左右に振って否定する
　　ウ　手を左右に振って慌てたそぶりをする
　　エ　帽子を上下に振って合図する

(b)　ア　普段の意識に戻った　　イ　初心を思い出した
　　ウ　息を吹き返した　　エ　自我に目覚めた

問2　本文中に、(1)これこそ博物館にふさわしい絵だと感じた理由 とあるが、宮下さんの絵を博物館にふさわしいと感じた理由とはどんなことか。その説明として最も適当なものを、次のアからエまでの中から一つ選べ。

ア　対象をじっくりと観察し、細かな部分も見逃さないで正確に写し取ろうとする宮下さんの真剣な態度から、博物館で展示される生物の絵を描く専門家としてのプライドを強く感じられたこと。

イ　とても難しいクジラの骨の絵を淡々と描く宮下さんの仕事ぶりを見て、発掘の現場をリアルに再現している博物館の絵に、世界中の注目を集めるほど、学術的な価値があると確信できたこと。

ウ　一瞬のリズムで美しい曲線を引く宮下さんのスケッチには圧倒的な技術の高さが表れていて、博物館に展示されていた絵にも、多くの人の鑑賞にたえうる芸術性がはっきりと見て取れたこと。

エ　単に生物の形を正確に写し取るだけではなく、生物が自然の中でその形態にたどり着くまでの時間さえも、宮下さんはその絵で表現

「この地球で進化してきた(注3)悟性《ごせい》や意識には、二つの高い山がある。〝ヒト山〟と〝クジラ山〟です。ヒト山ってのはもちろん、人間を頂点とする陸の世界の山。クジラ山は、クジラやイルカが形作る、海の世界の山です。どんな山か、その高ささえわかりません。でもたぶん、その頂上には、ヒト山とはまったく違う景色が広がっている。」

「まったく違う、景色――」わたしも海を見つめてつぶやいた。

「人間は、五感を駆使してインプットした情報を発達した脳で統合して、即座にアウトプットする。言葉や文字、道具、技術を使って、外の世界に働きかける。ヒトが発達させてきたのは、言わば、外向きの知性です。

一方、光に乏しい海で生きるクジラたちは、おもに音で世界を構築し、理解している可能性がある。文字や技術を持たないので、外に向かって何かを生み出すこともほとんどありません。だったら彼らはその立派な脳を、膨大な数の(注4)ニューロンを、いったい何に使っているのか。もしかしたら彼らは、我々とは違って、もっと内向きの知性や精神世界を発達させているのかもしれない――ということなんです。私なりの言葉で言うと、クジラたちは、我々人間よりもずっと長く、深く、考えごとをしている。」

クジラの、考えごと――。

わたしの意識は、海へと潜っていった。暗く、冷たく、静かな深い海に。

だがもうわたしは、プランクトンではない。この身長一五六センチの体のまま、その十倍はあるザトウクジラと並んで潜っている。

その姿を見てすぐにわかった。これは、さっき骨として掘り出されたあのクジラだ。わたしと一緒に海に還《かえ》って、また泳ぎ出したのだ。

突然、全身が震えた。低く太い音が体の奥までしみ込んでくる。横でクジラが歌い始めたのだ。わたしもそれを真似てみるが、何を歌っているのかはまるでわからない。

クジラの頭のところまで泳ぎ、その目をのぞき込んでみる。

感情の読めない澄んだ瞳は、わたしのことなど視界に入っていないかのように、微動だにしない。確かに、考えごとに集中しているようにも見える。

どんなことを考えているか想像しようとするのだが、何も浮かばない。人の頭の中をいつも妄想しているわたしなのに、まるで見当がつかない。

息が苦しくなってきた。クジラから離れ、海面に上がっていく。光が見え、空が見えた。

胸いっぱい空気を吸い込みながら、ああ、と思う。

わたしは、わたしたちは、何も知らない。

クジラは、わたしたちには思いもよらないようなことを、海の中で一人静かに考え続けているのだ。

そして、もしかしたら、すでにその片鱗《へんりん》を知っているのかもしれない。

生命について、神について、宇宙について。

(4)わたしは、何だかとてもうれしくなった――。

「さて、私はそろそろ。」

網野先生の声で、(b)我に返った。

現場に戻る先生を、宮下さんと見送った。作業はあと二、三時間で終宮下さんの横に座った。

「何？　私の話？」先生が訊《き》く。

「ザトウクジラの歌の話ですよ。先生は直《じか》に何回も聴いてるって。ダイビングをして調査もなさるから。」

「録音されたものはイベントで聴かせていただきましたけど――」わたしが付け加える。「実際はどんなふうに聞こえるのかなと思って。」

「聞こえるというかね。」先生はひげを撫《な》でた。「音に包まれるっていうのかな。間近で潜ってると、全身に響いてくるんですよ。」

それから先生は、自身の経験談をいくつか披露してくれた。どれもわたしの息苦しい日常とはかけ離れた、別世界のような遠い海での話だった。その最後に、わたしは訊いた。

「クジラの歌を何度も聴いているうちに、彼らがどんなことを歌っているのか、感じるようになったりはしないんでしょうか。」

「なれたらいいですねえ。私はまだ修行が足りんようですが。」眉尻を下げた先生が、「そういえば。」とこちらに顔を向ける。

「こないだのトークイベントで、私、クイズを出したでしょ。ザトウクジラの声はどのぐらい先まで届くか、と。あのとき、『宇宙まで！』と答えた男の子がいたの、覚えてます？」

「ああ、いましたね。」

「実はあれ、いいとこ突いてるんですよ。NASAが一九七〇年代に打ち上げた惑星探査機に、『ボイジャー』というのがありましてね。ミッションはもうとっくに終えて、太陽系の外に出て行きました。この先はずっと、あてもなく宇宙をさまようわけなんですが。」

「はあ。」意識を宇宙に飛ばすのが得意なわたしにも、かなり急な話の展開だった。

「ボイジャーは、『ゴールデン・レコード』ってのを積んでることでも有名でしてね。世界中の言葉や音楽、自然の音なんかが録音されたレコードなんですが、その中に、ザトウクジラの歌も入ってるんですよ。」

「へえ、それはわたしも初耳。」宮下さんが目を瞬《またた》かせる。

「でも、なんでそんなものを探査機に――」わたしは、まさかと思いながら言った。

「もちろん、ボイジャーがいつか異星人と遭遇したときのためです。レコードを聴いてもらって、地球はこんなところですよ、とね。」

「やっぱり、ほんとにそうなんですね。」頭がいいのか無邪気なだけか、研究者という人種はよくわからない。

「ですからね。」先生はにやりとした。「その異星人が我々より高度な文明を持っていたり、我々とはまったく違った知性や思考パターンを持っていたりすれば、クジラの歌も読み解いてくれるかもしれませんよ。」

「(2)夢のある話、というか、夢みたいな話ねえ。」宮下さんが言う。

笑って缶コーヒーを飲み干した先生に、わたしは訊いた。

「わたし、あれからよく考えるんです。クジラやイルカの知性とか、頭の中について。先生は本当のところ、どう思ってらっしゃるんですか。」

「そうですねえ。」先生は腕組みをした。「こないだお話ししたように、わからない、わかりようがない、というのが研究者としての答えです。ですが、(3)ただのクジラ好きのオヤジとしてなら、なるほどなと思う考え方はあります。クジラやイルカを長年追い続けた、ある動物写真家が言ってることなんですがね。」

先生は、正面に広がる海に視線を向け、続ける。

**た宮下《みやした》さんが働く国立自然史博物館を訪れ、クジラの研究者網野《あみの》先生のトークイベントに参加した。その際、生物画を描く仕事をしている宮下さんに頼まれ、果穂とともに「人間の親子」の絵のモデルを引き受けた。後日、宮下さんに誘われて「わたし」と果穂は砂浜に埋められたクジラの骨の掘り出し作業を見学に来ている。**

宮下さんが護岸の斜面に腰を下ろした。リュックからスケッチブックを取り出すと、開いて膝にのせる。頭の骨をスケッチするらしい。わたしは果穂と一緒に隣りに座った。

宮下さんはしばらく骨をじっと見た。初めて見るような真剣な表情。わたしたちを描いてくれたときとは違う。これも生物画の一種だからだろうか。

鉛筆を軽く握り、ひと息に美しい曲線を引く。たぶん、上顎の部分だ。一瞬のリズムで描くと言っていた意味が、わかった気がした。

宮下さんが、視線を骨に戻す。一本線を足す。そしてまた、骨を見つめる。

単にその形を目に焼き付けているだけではないと思った。よりリアルに再現したいというだけでもないだろう。

宮下さんはきっと、骨そのものではなく、それを超えて広がる自然と対峙《たいじ》(注1)している。

一つ一つの曲線に自然が込めた意味を、漏らすことなく写し取ろうとしているのだ。進化によってその形が生まれるまでの悠久の時を、鉛筆の先で刻もうとしているのだ。

わたしは、博物館で初めて宮下さんの絵を目にしたときのことを思い出していた。あのクジラたちを見て、(1)これこそ博物館にふさわしい絵だと感じた理由が、今やっとわかった。

作業の人たちのお昼休憩に合わせて、わたしたちも宮下さんと一緒にお弁当を食べた。

掘り出し現場から百メートルほど離れたところに、テーブルとベンチが置かれた東屋《あずまや》(注2)があったので、そこに陣取っている。護岸の上で見晴らしがいい。

小さなおにぎりを二つと卵焼きを一切れ食べたところで、果穂が「ねんねする。」と言い出した。初めてだらけの半日を過ごし、疲れてしまったのだろう。ベビーカーに乗せて背もたれを倒してやると、すぐに眠ってしまった。

食事を終え、隣りで水筒のお茶を飲んでいる宮下さんに、訊《たず》ねてみる。

「宮下さんはやっぱり、クジラを何度もご覧になってるんですか。生きて泳いでるところを。」

「何度もはないわよ。小笠原でマッコウクジラを一回、沖縄でザトウクジラを一回、かな。」

「へえ、ザトウクジラも。じゃあ、歌も聴いたんですか。潜ったりして。」

宮下さんは、「まさか。」と笑って(a)かぶりを振る。

「わたし、カナヅチなのよ。ダイビングなんて、とてもとても。あ――」

掘り出し現場のほうにあごを突き出した。「何回も歌を聴いてる人が来たわよ。」

見れば、缶コーヒーを手にした網野先生だ。東屋まで来るとまずベビーカーをのぞき、「かわいいモデルさんはお昼寝か。」と言いながら、かけと見ており、両者にとって白梅の持つ意味は大きく異なっている。

**ウ**　蕪村は垣根の外の白梅に親しかった人々の息づかいを感じ、朔太郎も白梅に詠み手のかつての恋人の姿を見ており、両者ともに故郷への郷愁と懐かしい人々への思いを抱いているという点では同様である。

**エ**　蕪村は垣根と白梅からかつてそこにいた人々に思いを巡らせたが、朔太郎は白梅を少年期から今に至るまでの詠み手の感情の象徴と考えており、他者への関心という点で両者は相反する解釈をしている。

問7　本文中に、(5)俳句やことばは「アナログ」的と思われているかもしれませんが、けっしてアナログではありません。とあるが、どういうことか。その説明として最も適当なものを、次の**ア**から**エ**までの中から一つ選べ。

**ア**　俳句やことばの意味は曖昧なのでアナログ的だと思われがちだが、細部に違いはあっても基本情報が誤って伝わることは少ない。

**イ**　俳句やことばによる表現には古さが伴うのでアナログ的だと思われがちだが、現代社会でも有益な表現形式となる可能性は高い。

**ウ**　俳句やことばは解釈に幅があるのでアナログ的だと思われがちだが、それは解釈上の問題であって、元の情報が変化することはない。

**エ**　俳句やことばには誤解が生じるのでアナログ的だと思われがちだが、それは互いの知識が異なるためで、対話する上では支障がない。

問8　本文中に、Aデコード時に齟齬が発生したような一例　とあるが、これを文章【Ⅱ】で述べられている内容に当てはめる場合、「デコード時に齟齬が発生したような一例」に**該当しないもの**はどれか。破線部**a**から**d**までの中から一つ選べ。

**a**　蕪村の句の根幹に「郷愁」「母性思慕」を読み取り、その抒情性が強調されている。

**b**　この句に恋の主題を認めた

**c**　「誰むかしより」とぼかしたことのムードを評価する

**d**　一句に物語性を与え、より親しみやすい句になった

問9　文章【Ⅰ】と【Ⅱ】は、ともに蕪村の「しら梅や」の句に対する萩原朔太郎の解釈は「誤読」だと述べているが、そのように判断する根拠については、【Ⅰ】と【Ⅱ】で少し違いがある。その違いについて述べた次の説明文の［　］に当てはまる表現として最も適当なものを、**ア**から**エ**までの中から一つ選べ。

〈説明文〉　**文章【Ⅱ】（高柳克弘の『究極の俳句』）では従来の一般的な解釈をもとに朔太郎の解釈を誤読としているが、文章【Ⅰ】の対談では、これに加えて、［　］ことを根拠として誤読としている。**

**ア**　人の息づかいや香りを感じるという点では情報を共有できている

**イ**　西欧から「愛」の概念が入ってくる以前に詠まれた句である

**ウ**　エンコードからデコードという一連の流れに齟齬がない

**エ**　俳句は一万回書き写しても、書き損じがなければ情報が劣化しない

**3**　次の文章を読んで、後の問いに答えよ。

**シングルマザーとして二歳の果穂《かほ》を育てている「わたし」は、電車内で知り合っ**

を、次の**ア**から**エ**までの中から一つ選べ。

**ア**　ことばの周辺にある意味を理解することは、ＡＩにはもちろん普通の人にとっても決して容易ではないということ。

**イ**　比喩表現や抽象的な言語表現で表された意味を読み取ることは、人間には可能だがＡＩには極めて困難だということ。

**ウ**　月を恋人に見立てるなどの比喩を一つ一つ教えれば、ことばの周辺にある意味をＡＩに学ばせることが可能だということ。

**エ**　漱石の逸話のような例を背景知識として知らなければ、比喩表現や抽象的な言語表現を読み取ることはできないということ。

問4　本文中の、(2)情報のエンコード（符号化）とデコード（復元）という問題に関わってきますね。という一文は、この対話の中でどんな働きをしているか。その説明として最も適当なものを、次の**ア**から**エ**までの中から一つ選べ。

**ア**　相手の意見に同意しながらも、異分野の専門用語を用いた新たな問題を提示し、質の異なる二つの議論を並行して進めようとしている。

**イ**　それまでの話題を総括しながらも、新たな学術用語を用いて話題を転換し、それまでと全く違う内容の議論を新たに始めようとしている。

**ウ**　斬新な意見を提示しながらも、その時点での互いの意見を改めて確認することによって、議論全体の最終的な結論をまとめようとしている。

**エ**　前の話題を受け継ぎながらも、異分野の専門用語を用いることで新たな角度からその問題にアプローチし、議論を発展させようとしている。

問5　本文中の、(3)音源データのＭＰ３や画像データのＪＰＥＧの性質を、語り手はどうとらえているか。その説明として最も適当なものを、次の**ア**から**エ**までの中から一つ選べ。

**ア**　データを圧縮した側と解凍する側が異なるため、再生する際に情報の変質が起きて、それがかえって創造的な結果をもたらすことがある。

**イ**　実際は元のデータと異なるものが再生されているが、おおむね正しい上に利便性が高まるので、むしろより有益な伝達形式だと言ってよい。

**ウ**　元のデータをそのまま完全に再生することはできないため、個々人の解釈によって、受け取る情報の精度が変わってしまう危険性がある。

**エ**　厳密には元のデータと異なるものが再生されるが、人間の感覚ではその違いが区別できないので、情報を正しく伝える形式と見なしてよい。

問6　本文中の、(4)蕪村の最初の意図と、朔太郎の読み　の説明として最も適当なものを、次の**ア**から**エ**までの中から一つ選べ。

**ア**　蕪村は垣根の外の白梅にそれを植えた人の存在を感じ、朔太郎は白梅の植えられた垣根の外に詠み手の恋人がいると解釈しているが、両者ともに人の存在と懐かしさを感じているという点で共通している。

**イ**　蕪村は垣根の外の白梅にそれを植えた誰かの存在を感じたが、朔太郎は垣根の外の白梅を少年時代・青年時代の思い出をたどるきっ村の句の根幹に「郷愁」「母性思慕」を読み取り、その抒情《じょじょう》性が強調されている。

すぐれた鑑賞として評価されるとともに、そこにはいくつもの誤読も指摘されている。たとえば、

しら梅や誰《たが》むかしより垣の外　蕪村（『蕪村句集』）

の句について、朔太郎は、

昔、恋多き少年の日に、白梅の咲く垣根の外で、誰《だ》れかが自分を待っているような感じがした。そして今でもなお、その同じ垣根の外で、昔ながらに自分を待っている恋人があり、誰れかがいるような気がするという意味である。

（『郷愁の詩人　与謝蕪村』岩波文庫、一九八八年）

と解している。

しかしこの句は「この梅の木はいったい誰が、いつの頃に植えたものであろうか」（栗山《くりやま》理《り》一《いち》評釈『与謝蕪村集　小林一茶集』筑摩書房、一九六〇年）というように解するのが一般的であり、おそらくは蕪村の意図もこのとおりであっただろう。bこの句に恋の主題を認めたのは、朔太郎の誤読であるといえる。

[③]、ここに恋人の存在を感じ取るのは、けっして無理すじではない。専門家の解釈はc「誰むかしより」とぼかしたことのムードを評価するが、朔太郎の解釈はd一句に物語性を与え、より親しみやすい句になったともいえる。山下《やました》一《かず》海《み》が「創造的誤解」（岩波文庫、巻末解説）という言葉で評したように、朔太郎の解釈のほうが専門的な解釈よりその句を豊かにみせている、ともいえるのだ。これを鑑賞の側からではなく、作品の側からいえば、「創造的誤解」を生むような多義性を持った蕪村の句に力があったというべきだろう。

（高柳克弘『究極の俳句』中央公論社　による）

（注1）人口に膾炙（する）＝多くの人が口にし、広く知られる。
（注2）教師データ＝AIに学習させるために必要なデータ（情報）。
（注3）背景知識＝ある状況や問題を理解するために必要な情報。
（注4）与謝蕪村＝江戸時代の俳人。
（注5）萩原朔太郎＝大正から昭和にかけて活躍した詩人。
（注6）齟齬＝食い違うこと。
（注7）郷愁＝昔のことを懐かしむ気持ち。
（注8）子規派＝正岡子規を中心とする俳句の一流派。

問1　空欄[①]、[②]、[③]に入る語として適当なものを、それぞれアからエまでの中から選べ。**ただし、同じ記号は二回使わない。**

**ア**　だが　**イ**　すると　**ウ**　例えば　**エ**　つまり

問2　本文中の、(a)機微、(b)担保の意味として適当なものを、それぞれ次のアからエまでの中から一つ選べ。

(a)　**ア**　内部でひそかに進行する事態や状況。
**イ**　表面からはわかりにくい趣や事情。
**ウ**　状況に応じて変化する感覚や感受性。
**エ**　好意と反感の間で抱く葛藤や苦悩。

(b)　**ア**　負担となるもの　**イ**　保存するもの
**ウ**　保証となるもの　**エ**　促進するもの

問3　本文中に、(1)夏目漱石が「I love you」を「月がきれいですね」と和訳したという逸話があります。とあるが、語り手はこの逸話を紹介することでどんなことを説明しようとしているか。最も適当なもの

同じ作品でも、読み手によって解釈の幅があって、そこには時代が反映する。その時代その時代のコモンセンスは変わっていくものであるからには、作品の解釈が大きく変わっていくこともある。そのあたりは、文芸、より広くいえば、ことばに特有の問題だろうと思います。

**川村**　(2)情報のエンコード（符号化）とデコード（復元）という問題に関わってきますね。

コンピューターで情報を伝えるとき、ミスが起こってはいけません。[ ① ]、エンコードされた情報は、元の情報に正しくデコードされます。MP3というファイル形式にエンコードされた音楽が、デコードされて私たちの耳に届く。元の音源とちがうものになっては意味がありません。

(3)音源データのMP3や画像データのJPEGは「不可逆圧縮」といって元のデータとそっくり同じものには解凍できないのですが、それにしても、おおむね正しく復元されます。人間が耳で聴いたり目で見たりするぶんには、元の音源などと区別がつきません。

デコードによって同じ情報に戻るということが重要。[ ② ]、エンコードからデコードという一連の流れに(注6)齟齬《そご》がないことが、情報伝達の条件です。

**大塚**　とすると朔太郎の読みは、Aデコード時に齟齬が発生したような一例かもしれませんが、さらに広い脈絡で考えると、(4)蕪村の最初の意図と、朔太郎の読みは、恋慕という意味、何かを慕わしく思うという心の(a)機微という点では同等です。恋慕の情は、お互いに共有できているようにも思えます。

西欧から「愛」の概念が入ってくる以前の蕪村と、それ以後の朔太郎で、意図と読みがくいちがってしまいましたが、異性愛に限定せず、人をしのぶ、人の手触りを感じる、人の息づかいや香りを感じるという点では情報を共有できています。

**川村**　俳句は、ことばを使って何かを表現します。(5)俳句やことばは「アナログ」的と思われているかもしれませんが、けっしてアナログではありません。デジタルな情報です。「あ」と「い」のあいだは連続でなく不連続。「離散的」と呼ばれる情報です。

俳句は何度書き写しても、情報として劣化しません。一万回書き写しても、書き損じがなければ同じ情報です。アナログな情報は、昔のレコードや録音テープがわかりやすい例です。テープに音楽をコピーするたびに劣化します。元の情報をそのまま保存できないのがアナログです。

コンピューターで扱うデジタル情報は、「必ず元に戻る」ということが、情報を正しく伝えることの(b)担保になります。ところが、俳句という情報は、もともとのテクストはデジタルで劣化したり変化したりしなくても、人間が「読む」という部分で、コンピューターで言うところのデコードとはちょっとちがったことが起こっています。

（川村秀憲、大塚凱『AI研究者と俳人　人はなぜ俳句を詠むのか』dZEROによる）

【Ⅱ】

俳句は本当に、門外漢には理解されないのだろうか。

過去に、俳句を知らない人間による俳句のすぐれた読みが、なかったわけではない。たとえば萩原朔太郎の(注7)『郷愁の詩人　与謝蕪村』は、(注8)子規派によって写生的とされた蕪村像を更新した、画期的な俳論だ。a蕪

**川村**　その句が、恋の句かそうでないか。現状のＡＩは、キーワードを含むか含まないかで判断することはできます。一方、人間は、恋のキーワードを含まずに、恋を詠むことができ、読者も、それが恋の句だとわかる。

人間ができることなら、(注2)教師データをつくれるはずで、それをもとにＡＩにディープラーニング（深層学習。脳を模したニューラルネットワークを用いた機械学習）をさせることもできます。けれども、それでＡＩの作句精度が上がっていくかというと、たぶん上がらない。課題ははっきりしているし、教師データもつくれる。ディープラーニングでも扱える。けれども、やってみると、精度が上がらない。

ここが人間とＡＩの現時点での大きなちがいです。人間は、俳句なり一文なりを見て、それが比喩的で、抽象度の高い表現によって二人の関係性を伝えていると理解できます。人の心の動き、愛とか恋とかを、経験的に知っているからです。自分の体験もそうだし、例えば、「映画にこの句とよく似たシーンがあった」などの記憶もそうです。それが(注3)「背景知識」です。

(1)夏目漱石《なつめそうせき》が「I love you」を「月がきれいですね」と和訳したという逸話があります。これ、実話ではないともいわれていますが、それはともかくとして、「月がきれいですね」の原文が「I love you」であることを理解するのは、ＡＩにとってきわめて難易度が高い。「月がきれいですね」を告白と受け取るのは、人間にはできてもＡＩには難しいのです。

ＡＩが、ことばそのものの意味だけではなく、ことばの周辺にある意味、言語学でいうコノテーション（言外の意味）を知識として吸収し、理解するという課題は、まだ手つかずです。これだけ発展の著しい人工知能の研究にも、それを解決するための決定打はまだありません。

**大塚**　恋や愛が物理的なものではない以上、その俳句に恋情が含まれるのか含まれないのかという判断基準は、時代によって変わったりもします。コモンセンス（常識・良識）もそうです。「背景知識」は、人間の行動様式によっても変動します。行動様式は時代とともに変わっていくので、当然のことながら、恋の捉え方も時代によってちがってきます。

高柳克弘の『究極の俳句』（中公選書、二〇二一年）に、

しら梅や誰《たが》むかしより垣の外(注4)　与謝蕪村《よさぶそん》

という句の解釈をめぐる話が出てきます。

この句、意味としては、「白梅が咲いている。この木はいつだれがその垣の外に植えたのだろう」ということ。もうすこしいえば、そこに住んでいた人、過去にそこに生活していた人の痕跡を見つけて、先人や過去に思いを寄せるということなんですが、後世になって、(注5)萩原朔《はぎわらさく》太郎《たろう》がその句を読んで、「恋の句」と解釈しているんです。

萩原朔太郎は、〈しら梅や〉で切れると解釈しました。白梅が咲いている。ここで文脈が切れる。〈誰むかしより垣の外〉の部分は、私（作者）が昔、つまり少年期・青年期に、だれかがその垣根越しにいたことを思い出し、今もその人の気配がずっと残っているような気がする、というわけです。〈垣の外〉には、白梅ではなく人がいると読んだ。これだと、恋慕の句、恋情の句、恋を叙情的に詠んだ句ということになります。

蕪村の時代、江戸時代中期を考えれば、あきらかに誤読ですが、朔太郎が生きた近代では、そういう読みもありえないわけではない。一種、魅力的な解釈ではあります。

楽のための旅を基本とする江戸時代の人々には理解しがたいものであった。

イ　芭蕉の旅は、現実的な側面が全くなく、自分だけの俳句の世界を作り出すために思索にふけるという哲学的なものなので、実用的な旅がほとんどであった江戸時代の人々には受け入れられないものであった。

ウ　芭蕉の旅は、名声や金銭を得るのが主要な目的であったが、そのやり方があまりにさりげなく、諜報活動と疑われるほどであったため、のんびり旅を楽しんだ江戸時代の人々には理解されないものであった。

エ　芭蕉の旅は、金銭を得るためという側面もあったが、蕉風を伝え俳諧師としての名声を得ることが主な目的であり、それに向かう真剣さは、旅を娯楽とする江戸時代の人々には受け入れがたいものであった。

問8　本文中に、⑹芭蕉は、この複雑さを受け入れて、苦しみながらも名句を生み出した。とあるが、どういうことか。その説明として最も適当なものを、次のアからエまでの中から一つ選べ。

ア　世俗の生活を詠んだ過去の作品を題材としつつ新しい表現を得るという俳句の複雑さを受け入れて、芭蕉は試行錯誤しながら優れた俳句を生み出したということ。

イ　世俗の言葉で詠みつつ皮肉に満ちた態度を示さなくてはならないという俳句の複雑さを受け入れて、芭蕉は自問自答しながら俳句を詠んだということ。

ウ　世俗を超えた視点を持ちつつ世俗の心を詠むものであるという俳句の複雑さを受け入れて、芭蕉は悪戦苦闘しながら優れた俳句を生み出した

エ　世俗の生活を詠むものでありつつ定住する人間には作れないという俳句の複雑さを受け入れて、芭蕉は東奔西走しながら優れた俳句を生み出したということ。

2　次の文章【Ⅰ】は、人工知能（ＡＩ）の研究者川村秀憲《かわむらひでのり》と俳人大塚《おおつか》凱《がい》の対談で、文章【Ⅱ】は、文章【Ⅰ】で触れられている高柳克弘の『究極の俳句』の本文である。この二つの文章を読んで、後の問いに答えよ。

【Ⅰ】

川村　実際に人間が恋の句をつくるときは、キーワードだけが材料ではありません。恋にまつわることばが入っていなくても、二人の関係性が伝わる句、恋を匂わせる句というのがあります。

大塚　そうですね。例を挙げてみます。

　寂しいと言い私を蔦《つた》にせよ　神野紗希《こうのさき》

　踊子《おどりこ》の妻が流れて行きにけり　西村麒麟《にしむらきりん》

神野の句は俳句界ではかなり（注1）人口に膾炙《かいしゃ》した句ですが、蔦という異形になり、離れることのないような関係たることを念じる、あるいは情念に近い祈りのような主体の趣《おもむき》があります。

西村の句は、むしろかなり即物的な組み立てです。盆踊りの輪に混じり、遠ざかっていく妻の姿を見送る。湿気を帯びた盆の夜、やがて二人にも訪れる死に別れのイメージを匂わせながら、恋慕《れんぼ》の句としても解釈できます。

られない自由な発想によってこそ俳諧は生み出されるものだということ。

エ　真夏に火鉢で体を熱したり、真冬に扇で体を冷やしたりするように、あえて苦境に身を置いて耐え忍ぶことで俳諧は磨かれるということ。

問5　本文中に、(3)俗塵を遠ざけたみずからの境遇を驕る　とあるが、どういうことか。その説明として最も適当なものを、次のアからエまでの中から一つ選べ。

ア　現実生活では役に立たない「無能無才」の自分だが、世俗を離れ自然の中に身を置いたからこそ、地中からたっぷりと養分を吸い上げ葉を茂らせる「椎の木」の生命力に癒されて名句を生み出せたのだと自負している。

イ　世俗の汚れに染まらないために人との関わりを避けねばならず、清貧を保ち続けるために物欲を断たねばならなかった自分の身の上を恨めしく思い、「椎の木」を相手に俳句を詠むことで不満を解消しようとしている。

ウ　これまでは世俗を離れるしかなく人や金に縁がないまま俳句の道を極める日々を過ごしてきたが、そのおかげで「椎の木」の名句が生まれ、この句をきっかけに世俗での名声を得られるのではないかと野心に燃えている。

エ　自分が頼りとしたのは、現実に生活を営むうえで助けとなる人や金ではなく、堂々と立つ「椎の木」の存在であったと示すことを通じて、世俗に染まらず俳句に生涯を捧げた自らを誇らしく思う気持ちを述べている。

問6　本文中に、(4)二人の人生観の相違　とあるが、どういうことか。その説明として最も適当なものを、次のアからエまでの中から一つ選べ。

ア　芭蕉は、刻々と変化する時間や空間に身を任せていくことで、自らも「古人」になりきって創作をしていこうと考えたが、西鶴は、変化する時間と空間に流されないよう生きていくために、変わらない価値を持つお金をためようと考えた。

イ　芭蕉は、多くの時代を経てもなくなることのない船頭や馬方などの現実的な職業のなかに人生の意味を見いだしたが、西鶴は、永遠に価値が変化しないお金を子孫に残していくことだけが人生にとって意味のあることだと考えた。

ウ　芭蕉は、刻々と変化する時間と空間のなかで身分や時代を超えて現実の世の中を眺めるのが重要であると考えたが、西鶴は、移ろいゆくはかない世の中であっても、子孫のためになるのでお金をためることには意義があると考えた。

エ　芭蕉は、変化する世の中にあっても価値の変わらない「古人」を理解することこそが自らの人生にとって最も意味のあるものだと考えたが、西鶴は、世の中を不変と捉え、価値が変化しないお金を子孫に残すことに意味があると考えた。

問7　本文中に、(5)芭蕉の旅そのものが、当時としては異質であった。とあるが、どういうことか。その説明として最も適当なものを、次のアからエまでの中から一つ選べ。

ア　芭蕉の旅は、名声や収入を得る目的もあったが、それ以上に、かつて和歌に詠まれた場所を訪れ思索を深めるというものであり、娯て、苦しみながらも名句を生み出した。複雑さが、俳句という文芸を今に残してきたのだ。

（高柳克弘《たかやなぎかつひろ》『究極の俳句』中央公論新社による）

（注1）茅屋＝みすぼらしい家。あばら家。
（注2）芭蕉＝江戸時代の俳人で、『おくのほそ道』『幻住庵記』『三冊子』の作者。「蕉風」は芭蕉とその一門の作風をいう。
（注3）知己＝自分のことをよくわかっていてくれる人。
（注4）俗塵＝俗世間のわずらわしい事柄。
（注5）屹立＝高くそびえたっていること。
（注6）李白＝中国の詩人で、『春夜宴桃李園序』の作者。
（注7）井原西鶴＝江戸時代の浮世草子作者、俳人。『日本永代蔵』の作者。
（注8）物見遊山＝気晴らしにあちこち見物すること。
（注9）歌枕＝和歌の題材とされた名所、旧跡。
（注10）形而上的＝形がなく、感覚でその存在を認識できないこと。精神的。
（注11）キメラ的＝同じもののなかに異なるものが同時に存在すること。
（注12）市井＝人が多く住んでいるところ、まち。
（注13）垂訓＝教えを示すこと。教訓を後世の人に残すこと。

問1　本文中の、①安全ケン、②ヘン境、③観コウ、④超ゼン　のカタカナ部分の漢字表記として適当なものを、それぞれアからエまでの中から一つ選べ。

①安全ケン　ア　間　イ　件　ウ　権　エ　圏
②ヘン境　ア　片　イ　辺　ウ　変　エ　返
③観コウ　ア　行　イ　港　ウ　光　エ　好
④超ゼン　ア　全　イ　然　ウ　漸　エ　禅

問2　本文中の、かなわ A ない　と同じ品詞の「ない」を、本文中のａからｄまでの中から一つ選べ。

ａ　わけではない　ｂ　頼りない
ｃ　いいようのない　ｄ　できない

問3　本文中に、(1)飄々として霞を食らいながら茅屋で句をしたためている　とあるが、どういうことか。その説明として最も適当なものを、次のアからエまでの中から一つ選べ。

ア　世間と離れたところに身を置いて、人や金銭にとらわれず質素な生活を送りながら俳句を作り続けている。
イ　人並みの暮らしはどうにか保ちながら、定住することなく旅の中に身を置いて俳句を生み出し続けている。
ウ　俳諧師として高い評価を得ることだけを心の支えとして、日々世間の人に向けて俳句を発信し続けている。
エ　人々の好奇の目にさらされないよう郊外に住み、人間の愚かさを皮肉に眺めながら俳句を詠み続けている。

問4　本文中に、(2)「夏炉冬扇」のごとき俳諧　とあるが、どういうことか。その説明として最も適当なものを、次のアからエまでの中から一つ選べ。

ア　火鉢であぶられるような真夏の暑さ、扇であおがれるような真冬の寒さといった極限の環境に着想を得て作られるのが俳諧だということ。
イ　暑い夏に火鉢を取り出し、寒い冬に扇を持ち出すのが時季外れで意味のないことであるように、俳諧も現実では役に立たないということ。
ウ　夏に火鉢を使って暖まり冬に扇を用いて涼むといった、常識に縛

「夫《そ》れ天地は万物の逆旅《げきりょ》にして、光陰は百代《はくたい》の過客《かかく》なり。而《しこう》して浮生《ふせい》は夢のごとし、歓を為《な》すこと幾何《いくばく》ぞ」（「春夜宴桃李園序《しゅんやとうりえんにえんするのじょ》」）を意識していることは、あきらかである。

月日は百代の過客にして、行《ゆき》かふ年も又旅人也《なり》。舟の上に生涯をうかべ、馬の口とらへて老《おい》をむかふる物は、日々旅にして旅を栖《すみか》とす。古人も多く旅に死せるあり。

これに先んじて、ある作家が、李白の詩を踏まえた文章を書いている。その名は、(注7)井原西鶴《いはらさいかく》。

されば天地は万物の逆旅。光陰は百代の過客、浮生《ふせい》は夢幻《ゆめまぼろし》といふ。時の間《ま》の煙、死すれば何ぞ、金銀、瓦石《がせき》には劣れり。黄泉《こうせん》の用には立ち難し。然《しか》りといへども、残して子孫の為《ため》とはなりぬ。

（『日本永代蔵《にっぽんえいたいぐら》』貞享《じょうきょう》五年〔一六八八〕刊）

芭蕉と西鶴。ともに李白をパロディしながらも、(4)二人の人生観の相違がよく表れている。

芭蕉は、天地も時間もすべて刻々と変化していく旅人であるというのならば、自分もその中の一部として従おうとする。船頭や馬方に目をやるのは、俳諧の現実主義的な一面を表すとしても、芭蕉の心の中にあるのはあくまで「古人」であり、今昔や貴賤《きせん》を超越して現世を眺めていることがわかる。

西鶴は、すべてが刻々変化するこの世は夢のようであり、いくら金をためても死んでしまえば何の役にも立たないといいながら、子孫のためになるという理由で、それを肯定する。「金銀を溜《た》むべし。是《これ》、二親《ふたおや》の外に命の親なり」（『日本永代蔵』）という言葉を吐く西鶴は、したたかな現実主義者だ。

そもそも、(5)芭蕉の旅そのものが、当時としては異質であった。交通網の発達した江戸時代には庶民も旅をしやすくなり、多くの人々が五街道を行き来した。なんといっても伊勢への関心は高かったが、それは「伊勢参宮大神宮へもちよつと寄り」という川柳《せんりゅう》に詠《よ》まれているとおり、(注8)目的は物見遊山《ものみゆさん》であり、日々の憂《う》さを晴らして明日への活力を得るためのものだ。

しかし、芭蕉の旅は違った。もちろん、蕉風を伝え、俳諧師としての名声を得、生計の安定を図るためという現実的側面があったことは確かだ。だが、そこには古人の足跡に触れたい、(注9)歌枕の現状を知りたい、みずからの思索を深めたいという、(注10)形而上《けいじじょう》的な理由が大きいのであり、一般の人からみれば「無駄骨」としかいいようの c ない旅であった。

芭蕉は忍者であったという説が生まれるのも、この旅が、いかに一般の人に理解されづらいものであったかを、証明しているだろう。諜報《ちょうほう》活動という現実的な目的もなく、なぜあえて②ヘン境の地をめぐる旅に出るのか。説明ができ d ないのだ。

芭蕉の旅が生んだ『おくのほそ道』という紀行文もまた、板坂耀子《いたさかようこ》によれば「江戸時代の紀行としては異色作である」という（『江戸の紀行文』中公新書、二〇一一年）。それは③観コウガイドでもなければ、個人的な日記でもない。世の真理を、時間を超えて後世の人々にも示そうとした。

俳句は、複雑である。(注11)キメラ的である。短さゆえに作りやすく、大衆の詩であることも確かだ。(注12)市井《しせい》に生きる無名の人々の述懐でもある。一方で、④超ゼンと高みから見下ろしての(注13)垂訓でもある。「高く心を悟りて俗に帰るべし」（『三冊子《さんぞうし》』）と語った(6)芭蕉は、この複雑さを受け入れ

**【国語】**（五〇分）〈満点：一〇〇点〉

1 次の文章を読んで、後の問いに答えよ。

俳句は和歌に比べて、現実に重みを置く。現実とは、生きていくこと。働き、食べて、次代へ命をつなぐ営みだ。

ところが、俳句そのものは、現実に寄与しない。一片のパンによっても腹はふくれるが、一つの句では何も救えない。

この矛盾の中に生きるのが俳人だ。俳人といえば、(1)飄々《ひょうひょう》として霞を食《く》らいながら(注1)茅屋《ぼうおく》で句をしたためているイメージがあるが、その茅屋に至るまでにはさまざまな現実との確執がある。そして、茅屋に座してもなお、心中の確執は続いている。

つらつら年月の移り来し拙《つたな》き身の科《とが》を思ふに、ある時は仕官懸命の地をうらやみ、一たびは仏籬祖室《ぶつりそしつ》の扉《とぼそ》に入らむとせしも、たどりなき風雲に身をせめ、花鳥に情を労して、しばらく生涯のはかりごととさへなれば、つひに無能無才にしてこの一筋につながる。（「幻住庵記《げんじゅうあんのき》」）

（つくづく、今までの愚かな自分の過ちを振り返ってみると、ある時は主君に仕え領地を得る身分をうらやましく思い、また一度は仏門に入り僧侶になろうかともしてみたけれど、行き先を定めない旅の風雲に我が身を苦しめ、花鳥風月を愛《め》でることに心を費やして、ひとまずそれが自分の生活するための仕事にまでなったので、無能無才の身でただこの俳諧という一筋の道につながれることとなった。）

(注2)芭蕉が大津の小庵「幻住庵」でしたためた一文である。若き頃には、武家に仕官して働こうとしたり、仏道修行をしようと心づいたりしたこともあった。それもかなわ A ないで、(2)「夏炉冬扇《かろとうせん》」（「許六離別《きょりくりべつ》の詞《ことば》」）のごとき俳諧に一生をかけることになったというのだ。

俳人とは高みの見物をきめこむ者、あるいは、みずからは①安全ケンにいて世の中を斜めに見る者の総称というわけでは a ないことが、この言葉からわかるだろう。

「幻住庵記」の末尾に、次の一句が掲げられている。

まづ頼む椎《しい》の木もあり夏木立《なつこだち》　芭蕉

頼るべきものといえば、人。そして、金。そのどちらも自分は持つことができなかった。そのかわりとして、夏木立の中のふとぶとした椎の木がある。

たとえば、別荘を買って、近くの木が気に入り、朝夕の眺めを楽しみ、ハンモックを吊《つ》ってみる……。そうした感覚ではないのだ。頼むものとして、樹木をまず挙げることになるという境遇は、現代人には理解しがたいものになっている。

では、そうした身の上に対する自虐なのかといえばそう単純ではない。たとえばこの句の「夏木立」がもっと頼り b ないもの――草花であったり、冬の枯れ木であったりすれば、これは「無能無才」を羞《は》じている句であるというだけだ。あおあおと葉を茂らせ、どくどくと大地から養分を吸い上げている、夏の椎の木を知己(注3)としているということは、(注4)(3)俗《ぞく》塵《じん》を遠ざけたみずからの境遇を驕《おご》る気配さえある。

「椎の木」には、(注5)屹立《きつりつ》する十七音の文芸が託されているとみるのは、深読みにすぎるだろうか。

『おくのほそ道』（元禄《げんろく》十五年〔一七〇二〕刊）の冒頭部が、(注6)李白《りはく》の

# 2024年度

# 解　答　と　解　説

《2024年度の配点は解答欄に掲載してあります。》

## ＜数学解答＞

[1]　(1)　ア　3　　(2)　イ　2　　ウ　3　　(3)　エ　2　　オ　4　　(4)　カ　1　　キ　4
(5)　ク　1　　ケ　3　　(6)　コ　1　　サ　1　　(7)　シ　1　　ス　0　　セ　8
(8)　ソ　6　　タ　3

[2]　(1)　ア　－　　イ　3　　ウ　2　　(2)　エ　－　　オ　3　　カ　4　　キ　2　　ク　7
ケ　4　　(3)　コ　2　　サ　3

[3]　(1)　ア　3　　(2)　イ　b　　ウ　g　　エ　d　　オ　i　　(3)　カ　5　　キ　1
ク　3　　ケ　6　　(4)　コ　9　　サ　2　　シ　4　　ス　5

[4]　(1)　ア　1　　イ　5　　(2)　ウ　7　　エ　0　　(3)　オ　3　　カ　0　　キ　5
ク　6　　ケ　5　　コ　7　　サ　7　　シ　2　　ス　1

○配点○

[1]　各5点×8　　[2]　(2)　各4点×2　　他　各6点×2
[3]　(2)　各1点×4　　他　各4点×4　　[4]　(1)，(2)　各1点×2　　(3)　オカ　1点
キ～ケ　各2点×3　　コ　3点　　サ，シス　各4点×2　　計100点

## ＜数学解説＞

基本 [1]　(数の計算，2次方程式，比例関数の変域，変化の割合，確率，統計，角度，最短距離)

(1)　$-2^2-\frac{5}{3}\div\left(\frac{1}{2}+\frac{1}{3}\right)+(-3)^2=-4-\frac{5}{3}\div\frac{5}{6}+9=-4-\frac{5}{3}\times\frac{6}{5}+9=-4-2+9=3$

(2)　$x^2-4x+1=0$，$x=\frac{-(-4)\pm\sqrt{(-4)^2-4\times1\times1}}{2\times1}=\frac{4\pm\sqrt{12}}{2}=\frac{4\pm2\sqrt{3}}{2}=2\pm\sqrt{3}$

(3)　$y=\frac{a}{x}$に$x=4$，$y=3$を代入して，$3=\frac{a}{4}$，$a=12$　　$y=\frac{12}{x}$…①　　①は$x>0$において，$x$が増加すると$y$は減少する。①に$x=3$，6を代入して，$y=\frac{12}{3}=4$，$y=\frac{12}{6}=2$　　よって，$y$の変域は，$2\leqq y\leqq 4$

(4)　$\frac{a\times6^2-a\times2^2}{6-2}=2$から，$\frac{32a}{4}=2$，$8a=2$，$a=\frac{1}{4}$

(5)　2個のさいころの目の出かたは全部で，6×6＝36(通り)　　そのうち，出る目の数の和が3の倍数になる場合は，(1，2)，(1，5)，(2，1)，(2，4)，(3，3)，(3，6)，(4，2)，(4，5)，(5，1)，(5，4)，(6，3)，(6，6)の12通り　　よって，求める確率は，$\frac{12}{36}=\frac{1}{3}$

(6)　四分位範囲＝第3四分位数－第1四分位数だから，16－5＝11(時間)

(7)　△ABCの内角の和から，●●＋○○＝180°－36°＝144°　　●＋○＝144°÷2＝72°
△DBCの内角の和から，$\angle x=180^\circ-72^\circ=108^\circ$

(8)　この円錐の母線の長さは，$\sqrt{2^2+(4\sqrt{2})^2}=\sqrt{36}=6$　　この円錐の側面の扇形の中心角は，$\frac{360^\circ\times2\pi\times2}{2\pi\times6}=120^\circ$　　求める長さは頂角が120°で等しい2辺の長さが6cmの二等辺三角形の底

辺の長さになる。よって，$6\times\frac{\sqrt{3}}{2}\times 2=6\sqrt{3}$ (cm)

**2** **(図形と関数・グラフの融合問題)**

基本 (1)　$t=2$のとき，A(2, 24)，B(6, 36)，B′(−6, 36)　よって，AB′の傾きは，$\frac{24-36}{2-(-6)}=\frac{-12}{8}=\frac{-3}{2}$

(2)　B′$(-3t,\ 9t^2)$　AB′の傾きは，$\frac{6t^2-9t^2}{t-(-3t)}=\frac{-3t^2}{4t}=\frac{-3}{4}t$　直線AB′の式を$y=\frac{-3}{4}tx+b$として点Aの座標を代入すると，$6t^2=-\frac{3}{4}t^2+b$，$b=\frac{27}{4}t^2$　よって，直線AB′の式は，$y=-\frac{3}{4}tx+\frac{27}{4}t^2$

重要 (3)　AP+BP=AP+B′P　AP+B′Pが最小になるのは，線分AB′上にPがあるときである。よって，(2)で求めたAB′の式の切片が3になるときの$t$の値を求めればよい。$\frac{27}{4}t^2=3$から，$t^2=3\times\frac{4}{27}=\frac{4}{9}$，$t>0$から，$t=\sqrt{\frac{4}{9}}=\frac{2}{3}$

**3** **(平面図形の計量問題－三平方の定理，三角形の相似の証明，三角形の合同)**

基本 (1)　BD=$x$とすると，CD=$6-x$　△ABDと△ACDにおいて三平方の定理を用いると，AD²から，$(\sqrt{13})^2-x^2=5^2-(6-x)^2$，$13-x^2=25-36+12x-x^2$，$12x=24$，$x=2$　よって，AD$=\sqrt{13-2^2}=\sqrt{9}=3$

(2)　△AECと△ABDにおいて，1つの弧に対する円周角は等しいので，弧ACにおいて，∠AEC=∠ABD…①　仮定より，∠ADB=90°である。また，1つの弧に対する円周角の大きさは中心角の大きさの$\frac{1}{2}$倍なので，弧AEにおいて，∠ACE=$180^\circ\times\frac{1}{2}=90^\circ$　よって，∠ACE=∠ADB…②　①，②より2組の角がそれぞれ等しいので，△AEC∽△ABD

(3)　△AEC∽△ABDから，AE：AB=AC：AD，AE：$\sqrt{13}$=5：3，AE=$\frac{5\sqrt{13}}{3}$　よって，円Oの半径は，$\frac{5\sqrt{13}}{3}\times\frac{1}{2}=\frac{5\sqrt{13}}{6}$

重要 (4)　BF//ACより，△AFC=△ABC=$\frac{1}{2}\times 6\times 3=9$　△AFCの面積から，$\frac{1}{2}\times 5\times$FG=9，FG=$9\times\frac{2}{5}=\frac{18}{5}$　△ABFと△CFBにおいて，共通な辺だから，BF=FB…①　円周角の定理と平行線の錯角から，∠AFB=∠ACB=∠CBF…②　∠ABF=∠ABC+∠CBF=∠CFA+AFB=∠CFB…③　①，②，③より，一辺とその両端の角がそれぞれ等しいから，△ABF≡△CFB　よって，AF=CB=6　△AFGにおいて三平方の定理を用いると，AG=$\sqrt{\mathrm{AF}^2-\mathrm{FG}^2}=\sqrt{6^2-\left(\frac{18}{5}\right)^2}=\sqrt{36-\frac{324}{25}}=\sqrt{\frac{576}{25}}=\frac{24}{5}$

**4** **(数の規則性，文字式の利用)**

基本 (1)　$\frac{5(5+1)}{2}=\frac{30}{2}=15$

基本 (2)　$\frac{5(5+1)(5+2)}{3}=\frac{210}{3}=70$

(3)　$5(5+1)=30$，15=5+10，15のすぐ下の欄は6+15，15=5+10=5+4+6=5+4+3+3=5+4+3+2+1から，15は1から5までの自然数の合計となる。1+2+3+4+5+6+7=28…①　$\frac{n(n+1)}{2}$に$n=7$を代入すると，$\frac{7\times 8}{2}=28$で，①は$\frac{n(n+1)}{2}$に$n=7$を代入した値になる。

1×2+2×3+3×4+4×5+5×6+6×7+7×8=70+42+56=168…②　$\frac{n(n+1)(n+2)}{3}$に$n=7$を代入すると，$\frac{7\times 8\times 9}{3}=168$で，②は，$\frac{n(n+1)(n+2)}{3}$に$n=7$を代入した値になる。

$\frac{n(n+1)(n+2)}{3}-\frac{n(n+1)}{2}=\frac{2n(n+1)(n+2)-3n(n+1)}{6}=\frac{(2n^2+4n-3n)(n+1)}{6}=$

$\frac{(2n^2+n)(n+1)}{6}=\frac{n(2n+1)(n+1)}{6}=\frac{n(n+1)(2n+1)}{6}$　　よって，$X=2n+1$

**★ワンポイントアドバイス★**

[2](3)は，点Pの$y$座標が直線AB'の切片になることに気づくことがポイントである。問題に流れがあるのを感じ取ろう。

## ＜英語解答＞

[1]　1　エ　2　ア　3　イ　4　ウ　5　ア
[2]　1　エ　2　ウ　3　エ　4　イ　5　ア
[3]　1　3番目　オ　5番目　ウ　2　3番目　イ　5番目　カ　3　3番目　エ　5番目　オ　4　3番目　エ　5番目　イ　5　3番目　ア　5番目　カ
[4]　問1　(1)　エ　(2)　ア　(3)　ウ　(4)　イ　(5)　イ　(6)　ウ
問2　(1)　エ　(2)　オ
[5]　A　問1　ア　問2　(1)　ウ　(2)　イ　B　問1　エ　問2　ウ
[6]　問1　ア　問2　ウ　問3　イ　問4　イ　問5　ウ　問6　ア　問7　ア

○配点○

[1]　各2点×5　他　各3点×30([3]完答)　計100点

## ＜英語解説＞

基本 [1]　(言い換え問題：前置詞，慣用句)

1 「ヨネダさんは2月21日に生まれた」→「2月21日はヨネダさんの誕生日だ」　A：日付の前に用いる前置詞はon。　B：「…である」という時に用いる動詞はbe動詞。エが正解。

2 「私たちは明日釣りに行く予定だ」→「私たちは明日釣りに行くことを計画している」　A：be going to ～ 「～する予定だ」未来を表す表現。　B：plan to ～「～する計画」 planは「計画する」という意味の動詞。アが正解。

重要 3 「ジョンは数学と理科の両方が好きだ」→「ジョンは数学だけでなく理科も好きだ」　A：both A and B「AとBの両方」　B：not only A but also B「AだけでなくBも」 イが正解。

4 「私はたいてい朝7時に起きる」→「私はほぼ毎日7時に起きる」　A：usually「たいてい」いつもではないが通常は、という意味になる。　B：almost「ほとんど」almost everydayは毎日ではないがほとんど毎日、という意味になる。ウが正解。

5 「ケンはあの重い箱を運ぶことができる，なぜなら彼はとても強いから」→「ケンはとても強いのであの重い箱を運べる」 A：very strong「とても強い」　B：so ～ that …「とても～なので…」の構文。アが正解。

基本 [2]　(会話文完成)

1 A：アン，何のスポーツをするの？　B：テニスとサッカー。月に2回ジョギングもする。
A：どれが一番好き？　B：エ私はテニスが一番好き。your favorite「あなたの一番好きなもの」 like ~ the best「~が一番好き」 ア「私は友達と時々釣りに行く」 イ「私は絶対にサッカーをしない」 ウ「私は家の近くでジョギングをする」

2 A：アツシ，夕食をありがとう。このカレーがすごく好き。何肉が入っているの？ B：あぁ，気に入った？ 実は牛肉も豚肉も使っていないんだ。ウカレーには豆を使ったんだ。 A：本当に？ 肉を使ったのかと思ったよ。 ア「君にお金を払うよ」 イ「この豚肉はおいしい」 エ「それは高い牛肉だ」

3 A：今日エイミーの誕生日プレゼントを買いに行く予定。 B：あぁ！ そのことを忘れていた！ エ一緒に行ってもいい？ A：いいよ。今日の午後はどう？ B：もちろん。2時に会いましょう。 Can I ~？「~してもいい？」許可を求める表現。 ア「彼女に何を買うの？」 イ「彼女の誕生日はいつ？」 ウ「どうやって行く？」

4 A：外国に行ったことはある？ B：いいえ。実は海外には行ったことがない。 A：わかった。イ将来はどこの国に行きたい？ B：イタリアに行きたい。 have been to ~「~に行ったことがある」という経験を表す。Have you ever been to ~? これまでの経験を訪ねる表現。have never been to ~ 「一度も行ったことがない」 go abroad「海外に行く」 ア「海外には何回行ったことがある？」 ウ「この間の夏はどこに行った？」 エ「日本にはいつ帰ってきたの？」

5 A：ジョーンズさんが来月オーストラリアに帰ることを聞いた？ B：いいえ。なぜそんなに急に出発するの？ A：彼のお母さんが病院に入院した。彼女の世話をする。 B：それはお気の毒。ア彼のために私たちに何かできることはある？ anything we can do「私たちに何かできること」という意味。I'm sorry to hear that.「それはお気の毒」 イ「彼に姉妹がいるのは知らなかった」 ウ「どういたしまして」 エ「彼女は元気です，ありがとう」

**重要 3 （語句整序問題：慣用句，間接疑問，現在完了，関係代名詞，不定詞，動名詞）**

1 (Then,) let's find out whose key it is. A：机の上に鍵を見つけた。君の？ B：いや，僕のじゃない。 A：それなら，誰の鍵なのか突き止めよう。 B：Kの文字があるのが見える？ ケンのものに違いない。<let's +動詞の原形>で「~しよう」という意味の勧誘表現。find out「突き止める[見つけ出す]」「誰の鍵なのか」に当たる部分は間接疑問文になるのでwhose key it isという語順になる。

2 (Please help me) with the homework if you are (free.) A：宿題は終わった？ B：いや。とても忙しかったけど，明日までに終わらせるつもり。 B：君がそれを終わらせるのは難しいと思う。もっと時間が必要だ。 A：本当に？ もし今夜時間があるならその宿題を手伝ってください。<help +人+ with ~>で「~を人がするのを手伝う」に当てはめる。宿題は特定されているので定冠詞theをつけthe homeworkとすること。if you are free「もしあなたに時間があるなら[暇なら]」

3 (Meat prices) have been increasing for more than (a year.) A：スーパーの肉の値段を見た？ 信じられない。 B：うん，知っている。肉の値段は1年以上もの間ずっと上がり続けている。 A：なんてこった。もうすぐ終わることを期待したい。have been increasing「ずっと上がり続けている」過去のある時点からずっと上がり続けて今も上がっていることを表すため現在完了進行形<have been + …ing>にする。for more than a year「1年以上もの間」このforは「期間」を表す前置詞。

4 (It) is the place that I want to (visit the most.) A：先週オープンした新しいレストランには行った？ 野菜料理がたくさんある。 B：いいえ，まだ。そこは私が一番行きたい場所。 A：行くべき。もう2回も行った。あなたもすごく気に入ると思う。thatは関係代名詞でthat以下は先行詞the placeを修飾する。

5　My reason for going there is (to improve my English skills.)　A：春休みになぜイギリスにいくつもりなのですか？　B：そこに行く理由は私の英語力を向上させたいから。B：あなたならできる！　My reason for ～で「～の理由」　前置詞forの後なので動名詞goingが続く。My reasonからthereまでがひとまとまりで文の主語。

4　(長文読解問題・説明文：適語選択補充，語彙)

(全訳)　QRコードはウェブサイトのようなア様々な種類の(1)情報を保持できる特別なバーコードである。QRコードは従来のバーコードでは十分ではなくなったので，1994年に作られた。従来のバーコードは20文字しか保持できず一方向からしかスキャンできなかった。しかしQRコードはイより多くの文字を保持し(2)どの方向からもスキャンできる。より速くスキャンできるのでより便利なのだ。それらは自動車産業の会社で自動車を作る時に最初に使われた。その後QRコードは広告でウ人気となり，企業は客とつながり自分たちのウェブサイトに誘導するための方法として看板や雑誌に使い(3)始めた。

多くの人たちはQRコードの使い方が最初はわからなかった。また当初はスキャナーもあまり良くなかったので，コードをスキャンすることがエ難しかった。それ(4)以来，多くの面でQRコードは進化し今ではスマートフォンを使ってとても(5)簡単にスキャンできる。今ではQRコードは様々な方法で使われている。それらはモバイル決済サービスでよく使われている。客は商品やサービスの代金を(6)支払うために店にあるコードをスキャンするだけである。

QRコードは自動車産業で始まったが，今では私たちはチケット購入やモバイル決済のようなことに使っている。それらは私たちの日常生活においてオ重要な部分を占めている。それらは将来おそらく変わり続け，私たちはカ様々な新方法で使うことになるだろう。

重要　問1　(1)　エ informationを入れ「情報を保持する」という意味にする。　(2)　ア anyを入れて「どの方向からも」という意味にする。anyを肯定文で使うと「どの[あらゆる，すべての]」という意味になる。　(3)　ウ startedを入れ「使い始めた」という意味にする。start to …で「…し始める」の意。　(4)　since thenで「それ以来」という意味なので，イ Sinceを入れる。　(5)　直前の文参照。当初は難しかったが，今では簡単になったという流れにするために，イeasy「簡単な」を入れる。　(6)　pay for ～「～の代金を支払う」という意味。QRコード決済の方法が書かれているので，ウ payを入れ「商品やサービスの代金を支払うために」という意味にする。

基本　問2　(1)　「することや理解することが簡単ではない」→ エ difficult「難しい」　(2)　「価値があり，便利あるいは必要な」→ オ important「重要な」

重要　5　(長文読解問題・論説文，会話文，資料読解：内容把握)

A　(全訳)　日本人は他の国の人たちよりもかなり長時間働くと多くの人がよく言う。しかしながら，2021年の調査結果によると，状況は変わっていた。調査はOECD加盟国を対象に行われた。表1が調査結果である。

メキシコがOECD加盟国の中で年間平均労働時間が最も長かった。アジアの国では韓国が最も労働時間が長かった。日本の労働時間は韓国の勤務時間のおよそ84％だった。アメリカはニュージーランドよりも高い位置を占めた。カナダの人たちはアメリカの人たちよりもおよそ100時間労働時間が短く，イタリアの位置はその下となった。年間平均労働時間が最も短かったのはドイツである。OECD加盟国の年間平均労働時間はオーストラリアとニュージーランドの間の値となった。表1では日本の年間平均労働時間は世界の平均よりも低いことがわかる。

表1

| 2021年　年間平均労働時間 | |
|---|---|
| 国 | 労働時間 |
| メキシコ | 2,128 |
| 韓国 | 1,915 |
| A | 1,791 |
| ニュージーランド | 1,730 |
| オーストラリア | 1,694 |
| B | 1,685 |
| C | 1,669 |
| 日本 | D |
| ドイツ | 1,349 |

問1　(A)　第2段落第4文参照。アメリカはニュージーランドよりも高い位置にあることがわかるので，(A)にはU.S.Aが入る。　(B)　第2段落第5文参照。カナダはアメリカよりもおよそ100時間短いことがわかるので，(B)にはCanadaが入る。　(C)　第2段落第5文参照。イタリアの位置はアメリカ，カナダよりも低いことがわかるので，(C)にはItalyが入る。したがって，アが正解。

問2　(1)　「(D)の値は…」　第2段落第3文参照。韓国の値の84％が日本の値である。1,915時間の84％は1,608.6時間となるので，ウ1,609が正解。　(2)　「OECD加盟国の年間平均労働時間の値は…」　第2段落最後から2文目参照。OECD加盟国の平均はオーストラリアとニュージーランドの間の値とあるので，イ1,716が正解。OECD加盟国は表にある9か国だけではないので，ここで示されている数字の平均値にしないよう注意。

B　(全訳)　ジョン：有給休暇の調査結果はどうだった？

ケイト：結果によると，2010年に有給休暇を取得した人は56％だけど，2013年の値はそれよりも17ポイント低い。2016年の場合，その値は戻っている。2016年と2019年の値は同じ。2021年は2019年の値よりも10ポイント高い。

ジョン：長年にわたり結果にあまり変化が見られない。なぜ人々は有給休暇を取得しないのだろう？

ケイト：調査によると，従業員が足りないから有給休暇を取得できないとある。

ジョン：それは興味深い。この調査結果についてレポートを書こうと思う。いつ終わらせないといけないんだっけ？

ケイト：今度の金曜日までに。

ジョン：では今度の火曜日に原稿をチェックしてくれる？

ケイト：9月19日ということ？　OK!

問1　ケイトの最初のセリフ参照。2010年は56％で2013年に下がる。2016年には値が戻り，その値は2019年と同じ。2021年は2019年よりも高いので，エが正解。

問2　ケイトの最後の2つのセリフ参照。原稿チェックの日が9月19日火曜日。締め切りは金曜日なのでその日は9月22日となる。

**重要** **6**　**(読解問題：内容把握)**

(全訳)　A：私は小学校の時から高専に行きたいと思っていた。そこで機械工学を勉強することにした，なぜなら私の祖父は技師で彼のことをとても尊敬していたからだ。私は高専のロボットコンテストチームのメンバーで，彼が機械のことについて話してくれていたことをよく思い出す。祖父のような技師になるために機械工学のことをもっと勉強しないといけない。①ア高専で勉強するすべてのことが将来私の人生をより良いものにしてくれるだろう。

B：私は中学三年生の時に理科に興味を持ち始め，それから高専に入るために一生懸命勉強した。今は高専の化学科4年生で化粧品を使って化粧をすることを楽しんでいる。私は自分が普段使う化粧品を作るために使われている原料に興味を持っている。[2]ウ多くの人が良い商品を使いたいと思っていると私は確信しているので，卒業後は人々を幸せにする新しい化粧品の開発をしたい。

C：私が高専に来てから2年が経った。私は土木工学を勉強するために海外からここに来た。[3]イ私の国では都市間を簡単に移動することはできないので，私は自国で技師になり主要道路や鉄道の建設といった大型プロジェクトに参加したい。高専では今では仲の良い多くの友人たちと寮に住んでいる。彼らは日本文化について教えてくれ，自国では英語を話しているので日本語を話す練習を手伝ってくれる。日本が大好きだ。

D：私は20年前に高専を卒業したが，[4]イ第一子が生まれた時に会社を辞めなければならなかった。仕事を辞めなければならなかったので悲しかったが，今は娘が高専での日々を楽しんでいることが嬉しい。彼女は東京で冬に開かれたプレゼンテーションコンテストに参加した。最近では高専にもたくさんの女子生徒がいて，女性技師も一般的になってきている。今は彼女が男性従業員と同じ機会が得られるであろうことが嬉しい。彼女の幸せな人生を願っている。

問1　ア「高専で勉強するすべてのことが将来私の人生をより良いものにしてくれるだろう」(○)高専で学び技師になりたいという思いを伝えているのでアが適当。　イ「技師になることは私にとってあまり重要ではない」祖父のような技師になりたいので不適。　ウ「私は機械を使わずに空を飛びたい」そのような内容に関する記述はない。

問2　ア「原料の重要性について理解したくない」原料に興味があると言っている。　イ「中学校時代から化粧品は使ったことがない」化粧をすると言っているので不適。　ウ「多くの人が良い商品を使いたいと思っていると私は確信している」(○)「なので人々を幸せにする新しい化粧品を開発したい」と続けるのに適当。

問3　ア「自国にはもう決して戻らないだろう」自国で技師になり大型プロジェクトに参加したいと言っているので不適。　イ「私の国では都市間を簡単に移動することはできない」(○)「なので，私は自国で技師になり主要道路や鉄道の建設といった大型プロジェクトに参加したい」と続けるのに適当。　ウ「勉強することや働くことに全く興味がない」大型プロジェクトに参加したいと言っているので不適。

問4　ア「私はそれ以来ずっと技師としてこの企業で働いている」仕事を辞めているので不適。
イ「第一子が生まれた時に会社を辞めなければならなかった」続く文で仕事をやめたとあるのでイが適当。(○)　ウ「私の子どもたち全員が中学卒業後に働き始めた」第一子は高専にいるとあるので不適。

問5　ア「技師として，話し手の祖父の1人が機械のことについて話した」Aさんの内容に一致。
イ「話し手の1人は将来新しい化粧品の勉強をしたいと思っている」Bさんの内容に一致。
ウ「話し手の1人は冬休みの間に寮を訪れた」(○)Cさんは寮に住んでいるとあるが，冬休みに訪れたという内容は話していない。

問6　ア「私はかつて高専の生徒だったが，プレゼンテーションコンテストはその時にはまだ開かれていなかった」(○)ここでの once は「かって」という意味。A，B，Cさんは現在高専の生徒であるため，当てはまらない。　イ「私は英語の上手な話し方を教えるのが嬉しかった」Cさんが英語の指導をしたと設問の説明にあるのでCさんの発言だとわかる。　ウ「私は普段化粧品を使うのを楽しんでいるので，化粧をすることでプレゼンテーションコンテストで気持ちが楽になった」Bさんは化粧品を使い化粧をしていることを話しているのでBさんだとわかる。

問7　ア「私の娘は冬に東京で開かれたプレゼンテーションコンテストに参加した」(○)Dさんの発

言第2文に一致。イ「私は2月に行われたプレゼンテーションコンテストでの娘のプレゼンテーションに驚いた」自分の娘がコンテストに参加したという内容の発言のみ。ウ「私はおよそ20年間海外で技師として働いてきたので，英語のプレゼンテーションは得意だ」そのような発言はない。

**★ワンポイントアドバイス★**

全問選択問題なので，時間配分に気を付けながら落ち着いて取り組もう。語句整序問題では作った英文を必ず書くようにしよう。英文を可視化することで正しい英文を確認することができミスに気づきやすくなる。

## ＜理科解答＞

[1] 問1 カ　問2 イ，ウ　問3 ア 5　イ 3　問4 エ　問5 ア，ウ，エ
問6 エ，カ　問7 1 エ　2 エ　問8 ウ

[2] 問1 ① エ　② ア　③ カ　問2 ① ア　② ウ　③ キ
問3 (成分) ウ　(ヘモグロビンの量) エ　問4 1 ア 8　イ 8　ウ 9　2 ア

[3] 問1 (i) イ　(ii) ア　(iii) ア　問2 ① イ　② オ　③ キ　問3 1 ア
2 ア 7　イ 3　ウ 4　3 ウ

[4] 問1 エ　問2 ア 1　イ 4　問3 イ　問4 (気体の色) ア　(密度) エ
(リトマス紙) オ　問5 1 ウ　2 エ

[5] 問1 (i) ○　(ii) ○　(iii) ×　問2 ア 1　イ 4　ウ 4　問3 1 キ
2 ア 1　イ 2　3 ア 1　イ 2　ウ 3　4 ア 6　イ 3　ウ 2

[6] 問1 ア　問2 1 ア　2 ウ　問3 イ　問4 エ　問5 エ　問6 イ

○配点○

[1] 問4 3点　他 各2点×8(問2・問3・問5・問6各完答)
[2] 問2①・② 2点　問2③ 1点　他 各3点×4(問1・問3・問4の1各完答)
[3] 問3の3 4点　他 各3点×4(問1～問3の2各完答)
[4] 問1・問3 各2点×2　問4 各1点×3　他 各3点×3(問2完答)
[5] 問1 各1点×3　問2・問3の1 各2点×2　他 各3点×3(各完答)
[6] 問2の2・問4・問6 各2点×3　他 各3点×4　計100点

## ＜理科解説＞

基本 [1] (小問集合－天気記号，深成岩，平均の速さ，記録テープ，植物の細胞，ゼニゴケ，銅の酸化，中和とイオン)

問1 矢羽根の向きが風向きであり，矢羽根の線の数が風力を表す。

問2 花こう岩・せん緑岩・はんれい岩が深成岩であり，流紋岩・安山岩・玄武岩が火山岩である。

問3 A地点からB地点に行くのにかかる時間が，20(km)÷8(km/時)＝2.5(時間)であり，B地点からA地点に戻るのにかかる時間が，20(km)÷4(km/時)＝5(時間)である。したがって，往復す

るのにかかる時間が，2.5(時間)＋5(時間)＝7.5(時間)なので，平均の速さは，40(km)÷7.5(時間)＝5.33…(km/時)より，5.3km/時である。

問4　斜面の角度を大きくすると，斜面方向の分力が大きくなるので，加速する速さも大きくなる。したがって，記録テープの打点の間隔も全体的に広がる。

問5　細胞質・核・細胞膜は動物の細胞にもある。

問6　雌株のbの部分で胞子がつくられる。また，ゼニゴケは体の表面全体から水を吸収し，cの仮根は体を支える部分である。

重要　問7　図6から，0.4gの銅Cuは0.1gの酸素$O_2$と結びついて0.5gの酸化銅CuOが生じるので，1.6gの銅から生じる酸化銅は，$1.6(g)\times\frac{0.5(g)}{0.4(g)}=2.0(g)$である。

やや難　問8　ビーカーCでは，BTB溶液の色が青色になったことから，アルカリ性を示す水酸化物イオン$OH^-$があまった状態であることがわかる。また，それ以外に，ナトリウムイオン$Na^+$と塩化物イオン$Cl^-$があり，陽イオンと陰イオン全体の数は等しいので，$Na^+=Cl^-+OH^-$より，ナトリウムイオンの数が最も多い。

**2　(ヒトの体のしくみー消化と吸収，細胞呼吸，血液)**

基本　問1　デンプンはブドウ糖，タンパク質はアミノ酸，脂肪は脂肪酸とモノグリセリドにそれぞれ分解される。

基本　問2　細胞呼吸によって，ブドウ糖などの栄養分が酸素と結びつき，二酸化炭素と水になる。また，このとき，生きていくためのエネルギーがつくられる。

問3　血液を30分ほど放置すると，上の層には「血しょう」，下の層には「赤血球」「白血球」「血小板」が分離する。また，「赤血球」にはヘモグロビンが含まれている。

やや難　問4　1　図2のグラフから，酸素と結びついたヘモグロビンの割合は，酸素濃度が70のときは90％，酸素濃度が30のときは10％である。したがって，酸素をはなしたヘモグロビンの割合は，$\frac{90(\%)-10(\%)}{90(\%)}\times100=88.88\cdots(\%)$より，88.9％である。

2　酸素濃度が低いときも高いときも，ミオグロビンが酸素と結びつく割合の方がヘモグロビンが酸素と結びつく割合よりも高い。ただし，酸素濃度が低くなると，ミオグロビンが酸素と結びつく割合も低くなる。

**3　(地球と太陽系ー太陽系，太陽の動き)**

基本　問1　小惑星のほとんどは火星と木星の間を公転している。また，太陽系外縁天体とは，平均距離が海王星よりも遠い所を公転している天体のことである。

重要　問2　太陽の表面温度は約6000℃，黒点の温度は約4000℃である。また，黒点の動きから太陽が自転していることがわかる。

やや難　問3　1　南中高度は地面と南中したときの太陽のなす角度である。　2　北緯40°の地点Aの夏至の日の南中高度は，90°－40°＋23.4°＝73.4°である。　3　南緯40°の地点Bでは，夏至の日の南中高度が1年で最も低くなる。また，太陽は，東→北→西の順に反時計回りに動く。

**4　(物質とその変化，溶液とその変化ー物質の判別)**

問1　[Ⅰ]で，A・B・Dは水に溶け，CとEは水に溶けなかった。また，AとDの水溶液は電流が流れたが，Bの水溶液は電流が流れなかったことから，Bは砂糖である。さらに，AとDは塩化ナトリウムか塩化アンモニウムのどちらかであり，CとEはデンプンか硫酸バリウムのどちらかである。

[Ⅱ]で，BとCを燃やすと二酸化炭素が発生したことから，Cはデンプンであることがわかる。したがって，Eは硫酸バリウムである。

[Ⅲ]で，Dと水酸化カルシウムを混ぜて加熱すると刺激臭のある気体であるアンモニアが発生し

たことから，Dは塩化アンモニウムであることがわかるので，Aは塩化ナトリウムである。なお，塩化アンモニウムは有機物ではなく，無機物である。

問2　60gの水に10gの溶質を溶かすと，60(g)＋10(g)＝70(g)の水溶液になるので，質量パーセント濃度は，$\frac{10(\mathrm{g})}{70(\mathrm{g})}\times 100 = 14.2\cdots(\%)$より，14%である。

問3　砂糖と同じ有機物であるエタノールは非電解質である。

問4　アンモニアは無色で，空気の約0.6倍の密度であり，水よう液はアルカリ性を示す。

問5　1　70℃の水100gにDを溶けるだけ溶かして50℃に冷やしたときに出てくる結晶は，60(g)－50(g)＝10(g)である。したがって，150gの水の場合，出てくる結晶は，10(g)×1.5＝15(g)である。　2　50℃の水50gに溶けるAは，36(g)÷2＝18(g)，Dは，50(g)÷2＝25(g)なので，どちらも30gを加えると，溶け残りが出てくる。

**5**　**(電力と熱－電熱線による発熱)**

問1　並列につないだ抵抗には，同じ電圧がかかるので，各抵抗に流れる電流の大きさは抵抗の大きさに反比例する。

問2　1200Wは1.2kWであり，2分間は120秒なので，発生した熱量は，1.2(kW)×120(秒)＝144(kJ)である。

問3　1　並列につながっている電熱線Aと電熱線Bを合わせた抵抗の大きさをRとすると，$\frac{1}{\mathrm{R}}=\frac{1}{\mathrm{R_1}}+\frac{1}{\mathrm{R_2}}=\frac{\mathrm{R_1+R_2}}{\mathrm{R_1R_2}}$より，$\mathrm{R}=\frac{\mathrm{R_1R_2}}{\mathrm{R_1+R_2}}$である。

2　図3のグラフから，電熱線Aと電熱線Bの温度変化が1：2となっているので，電熱線Aと電熱線Bが消費する電力も1：2であることがわかる。また，並列につながっている電熱線Aと電熱線Bにかかる電圧は同じなので，流れる電流の比も1：2である。なお，この回路においては，電熱線A，B，Cに流れる電流の比は1：2：3になる。

3　図3のグラフから，電熱線A，B，Cの温度変化が1：2：3となっているので，電熱線A，B，Cが消費する電力量も1：2：3になっていることがわかる。

**やや難**　4　電熱線A，B，Cに流れる電流の比と消費する電力の比が1：2：3で同じなので，電熱線A，B，Cにかかる電圧の大きさは同じである。したがって，電熱線A，B，Cの抵抗の大きさは電流の大きさに反比例するので，$\frac{1}{1}:\frac{1}{2}:\frac{1}{3}=6:3:2$である。

**6**　**(総合問題－地球温暖化，分解者，金星，森林と光合成，気体の性質)**

**基本**　問1　温室効果ガスである二酸化炭素は，地球から放出される熱を吸収して再び，熱を地表に戻している。

**基本**　問2　1　多くの植物は夏から秋にかけては光合成がさかんに行うので，大気中から二酸化炭素を多く吸収し，二酸化炭素濃度は減少する。反対に，多くの植物は冬から春にかけて葉を落としたり，枯れたりするので，光合成はあまり行われず，二酸化炭素濃度は増加する。さらに，二酸化炭素濃度は年を追うごとに少しずつ増加している。

2　大気中に窒素は約78%，酸素は約21%，二酸化炭素は約0.04%含まれている。

**基本**　問3　土壌から出される二酸化炭素の多くは菌類や細菌類の呼吸によるものである。

問4　太陽の前を横切るのは内惑星である水星か金星である。ただし，水星には大気がなく，大気の主成分が二酸化炭素なのは金星である。

問5　1kWhの電気を発電すると450gの二酸化炭素が排出されるので，1年間に5500kWhの電気を発電するときに排出される二酸化炭素は，0.45(kg)×5500＝2475(kg)である。また，1haの森林が1日当たりに25kgの二酸化炭素を吸収するので2475kgの二酸化炭素を1年かけて吸収するのに必要な森林は，$\frac{2475(\mathrm{kg})}{25(\mathrm{kg})\times 365}=0.27\cdots(\mathrm{ha})$より，0.3haである。

基本 問6　二酸化炭素は水に少し溶けるので，ペットボトルは少しだけつぶれる。また，アンモニアは水に非常によく溶けるので，ペットボトルは大きくつぶれ，酸素は水に溶けにくいので，ペットボトルは水を入れた分だけ膨らむ。

★ワンポイントアドバイス★

教科書に基づいた基本問題をすべての分野でしっかり練習しておくこと。その上で，計算問題や思考力を試す問題についてもしっかり練習しておこう。

## ＜社会解答＞

1　問1　イ　問2　イ　問3　オ　問4　エ
2　問1　オ　問2　エ　問3　イ　3　問1　ウ　問2　ア
4　問1　ウ　問2　ケ　5　問1　ウ　問2　エ　問3　ア
6　問1　ウ　問2　ウ　問3　ア　問4　ア
7　問1　エ　問2　イ　問3　ウ　問4　ア　8　問1　エ　問2　ア　問3　カ

○配点○

各4点×25　計100点

## ＜社会解説＞

1　(地理―ドイツ・インド・中国・アメリカの気候・産業・貿易など)

問1　アは亜寒帯冬季少雨気候の北京，イは温帯夏雨気候のデリー，ウは温暖湿潤気候のワシントン，エは西岸海洋性気候のベルリン。

問2　アは今話題のグローバルサウスの代表・インド，イは世界最大の自動車生産国・中国，ウはヨーロッパ最大の工業国・ドイツ，エは経済・軍事とも世界1のアメリカ。

問3　X　中国が世界の鉄鋼生産の3分の2を占めている鉄鉱石。　Y　ベトナムやバングラデシュなど発展途上国が多い綿花。　Z　輸入総額も圧倒的に多い原油。

重要 問4　アは世界の工場として急速に発展した中国，イは人口で中国を抜いて世界一となったインド，ウはエネルギー消費大国のアメリカ，エは再生可能エネルギーへの転換が進むドイツ。

2　(日本の地理―各県の人口・外国人観光客など)

基本 問1　Aは人口約627万人と全国6位で人口減少下で数少ない増加県の千葉。Bは関西圏では唯一といってよい人口が減少していない県の滋賀。Cは人口減少率が日本一の秋田に次ぐ青森。

問2　第1次産業の割合は東北や四国，九州など，第2次産業は愛知など工業がさかんな中部や北関東，第3次産業は東京を中心とする首都圏や沖縄の数値が高い。

問3　訪日外国人は2023昨年10月にコロナ前を上回るまでに回復，訪問先は東京などの大都市を中心に，レジャー施設のある千葉や古都・京都，日本の象徴・富士山など多岐にわたる。パウダースノーで知られる北海道は冬季の観光客が多く，国内旅行では宿泊客の割合が高くなっている。

3　(地理―地形図の読み取りなど)

問1　田老町は数々の津波に襲われてきた岩手県宮古市に位置し，昭和の三陸大津波直後から計画されたスーパー堤防が1970年代に完成。2011年の東日本大震災では500m以上にわたり倒壊したものの再建，市街地も高台に移転された。

重要 問2　畑の地図記号は∨，針葉樹林はΛ。町役場は○，果樹園はó，「たろう」駅の南東の山は100m以下，「新田老駅」の西は小中学校や自然災害伝承碑，神社は海から離れた山の上。

4　(世界の歴史―古代文明など)

やや難 問1　紀元前2500年ごろからさかえたインダス文明。20世紀に発掘され都市計画に基づいた世界初の都市遺跡といわれる。印章に記されたインダス文字は未だに解読されていない。

問2　「エジプトはナイルの賜物《たまもの》」といわれるように，氾濫で形成された肥沃な大地を利用した農耕を基礎とした国家が生まれた。aはギリシア，bはインダス，dはメソポタミア文明。

5　(日本の歴史―古代～近世の政治・社会史など)

問1　資料1　太閤検地は長さや面積の単位を統一，田畑を等級に分けそれまでの銭に換算した貫高制から石高制に移行し荘園制の解消につながっていった。　資料2　6年ごとに戸籍を作り，6年に1回6歳以上の男子に2反(約12a)，女子にはその3分の2の口分田を支給しただけでなく，奴婢にもそれぞれの3分の1を支給，これに対し1反につき稲2足2把の租が課せられた。

重要 問2　江戸幕府は管領ではなく老中。室町幕府では斯波(しば)・細川・畠山の足利一族が管領，山名・赤松・一色・京極の四氏が管領に次ぐ重職である侍所の長官を務めたため三管四職と呼ばれた。

問3　①　50戸を1里とする地方行政組織の最小単位で，里長には有力な農民が任命，のちに郷と改称された。　②　中央から派遣された地方官で国内の行政・軍事権などを統轄，10世紀頃には不輸不入の権を持つ荘園が増え国司の力は衰えていった。

6　(日本と世界の歴史―近代の政治・社会史など)

問1　1920年には女性解放を目的とする日本初の女性団体「新婦人協会」を市川房枝らと設立，男女の機会均等，女性や子供の権利の擁護，女性参政権などを主張した。

問2　大戦景気によるインフレも重なり米価は高騰，富山で始まった米騒動は全国に波及し政府は軍を派遣してようやくこれを鎮圧。寺内正毅《まさたけ》内閣は総辞職して原敬内閣の誕生となった。

問3　1922年，「…人の世に熱あれ，人間に光あれ」という水平社宣言が発せられた大会で演説する少年の代表。イは1945年，ウは1902年，エは1933年。

やや難 問4　資料1は1911年の青鞜社，資料2は1918年の米騒動，資料3は1922年の水平社設立大会。

7　(公民―憲法・社会生活など)

問1　憲法で保障された経済活動の自由は，居住・移転・職業選択の自由や財産権の保障など。実質的平等を確保するため，国による一定の制限が認められている。

問2　現在日本には300万人以上の外国人が滞在，その性質上外国人には認められないものを除いて日本に在留する外国人にも広く適用することは当然である。

問3　a　憲法25条の「健康で文化的な最低限度」という社会権の基本となる生存権。　b　憲法は一人では弱い立場の労働者に対し，団結して労働条件の改善を要求する権利を認めている。

重要 問4　一般の法律が国民の権利や自由を国家が制限するのに対し，国家にさまざまな制約を課しその権力の行使に歯止めをかけるものが憲法という考えが立憲主義。

8　(公民―経済生活など)

重要 問1　現在所得に応じて5～45％の7段階で課税される累進課税制度を採用。これに対し消費税のように商品やサービスの中に税が含まれているものが間接税。

問2　景気が後退すると賃金は下降し倒産や失業者が増加，物価は下落する。資本主義経済ではこうした後退→不況→回復→好況というサイクルが繰り返される。

問3　政府が景気や社会保障などに積極的にかかわる大きな政府に対し，経済分野への介入は非効率になり，国防や外交など最小限に限るべきだとするのが小さい政府。Aは支出の削減，Bは経済の改善による収入増，Cは負担能力に応じた実質的平等を重視する考え方。

**★ワンポイントアドバイス★**

現代の諸問題に対する設問は今後も増える傾向にある。日ごろから世の中の動きに関心を持ち，自分で考える習慣を持って生活していこう。

## ＜国語解答＞

1　問1　①　エ　②　イ　③　ウ　④　イ　問2　d　問3　ア　問4　イ
問5　エ　問6　ウ　問7　ア　問8　ウ

2　問1　①　ウ　②　エ　③　ア　問2　(a)　イ　(b)　ウ　問3　イ　問4　エ
問5　エ　問6　ア　問7　ウ　問8　c　問9　イ

3　問1　(a)　イ　(b)　ア　問2　エ　問3　ウ　問4　イ　問5　ア　問6　エ
問7　ウ

○配点○

1　問1・問2　各2点×5　問3・問4　各3点×2　問6　5点　他　各4点×3

2　問1・問2　各2点×5　他　各4点×7

3　問1　各2点×2　問7　5点　他　各4点×5　計100点

## ＜国語解説＞

1　（論説文—大意・要旨，内容吟味，文脈把握，漢字の読み書き，熟語，ことわざ・慣用句，品詞・用法）

問1　①　危険のない地帯。　②　中央から遠く離れた地帯。　③　他の国や地方を訪れて風景や史跡などをみて歩くこと。　④　物事にこだわらず平然としている様子。

基本　問2　二重傍線部Aは打消しの意味を表す助動詞で，同じ品詞はd。他はすべて形容詞。

問3　「霞を食らう」は俗世間を離れて暮らす，「茅屋」はみすぼらしい家，という意味になる。

問4　「夏炉冬扇」は，夏の囲炉裏と冬の扇のこと。時期外れで意味がないことをたとえている。

問5　「驕る」は自らを誇って思い上がることで，「自らを誇らしく思う気持ち」と言い換えているエが適当。「俗塵を遠ざけた」を「世俗に染まらず」と表現していることも確認する。

問6　直後の「芭蕉は」で始まる段落の「今昔や貴賤を超越して現世を眺めている」，一つ後の「西鶴は」で始まる段落の「いくら金をためても死んでしまえば何の役にも立たないといいながら，子孫のためになるという理由で，それを肯定する」にウが最も適当。アの「自らも『古人』になりきって」，イの「現実的な職業のなかに人生の意味を見いだした」，エの「世の中を不変と捉え」などの部分が適当ではない。

問7　直後の段落で，「多くの人々」にとって旅の「目的は物見遊山であり，日々の憂さを晴らして明日への活力を得るためのもの」と述べた後，「しかし，芭蕉の旅は違った」と続けているので，この後の内容に着目する。「もちろん……俳諧師としての名声を得，生計の安定を図るためという現実的側面があったことは確かだ。だが，そこには古人の足跡に触れたい，歌枕の現状を知りたい，みずからの思索を深めたいという，形而上的な理由が大きい」に，アが最も適当。他の選択肢は，「しかし，芭蕉の旅は違った」に続く内容に合っていない。

重要 問8　傍線部(6)の「この複雑さ」は，同じ段落の「俳句は……短さゆえに作りやすく，大衆の詩である」「一方で，超ゼンと高みから見下ろしての垂訓でもある」ことを指し示している。この内容を「世俗を超えた視点を持ちつつ世俗の心を詠む」と言い換えているウを選ぶ。アの「過去の作品を題材とし」や，イの「皮肉に満ちた態度を示さなくてはならない」，エ「定住する人間には作れない」ことを，「複雑」といっているわけではない。

**2**　**(論説文―内容吟味，文脈把握，接続語の問題，語句の意味)**

問1　①　直前の「エンコードされた情報は，元の情報に正しくデコードされ」る例を，後で「MP3というファイル形式にエンコードされた音楽が，デコードされて私たちの耳に届く」と挙げているので，例示の意味を表す語が入る。　②「デコードによって同じ情報に戻るということが重要」という前を，後で「エンコードからデコードという一連の流れに齟齬がないことが，情報伝達の条件」と言い換えているので，説明の意味を表す語が入る。　③「この句に恋の主題を認めたのは，朔太郎の誤読である」という前に対して，後で「ここに恋人の存在を感じ取るのは，けっして無理すじではない」と相反する内容を述べているので，逆接の意味を表す語が入る。

問2　(a)は「きび」，(b)は「たんぽ」と読む。

問3　傍線部(1)は，人間には理解できても「AIにとってきわめて難易度が高い」例である。直後の段落に「AIが，ことばそのものの意味だけではなく，ことばの周辺にある意味，……知識として吸収し，理解するという課題は，まだ手つかず」とあり，この「ことばの周辺にある意味」を「比喩的な表現や抽象的な言語表現」と具体的に言い換えて説明しているイが最も適当。傍線部(1)と同じ段落の「人間にはできても」に，アは合わない。「AIに学ばせることが可能」とあるウも適当ではない。傍線部(1)は，エの「背景知識」の必要性を説明するためのものではない。

問4　傍線部(2)の前までは，人間には理解できるがAIには理解できない表現や，人間同士の場合でも読み手によって解釈の幅があることについて述べている。この「読み手によって解釈の幅があること」を受けて，傍線部(2)では「情報のエンコード(符号化)とデコード(復元)という問題」という新たな角度からのアプローチを試みているので，エが最も適当。前の内容を受けているので，ア「質の異なる二つの議論」，イ「全く違う内容の議論」を導く働きではない。新たな用語を持ち出しているので，ウ「最終的な結論をまとめようとしている」も不自然となる。

問5　同じ文の「元のデータとそっくり同じものには解凍できないのですが……人間が耳で聴いたり目で見たりするぶんには，元の音源などと区別がつきません」にエが適当。アの「創造的な結果」，イの「利便性が高まる」とは述べていない。人間には区別がつかないと述べているので，ウの「個々人の解釈」も適当ではない。

問6「この句」で始まる段落の「白梅が咲いている。この木はいつだれがその垣の外に植えたのだろう」が「蕪村の最初の意図」にあたる。「萩原朔太郎は」で始まる段落に「少年期・青年期に，だれかがその垣根越しにいたことを思い出し，今もその人の気配がずっと残っているような気がする……恋を叙情的に詠んだ句」，と「朔太郎の読み」が書かれている。この内容を踏まえて，傍線部の後の「何かを慕わしく思うという心の機微という点では同等」を「人の存在と懐かしさを感じているという点で共通」と言い換えているアの説明が最も適当。「同等」とあるので，「異なっている」とあるイや「相反する解釈」とあるエは適当ではない。「朔太郎の読み」に，ウの「故郷」は含まれていない。

問7　直後の段落で「俳句は何度書き写しても，情報として劣化しません」「元の情報をそのままで保存できないのがアナログです」と説明している。この説明にウが適当。俳句は同じ情報が伝わるので，「細部に違いはあっても」とあるアは適当ではない。イの表現の古さや，エの互いの知識については，論じていない。

やや難　問8「デコード時の齟齬」は，同じ情報に戻れなかったことを意味する。蕪村の「しら梅や」の句は「先人や過去に思いを寄せる」という意図であったが，朔太郎は「恋」を詠んだ句としたことを表している。したがって，同じ句から違う情報が発生していないcが，「デコード時の齟齬」に該当しない。

重要　問9　三つ目の大塚の言葉に「西欧から『愛』の概念が入ってくる以前の蕪村と，それ以後の朔太郎で，意図と読みがくいちがってしまいました」とあり，ここから萩原朔太郎の解釈を「誤読」とするもう一つの根拠が読み取れる。

**3（小説―主題・表題，情景・心情，内容吟味，文脈把握，語句の意味，ことわざ・慣用句）**

基本　問1　(a)「かぶり」は頭のこと。　(b)「われ(に)かえ(った)」と読む。

問2　直前の段落の「一つ一つの曲線に自然が込めた意味を，漏らすことなく写し取ろうとしている……進化によってその形が生まれるまでの悠久の時を，鉛筆の先で刻もうとしている」という絵の描写から，エの理由が読み取れる。アの「正確」さ，イの「淡々と描く」仕事ぶり，ウの「圧倒的技術」のためではない。

問3　ザトウクジラの歌を異星人が読み解いてくれるかもしれないという網野先生の話に対する宮下さんの返答である。「夢のある話」は現実にあったら面白い話，「夢みたいな話」は実現する可能性は低い話という意味であることから判断する。「夢のある話」は，アの「下らない話」やイの「有名な話」にそぐわない。宮下さんに，エの「興味を持てない」様子は伺えない。

問4「クジラやイルカの知性とか，頭の中について」尋ねる「わたし」に，網野先生は「研究者として」は「わからない」と答えているが，傍線部の直後で「なるほどなと思う考え方はあります」と続けている。後の「この地球で」や「人間は」で始まる網野先生の会話は，ある動物写真家の言葉を元にクジラやイルカの世界を想像したものである。この内容にイが適当。ア「研究者として勉強が足りておらず」，ウ「発掘調査の仕事が忙しく」，エ「自信を持って」が合わない。

問5「ヒトが発達させてきたのは……外向きの知性」で，「内向きの知性や精神世界を発達させているのかもしれない……クジラたちは，我々人間よりもずっと長く，深く，考えごとをしている」という網野先生の言葉を聞いて，「わたし」は「クジラは，わたしたちには思いもよらないようなことを，海の中で一人静かに考え続けている」と感銘を受けている。この感銘を「何だかとてもうれしい」と表現しているので，アが適当。イ「クジラの思考に触れ」ていない。ウ「謎だった歌の意味を理解ができ」たわけではない。エ「クジラと自由に泳ぎまわって」もいない。

やや難　問6　直後で「わたしのように，虚しい空想に逃げたりせずに。そうしたらきっと，宮下さんのように，何かを見つけるだろう。そしていつか，必ず何かが実るだろう」と，「わたし」は娘に対する思いを述べている。「何かを見つける」を「自分にできることにめぐりあい」に，「何かが実るだろう」を「生かして生きていく」と言い換えているエを選ぶ。「信念を持って」とあるアや，「綿密な調査を重ねて」とあるイは，「わたし」の娘に対する思いに合わない。「わたし」は娘に芸術家になってほしいとは思っていないので，ウも合わない。

重要　問7　生徒3の会話に「自分の意思や力で泳いだりしなくていい……喜びもないけれど，苦痛もない。生きていると実感することもない」「プランクトンが一番いい」という「わたし」についての記述があり，この「わたし」の状態を「日常からの現実逃避」と指摘している。その「わたし」が「だがもうわたしはプランクトンではない」と言っていることから，「わたし」は自分の意思を持って現実に向き合って生きていこうと感じられるようになったことが読み取れる。この内容を述べているウが当てはまる。アの「誰かが自分を助けてくれる」，イの「嫌なことを全て忘れる」に通じる記述はない。「わたし」は現実に向き合おうとしているので，「空想しながら生きていける」とあるエも適当ではない。

**★ワンポイントアドバイス★**

読解問題であっても，語彙力が問われている。普段から幅広い文章に親しむことで対応しよう。

# 2023年度

★★★★★★★★★★★★★★★★★★★★★★

# 入　試　問　題

## 2023年度

# 国立高等専門学校入試問題

【数　学】（50分）　＜満点：100点＞

【注意】 1．定規，コンパス，ものさし，分度器及び計算機は用いないこと。
2．分数の形の解答は，それ以上約分できない形で解答すること。
3．解答に負の符号がつく場合は，負の符号は，分子につけ，分母にはつけないこと。
4．根号を含む形で解答する場合，根号の中に現れる自然数が最小となる形で解答すること。

1 次の各問いに答えなさい。

⑴ $-3+2\times\left\{\left(3-\frac{1}{2}\right)^2-\frac{1}{4}\right\}$ を計算すると $\boxed{\text{ア}}$ である。

⑵ 2次方程式 $x^2-6x+2=0$ を解くと $x=\boxed{\text{イ}}\pm\sqrt{\boxed{\text{ウ}}}$ である。

⑶ $a<0$ とする。関数 $y=ax+b$ について，$x$ の変域が $-4\leqq x\leqq 2$ のとき，$y$ の変域は $4\leqq y\leqq 7$ である。このとき，$a=-\frac{\boxed{\text{エ}}}{\boxed{\text{オ}}}$，$b=\boxed{\text{カ}}$ である。

⑷ 2つの関数 $y=ax^2$，$y=-\frac{3}{x}$ について，$x$ の値が1から3まで増加するときの変化の割合が等しいとき，$a=\frac{\boxed{\text{キ}}}{\boxed{\text{ク}}}$ である。

⑸ 袋の中に赤玉2個と白玉3個が入っている。いま，袋の中から玉を1個取り出して色を調べてから戻し，また玉を1個取り出すとき，2回とも同じ色である確率は $\frac{\boxed{\text{ケコ}}}{\boxed{\text{サシ}}}$ である。ただし，どの玉が取り出されることも同様に確からしいものとする。

⑹ 下の資料は，中学生10人の握力を測定した記録である。このデータの中央値（メジアン）は $\boxed{\text{スセ}}$ kgであり，範囲は $\boxed{\text{ソタ}}$ kgである。

25，12，30，24，16，40，29，33，17，35　(kg)

⑺ 下の図で，点Aと点Bは円Oの周上にあり，直線BCは円Oに接している。
∠OAC＝37°，∠BCA＝15°のとき，∠OAB＝ $\boxed{\text{チツ}}$ °である。

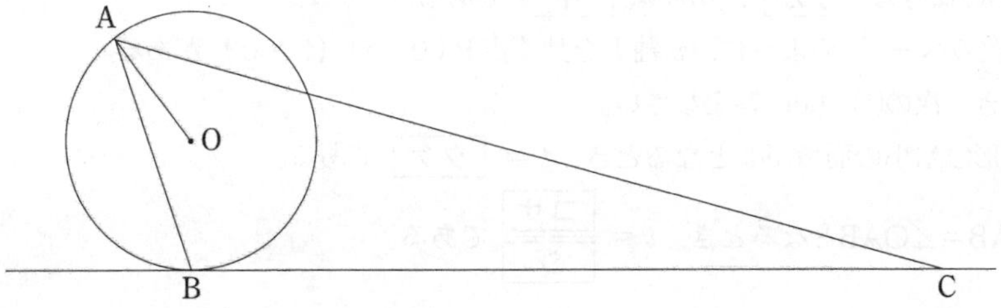


⑻ 次のページの図で，∠ABC＝∠ACD＝90°，AB＝3，BC＝$\sqrt{3}$，CD＝2である。このとき，AD＝ $\boxed{\text{テ}}$ ，BD＝$\sqrt{\boxed{\text{トナ}}}$ である。

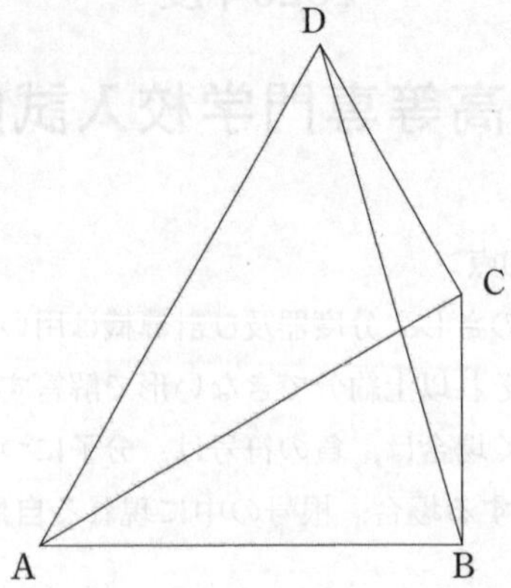


**2** 図1のように，関数 $y = ax^2$ のグラフ上に2点A，Bがある。点Aの座標は $(-5,\ 10)$，点Bの $x$ 座標は $\dfrac{5}{2}$ である。

図1

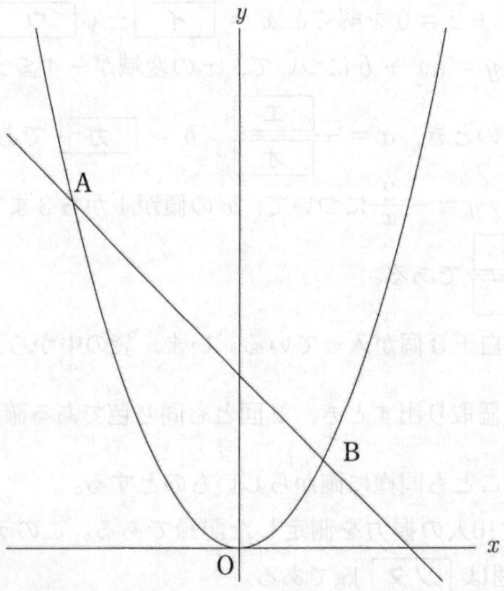


このとき，次の各問いに答えなさい。

(1) $a$ の値は $\dfrac{\boxed{\text{ア}}}{\boxed{\text{イ}}}$ であり，点Bの $y$ 座標は $\dfrac{\boxed{\text{ウ}}}{\boxed{\text{エ}}}$ である。

(2) 直線ABの傾きは $\boxed{\text{オカ}}$ ，切片は $\boxed{\text{キ}}$ である。

(3) 図2（次のページ）のように，$y$ 軸上を動く点P $(0,\ t)$ $(t > 0)$ がある。
このとき，次の(i)，(ii)に答えなさい。

(i) 四角形OAPBの面積が45となるとき，$t = \boxed{\text{クケ}}$ である。

(ii) ∠PAB＝∠OABとなるとき，$t = \dfrac{\boxed{\text{コサ}}}{\boxed{\text{シ}}}$ である。

図2

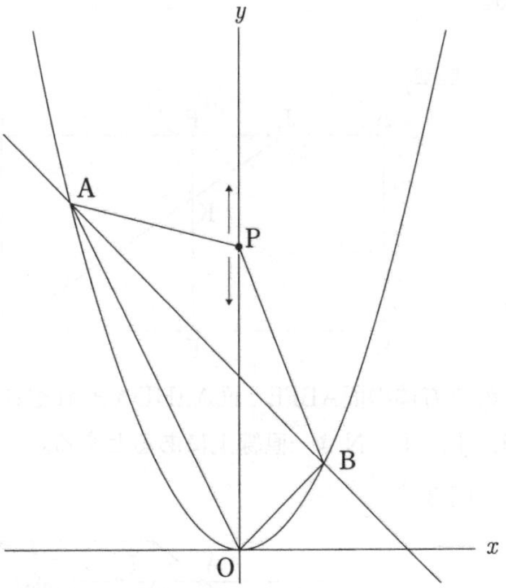


**3** 野菜や果物の皮などの捨てる部分を廃棄部といい，廃棄部を除いた食べられる部分を可食部という。廃棄部に含まれる食物繊維の割合は高く，エネルギーの割合は低い。そのため，可食部に含まれる食物繊維の割合は低く，エネルギーの割合は高い。

ある野菜Aの廃棄部と可食部それぞれの食物繊維の含有量とエネルギーを調べる。このとき，次の各問いに答えなさい。

(1) 廃棄部40 gあたりの食物繊維の含有量を調べたところ，3.08 gであった。廃棄部における食物繊維の含有量の割合は [ア].[イ] %である。

(2) 下の表は，野菜Aと可食部それぞれの100 gあたりの食物繊維の含有量とエネルギーを示したものである。

| | 食物繊維 | エネルギー |
|---|---|---|
| 野菜A 100 g | 3.6 g | 45 kcal |
| 可食部 100 g | 2.7 g | 54 kcal |

この表と(1)の結果を用いると，野菜A200 gにおける可食部の重さは [ウエオ] g，廃棄部の重さは [カキ] gである。また，廃棄部100 gあたりのエネルギーは [ク] kcalである。

**4** 右の図1のように，1辺の長さが2 cmの立方体ABCD-EFGHがある。辺AD，AB上にそれぞれ点I，Jがあり，AI=AJ=1 cmである。3点G，I，Jを通る平面でこの立体を切ると，切り口は五角形IJKGLになる。

このとき，あとの各問いに答えなさい。

(1) 次のページの図2はこの立方体の展開図の一部である。

図2において，3点J，K，Gは一直線上にあるため，

図1

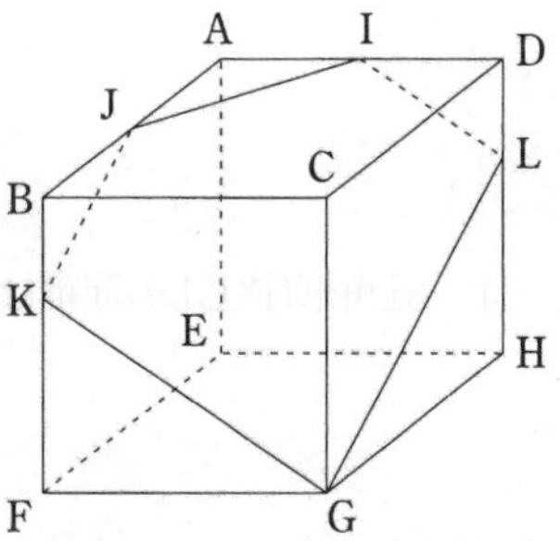

BK＝$\dfrac{\boxed{\text{ア}}}{\boxed{\text{イ}}}$ ㎝である。

図２

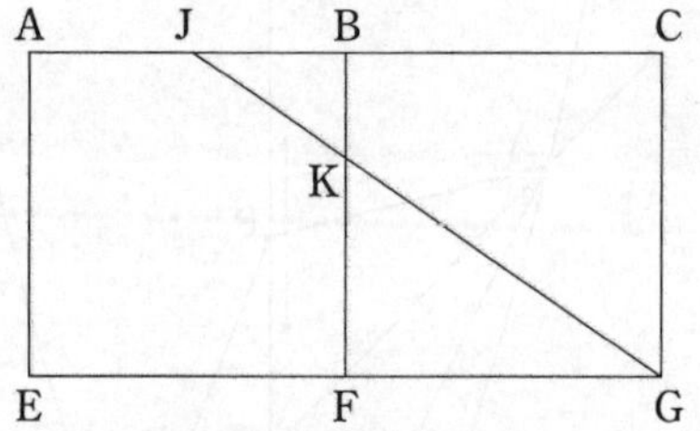


⑵　図３のように，図１の立方体の面ABFEと面AEHDをそれぞれ共有している２つの直方体を考える。ただし，４点M，J，I，Nは一直線上にあるとする。

図３

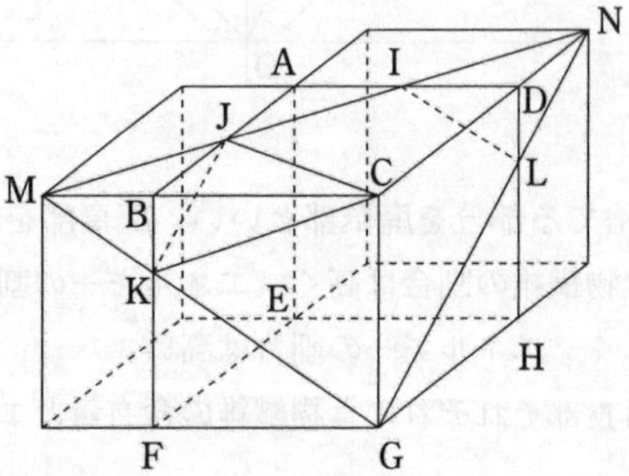


このとき，三角錐G-CMNの体積は $\boxed{\text{ウ}}$ ㎝$^3$であり，三角錐C-BJKの体積は $\dfrac{\boxed{\text{エ}}}{\boxed{\text{オ}}}$ ㎝$^3$である。

⑶　図４のように，図１の五角形IJKGLを底面とする五角錐C-IJKGLを考える。五角錐C-IJKGLの体積は $\dfrac{\boxed{\text{カ}}}{\boxed{\text{キ}}}$ ㎝$^3$である。

図４

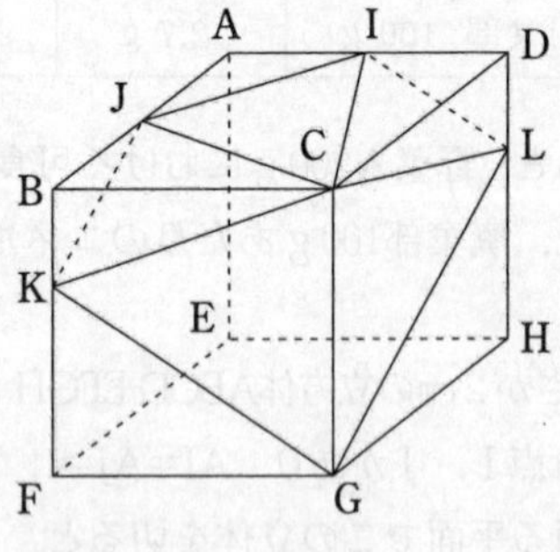


⑷　五角形IJKGLの面積は $\dfrac{\boxed{\text{ク}}\sqrt{\boxed{\text{ケコ}}}}{\boxed{\text{サ}}}$ ㎝$^2$である。

**【英　語】**（50分）＜満点：100点＞

1　次の各組の英文がほぼ同じ内容となるような（A）と（B）に入る語（句）の最も適切な組み合わせを，それぞれア～エの中から一つずつ選びなさい。

1．This is a very difficult question.　（　A　）can answer it.
We don't know（　B　）can answer this very difficult question.

ア　（A）We　（B）who
イ　（A）Everyone　（B）which
ウ　（A）Nobody　（B）who
エ　（A）Who　（B）how

2．My brother is（　A　）in playing the guitar.
My brother's（　B　）is playing the guitar.

ア　（A）interesting　（B）hobby
イ　（A）interested　（B）liked
ウ　（A）interest　（B）like
エ　（A）interested　（B）hobby

3．I have（　A　）been to New York before.
This is my（　B　）visit to New York.

ア　（A）not　（B）next
イ　（A）never　（B）first
ウ　（A）never　（B）last
エ　（A）not　（B）best

4．Hiromi（　A　）me how to use the new computer.
It is（　B　）for Hiromi to teach me how to use the new computer.

ア　（A）can't show　（B）impossible
イ　（A）won't call　（B）expensive
ウ　（A）speaks to　（B）cheap
エ　（A）talks to　（B）impossible

5．I can't talk with Mary because I（　A　）speak Spanish.
I want to talk with Mary.　I wish I（　B　）speak Spanish.

ア　（A）could not　（B）can
イ　（A）could not　（B）could
ウ　（A）cannot　（B）can
エ　（A）cannot　（B）could

2　あとの1～5の会話文について，場面や状況を考え，（　）に入る最も適切なものを，それぞれア～エの中から一つずつ選びなさい。

1．A：John, I couldn't go to school yesterday.　Do we have any homework?
B：Yes, I think that we have some English homework.
A：OK.　What is it?
B：（　）

ア Let me check my notebook.　　イ Of course, I have no problem.
ウ It was until last week.　　エ You haven't finished it yet.

2．A：Hmm. You look different today, Satoshi. Are those new shoes?
B：Yes. I just bought them yesterday. They are still clean. What do you think?
A：(　　　　) I really like the color.
ア I like my new ones very much.　　イ They are really old.
ウ They look really nice on you.　　エ They are very tired.

3．A：Do you have any plans this weekend?
B：No. I'll just stay at home.
A：Do you often spend your weekends at home?
B：(　　　　) I don't like to go outside.
ア Yes, I can find the bus to take.　　イ I'll go to play tennis.
ウ You're often sick in bed.　　エ I usually do so.

4．A：What did you do during the winter vacation?
B：I went to Sydney. It was beautiful. Have you ever been to Australia?
A：No, but (　　　　) I want to see koalas in nature.
ア I was in the country for three years.　　イ I hope I can go there.
ウ I have been to the country twice.　　エ I will not go there again.

5．A：How did you like the zoo, Tomoko?
B：It was great. I love pandas. Thanks for taking me today.
A：You're welcome. (　　　　)
B：That's a good idea. There's too much to see in just one day.
ア How about going again next month?
イ Is the zoo crowded on weekends?
ウ How about going to the zoo today?
エ Why do we visit the zoo today?

**3** 次の英文を良く読み，後の問題に答えなさい。

Video games are played by people of all ages. Most people use games consoles when they play video games now. These consoles can be ( 1 ) in many houses around the アworld and are used almost every day.

In the ( 2 ), consoles were very イsimple machines. They could only be used to play games. However, the games industry has changed, and consoles are now like home entertainment centers. You can use them ( 3 ) watch ウmovies, use the Internet, and look at photos.

There are several companies making consoles now. Some companies focus on power and performance when they make a games console. Players love the fast action and high quality of the games for these consoles. The games look very real. Recently, more and more people like to play their エfavorite games on the

Internet ( 4 ) other players. For that reason, we can play most new games online, and some new types of games have become very popular.

Other companies focus on creating new consoles and fun games to encourage players to exercise or move to play. These consoles are not so powerful. They are also オ different because they can be taken outside when you go to your friend's house or on the カ train. Players can ( 5 ) games anywhere because of the design.

Millions of consoles are sold every year, and many interesting games are made. Online games have become an important way to connect with friends. New games get better and better, and have ( 6 ) features and ideas.

（注） games consoles, consoles　ゲーム機　games industry　ゲーム業界
entertainment centers　娯楽の中心機器　focus on　焦点を合わせる　performance　性能
quality　品質　online　オンラインで，オンラインの　exercise　運動する　design　デザイン
millions of　非常にたくさんの

問１　本文中の（１）～（６）に入る最も適切な語（句）を，ア～エの中から一つずつ選びなさい。

（１）　ア heard　イ found　ウ said　エ told
（２）　ア future　イ little　ウ past　エ while
（３）　ア at　イ for　ウ in　エ to
（４）　ア against　イ across　ウ along　エ until
（５）　ア enjoy　イ enjoyed　ウ enjoying　エ to enjoy
（６）　ア low　イ poor　ウ original　エ weak

問２　次の⑴と⑵につき，それぞれと同じような意味で使われている語を本文中の下線部ア～カから一つずつ選びなさい。

⑴　moving pictures and sound that tell a story
⑵　not the same

**4**　次の１～５の会話について，場面や状況を考えて（　）内の語（句）を最も適切な順に並べ替え，（　）内において３番目と５番目にくるものの記号を選びなさい。なお，文頭にくるべき語の最初の文字も小文字で書かれています。

１．A：Where were you this afternoon?
　B：Oh, I forgot to tell you. I was at Paul's Cafeteria.
　A：Do（ ア mean イ new restaurant ウ opened エ the オ you カ which ）last weekend? I heard it's good.
　B：It sure is.

２．A：What are you reading?
　B：It's a book about kindness and friendship.
　A：Is it interesting? You've（ ア been イ finished ウ it エ reading オ since カ we ）lunch.
　B：Actually, it has a lot of useful information.

3．A：What are you going to do this evening?

B：I am going to do my homework. Why do you ask?

A：Well, I washed the clothes and hung them in the garden. Will you ( ア before イ house ウ into エ take オ the カ them ) it gets dark?

B：No problem.

4．A：What time are we going to meet at the station today?

B：How about three o'clock in the afternoon?

A：OK, but I have something to do after lunch. ( ア don't イ for ウ if エ I'm オ me カ wait ) late.

B：Sure. I understand.

5．A：Did you understand the story that he told us now?

B：No, I didn't. What should we do?

A：I think ( ア him イ have ウ to エ to ask オ tell us カ we ) again.

5 次の英文は，家族の夜の外食行動（eating out behavior）に関する調査について述べたものである。英文と表（次のページ）を良く読み，あとの問題に答えなさい。なお，計算等を行う場合は，この問題のページの余白で行うこと。

Kakeru and his friend Judy go to a university in Japan. They decided to work together to do some research about people's eating out behavior at night. They sent several questions to 300 families with children in elementary or junior high school. They asked what day of the week the families eat out at night the most and what their primary reason for eating out is. The results are shown in the tables below.

Table 1 shows the days of eating out at night. According to the results of the survey, Monday is the lowest percent of all. Only one percent of the families eat out on Monday. The percent of families who eat out on Thursday is half of the percent of Wednesday. On Sunday, ten percent of families eat out.

The rate of families choosing Friday or Saturday night for eating out is more than 70 percent, and Friday is higher than Saturday. Why do more families choose Friday and not Saturday for eating out? Many adults and children are on a five-day week, and Saturdays and Sundays are their days off. So, they eat out on Friday night as a reward for finishing the week's work or school.

In Table 2, we can see various reasons for eating out at night, but more than 60 percent of the answers are related only to parents. Parents usually make meals for the family, and other members sometimes help to cook. As a result, when parents cannot make dinner, the family eats out. The percent of "For a change" is about half of "All family members come home too late."

The research also shows that most children want to eat out more often, but about 50 percent of parents think they eat out too much. They worry about the cost of eating at restaurants.

Table 1　Days of eating out

| Day | Percent (%) |
|---|---|
| Monday | 1 |
| Tuesday | 2 |
| Wednesday | 8 |
| Thursday | （ A ） |
| Friday | （ B ） |
| Saturday | （ C ） |
| Sunday | 10 |
| Total amount | 100 |

Table 2　Reasons to eat out

| Reason | Percent (%) |
|---|---|
| Parents come home too late | 36 |
| （ P ） | 27 |
| （ Q ） | 15 |
| （ R ） | 11 |
| For a change | 7 |
| Others | 4 |
| Total amount | 100 |

（注） primary　第一位の　　table　表　　rate　割合　　on a five-day week　週５日勤務の
day off　休暇　　reward　ごほうび　　be related to ～　～と関係がある
for a change　気分転換に　　late　遅くに　　cost　経費　　total amount　合計

問１　本文と表等から考えて，次の⑴～⑶の英文の（　）に入る最も適切なものをア～エの中からそれぞれ一つずつ選びなさい。

⑴　The number in （ A ） is （　　）.
ア　2　イ　3　ウ　4　エ　5

⑵　The percent of Friday （ B ） must be （　　）.
ア　15　イ　25　ウ　35　エ　45

⑶　（　　） is the percent for Saturday （ C ）.
ア　25　イ　30　ウ　35　エ　40

問２　表２の（P），（Q），（R）に対応する組み合わせとして正しい配列のものをア～エの中から一つ選びなさい。

| | ア | イ | ウ | エ |
|---|---|---|---|---|
| (P) | Parents are too tired | Parents are too tired | Children's birthdays | Children's birthdays |
| (Q) | Children's birthdays | All family members come home too late | All family members come home too late | Parents are too tired |
| (R) | All family members come home too late | Children's birthdays | Parents are too tired | All family members come home too late |

問３　次の英文は，この調査を行ったJudyによるまとめと感想です。（　）に入る最も適切なものをア～エの中から一つ選びなさい。

> The research says that more than 60 percent of the families who answered the questions eat out when parents come home too late or are too tired. The result also shows that parents worry about the cost of eating at restaurants. If that is true, （　　）.

ア　other members of the family should cook dinner more often
イ　only children should be in good health
ウ　families should eat out more often
エ　families should be in good health

6 次の文章は，英語を母国語としない海外の中学生が英語学習と自分の将来について書いたものです。この英文を読んで，後の問題に答えなさい。

Today, English is used in many fields all over the world. To communicate with people in various countries, for example in business, learning English has become more and more important. However, some of my friends are good at listening and reading English but are not good at speaking or writing. For my future, I want to speak and write it correctly.

I think an effective way of improving my English is to use it everywhere. In school, [ 1 ] and I don't think that is enough. For that reason, after school I always try to use English to communicate with my teachers and speak with my friends.

Reading is another way of improving my English. [ 2 ]. It's fun to learn new ideas and new expressions. It is valuable to read published materials because I believe they have no mistakes. Through reading, I also have learned how to use English correctly in [ 3 ].

Television, the radio, websites, and social media are other good ways to improve my English. I want to speak English as naturally as they speak it on TV and on the radio. [ 4 ]. Through these media, we can also link with many new people, and learn about their cultures and their countries.

[ 5 ], my mother and grandmother came to this country about 30 years ago. My mother met my father in this town. I want to support my family by buying and selling a lot of things overseas in the future. I study English hard because by using it correctly, I will not make mistakes in business.

My teacher says, "English is a gate to the life, culture, and history of foreign countries." I think that the things I'm learning now will be useful in business, too. So, I will try to do my best to improve my English to be successful in business and to help my family.

I learn English by taking lessons at school, talking to my friends, reading books, and so on. My teacher also says the joy of learning English is everywhere. As for me, I enjoy using "correct" English. I hope we all have fun when we use English.

（注） correctly 正確に　published materials 出版物
social media ネットで交流できる通信サービス　naturally 自然に
media 情報を送受信する媒体　link つながる　～ and so on ～など
as for me 私に関しては　correct 正確な

問1 本文中の空所 [ 1 ] に入る最も適切なものを次のア～ウの中から一つ選びなさい。

ア English is used only when we have English lessons
イ I cannot speak it faster than other students in English lessons
ウ we don't know how to use a computer in English lessons

問2　本文中の空所 [2] に入る最も適切なものを次のア～ウの中から一つ選びなさい。

ア　I don't want to go to the library after school

イ　I have read many English books at home and in the library

ウ　The book shop near my school is usually closed at eight o'clock

問3　本文中の空所 [3] に入る最も適切なものを次のア～ウの中から一つ選びなさい。

ア　listening and watching　　イ　watching and writing

ウ　speaking and writing

問4　本文中の空所 [4] に入る最も適切なものを次のア～ウの中から一つ選びなさい。

ア　The Internet is not a good way to research new words

イ　The Internet is not a way to make friends or communicate in "natural" English

ウ　Websites and social media are really good ways to learn "natural" written English

問5　本文中の空所 [5] に入る最も適切なものを次のア～ウの中から一つ選びなさい。

ア　By the way　　イ　In a few years　　ウ　These days

問6　本文中の下線部 they の内容を次のア～ウの中から一つ選びなさい。

ア　the writer's teachers and friends

イ　people speaking English on TV and radio programs

ウ　the writer's mother and grandmother

問7　次のア～ウは本文を読んだ生徒たちが述べた意見ですが，最も適切に内容を理解して述べられたものを一つ選びなさい。

ア　I don't agree with the writer.  You should use correct English when you are in business with foreign countries.

イ　According to the writer's opinion, learning English is not only for understanding foreign cultures but also for doing business with foreign countries.  I think so, too.

ウ　That's interesting.  The writer says that TV and radio are not as important as websites and social media when you learn English.

【理　科】（50分）　＜満点：100点＞

【注意】　定規，コンパス，ものさし，分度器及び計算機は用いないこと。

1　あとの問1から問8に答えよ。

問1　観測者が雷の光を見てから音を聞くまで6秒かかったとき，雷の光が発生した場所は観測者から何㎞離れていると考えられるか。ただし，音が空気中を伝わる速さは340m/sとする。

ア．イ㎞

問2　直方体の水槽に水を入れ，図のように，ストローを手前の面Aとの平行を保ったまま，水面の中央部分に斜めに差し入れた。水槽の面Aを，面Aに対して垂直に見るとき，水の中のストローの見え方として，最も適当なものを以下のアからエの中から選べ。

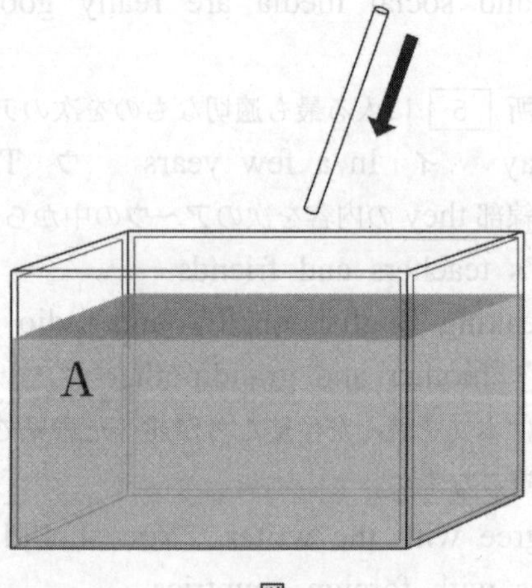


図

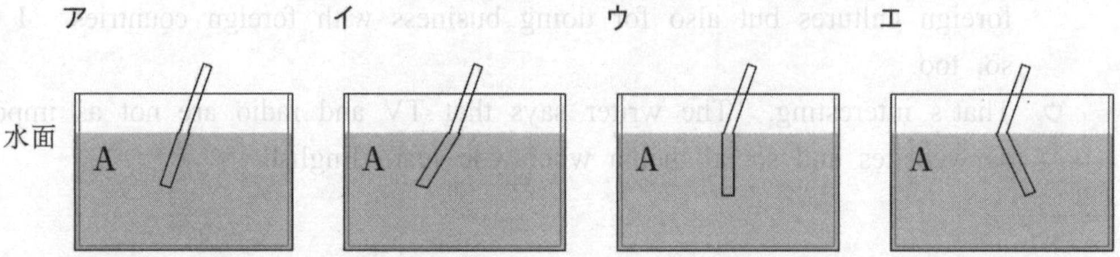


問3　うすい塩酸を電気分解したとき，陽極側に発生する気体の性質について書かれた記述で正しいものを次のアからエの中から二つ選べ。

ア　水にとけにくい　　イ　水にとけやすい　　ウ　無色で空気より軽い　　エ　刺激臭がある

問4　次のアからエに示した現象はいずれも，ひらがなで書くと「とけた」という言葉を使用している。化学変化であるものを次のアからエの中から選べ。

ア　春になると氷がとけた　　イ　酸性の水溶液がかかり，金属の一部がとけた

ウ　砂糖を水に入れると，よくとけた　　エ　金属を高温にするととけた

問5　ユリ，ツツジ，イヌワラビ，マツを植物の特徴にもとづいて分類した。分類結果を示したものとして最も適当なものを，次のページのアからエの中から選べ。

ア

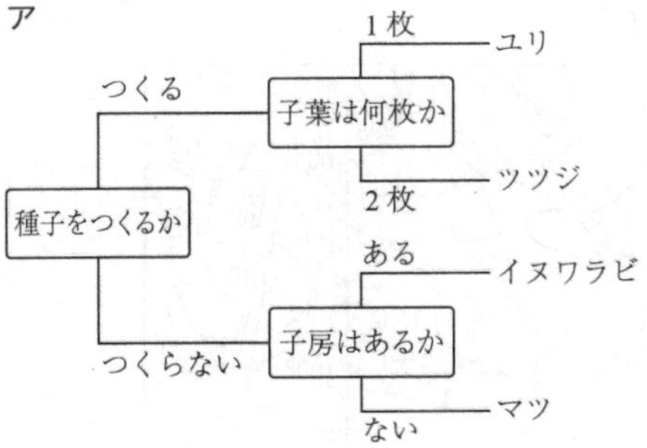


イ

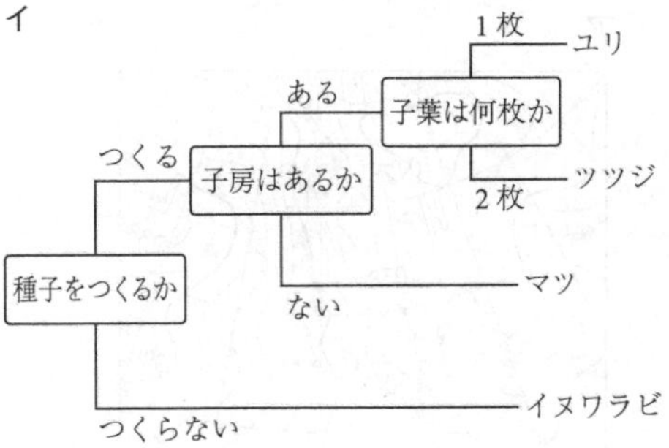


ウ

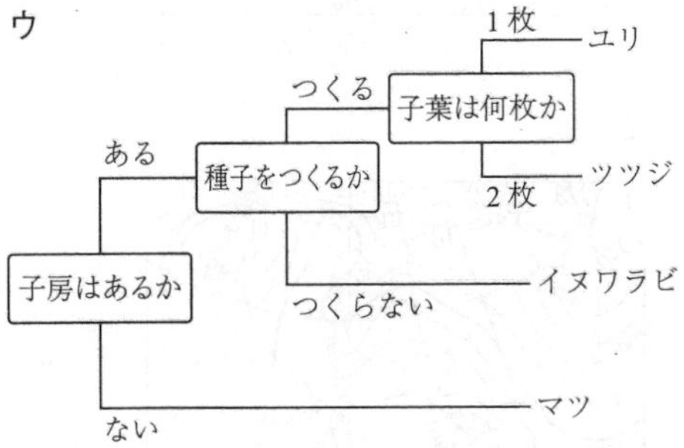


エ

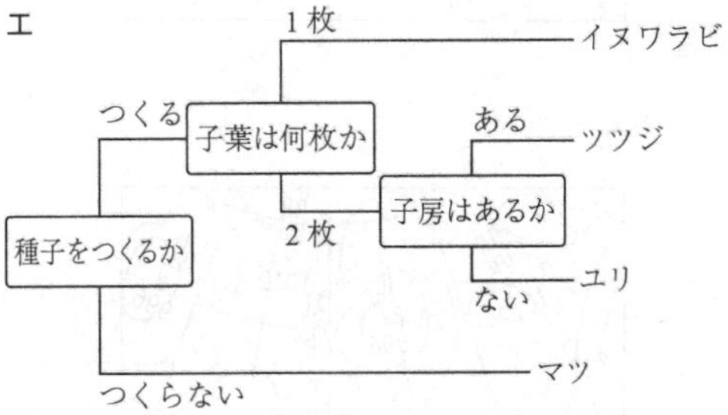


問6　**図1**は植物の体細胞分裂の様子をスケッチしたものである。**図1**のAの時期の染色体の様子を**図2**のように表すとき，**図1**のBの時期の染色体の様子はどのように表すことができるか。最も適当なものを以下の**ア**から**エ**の中から選べ。

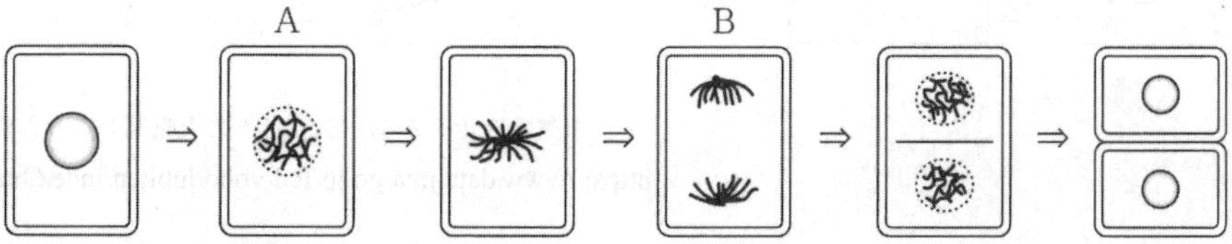


**図1**

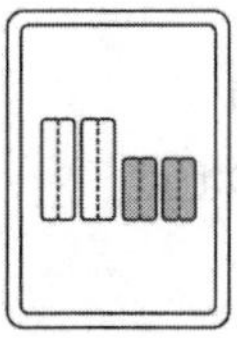

**図2**

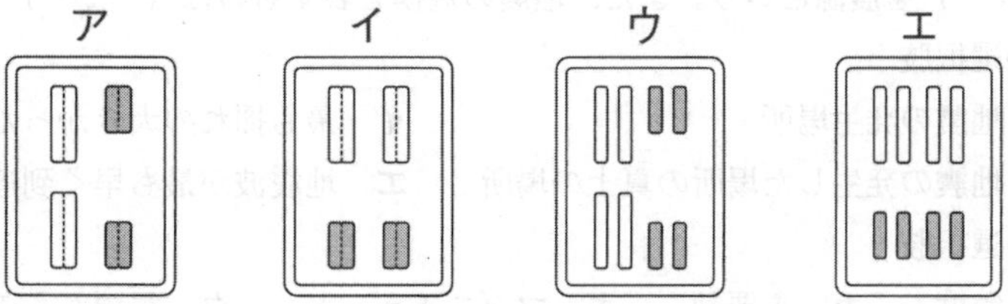


問7　気象庁が「冬型の気圧配置が続き，西～北日本で雪」と発表した日の気圧配置を示しているものはどれか。最も適当なものを，次のページの**ア**から**エ**の中から選べ。ただし，天気図中の白抜き文字「H」は高気圧を，「L」は低気圧を示している。

ア

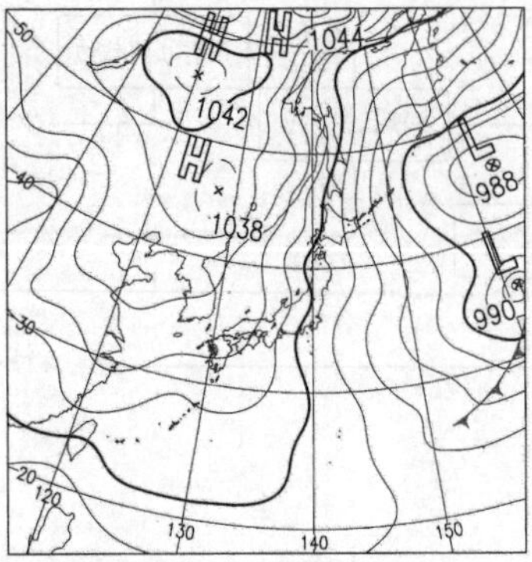


イ

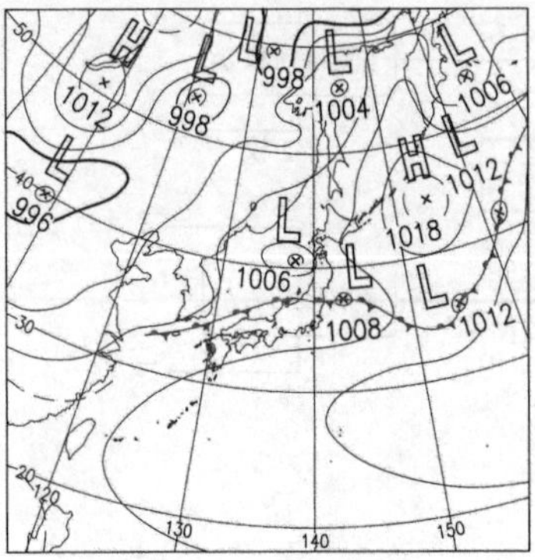


ウ

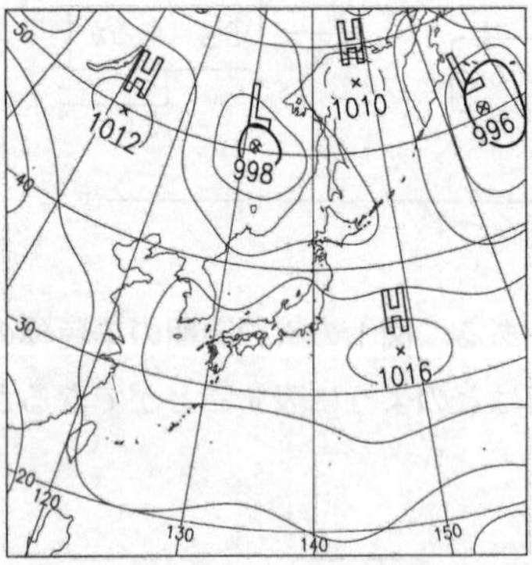


エ

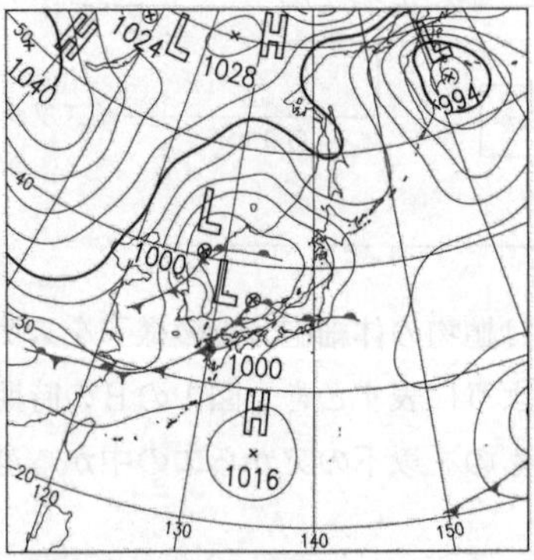


（気象庁ホームページ「日々の天気図」より作成）
https://www.data.jma.go.jp/fcd/yoho/hibiten/index.html

問８　次の文章は，地震についての説明文である。文章中の空欄①，②に当てはまるものを，以下のアからクの中からそれぞれ選べ。

（　①　）を震源という。また，地震の規模を表すものは（　②　）である。

①の選択肢

**ア**　地震の発生場所　　**イ**　最も揺れの大きかった地上の地点

**ウ**　地震の発生した場所の真上の場所　　**エ**　地震波が最も早く到達した地上の地点

②の選択肢

**オ**　震度　　**カ**　主要動　　**キ**　マグニチュード　　**ク**　震源からの距離

**2**　植物のはたらきについて，あとの問１から問４に答えよ。

問１　葉のはたらきと，気孔から取り入れる物質の組み合わせとして，最も適当なものを次のアからカの中から二つ選べ。

**ア**　光合成・$CO_2$　　**イ**　光合成・$H_2O$　　**ウ**　呼吸・$O_2$　　**エ**　呼吸・$CO_2$

**オ**　蒸散・$H_2O$　　**カ**　蒸散・$O_2$

問２　蒸散について調べるために次のページの［実験］を行った。枝A，B，Cの水の減少量をそれ

ぞれ $a$, $b$, $c$ とすると，葉からの蒸散量はどのように表すことができるか。最も適当なものを以下の**ア**から**カ**の中から選べ。ただし，水の減少量と植物の蒸散量は同じであり，蒸散は葉以外の茎などからも行われるものとする。

［実験］

　同じ大きさの試験管を３本用意し，水を入れた。葉の大きさや数がほぼ等しい植物の枝A，B，Cを**図１**のようにし，明るく風通しのよいところに置いた。数時間後，それぞれの試験管の水の減少量を調べた。

**ア**　$a$　　　　　**イ**　$b+c$

**ウ**　$(b+c)-a$　　**エ**　$a-(b+c)$

**オ**　$2a-(b+c)$　　**カ**　$2(b+c)-a$

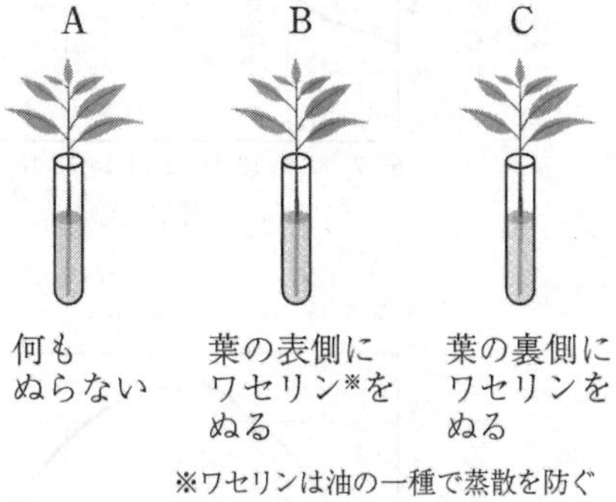


図１

問３　**図２**は，ある晴れた日に野外の植物の葉の蒸散量とその茎を流れる水の流量を調べたものである。グラフからいえることとして最も適当なものを，次の**ア**から**エ**の中から選べ。

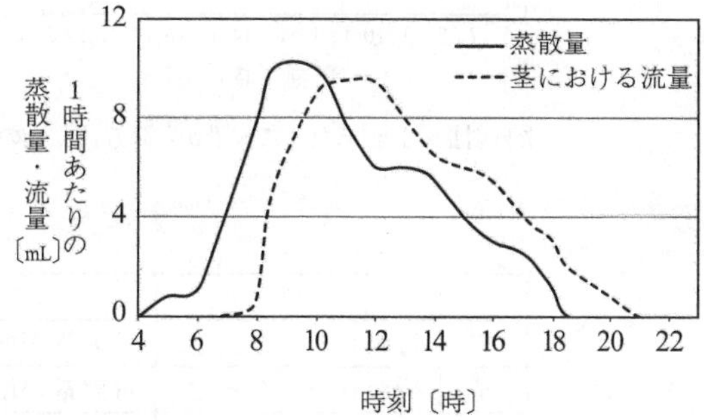


図２

**ア**　根からの吸水が盛んになると，蒸散が盛んになる

**イ**　蒸散が盛んになると，根からの吸水が盛んになる

**ウ**　茎における水の流量が減少すると，蒸散が抑えられる

**エ**　蒸散量が減少すると，茎における水の流量が増加する

問４　植物をビニルハウス内で栽培するときには，植物がきちんと光合成や蒸散ができるようにビニルハウス内の環境を調節している。ある植物をビニルハウス内で栽培しているときに，換気と水やりを忘れてしまった日があった。次のページの**図３**はこの日のビニルハウス内の環境を記録したものである。この記録からいえることを次のページの文章にまとめた。文中の空欄①から③に当てはまる最も適当な組み合わせを，次のページの**ア**から**ク**の中から選べ。

| |
|---|
| **図３**より，８時から12時頃までは光合成が（　①　）ことがわかる。また，12時頃に葉の表面の様子を調べると，ほとんどの気孔が閉じていた。これは気温の上昇とともに（　②　）ためと考えられる。これによって，12時以降は蒸散も光合成も（　③　）ことがわかる。<br>　このことから，ビニルハウス内の換気と水やりを適切に調節することで，蒸散や光合成を調節することができる。 |

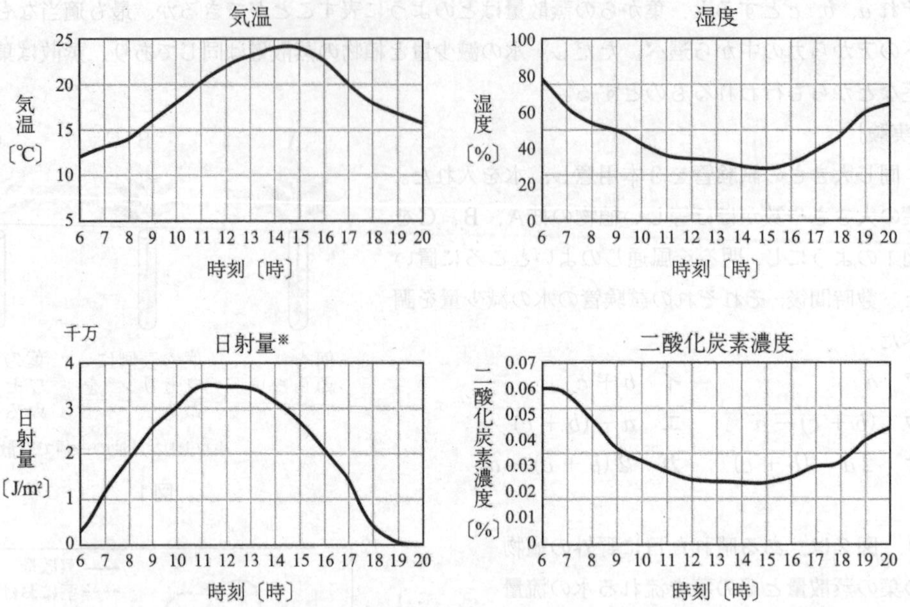


※日射量は1 $m^2$あたりに太陽から降り注ぐ光のエネルギーの量

図３

| | ① | ② | ③ |
|---|---|---|---|
| ア | 行われなくなった | 日射量が増えた | 盛んに行われた |
| イ | 行われなくなった | 日射量が増えた | ほとんど行われなくなった |
| ウ | 行われなくなった | 湿度が下がった | 盛んに行われた |
| エ | 行われなくなった | 湿度が下がった | ほとんど行われなくなった |
| オ | 盛んに行われた | 日射量が増えた | 盛んに行われた |
| カ | 盛んに行われた | 日射量が増えた | ほとんど行われなくなった |
| キ | 盛んに行われた | 湿度が下がった | 盛んに行われた |
| ク | 盛んに行われた | 湿度が下がった | ほとんど行われなくなった |

**3**　図１のように斜面AB上の点Ｐから，小さな物体を斜面にそって力をあたえずに静かにすべらせた。この物体は水平面BCを移動して斜面CDをある高さまで上がった後，斜面CDを下りはじめた。いずれの斜面も十分に長く，斜面ABは水平面と30°，斜面ＣＤは45°の角度をなしている。以下の問１から問６に答えよ。ただし，物体の大きさや摩擦，抵抗は考えないこととし，斜面と水平面との接続点ＢとＣにおいても物体はなめらかに運動したものとする。また，計算結果において平方根がでた場合は，$\sqrt{2}=1.41$，$\sqrt{3}=1.73$として答えること。

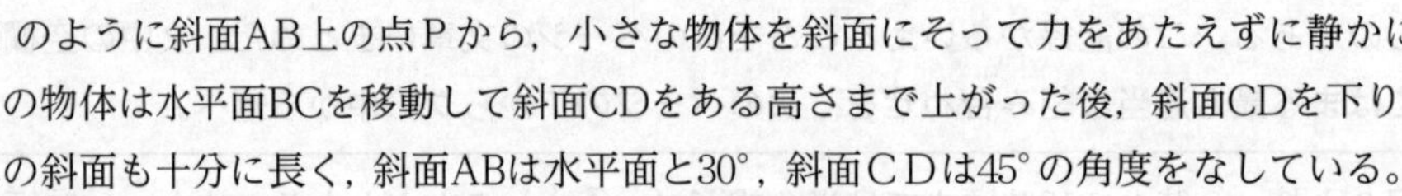


図１

問１　**表**は，物体が点Ｐから斜面ABを下りはじめて0.2ｓごとの点Ｐからの移動距離を示したものである。0.2ｓから0.6ｓの間の平均の速さはいくらか。

アイウ cm/s

**表**

| 時間〔s〕 | 0 | 0.2 | 0.4 | 0.6 | 0.8 |
|---|---|---|---|---|---|
| 移動距離〔cm〕 | 0 | 10 | 40 | 90 | 160 |

問２　物体が斜面ABを下っているとき，物体にはたらいている力の合力の向きはどれか。最も適当なものを**図２**の**ア**から**ク**の中から選べ。物体にはたらいている力がつり合っている場合は，**ケ**を選ぶこと。

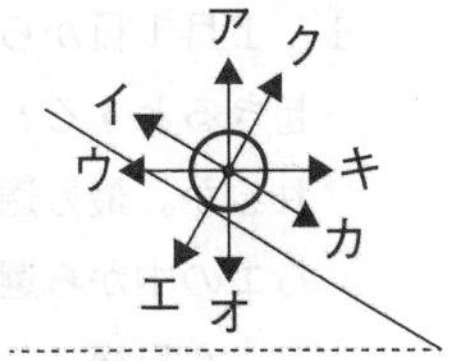

**図２**

問３　物体が水平面BCを移動しているとき，物体にはたらいている力の合力の向きはどれか。最も適当なものを**図３**の**ア**から**ク**の中から選べ。物体にはたらいている力がつり合っている場合は，**ケ**を選ぶこと。

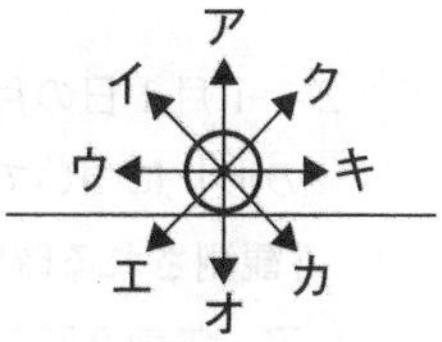

**図３**

問４　物体が斜面CDを上がっているとき，物体にはたらいている力の合力の向きはどれか。最も適当なものを**図４**の**ア**から**ク**の中から選べ。物体にはたらいている力がつり合っている場合は，**ケ**を選ぶこと。

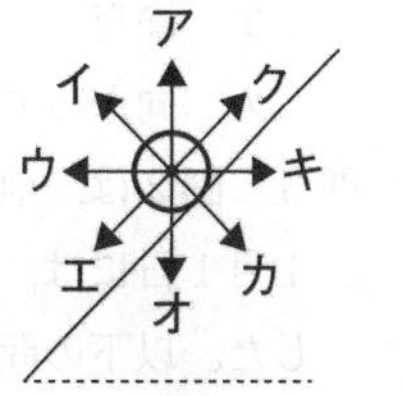

**図４**

問５　斜面CDを上がっている物体は，その斜面上のある位置（点Ｑ）で運動の向きを変え，斜面を下りはじめる。点Ｃから点Ｑまでの距離は，点Ｐから点Ｂまでの距離の何倍か。

ア．イウ 倍

問６　物体が点Ｑから斜面CDを下りはじめて0.2ｓおきに点Ｑから移動した距離を調べた。最も適当な距離の変化を表したものを次の**ア**から**エ**の中から選べ。

| | | | | |
|---|---|---|---|---|
| ア | 6 cm | 23 cm | 60 cm | 126 cm |
| イ | 10 cm | 40 cm | 90 cm | 160 cm |
| ウ | 14 cm | 57 cm | 127 cm | 226 cm |
| エ | 14 cm | 74 cm | 134 cm | 194 cm |

**4**　月と金星について，あとの問１から問３に答えよ。

問１　次のページの文章は，月について説明したものである。文中の空欄①，②に当てはまる語句を，次のページの**ア**から**キ**の中からそれぞれ選べ。

月は地球の周りを公転する（　①　）で，満ち欠けの周期は約29.5日である。また，月食は（　②　）の順番で一直線に並んだときに起きる。

**ア**　地球型惑星　　**イ**　木星型惑星　　**ウ**　衛星　　**エ**　小惑星

**オ**　地球・太陽・月　　**カ**　太陽・地球・月　　**キ**　太陽・月・地球

問2　**図1**は，ある年の1月1日の地球と月の位置を，地球の北極の上空から見たものである。以下の1と2に答えよ。

1　1月1日から1ヶ月以内に，日食が起きるとすると，いつ起きると考えられるか。最も適当なものを，次の**ア**から**エ**の中から選べ。

**ア**　6日後　　**イ**　13日後

**ウ**　20日後　　**エ**　27日後

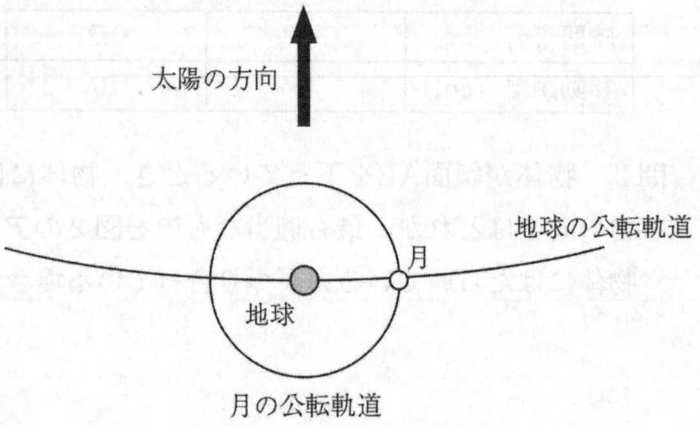


図1

2　1月1日の月を肉眼で観測したとき，月は南に見えた。このとき，「観測される時間帯」，「月の形」について，最も適当なものを，次の**ア**から**カ**の中からそれぞれ選べ。

「観測される時間帯」

**ア**　午前0時ごろ　　**イ**　午前6時ごろ　　**ウ**　午後6時ごろ

「月の形」

**エ**　満月　　**オ**　向かって右側が明るい半月（上弦の月）

**カ**　向かって左側が明るい半月（下弦の月）

問3　**図2**は，地球・金星・太陽の位置関係を，地球の北極の上空から見たものである。ある年の1月1日には，地球と金星はそれぞれ**X**の位置にあり，30日後の1月31日には**Y**の位置まで移動した。以下の問いに答えよ。

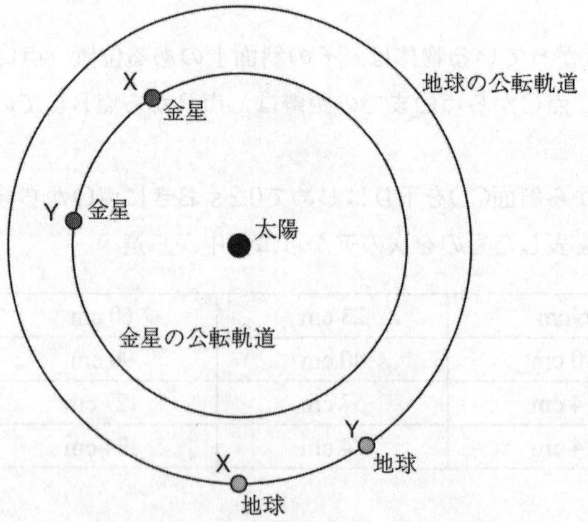


図2

1月1日から1月31日まで，望遠鏡を使って金星を毎日観測した。この間の金星の満ち欠けの変化の様子を表す図と文として，最も適当なものを次のページの**ア**から**エ**の中から選べ。ただし，金星の明るい部分は，実線で表すものとする。

ア  地球から金星が観測できない日がある

イ 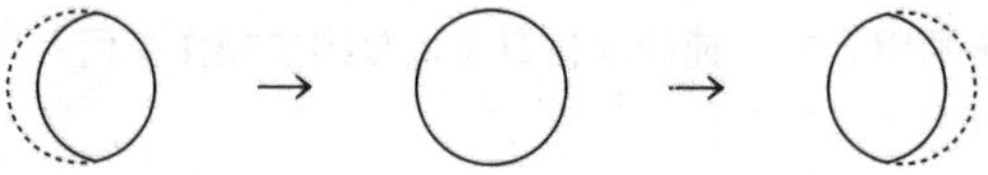 満月のように，満ちた姿の金星が観測できる日がある

ウ  三日月のような細長い金星が観測でき，満ち欠けの変化はほとんどない

エ 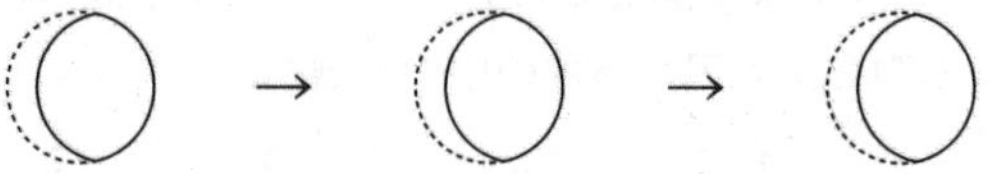 端だけが少し欠けた金星が観測でき，満ち欠けの変化はほとんどない

**5** 次の図は100 g の水にとける硝酸カリウム，ミョウバン，塩化ナトリウムの質量と温度の関係を表したものである。加熱に伴う水の蒸発は考えないものとする。あとの問１から問４に答えよ。

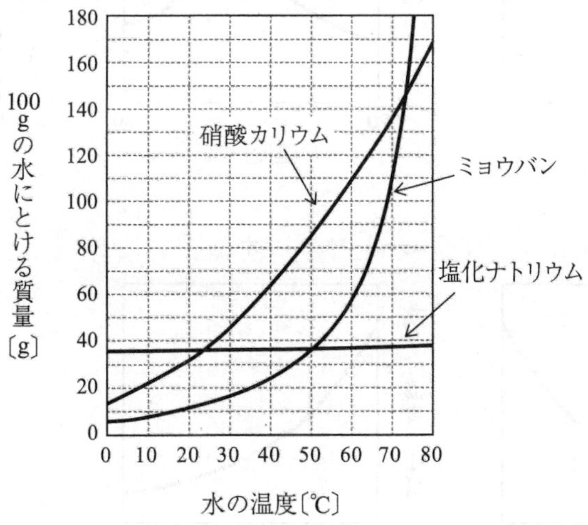


図

問１　60℃の硝酸カリウムの飽和水溶液の質量パーセント濃度はいくらか。最も適当なものを次のアからオの中から選べ。

**ア**　25%　　**イ**　37%　　**ウ**　47%　　**エ**　52%　　**オ**　100%

問２　硝酸カリウム26 g を60℃の水80 g にとかした溶液がある。この溶液をおよそ何℃まで冷やせば，とけきれなくなった硝酸カリウムが結晶として現れ始めるか。最も適当なものを次のアからオの中から選べ。

**ア**　10℃　　**イ**　20℃　　**ウ**　30℃　　**エ**　40℃　　**オ**　50℃

問３　ミョウバン49 g と塩化ナトリウム１g が混ざった粉末50 g がある。この粉末から，純粋な

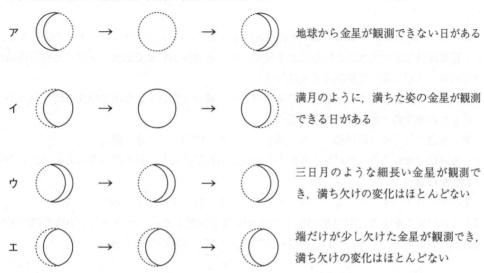

ミョウバンの結晶を取り出そうと，次のような［実験］を行った。あとの１と２に答えよ。

［実験］

ビーカーに水100ｇを入れ，この粉末50ｇを加えた。ビーカーをガスバーナーで60℃まで加熱し，粉末試料がすべて水にとけたことを確認した。その後20℃まで温度を下げると白い結晶が現れたので，ろ過によって結晶とろ液に分けた。

１　このように温度による溶解度の差を利用して，純粋な物質を取り出す操作を何というか。適切なものを次の**ア**から**オ**の中から選べ。

**ア**　ろ過　　**イ**　再結晶　　**ウ**　蒸留　　**エ**　中和　　**オ**　還元

２　ろ液に含まれるミョウバンと塩化ナトリウムの質量比として最も適当なものを次の**ア**から**オ**の中から選べ。

**ア**　1：0　　**イ**　1：4　　**ウ**　4：1　　**エ**　11：1　　**オ**　49：1

問４　ミョウバン40ｇを20℃の水100ｇに加え80℃まで加熱した。ミョウバン水溶液の濃度変化を模式的に表したグラフとして最も適当なものを次の**ア**から**オ**の中から選べ。

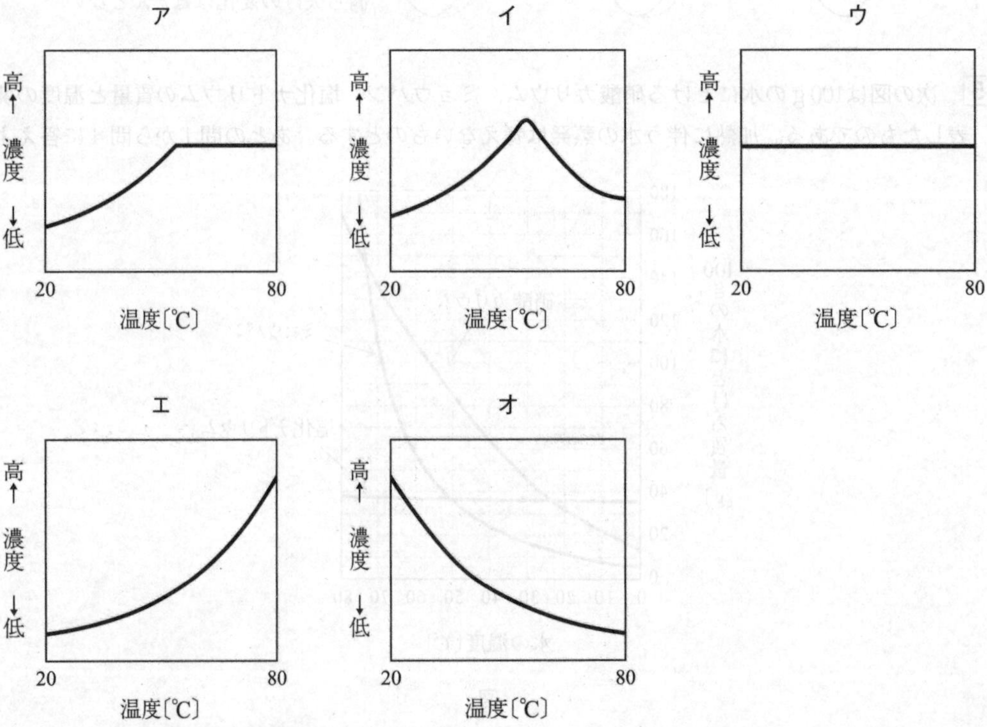


**6**　花子さんは自分のクラスの教室に，図１のような「二酸化炭素濃度測定器」という装置が置いてあることに気づいた。どのような装置なのか，興味を持った花子さんは先生に質問をした。あとの文は，そのときの会話の一部である。会話を読んで，次のページの問１から問６に答えよ。

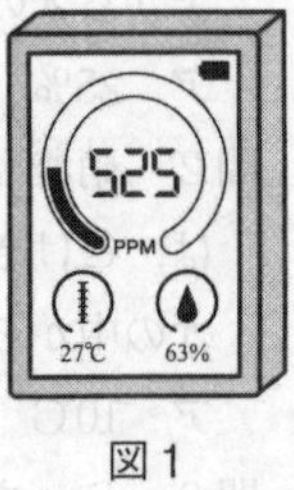

図１

花子「先生，教室に二酸化炭素濃度測定器という装置が置いてありますね。どんな装置なんですか？」

先生「まずは，花子さんは二酸化炭素という物質は知っていますよね。」

花子「はい。分子のモデルについても，理科で学びました。」

先生「人間の呼気にも含まれていますよね。この装置の置いてある空間の空気に二酸化炭素がどれくらい含まれているか，内部にある二酸化炭素濃度センサーを用いて調べる道具なんです。」

花子「表示されている525ppmというのはどういう意味なんですか。」

先生「例えば，$1.0m^3$の空気のうち，ある気体が$0.2m^3$分占めているとすれば，占めている分の体積比として，その気体は20%含まれているといえますよね。ppmというのはもっと少ない割合の気体が占められているときによく使う単位で，$1.0m^3$の空気のうち，ある気体が$1.0cm^3$分だけ占めているとき，1 ppmというのです。」

花子「普段の空気での二酸化炭素は何ppmなんですか。」

先生「普段の空気というのは，大気ということですね。現在はおよそ400ppmとされています。」

花子「においもなく目にも見えない気体の存在がほんの少しであってもわかるなんて，センサーってすごいですね。センサーを勉強して，自分で装置を作ってみたくなりました！」

先生「それはいいですね。他にもいろいろなセンサーがありますから，いろいろ作ってみてください。」

問1　次の**ア**から**エ**はヒトの呼気に含まれるおもな成分を分子のモデルで表したものである。ヒトの呼気に最も多く含まれるものはどれか。適切なものを**ア**から**エ**の中から選べ。なお，同じ模様であれば，それらは同じ種類の原子を表している。

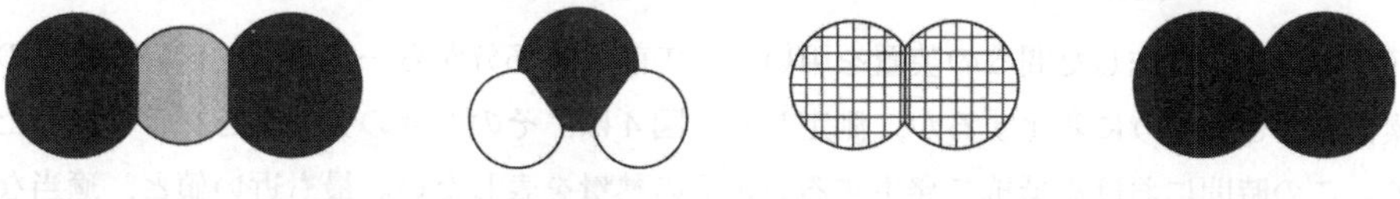

**ア**　　**イ**　　**ウ**　　**エ**

問2　ヒトの吸気中の酸素は，肺胞で血液に取り込まれる。細胞は血液中から酸素を取り込み，細胞呼吸により生じた二酸化炭素は血液中にとけ込み，やはり肺胞を通して排出される。二酸化炭素を多く含んだ血液が流れる血管として適当なものを，次の**ア**から**エ**の中から二つ選べ。

**ア**　肺動脈　　**イ**　肺静脈　　**ウ**　大動脈　　**エ**　大静脈

問3　ヒトの呼気1Lに含まれる二酸化炭素は，占められている分の体積でいうとおよそ40mLであることが知られている。これは，大気中の二酸化炭素の体積の割合と比べて，およそ何倍だといえるか。最も適当なものを次の**ア**から**ク**の中から選べ。

**ア**　0.1　　**イ**　1　　**ウ**　10　　**エ**　100

**オ**　1000　　**カ**　10000　　**キ**　100000　　**ク**　1000000

問4　花子さんは，先生が「“現在は” およそ400ppm」と言っていたことが少し気にかかり，昔の大気がどれくらいの二酸化炭素濃度であったのか，調べてみた。すると，中生代では現在の数倍高い数値であったらしいと記されていた。また，二酸化炭素が，長い時間の中で形を変えながら，大気，海，陸などを移動していることもわかった。これに関連した物質である炭酸カルシウムを多く含む岩石として適切なものを，次の**ア**から**エ**の中から選べ。

**ア**　花こう岩　　**イ**　玄武《げんぶ》岩　　**ウ**　石灰岩　　**エ**　チャート

問5　センサーに興味を持った花子さんは，マイコン（制御装置）と二酸化炭素濃度センサーを用いて，装置の自作に挑戦した。センサーの値が1000ppmを超えた場合，警告灯として赤色のLED

（発光ダイオード）が光るようにしたいと考えた。このマイコンから出力される電圧は3.3Vであるため，そのままLEDだけを接続すると，LEDに加わる電圧値が適正な値を超えてしまう。そこで，LEDの電流と電圧の関係のグラフ（図２）を参考にしながら，図３のように抵抗をつないで，LEDに加わる電圧が2.1Vとなるようにした。つないだ抵抗の抵抗値を答えよ。

[アイ] Ω

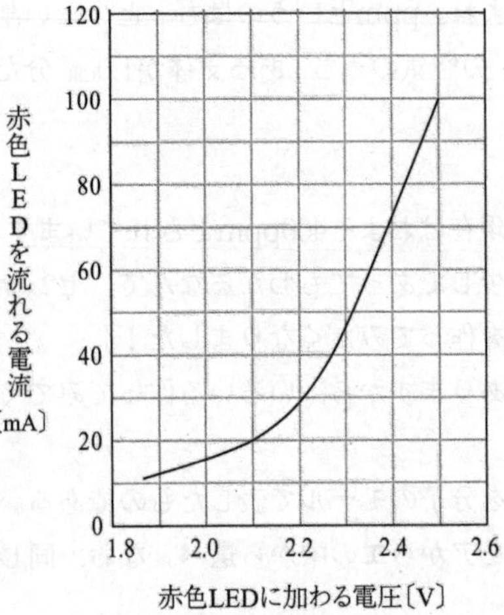


図２

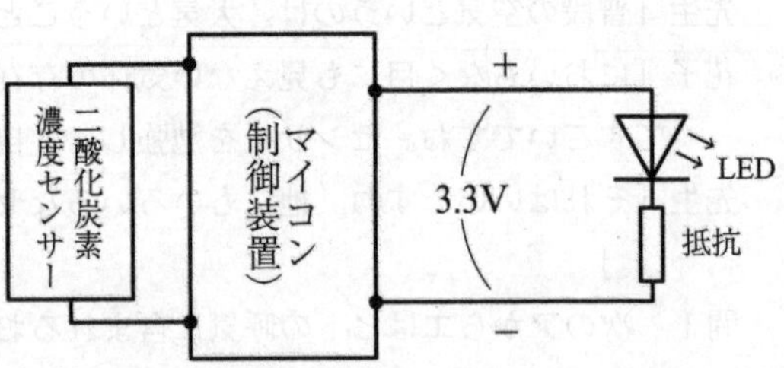


図３

問６　花子さんは，自作した問５の装置を用いて，午前８時15分から一定時間，自分の教室の二酸化炭素濃度がどのように変化するか，測定した。図４は，そのときのデータをグラフにしたものである。この時間における抵抗で発生するおよその熱量を表したい。最も近い値と，適当な単位はそれぞれどれか。数値はアからキの中から，単位はクからシの中から，それぞれ選べ。

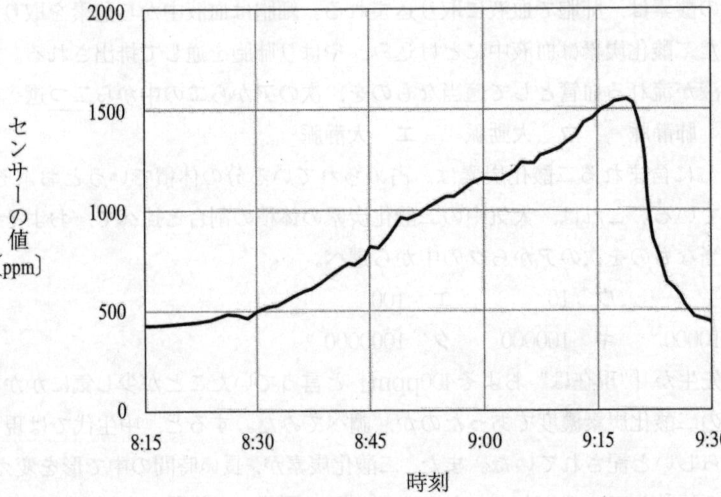


図４

数値　ア 0.01　イ 0.03　ウ 0.7　エ 2　オ 40　カ 100　キ 300

単位　ク J　ケ W　コ N　サ Hz　シ ℃

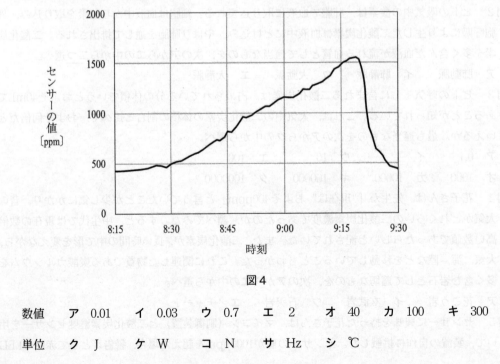

【社　会】（50分）　＜満点：100点＞

1　次の図１のＡからＤの国について，問１から問４までの各問いに答えよ。

図１

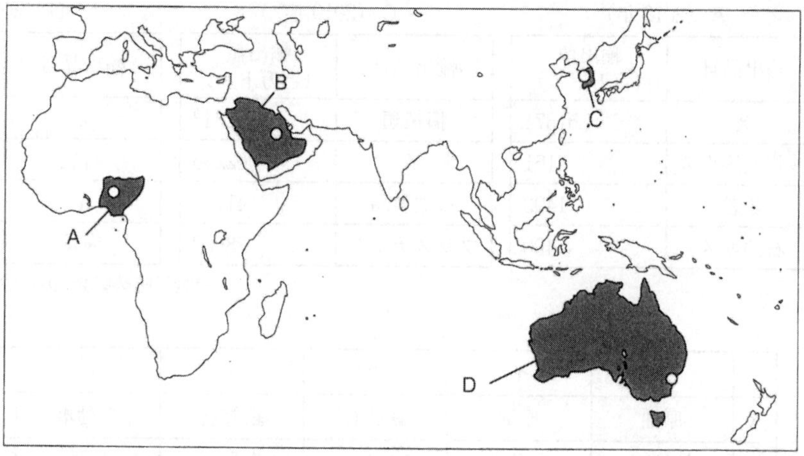


問１　次の表１は，図１中の○の地点で観測された月平均気温と年降水量をまとめたものである。表１中のアからエには，それぞれ図１中のＡからＤの国での観測地点が当てはまる。Ｂの国の観測地点に当てはまるものを表１中のアからエのうちから一つ選べ。

表１　月平均気温と年降水量

| | 月平均気温（℃） | | 年降水量（mm） |
|---|---|---|---|
| | １月 | ７月 | |
| ア | 23.5 | 13.1 | 973.0 |
| イ | 14.0 | 36.2 | 175.5 |
| ウ | -1.9 | 25.3 | 1417.8 |
| エ | 27.8 | 26.2 | 1216.1 |

（気象庁ホームページより作成）

問２　次の図２は，図１中のＡからＤのいずれかの国における人口ピラミッド（2020年）を示したものである。表２にまとめた各国の人口推移，平均寿命，乳児死亡率を参考にして，図２の人口ピラミッドに当てはまる国を，下のアからエのうちから一つ選べ。

図２

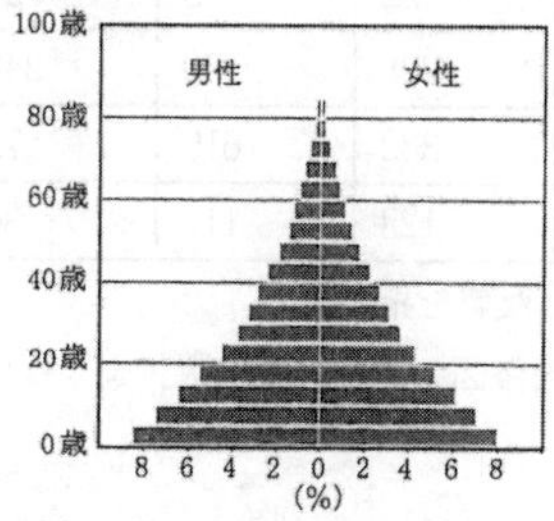


表２　人口推移・平均寿命・乳児死亡率

| | 人口推移（千人） | | | 平均寿命（年） | 乳児死亡率※ |
|---|---|---|---|---|---|
| | 1980年 | 2000年 | 2020年 | 2018年 | 2018年 |
| A | 80556 | 122284 | 206140 | 54.3 | 76.0 |
| B | 9372 | 20664 | 34814 | 75.0 | 6.0 |
| C | 38124 | 47379 | 51269 | 82.6 | 2.7 |
| D | 14695 | 18991 | 25500 | 82.7 | 3.1 |

※乳児死亡率とは出生児1000人のうち満１歳未満で死亡する人数を指す。

（『世界国勢図会 1990/ 1991 年版』,『世界国勢図会 2021/ 22 年版』,
『データブックオブザワールド 2021』より作成）

ア　A　　イ　B　　ウ　C　　エ　D

問３　次のページの表３は，図１中のＡ，Ｃ，Ｄの国における輸出品上位４品目をまとめたものである。表３中のＸからＺには，それぞれ原油，鉄鉱石，自動車のいずれかが当てはまる。Ｘから Ｚの組み合わせとして正しいものを，下のアからカのうちから一つ選べ。

表３　輸出品上位４品目

Ａ（2018 年）

| 輸出品目 | 輸出額（百万ドル） |
|---|---|
| Ｘ | 51371 |
| 液化天然ガス | 6151 |
| 船舶 | 1493 |
| 石油ガス | 490 |

Ｃ（2019 年）

| 輸出品目 | 輸出額（百万ドル） |
|---|---|
| 機械類 | 221343 |
| Ｙ | 62246 |
| 石油製品 | 41726 |
| プラスチック | 28602 |

Ｄ（2019 年）

| 輸出品目 | 輸出額（百万ドル） |
|---|---|
| Ｚ | 66496 |
| 石炭 | 44237 |
| 金 | 16245 |
| 肉類 | 11456 |

（『世界国勢図会 2021/22 年版』より作成）

| | ア | イ | ウ | エ | オ | カ |
|---|---|---|---|---|---|---|
| Ｘ | 原油 | 原油 | 鉄鉱石 | 鉄鉱石 | 自動車 | 自動車 |
| Ｙ | 鉄鉱石 | 自動車 | 原油 | 自動車 | 原油 | 鉄鉱石 |
| Ｚ | 自動車 | 鉄鉱石 | 自動車 | 原油 | 鉄鉱石 | 原油 |

問４　次の表４は，図１中のＡからＤの国における１人あたりの国民総所得 (GNI)，１人１日あたりの食料供給栄養量，１人１日あたりの食料供給量をまとめたものである。表４中のアからエには，それぞれ図１中のＡからＤのいずれかの国が当てはまる。図１中のＣに当てはまる国を表４中のアからエのうちから一つ選べ。

表4　1人あたりの国民総所得・1人1日あたりの食料供給栄養量・1人1日あたりの食料供給量

（2018 年）

| | １人あたりの国民総所得（ドル） | １人１日あたりの食料供給栄養量※（kcal） | １人１日あたりの食料供給量 (g) | | | | |
|---|---|---|---|---|---|---|---|
| | | | 穀物 | いも類 | 肉類 | 牛乳・乳製品 | 魚介類 |
| ア | 1965 | 2572 | 374 | 756 | 22 | 3 | 24 |
| イ | 33841 | 3420 | 512 | 41 | 208 | 30 | 248 |
| ウ | 56728 | 3391 | 262 | 134 | 332 | 619 | 72 |
| エ | 23555 | 3307 | 521 | 45 | 128 | 112 | 30 |

※食料供給栄養量とは，供給される食料の量から栄養成分量 (kcal) を算出した値を指す。

（『世界国勢図会 2021/22 年版』より作成）

2　福井，長野，香川，鹿児島の四つの県の特徴について，あとの問１から問３までの各問いに答えよ。

問１　次のページの図のＡからＤは，四つの県（福井，長野，香川，鹿児島）の県庁がある都市のいずれかにおける気温と降水量の平年値を表したものである。また，あとのアからエの文は，四つの県いずれかの発電所の立地に関して述べたものである。このうちＣの都市がある県について述べた文として正しいものを，あとのアからエのうちから一つ選べ。

ア　山がちな地形を生かして水力発電所が多く立地している一方，火力発電所は小規模なものを除いて立地しておらず，原子力発電所も立地していない。

**イ**　山間部にダムを利用した水力発電所が複数あるほか，海沿いの複数の市や町に原子力発電所が立地している。

**ウ**　火力発電所が立地している一方，地形や気候の条件から水力発電所は小規模なものを除いて立地しておらず，原子力発電所も立地していない。

**エ**　水力・火力・原子力の発電所があるほか，県内には有名な火山や温泉もあるように地熱エネルギーに恵まれており，複数の地熱発電所も立地している。

図

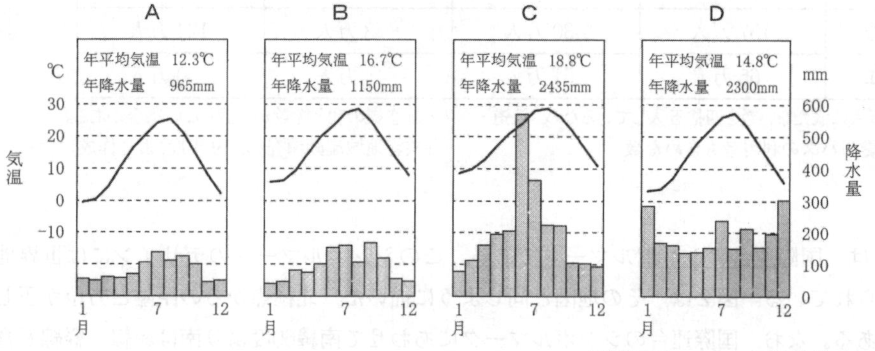


(気象庁ホームページより作成)

問２　次の**表１**の**E**から**H**は，四つの県（福井，長野，香川，鹿児島）のいずれかの面積，県内で最も高い地点の標高，県庁から海までの最短距離を示したものである。また，下の**表２**の**ア**から**エ**は，四つの県のいずれかの農業産出額（全品目の合計およびいくつかの品目）について，全国での順位を示したものである。このうち**H**の県に当てはまるものを，**表２**中の**ア**から**エ**のうちから一つ選べ。

**表１　各県の面積，県内で最も高い地点の標高，県庁から海までの最短距離**

| | 面積※ | 最も高い地点の標高※ | 県庁から海までの最短距離※※ |
|---|---|---|---|
| E | 1877㎢ | 1060m | 1km |
| F | 4191㎢ | 2095m | 15km |
| G | 9186㎢ | 1936m | 1km 未満 |
| H | 13562㎢ | 3190m | 51km |

※面積，最も高い地点の標高は国土地理院ウェブサイトによる。※※海までの距離は地理院地図により計測

**表２　各県の農業産出額の全国での順位（2020 年）**

| | 合計 | 米 | 野菜 | 果実 | 工芸作物※ | 畜産 |
|---|---|---|---|---|---|---|
| ア | 2 位 | 26 位 | 15 位 | 21 位 | 2 位 | 2 位 |
| イ | 11 位 | 14 位 | 7 位 | 2 位 | 36 位 | 30 位 |
| ウ | 35 位 | 38 位 | 31 位 | 30 位 | 24 位 | 28 位 |
| エ | 44 位 | 20 位 | 46 位 | 46 位 | 45 位 | 44 位 |

※工芸作物には，さとうきび，茶，てんさいなどが含まれる。　　(生産農業所得統計（2020 年）より作成)

問３　次の表３のアからエは，四つの県（福井，長野，香川，鹿児島）のいずれかと東京都とを結ぶ交通機関（鉄道・バス・航空機）を利用した乗客の１年間の数である。このうち香川県に当てはまるものを，表３中のアからエのうちから一つ選べ。

表３　各県と東京都とを結ぶ交通機関を利用した乗客の１年間の数（2019 年度）

| | 総数※ | 鉄道 | バス※※ | 航空機 |
|---|---|---|---|---|
| ア | 1146 万人 | 853 万人 | 294 万人 | 0 万人 |
| イ | 245 万人 | 3 万人 | 0 万人 | 243 万人 |
| ウ | 157 万人 | 30 万人 | 3 万人 | 124 万人 |
| エ | 65 万人 | 61 万人 | 4 万人 | 0 万人 |

※1万人に満たない数を四捨五入しているため，鉄道・バス・航空機の和と総数が一致しない場合がある。
※※貸切バスの利用者も含めた数　　　　　　　　　　（旅客地域流動調査（2019 年度）より作成）

**3**　図１は，国際連合のシンボルマークである。このシンボルマークのデザインには世界地図が取り入れられている。図２は，その地図と同じように描いた，北極点からの距離と方位が正しい世界地図である。なお，国際連合のシンボルマークにあわせて南緯60度より南は緯線・経線も含めて描いていない。この地図について，問１，問２に答えよ。

図１

図２

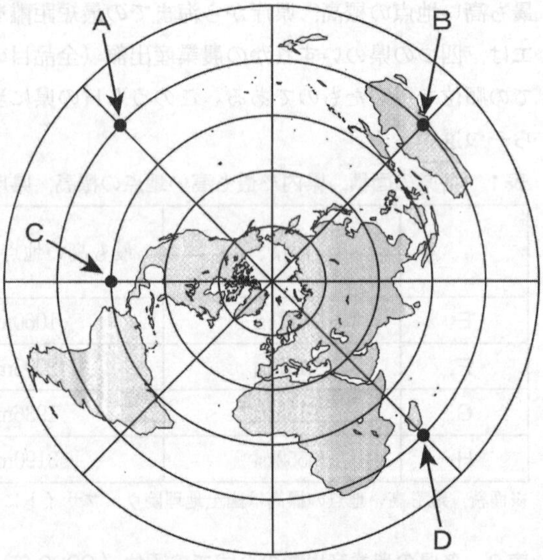


問１　図２の地図には緯線と経線がそれぞれ等間隔で描かれている。図２中のＡ地点の緯度と経度の組み合わせとして最も適当なものを，次のアからクのうちから一つ選べ。

ア　緯度０度，西経45度　　　イ　緯度０度，西経135度
ウ　北緯18度，西経45度　　　エ　北緯18度，西経135度
オ　南緯30度，西経45度　　　カ　南緯30度，西経135度
キ　南緯48度，西経45度　　　ク　南緯48度，西経135度

問２　図２の地図から，読み取れることとして正しいものを，次のページのアからエのうちから一

つ選べ。

**ア**　A地点から見てB地点はほぼ東の方角にある。

**イ**　A地点とC地点では6時間の時差がある。

**ウ**　B地点からD地点までの最短距離は，B地点から北極点までの最短距離より長い。

**エ**　北極点からB地点までの最短距離は，北極点からD地点までの最短距離と等しい。

**4**　次の**史料1**，**史料2**を読み，問1，問2に答えよ。なお，**史料1**，**史料2**は現代語に訳し，省略したり改めたりしたところがある。

> **史料1**
>
> 八月。空海，年三十五歳，唐から日本に帰るために船に乗った。……（中略）……
> 十月二十二日。日本に到着した。空海は，唐から持ち帰った書物の目録を，大宰府の役人に託《たく》して朝廷に提出した。
>
> （扶桑略記《ふそうりゃくき》）

> **史料2**
>
> このごろ都で流行しているものは，夜討ち，強盗，天皇の偽《にせ》の命令。囚人《しゅうじん》，急ぎの使者の馬，たいした理由もないのにおこる騒動。生首が転がり，僧が俗人に戻り，俗人が勝手に僧になる。急に成り上がった大名，路頭《ろとう》に迷う者。
>
> （二条河原落書）

問1　**史料1**で述べられている出来事の時期と**史料2**が書かれた時期の間におこった出来事として誤っているものを，次の**ア**から**エ**のうちから一つ選べ。

**ア**　ドイツでルターが宗教改革をはじめ，聖書に基づく信仰の大切さを唱えた。

**イ**　マルコ＝ポーロのアジアでの旅をもとにした旅行記が書かれた。

**ウ**　ローマ教皇の呼びかけによって，十字軍の遠征がはじまった。

**エ**　高麗《こうらい》《コリョ》が新羅《しらぎ》《シルラ》をほろぼして，朝鮮半島を統一した。

問2　**史料2**は当時新しくはじまった政治によって混乱が生じている様子を批判している。**史料2**で批判されている政治をおこなった人物についての説明として正しいものを，次の**ア**から**エ**のうちから一つ選べ。

**ア**　この人物は，御家人と呼ばれる配下の武士と強力な主従関係を結んで本格的な武士による政治をはじめ，鎌倉に幕府を開いた。

**イ**　この人物は，南北に分裂していた朝廷を統一して動乱を終わらせ，京都の室町で政治をおこなった。

**ウ**　この人物は，伊豆《いず》を勢力拠点とした豪族の娘として生まれた。夫である将軍の死後は，この人物の実家が代々の執権の地位を独占して，幕府の実権を握った。

**エ**　この人物は，幕府が倒れた後に，武士の政治や慣習を否定して天皇を中心とする政治をはじめたが，武士らの反対にあって吉野に逃れた。

**5** 次の生徒と先生の会話文を読み，問１から問３までの各問いに答えよ。

生徒：戦国時代に関する漫画や映画，テレビドラマをよく見るのですが，戦国時代とはいつからいつまでなのでしょうか。

先生：戦国時代というのは，奈良時代や鎌倉時代のように，政治の中心地があった地名から名づけられたのではなく，「戦争がつづいた時代」という社会の状況にもとづく時代区分です。そのため，いつからいつまでが戦国時代か明確に決まっているわけではありません。

生徒：室町幕府がほろびて戦国時代がはじまるわけではないのですね。

先生：京都で(1)応仁の乱がおきたころから幕府の力は衰えていきます。16世紀になると(2)戦国大名があらわれ，競い合う時代になります。この時期にも室町幕府はありますが，社会の様子は大きく変わっているので，戦国時代とよぶのです。

生徒：15世紀から16世紀にかけて戦国時代がはじまるとみればいいのでしょうか。

先生：そうですね。

生徒：そうした状況のなかから(3)織田信長が登場するのですね。

先生：信長は京都に入り，やがて将軍を京都から追い出して，統一をすすめました。

生徒：家臣の明智光秀に討《う》たれてしまうんですよね。テレビドラマで見ました。

先生：光秀は(4)豊臣秀吉に倒されます。そして秀吉は，大名たちを従えたり，攻めほろぼしたりしながら統一をはたしました。(5)秀吉が全国統一をはたしたことで，やっと戦国時代が終わるといえます。16世紀の100年間は，社会が大きく動いた時代の転換点だったのです。

問１　次のＡからＤの文のうち，下線部⑴と下線部⑸の間の時期の出来事として正しいものの組み合わせを，下のアからエのうちから一つ選べ。

Ａ　加賀で浄土真宗（一向宗）信徒たちが守護を倒し，自治をはじめた。

Ｂ　近江《おうみ》の馬借を中心に，徳政令による借金の帳消しを要求する正長の土一揆がおこった。

Ｃ　百姓が刀や脇差《わきざし》，その他武具を所持することを禁じる法令が秀吉によって出された。

Ｄ　中山王の尚巴志《しょうはし》が三山を統一し，首里《しゅり》を都とする琉球王国を建てた。

**ア**　ＡとＢ　**イ**　ＡとＣ　**ウ**　ＢとＤ　**エ**　ＣとＤ

問２　下線部⑵について，戦国大名の分国法の事例として最も適当なものを，次の**ア**から**エ**のうちから一つ選べ。

**ア**　外国の船が入港するのを見たら，すぐさま攻撃し追い払いなさい。

**イ**　広ク会議ヲ興《おこ》シ，万機《ばんき》公論ニ決スベシ。

**ウ**　国の交戦権は，これを認めない。

**エ**　喧嘩《けんか》をしたものは，いかなる理由によるものでも，処罰する。

問３　次のページの地図中の**a**から**d**は，下線部⑶と⑷に関連する城の位置を示している。下のＸとＹの文が示している城の位置の組み合わせとして正しいものを，次のページの**ア**から**エ**のうちから一つ選べ。

Ｘ　織田信長が築いた城で，城下町には楽市令を出して商工業の活発化をはかった。

Ｙ　豊臣秀吉が，朝鮮への出兵のために築いた城である。

ア X－d Y－a イ X－d Y－b
ウ X－c Y－a エ X－c Y－b

地図

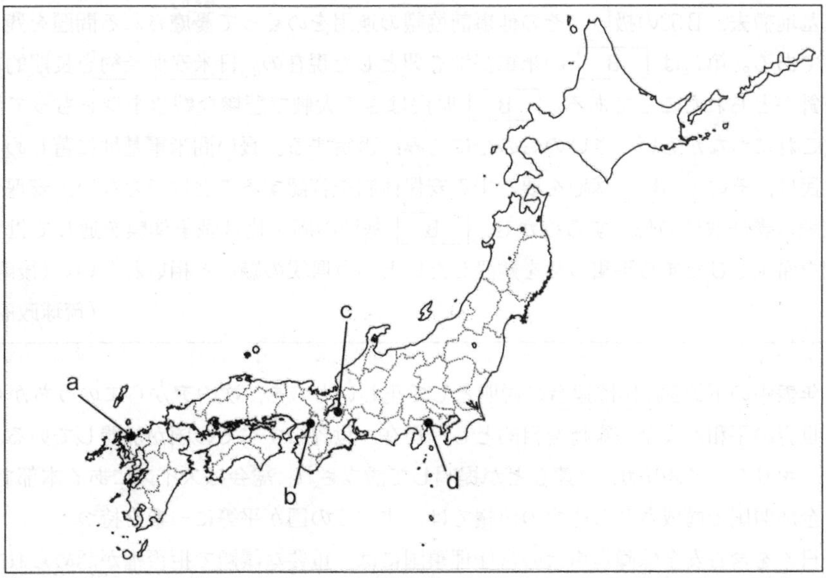


6 次の**年表**と**史料**を見て，次のページの問１から問４までの各問いに答えよ。なお，**史料**には省略したり改めたりしたところがある。

**年表**

1945年 (1)国際連合が設立された。

①

1951年 サンフランシスコ平和条約が結ばれた。

②

1975年 第１回サミット（主要国首脳会議，先進国首脳会議）が開催された。

③

1989年 マルタ会談で，(2)冷戦の終結が宣言された。

**史料**

一，[ A ] 年の復帰実現は百万県民の多年にわたる努力の成果であり民族的遺産として後世に語り伝えることが出来るのを誇りに思う。しかし祖国の民主平和憲法のもとへの即時無条件全面返還を要求しつづけた県民の立場に立って考えるとき，今回の日米共同声明の内容には満足しているものではない。

一，その第一は「核ぬき，本土なみ，[A]年返還」で所期《しょき》の目的を達成したというが核基地撤去，B52の扱い，その他事前協議の運用をめぐって憂慮《ゆうりょ》される問題を残していることである。第二は[B]の米軍基地を要とした現在の(3)日米安保条約を長期的に継続する方針がとられたことである。[B]県民はさる大戦で悲惨な戦争を身をもって体験し戦争とこれにつながるいっさいのものをにくみ，否定する。長い間米軍基地に苦しめられてきた県民は，その[B]基地を要とする安保体制を容認することはできない。安保体制の長期継続は憲法改悪の恐れすら抱かせ，[B]基地の固定化は戦争体験を通じて世界の絶対平和を希求しひたすら平和の島を建設したいという県民の願いと相いれない。(後略)

(琉球政府主席声明)

問１　**年表**中の下線部(1)国際連合の説明として正しいものを，次の**ア**から**エ**のうちから一つ選べ。

**ア**　世界の平和と安全の維持を目的とし，現在，世界のすべての国が加盟している。

**イ**　イギリス，アメリカ，ソ連などが提唱して設立され，総会はスイスにある本部で開催される。

**ウ**　全加盟国で構成される総会の決議では，すべての国が平等に一票を持つ。

**エ**　日本を含む安全保障理事会の常任理事国には，重要な議題で拒否権が認められている。

問２　**年表**中の下線部(2)冷戦の終結後の世界情勢として誤っているものを，次の**ア**から**エ**のうちから一つ選べ。

**ア**　東ヨーロッパで共産党政権が次々と崩壊したことに続いてソ連も解体し，ロシア連邦などが誕生した。

**イ**　朝鮮半島で戦争がおこり，アメリカ軍を中心とする国連軍が韓国を，中国義勇軍が北朝鮮を支援して参戦した。

**ウ**　国家の枠組みをこえて地域統合を進めるなかで，ヨーロッパ連合（ＥＵ）は共通の通貨としてユーロの流通をはじめた。

**エ**　アメリカで同時多発テロがおこり，その後，テロとの戦いを宣言したアメリカはアフガニスタンやイラクを攻撃した。

問３　**史料**はアメリカ統治下にあった[B]県の日本への返還を求める運動を主導してきた人物が発表した声明である。**史料**中の[A]年を含む期間を**年表**中の①から③のうちから選び，その選んだ期間におきた出来事を次の**出来事a**と**b**のうちから選んで，その組み合わせを下の**ア**から**カ**のうちから一つ選べ。

**出来事**

**a**　ベトナム戦争が激しくなり，アメリカ軍による北ベトナムへの爆撃がはじまった。

**b**　湾岸戦争がはじまり，アメリカ軍を中心とする多国籍軍が派遣された。

**ア**　①－a　**イ**　①－b　**ウ**　②－a　**エ**　②－b　**オ**　③－a　**カ**　③－b

問４　**史料**中の下線部(3)日米安保条約（日米安全保障条約）について述べた後の文**a**と**b**が正しいか誤っているかを判断し，正誤の組み合わせとして正しいものを次のページの**ア**から**エ**のうちから一つ選べ。

**a**　日米安保条約は，日本の国際連合加盟と同じ年に結ばれた。

b　新安保条約に日本政府が調印した際には，市民や学生による大規模な反対運動がおこった。

ア　a－正　　b－正
イ　a－正　　b－誤
ウ　a－誤　　b－正
エ　a－誤　　b－誤

7　次のⅠからⅢは，中学生のＡさんが住んでいるＸ市が発行している広報紙の記事の見出しの一部である。Ａさんはこれらの見出しと記事をもとに調べたり考えたりした。問1から問3までの各問いに答えよ。

| |
|---|
| Ⅰ　直接請求に向けての署名活動，市内各地ではじまる |

| |
|---|
| Ⅱ　近隣の市町村との合併協議スタート，合意に向けてのメリットとデメリットとは？ |

| |
|---|
| Ⅲ　ストップ「少子化」！　市民のみなさんからのアイデアを募集します！ |

問1　Ⅰに関連して，ＡさんはＸ市における直接請求について調べた。次の**資料**中のこのことに当てはまることがらとして正しいものを，下の**ア**から**エ**のうちから一つ選べ。

**資料**

Ｘ市の人口は25000人で，有権者は18000人です。有権者から360人の署名を集めると，このことを市長に対して請求することができます。

**ア**　市議会議員の解職　　**イ**　市議会の解散　　**ウ**　条例の制定　　**エ**　市長の解職

問2　Ⅱに関連して，今回の合併協議よりも前に，かつて三つの町が合併して現在のＸ市となったことを知ったＡさんは，そのころのことについてＸ市の職員であるＢさんにインタビューをした。次の**インタビュー**中の［a］から［c］のそれぞれに当てはまる内容の組み合わせとして正しいものを，次ページの**ア**から**カ**のうちから一つ選べ。

**インタビュー**

Ａさん：三つの町が合併したのはいつごろなのですか？

Ｂさん：［a］です。阪神・淡路大震災がおこって５年がたち，新たな世紀を翌年に迎えるにあたり，災害に強いまちづくりを進めようと考えたのです。

Ａさん：合併して地域がよくなったことや，合併後も残された課題はなんでしょうか？

Ｂさん：合併によって効率的な事務がおこなわれるようになったとされる一方，近年の全国的な傾向と同じくＸ市も地方公共団体の借金である地方債の額が［b］という課題が残されました。これは市の範囲が大きくなった分，市役所の事務の量が増えたことが原因の一つだと考えられます。しかし，住民のみなさんが自発的に課題の解決に取り組んでいただいている［c］の活動も広がっていて，私たち市役所職員はとても心強く感じています。

| | a | b | c |
|---|---|---|---|
| ア | 当時の新潟県巻町で住民投票がおこなわれた年 | 減少する傾向が続く | マスメディア |
| イ | 当時の新潟県巻町で住民投票がおこなわれた年 | 増加する傾向が続く | マスメディア |
| ウ | 当時の新潟県巻町で住民投票がおこなわれた年 | 減少する傾向が続く | NPO（非営利組織） |
| エ | 地方分権一括法が施行された年 | 増加する傾向が続く | マスメディア |
| オ | 地方分権一括法が施行された年 | 減少する傾向が続く | NPO（非営利組織） |
| カ | 地方分権一括法が施行された年 | 増加する傾向が続く | NPO（非営利組織） |

問３　Ⅲに関連して，次の図は，Ｘ市における，０歳から14歳，15歳から64歳，65歳以上に分けたときの人口の割合の推移である。図中のＰからＲは，それぞれ０歳から14歳，15歳から64歳，65歳以上のいずれかが当てはまる。Ｘ市は2000年以降，少子高齢化が特に進んでいることを踏まえて，ＰからＲに当てはまるものの組み合わせとして正しいものを，下のアからカのうちから一つ選べ。

図

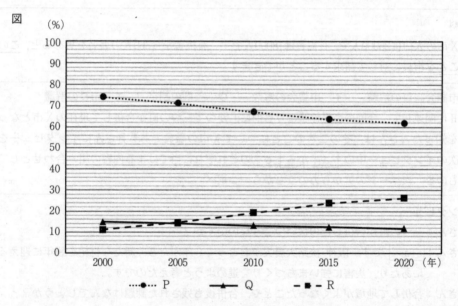

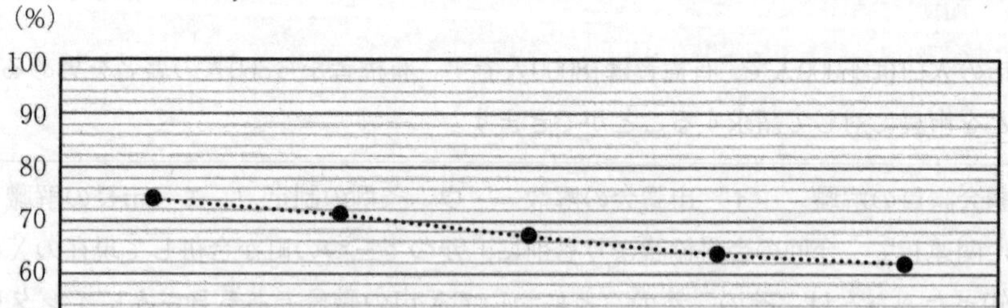


| | ア | イ | ウ | エ | オ | カ |
|---|---|---|---|---|---|---|
| P | 0～14歳 | 0～14歳 | 15～64歳 | 15～64歳 | 65歳以上 | 65歳以上 |
| Q | 15～64歳 | 65歳以上 | 0～14歳 | 65歳以上 | 0～14歳 | 15～64歳 |
| R | 65歳以上 | 15～64歳 | 65歳以上 | 0～14歳 | 15～64歳 | 0～14歳 |

**8** 次の生徒と先生の会話文を読み，問１から問４までの各問いに答えよ。

生徒：世界の自動車生産量を調べてみました。2018年では生産台数１位は中国，２位はアメリカ，３位は日本です。中国は今世紀に入り急速に生産台数を増やして１位になりました。

先生：前世紀はどのようでしたか。

生徒：1970年ごろまでは，アメリカが１位でした。1980年ごろから日本がアメリカを上回り１位になります。その後，1990年代の初めごろに再びアメリカが１位になります。

先生：どうしてそうなったのでしょうね。

生徒：調べたところ，1970年代に(1)石油危機（オイルショック）などの影響により，日本車が低燃費で比較的性能もよくなってきたことから，アメリカで日本車が注目され輸出が増えたそうです。また，当時のドルに対する円の価値が今よりも低い(2)円安であったことも影響したそうです。

先生：そうですね。日本はアメリカに対して大幅な貿易黒字となり，日米貿易摩擦問題になりました。

生徒：それは知りませんでした。その問題はどうなったのですか。

先生：アメリカは自国の貿易赤字を解消するため，日本に対し農産物への(3)関税を引き下げることを要求しました。関税とは，輸出入される商品にかかる税ですね。また，日本の自動車会社はアメリカへの輸出量を制限する自主規制を実行し，その後，組立工場をアメリカに作り，アメリカでの現地生産を増やすことで利益を確保しようとしました。それもあって，再びアメリカの生産台数が増加したのです。

生徒：でもそうなると，日本の国内の自動車生産台数は減りますね。

先生：それだけでは終わらず，日本の自動車会社は，その後，発展途上国等での生産工場を増やし，いわゆる(4)産業の空洞化がおきました。

生徒：企業活動が国際化することで，メリットもあればデメリットもあるのですね。

問１　下線部(1)についての説明として正しいものを，次の**ア**から**エ**のうちから一つ選べ。

**ア**　中東戦争などの影響で原油価格が高騰し，原油輸入国が不景気になった。

**イ**　中東戦争などの影響で原油価格が暴落し，原油輸入国が好景気になった。

**ウ**　当時のソ連がアメリカに対して輸出制限をし，世界的に原油価格が高騰し，原油輸入国が不景気になった。

**エ**　当時のソ連がアメリカに対して輸出拡大をし，世界的に原油価格が暴落し，原油輸入国が好景気になった。

問２　下線部(2)について，円安を説明した文**A**と**B**，円安と輸出の関係を説明した文**X**と**Y**のうち，正しいものの組み合わせを，次のページの**ア**から**エ**のうちから一つ選べ。

**A**　１ドルに対する円の価値が120円であるときと比べて，１ドルに対する円の価値が140円であるのは，ドル高・円安である。

**B**　１ドルに対する円の価値が120円であるときと比べて，１ドルに対する円の価値が100円であるのは，ドル高・円安である。

X　それまでより円安になると，日本の輸出産業が外国へ売る製品価格は，輸出先の国では高くなる。

Y　それまでより円安になると，日本の輸出産業が外国へ売る製品価格は，輸出先の国では安くなる。

ア　A－X　　イ　A－Y　　ウ　B－X　　エ　B－Y

問３　下線部⑶に関する説明として最も適当なものを，次のアからエのうちから一つ選べ。

ア　各国が関税を引き下げると貿易の自由化が進み，輸出産業は安く輸出できる。

イ　各国が関税を引き下げると貿易の自由化が妨げられ，輸入品が国内で安価に販売される。

ウ　各国が関税を引き上げると貿易の自由化が進み，輸入品が国内で安価に販売される。

エ　各国が関税を引き上げると貿易の自由化が妨げられ，輸出産業は安く輸出できる。

問４　下線部⑷についての説明として正しいものを，次のアからエのうちから一つ選べ。

ア　後継者の減少により職人技術の継承が難しくなり，国内での伝統産業や地場産業が衰退してしまうこと。

イ　国内の大都市などで地価や人件費が高騰したことにより，企業が地価や人件費の安い地方に工場などを移転すること。

ウ　国内における農業・水産業などの第１次産業が衰退し，外国から安価な食料品が大量に輸入されるようになること。

エ　国内企業が，安い労働力を求めるなどして，工場などを海外に移転し，国内での雇用が減少すること。

顔は、よく似ている。とあるが、この一文の表現効果の説明として、最も適当なものを、次の**ア**から**エ**までの中から一つ選べ。

**ア**　共通の趣味である花火を、父と協力して楽しむ和也の横顔が父親と似ていると言及することで、今の先生と和也は似た者同士であるからこそ仲が悪いが、近いうちに何らかのきっかけで仲直りするだろうということを暗示する効果。

**イ**　隣に並んで花火をしてはいるが、場を取り仕切る父親に嫌悪感を抱く和也の横顔が父親と似ていると言及することで、先生と似ているからこそ和也の反発は根深く、簡単に打ち解けることなどできないということを暗示する効果。

**ウ**　父親と一緒に花火に夢中になって、日頃の対立を解消した和也の横顔が父親と似ていると言及することで、和也は父親に反抗するあまり勉強から逃げていたが、将来父親と同じく学問に夢中になるはずだということを暗示する効果。

**エ**　父に火をもらい、一緒に花火をしている和也の横顔が父親と似ていると言及することで、先生と和也の親子関係が現状では必ずしもうまくいってはいないとしても、親子としてのきずなで結ばれているということを暗示する効果。

次のアからエまでの中から一つ選べ。

ア　父親の求めで絵を探しに行ったのに結局は無視されて、いつも周囲を振り回す父親の身勝手さを改めて思い知らされ、嫌気がさしている。

イ　せっかく父親が自分の絵に関心を向けてくれたのにわざと学問の話を始め、父親の関心を奪っていった僕に対し、強い反感を抱いている。

ウ　息子の絵のことなど忘れ、僕を相手に夢中で学問の話をする父親の姿に、やはり父親は自分に関心を向けてくれないと感じ落胆している。

エ　家庭教師の僕がもう少し熱心に教えてくれれば成績が上がり、父親の関心が自分に向くようになるはずなのにと思い、僕を非難している。

問5　本文中に、(3)妙に落ち着かない気分になっていた。とあるが、なぜか。その理由として最も適当なものを、次のアからエまでの中から一つ選べ。

ア　父親との親子関係をなかなかうまく築けない不満と焦りでいらだつ和也を見て、その原因の一端が自分の存在にあるのではないかと疑い始めているから。

イ　今まで見たこともないほど楽しそうにしている父親の姿に傷つく和也を見て、自分がかつて親に対して抱いた思いが呼び覚まされそうになっているから。

ウ　学校の成績に劣等感を抱いて落ち込む和也を見て、家庭教師の自分が勉強を十分に見てはこなかった結果だと思って打ちのめされそうになっているから。

エ　楽しそうな父親の姿に驚いている和也を見て、学問の話題が二人を隔てていることに気づき、先生と和也の仲を取り持たなくてはと思い始めているから。

問6　本文中の、「(4)わからないひとだよ、きみのお父さんは。」という僕の発言の意図として最も適当なものを、次のアからエまでの中から一つ選べ。

ア　先生は不器用ながらも先生なりに息子のことを考えていると、和也にそれとなく気づかせようとすると同時に、物事も人もわからないからこそおもしろく、向き合う価値もあるのだと伝えようとしている。

イ　わからないからこそ世界はおもしろいのだと考え、役に立ちそうもない気象の研究に一心に打ち込む父親を見習って、役には立たないかもしれないが和也には絵の道に進んでほしいと伝えようとしている。

ウ　熱心な研究者であるなら息子にも学問をさせたいと考えるのが普通なはずなのに、息子には得意なことを好きにやらせたいと考える先生が僕にもわからず、自分も和也と同感であると伝えようとしている。

エ　僕自身も先生がどういう人なのか今でもよくわからないが、それでも学問の師として尊敬しており、たとえ父親のことがわからなくても息子として和也も父親を敬うべきではないかと伝えようとしている。

問7　本文中に、(5)軽やかにはじける光を神妙に見つめる父と息子の横

（注3） 巻積雲＝うろこ状、またはさざ波のように広がる雲。いわし雲。

（注4） 積雲＝晴れた日によく見られる、白いわたのような雲。綿雲。

問1　本文中の、(a)話の腰を折る、(b)腑に落ちないの意味として最も適当なものを、次のアからエまでの中から一つずつ選べ。

(a)　**ア**　話の途中でその場から離れる
**イ**　話の途中を省略して結論を急ぐ
**ウ**　話の途中で急に口を閉ざす
**エ**　話の途中で言葉を挟んで妨げる

(b)　**ア**　想像できない　**イ**　納得いかない
**ウ**　信じられない　**エ**　気に留めない

問2　本文中に、(1)先生は目を輝かせた。とあるが、それはなぜか。その理由として最も適当なものを、次のアからエまでの中から一つ選べ。

**ア**　貸していた本を返してもらえるのがうれしかったから。
**イ**　今関心を寄せている学問の話ができると期待したから。
**ウ**　ふたりになったところで急に話しかけられ驚いたから。
**エ**　退屈だったのが自分だけでないとわかり安心したから。

問3　本文中の破線部の場面について話し合っている次の会話文の Ⅰ に当てはまるものを、次のアからエまでの中から一つ選べ。

生徒1　「先生はおざなりな生返事をしたきり、見向きもしない。」とあるけれど、どうしてだろう。先生は和也の絵をひさしぶりに見たい、と言っていたのに。

生徒2　僕と本の話をしているうちに、和也の絵の話は忘れてしまったんじゃないかな。超音波風速温度計の話を続けようとしているもの。

生徒3　こんなふうに自分の世界に入り込んでしまうと周りはついていけないよね。「奥さんも困惑顔で呼びかけた。」とあるよ。

生徒1　でも、「先生がはっとしたように口をつぐんだ。」とあるから、さすがの先生もすぐに事態に気づいたようだね。

生徒2　そうだね。周りもほっとしただろうね。「僕は胸をなでおろした。たぶん奥さんも、それに和也も。」とも書かれているよ。

生徒3　ちょっと待って。先生は「ああ、スミ。悪いが、紙と鉛筆を持ってきてくれるかい。」って言っているんだから、先生がはっとしたように口をつぐんだのは、 Ⅰ

生徒1　そうか。それで和也は「踵を返し、無言で部屋を出ていった。」わけか。この親子の関係は、あまりうまくいっていないみたいだね。

**ア**　僕のために雲の絵を解説してあげたいという気持ちがあって、それには紙と鉛筆が必要だと思ったからじゃないかな。
**イ**　奥さんの声を聞いて、今自分がいるのは大学の研究室じゃなくて自宅の和室だってことに気づいたからじゃないかな。
**ウ**　学問についてふと頭に思い浮かんだことがあって、忘れないうちにそれをメモしておこうと思ったからじゃないかな。
**エ**　和也の絵に雲の名前を書いていないところがあって、書き足そうと思っていたのを急に思い出したからじゃないかな。

問4　本文中に、(2)腕組みして壁にもたれ、暗い目つきで僕を見据えた。とあるが、このときの和也の気持ちの説明として最も適当なものを、じゃないけど、なにを考えてるんだか、おれにはちっともわかんない。」

僕は小さく息を吸って、口を開いた。

「僕にもわからないよ。きみのお父さんが、なにを考えているのか。」

和也が探るように目をすがめた。僕は机に放り出されたスケッチブックを手にとった。

「僕が家庭教師を頼まれたとき、なんて言われたと思う?」

和也は答えない。身じろぎもしない。

「学校の成績をそう気にすることもないんじゃないか、ってお父さんはおっしゃった。得意なことを好きにやらせるほうが、本人のためになるだろうってね。」

色あせた表紙をめくってみる。ページ全体が青いクレヨンで丹念に塗りつぶされている。白いさざ波のような模様は、(注3)巻積雲《けんせきうん》だろう。

「よく覚えてるよ。意外だったから。」

次のページも、そのまた次も、空の絵だった。一枚ごとに、空の色も雲のかたちも違う。確かに力作ぞろいだ。

「藤巻先生はとても熱心な研究者だ。もしも僕だったら、息子も自分と同じように、学問の道に進ませようとするだろうね。本人が望もうが、望むまいが。」

僕は手をとめた。開いたページには、今の季節におなじみのもくもくと不穏にふくらんだ(注4)積雲が、繊細な陰翳《いんえい》までつけて描かれている。

「⑷わからないひとだよ、きみのお父さんは。」

わからないことだらけだよ、この世界は――まさに先ほど先生自身が口にした言葉を、僕は思い返していた。

だからこそ、おもしろい。

僕と和也が和室に戻ると、先生は庭に下りていた。どこからかホースをひっぱってきて、足もとのバケツに水をためている。

奥さんが玄関から靴を持ってきてくれて、僕たち三人も庭に出た。

縁側に、手持ち花火が数十本も、ずらりと横一列に並べてある。長いものから短いものへときれいに背の順になっていて、誰がやったか一目瞭然だ。色とりどりの花火に、目移りしてしまう。

どれにしようか迷っていたら、先生が横からすいと腕を伸ばした。向かって左端の、最も長い四本をすばやくつかみ、皆に一本ずつ手渡す。

「花火奉行《ぶぎょう》なんだ。」

和也が僕に耳打ちした。

花火を配り終えた先生はいそいそと庭の真ん中まで歩いていって、手もとに残った一本に火をつけた。先端から、青い炎が勢いよく噴き出す。和也も父親を追って隣に並んだ。ぱちぱちと燃えさかる花火の先に、慎重な手つきで自分の花火を近づける。火が移り、光と音が倍になる。

僕と奥さんも火をもらった。四本の花火で、真っ暗だった庭がほのかに明るんでいる。昼間はあんなに暑かったのに、夜風はめっきり涼しい。虫がさかんに鳴いている。

ゆるやかな放物線を描いて、火花が地面に降り注ぐ。⑸軽やかにはじける光を神妙に見つめる父と息子の横顔は、よく似ている。

（瀧羽《たきわ》麻子《あさこ》『博士の長靴』による）

（注1） 納戸＝普段使わない家具や食器などをしまっておく物置用の部屋。

（注2） スミ＝藤巻先生の奥さんの名前。

「お父さん。」

うん、と先生はおざなりな生返事をしたきり、見向きもしない。

「例の、南西諸島の海上観測でも役に立ったらしい。船体の揺れによる影響をどこまで補正できるかが課題だな。」

「ねえ、あなた。」

奥さんも困惑顔で呼びかけた。

と、先生がはっとしたように口をつぐんだ。僕は胸をなでおろした。たぶん奥さんも、それに和也も。

「ああ、スミ(注2)。悪いが、紙と鉛筆を持ってきてくれるかい。」

先生は言った。和也が踵《きびす》を返し、無言で部屋を出ていった。

おろおろしている奥さんにかわって、自室にひっこんでしまった和也を呼びにいく役目を僕が引き受けたのは、少なからず責任を感じたからだ。

父親に絵をほめられたときに和也が浮かべた表情を、僕は見逃していなかった。雲間から一条の光が差すような、笑顔だった。いつだって陽気で快活で、いっそ軽薄な感じさえする子だけれど、あんな笑みははじめて見た。

「花火をしよう。」

ドアを開けた和也に、僕は言った。

「おれはいい。先生がつきあってあげれば？　そのほうが親父も喜ぶんじゃない？」

和也はけだるげに首を振った。険しい目つきも、ふてくされたような皮肉っぽい口ぶりも、ふだんの和也らしくない。僕は部屋に入り、後ろ手にドアを閉めた。

「まあ、そうかっかするなよ。」

藤巻先生に悪気はない。話に夢中になって、他のことをつかのま忘れてしまっていただけで、息子を傷つけるつもりはさらさらなかったに違いない。

「様子を見てきます。」と僕が席を立ったときも、なにが起きたのか(b)腑《ふ》に落ちない様子できょとんとしていた。

「別にしてない。」

和也はなげやりに言い捨てる。

「昔から知ってるもの。あのひとは、おれのことなんか興味がない。」

(2)腕組みして壁にもたれ、暗い目つきで僕を見据えた。

「でも、おれも先生みたいに頭がよかったら、違ったのかな。」

「え？」

「親父があんなに楽しそうにしてるの、はじめて見たよ。いつも家ではたいくつなんだろうね。おれたちじゃ話し相手になれないもんね。」

うつむいた和也を、僕はまじまじと見た。(3)妙に落ち着かない気分になっていた。胸の内側をひっかかれたような。むずがゆいような、ちりちりと痛むような。

唐突に、思い出す。

状況はまったく違うが、僕もかつて打ちのめされたのだった。自分の親が、これまで見せたこともない顔をしているのを目のあたりにして。母に恋人を紹介されたとき、僕は和也と同じ十五歳だった。こんなに幸せそうな母をはじめて見た、と思った。

「どうせ、おれはばかだから。親父にはついていけないよ。さっきの話くめている。
「やっぱり、おれにはよくわかんないや。」
「わからないことだらけだよ、この世界は。」
先生がひとりごとのように言った。
「だからこそ、おもしろい。」
一時はどうなることかとはらはらしたけれど、それ以降は和也が父親につっかかることもなく、食事は和やかに進んだ。鰻《うなぎ》をたいらげた後、デザートには西瓜《すいか》が出た。
話していたのは主に、奥さんと和也だった。僕の学生生活についていくつか質問を受け、和也が幼かった時分の思い出話も聞いた。
中でも印象的だったのは、絵の話である。
朝起きたらまず空を観察するというのが、藤巻先生の長年の日課だという。晴れていれば庭に出て、雨の日には窓越しに、とっくりと眺める。そんな父親の姿に、幼い和也はおおいに好奇心をくすぐられたらしい。よちよち歩きで追いかけていっては、並んで空を見上げていたそうだ。熱視線の先に、なにかとてつもなくおもしろいものが浮かんでいるはずだと思ったのだろう。
「お父さんのまねをして、こう腰に手をあてて、あごをそらしてね。今にも後ろにひっくり返りそうで、見ているわたしはひやひやしちゃって。」
奥さんは身ぶりをまじえて説明した。本人は覚えていないようで、首をかしげている。
「それで、後で空の絵を描くんですよ。お父さんに見せるんだ、って言って。親ばかかもしれないですけど、けっこうな力作で……そうだ、先生にも見ていただいたら？」
「親ばかだって。子どもの落書きだもん。」
照れくさげに首を振った和也の横から、藤巻先生も口添えした。
「いや、わたしもひさしぶりに見たいね。あれはなかなかたいしたものだよ。」
「へえ、お父さんがほめてくれるなんて、珍しいこともあるもんだね。」
冗談めかしてまぜ返しつつ、和也はまんざらでもなさそうに立ちあがった。
「あれ、どこにしまったっけ？」
「あなたの部屋じゃない？(注1)納戸《なんど》か、書斎の押し入れかもね。」
奥さんも後ろからついていき、僕は先生とふたりで和室に残された。
「先週貸していただいた本、もうじき読み終わりそうです。週明けにでもお返しします。」
なにげなく切り出したところ、(1)先生は目を輝かせた。
「あの超音波風速温度計は、実に画期的な発明だね。」
超音波風速温度計のもたらした貢献について、活用事例について、今後検討すべき改良点について、堰《せき》を切ったように語り出す。
お絵描き帳が見あたらなかったのか、和也たちはなかなか帰ってこなかった。その間に、先生の話は加速度をつけて盛りあがった。ようやく戻ってきたふたりが和室の入口で顔を見あわせているのを、僕は視界の端にとらえた。自分から水を向けた手前、(a)話の腰を折るのもためらわれ、どうしたものかと弱っていると、スケッチブックを小脇に抱えた和也がこちらへずんずん近づいてきた。

め、気候変動への適切な対応には歴史的知識が必要であるということ。

**エ**　社会の為政者と構成員とでは、状況に応じて取るべき対処がそれぞれ異なるため、日頃から両者の密接な連携が必要であるということ。

問8　本文中に、⑸平時における環境悪化・災害発生への備え・適応力が問われているとあるが、それはなぜか。その理由として最も適当なものを、次の**ア**から**エ**までの中から一つ選べ。

**ア**　日常生活の中で人々がどんな心理に陥りやすいか想定しておくことで、緊急時に取るべき対策を決める手がかりを得ることができ、社会の復元力を高めることができるから。

**イ**　災害が起きた後に社会はどう対応したかではなく、災害が起きる前に社会は災害にどう備えていたかを問題点とすることが、気候適応史研究を特徴づけている視点であるから。

**ウ**　日頃から自然災害や気候の変動を正確に観測し、大規模な被害につながるすべての可能性を想定しておくことで、被害が起きた後早急に復興をはかることが可能となるから。

**エ**　気候の悪化や自然災害に伴って起きる大規模な社会の混乱を防ぐには、自然災害や環境変動が起きた後の対策だけでは十分でないことが、これまでの歴史で明らかであるから。

**3**　次の文章を読んで、後の問いに答えよ。

**母子家庭に育った大学生の「僕」は、気象学が専門の藤巻《ふじまき》先生の研究室に入った。先生の依頼で先生の息子和也《かずや》の家庭教師になったが、和也は研究熱心な父には似ず、勉強が嫌いで集中できない。ある日藤巻家の夕食会に招かれた僕は、和也の勉強を見た後和也と和室に向かうが、縁側に座り一心に空を見上げる先生は、和也の呼びかけに応えない。先生は食事中も時折外へ目をやるなどして、あまり熱心には会話に加わろうとしなかった。**

「ねえ、お父さんたちは天気の研究をしてるんでしょ。」

和也が箸をおき、父親と僕を見比べた。

「被害が出ないように防げないわけ？」

「それは難しい。」

藤巻先生は即座に答えた。

「気象は人間の力ではコントロールできない。雨や風を弱めることはできないし、雷も竜巻もとめられない。」

「じゃあ、なんのために研究してるの？」

和也がいぶかしげに眉根を寄せた。

「知りたいからだよ。気象のしくみを。」

「知っても、どうにもできないのに？」

「どうにもできなくても、知りたい。」

「もちろん、まったく役に立たないわけじゃないですしね。」

僕は見かねて口を挟んだ。

「天気を正確に予測できれば、前もって手を打てるから。家の窓や屋根を補強するように呼びかけたり、住民を避難させたり。」

「だけど、家は流されちゃうんだよね？」

「まあでも、命が助かるのが一番じゃないの。」

奥さんもとりなしてくれたが、和也はまだ釈然としない様子で首をす

**B** 数十年周期の変動の場合は豊作の期間は二〇年や三〇年も続くので、その間に人々は豊作に慣れて、人口を増やしたり（出生率をあげたり）、生活水準を向上させたりした

**C** 飢饉の発生や難民の流出によって半強制的に人口が減らざるを得なかった

問5 本文中に、(2)数十年周期の変動は、予測も対応も難しい時間スケールなのである。とあるが、なぜか。「対応が難しい」理由の説明として最も適当なものを、次の**ア**から**エ**までの中から一つ選べ。

**ア** 住民の人口が増加を始めたときには、既に気候変動で生産力が減少しているが、その時点から計画的に農業の技術革新を進めて生産力を高めようとしても、計画の実現には人間の寿命と同じ数十年単位の時間が必要となり、対応が間に合わないから。

**イ** 生産力の減少期には、それまでに増大した全人口が生存可能なだけの食糧を確保できなくなるが、生まれる子供の数をその時点で減らし始めたとしても、人口が十分減るまでには人間の寿命と同じ数十年の時間がかかり、対応が間に合わないから。

**ウ** 住民の人口が増加を始めると人々の生活水準も上がっていくが、その時点で住民は既にぜいたくに慣れてしまってより多くの食糧を求めるようになり、その人々の寿命である数十年の間は同じ状況が続いてしまい、結果的に対応が間に合わないから。

**エ** 生産力の減少期を迎えたときには、気候は再び増産可能な方向で安定し始めているが、その時点で既に人間の寿命である数十年単位の人口減少が続いているため、農産物の増産を可能にするだけの労働力を確保できなくなり、対応が間に合わないから。

問6 本文中に、(3)その状態に過適応してしまっていた とあるが、どういうことか。その説明として最も適当なものを、次の**ア**から**エ**までの中から一つ選べ。

**ア** 災害がなく気候もよい状態を当然のように受け入れて、人口を増やしますます豊かな生活をおくる一方で、生産力が減少するかもしれない事態への備えを怠っていた。

**イ** 災害がなく気候もよい状態を普通だと考えて、従来通りの方法だけで農業生産力を維持できると思い込み、豊作を継続させるための技術革新や農地拡大を怠っていた。

**ウ** 災害がなく気候もよい状態が続くことを当然であると信じて、農業技術の革新により市場での競争に打ち勝っていく一方で、穀物を備蓄する量も増やし続けていた。

**エ** 災害がなく気候もよい状態が生存には最適だと判断して、生産力の拡大を続ける一方で、他国との闘いを繰り返し、より温暖で災害の少ない地域に進出し続けていた。

問7 本文中に、(4)そのこと とあるが、どういうことか。その説明として最も適当なものを、次の**ア**から**エ**までの中から一つ選べ。

**ア** 農業生産力が高い時期と、縮小に転じた時期とでは必要な対処が異なるため、それぞれの時期に応じた適切な対応が必要だということ。

**イ** 他国と闘う中世と、市場での競争が求められる近世とでは必要な対策が異なるため、それぞれの時期に応じた政策が必要だということ。

**ウ** 気候変動と人間社会との間には、長年続いた複雑な関係があった

えを知ることが、気候適応史研究の一つの焦点になるべきである、と私は考えている。このことは、気候変動だけでなく、地震・津波・火山噴火などの地殻災害、あるいは新型コロナをはじめとする感染症の蔓延《まんえん》(注8)、さらに経済循環などの人間社会に内在する変動にまで、あらゆることにも当てはまるものと思われる。昨今の例でいえば、感染症のパンデミックがなかった時代にパンデミックが起きたときのことを何も想定せず、保健所の機能を単に合理化縮小してしまったこと、津波が来ない時期が何十年も続くうちに沿岸域の危険な場所に住居を広げてしまったことなどなど、あらゆることが図1の構図に当てはまる。すべて、気候・環境が悪化して災害が起きてからではなく、その前の(5)平時における環境悪化・災害発生への備え・適応力が問われているのである。そのことを、まさに研究の対象にしなければならない。考えてみればあたり前のことが、歴史の研究はもとより、日常生活一般、さらにいえば国会の審議のなかでも、必ずしも意識されていないことが問題であるといえよう。

（中塚武《なかつかたけし》『気候適応の日本史　人新世をのりこえる視点』による）

（注1）　前近代＝明治維新より前の、科学や技術の進歩による資本主義経済がまだ発達していない時代。
（注2）　環境収容力＝ある環境下において、持続的に維持できる生物の最大個体数、または生物群集の大きさ。
（注3）　野放図＝際限がないこと。しまりがないこと。
（注4）　生業＝生活していくための仕事。
（注5）　中世＝鎌倉時代および室町時代。
（注6）　近世＝安土桃山時代および江戸時代。
（注7）　為政者＝政治を行う者。
（注8）　蔓延＝はびこりひろがること。

問1　空欄 ① 、 ② 、 ③ に入る語として適当なものを、それぞれ次のアからエまでの中から選べ。**ただし、同じ記号は二回使わない。**

**ア**　もちろん　**イ**　つまり　**ウ**　しかし　**エ**　やがて

問2　本文中の、(a)束の間の、(b)介した の意味として適当なものを、それぞれ次のアからエまでの中から選べ。

(a)　**ア**　継続的な　**イ**　少しの間の　**ウ**　定期的な　**エ**　久しぶりの

(b)　**ア**　重視した　**イ**　付け加えた　**ウ**　兼ね備えた　**エ**　仲立ちとした

問3　本文中に、(1)その地域の農業生産量などが許容する範囲 とあるが、どういうことか。その説明として最も適当なものを、次のアからエまでの中から一つ選べ。

**ア**　その地域で生産される農作物の総量などが、その地域の人口や生活水準をどの程度満たせるかという範囲。

**イ**　その地域の人々が、農作物などを最大限生産し続ける状態をどれくらいの期間継続できるかという範囲。

**ウ**　その地域で生産される農作物の量などが、その地域の人口や生活水準を持続的に維持できる範囲。

**エ**　その地域の人々が、自然環境に悪影響を与えずに農作物などを持続的に生産できる農地面積の範囲。

問4　本文の破線部**A**・**B**・**C**の内容に対応する矢印を、それぞれ図1のアからエまでの中から選べ。**ただし、同じ記号は二回使わない。**

**A**　あるとき数十年周期の気候変動が起きて農業生産力が増大した

A あるとき数十年周期の気候変動が起きて農業生産力が増大したとする。この豊作が一年か二年で直《す》ぐに元に戻るのであれば、人々は(a)束《つか》の間の豊作を神様に感謝して穀物の備蓄に励むだけだろうが、B 数十年周期の変動の場合は豊作の期間は一〇年辛二〇年も続くので、その間に人々は豊作に慣れて、人口を増やしたり（出生率をあげたり）、生活水準を向上させたりしたものと思われる。しかし、これは数十年周期の変動なので、やがて農業生産力は元に戻ってしまう。そのときには、豊作期の豊かな時代に育った若者をはじめとして、人々には自主的に生活水準を下げたり人口を減らしたりすることは難しく、結果的に C 飢饉の発生や難民の流出によって半強制的に人口が減らざるを得なかった、と考えられる。

数年周期の変動であれば、凶作年にはあらかじめ備蓄しておいた穀物で食いつなげるし、何より豊作の年に人口が急に増えたりはしない。逆に数百年周期の変動であれば徐々に生産力が変化するので、人々には対応の時間的余裕があり、農業技術を革新したり農地面積を拡大したりすることもできただろうし、生産力の上昇期には出生率の増大、低下期には出生率の減少を通じて、大きな痛みを伴うことなく、ゆっくりと気候変動に適応できた可能性もある。［②］、数十年周期の変動の場合は、短期間での技術や農地の変革は難しく、穀物備蓄もすぐに底を尽き、出生率の調整では時間的に間に合わず、多くの人々が飢饉に直面したことが想像できる。つまり(2)数十年周期の変動は、予測も対応も難しい時間スケールなのである。出生率を(b)介した人口調整との関係でいえば、数十年とはちょうど人間の寿命に相当する時間スケールであり、それゆえにこそ効果的な対応ができなかったことが予想できる。

このような話を歴史研究者の皆さんを相手にしていると、「数十年周期の変動が重要なのは何となくわかったけど、具体的に何に着目したらよいかわからない。」という感想を頂くことが多い。それは、気候・環境変動や自然災害に対する社会の復元力（レジリアンス）を研究しておられる方々から特に多く聞かれる。そういう方々の多くは、気候災害などが起きた「後」の社会の対応に注目しておられる場合が多い。もちろん、災害復興過程の研究では、災害後の社会の状況を観察することは不可欠だが、実際には、「気候がよい時代や災害がない時代に、いかに(3)その状態に過適応してしまっていたか」が重要である。過適応がなければ、つまり人口や生活水準を野放図《のほうず》(注3)に拡大しなければ、次に起きる気候悪化や災害に対処できた可能性がある。［③］人々は「気候変動や自然災害に適応するため」だけに生きている訳ではないので、農業生産力の高い時代には、それを最大限生がした生業(注4)や政策を展開することが、中世(注5)であれば他国との闘いに、近世(注6)であれば市場での競争に打ち勝っていくために、必要不可欠なことだったと思われる。しかし生産力の拡大期の論理に適応し過ぎれば、生産力が縮小に転じた時期にブレーキが利かなくなる。切り替えがうまい為政者《いせいしゃ》(注7)がいれば、両時期に的確に対応できる可能性もあるが、通常はその両者に適応できる人間は少ないし、もとより為政者だけが(4)そのことを理解していても社会の構成員の多くが理解していなければ、対応が難しいことは同じであろう。歴史上の気候変動と人間社会の関係の背後には、そのような構図があるものと思われる。

つまり気候のよい時期・豊作の時期における社会のあり方や人々の考

のか。その説明として最も適当なものを、次の**ア**から**エ**までの中から一つ選べ。

**ア**　自分が他人より優れていると思うことがかえって自分の弱点を見抜かれたり他人に陥れられたりする要因になることを重く受けとめ、どんなときも自分が冷静でいられる道を追究すること。

**イ**　自分が他人より優れていると思うことが他人から攻撃されたり嫉妬されたりする原因になることをよく知っていて、他人の言動をよく見極め、他人と争うことを避けつつ道を追究すること。

**ウ**　自分が他人より優れていると思うことがわざわいを招くもととなることをよく知っていて、どのようなときも慎み深く振る舞うとともに、今の自分に満足することなく道を追究すること。

**エ**　自分が他人より優れていると思うことがわざわいを招くもととなることを経験的に理解しており、どのようなときも他人を尊重するよう心がけて、すべての人と調和する道を追究すること。

**2**　次の文章を読んで、後の問いに答えよ。

数十年周期での大きな気候変動が起きたときに、しばしば大きな飢饉《ききん》や社会の騒乱が起きるが、その背景にはどのようなメカニズムがあるのであろうか。ここでは簡単な概念図を示して一つの思考実験をしてみたい。

**図1**は、前近代(注1)の農業社会を念頭に置いて、農業生産に影響を与えるような数十年周期の大きな気候変動が起きたときに社会に何が起こるかを想像したものである。どのような社会もそうであるが、その社会を構成する人々の人口や平均的な生活水準は、その社会を取り巻く環境の収容力、具体的には(1)その地域の農業生産量などが許容する範囲内に収まっている必要がある。現在の地球環境問題では、地球の人々の総人口や平均的な生活水準が地球の環境収容力(注2)の限界を超えていること、[①]、このままの生活を続けていたら持続可能性がないことが問題なのだが、過去の世界であれば、その空間スケールは人間の行動や流通の範囲を反映してもっと狭く、弥生時代であれば一つのムラ、江戸時代であれば一つの藩といったスケールで起きている現象をこの図は想定している。

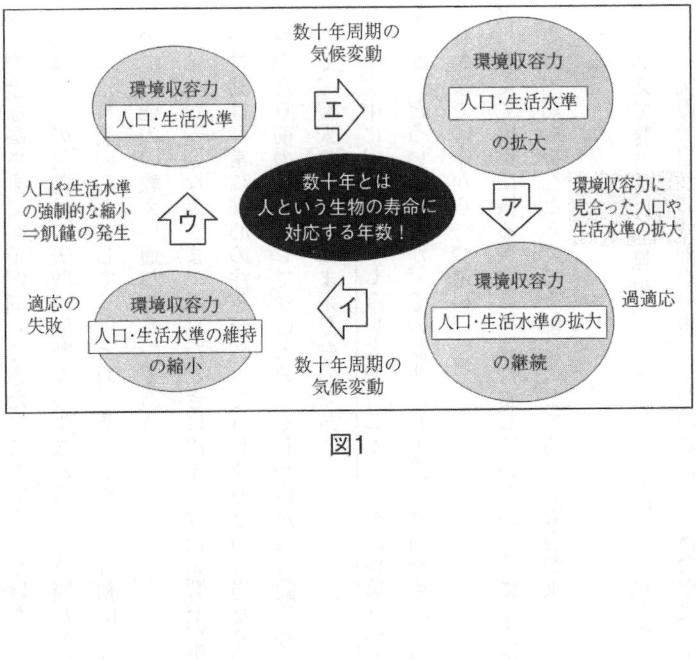


図1

分が乗る馬の強いところ弱いところの両面を十分見極めることによって、馬のよしあしを自然に見抜けるようになる。

問4　本文中に、(3)きわめて合理的な判断　とあるが、どういうことか。その説明として最も適当なものを、次の**ア**から**エ**までの中から一つ選べ。

**ア**　馬の体格に自分の性格を合わせられない人は落馬するということを、体験的に知ったうえで下す判断。

**イ**　人の体つきと馬の気性の組み合わせが悪いと落馬するということを、体験的に知ったうえで下す判断。

**ウ**　その日の馬の状態を正確に把握できない人は落馬するということを、体験的に知ったうえで下す判断。

**エ**　どんなに有能な人でも気性が荒い馬に乗ると落馬するということを、体験的に知ったうえで下す判断。

問5　本文中に、(4)聖人の戒めに適っている　とあるが、どういうことか。その説明として最も適当なものを、次の**ア**から**エ**までの中から一つ選べ。

**ア**　低いところまで降りてきた弟子に声をかけた「高名の木のぼり」の言動は、屋外では予想外の出来事が起きるという当たり前のことを当たり前のこととして受けとめ、それが自然に行動に移されたもので、聖人の教えをよく理解したものである。

**イ**　油断しそうな弟子の性格を見抜き適切に声をかけた「高名の木のぼり」の言動は、才能のないものは失敗するという当たり前のことを当たり前のこととして受けとめ、それが自然に行動に移されたもので、聖人の教えと異なるものである。

**ウ**　安全な高さまで弟子が降りてきたところで声をかけた「高名の木のぼり」の言動は、失敗は油断から生まれるという当たり前のことを当たり前のこととして受けとめ、それが自然に行動に移されたもので、聖人の教えに通じるものである。

**エ**　弟子が安全な高さまで降りたときに声をかけた「高名の木のぼり」の言動は、常に細心の注意を払って行動するという当たり前のことを当たり前のこととして受けとめ、それが自然に行動に移されたもので、聖人の教えを踏まえたものである。

問6　本文中に、(5)あえてしないということのうちに積極性がある　とあるが、どういうことか。その説明として最も適当なものを、次の**ア**から**エ**までの中から一つ選べ。

**ア**　あえて慎重に振る舞い、一見行動していないように見えても、実際は適切な折をとらえてうまくことを運べる機会が来るのを待っている。

**イ**　あえて勝ち負けを無視し、一見勝敗を気にしないように見えても、実際は自然の法則を分析しつつ勝負に出る機会が来るのを待っている。

**ウ**　あえて大胆な行動を控え、一見我慢しているように見えても、実際は成功に強くこだわり競争相手に打ち勝つ機会が来るのを待っている。

**エ**　あえて合理的に考え、一見冷徹に計算しているように見えても、実際は心の余裕を保つことで最後に成功する機会が来るのを待っている。

問7　本文中に、(6)「一道に携はる人」の心得　とあるが、どのようなもを徳とす。他にまさることのあるは大いなる失なり。

という。自分の智恵を持ち出して自分がすぐれていることを自慢する気持ちで争うのはよくない。家柄の高さにせよ才芸の優秀さにせよ、自分が勝っていると思って相手を見下すその内心のありようが、すでに「とが」つまり欠点となっている。

をこにも見え、人にもいひ消《け》たれ、禍《わざわい》を招くは、ただこの慢心なり。

一道にもまことに長じぬる人は、みづから明らかにその非を知る故に、志常に満たずして、終《つい》に物に誇る事なし。

本人がどんなにすぐれていると思っていても他人から見ると馬鹿らしく見え、わざわいを招くのはまさにこの慢心であるという。道の人はそれを知っており、けっして自分が完全であるなどとは思わない。むしろ、自らを持たざる者として位置づけ、その人なりのあえて何もしない「無為」を貫くのである。それは意識してできることではなく、道の追究において身につくものであり、それは、現世にいながら現世を超える自在さとなるだろう。兼好はそこに人間観としての無為の積極性を見いだしているように思われる。

（藤本成男《ふじもとしげお》『徒然草のつれづれと無為』による）

（注1）兼好＝鎌倉末期の歌人、随筆家で『徒然草』の著者。
（注2）閾＝門の内外を区切る境の木。敷居。
（注3）鞍＝人が乗りやすいように馬などの背につける道具。
（注4）轡＝手綱をつけるために、馬の口にかませる金具。
（注5）双六＝盤と二個のサイコロ、黒白の駒を使って二人で行う遊戯。賭け事にも用いた。
（注6）通暁する＝あることについて詳しく知っている。
（注7）博打（を打つ）＝賭け事（をする）。「博打打ち」は博打で生計を立てる人。

問1　本文中の、①ゴウ情、②カン髪を入れず、③世ゾク、④攻セイ　のカタカナ部分の漢字表記として適当なものを、それぞれアからエまでの中から一つ選べ。

①ゴウ情　**ア**　業　**イ**　豪　**ウ**　合　**エ**　強
②カン髪を入れず　**ア**　巻　**イ**　感　**ウ**　間　**エ**　完
③世ゾク　**ア**　族　**イ**　俗　**ウ**　続　**エ**　属
④攻セイ　**ア**　制　**イ**　成　**ウ**　正　**エ**　勢

問2　本文中の、並ぶ者⑴のない　と同じ意味用法の「の」を、本文中のaからdまでの中から一つ選べ。

**a**　またぐのを見る　**b**　気の立っている
**c**　他の馬に　**d**　用心するのだ

問3　本文中に、⑵「馬乗り」の馬乗りたるところ　とあるが、「吉田と申す馬乗り」が述べている馬乗りの心得の説明として最も適当なものを、次のアからエまでの中から一つ選べ。

**ア**　自分が乗ろうとしている馬をよく見てその気性を把握したり、馬具などで気にかかる点があれば馬を走らせないようにしたりするなど、当然のことをよく理解し自然に行動できる。

**イ**　人の力は馬の力には到底及ばないと知ったうえで、自分が乗ることになっている馬を観察しながらよい部分を見極め、その馬の能力のすべてを引き出せるよう自然に行動できる。

**ウ**　轡や鞍などを装着したときの反応によってそれぞれの馬の気性を知ることができるので、馬具の状態をよく確認することを通じて、馬のよしあしを自然に見抜けるようになる。

**エ**　人は馬の真の力に勝つことができないということをよく知り、自なってやっと、「過ちすな。心して降りよ。」とことばをかけた。そういわれた人が「かばかりになりては、飛び降るとも降りなん。如何《いか》にかく言ふぞ。」、これくらいになったからには、飛び降りても降りられるだろう、どうしてそんなことをいうのか、と尋ねると、「その事に候《そうろ》ふ。目くるめき、枝危ふきほどは、己《おの》れが恐れ侍れば、申さず。過ちは、安き所になりて、必ず仕《つかまつ》る事に候ふ。」と答えた。眼《め》が回るような高い所、枝が今にも折れそうな所は本人が自《おの》ずと恐れ注意を払っているからいう必要がない。しかし過ちは安全と思われるところになって必ずしでかしてしまうものであるという。兼好は、こういう名人、達人とされる人のことばは、その身分は低くとも⑷聖人の戒めに適《かな》っていると共感している。道の名人は何を見ているのか、そこに見える真実とは、失敗は油断から生まれるという当たり前のことを、まさに当たり前のこととして受けとめ、自然とそれが行動となってあらわれる、無理のないあり方であるともいえる。

いずれにせよ、道の真実を知っているがゆえに敬われる人たちのことばは、計り知れぬ深さがその背後には感じられる。専門家は、その道の本質をつかんでいるが故に、かえってダイナミックなものの見方ができる。そこに合理性もあり、力動性もある。それはどの道においてもいえる。第一一〇段では、(注5)双六《すごろく》の上手といわれる人に、その方法を聞いたところ、その答えは、「勝たんと打つべからず。負けじと打つべきなり。いづれの手か疾《と》く負けぬべきと案じて、その手を使はずして、一目なりとも、おそく負くべき手につくべし。」勝とうと思って打ってはいけない。負けまいと思って打つのがよい。どの手がきっと早く負けるだろうかと考えて、その手を使わないで、たとい一目でも遅く負けると推測される手に従うべきだという。勝とう勝とうと気持ちが前へ出るときすでに欲に捕らわれている。負けまいと思えるのは余裕があるからである。むしろ、勝ち負けに強くこだわるために自らを失うということがない冷静さを身につけよといっているように思われる。このように慎重にことを運ぶことは、生き方としては消極的に見えるかもしれない。しかし、ここで兼好が考えようとしているのは、この⑸あえてしないということのうちに積極性があるということである。

無為とは何もしないということではない。仮に何もしないようなかたちを取ることがあったとしても、必ずそこに積極性が生まれている。道の人はそのことを知っている。天地自然のはたらきに②カン髪を入れずぴったり即して生きることは、③世ゾク世界に「無用」であり続けることが、同時にそのはたらきのきまり、すじみちに(注6)通暁《つうぎょう》することに通じる。

第一二六段では、

(注7)博打《ばくち》の負け極まりで、残りなく打ち入れんとせんにあひては、打つべからず。立ち返り、続けて勝つべき時の至れるとしるべし。その時を知るを、よき博打といふなり。

ということばを挙げている。博打打ちもまた道を知れる者であって、多年の経験から運命の定めるところを知っている。無為のところに引き絞られた力は必ず④攻セイへと転ずる時を待っている。そのことがわかるかどうかは、外形に捕らわれないで本質を見抜く目を持っているかどうかで決まる。それに気づくためには、謙虚さがなければならない。

その⑹「一道に携はる人」の心得を説いたのが第一六七段である。

我が智《ち》を取り出《い》でて、人に争ふは、角ある物の角を傾け、牙《きば》あるものの牙をかみ出だす類《たぐい》なり。人としては善に誇らず、物と争はざる

## 【国語】（五〇分）〈満点：一〇〇点〉

1 次の文章を読んで、後の問いに答えよ。

ふつうは見逃されてしまうようなことでも、そこにある良さも悪さも見抜いてしまうのが道の人である。（注1）兼好《けんこう》が興味を持っていたもののひとつが馬乗りである。『徒然草』第一八五段には「城陸奥守泰盛《じょうのむつのかみやすもり》は、双《そう》なき馬乗りなりけり。馬を引き出《いだ》させけるに、足を揃《そろ》へて、（注2）閾《しきみ》をゆらりと越ゆるを見ては『これは勇める馬なり。』とて、（注3）鞍《くら》を置き換へさせけり。」という。執権北条貞時《ほうじょうさだとき》の外祖父（母方の祖父）であった安達泰盛《あだちやすもり》は、並ぶ者⑴のない馬乗りといわれ、馬が敷居《しきい》をまたぐ a のを見るだけで「これは気 b の立っている馬だ。」と他 c の馬に替えさせた。逆に、足を伸ばしたまま敷居にぶつけるような馬は鈍い馬だとして乗らなかったという。「道を知らざらん人、かばかり恐れなんや「道を知らないような人は、これほど用心するだろうか)。」とあり、道について深く知っているからこそ、これほどまでに用心する d のだということである。第一八六段には「吉田《よしだ》と申す馬乗り」がその道の秘訣《ひけつ》を述べる。

吉田と申す馬乗りの申し侍《はべ》りしは「馬毎《ごと》にこはきものなり。人の力、争ふべからずと知るべし。乗るべき馬をば、先《ま》づよく見て、強き所弱き所を知るべし。次に、（注4）轡《くつわ》・鞍《くら》の具に、危ふき事やあると見て、心にかかる事あらば、その馬を馳《は》すべからず。この用意を忘れざるを馬乗りとは申すなり。これ秘蔵の事なり。」と申しき。

馬はどれでも①ゴウ情なものであり、人の力はこれと争うことができないと知らねばならない。乗ることになっている馬を、何よりもよく観察して強いところ弱いところを知るのがよい。次に、轡・鞍など道具に危ない所はないか点検し、気になるところがあればその馬を走らせてはならないという。けっして難しいことをいっているのではなく、ごく当たり前のこと、誰にでもできることを弁《わきま》え、自然に行動に移せるかどうかというのが、⑵「馬乗り」の馬乗りたるところであり、それがほんとうの道を知ることなのである。

このようにして馬をよく見、その特徴をとらえるということができないで、不用意に馬に乗る者は落馬する。本人はわかっていなくとも、その道に心得のある人は予《あらかじ》めその不運を見抜いてしまう。第一四五段では、

御随身秦重躬《みずいじんはたのしげみ》、北面の下野入道信願《しもつけのにゅうどうしんがん》を、「落馬の相《そう》ある人なり。よくよく慎み給《たま》へ。」といひけるを、いと真《まこと》しからず思ひけるに、信願馬より落ちて死ににけり。道に長じぬる一言、神の如《ごと》しと人思へり。さて、「いかなる相ぞ。」と人の問ひければ、「極めて桃尻にして、沛艾《はいがい》の馬を好みしかば、此《この》相を負《お》ほせ侍りき。いつかは申し誤りたる。」とぞ言ひける。

道に長じた者の的確な見極めを人々は不思議だ「神の如し」だと思ったが、「落馬の相」を読み取ったのは単なる見込みでもなければ当て推量でもない。⑶きわめて合理的な判断に基づいている。それは、「桃尻」、馬の鞍に尻の据わりの悪い人と、「沛艾の馬」、気の荒い馬という両者のもともとの不適合が、落馬という当然の成り行きになることを体験的に知っていたからである。どういうときに人間は過《あやま》ちを犯すかということを、道の名人といわれる人は見抜く目をもっている。

第一〇九段では「高名の木のぼり」と世間でいわれていた男が、人に指図して高い木にのぼらせて木の枝を切らせたときに、非常に危なそうに見える間は何もいわないで、家の軒先の高さまで降りてきたときに

MEMO

大切なことはメモしておこうネ！

# 2023年度

# 解　答　と　解　説

《2023年度の配点は解答欄に掲載してあります。》

## ＜数学解答＞

[1] (1) ア 9　(2) イ 3　ウ 7　(3) エ 1　オ 2　カ 5　(4) キ 1　ク 4　(5) ケ 1　コ 3　サ 2　シ 5　(6) ス 2　セ 7　ソ 2　タ 8　(7) チ 1　ツ 9　(8) テ 4　ト 1　ナ 3

[2] (1) ア 2　イ 5　ウ 5　エ 2　(2) オ －　カ 1　キ 5　(3) (i) ク 1　ケ 2　(ii) コ 1　サ 5　シ 2

[3] (1) ア 7　イ 7　(2) ウ 1　(エ) 6　オ 4　カ 3　キ 6　ク 4

[4] (1) ア 2　イ 3　(2) ウ 3　エ 2　オ 9　(3) カ 7　キ 3　(4) ク 7　ケ 1　コ 7　サ 6

○配点○

[1] (3) エ，オ　3点　カ　2点　(6) ス，セ　3点　ソ，タ　2点　(8) テ　2点　ト，ナ　3点　他　各5点×5　[2] (3) 各4点×2　他　各3点×4　[3] (1) 6点　(2) ウ～オ　4点　カ，キ　4点　ク　6点　[4] 各4点×5　計100点

## ＜数学解説＞

[1] (数の計算，二次方程式，一次関数の変域，変化の割合，確率，統計，角度，平面図形の計量問題)

(1) $-3+2\times\left\{\left(3-\frac{1}{2}\right)^2-\frac{1}{4}\right\}=-3+2\times\left\{\left(\frac{5}{2}\right)^2-\frac{1}{4}\right\}=-3+2\times\left(\frac{25}{4}-\frac{1}{4}\right)=-3+2\times\frac{24}{4}=-3+2\times6=-3+12=9$

(2) $x^2-6x+2=0$　二次方程式の解の公式から，$x=\frac{-(-6)\pm\sqrt{(-6)^2-4\times1\times2}}{2\times1}=\frac{6\pm\sqrt{28}}{2}=\frac{6\pm2\sqrt{7}}{2}=3\pm\sqrt{7}$

(3) 傾きが負なので，グラフは$x=-4$のとき最大値$y=7$をとり，$x=2$のとき最小値$y=4$をとる。$y=ax+b$に$(-4,\ 7)$，$(2,\ 4)$を代入して，$7=-4a+b$…①　$4=2a+b$…②　②－①から，$-3=6a$　$a=-\frac{3}{6}=-\frac{1}{2}$　②に$a=-\frac{1}{2}$を代入して，$4=2\times\left(-\frac{1}{2}\right)+b$　$b=4+1=5$

(4) 変化の割合$=\frac{y\text{の増加量}}{x\text{の増加量}}$から，$\frac{a\times3^2-a\times1^2}{3-1}=\left\{-\frac{3}{3}-\left(-\frac{3}{1}\right)\right\}\div(3-1)$　$\frac{8a}{2}=\frac{2}{2}$　$8a=2$　$a=\frac{1}{4}$

(5) 2回の玉の取り出し方は全部で，5×5＝25(通り)　そのうち，2回とも同じ色である場合は，(赤1，赤1)，(赤1，赤2)，(赤2，赤1)，(赤2，赤2)，(白1，白1)，(白1，白2)，(白1，白3)，(白2，白1)，(白2，白2)，(白2，白3)，(白3，白1)，(白3，白2)，(白3，白3)の13通り　よって，求める確率は，$\frac{13}{25}$

(6) データを小さい順に並べると，12，16，17，24，25，29，30，33，35，40　中央値は，データの小さい順から5番目と6番目の平均だから，$\frac{25+29}{2}=\frac{54}{2}=27$(kg)　範囲は，最大値－最小値で求めるので，40－12＝28(kg)

(7)　補助線OBをひくと，$\angle OBC=90^\circ$　$\angle OAB=x$とおくと，△OABは二等辺三角形なので，$\angle OBA=\angle OAB=x$　△ABCの内角の和から，$37^\circ+x+x+90^\circ+15^\circ=180^\circ$　$2x=38^\circ$　$x=19^\circ$

(8)　$AB:BC=3:\sqrt{3}=\sqrt{3}:1$より，△ABCは$\angle CAB=30^\circ$の直角三角形になるので，$AC=\sqrt{3}\times2=2\sqrt{3}$　$DC:AC=2:2\sqrt{3}=1:\sqrt{3}$より，△DACは$\angle DAC=30^\circ$の直角三角形になるので，$AD=2\times2=4$　点DからABへ垂線DHをひくと，△DAHは，$\angle DAH=60^\circ$の直角三角形になるので，$AH=\frac{4}{2}=2$，$DH=2\times\sqrt{3}=2\sqrt{3}$　$HB=3-2=1$　△DBHにおいて三平方の定理を用いると，$BD=\sqrt{(2\sqrt{3})^2+1^2}=\sqrt{13}$

**2**　**(図形と関数・グラフの融合問題)**

基本　(1)　$y=ax^2$に点Aの座標を代入して，$10=a\times(-5)^2$　$25a=10$　$a=\frac{10}{25}=\frac{2}{5}$　$y=\frac{2}{5}x^2$に$x=\frac{5}{2}$を代入して，$y=\frac{2}{5}\times\left(\frac{5}{2}\right)^2=\frac{2}{5}\times\frac{25}{4}=\frac{5}{2}$　よって，点Bの$y$座標は$\frac{5}{2}$

(2)　直線ABの傾きは，$\left(\frac{5}{2}-10\right)\div\left\{\frac{5}{2}-(-5)\right\}=\left(-\frac{15}{2}\right)\div\frac{15}{2}=-1$　$y=-x+b$に点Aの座標を代入して，$10=-(-5)+b$　$b=5$　よって，切片は5

重要　(3)　(i)　(四角形OAPB)＝△OAP＋△OBP$=\frac{1}{2}\times t\times5+\frac{1}{2}\times t\times\frac{5}{2}=\frac{1}{2}t\left(5+\frac{5}{2}\right)=\frac{15}{4}t$　$\frac{15}{4}t=45$から，$t=45\times\frac{4}{15}=12$

(ii)　$AO=\sqrt{5^2+10^2}=\sqrt{125}$　$AP=\sqrt{5^2+(10-t)^2}=\sqrt{25+100-20t+t^2}=\sqrt{t^2-20t+125}$
角の二等分線の定理から，$\sqrt{125}:\sqrt{t^2-20t+125}=5:(t-5)$　$125:(t^2-20t+125)=25:(t^2-10t+25)$　$125(t^2-10t+25)=25(t^2-20t+125)$　$5(t^2-10t+25)=t^2-20t+125$　$5t^2-50t+125=t^2-20t+125$　$4t^2-30t=0$　$2t(2t-15)=0$　$t\neq0$から，$2t-15=0$　$2t=15$　$t=\frac{15}{2}$

**3**　**(割合，連立方程式の応用問題)**

基本　(1)　$\frac{3.08}{40}\times100=7.7(\%)$

重要　(2)　野菜A200gの可食部の重さを$x$g，廃棄部の重さを$y$gとすると，$x+y=200$…①　食物繊維の量で方程式を立てると，$0.027x+0.077y=3.6\times2$　$27x+77y=7200$…②　①×77－②から，$50x=8200$　$x=164$　①に$x=164$を代入して，$164+y=200$　$y=36$　野菜A200gのエネルギーは，$45\times2=90$　可食部164gのエネルギーは，$54\times\frac{164}{100}=88.56$　よって，廃棄部36gのエネルギーは$90-88.56=1.44$　よって，廃棄部100gあたりのエネルギーは$1.44\times\frac{100}{36}=4$(kcal)

**4**　**(空間図形の計量問題－平行線と線分の比の定理，体積，三平方の定理，切断，面積)**

基本　(1)　$BJ=2-1=1$　平行線と線分の比の定理から，$BK:KF=BJ:FG=1:2$　よって，$BK=2\times\frac{1}{3}=\frac{2}{3}$(cm)

(2)　一辺とその両端の角がそれぞれ等しいことから，△AIJ≡△BMJ　よって，$BM=AI=1$　$CM=2+1=3$　同様にして，$CN=3$　したがって，三角錐G－CMNの体積は，$\frac{1}{3}\times\frac{1}{2}\times3\times3\times2=3$($cm^3$)　三角錐C－BJKの体積は，$\frac{1}{3}\times\frac{1}{2}\times1\times\frac{2}{3}\times2=\frac{2}{9}$($cm^3$)

重要　(3)　五角錐C－IJKGLの体積は，三角錐G－CMNの体積から，三角錐K－CJMと三角錐L－CINの体積をひいたものになる。(三角錐K－CJM)＝(三角錐L－CIN)$=\frac{1}{3}\times\frac{1}{2}\times3\times1\times\frac{2}{3}=\frac{1}{3}$　よって，求める体積は，$3-\frac{1}{3}\times2=\frac{7}{3}$($cm^3$)

重要　(4)　△CMNは直角二等辺三角形だから，$MN=3\times\sqrt{2}=3\sqrt{2}$　$GM=GN=\sqrt{3^2+2^2}=\sqrt{13}$

点GからMNへ垂線GPをひくと，MP=$\frac{MN}{2}=\frac{3\sqrt{2}}{2}$　GP=$\sqrt{(\sqrt{13})^2-\left(\frac{3\sqrt{2}}{2}\right)^2}=\sqrt{13-\frac{18}{4}}=\sqrt{\frac{52-18}{4}}=\frac{\sqrt{34}}{2}$　△GMN=$\frac{1}{2}\times 3\sqrt{2}\times\frac{\sqrt{34}}{2}=\frac{3\sqrt{17}}{2}$　△GMN∽△KMJで，相似比は，GM：KM=CM：BM=3：1　よって，△GMN：△KMJ=$3^2$：1=9：1　△KMJ=$\frac{3\sqrt{17}}{2}\times\frac{1}{9}=\frac{\sqrt{17}}{6}$　△LNI=△KMJから，(五角形IJKGL)=△GMN−△KMJ−△LNI=$\frac{3\sqrt{17}}{2}-\frac{\sqrt{17}}{6}\times 2=\frac{9\sqrt{17}-2\sqrt{17}}{6}=\frac{7\sqrt{17}}{6}$(cm$^2$)

**★ワンポイントアドバイス★**

2(3)(ii)は，∠ABO=90°になることより，△AODが二等辺三角形になる点D(5，5)をとり，直線ADの切片から$t$を求めることもできる。

## ＜英語解答＞

1　1 ウ　2 エ　3 イ　4 ア　5 エ

2　1 ア　2 ウ　3 エ　4 イ　5 ア

3　問1 (1) イ　(2) ウ　(3) エ　(4) ア　(5) ア　(6) ウ
　問2 (1) ウ　(2) オ

4　1 3番目 エ　5番目 カ　2 3番目 ウ　5番目 カ　3 3番目 ウ　5番目 イ　4 3番目 イ　5番目 ウ　5 3番目 エ　5番目 ウ

5　問1 (1) ウ　(2) エ　(3) イ　問2 イ　問3 ア

6　問1 ア　問2 イ　問3 ウ　問4 ウ　問5 ア　問6 イ　問7 イ

○配点○

1　各2点 × 5　他　各3点 × 30(4完答)　計100点

## ＜英語解説＞

基本 1　**(言い換え問題：間接疑問文，現在完了，不定詞，仮定法)**

1 「これはとても難しい問題だ。誰もそれに答えられない」→「このとても難しい問題に誰が答えられるか私たちにはわからない」　上の文：Nobody「誰も…ない」という否定語を使って否定文にする。　下の文：「誰が答えられるのかわからない」という意味にする。「誰が」の意味を持つ疑問詞whoを入れる。空所以下はknowの目的語になる間接疑問文。

2 「兄はギターを弾くことに興味を持っている」→「兄の趣味はギターを弾くことだ」 上の文：be interested in～で「～に興味を持つ」 下の文：brother'sの後に続けられるのは名詞。hobby「趣味」を入れる。

3 「私はこれまでにニューヨークに行ったことがない」→「これが私にとって初めてのニューヨーク訪問だ」 上の文：have been to ～で「～に行ったことがある」の意味。「これまでに一度も～したことがない」という強い否定はneverをhaveとbeenの間に入れる。下の文：「これが最初の[初めての]訪問」という意味にするためfirstを入れる。

4 「ヒロミは私に新しいコンピューターの使い方を教えられない」→「ヒロミが私に新しいコンピューターの使い方を教えるのは不可能だ」　上の文：how to use～で「～の使い方」showには「教える」という意味もある。　下の文：<It is ～ ＋ for 人＋ to…>「人が…するのは～だ」の構文。「～」の部分にimpossible「不可能」を入れる。

5 「私はメアリーと話せない，なぜなら私はスペイン語が話せないから」→「私はメアリーと話したい。スペイン語が話せたらいいのにな」　上の文：can't talkと現在形なのでI cannot speakと現在形にする。　下の文：I wish I could～で「～だったらいいのにな」という意味。現在の事実に反する願望を表す仮定法の文。

基本 **2** (会話文完成)

1 A：ジョン，昨日は学校に行かれなかったんだ。宿題はある？　B：あるよ。英語の宿題があると思う。　A：わかった。それは何？　B：ア ノートを確認させて。Let me ～. で「～させて」という意味。　イ「もちろん。何の問題もないよ」　ウ「それは先週までだった」　エ「君はまだそれを終わらせていない」

2 A：ううむ。サトシ，今日の君は何か違って見える。それは新しい靴？　B：うん。昨日買ったばかりなんだ。まだきれいだよ。どう思う？　A：ウ 君にすごく似合っているよ。いい色だね。look nice on youで「似合っている」という意味の口語表現。　ア「自分のこの新しいのをすごく気に入っているんだ」　イ「とっても古いね」　エ「くたびれているね」

3 A：今週末は何か予定はある？ B：いいえ。ただ家にいるだけ。　A：週末はよく家で過ごしているの？　B：エ たいていはそうしている。外に出かけるのは好きではないの。　ア「うん，乗るバスを探せるよ」bus to take「乗るべきバス」形容詞用法の不定詞。　イ「テニスをしに行く予定」　ウ「君はよく病気になる」

4 A：冬休みの間は何をしたの？　B：シドニーに行ったよ。とても美しかった。オーストラリアには行ったことはある？　A：いいえ。でも イ 行かれるといいな。野生のコアラを見てみたい。　ア「3年間その国にいたよ」　ウ「その国には2回行ったことがある」　エ「もうそこには行かないだろう」

5 A：トモコ，動物園はどうだった？　B：すばらしかったよ。パンダが大好きなんだ。今日私を連れて行ってくれてありがとう。　A：どういたしまして。ア 来月また行くのはどう？　B：いい考えね。見る物がたくさんありすぎて1日だけでは無理ね。How about …ing? で「…するのはどう？」という意味の勧誘表現。　イ「動物園は週末は混んでいる？」　ウ「今日動物園に行くのはどう？」　エ「なぜ今日私たちは動物園に行くの？」

**3** (長文読解問題・論説文：適語選択補充，語彙)

(全訳)テレビゲームはあらゆる年代で遊ばれている。今ではほとんどの人がテレビゲームをする時にゲーム機を使う。これらのゲーム機は ア 世界中の多くの家で (1)見つけることができ，それらはほとんど毎日使われている。

(2)過去のゲーム機はとても イ 単純な機器だった。それらはゲームをするときにしか使えなかった。しかしながら，ゲーム業界は変わり，今のゲーム機は家庭娯楽の中心機器のようなものである。ウ 映画を観る (3)ためや，インターネットを使ったり，写真を見るためにも使われる。

今ではゲーム機を作る企業がいくつかある。ゲーム機を作る時に出力と性能に焦点を合わせる企業もいくつかある。プレーヤーはゲーム機の素早い反応とゲームの品質の高さをこよなく愛するのだ。ゲームはかなり本物のように見える。最近では他のプレーヤーと (4)対戦するのにインターネットで エ お気に入りのゲームをするのが好きだという人がどんどん増えている。このような理由で私たちはほとんどの新しいゲームをオンラインでプレーすることができ，新しいタイプのゲームがとても人気になってきている。

他の企業は新しいゲーム機や運動したり遊ぶのに動くことが推奨される面白いゲームを作ることに焦点を合わせている。これらのゲーム機の出力はそれほど高くない。また友達の家に行ったり，カ電車の中など外に持ち出すためオ異なるのだ。そのようなデザインになっているため，プレーヤーはどこででもゲームを(5)楽しめるのだ。

非常にたくさんのゲーム機が毎年売られ，たくさんの面白いゲームが作られている。オンラインゲームは友達とつながるための重要な方法となってきた。新しいゲームはどんどん良くなっていき(6)独創的な特徴やアイディアを持つものになってきている。

問1 (1) 多くの家の中でゲーム機がどうなるのか考えfoundを入れる。「家の中で見つけることができる」という意味。can be foundという助動詞の受身形に注意。このfoundは過去分詞。(2) In the pastで「過去においては」という意味。2文後にHoweverに続けて現在のゲーム機のことがかかれていることから(2)を含む分は過去の内容だと推測する。 (3) 「…するために使う」という意味にするためtoを入れる。目的を表す副詞用法の不定詞。to watch movies, to use the Internet, and to look at photosということ。 (4) play ~ against other playersで「他のプレーヤーと対戦する」という意味。against～で「対～」という意味。(5) 助動詞canの後は動詞の原形。したがってenjoyを入れる。 (6) original「オリジナルの, 独創的な, 新たな」という意味。他の語では意味が合わない。 ア low「低い」 イ poor「貧しい」 エ weak「弱い」

問2 (1) 「ストーリーを伝える動く映像と音」→ウ movie「映画」 (2) 「同じではない」→オ different「異なる」

**重要 4 (語句整序問題：関係代名詞，現在完了，慣用句，不定詞)**

1 (Do)you mean the new restaurant which opened(last weekend?) A：今日の午後はどこにいたの？ B：あぁ伝えるのを忘れていた。ポールズカフェにいたんだ。 A：先週末にオープンした新しいレストランのこと？ いいって聞いたよ。 B：その通り。 Do you mean ~? で「～ということ？」という意味。「先週末にオープンした新しいレストラン」はthe new restaurant を先行詞に置いて関係代名詞whichを使って修飾する。

2 (You've)been reading it since we finished(lunch.) A：何を読んでいるの？ B：やさしさと友情についての本だよ。 A：面白いの？ 昼食を終えてからずっとそれを読んでいるね。 B：実は，役に立つ情報がたくさん書いてあるんだ。 You'veはYou haveの短縮形。You have been reading itと現在完了進行形にし「ずっと読んでいる」という意味にする。itを入れ忘れないよう注意。itはbookを指す。since we finished lunchで「昼食を終えてからずっと」sinceは現在完了形と一緒に用いて「～以来ずっと」という意味の接続詞。

3 (Will you)take them into the house before(it gets dark.) A：今夜は何をする予定？ B：宿題をするつもり。何で聞くの？ A：えっと，服を洗濯して庭に干したのよ。暗くなる前に家の中に取り込んでくれる？ A：いいよ。take ~into …で「～を…の中に入れる」という意味。themを入れる位置に注意。before it gets darkで「暗くなる前に」という意味。

4 Don't wait for me if I'm late. A：今日は駅で何時に待ち合わせる？ B：午後3時はどう？ A：いいよ。でも昼食後にやらなくてはならないことがあるの。もし私が遅れたら私を待たないでね。 B：いいよ。わかった。 Wait for ~「～を待つ」を否定命令文<Don't + 動詞の原形>にする。「もし私が遅れたら」はif I'm late.

5　(I think) we have to ask him to tell us again.　A：今，彼が話してくれた話，理解できた？　B：いいえ。どうする？　A：もう一度彼に話してくれるように頼まないとならないと思う。　主語をweにしてwe have to ask「聞かないとならない」という形で始める。<ask ＋人 ＋ to…>で「人に…するよう頼む」の意味。「人」がhimになり，to以下はto tell usという形。

**重要 5 (長文読解問題・資料読解：内容把握)**

(全訳)　カケルと彼の友人ジュディは日本の大学に通っている。彼らは夜の外食行動に関する調査を一緒にすることにした。小中学生の子供がいる家族300世帯にいくつかの質問を送った。何曜日に家族で一番外食をすることが多いか，そして外食する第一位の理由をたずねた。結果は下の表の通りである。

表1は夜の外食日を示している。調査結果によると，月曜日の割合が最も低い。月曜日に外食する家族は1%だけだった。木曜日に外食をする家族の割合は水曜日の半分だった。日曜日は10%の家族が外食をする。

金曜日や土曜日を外食する日に選ぶ家族の割合は70%以上で，土曜日よりも金曜日の方が高かった。なぜ土曜日よりも金曜日を外食する日に選ぶ家族が多いのだろうか。多くの大人たちや子供たちは週5勤務，登校で土曜日と日曜日が休暇となる。したがって，一週間の勤務や学校の終わりのご褒美として金曜日の夜に外食する。

表2では夜に外食する様々な理由がわかるが，60%以上の理由が両親にのみ関係があるものとなっている。普段は両親が家族のために食事を作り，他の家族がそれを時々手伝う。結果として，両親が夕食を作れない時に家族は外食をする。「気分転換に」の割合は「家族全員の帰宅がとても遅い」の約半分となっている。

ほとんどの子どもたちはもっと頻繁に外食したいと思っているが，約50%親は外食が多すぎると思っていることが調査からわかる。彼らにはレストランで食事をする際の経費に懸念があるのだ。

表1　外食日

| 日 | パーセント |
|---|---|
| 月曜日 | 1 |
| 火曜日 | 2 |
| 水曜日 | 8 |
| 木曜日 | (A) |
| 金曜日 | (B) |
| 土曜日 | (C) |
| 日曜日 | 10 |
| 合計 | 100 |

表2　外食理由

| 理由 | パーセント |
|---|---|
| 親の帰宅がとても遅い | 36 |
| (P) | 27 |
| (Q) | 15 |
| (R) | 11 |
| 気分転換 | 7 |
| その他 | 4 |
| 合計 | 100 |

問1　(1)　「(A)に入る数字はウ4である」第2段落最後から2文目参照。木曜日は水曜日の半分だとわかるので入れる数字は「4」。　(2)　「金曜日の割合である(B)はエ45に違いない」第3段落最初の文参照。金曜日と土曜日で70%以上。土曜日より金曜日の方が多いとわかるのでエ45を入れる。　(3)　「イ30%が土曜日(C)の割合である」第3段落最初の文参照。(2)の金曜日の割合は45%であることも考慮し，土曜日は30%であると推測する。

問2　Parents are too tired「両親はとても疲れている」 All the family members come home too late「家族全員の帰宅がとても遅い」 Children's birthdays「子どもたちの誕生日」　(P)　第4段落第2，3文参照。普段は両親が食事を作るが，作れない時に外食することがわかるので「両親がとても疲れている」を入れる。 (Q) 第4段落最終文参照。「気分転換に」が「家族全員の帰宅がとても遅い」の約半分だとわかる。 (R) 子供の誕生日については触れられていないので，消去法で入れる。イが正解となる。

問3 「調査によると，質問に答えた家族の60％以上が両親の帰宅がとても遅い時やとても疲れているときに外食する。レストランでの食事をする経費に関しても両親は懸念しているという結果も示している。もしこれが本当であれば，ア他の家族がもっと頻繁に料理をするべきだ。」
イ「子どもたちだけが健康であるべきだ」 ウ 「家族はもっと頻繁に外食するべきだ」
エ 「家族は健康であるべきだ」 全体の流れからアが適当。

**6** **(長文読解問題・論説文：適文・適語選択補充，指示語，内容把握)**

(全訳)今日では，英語は世界中のあらゆる分野で使われている。様々な国の人たちとやり取りするために，たとえばビジネスの場面など，英語を学ぶことはますます重要になってきた。しかしながら，英語を聞いたり，読んだりすることは得意なのに，話したり書いたりすることが苦手だという友人が何人かいる。私は，将来英語を正確に話したり書いたりしたい。

自分の英語を上達させるために効果的な方法は，あらゆるところで英語を使うことだと思う。学校では[1]ア英語の授業のある時にしか英語を使わない，それでは十分ではないと思う。そのような理由で，私は放課後先生とやり取りをしたり，友人と話す時には英語を使うようにしている。

読むことも自分の英語を上達させるもう一つの方法だ。[2]イ私は自宅や図書館で英語の本をたくさん読んできた。新しい考えや表現を学ぶのは楽しい。出版物を読むことには価値がある，なぜなら出版物には間違いがないという確信があるからだ。読むことで，[3]ウ話したり書く場面で正確な英語の使い方も学んできた。

テレビ，ラジオ，ウェブサイト，ネットで交流できる通信サービスも自分の英語を上達させる別の良い方法だ。私はテレビやラジオで話している人たちと同じくらい自然な英語を話したい。[4]ウウェブサイトやネットで交流できる通信サービスは自然に書かれた英語を学ぶのにとても良い方法である。これら情報を送受信する媒体を通じて，たくさんの新しい人たちとつながることができ，彼らの文化や国について学ぶことができるのだ。

[5]アところで，私の母と祖母は30年前にこの国に来た。母はこの町で父と出会った。私は，将来海外のたくさんの商品を売買することで家族を支えたい。英語を正確に使うことで，ビジネスにおいて間違いを起こすことがなくなるだろうから，私は一生懸命英語を勉強する。

私の先生は「英語は外国の人生，文化，歴史への入り口だ」と言う。今私が学んでいることはビジネスでも役に立つと思う。だから，私はビジネスで成功し，家族を助けるために，英語を上達させることに最善を尽くすつもりだ。

私は学校で授業を受け，友人と話し，本を読むなどして英語を学んでいる。英語学習の楽しみはあらゆるところにあるとも先生は言う。私に関しては「正確な」英語を使うことが楽しい。英語を使うのが楽しいと皆も思ってくれることを望む。

問1 ア 「英語の授業のある時にしか英語を使わない」(○) 空所に続く文が「それだけでは十分でない」とあるので授業内だけでは不十分だという意味にしたい。 イ 「英語の授業では他の生徒たちの中で話すのが一番遅い」比較級で最上級の意味を表す表現<A is ～ than any other＋複数名詞> ウ 「英語の授業でのコンピューターの使い方がわからない」

問2 ア「放課後に図書館には行きたくない」 イ 「私は自宅や図書館でたくさんの英語の本を読んできた」(○) 現在完了形の文。「これまでに…してきた」という意味になる。この段落では読むことが英語上達の方法だと書かれており，読むことから学んだことが続くのでイが適当。 ウ「私の学校の近くの本屋はいつも8時に閉まっている」

問3　第一段落最後の2文で，speakingとwritingが苦手な生徒がいること。また，自分も正確に話したり書いたりしたいとある。第3段落最後の2文，出版物には間違った英語が使われていないので，読むことで正しい英語の使い方を学べるという流れ。したがって空所にはウ speaking and writingが適当。

問4　ア「インターネットは新しい単語を調べるのに良い方法ではない」　イ「インターネットは友達を作ったり，自然な英語でやり取りする方法ではない」　ウ「ウェブサイトやネットで交流できる通信サービスは自然に書かれた英語を学ぶのにとても良い方法である」(○)　空所の前後の流れからウが適当。アに関する記述はなく，イに関しては肯定的な内容が空所後に書かれている。

問5　この段落から話が変わり，家族の過去の話になるので　ア　By the way「ところで」を入れる。イ「数年のうちに」　ウ「最近では」

問6　<A is as ~ as B>同等比較「AはBと同じくらい~だ」　自分も彼らがテレビやラジオで話すのと同じくらい自然に話せるようになりたい，という意味になるのでtheyはイ「テレビやラジオ番組で英語を話す人たち」のことを指す。people speaking English~はspeaking以下がpeopleを後置修飾する。　ア「筆者の先生や友人たち」　ウ「筆者の母と祖母」

問7　ア「私は筆者に賛同はしない。海外の国とビジネスをするときには正確な英語を使うべきだ」第5段落最終文参照。筆者もビジネスで正確な英語を使いたいと考えている。　イ「筆者の意見によると，英語を学ぶのは，海外の文化を理解するだけでなく，海外の国とビジネスをするためでもあるとある。私もそう思う。」(○)　第4段落最終文，第6段落の内容に一致。<not only A but also B>「AだけでなくBも」の構文に注意。　ウ「これは面白い。英語を学ぶときにはテレビやラジオはウェブサイトやソーシャルメディアほど重要ではないと筆者は言っている。」第4段落最初の文参照。4媒体全て同等に良い方法だとされているので不一致。<A is not as ~ as B>同等比較の否定形。「AはBほど~でない」

★ワンポイントアドバイス★

4　語句整序問題では，並べ替えた英文を余白に必ず書き出すようにしよう。このひと手間が大切。全ての語句を使ったかどうかの確認や，余ってしまった語句を後から挿入するときにミスを防ぐことができる。最後に見直しをする時にも役立つはず！

## ＜理科解答＞

1　問1　ア　2　イ　0　問2　ア　問3　イ，エ　問4　イ　問5　イ　問6　ウ　問7　ア　問8　①　ア　②　キ

2　問1　ア，ウ　問2　オ　問3　イ　問4　ク

3　問1　ア　2　イ　0　ウ　0　問2　カ　問3　ケ　問4　エ　問5　ア　0　イ　7　ウ　1　問6　ウ

4　問1　①　ウ　②　カ　問2　1　ア　2　(観測される時間帯)　イ　(月の形)　カ　問3　エ

5　問1　エ　問2　イ　問3　1　イ　2　エ　問4　ア

6　問1　ウ　問2　ア，エ　問3　エ　問4　ウ　問5　ア　6　イ　0

問6 (数値) オ (単位) ク

○配点○

[1] 各2点×8(問1, 問3, 問8各完答) [2] 問1 各2点×2 問3 3点 他 各4点×2

[3] 問1 3点(完答) 問2～問4 各2点×3 問5, 問6 各4点×2(問5完答)

[4] 各3点×5(問2の2完答) [5] 問3の2, 問4 各4点×2 他 各3点×3

[6] 問3, 問6 各4点×2(問6完答) 他 各3点×4(問2, 問5各完答) 計100点

## ＜理科解説＞

### [1] (小問集合－音, 光, 塩酸の電気分解, 化学変化, 植物の分類, 体細胞分裂, 天気図, 地震)

問1 6秒後に音が聞こえたので, 雷が発生した場所は, 340(m/秒)×6(秒)＝2040(m)より, 2.0km離れている。

問2 水そうの中のストローは, 手前に曲がって見えるが, 面Aに対して垂直に見ると, 少しだけ短く, まっすぐに見える。

基本 問3 塩酸を電気分解すると, 陰極に水素, 陽極に塩素が発生する。塩素は, 水にとけやすく, 刺激臭がある黄緑色の気体である。

基本 問4 氷がとけたり, 高温にすると金属がとけたりするのは状態変化である。

問5 裸子植物のマツには子房がなく胚珠がむき出しになっている。したがって, 種子はつくるが, 果実はつくらない。また, シダ植物のイヌワラビは, 胞子でふえるので, 種子や果実はつくらない。

問6 Aの時期に複製された染色体は, Bの時期に両端に分かれる。

重要 問7 アは西高東低の冬型の気圧配置である。なお, イは停滞前線が日本列島にあるので, 梅雨などの時期の天気図, ウは南高北低の夏型の気圧配置, エは低気圧が日本列島を通過しているので, 春や秋の天気図である。

基本 問8 地震が発生した場所の真上の地点を震央という。また, 震度はその地点のゆれの大きさを表す。

### [2] (植物の体のしくみ－蒸散・光合成)

重要 問1 光合成によって, 植物は葉の気孔から二酸化炭素を取り入れる。また, 呼吸によって, 気孔から酸素を取り入れる。

やや難 問2 枝A～Cの蒸散量a～cは, それぞれ次のように表される。a＝葉の表＋葉の裏＋茎, b＝葉の裏＋茎, c＝葉の表＋茎B したがって, 葉の表＋葉の裏＝2a－(b＋c)＝2×(葉の表＋葉の裏＋茎)－(葉の裏＋茎＋葉の表＋茎)＝葉の表＋葉の裏となる。

問3 蒸散量から約2時間ほど遅れて, 茎における水量がピークに達しているので, 蒸散が盛んになると, 根からの給水が盛んになることがわかる。

やや難 問4 8時から12時にかけて, 気温や日射量が増え, 二酸化炭素濃度が大きく減少しているので, 光合成がさかんに行われたことがわかる。また, 12時以降は, 湿度が30％ほどになり, 二酸化炭素濃度がほとんど変化しなかったことから, 蒸散も光合成もほとんど行われなかったことがわかる。

### [3] (運動とエネルギー－斜面上の物体の運動)

問1 0.2sから0.6sの0.6(s)－0.2(s)＝0.4(s)の間に, 90(cm)－10(cm)＝80(cm)移動したので, 平均の速さは, 80(cm)÷0.4(s)＝200(cm/s)である。

重要 問2 斜面AB上に物体があるとき, 物体には, 重力と斜面からの垂直抗力がはたらく。また, この

二つの力の合力は，斜面に平行な下向きの力である。(図a参考)

重要 問3　水平面BC上に物体があるとき，物体には，重力と斜面からの垂直抗力がはたらく。また，この二つの力はつり合っていて，合力は0である。(図a参考)

重要 問4　斜面CD上に物体があるとき，物体には，重力と斜面からの垂直抗力がはたらく。また，この二つの力の合力は，斜面に平行な下向きの力である。(図a参考)

図a

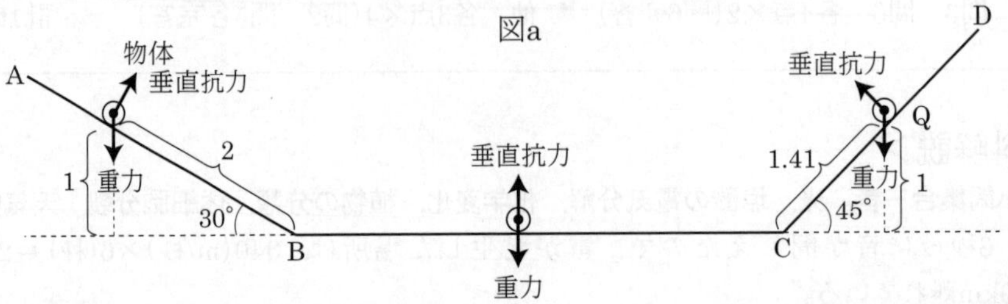


やや難 問5　PとQの高さは同じである。したがって，図aのように，CQの距離はBPの距離の$\frac{1.41}{2}=0.705$(倍)より，0.71倍である。

やや難 問6　斜面ABを下るときの結果から，0.2sごとのPからの移動距離は，0.2秒後を基準にすると，4倍，9倍，16倍になっている。また，斜面CDの傾きが斜面ABの傾きよりも大きいので，0.2秒ごとのQからの移動距離は，斜面ABのときよりも大きくなり，4倍，9倍，16倍になっているものを選ぶ。0.2s後…14cm，0.4s後…14(cm)×4＝56(cm)，0.6s後…14(cm)×9＝126(cm)，0.8s後…14(cm)×16＝224(cm)

**4**　(地球と太陽系－月と金星)

問1　月食は，満月のとき，太陽・地球・月の順に並ぶことで，月が地球の本影に入り，月が欠けて見える現象である。

問2　1　日食は，新月のとき，太陽・月・地球の順に並ぶことで，月が太陽をかくす現象である。したがって，1月1日から約1週間後の位置である。　2　1月1日の月は，真夜中に東の空に見え，午前6時頃に南中する下弦の月である。

問3　Xの地球からXの金星は，夕方の西の低い空に満月に近い形に見える。また，Yの地球からYの金星も，ほぼ，同じ形に見える。

**5**　(溶液とその性質－溶解度と再結晶)

問1　図より，60℃の水100gに硝酸カリウムは110g溶けて，100(g)＋110(g)＝210(g)の飽和水溶液の濃度は，$\frac{110(g)}{210(g)}\times 100=52.3\cdots$(%)より，52%である。

やや難 問2　26gの硝酸カリウムを80gの水に溶かしたので，100gの水に溶かした場合は，$26(g)\times\frac{100(g)}{80(g)}=32.5(g)$である。したがって，グラフより，結晶が出てくる温度は，約20℃である。

重要 問3　1　温度による溶解度の差を利用して結晶を取り出すことを再結晶という。　2　20℃の水100gに溶けるミョウバンは図より11gである。一方，1gの塩化ナトリウムは溶けたまま水溶液中に残っている。

問4　100gの水に40gのミョウバンが溶ける温度は，図より約52℃である。したがって，52℃までは水溶液の濃度は増えていくが，52℃をこえると濃度は一定になる。

**6**　(総合問題－分子のモデル，静脈血と血管，ヒトの呼気，石灰岩，回路と発熱量)

問1　アは$CO_2$，イは$H_2O$，ウは$N_2$，エは$O_2$である。また，空気中には窒素が約78%，酸素が約21%，二酸化炭素が約0.04%含まれている。

重要 問2　肺動脈や大静脈には酸素が少ない静脈血が流れている。なお，肺静脈や大動脈には酸素が多い動脈血が流れている。

問3　ヒトの呼気に含まれている二酸化炭素の割合は，40(mL)÷1000(mL)×100＝4(％)である。したがって，呼気に含まれている二酸化炭素の割合は，大気中の二酸化炭素の割合の，4(％)÷0.04(％)＝100(倍)である。

基本 問4　石灰岩はサンゴや貝の殻などが海底で押し固められた堆積岩である。

問5　LEDにかかる電圧が2.1Vのとき，図2から，回路に流れる電流が20mA(0.02A)である。一方，LEDと直列につながれている抵抗にかかる電圧は，3.3(V)－2.1(V)＝1.2(V)であり，0.02Aの電流が流れる。したがって，抵抗の抵抗値は，$\frac{1.2(\mathrm{V})}{0.02(\mathrm{A})}=60(\Omega)$である。

問6　センサーの値が1000ppmを超えた場合，回路に電流が流れてLEDが光り，抵抗から熱が発生する。また，図4より，センサーが1000ppm以上になる時間が約30分であることがわかる。したがって，抵抗が発生する熱量は，1.2(V)×0.02(A)×60(秒)×30＝43.2(J)である。

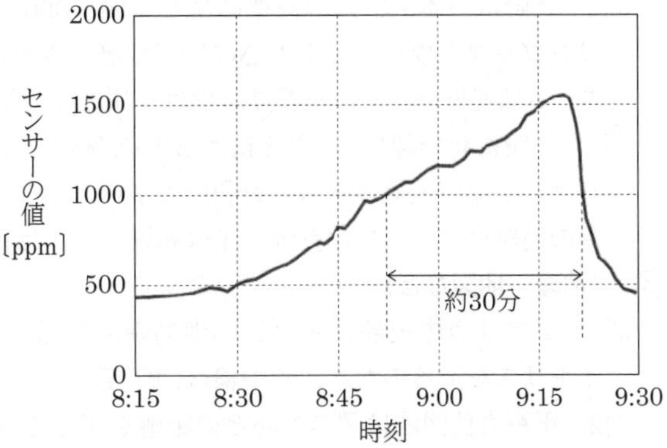

**★ワンポイントアドバイス★**

教科書に基づいた基本問題をすべての分野でしっかり練習しておくこと。その上で，計算問題や思考力を試す問題についてもしっかり練習しておこう。

## ＜社会解答＞

1　問1　イ　問2　ア　問3　イ　問4　イ　2　問1　エ　問2　イ　問3　ウ
3　問1　カ　問2　エ　4　問1　ア　問2　エ
5　問1　イ　問2　エ　問3　ウ　6　問1　ウ　問2　イ　問3　ウ　問4　ウ
7　問1　ウ　問2　カ　問3　ウ　8　問1　ア　問2　イ　問3　ア　問4　エ

○配点○

各4点×25　計100点

## ＜社会解説＞

1　(地理－アジア・アフリカ・オセアニアの自然・人口など)

基本 問1　Bは年間降水量が極めて少ない砂漠の国・サウジアラビア。アは日本と季節が反対のオーストラリア，ウは寒暖の差が大きい大陸性気候の韓国，エは赤道近くのナイジェリア。

問2　子どもの数は多いが医療水準が低いため乳児の死亡率が高いナイジェリア。2050年にはアメリカを抜き世界3位の人口大国になると予想されている。Bのサウジアラビアも人口増が著しいが，外国からの出稼ぎが多く働き盛りの男性の割合が高い。Cは韓国，Dはオーストラリア。

問3　ナイジェリアはアフリカ最大の産油国でOPEC加盟国，韓国は自動車生産世界7位の工業大国，オーストラリアは鉄鉱石や石炭を中心とする世界的な資源大国でもある。

問4　近年，急速に経済発展している韓国は，一人当たりの国民総所得でも日本に追いつきつつある。アはナイジェリア，ウはオーストラリア，エはサウジアラビア。

2　(日本の地理－気候・農業・交通など)

問1　Aは寒暖の差が大きい中央高地，Bは温暖で降水量の少ない瀬戸内，Cは暖かく降水量の多い太平洋側，Dは冬季の降水量が多い日本海側の気候。鹿児島県西部には川内《せんだい》原発が，南部の指宿《いぶすき》や北部の霧島には地熱発電所も作られている。

問2　長野は日本3位の高峰･穂高岳を筆頭に3000m級の山々を擁する北アルプスを抱える。また，リンゴやブドウ，モモを中心に果実栽培がさかんで生産額は青森に次ぐ第2位。Eは香川，Fは福井，Gは鹿児島。アは鹿児島，ウは香川，エは福井。

やや難　問3　一般に新幹線で4時間を超えると航空機の方が有利といわれる。高松には岡山まで新幹線を利用して瀬戸大橋経由の鉄道利用も多い。福井は北陸新幹線が開通しておらず，空港も旅客定期便の運航はない。アは長野，イは鹿児島，エは福井。

3　(地理－地図など)

重要　問1　アフリカ中央部からマレー半島南端を通るのが赤道(緯線0度)で30度ずつの同心円で表示。イギリスを通るのが本初子午線(経度0度)で左半分が西経，右半分が東経。

問2　正距方位図法は図の中心との距離を正しく表示。方位が正しいのは中心から，時差は経度15度で1時間，赤道の4分の1と北極～赤道がほぼ同距離(約1万km)でB～D間は9000km以下。

4　(日本と世界の歴史－古代～中世の政治史など)

やや難　問1　空海は9世紀初めに帰国，二条河原の落書は14世紀前半。ルターは1517年に免罪符を批判し宗教改革の発端を作った。イは13世紀末，ウは11世紀末，エは10世紀前半。

問2　天皇親政の復活を目指した後醍醐天皇は新田義貞や足利尊氏の協力を得て鎌倉幕府の打倒に成功，建武の新政を実現させた。アは源頼朝，イは足利義満，ウは北条政子。

5　(日本の歴史－中世の政治・社会史など)

やや難　問1　応仁の乱は1467年，豊臣秀吉が奥州平定で全国を統一したのは1590年。加賀の一向一揆は1488年～，刀狩は1588年。正長の土一揆は1428年，琉球王国の建国は1429年。

問2　分国法にみられる喧嘩《けんか》両成敗の規定。戦国大名が領国の治安維持や家臣団の統制を強化するために制定されたもので，「甲州法度之次第」(武田氏)などにみられる。

問3　X　織田信長が琵琶湖畔に築いた5層7階の大天守を持つ安土城。　Y　豊臣秀吉が朝鮮侵略の前線基地として築いた名護屋城。当時としては大阪城に次ぐ規模を誇った巨大な城郭。

6　(日本と世界の歴史・公民－戦後の政治史・国際社会など)

重要　問1　通常は過半数で決するが重要な問題は3分の2の賛成を要する。バチカン市国など非加盟の国も少数存在，本部はニューヨーク，常任理事国は米・英・ロ・仏・中の五か国。

問2　冷戦の終結宣言は1989年12月の米・ソによるマルク会談。朝鮮戦争は1950年に発生した東西の対立で，これをきっかけにした戦争特需が日本の戦後復興を早めた。

問3　沖縄の祖国復帰は1972年。ベトナム戦争は1965年の北爆開始から激しくなり1973年に和平協定が成立。湾岸戦争はイラクによる隣国クウェートへの侵攻に対する反攻作戦(1991年)。

問4　日米安保条約は1951年のサンフランシスコ平和条約と同時に締結。新安保条約は1960年に調印，国内では条約に反対する国民運動(安保闘争)が吹き荒れ国会はデモ隊に包囲された。

7　(公民－地方自治など)

重要　問1　条例の制定改廃請求や監査請求は有権者の50分の1の署名が条件，これに対し首長や議員の解職請求や議会の解散請求は3分の1と非常に厳しい。

問2　a　M7.3の阪神・淡路大震災の発生は1995年1月，原発を巡る巻町の住民投票は1996年。　b　国ほどではないが地方も借金に頼る割合は10％程度と高い状態が続いている。　c　ボランテイア活動など営利を目的としない活動をしている団体。

問3　P　急激に減少する生産年齢人口が日本の将来に大きな影を落としている。　Q　世界でも類を見ない超超高齢社会となり社会保障制度の維持が大きな課題となっている。　R　2022年の出生数は統計開始以降初めて80万人を切り少子化はますます加速している。

**8**　（公民－日本経済など）

問1　1973年，アラブ諸国がイスラエルを攻撃して始まった第4次中東戦争を契機に発生。アラブ諸国は原油の減産や禁輸を実施，OPECは原油価格を一挙に4倍に引き上げた。

重要　問2　円安とは円の価値（購買力）が下がること。1ドル100円が200円になると1万ドルの商品は100万円から200万円と高くなるが，100万円の商品は半分の5000ドルと安くなる。

問3　国連もWTO（世界貿易機関）などを通じ自由貿易の推進を目指している。しかし，国家間の対立が激しいため個別のFTA（自由貿易協定）やTPPのような地域的な協定が増えている。

問4　人件費の高騰や為替変動のため国外に工場を移転する企業が増加し国内の生産拠点や雇用が減少する現象。 1980年代後半から中国やASEAN諸国への投資が増加し深刻化している。

**★ワンポイントアドバイス★**

戦後の歴史に関しては授業でも触れることが少なくこれを苦手とする受験生が多い。世界地理や国際社会といった関連の中で学習を進めていこう。

## ＜国語解答＞

**1**　問1　①　エ　②　ウ　③　イ　④　エ　問2　b　問3　ア　問4　イ
問5　ウ　問6　ア　問7　ウ

**2**　問1　①　イ　②　ウ　③　ア　問2　(a)　イ　(b)　エ　問3　ウ
問4　A　エ　B　ア　C　ウ　問5　イ　問6　ア　問7　ア　問8　エ

**3**　問1　(a)　エ　(b)　イ　問2　イ　問3　ウ　問4　ウ　問5　イ　問6　ア
問7　エ

○配点○

1　問1・問2　各2点×5　他　各4点×5
2　問1・問2　各2点×5　問4　各3点×3　問8　5点　他　各4点×4
3　問1　各2点×2　問3・問7　各5点×2　他　各4点×4　計100点

## ＜国語解説＞

**1**　（論説文－大意・要旨，内容吟味，文脈把握，漢字の書き取り，品詞・用法）

基本　問1　①は言うことをきかないこと。②はすきまに髪の毛1本も入れる余地がないこと。③は世間一般のこと。④は積極的に攻撃をしかけること。

問2　いずれも格助詞で，(1)とbは「が」に置き換えられる部分の主語を表す。aは名詞の代用，cは連体修飾，dは準体言を表す。

問3　(2)の説明として，自分が乗る馬を「よく観察して強いところ弱いところを知」り「道具に危ない所はないか点検し，気になるところがあればその馬を走らせ」ないという「当たり前のこと……を弁え，自然に行動に移せる」と述べているのでアが適当。(2)直前の内容を踏まえていない他の選択肢は不適当。

問4　(3)の理由として直後で，「馬の鞍に尻の据わりの悪い人と……気の荒い馬という両者のもともとの不適合が，落馬という当然の成り行きになることを体験的に知っていたから」であると述べているのでイが適当。(3)直後の内容を踏まえていない他の選択肢は不適当。

問5　(4)は「高名の木のぼり」の言動が「失敗は油断から生まれるという当たり前のことを……当たり前のこととして受けとめ，自然とそれが行動となってあらわれる」ことが聖人の教えに通じるということなのでウが適当。(4)直後の内容を踏まえていない他の選択肢は不適当。

重要　問6　(5)は「慎重にことを運」び，「何もしないようなかたちを取ることがあったとしても，必ずそこに積極性が生まれ」，「天地自然のはたらきにカン髪入れずぴったり即して生きること」なので，このことを踏まえたアが適当。慎重にことを運ぶ振る舞いを説明していない他の選択肢は不適当。

やや難　問7　(6)の「一道に携はる人」は「自分がすぐれていることを自慢する」ような「相手を見下すその内心のありようが……欠点とな」り，「本人がどんなにすぐれていると思っていても……わざわいを招くのはまさにこの慢心である」ことを知り，「けっして自分が完全であるなどとは思わない」人のことなので，これらの内容を踏まえたウが適当。(6)後の内容を踏まえていない他の選択肢は不適当。

2　**(論説文－大意・要旨，内容吟味，文脈把握，接続語，脱文補充，語句の意味)**

問1　空欄①は直前の内容を言い換えた内容が続いているので「つまり」，②は直前の内容とは相反する内容が続いているので「しかし」，③は直後の内容を認めつつ，「しかし」以降を主張する形になっているので「もちろん」がそれぞれ入る。

基本　問2　(a)は少しの間，わずかの時間という意味。(b)は両者の間に立てて，仲立ちとするという意味。

問3　(1)直後で(1)に「収まってい」ない問題として，「総人口や平均的な生活水準が地球の環境収容力の限界を超えていること」，「このままの生活を続けていたら持続可能性がないこと」を述べているので，これらの内容を踏まえたウが適当。(1)直後の内容を踏まえていない他の選択肢は不適当。

重要　問4　「数十年周期の気候変動」による「農業生産力」の「増大」とある波線部Aは，矢印の先に「人口・生活水準の拡大」とあるエ。「豊作の期間」の継続による「人口」拡大，「生活水準」の「向上」とあるBは，矢印の先に「人口・生活水準の拡大の継続」とあり，矢印の説明からもア。「飢饉の発生」などで「半強制的に人口が」減ったとあるCは，矢印の元に「適応の失敗」とあり，矢印の説明からもウ。

重要　問5　(2)の段落で，「数百年周期の変動であれば」「生産力の……低下期には出生率の減少を通じて……ゆっくりと気候変動に適応できた可能性もある」が，「数十年周期の変動の場合は，短期間での技術や農地の変革は難しく，穀物備蓄もすぐに底を尽き，出生率の調整では時間的に間に合わず」，「人間の寿命に相当する時間スケール」のため「効果的な対応ができなかったこと」を述べているのでイが適当。「出生率の調整」に触れて説明していない他の選択肢は不適当。

問6　(3)の「その状態」は「気候がよい時代や災害がない時代」のことで，(3)直後で「過適応」

すなわち「人口や生活水準を野放図に拡大しなければ，次に起きる気候の悪化や災害に対処できた」ことを述べているので，これらの内容を踏まえたアが適当。本文を踏まえて過適応を説明していない他の選択肢は不適当。

問7　(4)は「(農業)生産力の拡大期」と「生産力が縮小に転じた時期」に「的確に対応できる」ことなのでアが適当。(4)前の内容の要旨を踏まえ，「農業生産力」を説明していない他の選択肢は不適当。

やや難　問8　最後の2段落で，「気候災害などが起きた『後』の社会の対応に注目」される場合が多いが，「歴史上の気候変動と人間社会の関係の背後には」「気候がよい時代や災害がない時代」の「過適応」によって次の対応が難しくなるという構図があることを踏まえて(5)のように述べているので，これまでの歴史をふり返り，自然災害や環境変動が起きた後の対策だけでは十分ではないとあるエが適当。自然災害などが起きた後では不十分であることに触れていない他の選択肢は不適当。

**3**　**(小説－情景・心情，内容吟味，文脈把握，脱文補充，語句の意味)**

基本　問1　(a)は言葉を挟んで相手の話を途中で妨げること。(b)は納得や合点がいかないこと。

問2　(1)後で，「僕」が先生に借りていた本の内容について，先生が「堰を切ったように語り出」している様子が描かれているのでイが適当。(1)後の先生の様子を踏まえていない他の選択肢は不適当。

問3　波線部の場面では，スケッチブックを持ってきた和也の呼びかけに先生は「見向きもしない」で，超音波風速計の話の続きをしながらスミに紙と鉛筆を頼んでいることからウが当てはまる。先生以外の人との関わりを説明している他の選択肢は当てはまらない。

問4　(2)前後で，父親に対して「『あのひとは，おれのことなんか興味がない』『おれたちじゃ話し相手になれないもんね』」という和也の心情が描かれているのでウが適当。「『おれのことなんか興味がない』」と落胆していることを説明していない他の選択肢は不適当。

問5　(3)前後で，「『親父があんなに楽しそうにしてるの，はじめて見たよ』」と傷ついている和也を見て，自分の親に「僕もかつて打ちのめされた」ことを「僕」は思い出していることからイが適当。和也と自分を重ねていることを説明していない他の選択肢は不適当。

やや難　問6　(4)前後で，先生に「『得意なことを好きにやらせるほうが，本人のためになるだろう』」と言われたことを和也に話し，先生のこともこの世界も「わからないことだらけ」であるが，「だからこそ，おもしろい」という「僕」の心情が描かれていることからアが適当。イの「役に立ちそうもない」「役には立たない」，ウの「息子には……わからず」，エの「父親を敬うべき」はいずれも不適当。

重要　問7　親子関係は改善されていないものの，(5)の「父と息子の横顔は，よく似ている」は二人が親子であることをあらためて感じさせ，「軽やかにはじける光」からは二人の関係が良い方向に向かう暗示として読み取れるのでエが適当。アの「似た者同士」，イの「先生と似ている……できない」，ウの「対立を解消した」「勉強から……なるはずだ」はいずれも不適当。

**★ワンポイントアドバイス★**

小説では，誰の視点で物語が展開しているかということも確認しよう。

MEMO

大切なことはメモしておこうネ！

# 2022年度

★★★★★★★★★★★★★★★★★★★★★★★★★

# 入 試 問 題

## 2022年度

# 国立高等専門学校入試問題

**【数　学】**（50分）〈満点：100点〉

**【注意】** 1. 定規，コンパス，ものさし，分度器及び計算機は用いないこと。
2. 分数の形の解答は，それ以上約分できない形で解答すること。
3. 解答に負の符号がつく場合は，負の符号は，分子につけ，分母にはつけないこと。
4. 根号を含む形で解答する場合，根号の中に現れる自然数が最小となる形で解答すること。

**1** 次の各問いに答えなさい。

(1) $5.2^2-4.8^2$を計算すると［ア］である。

(2) 連立方程式$\begin{cases} 5x+6y=-2 \\ -4x+3y=25 \end{cases}$を解くと$x=$［イウ］，$y=$［エ］である。

(3) 4枚の硬貨を同時に投げるとき，表が少なくとも1枚出る確率は$\dfrac{\text{［オカ］}}{\text{［キク］}}$である。ただし，これらの硬貨を投げるとき，それぞれの硬貨は表か裏のどちらかが出るものとし，どちらが出ることも同様に確からしいものとする。

(4) ある試験における10名の生徒の点数は，下の表のようになった。このとき，点数のデータの第2四分位数（中央値）は［ケ］点である。また，第3四分位数は［コ］点である。

| 生徒 | A | B | C | D | E | F | G | H | I | J |
|---|---|---|---|---|---|---|---|---|---|---|
| 点数（点） | 2 | 4 | 2 | 7 | 2 | 2 | 7 | 10 | 2 | 4 |

(5) 関数$y=\frac{1}{4}x^2$について，$x$の変域が$-2 \leqq x \leqq 4$のとき，$y$の変域は［サ］$\leqq y \leqq$［シ］である。

(6) 下の図のように，関数$y=ax^2$のグラフと直線$y=\frac{4}{3}x+2$が2点で交わっている。1つの交点の$x$座標が$-1$であるとき，$a=\dfrac{\text{［ス］}}{\text{［セ］}}$である。

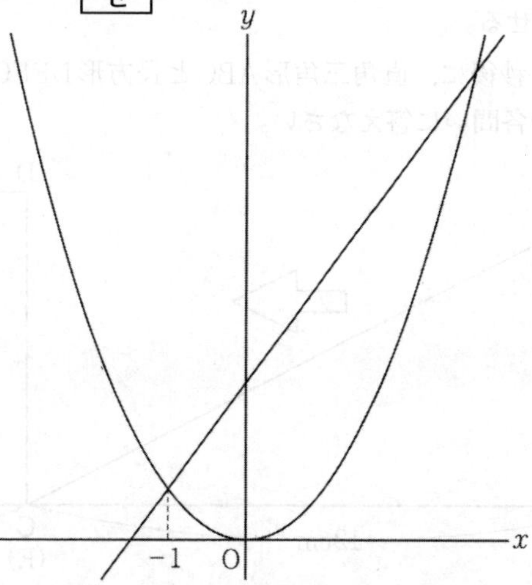

(7)　右の図で，$\angle x=$ ソタ °である。

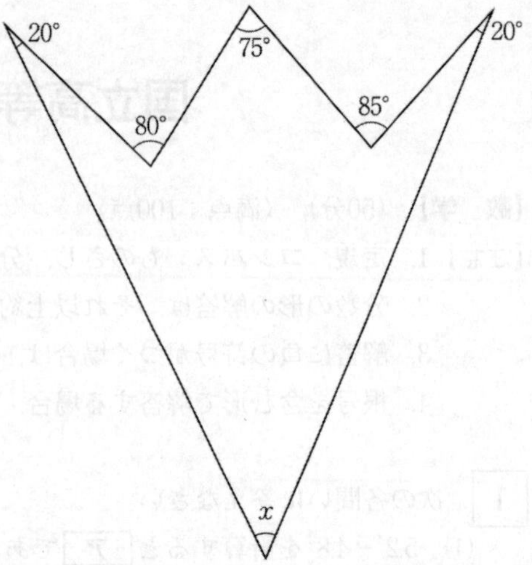


(8)　下の図のような，底面の半径が2 cm，母線の長さが3 cmの円錐の表面積は，チツ $\pi$ $cm^2$である。

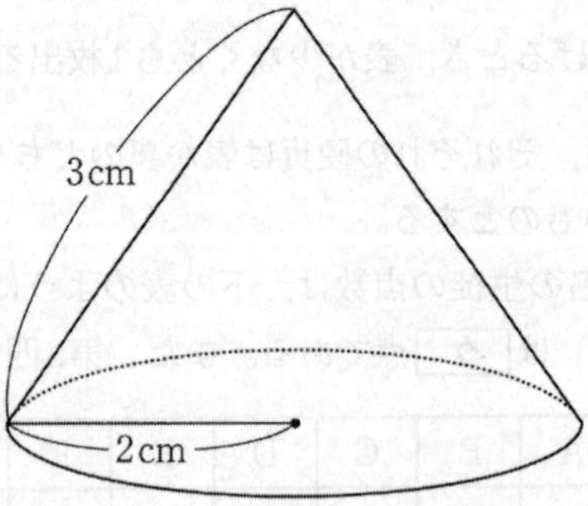


**2**　下の図のように，AB＝6 cm，BC＝12 cm，$\angle ABC=90^\circ$の直角三角形ABCと，FG＝6 cm，EF＝3 cmの長方形DEFGがある。点B，C，E，Fは直線$l$上にあり，点Cと点Eは重なっている。

長方形DEFGを固定し，直角三角形ABCを直線$l$に沿って矢印の方向に秒速1 cmで点Bが点Eに重なるまで移動させる。

移動し始めてから$x$秒後に，直角三角形ABCと長方形DEFGが重なる部分の面積を$y$ $cm^2$とする。このとき，次の各問いに答えなさい。

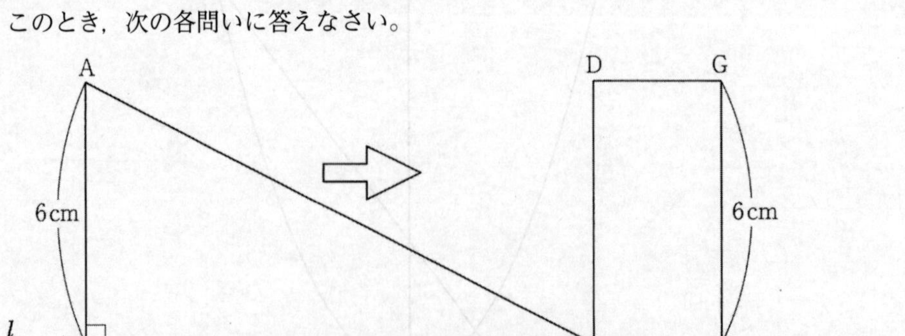

(1) $0 \leqq x \leqq 3$のとき，$x$と$y$の関係を式で表すと，$y=\dfrac{\boxed{ア}}{\boxed{イ}}x^2$である。

(2) $x=5$のとき，$y=\dfrac{\boxed{ウエ}}{\boxed{オ}}$である。

また，$3 \leqq x \leqq 12$のとき，$x$と$y$の関係を式で表すと，$y=\dfrac{\boxed{カ}}{\boxed{キ}}x-\dfrac{\boxed{ク}}{\boxed{ケ}}$である。

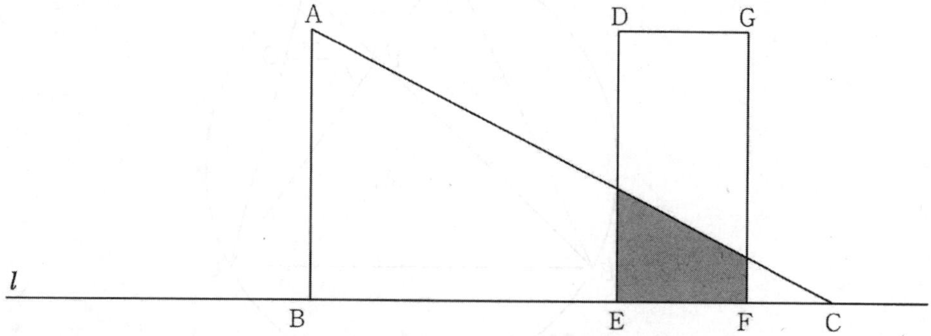


(3) $y$の値が長方形DEFGの面積の半分となるのは，$x=\dfrac{\boxed{コサ}}{\boxed{シ}}$のときである。

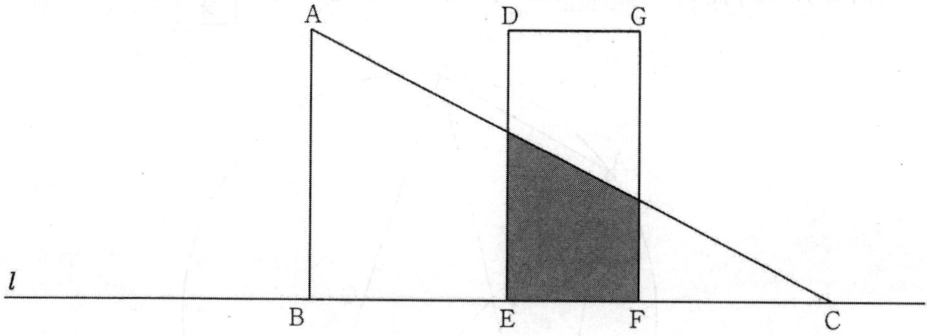


(4) $0<h<2$とする。$x$の値が1から$1+h$まで増加するとき，$y$の変化の割合を$h$の式で表すと，$\dfrac{h+\boxed{ス}}{\boxed{セ}}$である。

**3** 以下の図で，A，B，C，Dは円周上の異なる点である。線分ACと線分BDの交点をPとし，点Pを通り線分BCに平行な直線と線分CDの交点をQとする。このとき，次の各問いに答えなさい。

(1) ∠DAB＝105°，∠ABD＝21°のとき，∠CPQ＝ アイ °である。

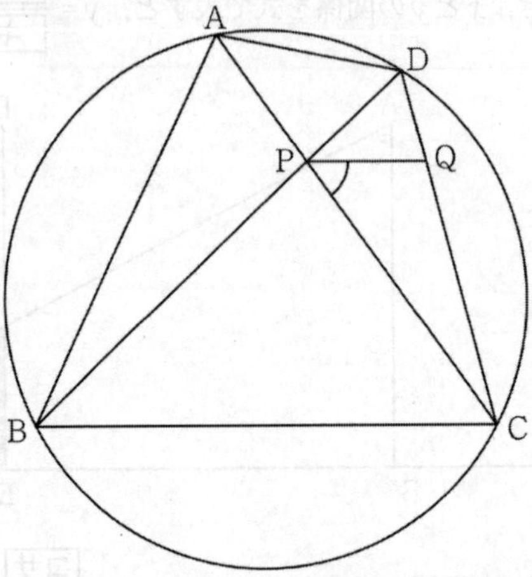


(2) 点PがBDの中点で，AD＝3，BC＝4，BD＝7のとき，PC＝$\frac{\text{ウエ}}{\text{オ}}$である。

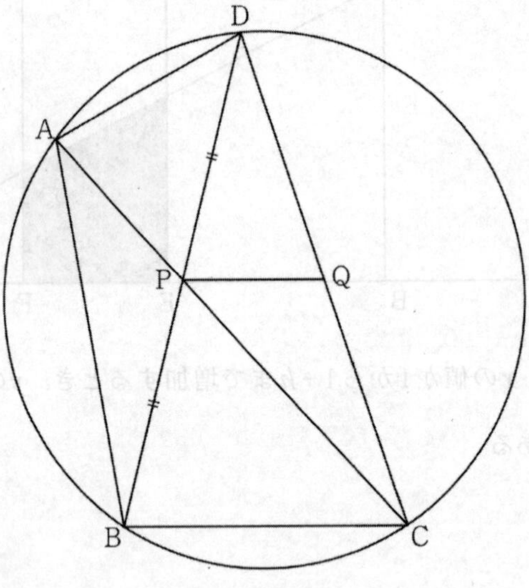

(3) BCが円の直径で，$BC=20$，$CD=12$，$PQ=15$のとき，$PC=\boxed{\text{カキ}}\sqrt{\boxed{\text{ク}}}$である。
また，$AD=\boxed{\text{ケコ}}\sqrt{\boxed{\text{サ}}}$である。

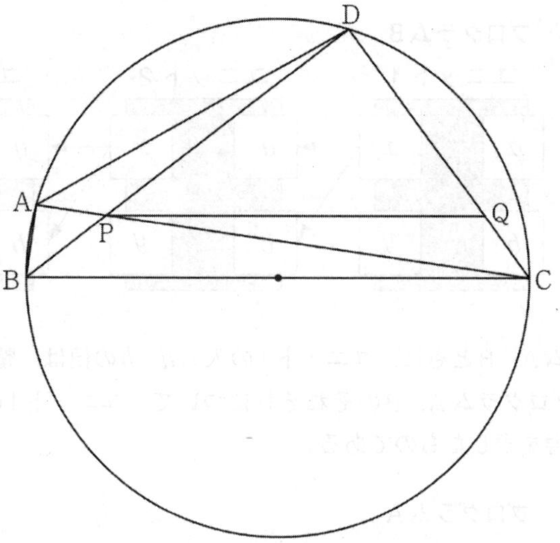


**4** 図1は，2つの入力$a$，$b$と2つの出力$x$，$y$を備えた計算装置（ユニット）で，入力$a$，$b$の値に対し，出力$x$，$y$の値はそれぞれ$a+b$，$ab$となる。

**図1　ユニット**

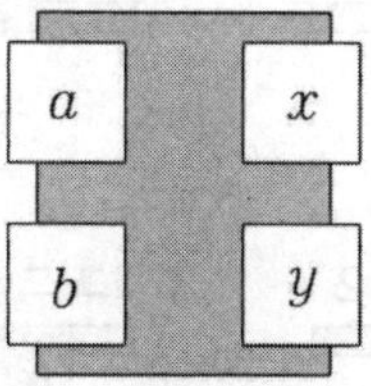


図2のように，前のユニットの出力$x$，$y$が次のユニットのそれぞれ入力$a$，$b$となるように3つのユニットを連結して，計算プログラムAを作った。

**図2　プログラムA**

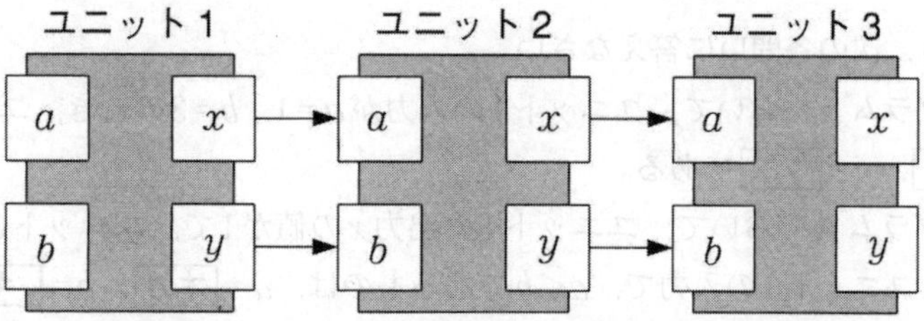

また，**図3**のように，前のユニットの出力$x$が次のユニットの入力$a$，$b$となるように3つのユニットを連結して，計算プログラムBを作った。

**図3　プログラムB**

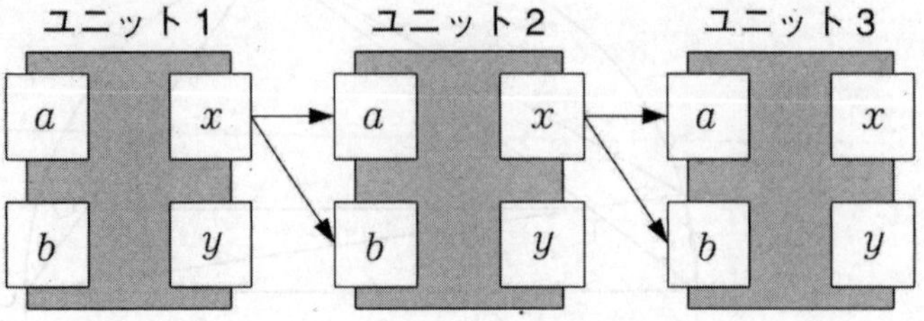


なお，プログラムA，Bともに，ユニット1の入力$a$，$b$の値は，整数に限るものとする。

**図4**，**図5**は，プログラムA，Bのそれぞれについて，ユニット1の入力が$a=1$，$b=1$の場合の各ユニットの状態を表したものである。

**図4　プログラムA**

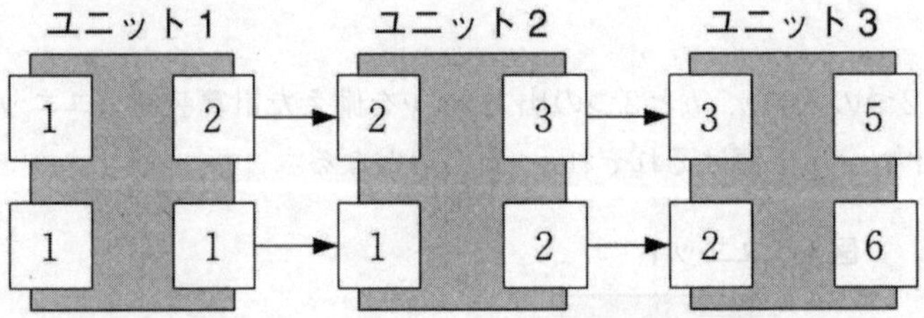


**図5　プログラムB**

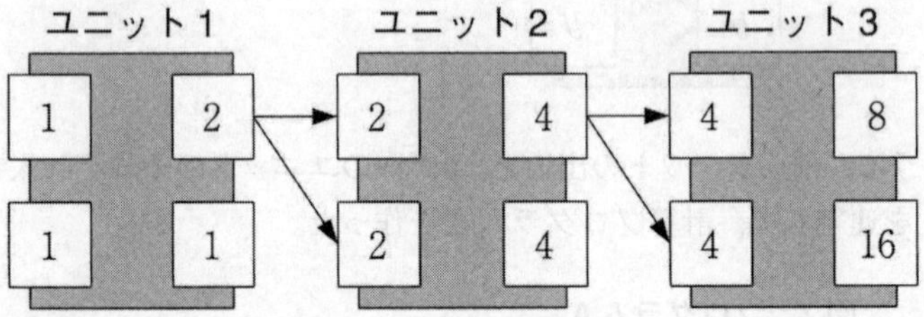


このとき，次の各問いに答えなさい。

(1)　プログラムAにおいて，ユニット1の入力が$a=1$，$b=3$のとき，ユニット3の出力は$x=\boxed{\text{アイ}}$，$y=\boxed{\text{ウエ}}$である。

(2)　プログラムAにおいて，ユニット1の出力$x$の値が1で，ユニット3の出力が$x=-3$，$y=2$のとき，ユニット1の入力で，$a<b$であるものは，$a=\boxed{\text{オカ}}$，$b=\boxed{\text{キ}}$である。

(3)　プログラムBにおいて，ユニット1の入力が$a=1$，で，ユニット3の出力$y$の値が64のとき，ユニット1の入力$b$の値は$\boxed{\text{ク}}$または$\boxed{\text{ケコ}}$である。

(4)　プログラムBにおいて，ユニット1の入力が$a=1$，$b=2$のとき，ユニット2，3のどちらにおいても，出力$x$，$y$について，$y=\dfrac{\boxed{\text{サ}}}{\boxed{\text{シ}}}x^2$が成り立つ。

**【英　語】**（50分）〈満点：100点〉

**1**　次の各組の英文がほぼ同じ内容となるような（　A　）と（　B　）に入る語（句）の最も適切な組み合わせを，それぞれア～エの中から一つずつ選びなさい。

1．The news（　A　）me sad.
I felt sad（　B　）the news.

ア （A）gave （B）because
イ （A）gave （B）because of
ウ （A）made （B）because
エ （A）made （B）because of

2．Which bus should I（　A　）to go to the stadium?
Which bus（　B　）to the stadium?

ア （A）come （B）stops
イ （A）go （B）rides
ウ （A）take （B）goes
エ （A）like （B）takes

3．（　A　）I send the message for you?
Do you（　B　）me to send the message for you?

ア （A）Did （B）stand
イ （A）Did （B）want
ウ （A）Shall （B）stand
エ （A）Shall （B）want

4．She didn't say goodbye when she（　A　）out of the room.
She left the room（　B　）saying goodbye.

ア （A）went （B）with
イ （A）went （B）without
ウ （A）goes （B）with
エ （A）goes （B）without

5．My mother can't go out with me now. I wish she（　A　）a headache.
I can't go out with my mother now because she（　B　）a headache.

ア （A）didn't have （B）has
イ （A）has （B）hasn't been
ウ （A）have （B）didn't have
エ （A）have （B）had

**2**　次の1～5の会話文について，場面や状況を考え，（　　）に入る最も適切なものを，それぞれア～エの中から一つずつ選びなさい。

1．A：What is the phone number of Jim's office?
B：It is 042 - XXX - YYYY.
A：I'm sorry.（　　）
B：Yes, it's 042 - XXX - YYYY.

ア Can you say that again, please?　イ Who is speaking?
ウ How can I help you?　エ Will he call here again?

2．A：How was your vacation?
B：It was great. I had a wonderful time.

A：(　　　　　)
B：No, on Wednesday. I stayed there for a week.
ア　Do you want to go to the same place again?
イ　Did you want to go on vacation?
ウ　Did you come back on the weekend?
エ　How did you get back?

3．A：Would you like to play tennis with me after school today?
B：Sorry, I can't. I have to do my homework today.
A：Well, how about tomorrow?
B：(　　　　　)
A：Great! Shall we meet tomorrow at four o'clock?
ア　I don't have time tomorrow.　　イ　That will be OK.
ウ　We can go today.　　エ　That was fun.

4．A：OK, class. The next question is very difficult. Do you know the answer, Taro?
B：I think the answer is 21. (　　　　　)
A：Yes, the answer is 21. You are doing well.
ア　How about finding something to do?　　イ　This is for you.
ウ　How can you know it?　　エ　Is that right?

5．A：What are you looking for?
B：The book I bought yesterday. I think I put it on my desk.
A：There are so many things on your desk. (　　　　　)
B：Yes, I will. However, I want to find the book before I do that.
ア　Why don't you clean your desk first?　　イ　Where did you find the book?
ウ　Who wrote the book?　　エ　What color is the book?

**3**　次の英文を良く読み，後の問題に答えなさい。

Clothes are very important for everybody, especially for young people. However, have you ever really thought why people ア wear clothes? Here are four reasons for wearing clothes.

The first reason is to cover our bodies. People of different times and places have different ideas about clothes. If you イ ask people from different countries how (　1　) of your body you should cover, you'll ウ get different answers. In some parts of Asia and Africa, women cover their faces. For a long time, people in China thought (　2　) their feet was wrong, and people in Europe didn't エ show any part of their legs in the past.

The next reason is to オ protect our (　3　). Clothes protect us from heat and cold, snow and rain. Heavy clothes and boots protect people who work outside from sharp stones and dangerous animals. Other people wear thick gloves and hard hats to protect themselves (　4　) they are using machines.

The third reason for wearing clothes is convenience. You can carry things with you in your pockets. Many centuries ago, everybody carried a bag or something to (　5　) food, money, and other useful things. Today, most clothes have pockets. Some suits have more than ten.

The last, and perhaps the most important reason for wearing clothes is vanity. People want to カlook better. They want to look like other people, but they also want to look different ( 6 ) other people. A dark suit can look like every other dark suit. However, people can show their individuality with the tie or the shirt that they wear with the dark suit.

(注) times 時代　heat and cold 暑さと寒さ　boots ブーツ　sharp とがった
thick gloves 厚い手袋　machine 機械　suit (s) スーツ　perhaps たぶん
vanity 虚栄心　individuality 個性　tie ネクタイ

問1 本文中の( 1 )～( 6 )に入る適切な語(句)を，ア～エの中から一つずつ選びなさい。

( 1 ) ア many　イ much　ウ short　エ tall
( 2 ) ア be showing　イ show　ウ showed　エ showing
( 3 ) ア bodies　イ medicines　ウ uniforms　エ zoos
( 4 ) ア become　イ body　ウ while　エ will
( 5 ) ア break　イ follow　ウ hold　エ look
( 6 ) ア at　イ from　ウ of　エ thing

問2 次の(1)と(2)につき，それぞれと同じような意味で使われている語を本文中の下線部ア～カから一つずつ選びなさい。

(1) to put a question to someone
(2) to receive

**4** 次の1～5の会話文の(　)内の語(句)を並べ替え，それぞれの文を完成させなさい。なお，解答は(　)内において**3番目と5番目**にくるものの記号を選びなさい。また，文頭にくるべき語の最初の文字も小文字で書かれています。

1. A：Hiroshi, look at that girl over there. Who is she? She wasn't at the last meeting.
   B：Are you ( ア about　イ is　ウ talking　エ the girl　オ wearing　カ who ) the red jacket?
   A：That's right. I never saw her before.
2. A：Could ( ア how　イ me　ウ show　エ to　オ use　カ you ) this new computer?
   B：Sure. What do you want to do?
   A：I want to read a story on the Internet.
3. A：Tom is not here today. What happened to him?
   B：( ア country　イ has　ウ he　エ his　オ returned　カ to ). We had a party for him last week.
   A：Really? I didn't know that.
4. A：My school band will have a concert next month. I'm going to play the drums.
   B：Wow! I'd love to go. Will your grandparents come?
   A：Yes, they ( ア are　イ concert　ウ forward　エ looking　オ my　カ to ).
5. A：I'm not sure what book I should choose for my book report.
   B：It's ( ア a　イ about　ウ book　エ easy　オ to　カ write ) you have already read.
   A：That's true. I just read a book about Japanese castles.

**5** カロリー(calorie)と活動(activity)について書かれた次の英文と表を良く読み，後の問題に答えなさい。なお，それぞれの活動とカロリー消費は比例関係にあるとします。また，計算等を行う場合は，この問題のページの余白で行うこと。

John is a junior high school student. Ken and Tom are his brothers. Mary and Nancy are his sisters. One day, John learned about the calories in food and how many calories are burned by walking, riding a bike, playing tennis, and jogging. John collected some information about their activities.

Ken is an elementary school student. He walks to school every day. It is 1.5 kilometers from his home to school. However, he visited Jim's house before going to school today because Ken forgot his notebook at Jim's house yesterday. So Ken walked 900 meters more to go to school today.

John is a member of the tennis club at his school. He likes playing tennis very much. Today he played tennis for two hours after jogging for thirty minutes.

Mary is a high school student. She rides her bike three kilometers each day to go to school. She loves to talk with her friends. She went to a new cafeteria with her friend Kate after school today. Mary ate one piece of cake and talked with Kate about their favorite singers.

Nancy's university is five kilometers from her home and she always goes there by bike. This morning, she had two slices of buttered bread and 0.2 liters of milk before she left her home on her bike.

Tom likes to ride his bike. He sometimes rides his bike about two kilometers after school. However, the weather was so nice today that he rode his bike six kilometers in total.

**表1**

| The energy in different foods | |
|---|---|
| 1 piece of cake | 250 kcal |
| 1 slice of buttered bread | 100 kcal |
| 0.2 liters of milk | 120 kcal |

**表2**

| Four ways to burn 100 kcal |
|---|
| Walking 2 kilometers |
| Riding a bike 4 kilometers |
| Playing tennis for 15 minutes |
| Jogging for 20 minutes |

(注) burn 消費する　jog ジョギングする　a slice of ～ ～の薄切り1枚
buttered バターを塗った　liter リットル　in total 合計で　kcal キロカロリー

問1 本文と表から考えて，次の(1)～(3)の英文の(　　)に入る適切なものをア～エの中からそれぞれ一つずつ選びなさい。

(1) The calories which Ken burned by walking to school today and the calories from drinking (　　) liters of milk are the same.

ア 0.1　イ 0.2　ウ 0.3　エ 0.4

(2) Mary has to jog for (　　) minutes to burn all the energy that was in the cake she ate today.

ア 20　イ 30　ウ 40　エ 50

（3） When Nancy arrived at her university this morning, she still had (　　) kcal of energy left in her body from her breakfast.

　ア 195　　イ 205　　ウ 215　　エ 225

問2　次の英文は，この調査を行ったJohnによるまとめです。(　1　)と(　2　)に入る最も適切なものをア～エの中からそれぞれ一つずつ選びなさい。

| |
|---|
| I found that the calories which I burned by playing tennis for two hours today and the calories from (　1　) were the same. The result was surprising. I also learned that the calories I burned by jogging for thirty minutes and the calories (　2　) were the same. |

（1） ア having two pieces of cake
　　 イ having two pieces of cake and drinking 0.2 liters of milk
　　 ウ having two pieces of cake and three slices of buttered bread
　　 エ having three pieces of cake and drinking 0.2 liters of milk

（2） ア Ken burned by walking to school this morning
　　 イ Mary burned by going to school by bike this morning
　　 ウ Nancy burned by going to university by bike this morning
　　 エ Tom burned by riding his bike today

**6** 大豆(soybean)を主な原料として作られる大豆肉(soy meat)について書かれた次の英文を良く読み，後の問題に答えなさい。

Have you ever heard of “soy meat”? It is meat made from soybeans. The “meat” [ 1 ], and you can buy it in Japan, too.

More people are eating soy meat these days for several reasons. First, soybeans are good for your health. For example, soybeans have a lot of protein and vitamin E. [ 2 ], and they want to eat food that is good for their bodies.

Second, more people are eating animal meat around the world. [ 3 ]. Some people are worried that they won’t be able to eat animal meat in the future, and they are trying to eat more soy meat and less animal meat.

Some people don’t eat animal meat for other reasons. Farmers do not need a lot of resources to grow soybeans. However, we need a lot of grain and water to raise animals for meat. [ 4 ] like global warming.

A few people don’t eat animal meat because they feel sorry for animals. They never eat animal meat, but they usually have good health. [ 5 ]. For example, these people try to get enough protein by eating many kinds of food each day.

In Japan, some companies realized these facts and they are trying to develop better soy meat. However, there are still many problems in developing their products. Soybeans come from plants and it is not easy for them to make soy meat taste like animal meat. As a result of their hard work, the taste is getting better every year.

We Japanese have used soybeans for centuries, and they are called “meat from the fields.” We often eat tofu, and it is made from soybeans, just like soy meat. If you find a soy meat hamburger in a restaurant, please try it and think about the future of the world.

（注） protein　タンパク質　　vitamin E　ビタミンE　　less　より少ない
grain　穀物《こくもつ》　　raise　育てる　　global warming　地球温暖化
feel sorry for ～　～をかわいそうに思う　　taste　味がする，味
tofu　豆腐　　meat from the fields　畑の肉

問1　本文中の［ 1 ］に入る最も適切なものを次のア～ウの中から一つ選びなさい。

ア　was animal meat eaten in America in the 20th century
イ　that you cannot buy in Europe is fish
ウ　is now becoming popular in Europe and the U.S.

問2　本文中の［ 2 ］に入る最も適切なものを次のア～ウの中から一つ選びなさい。

ア　Some people are more interested in their health
イ　Some food companies are selling many kinds of animal meat
ウ　There are many people who aren't careful about their health at all

問3　本文中の［ 3 ］に入る最も適切なものを次のア～ウの中から一つ選びなさい。

ア　There are less people in the world now than there were 10 years ago
イ　The fact is that nobody is eating animal meat these days
ウ　Maybe there will not be enough animal meat for everyone someday

問4　本文中の［ 4 ］に入る最も適切なものを次のア～ウの中から一つ選びなさい。

ア　Most animals like warm weather
イ　This may increase the danger of other serious problems
ウ　We must make houses for animals

問5　本文中の［ 5 ］に入る最も適切なものを次のア～ウの中から一つ選びなさい。

ア　Most animals need soybeans to grow well
イ　They are very careful about their food
ウ　We can't live without eating animal meat

問6　本文中の下線部themの内容を次のア～ウの中から一つ選びなさい。

ア　companies that are developing soy meat
イ　animals that eat grain
ウ　farmers who raise animals for meat

問7　次のア～ウは本文を読んで生徒が述べた意見です。最も適切に内容を理解して述べられたものを一つ選びなさい。

ア　I was very surprised to read the story. I like tofu very much, and eat it almost every day. I'm afraid that we will not be able to eat tofu next year. I am going to eat less tofu.
イ　It was a very interesting story. I love animals very much. So I want to keep many animals in my home in the future.
ウ　I had a soy meat hamburger a few months ago. Actually, the taste was not so bad. I believe that companies will develop better soy meat in the future.

**【理　科】**（50 分）〈満点：100 点〉

**【注意】** 定規，コンパス，ものさし，分度器及び計算機は用いないこと。

**1**　次の問 1 から問 8 に答えよ。

問 1　次に示す 4 つのもののうち，その大きさの単位がN（ニュートン）となり得るものはいくつあるか。最も適当なものを下の**ア**から**オ**の中から選べ。

| 圧力　・　弾性力　・　電力　・　重さ |
|---|

**ア**　1つ　　**イ**　2つ　　**ウ**　3つ　　**エ**　4つ　　**オ**　1つもない

問 2　50 V の電圧をかけたときに 200 W の消費電力となる電熱線を使用するとき，電熱線の抵抗の大きさと流れる電流の大きさの組み合わせとして，正しいものはどれか。次の**ア**から**ク**の中から選べ。

| | ア | イ | ウ | エ | オ | カ | キ | ク |
|---|---|---|---|---|---|---|---|---|
| 電熱線の抵抗の大きさ〔Ω〕 | 1.25 | 2.5 | 4.0 | 12.5 | 20 | 40 | 200 | 400 |
| 電流の大きさ〔A〕 | 40 | 20 | 12.5 | 4.0 | 2.5 | 1.25 | 0.25 | 0.125 |

問 3　次の**ア**から**オ**に示す物質が，ともに混合物である組み合わせを選べ。

**ア**　ドライアイス，水蒸気

**イ**　水酸化ナトリウム，石油

**ウ**　塩酸食塩水

**エ**　空気，氷水

**オ**　酸化銅，花こう岩

問 4　水の電気分解でおこる化学変化を原子や分子のモデルで表したものとして，最も適当なものを次の**ア**から**エ**の中から選べ。ただし，●は酸素原子 1 個を，○は水素原子 1 個を表している。

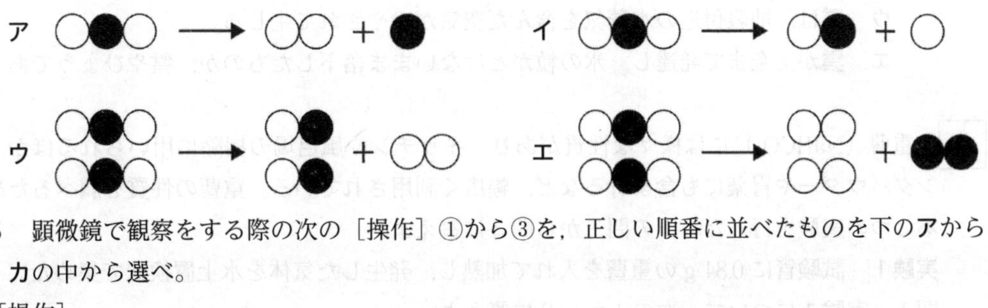


問 5　顕微鏡で観察をする際の次の［操作］①から③を，正しい順番に並べたものを下の**ア**から**カ**の中から選べ。

［操作］

①　対物レンズを最も低倍率にし，明るさを調節し，観察するものが対物レンズの真下に来るようにプレパラートをステージにのせてクリップでとめる。

②　接眼レンズをのぞいて，調節ねじを少しずつ回し，プレパラートと対物レンズを遠ざけ

ながらピントを合わせる。

③　プレパラートと対物レンズを真横から見ながら調節ねじを少しずつ回し，できるだけプレパラートと対物レンズを近づける。

**ア**　①→②→③　　**イ**　①→③→②　　**ウ**　②→①→③

**エ**　②→③→①　　**オ**　③→①→②　　**カ**　③→②→①

問６　空欄１，２に当てはまる語の組み合わせとして，最も適当なものを下の**ア**から**エ**の中から選べ。

植物の生殖細胞である卵細胞と精細胞ができる（　１　）の時には，対になっている親の遺伝子が別々に分かれる。これは（　２　）。

| | 1 | 2 |
|---|---|---|
| ア | 受精 | 分離の法則と呼ばれる |
| イ | 受精 | ２つの細胞が対立形質であるためである |
| ウ | 減数分裂 | 分離の法則と呼ばれる |
| エ | 減数分裂 | ２つの細胞が対立形質であるためである |

問７　北半球のある観測点において，温帯低気圧の温暖前線が通過することで生じる気象現象について，正しい組み合わせを次の**ア**から**エ**の中から選べ。

| | 気温 | 風向 |
|---|---|---|
| ア | 下がる | 南寄りの風になる |
| イ | 上がる | 南寄りの風になる |
| ウ | 下がる | 北寄りの風になる |
| エ | 上がる | 北寄りの風になる |

問８　身の回りの気象現象について説明した文として<u>誤りを含むもの</u>を次の**ア**から**エ**の中から選べ。

**ア**　一日の中で気温が最も高くなるのが正午より遅れる理由は，太陽からの放射が直接空気を温めるのに時間がかかるためである。

**イ**　冷たいペットボトルの表面に水滴が生じるのは，ペットボトルの周囲の空気が冷やされ，水蒸気が凝結したものである。

**ウ**　霧は，地表付近の水蒸気を含んだ空気が冷やされて生じる。

**エ**　雲が上空まで発達し，氷の粒がとけないまま落下したものが，雪やひょうである。

**2**　重曹（$NaHCO_3$）には様々な性質があり，キッチンや風呂場の掃除に用いられるほか，ベーキングパウダーや胃薬にも含まれるなど，幅広く利用されている。重曹の性質を調べるため，異なる３つの実験を行った。下の問１から問３に答えよ。

**実験１**　試験管に0.84 gの重曹を入れて加熱し，発生した気体を水上置換法で集めた。

問１　**実験１**について，次の１から３に答えよ。

１　重曹を入れた試験管を加熱するときは，その試験管を少し傾ける。実験装置として適切なものは次の①と②のどちらか。また，その理由は何か。最も適当な組合せを次の**ア**から**カ**の中から選べ。

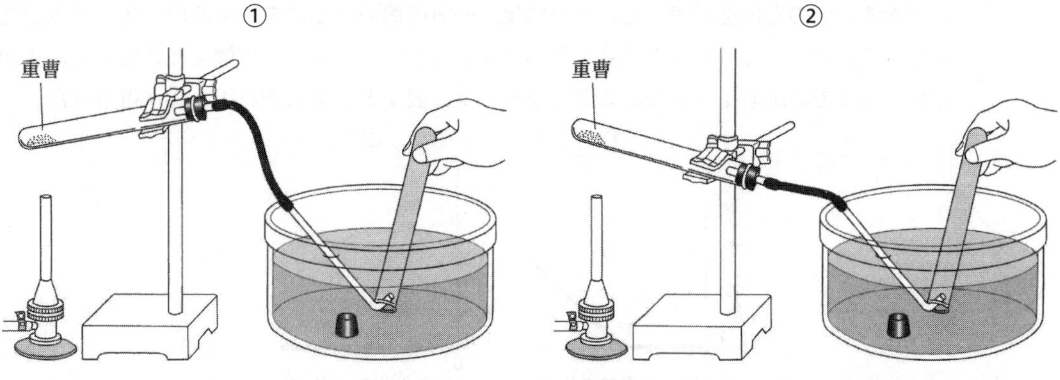


| | 装置 | 理由 |
|---|---|---|
| ア | ① | 重曹が激しく飛び散るのを防ぐため。 |
| イ | ① | 水槽の水が加熱している試験管内に逆流するのを防ぐため。 |
| ウ | ① | 加熱している試験管の口に付いた液体が加熱部分に流れ込んで割れるのを防ぐため。 |
| エ | ② | 重曹が激しく飛び散るのを防ぐため。 |
| オ | ② | 水槽の水が加熱している試験管内に逆流するのを防ぐため。 |
| カ | ② | 加熱している試験管の口に付いた液体が加熱部分に流れ込んで割れるのを防ぐため。 |

2　捕集された気体の性質として，適切なものを次の**ア**から**キ**の中から**三つ**選べ。

**ア**　空気より密度が小さい。

**イ**　空気より密度が大きい。

**ウ**　マッチの火を近づけるとポンと音をたてて燃える。

**エ**　火のついた線香を近づけると，線香が炎を上げて燃える。

**オ**　石灰水を白くにごらせる。

**カ**　緑色のBTB液に吹き込むと，BTB液が青色になる。

**キ**　緑色のBTB液に吹き込むと，BTB液が黄色になる。

3　試験管内の重曹0.84 gを十分に加熱し，完全に熱分解したところ，0.53 gの白色固体が得られた。つづいて，新しい試験管に2.52 gの重曹を入れて同様に加熱し，反応の途中で加熱を止めた。ここで試験管内の白色固体の質量をはかったところ，加熱前に比べて0.62 g軽くなっていた。試験管内の白色固体のうち，反応していない重曹は何gか。

［ア］.［イウ］g

**実験2**　試験管に重曹1 gと水1 mLを入れて温度をはかった。これと同じ温度のある液体をここに加え，1分後に再び試験管内の溶液の温度をはかったところ，温度は下がっていた。

問2　**実験2**で加えたある液体として適切なものを次の**ア**から**オ**の中から選べ。

**ア**　食塩水　　**イ**　砂糖水　　**ウ**　アンモニア水

**エ**　クエン酸水　　**オ**　エタノール

**実験3**　2本の試験管に濃度の異なる2種類の塩酸を2 mLずつ用意し，濃度のこい方の塩酸を塩酸A，うすい方の塩酸を塩酸Bとした。次に，別の試験管に重曹0.1 gと水2 mLを入れ，緑色のBTB液を加えたものを2本用意し，この溶液を重曹水とした。重曹水の入った2本の試験管の一方には塩酸Aを，もう一方には塩酸Bを少しずつ全量加え，よく混合して溶液の色の変化を観察した。その結果，一方の溶液は塩酸を加える前に比べて色が変化したのに対し，もう一方の溶液は色が変化しなかった。また，塩酸を加え始めてから加え終わるまでの水素イオンの数の変化をグラフに表すと，それぞれ①と②が得られた。

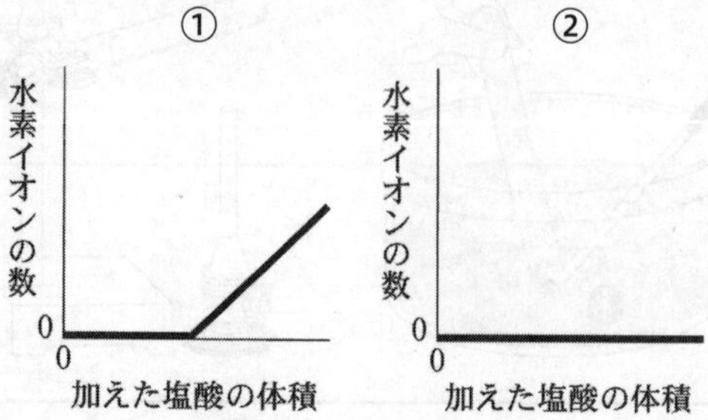


問３　**実験３**で，重曹水に塩酸Ａおよび塩酸Ｂを加え終えたときの溶液の色は，それぞれ何色になっていたか。また，このときの水素イオンの数の変化を表すグラフとして適切なものは①と②のどちらか。最も適当な組み合わせを次の**ア**から**カ**の中からそれぞれ選べ。

| | ア | イ | ウ | エ | オ | カ |
|---|---|---|---|---|---|---|
| 色 | 緑色 | 緑色 | 黄色 | 黄色 | 青色 | 青色 |
| グラフ | ① | ② | ① | ② | ① | ② |

**3**　図１のように30°と60°の傾斜をもつ斜面があり，滑車が取り付けてある。そこに同じ大きさの物体Ａと物体Ｂを質量の無視できる糸でつないで滑車にかけ，二つの物体を同じ高さのところで静止させた。物体Ａの質量を300 gとして，次の問１と問２に答えよ。ただし，斜面と物体の間，滑車と糸の間には摩《ま》擦《さつ》はないとする。また，100 gの物体にはたらく重力の大きさを１Ｎとする。解答に平方根がでた場合は，$\sqrt{2}=1.41$，$\sqrt{3}=1.73$として計算して答えること。

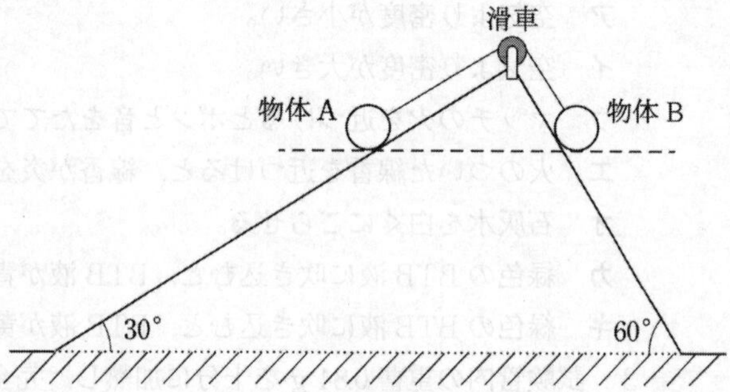


図１

問１　物体Ａにはたらく重力の斜面に平行な成分の大きさは，ア．イ Ｎである。また，物体Ｂの質量は，ウエオ gである。

問２　次に物体ＡとＢをつないでいる糸を静かに切って，物体ＡとＢがそれぞれの斜面をすべる様子を記録タイマー（１秒間に25回打点する）で調べた。**図２**に示した２本の記録テープ①と②は物体ＡとＢがすべり始めてからの記録の一部分をランダムに切り取ったものである（スタートしてから同じ時間の部分を切り取ったとは限らない）。あとの１から５に答えよ。

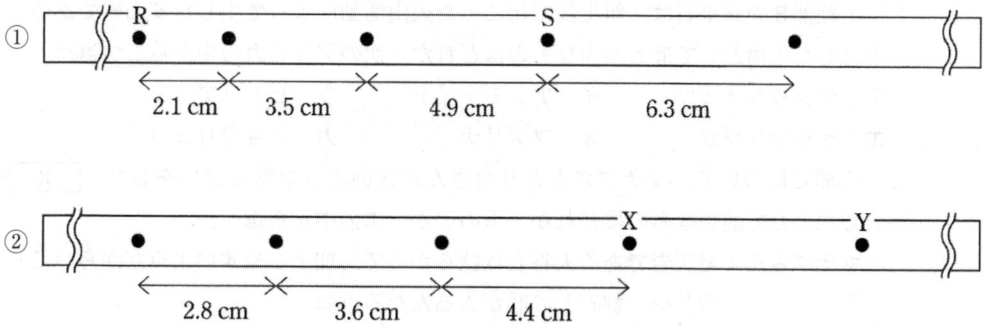


**図2**

1　物体Aの記録テープは，記録テープ①と記録テープ②のどちらか。解答欄の①または②をマークせよ。

2　記録テープ①で，打点Rから打点Sの間の平均の速さは，［アイ］.［ウ］cm/s である。

3　記録テープ②で，打点Xと打点Yの間隔は，［ア］.［イ］cm である。

4　物体Aと物体Bが同時にすべり始めてからそれぞれの斜面を同じ時間だけすべったとき，物体Bのすべった距離は物体Aがすべった距離の何倍か。最も近いものを次の**ア**から**ク**の中から選べ。ただし，この時，物体Aと物体Bは斜面上にあり下りきっていないものとする。

**ア**　0.6 倍　　**イ**　0.9 倍　　**ウ**　1.2 倍　　**エ**　1.5 倍
**オ**　1.8 倍　　**カ**　2.1 倍　　**キ**　2.4 倍　　**ク**　2.7 倍

5　物体AとBがそれぞれの斜面を下りきる直前の二つの物体の速さの関係を示しているものはどれか。次の**ア**から**ウ**の中から選べ。

**ア**　物体Aの速さ＞物体Bの速さ
**イ**　物体Aの速さ＝物体Bの速さ
**ウ**　物体Aの速さ＜物体Bの速さ

**4**　マナブさんとリカさんは身の回りの自然現象について考えた。次の問１から問３に答えよ。

問１　マナブさんとリカさんは身の回りの石材について調べて，次の表のようにまとめた。下の１から３に答えよ。

| 石材名（岩石） | 特色と用途 |
|---|---|
| 稲田石《いなだいし》（花こう岩） | 硬さや耐久性，A美しさから，建物外装だけでなく墓石にも使用される。 |
| B鉄平石《てっぺいせき》（安山岩） | 硬さや高い耐久性と耐火性から，建物外装などに使用される。 |
| 大谷石《おおやいし》（凝灰岩） | 比較的やわらかく，耐火性・防湿性にも優れ，（ C ）に使用される。 |

1　下線部**A**に関連して，稲田石の美しさを生み出している外見上の特徴として最も適当なものはどれか。次の**ア**から**エ**の中から選べ。

**ア**　際立つ白さと見ごたえがある目の粗さ　　**イ**　際立つ白さときめ細かい層状の模様
**ウ**　光輝く黒さと見ごたえがある目の粗さ　　**エ**　光輝く黒さときめ細かい層状の模様

2　下線部Bの鉄平石は，新生代に起こった火山活動によって生じた安山岩である。新生代に生息した生物として最も適当なものはどれか。次のアからカの中から<u>二つ</u>選べ。

ア　サンヨウチュウ　　イ　アンモナイト　　ウ　ビカリア
エ　ナウマンゾウ　　オ　フズリナ　　カ　キョウリュウ

3　空欄Cについて，マナブさんとリカさんが次のような話し合いをした。 X にあてはまる語として適当なものはどれか。下のアからエの中から選べ。

マナブさん：凝灰岩である大谷石は軟らかくて，加工しやすいようだから（C）には「石塀」や「敷石」の語が入るんだろうね。

リカさん：そうだね。大谷石を観察してみると，表面に細かな穴が多いことも分かるよ。それによって空気中の水分を吸うから，防湿性もあるらしいよ。

マナブさん：そうか，大谷石には耐火性もあることだし，（C）には X をつくる用途が入るほうがいいのかもしれないね。

ア　装飾品　　イ　石像　　ウ　墓　　エ　蔵や倉庫

問2　マナブさんとリカさんは，図を用いてリオデジャネイロ（南緯22°）における春分の日（3月下旬）の太陽の動きについて考えた。
次の1と2に答えよ。

1　図中のYとZに入る方角は何か。次のアからエの中からそれぞれ選べ。

ア　東　　イ　西
ウ　南　　エ　北

2　春分の日において，赤道上の観測点では天頂（観測者の頭の真上）を通るように太陽は移動する。リオデジャネイロにいる観測者から見て，太陽はどの方角を移動するか。次のアからエの中から選べ。

ア　東→南→西　　イ　西→南→東
ウ　東→北→西　　エ　西→北→東

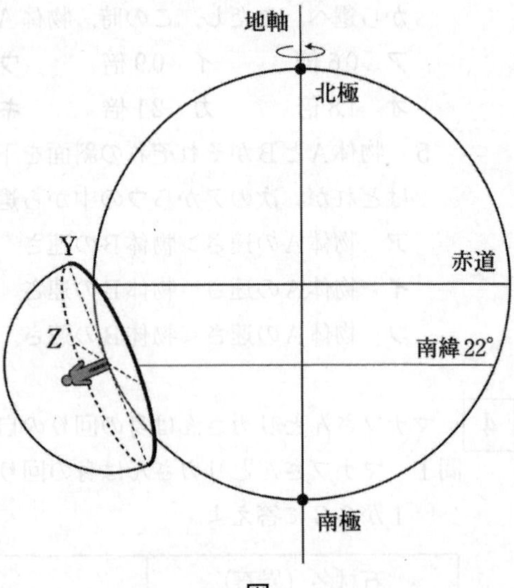

図

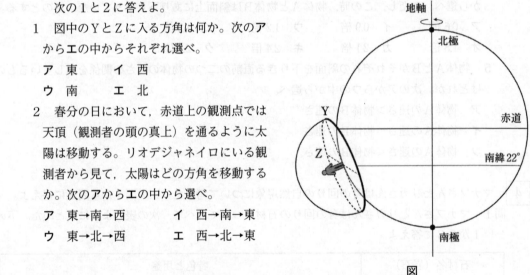

問３　マナブさんとリカさんは，地球から身の回りの天体がどのように見えるかを再現するためのモデルについて考えた。次の（１），（２）を明らかにするためのモデルとして最も適当なものを，下の**ア**から**カ**の中からそれぞれ選べ。なお，**ア**から**カ**の図において，人は観察者（鼻は視線方向を示す），黒丸は観察対象となる天体，白丸は光源となる太陽，点線は天体の公転軌道，矢印は観察者や天体の動きを表すものとする。

（１）明けの明星（金星）が一日の中でどちらの方角を移動して見えるかを明らかにする。

（２）火星が欠けて見えるかどうかを明らかにする。

**ア**

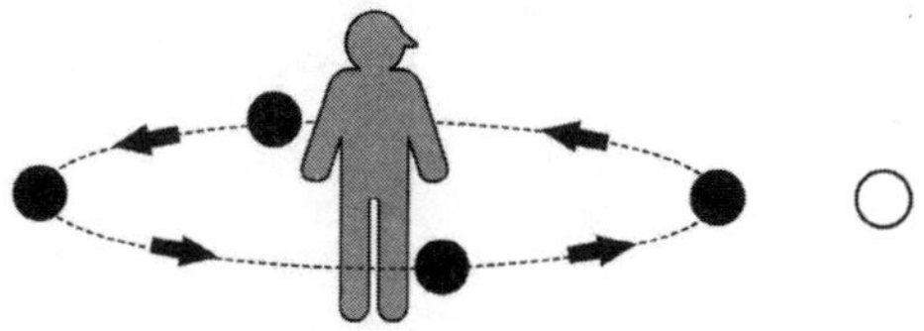

**イ**

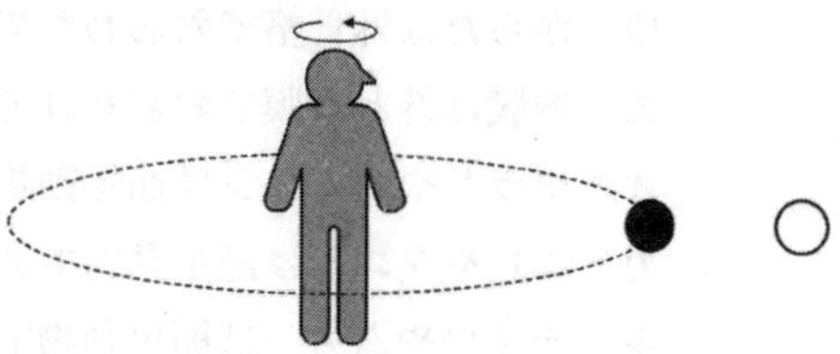

**ウ**

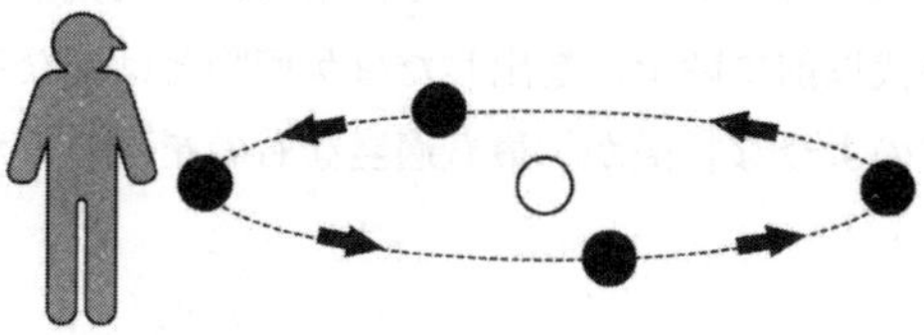

**エ**

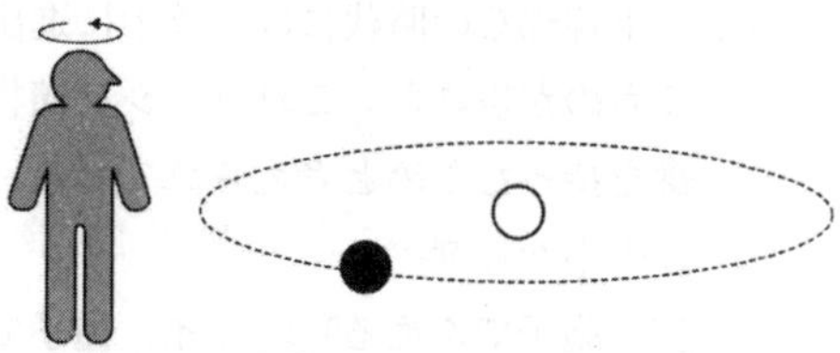

**オ**

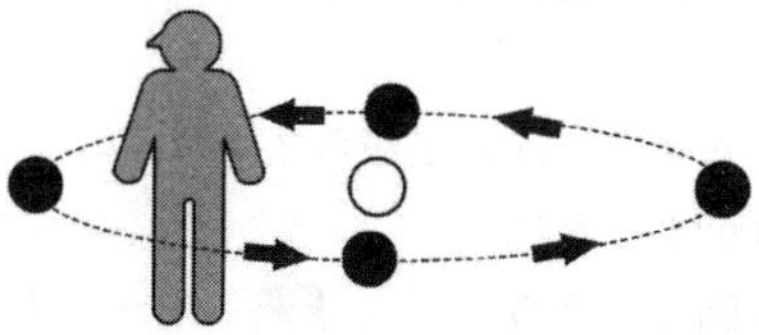

**カ**

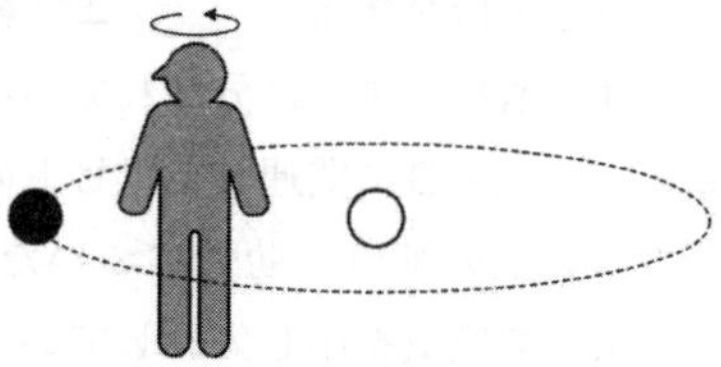

**5**　生物に関する次の文章を読み，下の問１から問４に答えよ。

現在の地球には，私たちヒトを含めて多様な生物が住んでいる。最初の生物は約38億年前に誕生したと考えられている。その後長い年月をかけてA進化がおこり，多様な生物が現れ，その時代の環境に合う体のつくりを持つ生物が繁栄してきた。

現在，最も種類が多い生物はB昆虫類であるといわれている。昆虫類は約４億年前のC古生代に現れ，中にはほとんど形態を変えずに現在も生息するものもいる。

昆虫類の体のつくりは私たちヒトとは大きく異なる。例えば，昆虫は体側面にある穴（気門）から空気を取り込み，枝分かれした管（気管）を通して直接空気が各細胞に送られる。一方ヒトはD肺で効率的に酸素を取り込み，血管を通して各細胞に送っている。

問１　下線部**A**に関する説明として，最も適当なものを次の**ア**から**エ**の中から選べ。

**ア**　シソチョウのような中間的な生物の化石が見つかっていることなどから，鳥類はは虫類のなかまから進化したと考えられている。

**イ**　両生類のカエルの前あしと鳥類のハトの翼とでは，骨格の基本的なつくりはよく似ているが，外形やはたらきが異なるので，進化の起源は異なる。

**ウ**　人工的にDNAを変化させる技術によって特定の形質を変化させ，自然界にはない青色のバラができたことは進化と言える。

**エ**　クジラには，祖先が陸上生活をしていたときの後ろあしの痕跡がある。このように，長い年月の間に器官が失われていくような変化は進化とは言わない。

問２　下線部**B**に関連して，節足動物の特徴について考える。昆虫類は節足動物のなかまである。また，節足動物は無脊椎《せきつい》動物のなかまである。「節足動物」に関する説明として当てはまるものを次の**ア**から**キ**の中から三つ選べ。

**ア**　背骨を持たない

**イ**　あしは３対である

**ウ**　からだは外骨格でおおわれている

**エ**　内臓は外とう膜でおおわれている

**オ**　クラゲやウミウシは節足動物である

**カ**　エビやタニシは節足動物である

**キ**　チョウやムカデは節足動物である

問３　下線部**C**の時代には，陸上に進出した植物のうち，シダ植物の中で樹木のように大型化するものが現れた。これは，シダ植物がこの時代以前に陸上に進出したコケ植物とは異なる特徴を持ったためと考えられている。それはどのような特徴か。最も適当なものを次の**ア**から**オ**の中から選べ。

**ア**　胞子でふえる　　　**イ**　種子でふえる

**ウ**　子房がある　　　**エ**　維管束がある（根，茎，葉の区別がある）

**オ**　雌株，雄株に分かれている

問４　下線部**D**に関連して，ヒトの肺や血管について考える。次の１から３に答えよ。

１　ヒトの肺は，肋骨《ろっこつ》についた筋肉や横隔膜を動かすことによって空気を出し入れしている。呼吸のしくみを**図１**のようにペットボトル容器を用いた模型で表した。次の文の空欄①，②に当てはまる語句の組み合わせとして，最も適当なものを次の**ア**から**ク**の中から選べ。

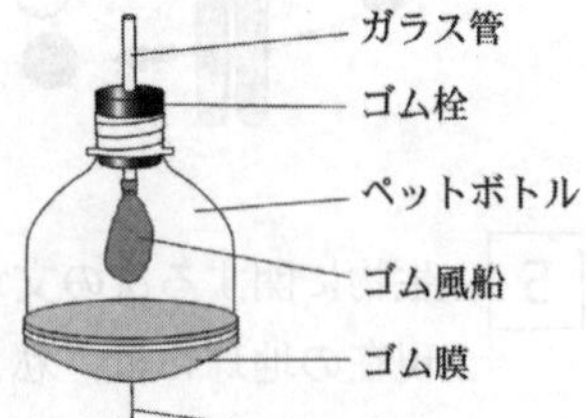


**図１**

**図１**の模型で肺を表しているのは（　①　）で，糸を下に引くと容器内の（　②　）。

| | ① | ② |
|---|---|---|
| ア | ペットボトルとゴム膜 | 気圧が上がり，肺から空気が出る |
| イ | ペットボトルとゴム膜 | 気圧が上がり，肺に空気が入る |
| ウ | ペットボトルとゴム膜 | 気圧が下がり，肺から空気が出る |
| エ | ペットボトルとゴム膜 | 気圧が下がり，肺に空気が入る |
| オ | ゴム風船 | 気圧が上がり，肺から空気が出る |
| カ | ゴム風船 | 気圧が上がり，肺に空気が入る |
| キ | ゴム風船 | 気圧が下がり，肺から空気が出る |
| ク | ゴム風船 | 気圧が下がり，肺に空気が入る |

2　ヒトの心臓は４つの部屋に分かれており，静脈血と動脈血が混ざらないようになっているため，効率よく酸素を細胞に送ることができる。

**図２**はヒトの血液循環を模式的に表したものである。血管ａからｄのうち，動脈血が流れている血管の組み合わせとして最も適当なものを次の**ア**から**カ**の中から選べ。

**ア**　ａとｂ　　**イ**　ａとｃ　　**ウ**　ａとｄ
**エ**　ｂとｃ　　**オ**　ｂとｄ　　**カ**　ｃとｄ

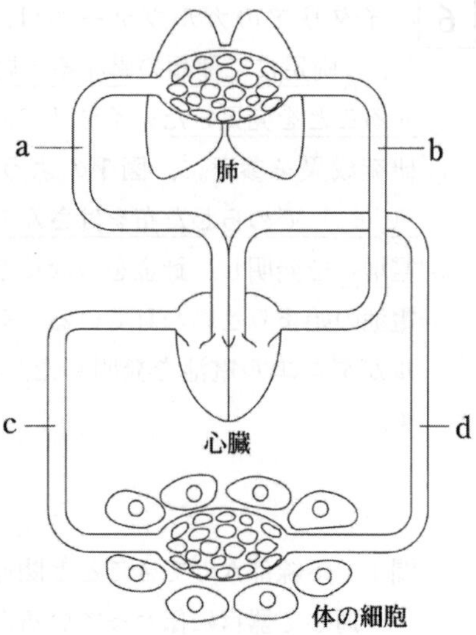

**図２**

3　次の文章の空欄①から③に当てはまる語句の組み合わせとして，最も適当なものを下の**ア**から**ク**の中から選べ。

**図３**のグラフから，ヘモグロビンには血液中の酸素濃度が高いほど酸素と（　①　）性質があることがわかる。組織が活発に活動すると，多くの酸素が必要となる。グラフがこのような曲線になっているということは，組織が活発になるほど酸素と結びついているヘモグロビンの割合が（　②　）することを示しており，（　③　）酸素が組織に運ばれるしくみになっていることがわかる。

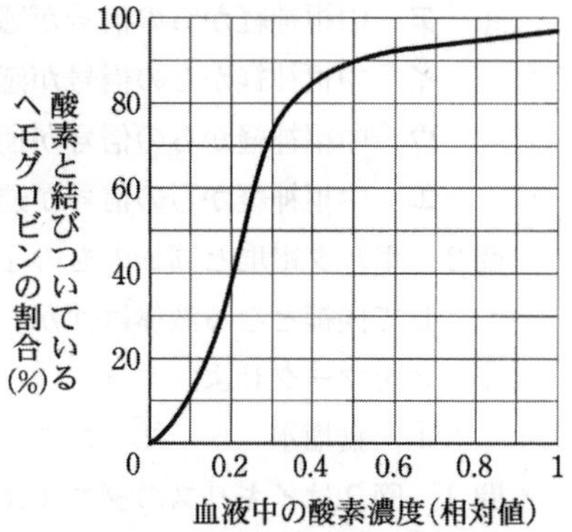

**図３**

| | ① | ② | ③ |
|---|---|---|---|
| **ア** | 結びつきやすい | 緩やかに増加 | 一気に多くの |
| **イ** | 結びつきやすい | 緩やかに増加 | 少しずつ |
| **ウ** | 結びつきやすい | 急激に減少 | 一気に多くの |
| **エ** | 結びつきやすい | 急激に減少 | 少しずつ |
| **オ** | 離れやすい | 緩やかに増加 | 一気に多くの |
| **カ** | 離れやすい | 緩やかに増加 | 少しずつ |
| **キ** | 離れやすい | 急激に減少 | 一気に多くの |
| **ク** | 離れやすい | 急激に減少 | 少しずつ |

**6**　イタリアのガルヴァーニは，カエルの解剖をする際に，A両足に二種類の異なる金属が触れると足がけいれんすることを発見した。イタリアのボルタはガルヴァーニの研究成果を参考に，図１のようなB銀板と亜鉛板の間に（　　）でぬらした布をはさんで積み重ねたもの（ボルタ電堆《でんたい》）を発明し，針金をつなぐと電流が発生した。これが電池の始まりといわれている。その後，イギリスのダニエルがダニエル電池を発明した。次の問１から問８に答えよ。

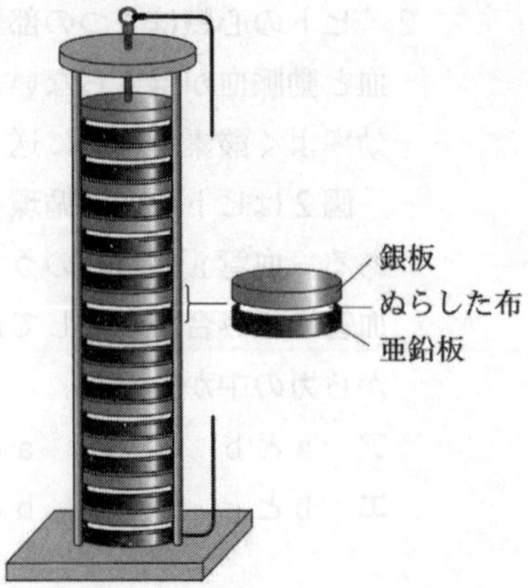

図１

問１　下線部Aのできごとと関連することとして，身体が動く際は，一般に電気の信号が神経を通して器官に伝わっていると考えられている。神経と器官について書かれた内容が適切なものを次のアからエの中から選べ。

ア　中枢神経からの信号が感覚神経を通して，運動器官に伝わるため身体が動く。
イ　中枢神経からの信号が感覚神経を通して，感覚器官に伝わるため身体が動く。
ウ　中枢神経からの信号が運動神経を通して，運動器官に伝わるため身体が動く。
エ　中枢神経からの信号が運動神経を通して，感覚器官に伝わるため身体が動く。

問２　ボルタ電堆と同様のものを製作し，電流をとり出したい。下線部Bの空欄に入れるものとして候補となる液体は何か。次の①から④のうち，適切なものには○，適切でないものには×をマークせよ。

①　食塩水　　②　エタノール　　③　砂糖水　　④　蒸留水

問３　図２はイギリスのダニエルが発明したダニエル電池と同じ原理の電池を用いて抵抗器をつなぎ，電圧と電流を測定する回路を示している。電圧計と電流計の針が図３のようになったとき，この抵抗器の電気抵抗はいくらか。

アイ Ω

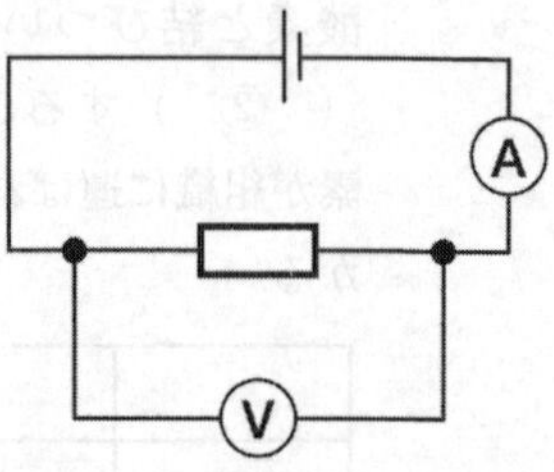

図２

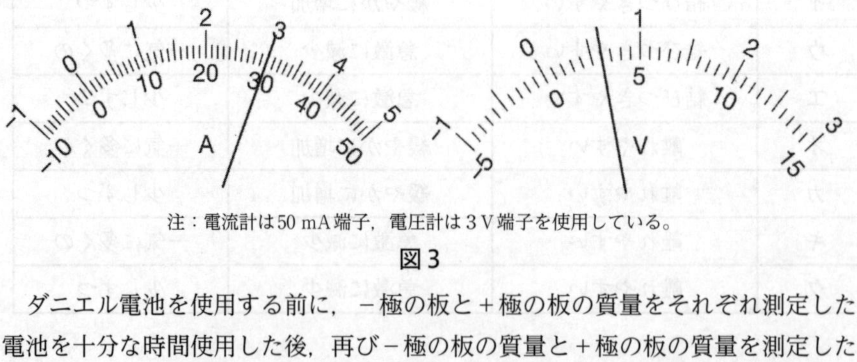

注：電流計は50 mA端子，電圧計は３V端子を使用している。

図３

問４　ダニエル電池を使用する前に，－極の板と＋極の板の質量をそれぞれ測定した。ダニエル電池を十分な時間使用した後，再び－極の板の質量と＋極の板の質量を測定した。電池を使用する前後で板の質量を比較したとき，それぞれどのように変化すると考えられるか，次の

**ア**から**エ**の中から選べ。ただし，電極板に析出*したものは電極板上にすべて残り，電極板から溶け出したものは電極板上には付着していないものとする。また，電極板の質量は乾燥した状態で測定しているものとする。

*析出…溶液や気体から固体が分離してでてくること

**ア**　どちらの極の板も質量が増加している。

**イ**　－極の板は質量が増加しているが，＋極の板は減少している。

**ウ**　＋極の板は質量が増加しているが，－極の板は減少している。

**エ**　どちらの極の板も質量が減少している。

問５　ダニエル電池を使用すると，＋極側と－極側で電気のかたよりが生じてしまうことが心配されるが，実際にはセロハンを通してある粒子が移動することで，電気的なかたよりを解消している。このとき，どのようなものがセロハンを通過していると考えられるか。次の**ア**から**カ**の中から最も適当なものを選べ。

**ア**　原子が通過している。

**イ**　分子が通過している。

**ウ**　イオンが通過している。

**エ**　電子が通過している。

**オ**　陽子が通過している。

**カ**　中性子が通過している。

問５より，セロハンには小さな穴があると考えられる。そのことを探るため，次のような**実験**を行った。ただし，ブドウ糖のかわりに麦芽糖を用いても同様の結果が得られる。

**[実験]**

**図４**のように，セロハンを袋状にしてブドウ糖水溶液を入れ，水にしばらくつけておいた。この装置をＡとする。また，セロハンを袋状にしてでんぷんのりを入れ，水にしばらくつけておいた。この装置をＢとする。

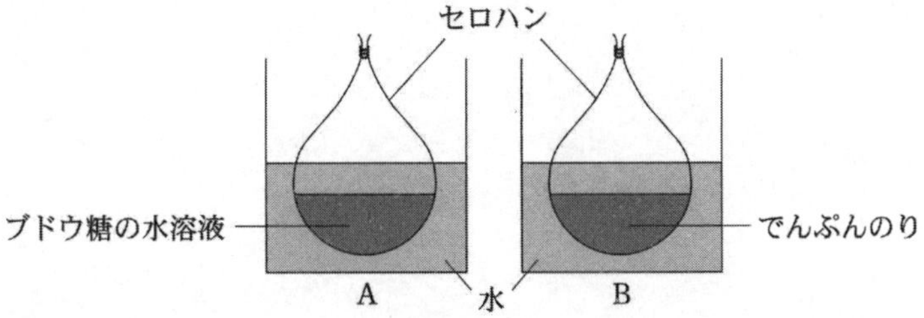


**図４**

問６　ブドウ糖とでんぷんのりがセロハンの穴を通過したかどうかを確かめるために，Ａの水，Ｂの水に対して，次の【操作１】または【操作２】のいずれかを行う。Ａの水，Ｂの水に行う操作の組み合わせとして適切なものを下の**ア**から**エ**の中から選べ。

【操作１】　水にヨウ素溶液を加えて色の変化を観察する。

【操作２】　水にベネジクト液を加えて加熱し，色の変化を観察する。

**ア**　Ａの水，Ｂの水ともに【操作１】を行う。

**イ**　Ａの水は【操作１】，Ｂの水は【操作２】を行う。

**ウ**　Ａの水は【操作２】，Ｂの水は【操作１】を行う。

エ　Aの水，Bの水ともに【操作２】を行う。

問７　問６で適切な操作を行ったところ，でんぷんの分子，ブドウ糖の分子，セロハンの穴の大きさの順番がわかった。適切なものを次のアからカの中から選べ。

ア　ブドウ糖の分子　＞　セロハンの穴　＞　でんぷんの分子

イ　ブドウ糖の分子　＞　でんぷんの分子　＞　セロハンの穴

ウ　でんぷんの分子　＞　セロハンの穴　＞　ブドウ糖の分子

エ　でんぷんの分子　＞　ブドウ糖の分子　＞　セロハンの穴

オ　セロハンの穴　＞　でんぷんの分子　＞　ブドウ糖の分子

カ　セロハンの穴　＞　ブドウ糖の分子　＞　でんぷんの分子

問８　電池はエネルギーの変換装置であり，次のようにエネルギーが変換されている。空欄①と②に当てはまる最も適当な語を下のアからキの中から選べ。

（　①　）エネルギー　→　（　②　）エネルギー

ア　位置　　イ　運動　　ウ　熱　　エ　音

オ　電気　　カ　化学　　キ　核

**【社　会】**（50分）〈満点：100点〉

**1**　次の図は，ヨーロッパを示した地図で，AからDは国を示している。この図を見て，問1から問4までの各問いに答えよ。

図

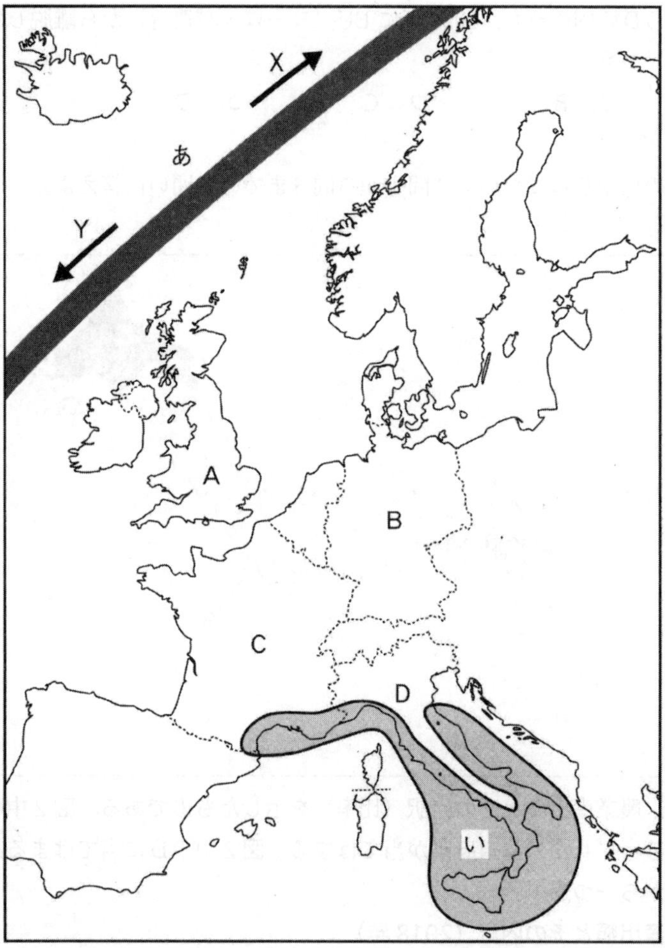


問1　図中の**あ**は，北大西洋海流の流れているおおよその位置を示している。この海流について説明したものとして最も適当なものを，次の**ア**から**エ**のうちから一つ選べ。

**ア**　寒流であり，Xの方向に流れている。　　**イ**　寒流であり，Yの方向に流れている。

**ウ**　暖流であり，Xの方向に流れている。　　**エ**　暖流であり，Yの方向に流れている。

問2　図中の**い**の範囲でおこなわれているおもな農業について説明したものとして最も適当なものを，次の**ア**から**エ**のうちから一つ選べ。

**ア**　草や水を求めてらくだや羊・やぎなどの家畜とともに移動しながら生活している。

**イ**　小麦やライ麦，じゃがいも，てんさいなどの畑作と，牛や豚などの飼育を組み合わせた農牧業がおこなわれている。

**ウ**　牧草を栽培して乳牛を飼い，バターやチーズなどの乳製品を生産している。

**エ**　夏にオリーブやぶどう，オレンジなどを栽培し，冬は小麦を栽培している。

問３　図中の**Ａ**から**Ｄ**の国では，ゲルマン系またはラテン系のいずれかの言語を国の公用語としている。ゲルマン系の言語を公用語としている国の組み合わせとして正しいものを，次の**ア**から**カ**のうちから一つ選べ。

**ア**　ＡとＢ　　**イ**　ＡとＣ　　**ウ**　ＡとＤ
**エ**　ＢとＣ　　**オ**　ＢとＤ　　**カ**　ＣとＤ

問４　図中の**Ａ**から**Ｄ**の国のうち，2020 年に EU（ヨーロッパ連合）から離脱した国を，次の**ア**から**エ**のうちから一つ選べ。

**ア**　Ａ　　**イ**　Ｂ　　**ウ**　Ｃ　　**エ**　Ｄ

**２**　次の図１中の(い)から(に)について，問１から問３までの各問いに答えよ。

**図１**

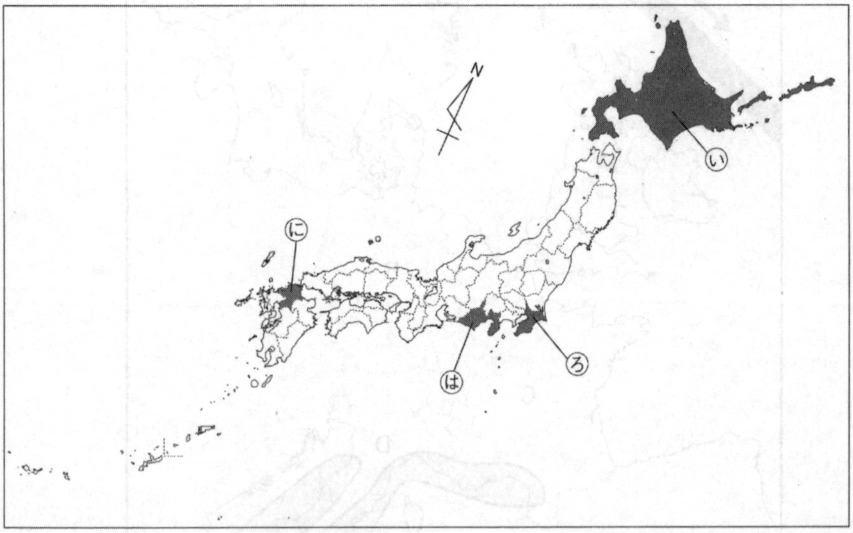


問１　次の図２は，農業産出額とその内訳（比率）を示したものである。図２中の**Ａ**から**Ｄ**は，図１中の(い)から(に)のいずれかの都道府県が当てはまる。図２中の**Ｄ**に当てはまる都道府県を，次の**ア**から**エ**のうちから一つ選べ。

**図２　農業産出額とその内訳（2018 年）**

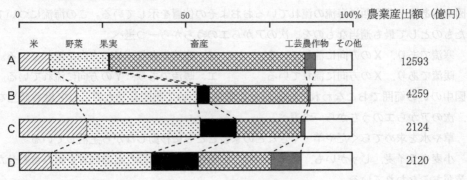

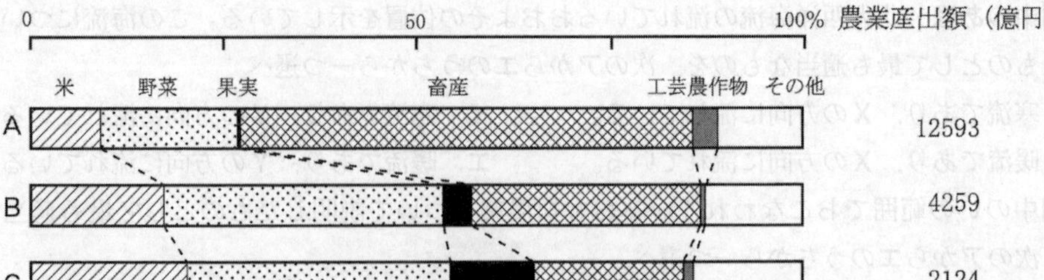


※工芸農作物には，茶・葉たばこ・てんさい・さとうきびなどが含まれる。

（『データでみる県勢 2021』より作成）

**ア**　(い)　　**イ**　(ろ)　　**ウ**　(は)　　**エ**　(に)

問２　次の**表１**は，**図１**中のⓘからⓝの都道府県別の製造品出荷額とその上位４品目をまとめたものである。**表１**中の**X**から**Z**には，石油・石炭製品，輸送用機械，鉄鋼のいずれかが当てはまる。**X**から**Z**の品目の組み合わせとして正しいものを，次ページの**ア**から**カ**のうちから一つ選べ。

**表１　都道府県の製造品出荷額とその上位４品目（2018 年）**

| | 総計（億円） | 製造品出荷額　上位４品目（構成比：％） | | | |
|---|---|---|---|---|---|
| | | １位 | ２位 | ３位 | ４位 |
| ⓘ | 64136 | 食料品（34.8） | X（16.5） | Z（6.5） | パルプ・紙（6.2） |
| ⓡ | 132118 | X（23.7） | 化学（17.8） | Z（13.2） | 食料品（12.4） |
| ⓗ | 176639 | Y（25.4） | 電気機械（13.9） | 化学（10.8） | 食料品（7.9） |
| ⓝ | 103019 | Y（34.4） | 食料品（10.3） | Z（9.6） | 飲料ほか（6.6） |

（『データでみる県勢 2021』より作成）

**ア**　X－石油・石炭製品　Y－輸送用機械　Z－鉄鋼
**イ**　X－石油・石炭製品　Y－鉄鋼　Z－輸送用機械
**ウ**　X－輸送用機械　Y－石油・石炭製品　Z－鉄鋼
**エ**　X－輸送用機械　Y－鉄鋼　Z－石油・石炭製品
**オ**　X－鉄鋼　Y－石油・石炭製品　Z－輸送用機械
**カ**　X－鉄鋼　Y－輸送用機械　Z－石油・石炭製品

問３　次の**表２**は，都道府県別の外国人延べ宿泊者数とその内訳（一部）を示したものである。**表２**中の**P**から**S**には，前ページの**図１**中のⓘからⓝのいずれかの都道府県が当てはまる。下の**説明文**を参考にして，**表２**中の**Q**に当てはまる都道府県を，後の**ア**から**エ**のうちから一つ選べ。

**表２　外国人延べ宿泊者数とその内訳（千人，2018 年）**

| | 外国人宿泊者数 | 国籍別の宿泊者数 | | | |
|---|---|---|---|---|---|
| | | 韓国 | オーストラリア | アメリカ | シンガポール |
| P | 4116 | 178 | 116 | 338 | 76 |
| Q | 3367 | 1565 | 16 | 63 | 34 |
| R | 8335 | 1374 | 142 | 164 | 335 |
| S | 1794 | 72 | 9 | 43 | 11 |

※延べ宿泊者数のため，宿泊人数×宿泊数で示している。

（『データでみる県勢 2020』より作成）

**説明文**

ⓘ　良質な雪を求めて観光客が訪れている。季節が逆となる南半球や赤道付近の国々からも人気の観光地となっている。
ⓡ　首都に近い国際空港があるため，観光だけでなくビジネスで来日する外国人も多い。また，世界的に人気のテーマパークがあり，ここを訪れる外国人観光客も多い。
ⓗ　世界ジオパークに認定された半島があり，観光地としても近年注目されている。また，複数の世界遺産もあり，地方自治体では外国人観光客の誘致に努めている。
ⓝ　大陸からの玄関口として，古くから船舶での往来が盛んな地域である。現代でもクルーズ船・高速船などを利用して入国する外国人観光客は多い。

**ア**　ⓘ　　**イ**　ⓡ　　**ウ**　ⓗ　　**エ**　ⓝ

**3** 図１はある地域の２万５千分１地形図の一部（約1.5倍に拡大）であり，図２はそこから等高線のみを抜き出したものである。また，図３はこの地域のハザードマップから同じ範囲を抜き出したもの（一部改変）であるが，北が上とは限らない。問１，問２に答えよ。

図１　地形図（北が上）

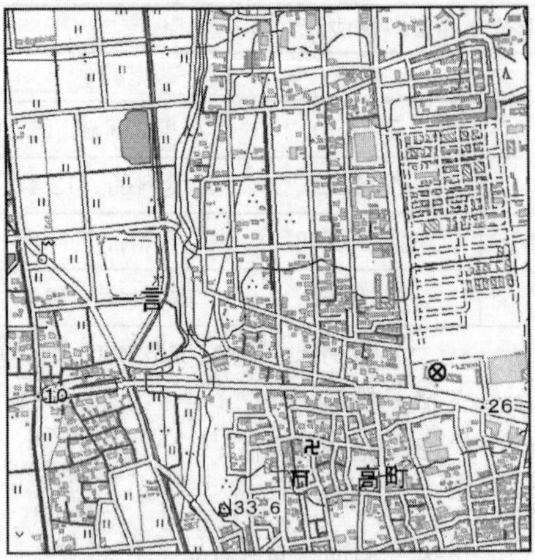


（国土地理院　電子地形図25000）

図２　等高線のみを抜き出した地図（北が上）

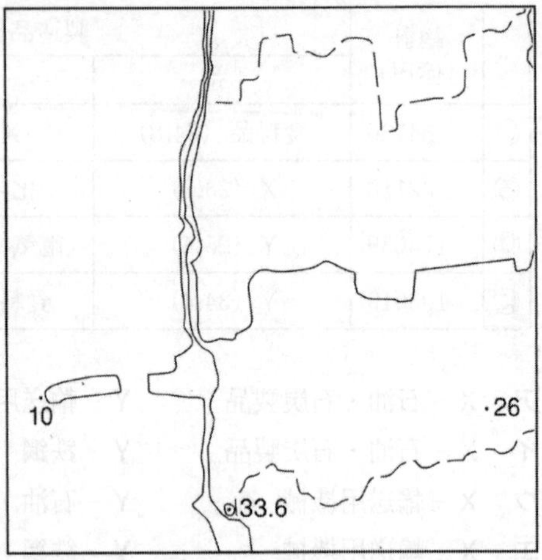


（地理院地図による画像を加工して作成）

図３　ハザードマップ

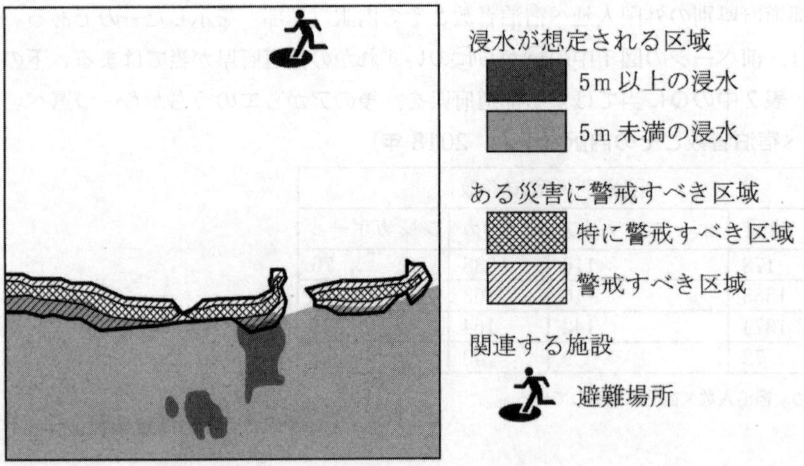


問１　図３において北はどちらの方向か。正しいものを次のアからエのうちから一つ選べ。

ア　図の上　　イ　図の下　　ウ　図の左　　エ　図の右

問２　図３中の「ある災害に警戒すべき区域」は，どのようなところで，どのような災害のおそれがあると考えられるか。図１，図２も参考に，最も適当なものを次のアからエのうちから一つ選べ。

ア　平らな土地なので，地震の際に津波の被害が集中するおそれがある。

イ　急な斜面なので，大雨の際に土砂崩れがおきるおそれがある。

ウ　周囲より標高が低いので，洪水の際に著しく浸水するおそれがある。

エ　周囲より標高が高いので，火山噴火の際に火山灰が集中的に降り注ぐおそれがある。

**4** 次の**略年表**を見て，問１，問２に答えよ。

**略年表**

| 日本の出来事 | 中国の出来事 |
|---|---|
| | 隋がほろび，王朝A が中国を統一する |
| 大宝律令が施行される | |
| 藤原良房《よしふさ》が摂政になる | |
| | 王朝A がほろぶ |
| | 王朝B がおこる |
| 白河上皇が院政をはじめる | |
| X | |
| | フビライ＝ハンが 王朝C の皇帝となり，中国を支配する |
| 建武の新政がおこなわれる | |
| | 王朝Dによって，王朝C が北に追われる |

問１　次の**史料**中の下線部「中国」には，**略年表**中の中国の王朝ＡからＤのいずれかが当てはまる。**史料**中の「中国」と同じ王朝を，下の**ア**から**エ**のうちから一つ選べ。なお，**史料**は現代語に訳し，わかりやすくするために一部を補足したり省略したりしてある。

**史料**

12月21日。来年，中国に船を派遣することが決定した。…中略…今日，これまで二度中国行きの船に乗っているある商人と語り合ったところ，勘合を用いた中国との交易で利益をあげるには，生糸の交易に勝《まさ》るものはないという。日本から10貫文《かんもん》分の銅を運んで，中国で生糸に交換して持ち帰れば，日本で40貫文にも50貫文にもなるという。

（『大乗院寺社雑事記』）

※　貫文…銭貨の単位

**ア**　王朝A　　**イ**　王朝B　　**ウ**　王朝C　　**エ**　王朝D

問２　**略年表**中の X の時期に，日本でおこった出来事として正しいものを，次の**ア**から**エ**のうちから一つ選べ。

**ア**　宮廷で天皇のきさきに仕えた紫式部が『源氏物語』を書いた。

**イ**　後鳥羽上皇は幕府を倒すために兵を挙げたが，敗れて隠岐《おき》へ流された。

**ウ**　天智天皇の死後，皇位継承をめぐっておこった内乱に勝利した天武天皇が即位した。

**エ**　観阿弥と世阿弥の父子は，猿楽や田楽などの芸能から能を大成させた。

**5** 休日に博物館に行ったある生徒は，展示されていた貨幣《かへい》やその時代の状況に興味を持った。そこで，一部の貨幣をスケッチしたり，展示の説明を書き写したりして，年代順の**まとめカード**AからDともう一枚を作成した。これらを見て，問1から問3までの各問いに答えよ。

**まとめカード**

A

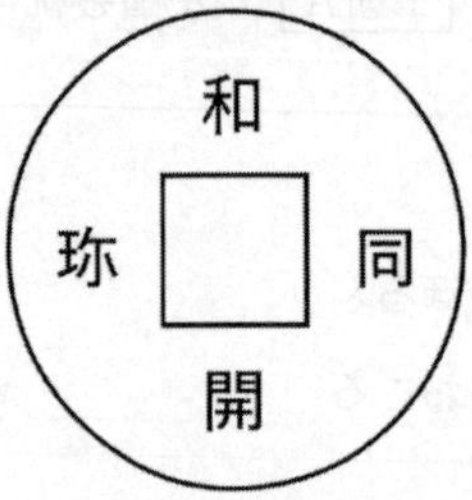


●直径は 24 mm で，全国各地で出土する。
●銅製と銀製の２種類があった。
●当時の取引は物々交換が中心だったため，政府は貨幣の流通をうながす法令を出した。

B

●定期市では中国から輸入された「洪武通寶《こうぶつうほう》（宝）」や「永樂《えいらく》（楽）通寶《つうほう》（宝）」などが使われた。
●貨幣の流通が広がり，年貢を銭で納めることもあった。

C

●石見《いわみ》銀山では，朝鮮半島から伝わった新しい技術によって銀の産出量が増加した。
●世界の銀の産出量のうち，日本の銀が約３分の１を占めた。
●ポルトガル人イエズス会士が作成したという地図に，石見銀山が記された。
●石見銀山で産出した銀で作られた銀貨が，文禄の役の戦費に使われた。

D

●明治維新直後，政府は江戸時代の単位で通貨を発行した。
●新貨条例によって，円・銭・厘《りん》という新しい通貨単位が制定され，１円＝100 銭＝1000 厘と定められた。
●明治時代の紙幣には，七福神でもある大《だい》黒天《こくてん》や，菅原道真や中臣鎌足などの肖像が用いられた。

問１　生徒が博物館で書き写した次の**史料**と関連している**まとめカード**として最も適当なものを，下の**ア**から**エ**のうちから一つ選べ。なお，**史料**は現代語に訳し，わかりやすくするために一部を補足したり省略したりしてある。

**史料**

およそ銭というものは，売買を行うのに有益なものである。ところが，いまでも人々は古い習慣に従って，いまだにその道理を理解していない。わずかに銭を用いて売買するといっても，蓄える者はほとんどいない。そこで，銭を蓄えた額の多少に応じて，等級・段階を設けて位を授けることにした。従六位《じゅろくい》以下で，10 貫以上の銭を蓄えた者には，位を一階昇進させる。20 貫以上の銭を蓄えた者には，位を二階昇進させる。

**ア**　A　　**イ**　B　　**ウ**　C　　**エ**　D

問２　前ページの**まとめカード**Ｃの内容と関連する説明として正しいものを，次の**ア**から**エ**のうちから一つ選べ。

**ア**　南蛮貿易によって，ヨーロッパの天文学や医術などがもたらされた。

**イ**　渡来人によって，須恵器《すえき》をつくる技術や漢字を書く文化がもたらされた。

**ウ**　アラビア半島でイスラム教が成立し，イスラム商人は東アジアにも進出した。

**エ**　イギリスで大量生産された綿織物が，アジアに安い価格で輸出された。

問３　左下のカードは生徒が作成したもう一枚の**まとめカード**である。前ページのＡからＤの**まとめカード**と合わせて年代の古い順に並べたとき，左下のカードが入る時期として最も適当なものを，右下の**ア**から**オ**のうちから一つ選べ。

●銅製で全国各地に流通した。
●この銅銭のほか，小判などの金貨や丁銀《ちょうぎん》などの銀貨がつくられた。
●銅銭は全国に普及したが，東日本では金貨，西日本では銀貨が流通した。

**ア**　Ａの前
**イ**　ＡとＢの間
**ウ**　ＢとＣの間
**エ**　ＣとＤの間
**オ**　Ｄの後

**6**　問１から問４までの各問いに答えよ。

問１　次の**図**は，沖縄県が設置されてからの15年間の国際関係の一部を模式的に表したものである。下の**説明**を参考にして，**図**中の**あ**から**え**に入る国名の組み合わせとして正しいものを，後の**ア**から**エ**のうちから一つ選べ。

**図**

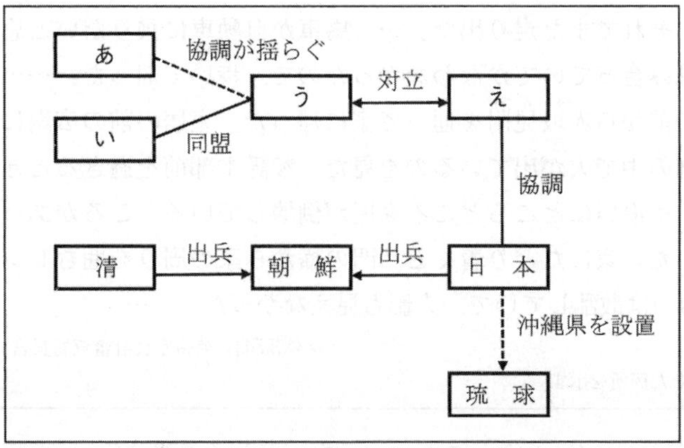


**説明**　・**あ**の国の憲法は，**図**の時期に日本で発布された憲法の参考の一つになった。
・**い**，**う**，**え**の国は，それぞれ江戸時代から日本と修好通商条約を結んでいた。
・**う**の国は，沖縄県設置の４年前に日本と領土の取り決めに関する条約を結んだ。

・えの国は，図の時期に日本との条約を修正し，領事裁判権（治外法権）を撤廃《てっぱい》した。

ア　あ－フランス　い－アメリカ　う－イギリス　え－ドイツ
イ　あ－フランス　い－ドイツ　う－アメリカ　え－イギリス
ウ　あ－ドイツ　い－フランス　う－ロシア　え－イギリス
エ　あ－ドイツ　い－イギリス　う－ロシア　え－アメリカ

問２　次のａからｆの**出来事**は年代の古い順に並んでいる。図の時期をこれらの**出来事**の間に当てはめた場合に正しいものを，下の**ア**から**カ**のうちから一つ選べ。

**出来事**

ａ　三井《みつい》家が江戸で開いた越後《えちご》屋が「現金かけねなし」を方針として繁盛《はんじょう》した。
ｂ　横浜の港で外国との貿易がはじまった。
ｃ　八幡製鉄所が操業を開始した。
ｄ　米の安売りを求める騒動が富山県から全国に広がった。
ｅ　世界恐慌の影響が日本にもおよび，まゆや生糸の価格が暴落した。
ｆ　財閥が解体され，独占禁止法が制定された。

ア　ａとｂの間　イ　ｂとｃの間　ウ　ｃとｄの間
エ　ｄとｅの間　オ　ｅとｆの間　カ　ｆの後

問３　次の**史料**はある人物の日記である。この**史料**が示す事柄がおきた時期を前ページの**出来事**の間に当てはめた場合に正しいものを，下の**ア**から**カ**のうちから一つ選べ。なお，**史料**は現代語に訳し，一部を変えたり省略したりしてある。

**史料**

九月一日土曜　晴

……十一時五十八分ごろ，大地が大きく揺れた。私たちはなお話を続けていた。地震はますます激しくなり，壁土が落ちてきた。私と同僚は思わず走り出て，非常口を出て渡り廊下を過ぎた。歩けないほどだった。無理に走って屋外に出た。十分ほどの間，地震が続いた。私は審査局にたどり着き，書類や帽子を取ってこようと思って渡り廊下のあたりに行った。また揺れが来た。それでまた走り出た。……馬車か自動車に乗りたいと思って……問い合わせをさせたが，混み合っていてかなわなかったので，歩いて帰った。……参謀《さんぼう》本部前を過ぎ，ドイツ大使館の前から赤坂見附《あかさかみつけ》を通って家に帰った。皇居の前の広場に出たとき，警視庁付近と日比谷《ひびや》公園の中で火が出ているのを見た。参謀本部前を過ぎるときには赤坂で出火しているのを見た。道沿いにところどころ家屋が倒壊しているところがあった。避難する人々は皆屋外に出ていた。家にたどり着くと，門の横から家の周りを囲むレンガ塀は全部倒壊し，屋内の家具やものは散乱していて，人影も見えなかった。……

（枢密顧問官兼帝室会計審査局長官であった倉富勇三郎の日記）

※「……」は省略した箇所を示す。

ア　ａとｂの間　イ　ｂとｃの間　ウ　ｃとｄの間
エ　ｄとｅの間　オ　ｅとｆの間　カ　ｆの後

問4　前ページの出来事aからdの説明として誤っているものを，次のアからエのうちから一つ選べ。

ア　aの三井《みつい》家は豪商として富を蓄え，のちに様々な事業を多角的に経営する財閥に成長した。

イ　bの横浜と新橋とを結んだ路線が，日本で最初に開通した鉄道路線であった。

ウ　cの八幡製鉄所は，需要が高まっていた鉄鋼の国産化を目指して，福岡県に建設された。

エ　dの騒動は，第一次世界大戦中の不況と食料不足による米価格の高騰《こうとう》が原因であった。

**7**　次の生徒による発表文を読み，問1から問4までの各問いに答えよ。

私たちは，日本の憲法に基づいた政治制度の歴史と現在の形，その課題について調べて考察しました。現在では日本国憲法に基づいて(1)国会と内閣，裁判所による三権分立に基づいて民主的な政治制度が整っていますが，(2)戦前でもその仕組みと考え方を追求した時期がありました。戦後になると政治制度は整いましたが，社会が発展するにしたがって日本国憲法には記載されていない権利があるという考え方も広がり，それらは(3)新しい人権として裁判などで主張されるようになりました。一方，(4)日本国憲法で保障されている基本的人権についても十分とは言えないこともあり，「基本的人権の尊重」を達成するための政治制度や社会のあり方が求められています。

問1　下線部(1)に関連して，現在の日本の国会と内閣についての記述として正しいものを，次のアからエのうちから一つ選べ。

ア　内閣を構成するその他の大臣は国会議員でなくとも選ばれることがあるが，内閣総理大臣は国民の直接選挙によって最終的に決定される。

イ　内閣は国会に対して連帯して責任を負うという議院内閣制をとっており，内閣総理大臣は国会議員の中から選ばれる。

ウ　国会は衆議院，参議院の二院制をとっており，アメリカ連邦議会と同様に二院の権限は憲法で優劣がないように定められている。

エ　国会における議決は過半数の多数決であるが，安全保障に関する予算案や法律案の議決については両院とも3分の2以上の賛成が必要である。

問2　下線部(2)に関連して，1910年代に民主的な政治の仕組みを追求した運動と，そのころに活躍した人物，その人物が主張した考え方の組み合わせとして正しいものを，次のアからカのうちから一つ選べ。

| | 1910年代の運動 | 人物 | その人物が主張した考え方 |
|---|---|---|---|
| ア | 自由民権運動 | 福沢諭吉 | 平和五原則 |
| イ | 自由民権運動 | 犬養毅 | 民本主義 |
| ウ | 自由民権運動 | 吉野作造 | 平和五原則 |
| エ | 大正デモクラシー | 福沢諭吉 | 民本主義 |
| オ | 大正デモクラシー | 犬養毅 | 平和五原則 |
| カ | 大正デモクラシー | 吉野作造 | 民本主義 |

問３　下線部⑶に関連して，次の**資料**は，弁護士の団体が新しい人権の保障について発したものである。**資料**中の下線部に着目して，この内容を反映している具体例として最も適当なものを，下の**ア**から**エ**のうちから一つ選べ。

> **資料**
> 個人が尊重される民主主義社会の実現のためには，その手段である民主制の過程が健全に機能しなければならない。代表民主制下において国民が自律的に代表者を選任し政策形成に参加するためには，公的情報が国民に対して十分に公開されていることが不可欠である。そのためには，知る権利の保障の充実と，情報公開を促進する制度の整備が必要である。

（日本弁護士連合会の資料より作成）

**ア**　ある民間企業が，一人ひとりの個人の行動範囲や人が集まりやすい場所や時間などについての膨大《ぼうだい》な量の情報を収集し，それに基づいて商品を売る量や経営に力を入れる店舗を決めたり，消費者の隠れた好みなどを探り当てたりすること。

**イ**　日本の政府が，すべての国民に個人の番号を割り振り，選挙権の行使や納税の状況などの情報を一元的に管理し，その情報を犯罪防止のために警察に常時伝えるとともに，個人の支持政党を知りたい他の個人に選挙権の行使の状況を公開すること。

**ウ**　日本の地方公共団体が，予算の執行や事業の進捗《しんちょく》の状況を，住民の求めに応じて適正な手続きに則《のっと》って公開できるようにし，不正や汚職などがおこなわれていないかどうかを住民自身が確認するのに役立てられるようにすること。

**エ**　ある国際機関が，国際経済の成長に関する目標を定め，それぞれの加盟国が目標を達成するために取り組むことを義務化し，目標達成についての情報を国際機関のみが持った上で加盟国を集めて会議を開き，加盟国の協調をはかろうとすること。

問４　下線部⑷に関連して，この発表をした生徒は基本的人権の尊重についての課題を後日調べたところ，左下のような**グラフ**を見つけた。これは平成21年と令和元年の，５歳ごとの年齢階級における日本での何らかの割合を示しており，折れ線グラフが描く形が特徴的であるという。この**グラフ**が示している事柄として正しいものを，右下の**ア**から**エ**のうちから一つ選べ。

**グラフ**

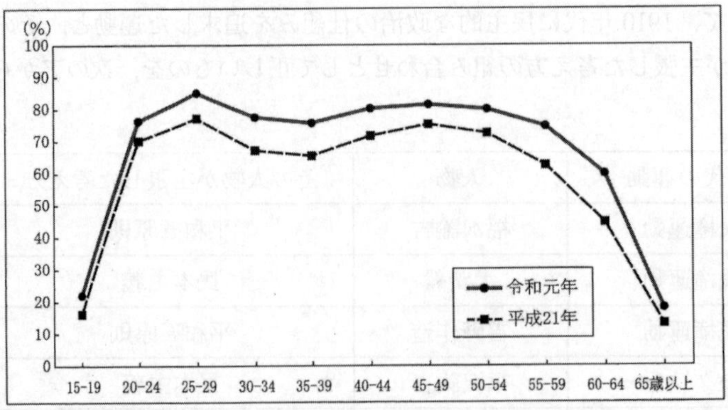


**ア**　女性の大学進学率
**イ**　女性の労働力率
**ウ**　男性の大学進学率
**エ**　男性の労働力率

**8** 次の生徒と先生の会話文を読み，問１から問３までの各問いに答えよ。

生徒：お札のデザインが新しくなると聞きました。新しい一万円札の肖像は渋沢栄一《しぶさわえいいち》だそうです。でも紙のお金が，印刷されている金額で取引に使われるのは不思議に思えます。

先生：お金の価値は，中央銀行である日本銀行が現金や預金などの通貨量を調整することで，その価値を安定させているのです。だから，お金の価値は印刷されただけでは，必ずしも安定的ではありません。(1)社会全体で取引される商品総額や企業などが借りたいと思うお金の量などに対して，お金が不足したり逆に余ったりすることで，お金の価値は変化することがあるのです。中央銀行は，市場に出回るお金の量が少なすぎたり，多すぎたりしないようにすることで，お金の価値を安定させて，その信用がある程度保たれるようにしているのです。

生徒：日本銀行の役割は，お金の価値を安定させることなのですね。

先生：それだけではありません。(2)景気が良くなったり悪くなったりしたときに，お金の流通量を意図的に増やしたり減らしたりして，景気を操作しようとすることもしています。

生徒：そういえば，景気を回復させる方法として，世界恐慌が発生したことから，アメリカでは(3)ニューディール政策を実施したと，授業で教わりました。

先生：そうですね。中央銀行だけでなく，政府が直接景気回復のためにそのような積極的な経済政策をおこなう場合もあります。

**図　日本銀行がおこなう公開市場操作の仕組み**

通貨流通量を増やす場合

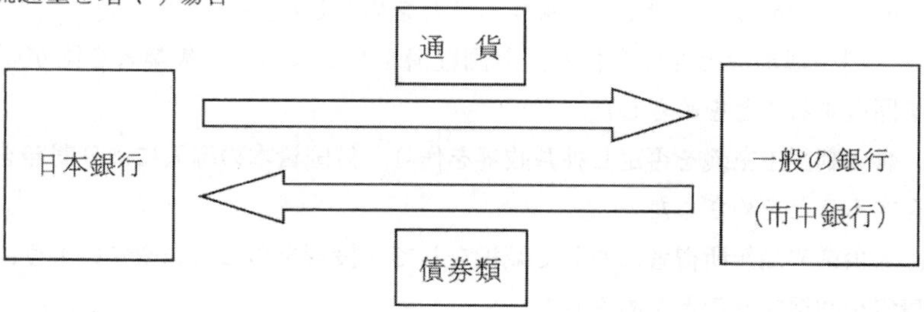


通貨流通量を減らす場合

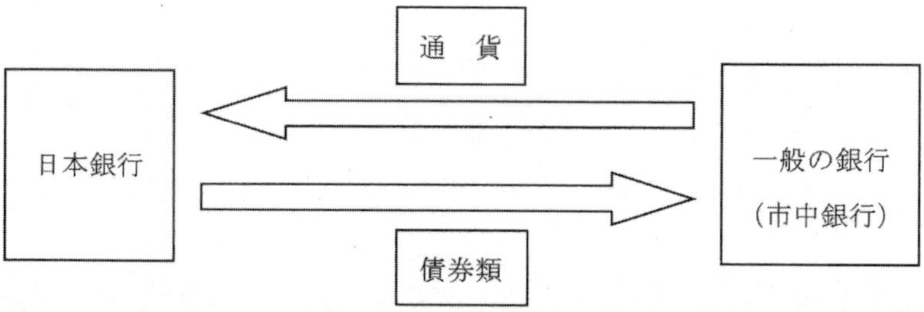


※「債券類」とは，国や企業が借金をするときに発行する証書のことを指す。

問１　下線部(1)に関連して，インフレーションと通貨価値の関係についての説明として正しいものを，次のアからエのうちから一つ選べ。

**ア**　インフレーションは，物価が下がり続けることで，そのため通貨価値も実質的に下がる。

**イ**　インフレーションは，物価が下がり続けることで，そのため通貨価値は実質的に上がる。

**ウ**　インフレーションは，物価が上がり続けることで，そのため通貨価値も実質的に上がる。

**エ**　インフレーションは，物価が上がり続けることで，そのため通貨価値は実質的に下がる。

問２　下線部(2)に関連して，日本銀行はおもに前ページの図のような操作をおこない，通貨量を増減させている。この仕組みについての説明およびその効果についての説明として正しいものを，次のアからエのうちから一つ選べ。

**ア**　日本銀行が，市中銀行へ国債や手形を売ると，市場に流れる資金量が増加して，企業などの経済活動が停滞する。

**イ**　日本銀行が，市中銀行へ国債や手形を売ると，市場に流れる資金量が増加して，企業などの経済活動が活発化する。

**ウ**　日本銀行が，市中銀行から国債や手形を買うと，市場に流れる資金量が増加して，企業などの経済活動が停滞する。

**エ**　日本銀行が，市中銀行から国債や手形を買うと，市場に流れる資金量が増加して，企業などの経済活動が活発化する。

問３　下線部(3)に関連して，ニューディール政策の説明として正しいものを，次のアからエのうちから一つ選べ。

**ア**　政府が，ダム建設などの公共投資をおこなって，失業者に仕事を与えられるようにして，社会全体での所得を増やして，景気を回復することをめざした。

**イ**　政府が，工場や農地などを国有化し，計画経済をおこなって，失業者を国が雇用することで，景気を回復することをめざした。

**ウ**　政府が，議会制民主主義を否定し独裁政権を作り，外国資本の導入により開発をおこない，景気を回復することをめざした。

**エ**　政府が，大企業や高額所得者に対して減税をして，投資をおこないやすいように規制緩和を実施し，景気を回復することをめざした。

**ウ**　技術的に優れた作品であってもすぐに価値が認められるとはかぎらず、描き続けていくうちに評価が高まると気づいたから。

**エ**　絵を評価されることが自分の目的ではなく、誰にも認められなくても絵を描き続けることが自分の幸せだと気づいたから。

問7　本文の記述に関する説明として最も適当なものを、次の**ア**から**エ**までの中から一つ選べ。

**ア**　世間や社会を恨んで他人を責めてばかりいた浩弥が、進化論の思想や文明の変遷に目を向けることで、自分が表現し続けることの意味に気づき、世界を変えるため進み出そうと決意する場面である。様々な物体が比喩的な意味を持って登場し、間接的に人物の内面を表現している。

**イ**　社会に背を向けていた浩弥が、小町さんやのぞみちゃんの熱烈な応援をきっかけに、友人の成功にも刺激を受けながら、少しずつ前を向いていこうとする場面である。自然科学と人工物の進化に目を向けることで、閉じていた浩弥の心が少しずつ開かれていく様子を表現している。

**ウ**　人に出し抜かれてばかりの世間に嫌気がさしていた浩弥が、夢をかなえた友人の言葉と、ぬいぐるみの飛行機やタイムカプセルのおかげで、再び自分を信じることを思い出す場面である。色々な「作品」と学問上の発見とが連想によってつながれ、進歩し続ける世界が描かれている。

**エ**　自分の世界に閉じこもっていた浩弥が、図書館で紹介された本や小町さんの言葉、旧友との交流を通じて、本当に望んでいたことを思い出し、生きる力を取り戻す場面である。断片的に描かれた様々な出来事が組み合わさり、答えにたどり着くまでの心情が丁寧に描かれている。

面を見ることが大事だと伝えようとしているね。

**イ** 世間に広く認められることに価値があると考える浩弥に、別の見方があることをさりげなく伝えているね。

**ウ** ゆったりとした時間の捉え方を示して、いらだっていた浩弥の気持ちを落ち着かせようとしているね。

**エ** 自分の思い込みにとらわれがちな浩弥に確実に言葉を届けることで、彼の視野を広げようとしているね。

問3 本文中に、(1)この世界にウォレスの生きる場所を作ったとあるが、どういうことか。その説明として最も適当なものを、次の**ア**から**エ**までの中から一つ選べ。

**ア** ウォレスの進化論を学んだ人間が世間に出ていった分だけ、ウォレスという人間がいたことを知る人が増え続ける。

**イ** ウォレスの考えを理解している人間がいる分だけ、ウォレスという人間が地球上に残した学問的価値が増し続ける。

**ウ** ウォレスの説が正しいと認める人間が増えた分だけ、ウォレスという人間が残した功績は人々に称賛され続ける。

**エ** ウォレスのことを知っている人間が増えた分だけ、ウォレスという人間がこの世界に存在した意味が残り続ける。

問4 本文中に、(2)環境に適応しない考えを持つ自分自身が淘汰されるとあるが、どういうことか。その説明として最も適当なものを、次の**ア**から**エ**までの中から一つ選べ。

**ア** ある社会が認めようとしない考えを持つ者が、その社会から迫害を受けてしまう。

**イ** 決して人に合わせようとしない者が、付き合いにくいと思われ絶交されてしまう。

**ウ** まだ世界で知られていない発見をした者が、周囲から変わり者扱いされてしまう。

**エ** まったく世間の常識を知らない者が、失礼な人だと思われ低く評価されてしまう。

問5 本文中に、(3)右手に乗った飛行機を眺める。とあるが、この「飛行機」は浩弥にとってどのような意味を持つものか。最も適当なものを、次の**ア**から**エ**までの中から一つ選べ。

**ア** 自分自身の考えを主張することをやめなければ、大空を飛ぶように自由に未来を開いていけることを示す希望の象徴。

**イ** 自分を信じて作品や考えを発表し続けてさえいれば、いつかは必ず世間に認めてもらえるはずだという信念の象徴。

**ウ** 自分自身を信じ続けた者たちの活動によって、あり得ないと思われることが現実になっていくという事実の象徴。

**エ** 自分で未来の可能性を狭めてきたことで、元の自分とは全く違う存在になってしまったあげくに失われた夢の象徴。

問6 本文中に、(4)それは俺の、れっきとした居場所になるんじゃないか。とあるが、浩弥がそう感じたのはなぜか。最も適当なものを、次の**ア**から**エ**までの中から一つ選べ。

**ア** 浩弥の絵が好きだと言う人の言葉を素直に受け取り、才能を信じて描き続ければいつかは世間も認めてくれると気づいたから。

**イ** たとえ世間に広く認められなくても、誰かの心に残る作品を描くことができれば自分の生きる意味はあると気づいたから。

そうだったっけ……ああ、そうだったかもしれない。

どこかでねじまがって、勘違いが刷り込まれていた。「歴史に名を残す。」って書いてたと思い込んでいた。壮大な夢を抱いていたのに打ち砕かれたって。俺を認めてくれない世間や、ブラックな企業がはびこる社会が悪いって、被害者ぶって。でも俺の根っこの、最初の願いは、こういうことだったじゃないか。

丸めようとしていた俺の絵を、救ってくれた（注5）のぞみちゃんの手を思い出す。俺の絵を、好きだって言ってくれた声も。俺はそれを、素直に受け取っていなかった。お世辞だと思っていた。自分のことも人のことも信じてなかったからだ。

十八歳の俺。ごめんな。

今からでも、遅くないよな。歴史に名が刻まれるなんて、うんと後のことよりも……それよりも何よりも、誰かの人生の中で心に残るような絵が一枚でも描けたら。

(4)それは俺の、れっきとした居場所になるんじゃないか。

（青山《あおやま》美智子《みちこ》『お探し物は図書室まで』による）

（注1）コミュニティハウス＝小・中学校等を活用した地方公共団体の施設。
（注2）小町さん＝コミュニティハウスの図書室の司書。羊毛フェルトを針で刺してぬいぐるみを作るのが趣味。
（注3）ダーウィン＝イギリスの学者。『種の起源』の著者で進化論を提唱した。
（注4）ウォレス＝イギリスの生物学者。ダーウィンとは別に自然選択を発見し、ダーウィンが理論を公表するきっかけを作ったとされる。
（注5）のぞみちゃん＝図書室の司書見習い。

問1　本文中の［①］に当てはまる漢字を、次の**ア**から**エ**までの中から一つ選べ。

**ア**　理　　**イ**　利　　**ウ**　離　　**エ**　裏

問2　小町さんの小説の中での役割について話し合っている次の会話文の［A］、［B］、［C］に当てはまるものを、それぞれ後の**ア**から**エ**までの中から選べ。**ただし、同じ記号は二回使わない。**なお引用されている**a**～**d**については、本文中に破線で示してある。

生徒1　小町さんは、気づかいがある人みたいだね。**d**「小町さんは、おでこに人差し指を当てた。」は、浩弥を少しリラックスさせようとして、話題をうまく変えているみたい。

生徒2　**d**「小町さんは、おでこに人差し指を当てた。」に続く言葉は少し冗談っぽいけど、［A］

生徒3　でも、真面目なときは真面目だね。**b**「小町さんは俺と目を合わせ、ゆっくりと続けた。」は、すごくまっすぐな感じがする。わざわざ目を合わせて、［B］

生徒1　**a**「小町さんは何も言わずにおそらく針を刺していた。」ではまるで無関心そうな感じもするのに、その後を見るとちゃんと浩弥の話を聴いていて。人との距離の取り方が上手な人だね。

生徒2　浩弥の言うことを否定はしない。でも、**c**「こきん、と小町さんは首を横に倒す。」に続く言葉は、［C］

生徒3　年齢を重ねた大人の余裕みたいなものを感じるね。

**ア**　知らない他人まで悪く言う浩弥の視点を変えて、人間のいいけじゃない。きっと、征太郎の中に自分を信じる気持ちがあったからだ。

「じゃあ、もう水道局員じゃなくて作家だな。」

鼻水をすすりながら俺が言うと、征太郎は「ううん。」と笑った。

「水道局の仕事があったから、小説を書き続けることができたんだ。これからも辞めないよ。」

俺はその言葉を、頭の中で繰り返した。どういう意味だろうと考えてしまうような、でも理屈じゃなくすごくわかるような。

「今度、お祝いしような。」と言って、俺は電話を切った。

俺は興奮して、ぐるぐるとコミュニティハウスの周りを歩いた。鉄の柵の前に、やっとふたり座れるぐらいの小さな木のベンチがあった。そこに腰を下ろす。

柵の向こうに小学校の校庭がある。併設とはいえ、こちらからは入れないようになっている。放課後なんだろう、子どもたちがジャングルジムに登って遊んでいた。

二月の終わりの夕方、だいぶ日が長くなっていた。

俺は気持ちを落ち着かせながら、ジャンパーの両ポケットに手を突っ込んだ。

左にタイムカプセルの紙、右に小町さんがくれたぬいぐるみ。どちらも入れたままになっていた。俺はふたつとも取り出し、それぞれの手に載せた。

飛行機。誰もが知ってる文明の[ ① ]器。大勢の客や荷物を乗せて空を飛んでいても、今、驚く人はいない。

たった百六十年前――。

それまでヨーロッパでは、生物はすべて神が最初からその形に創ったもので、これまでもこれからも姿を変えることなんかないって固く信じられていた。

サンショウウオは火から生まれたと、極楽鳥は本当に極楽から来た使いだと。みんな真剣にそう思っていた。

だからダーウィンは発表することを躊躇《ちゅうちょ》したのだ。まさに、(2)環境に適応しない考えを持つ自分自身が淘汰《とうた》されることを恐れて。

でも、今や進化論はあたりまえになっている。ありえないって思われてたことが、常識になっている。ダーウィンもウォレスも、当時の研究者たちはみんな、自分を信じて、学び続けて発表し続けて……。自分を取り巻く環境のほうを変えたんだ。

(3)右手に乗った飛行機を眺める。

百六十年前の人たちに、こんな乗り物があるって話しても誰も信じないだろう。

鉄が飛ぶはずないって。そんなものは空想の世界の話だって。

俺も思っていた。

俺に絵の才能なんてあるわけない、普通に就職なんてできるはずない。

でもそのことが、どれだけの可能性を狭めてきたんだろう?

そして左手には、土の中に保管されていた高校生の俺。四つ折りにされた紙の端をつまみ、俺はようやく、タイムカプセルを開く。

そこに書かれた文字を見て、俺はハッとした。

「人の心に残るイラストを描く。」

たしかに俺の字で、そう書いてあった。

「でも、少なくとも浩弥くんはその本を読んでウォレスを知ったよね。そしてウォレスについて、いろんなことを考えている。それってじゅうぶんに、(1)この世界にウォレスの生きる場所を作ったということじゃない？」

俺がウォレスの生きる場所を？

誰かが誰かを想う。それが居場所を作るということ……？

「それに、ウォレスだって立派に有名人だよ。世界地図には、生物分布を表すウォレス線なんてものも記されてる。彼の功績はちゃんと認められてると思うよ。その背後には、どれだけたくさんの名も残さぬ偉大な人々がいただろうね。」

そしてd小町さんは、おでこに人差し指を当てた。

「それはさておき、『種の起源』だ。あれが発行されたのが一八五九年だと知ったときに、私は目玉が飛び出るかと思った。」

「え、なんで。」

「だって、たった百六十年前だよ。つい最近じゃないの。」

つい最近……。そうなのか。俺が眉を寄せて考え込んでいると、小町さんは頭のかんざしにそっと手をやる。

「五十歳近くになるとね、百年って単位が短く感じられるものだよ。百六十年なんて、がんばれば生きてそうだもん、私。」

それには納得がいった。生きていそうだ、小町さんなら。

ざくざく、ざくざく。小町さんが無言になって、毛玉に針を刺しはじめる。

俺は本に目を落とし、ウォレスのそばにいたであろう名も残さぬ人々のことを想った。

コミュニティハウスを出たところで、スマホが鳴った。

征太郎からの電話だった。友達からの電話なんてほぼかかってきたことがなくて、俺は立ち止まり、緊張気味に出た。

「浩弥、僕……僕……。」

スマホの向こうで征太郎が泣きじゃくっている。俺はうろたえた。

「どうしたんだよ、おい、征太郎。」

「……作家デビュー、決まった。」

「は？」

「実は、年末にメイプル書房の編集さんからメールがあったんだ。僕、秋の文学フリマで小説の冊子を出していて、それを読んでくれた崎谷《さきたに》さんって人から。何度か会って打ち合わせして、少し手を入れる方向で、今日、企画が通ったって。」

「す、すげえ！　よかったじゃん！」

震えた。

すげえ、ほんとにすげえ。夢かなえちゃったよ、征太郎。

「浩弥に、一番に言いたかったんだ。」

「え。」

「僕が作家になれるわけないって、きっとみんな思ってた。でも高校のとき、浩弥だけは言ってくれたんだ。征太郎の小説は面白いから書き続けろって。浩弥は忘れちゃったかもしれないけど、僕にとってはそのひとことが原動力で、最強に信じられるお守りだったんだ。」

征太郎は大泣きしていたけど、俺も涙があふれて止まらなかった。

俺の……俺の小さなひとことを、そこまで大事にしてくれてたなんて。

でも、征太郎が書き続けて発表し続けてこられたのは、そのせいだ野で人に影響を及ぼしている。

**エ** 科学的知識には、それを使わない方が適切な場面でも使うようにと人を誘惑するとともに、科学的知識を持つ専門家も幻惑して知識を適切に使えなくさせる強い力があり、その力は幅広い分野で人を混乱させている。

問8 本文中に、(6)科学的な言明は、日常生活場面で使える形に「翻訳」しないと使えないことが多い とあるが、なぜか。その理由として最も適当なものを、次の**ア**から**エ**までの中から一つ選べ。

**ア** 科学的な言明は、そのままでは日常生活場面のどこにどう当てはまり行動指針としてどう役に立つのか、一般市民にとってわかりにくいから。

**イ** 日常生活で科学的知識を使おうとする一般市民は、科学的用語が含まれるだけで満足し、科学的な言明の真の意味を理解しようとしないから。

**ウ** 専門家は、様々な条件を考えて厳密に科学的な言明を発しようとするが、日常の生活場面は複雑であって専門家の想定を超えてしまうから。

**エ** 厳密な条件や留保が付いた科学的な言明は、表現の性質が日常の言葉とは異なるために、日常の行動指針としてはまったく役に立たないから。

**3** 次の文章を読んで、後の問いに答えよ。

浩弥《ひろや》は絵を描くのが好きで、高校卒業後はデザイン学校に進んだが、三十歳になった今も就職ができずにいた。高校三年生の時に埋めたタイムカプセルを開封するための同窓会で、作家志望だった友人・征太郎《せいたろう》と再会し、彼が今も創作を続けていることを知る。たまたま立ち寄った（注1）コミュニティハウスの図書室で、司書の（注2）小町《こまち》さんに『進化の記録』という写真集をすすめられ、浩弥はそれを閲覧するために図書室に通うようになった。

「……（注3）ダーウィンって、ひどい奴じゃないですか。（注4）ウォレスが不憫《ふびん》だ。先に発表しようとしたのはウォレスなのに、ダーウィンばっかりもてはやされて。俺、この本を読むまでウォレスなんて名前も知らなかった。」

しばらく沈黙が続いた。俺はつっぷしたままで、a小町さんは何も言わずにおそらく針を刺していた。

少しして、小町さんが口を開いた。

「伝記や歴史書なんかを読むときに、気をつけなくちゃいけないのは」

俺は顔を上げる。b小町さんは俺と目を合わせ、ゆっくりと続けた。

「それもひとつの説である、ということを念頭に置くのを忘れちゃだめだ。実際のところは本人にしかわからないよ。誰がああ言ったとかこうしたとか、人伝えでいろんな解釈がある。リアルタイムのインターネットでさえ誤解は生じるのに、こんな昔のこと、どこまで正確かなんてわからない。」

cこきん、と小町さんは首を横に倒す。

ア・図イ・図ウの中から選べ。ただし、同じ記号は二回使わない。

A　脳神経科学を学んだ経験のない一般人は、不適切な説明であっても科学的な用語が加わっていると、説明の内容部分は同じなのに、科学用語がない説明より高く評価した。

B　専門家は、科学的用語の有無にかかわらず、不適切な説明文は低く評価した。さらに、適切な説明文に科学的用語が加わったものは、その科学的用語の内容が不正確であり説明内容に適していないとの判断から、科学的用語がない説明よりむしろ低く評価した。

C　脳神経科学入門の講義を半年間聴いてきた学生たちは、専門家とは真逆の反応を示した。一般の素人と同じく、不適切な説明文でも科学的用語があれば、そうでないものより高く評価し、さらにあろうことか、適切な説明文でも科学的用語が加わったほうを、より優れた説明と評価したのだ。これは、専門家の判定とは正反対だ。

（図ア）

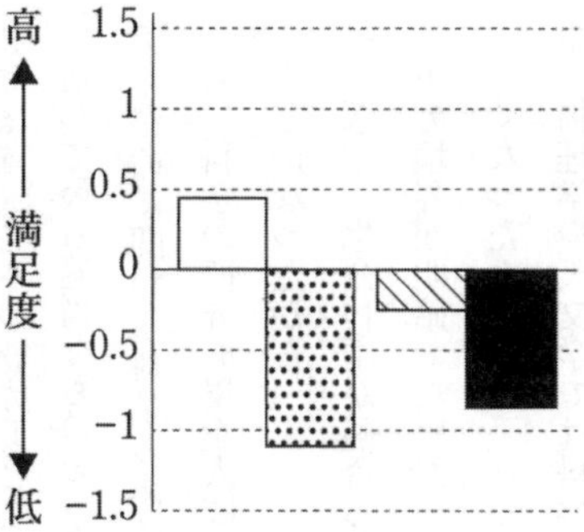


（図イ）

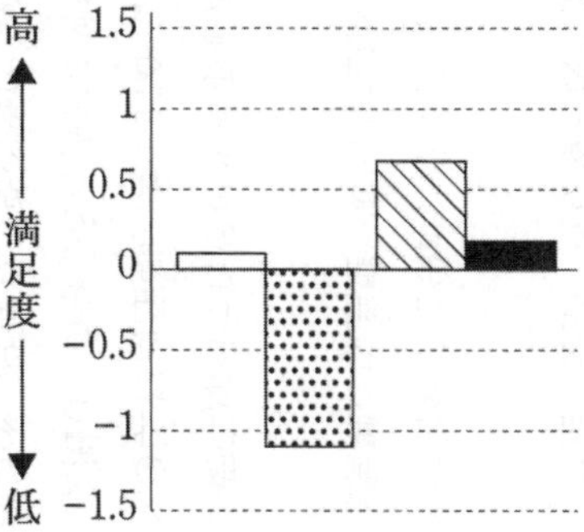


（図ウ）

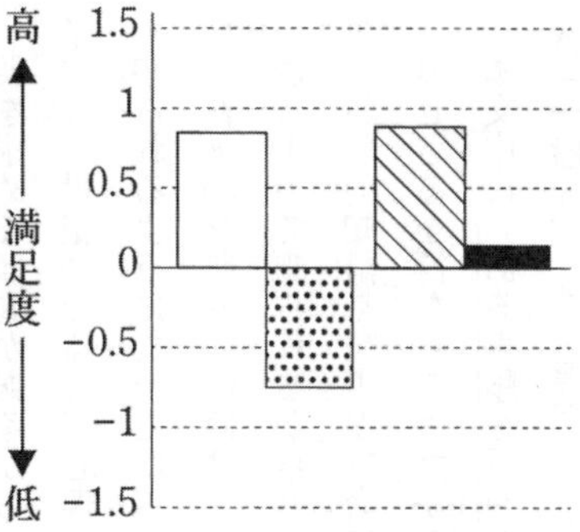


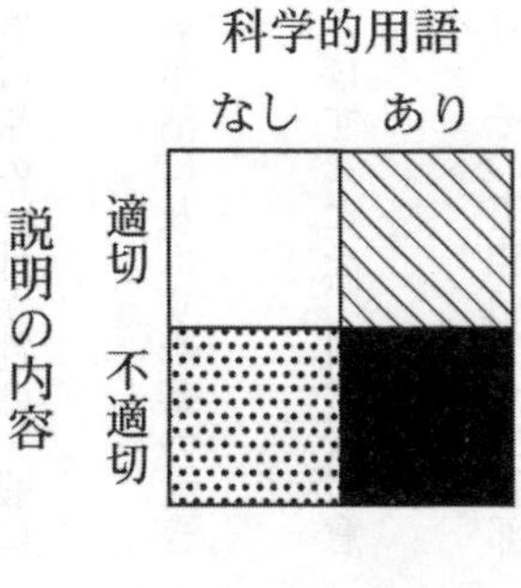


問7　本文中に、(5)普遍的かつ強力なのだ、知識の魔力は。とあるが、どういうことか。その説明として最も適当なものを、次のアからエまでの中から一つ選べ。

ア　科学的知識には不思議な魅力があるため、説明をする側である科学者はそれらを使いたい誘惑にかられ、また説明を受ける側である一般市民も、科学者に科学的用語をできるだけ多く使うよう要望する傾向がある。

イ　科学的知識には人を惑わす強い力があるため、一見科学的な装いをまとっただけの説明が適切か否かを判定することは、説明を受ける側の一般市民だけでなく科学的知識を持った専門家にとっても非常に難しい。

ウ　科学的知識には、それを使うのが不適切な場合でも使いたい気持ちにさせるとともに、科学的用語があるだけで説明を受ける側を満足させてしまう不思議な力があり、その力は様々な分

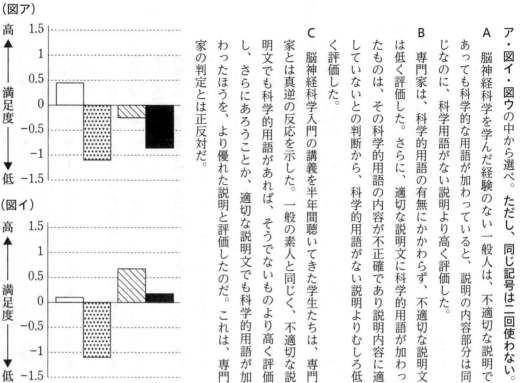

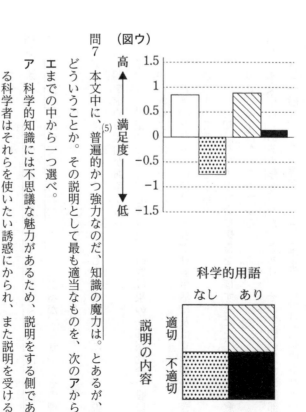

まざるをえない状況が現出している。とあるが、なぜか。その理由として最も適当なものを、次のアからエまでの中から一つ選べ。

ア　生命に関わる科学の領域が広がるにつれ、専門家以外の人も、科学の研究成果を人間に直接関係するものとして受け取ることになったから。

イ　医学と生命科学が融合した生命医科学では、観測者と観測対象の境界が明確でないため、専門家以外の人も研究に参加しやすくなったから。

ウ　物理学や天文学では科学者が観測者であるが、生命に関わる科学では一般市民が観測者となり、研究成果に直接関与するようになったから。

エ　生命科学の発展にともなって、人間も研究対象となったため、専門家以外の人も観測者となると同時に研究成果の受け取り手となったから。

問4　本文中に、(2)オキシトシンが出て気持ちが落ち着くことと、その状態を積極的に求めるべきだということのあいだには、じつはなんの論理的つながりもない。とあるが、どういうことか。その説明として最も適当なものを、次のアからエまでの中から一つ選べ。

ア　「オキシトシンが出ると気持ちが落ち着く」のが科学的事実として興味深いからといって、「オキシトシンが出る状態にして気持ちを落ち着かせるべきだ」という意見に誰もが賛成するわけではない。

イ　「オキシトシンが出ると気持ちが落ち着く」という科学的事実から、「オキシトシンが出る状態にして気持ちを落ち着かせるべきだ」という価値判断を含んだ考えが必然的に導き出されるわけではない。

ウ　「オキシトシンが出ると気持ちが落ち着く」という科学的事実は一般社会で常に見られるとは限らないので、「オキシトシンが出る状態にして気持ちを落ち着かせるべきだ」という主張の根拠にならない。

エ　「オキシトシンが出ると気持ちが落ち着く」という科学的事実は生命科学の研究成果であり、「オキシトシンが出る状態にして気持ちを落ち着かせるべきだ」という医学的な見解とは直接結びつかない。

問5　本文中に、(3)今の世の中、科学的事実の少なくとも一部は、社会的価値と無関係ではいられないのだ。とあるが、なぜか。その理由として最も適当なものを、次のアからエまでの中から一つ選べ。

ア　科学者ばかりでなく、一般市民も科学的な知識にもとづく説明を求める傾向があるから。

イ　二〇世紀になると、心理現象の研究成果の一部が社会一般に知られるようになったから。

ウ　科学的な研究の価値は、それが社会生活に及ぼす影響の大きさによって測られるから。

エ　科学的知識や技術が社会に影響を及ぼすことを、科学者が意識せざるを得なくなったから。

問6　本文中に、(4)ある実験を行った。とあり、その実験結果が破線部A（一般人）・B（専門家）・C（学生）に分けて説明されている。実験結果の説明A・B・Cに対応する図を、それぞれ後の図この研究は、その後も追試や関連研究が続けられており、二〇一六年には、知識の誘惑幻惑効果は脳神経科学に限らず、物理学や数学、心理学などでも広くみられることが報告されている。(5)普遍的かつ強力なのだ、知識の魔力は。

この知識の誘惑幻惑効果は、二つのことを示唆している。

ひとつは、説明を受ける側が、内容の妥当性を問わず、一見科学的な装いをまとっただけの説明のほうを好んでしまうということ。もうひとつは、説明をする側が(a)なまじ科学的な知識をもっていると、実際にはその知識を当てはめるのが不適切な場合でも一見科学的な説明をしがちになってしまうということ。

科学的な根拠が明確でないことにまで(b)あたかも科学的根拠があるかのように語ることは、良いことではない。それはもはやトンデモ科学(注5)であり、医学の領域でそのようなインチキ治療法が語られると、人の生き死にに関わる暴力的な行為となる。

だが、ぼくたちは仮にそれがインチキであっても、科学的「であるかのような」説明を喜んでしてしまうし、喜んで受け取ってしまう傾向をもっているのだ。

かといって、専門家が科学的に厳密であろうとすればするほど、その言明は条件付き、留保付きのものにならざるをえず、日常の生活場面での行動指針としては「くその役にも立たない」ことになりがちだ。(6)科学的な言明は、日常生活場面で使える形に「翻訳」しないと使えないことが多いからだ。

これは、「科学者は断定しないから、科学的な成果をどう活用したら良いかわからない」という知識の表現の形の問題だけではなく、科学的知識を日常生活場面の「どこ」に、「どのように」当てはめることができるのか、という適用範囲と形態の問題でもある。そして、科学で必要とされる知識と日常生活で必要とされる知識とでは、そもそも性質が根本的に異なるのである。

（佐倉統《さくらおさむ》『科学とはなにか』による）

（注1）言明＝言葉ではっきりと述べること。
（注2）還元＝ここでは、より複雑なことをより単純なことから派生したものとして説明すること、の意。
（注3）誤謬＝まちがい。
（注4）無理筋＝理屈に合わない考え方。
（注5）トンデモ科学＝一見、科学のように見えるが、まったく科学的ではない考え方。

問1　空欄①、②、③に入る語として適当なものを、それぞれ次のアからエまでの中から選べ。**ただし、同じ記号は二回使わない。**

ア　しかし　　イ　やがて
ウ　たとえば　　エ　つまり

問2　本文中の、(a)なまじ、(b)あたかもの意味として適当なものを、それぞれ次のアからエまでの中から選べ。

(a)　ア　必要以上に　　イ　中途半端に
ウ　不自然に　　エ　自分勝手に

(b)　ア　軽々しく　　イ　ことさら
ウ　無理に　　エ　まるで

問3　本文中に、(1)研究成果の受け取り手として、専門家以外の人を含だから、この誤謬を犯している典型的なものだ（もっともこれは、前提となっている科学的事実自体がそもそも間違っているのだが）。「お子さんをハグしてあげましょう」も「母乳をあげましょう」も、ヒトラーほどひどくはないけれども同じ誤謬を犯していて、そのことは、科学者たちがこういう言明が出るたびに繰り返し強調していることではある。みなさん、また同じ過ちを繰り返すんですか、と。

②、ぼくたち人間の特性や性質についての「科学的事実」が世に出たときに、この自然主義の誤謬を犯さないことを求めても、それはそれで無理筋（注4）というものだろうと思う。ぼくたち自身、そういう「説明」を求めているところがあるからだ。

アメリカの認知科学者ディーナ・ワイスバーグらは、ぼくたちは自然現象や心理現象については一段階下位のレベルでの説明（還元論的説明）を欲し、そのような説明が不適切な場合であっても、科学的な用語が使われるだけで満足してしまう傾向――知識の「誘惑幻惑効果」――があることを報告している。

だから、(3)今の世の中、科学的事実の少なくとも一部は、社会的価値と無関係ではいられないのだ。これは科学者、研究者の側の心構えだけでなく、科学知識や技術を使う社会、一般市民の側の心構えの問題でもある。

知識の「誘惑幻惑効果」は重要なので、少し詳しく見ておこう。

ワイスバーグらが最初にこれを報告したのは二〇〇八年。彼女と同僚たちは、イェール大学二年生の秀才たちを対象とした脳神経科学入門講義の最終回に、(4)ある実験をおこなった。人間の認知に関する現象がなぜ起こるかを説明したいくつかの文章を読ませて、その良し悪しを判定してもらうというものだ。

説明文は、学術的に妥当なものと不適切なものの二種類があり、さらにそれぞれが科学的用語を含むものと含まないものの二種類ずつ、計四種類が用意された。二種類の妥当な説明の内容は、科学的用語の有無を除けば、まったく同じものである。不適切な説明も同様。これらを比較することにより、科学的用語の有無が、読み手への説得力にどのように影響するかを測定できるというわけだ。

A脳神経科学を学んだ経験のない一般人は、不適切な説明であっても科学的な用語が加わっていると、説明の内容部分は同じなのに、科学用語がない説明より高く評価した。

それに対してB専門家は、科学的用語の有無にかかわらず、不適切な説明文は低く評価した。さらに、適切な説明文に科学的用語が加わったものは、その科学的用語の内容が不正確であり説明内容に適していないとの判断から、科学的用語がない説明よりむしろ低く評価した。

しかし、C脳神経科学入門の講義を半年間聴いてきた学生たちは、専門家とは真逆の反応を示した。一般の素人と同じく、不適切な説明文でも科学的用語があれば、そうでないものより高く評価し、さらにあろうことか、適切な説明文でも科学的用語が加わったほうを、より優れた説明と評価したのだ。これは、専門家の判定とは正反対だ。

③、脳神経科学の知識をもっていることと、それらの知識を適切に使うこととは、まったく別の能力なのである。むしろ、知識があることがその適切な使い方を妨げ、その知識を使わないほうがより適切な場面でも知識を使ってしまう誘惑に、ぼくたちは駆られている。知識は、使うように使うようにと人を誘惑し、幻惑する。

エ　日常の決まりきったものの見方にそのままなじんでいる自分から離れ、新たな感覚で世界を捉え直すためには、自分を奮い立たせるのと同時に、みずからを「おどろか」す何ものかの到来を望み続ける必要があった。

問7　本文中に、(5)それを夏休みのように楽しめ、とあるが、どういうことか。その説明として最も適当なものを、次の**ア**から**エ**までの中から一つ選べ。

**ア**　人生にきちんと向き合って生きていくことで、日常をメリハリのある充実したものにするべきだ。

**イ**　「おどろく」ことをあきらめて夢から覚めずにいることで、かえって味わいゆたかな人生を過ごせる。

**ウ**　日常と非日常の時間感覚をきちんと区別することで、日常をメリハリのある充実したものにするべきだ。

**エ**　未来を夢見ることを忘れず日常の生活にのめり込むことで、かえって味わいゆたかな人生を過ごせる。

## 2

次の文章を読んで、後の問いに答えよ。

物理学や天文学の場合、ここでの人間は観測者、すなわち科学者である。一般市民ではない。しかし、これが生命科学の領域になると、観測者だけでなく(1)研究成果の受け取り手として、専門家以外の人たちを含まざるをえないという状況が現出している。

もともとは博物学の一分野だった生物学が、一九世紀に独立した分野となり、生理学、進化学、細胞学、遺伝学、分子生物学と新しい領域を広げていくにつれて、人とそれ以外の生物との境界はどんどん消失しつづけた。この流れは、二〇世紀後半の脳神経科学の発展に至って頂点に達し、基礎研究の成果がそのまま、人間についての言明(注1)に直結するという事態を招来した。ヒトを対象とする医学と、ヒト以外の生物を対象としてきた生命科学との関係は以前から密接ではあったが、両者が実質的に融合して「生命医科学」となったのは二〇世紀の後半、分子生物学がさかんになってからといってよいだろう。

［①］、人と人がハグをしたり、お母さんが赤ちゃんに母乳をあげると、オキシトシンという神経伝達物質が増えて、落ち着いた感情がもたらされる、といった類《たぐい》の研究結果がある。こういった実験の結果は科学的「事実」である、すなわち、価値をともなわない中立な事柄である、と研究者たちはいう。それはそのとおりだし、オキシトシンの話は科学的にとても興味深い結果なのだが、それがひとたび科学界の「外」に出てしまうと、人に関する事実の記述が、たちまちある種の価値を帯びてしまう事態は避けられない。

オキシトシンが出て気持ちが落ち着くのだから、お子さんをハグしてあげましょう。赤ちゃんには母乳をあげましょう――。(2)オキシトシンが出て気持ちが落ち着くことと、その状態を積極的に求めるべきだということのあいだには、じつはなんの論理的つながりもない。「気持ちが落ち着くのは良いことだ」という無意識の価値判断や好みがはたらいて初めて、つながっているように感じるにすぎない。

価値は事実には還元(注2)できないというのは、「自然主義の誤謬《ごびゅう》(注3)」として知られる、科学的事実を取り扱う際の大原則である。

極端な例を出せば、ヒトラーのユダヤ人虐殺政策は、進化学的・遺伝学的にゲルマン人より劣っているユダヤ人は排除すべきだという話を、次のアからエまでの中から一つ選べ。

ア　自分が存在している世界に自身がすっぽりと入り込むことによって、この世界が何であるかをわかりたいと願ったから。

イ　何らかの方法で世界の外に出てから再びそれを見返すことによって、この世界が何であるかをわかりたいと願ったから。

ウ　何らかの方法で世界の外に出てから夢の正体を見返すことによって、生きることが夢のようにしか感じられない理由がわかるから。

エ　自分が存在している世界の中の何かに突き動かされることによって、生きることが夢のようにしか感じられない理由がわかるから。

問4　本文中に、(2)日本人には親しい現実感覚とあるが、どういうことか。その説明として最も適当なものを、次のアからエまでの中から一つ選べ。

ア　日本人は、現実世界にすっぽりと入り込んでしまい、それにも気づかないまま夢のように生きている。

イ　日本人は、夢のような世界をより現実世界に近づけるため、色鮮やかな夢を見続ける努力をしている。

ウ　日本人は、みずからが生きている現実世界に満足しており、旅のように刺激的な毎日を過ごしている。

エ　日本人は、出家や遁世をすることによって、夢のような世界から目覚めることができると信じている。

問5　本文中に引用された詩の中に、(3)驚きさめて見む時よ　その時あれともがくなり　とあるが、どういうことか。その説明として最も適当なものを、次のアからエまでの中から一つ選べ。

ア　自分だけの力では「おどろく」ことができない状況に腹立たしさを感じている。

イ　「おどろきたい」という願望にとらわれる自分の姿に絶望して自己嫌悪に陥る。

ウ　自分を目覚めさせる「おどろき」の到来を常に身と心を開いて待ち望んでいる。

エ　「おどろきたい」という自分の気持ちを周囲が理解してくれる日を待ち続ける。

問6　本文中に、(4)西行や独歩の苦心もそこにあった。とあるが、どういうことか。その説明として最も適当なものを、次のアからエまでの中から一つ選べ。

ア　この世の一般的な価値観や常識に反抗し、人に揶揄されても自身の信念を貫き通すためには、新たな感覚で世界を捉え直すことを願いながらも、みずからを「おどろか」す何ものかの到来を望み続ける必要があった。

イ　世間の一般的なものの見方に嫌気がさしている自分に気づき、さらに鋭敏な感覚で世界を捉え直すためには、常に新たな作品を作るのと同時に、みずからを「おどろか」す何ものかの到来を望み続ける必要があった。

ウ　この世で現実的に成功し、新たな表現の世界を作り上げるという夢をかなえるためには、ひたすら現実の世界を捉え直すことを願うのと同時に、みずからを「おどろか」す何ものかの到来を望み続ける必要があった。

しいような級友たちの顔と再会して日常にもどっていく、といった、メリハリと④リン郭がはっきりとした時間感覚がある。

　ならば、人生はどうなのか。この言葉はそのことを問いかけている。この映画では、だから人生はむなしいと言っているのではなく、(5)だからそれを夏休みのように楽しめ、と言っているのである。

　それは、かならずしも、独歩や西行らのように、「おどろき」目覚めろ、と言っているのではない。人生には、夏休みのように、それが始まるまでの待ち遠しい時間もなければ、それが終わってから会えるであろうまぶしい級友たちの待つ場もない（だろう）。であるとしたら、夏休みの内部において、それなりの展開を持った、メリハリがあっておもしろい、それ自体として充実した時間にする以外ない。

「この世が夢のごとくはかなく過ぎ去る。」というのは、その夢から覚めてしまったものの言い方である。いろは歌が歌うように、「浅き夢みじ（浅い夢など見まい）。」というのは、すぐに覚めてしまう、その「浅さ」がまずいのであって、むしろそれをさらに、いわば「深き夢」あるいは「濃き夢」へと仕立て上げ、のめり込んでいけば、その夢から覚めることなくそれを充実させることができる。「夢中」になるとは、まさにそのことである。

　親鸞『教行信証』では、念仏を何回称《とな》えれば往生《おうじょう》できる、できないということではなく、われわれはただ念仏し続けて、心がほかのことに移ってしまわなければそれでいいのだ、何回念仏をしたなどと数える必要はない、という文脈の中で「蟪蛄春秋を知らず　伊虫あに朱陽の節を知らんや。」の言葉を使っている。夏蟬は春秋を知らないままに、ただひたすら夏を懸命に生き続ければそれでいいのだ、と。

（竹内整一《たけうちせいいち》『日本思想の言葉　神、人、命、魂』による）

（注1）親鸞＝鎌倉初期の僧で、浄土真宗を開いた。
（注2）『荘子』＝中国、戦国時代の思想家荘子の著書。
（注3）西行＝平安時代末期から鎌倉時代初期にかけての歌人。『山家集』はその歌集。
（注4）いろは歌＝この世のすべてのものは、永遠に続くことのないはかないものである、という仏教の思想を詠んだ歌。
（注5）国木田独歩＝明治時代の小説家・詩人。「牛肉と馬鈴薯」はその代表作。
（注6）揶揄＝からかうこと。
（注7）荒唐無稽＝でたらめで、現実味がないこと。

問1　本文中の、①ゲン義、②ボウ頭、③ソウ対、④リン郭　のカタカナ部分の漢字表記として適当なものを、それぞれアからエまでの中から一つ選べ。

①ゲン義　ア　玄　イ　現　ウ　元　エ　原
②ボウ頭　ア　帽　イ　冒　ウ　房　エ　暴
③ソウ対　ア　双　イ　早　ウ　相　エ　総
④リン郭　ア　倫　イ　林　ウ　輪　エ　臨

問2　本文中のaからdまでの「ない」のうち、**他と異なるもの**を一つ選べ。

a　わからない。　b　感じられないこの世から
c　はかないものだと　d　できない我が心よ。

問3　本文中に、(1)二十三歳の青年武士が、妻も子も、エリートコースも捨てて……旅を重ね、歌を作り続けた　とあるが、西行がそうした理由は、本文ではどう説明されているか。最も適当なもの

と題する、こういう詩がある。

ゆめとみるみるはかなくも
なお驚かぬこの心
吹けや北風このゆめを
うてやいかづちこの心
をののき立ちてあめつちの
くすしき様をそのままに
(3)驚きさめて見む時よ
その時あれともがくなり

②ボウ頭句は、さきに引いた西行の歌をふまえたものである。西行がそうであったように、独歩もまた、生涯、「おどろきたい。」と願った文学者であった。

代表作「牛肉と馬鈴薯《じゃがいも》」は、「おどろきたい。」ということを主題にした短編である。主人公は、人生いかに生くべきかの人生論議において、自分は、いつも牛肉が食べられる現実的な成功をめざす現実主義でもなければ、いつも馬鈴薯しか食べられないが夢に燃える理想主義でもないと言う。そのいずれかを論ずる前に、まずどうしても果たしたい大事な願いがある、「びっくりしたいというのが僕の願いなんです。」と語っている。

それは、世間的な習慣や制度的なものの見方・感じ方にずっぽりと馴《な》れなずんでいる自分をあらためて奮い起こし、新鮮な感受性をもって世界や宇宙に向かい合いたいという願いである。

「牛肉と馬鈴薯」の主人公は、この発言のあと、みんなに「何だ！馬鹿《ばか》々々しい！」「いくらでも君、勝手に驚けばいいじゃないか。」と揶《や》(注6)揄《ゆ》される。が、自分みずから「勝手に驚く」ことはできない。英語で be surprised と言うように、何か自分以外のものに「おどろかされる」ことにおいて、はじめて「おどろく」ことができるのである。(4)西行や独歩の苦心もそこにあった。ひたすらそうした何ものかを待ち続けたのである。が、むろんそれは、みずからは手をこまねいて何もしないということではない。まだ来ない「おどろき」へとつねに身と心を開いて待つということであった。すぐれた文学や思想には、つねに何ほどかは、こうした「おどろき」への願いが込められている。

「人生は夏休みよりはやく過ぎる。」という言葉がある。

アンディ・ガルシア主演の『デンバーに死す時』というアメリカ映画（ゲイリー・フレダー監督、1995年）に出てくるセリフである。マフィアがらみの暴力あふれる(注7)荒唐《こうとう》無稽《むけい》なストーリー展開ながら、あちこちに味わいゆたかなセリフがちりばめられており、このセリフも、要所で2度使われている。

――子どものころ、楽しみにしていた夏休みはまたたく間に過ぎてしまったが、人生はそれよりもはやく過ぎ去ってしまうものなのだ、と。

この妙な時間感覚は、むろん物理的なそれではないし、また、十歳の子どもの一年は自分の生きて来た時間の十分の一であるのに対して、七十歳の老人のそれは七十分の一に過ぎないといわれるような③ソウ対時間感覚でもない。

夏休みには、それが来るまでの待ち遠しい時間があり、始まれば最初はたっぷりある時間をなかば持て余しもしながら、あれも過ごしこれも過ごししているうちに、いつの間にか残り少なくなった最後の数日で必死に宿題をやっつけて終わる。そしてまた、なつかしい、まぶ

**【国　語】**〈五〇分〉〈満点：一〇〇点〉

**1**　次の文章を読んで、後の問いに答えよ。

「蟪蛄《けいこ》春秋を知らず　伊虫《いちゅう》あに朱陽の節を知らんや。（夏蟬《なつせみ》は春秋を知らない。とすれば、この虫はどうして夏を知っているといえようか、いや知らないのだ。）」（注1）親鸞《しんらん》（1173～1262）の主著『教行《きょうぎょう》信証《しんしょう》』に出ている言葉である。もともとは（注2）『荘子《そうじ》』に由来するこの言葉は、短いいのちのはかなさを語るだけでなく、ものごとを「知る」「知らない」とはどういうことか、ということについての深い含蓄のある言葉である。

　夏蟬はたしかに、夏の真っ盛りに一週間くらい地上に出てきて鳴き飛び回って生きるが、しかし、春や秋という季節を知らない夏蟬には、そのみずからが生きている時が夏だとはわからないのではないか、少なくとも季節としての夏というものは知らないのではないかということである。

　われわれは、それぞれみずからの世界を生きているが、その世界がいかなる世界であるかは、その世界の中にすっぽりと入り込んでいるかぎり、よくわからない[a]。何らかの仕方でその世界の外に出て、あらためてその世界を見返したときに、はじめてそれが、何であるかが、ああ、そうだったのか、とわかる。

　日本を代表する歌人のひとり、（注3）西行《さいぎょう》の心底にあって、生涯、彼を突き動かし続けたのは、生きることが夢のようにしか感じられない[b]この世から「おどろき」目覚めたいという思いであった。

世の中を夢と見る見るはかなくも　なほおどろかぬわが心かな
いつの世に長きねぶりの夢さめて　おどろくことのあらんとすらむ
（『山家集《さんかしゅう》』）

——世の中は夢のようにはかない[c]ものだと知りつつも、それでもなお「おどろく」ことができない[d]我が心よ。
——いつの世になれば長い眠りの夢がさめて「おどろく」ことがあるのだろうか。

「おどろく」とは、夢から覚めるという意味である。どうしたらこの夢のような世から目覚めることができるのか。(1)二十三歳の青年武士が、妻も子も、エリートコースも捨てて、出家・遁世《とんせい》（家を出て、俗世間から遁《のが》れること）し、山里に庵《いおり》をむすび、旅を重ね、歌を作り続けたのも、この世をこの世として「おどろき」目覚めたい、と願ってのことであった。

　もともと「おどろく」とは、「オドロは、どろどろ・ごろごろなど、物音の擬音語。刺激的な物音を感じる意が①ゲン義。」とされ、そこから、「はっと目がさめる。」「にわかに気がつく。」「意外なことにびっくりする。」というような意味で使われてきたと説明される言葉である。夢見ているものは、外からの何らかの働きかけなしには、その夢のまどろみから目覚めることはできないのである。

　この世に生きることが「夢」のようであるとは、「色は匂へど散りぬるを……浅き夢みじ酔《え》ひもせず。」（注4）（いろは歌）と長らく歌ってきた(2)日本人には親しい現実感覚でもあった。

　明治日本の新しい文学・思想をリードした（注5）国木田《くにきだ》独歩《どっぽ》に、「驚異」

# MEMO

大切なことはメモしておこうネ！

# 2022年度

# 解 答 と 解 説

《2022年度の配点は解答欄に掲載してあります。》

## ＜数学解答＞

1 (1) (ア) 4　(2) (イ) −　(ウ) 4　(エ) 3　(3) (オ) 1　(カ) 5
(キ) 1　(ク) 6　(4) (ケ) 3　(コ) 7　(5) (サ) 0　(シ) 4
(6) (ス) 2　(セ) 3　(7) (ソ) 5　(タ) 0　(8) (チ) 1　(ツ) 0

2 (1) (ア) 1　(イ) 4　(2) (ウ) 2　(エ) 1　(オ) 4　(カ) 3
(キ) 2　(ク) 9　(ケ) 4　(3) (コ) 1　(サ) 5　(シ) 2
(4) (ス) 2　(セ) 4

3 (1) (ア) 5　(イ) 4　(2) (ウ) 1　(エ) 4　(オ) 3　(3) (カ) 1
(キ) 2　(ク) 2　(ケ) 1　(コ) 0　(サ) 2

4 (1) (ア) 1　(イ) 9　(ウ) 8　(エ) 4　(2) (オ) −　(カ) 1
(キ) 2　(3) (ク) 3　(ケ) −　(コ) 5　(4) (サ) 1　(シ) 4

○配点○

1 (1)～(3) 各5点×3　(4) ケ 3点　コ 2点　他 各5点×4　2 各4点×5
3 各5点×4　4 (1)・(3) 各3点×4　他 各4点×2　計100点

## ＜数学解説＞

基本 1 (数の計算，連立方程式，確率，統計，2乗に比例する関数，角度，表面積)

(1) $5.2^2-4.8^2=(5.2+4.8)(5.2-4.8)=10\times0.4=4$

(2) $5x+6y=-2$…①　$-4x+3y=25$…②　①−②×2から，$13x=-52$　$x=-4$
これを①に代入して，$5\times(-4)+6y=-2$　$6y=-2+20=18$　$y=3$

(3) 4枚の硬貨の表裏の出方は全部で，$2\times2\times2\times2=16$(通り)　そのうち，すべて裏になる場合は1通り　よって，表が少なくとも1枚出る確率は，$1-\frac{1}{16}=\frac{15}{16}$

(4) 点数の低い順に並べると，2，2，2，2，2，4，4，7，7，10　第2四分位数は，$\frac{2+4}{2}=3$，第3四分位数は，7

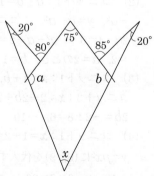

(5) $y=\frac{1}{4}x^2$…①　①は$x=0$のとき最小値0をとる。①に4を代入すると，$y=\frac{1}{4}\times4^2=4$から，①は$x=4$のとき最大値4をとる。よって，$0\leqq y\leqq4$

(6) $y=\frac{4}{3}x+2$に$x=-1$を代入すると，$y=\frac{4}{3}\times(-1)+2=-\frac{4}{3}+\frac{6}{3}=\frac{2}{3}$　$y=ax^2$は$\left(-1,\ \frac{2}{3}\right)$を通るから，$\frac{2}{3}=a\times(-1)^2$　$a=\frac{2}{3}$

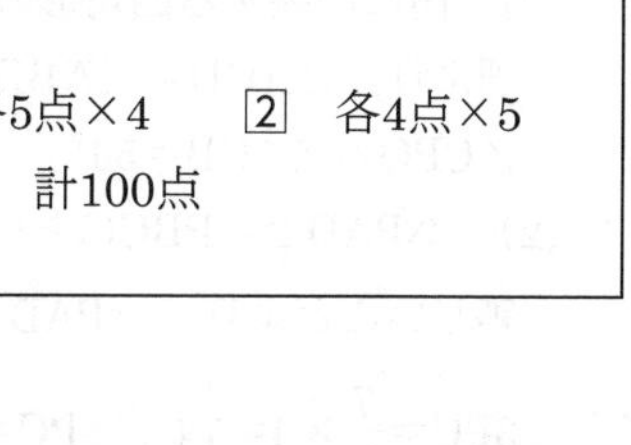


(7) 右の図のように補助線をかいて四角形を作る。$a=180°-$

$(80°-20°)=120°$, $b=180°-(85°-20°)=115°$　四角形の内角の和の関係から, $\angle x+75°+120°+115°=360°$　$\angle x=360°-310°=50°$

(8)　側面積は, $\pi\times3^2\times\dfrac{4\pi}{6\pi}=6\pi$　底面積は, $\pi\times2^2=4\pi$　よって, 表面積は, $6\pi+4\pi=10\pi\,(\mathrm{cm}^2)$

## 2 (関数の利用－図形の移動, 面積)

(1)　AB：BC＝6：12＝1：2　DEとACの交点をHとすると, HE：CE＝1：2　HE：$x$＝1：2　$\mathrm{HE}=\dfrac{1}{2}x$　よって, $y=\dfrac{1}{2}\times x\times\dfrac{1}{2}x=\dfrac{1}{4}x^2$

(2)　GFとACの交点をIとする。$x=5$のとき, $\mathrm{CF}=5-3=2$, $\mathrm{IF}=\dfrac{2}{2}=1$　$\mathrm{HE}=\dfrac{5}{2}$

$y=\triangle\mathrm{CHE}-\triangle\mathrm{CIF}=\dfrac{1}{2}\times5\times\dfrac{5}{2}-\dfrac{1}{2}\times2\times1=\dfrac{25}{4}-1=\dfrac{21}{4}$　$3\leqq x\leqq12$のとき, $\mathrm{CF}=x-3$

$y=\dfrac{1}{4}x^2-\dfrac{1}{4}(x-3)^2=\dfrac{x^2-(x^2-6x+9)}{4}=\dfrac{6x-9}{4}=\dfrac{3}{2}x-\dfrac{9}{4}$

重要　(3)　$\dfrac{3}{2}x-\dfrac{9}{4}=3\times6\div2=9$　$\dfrac{3}{2}x=9+\dfrac{9}{4}=\dfrac{45}{4}$　$x=\dfrac{45}{4}\times\dfrac{2}{3}=\dfrac{15}{2}$

(4)　$0<h<1$から, $1\leqq x<3$　求める変化の割合は, $\left\{\dfrac{1}{4}(1+h)^2-\dfrac{1}{4}\times1^2\right\}\div\{(1+h)-1\}=\left\{\dfrac{1}{4}(1+2h+h^2-1)\right\}\div h=\left\{\dfrac{1}{4}h(2+h)\right\}\div h=\dfrac{h+2}{4}$

## 3 (平面図形の計量問題－円の性質, 角度, 三角形の相似, 三平方の定理, 平行線と線分の比の定理)

(1)　円に内接する四角形の定理より, ∠DCB＝180°－∠DAB＝180°－105°＝75°　円周角の定理より, ∠ACD＝∠ABD＝21°　∠ACB＝75°－21°＝54°　PQ//BCより錯角は等しいので, ∠CPQ＝∠ACB＝54°

(2)　△PADと△PBCにおいて, 円周角の定理より, ∠PAD＝∠PBC, ∠PDA＝∠PCB　2角が等しいことより, △PAD∽△PBC　よって, PD：PC＝AD：BC　$\dfrac{7}{2}$：PC＝3：4

$3\mathrm{PC}=\dfrac{7}{2}\times4=14$　$\mathrm{PC}=\dfrac{14}{3}$

重要　(3)　BCは直径から, ∠BDC＝90°　△BCDにおいて三平方の定理を用いると, $\mathrm{BD}=\sqrt{20^2-12^2}=\sqrt{256}=16$　平行線と線分の比の定理から, PD：BD＝PQ：BC＝15：20＝3：4　$\mathrm{PD}=16\times\dfrac{3}{4}=12$　よって, △PDCは直角二等辺三角形になるので, $\mathrm{PC}=12\sqrt{2}$　△PAD∽△PBCより, AD：BC＝PD：PC　AD：20＝12：$12\sqrt{2}$＝1：$\sqrt{2}$　$\mathrm{AD}=\dfrac{20}{\sqrt{2}}=\dfrac{20\sqrt{2}}{2}=10\sqrt{2}$

## 4 (規則性－2次方程式)

(1)　ユニット1：$x=1+3=4$, $y=1\times3=3$　ユニット2：$x=4+3=7$, $y=4\times3=12$　ユニット3：$x=7+12=19$, $y=7\times12=84$

(2)　ユニット1：$a+b=1$から, $b=1-a$, $y=ab=a(1-a)=a-a^2$　ユニット2：$x=1+a-a^2$, $y=a-a^2$　ユニット3：$x=1+2a-2a^2$, $x=-3$から, $1+2a-2a^2=-3$　$2a^2-2a-4=0$　$a^2-a-2=0$　$(a+1)(a-2)=0$　$a=-1$, 2　$a=-1$のとき, $b=1-(-1)=2$, $a=2$のとき, $b=1-2=-1$でこれは適さない。　よって, $a=-1$, $b=2$

(3)　ユニット1：$x=1+b$, $y=b$　ユニット2：$x=1+b+1+b=2+2b$, $y=(1+b)^2$　ユニット3：$x=2+2b+2+2b=4+4b$, $y=(2+2b)^2$　$(2+2b)^2=64$から, $2+2b=\pm8$　$2b=-2\pm8=6$, $-10$　$b=3$, $-5$

重要　(4)　ユニット1：$x=1+2=3$, $y=1\times2=2$　ユニット2：$x=3+3=6$, $y=3\times3=9$　$y=px^2$に(6, 9)を代入すると, $9=p\times6^2$　$36p=9$　$p=\dfrac{9}{36}=\dfrac{1}{4}$　ユニット3：$x=6+6=12$, $y=6\times6=36$　$y=qx^2$に(12, 36)を代入すると, $36=q\times12^2$　$144q=36$　$q=$

$\frac{36}{144}=\frac{1}{4}$　よって，$p=q=\frac{1}{4}$となり，ユニット2，3のどちらにおいても，出力$x$，$y$について，$y=\frac{1}{4}x^2$が成り立つ。

**★ワンポイントアドバイス★**

2(2)，(3)では，重なる部分の図形は台形になるが，大きな三角形から小さな三角形をひいた形として$y$を求めよう。

## ＜英語解答＞

1　1 エ　2 ウ　3 エ　4 イ　5 ア

2　1 ア　2 ウ　3 イ　4 エ　5 ア

3　問1 (1) イ　(2) エ　(3) ア　(4) ウ　(5) ウ　(6) イ
　問2 (1) イ　(2) ウ

4　(3番目，5番目の順)1 エ，イ　2 イ，エ　3 オ，エ　4 ウ，オ　5 カ，ア

5　問1 (1) イ　(2) エ　(3) ア　問2 (1) ウ　(2) エ

6　問1 ウ　問2 ア　問3 ウ　問4 イ　問5 イ　問6 ア　問7 ウ

○配点○

1　各2点×5　他　各3点×30(4各完答)　計100点

## ＜英語解説＞

1　(語句補充問題：SVOC，接続詞，動詞，助動詞，不定詞，前置詞，仮定法)

1「その知らせは私は悲しませた。」，「その知らせのせいで私は悲しく感じた。」<make A B>で「AをBにする」という意味になる。<because of ～>は「～のために」という意味を表す。

基本　2「スタジアムに行くにはどのバスに乗るべきですか。」，「どのバスがスタジアムに行きますか。」take a busで「バスに乗る」という意味を表す。

3「あなたにメッセージを送りましょうか。」，「あなたにメッセージを送ってほしいですか。」<shall I ～ ?>は「(私が)～しましょうか」という意味を表す。<want A to ～>で「Aに～してほしい」という意味を表す。

4「彼女は部屋を出ていくときさようならを言わなかった。」，「彼女はさようならを言わずに部屋を出ていった。」<go out of ～>は「～から出ていく」という意味を表す。<without ~ing>で「～することなしに」という意味を表す。

5「私の母は今私と一緒に外出できません。頭痛がなければよかったと思います。」，「母は頭痛がするので，私は今母と一緒に外出できません。」<wish+S+過去形の動詞…>は仮定法で，現実とは異なることを願う意味を表す。

2　(会話文問題：適文補充)

1　A：ジムの事務所の電話番号は何ですか。
　B：042-XXX-YYYYです。

A：すみません。もう一度言ってくださいますか。

B：はい，042-XXX-YYYYです。

同じことをくり返して言っているので，アが答え。イ「誰が話していますか。」，ウ「どういたしましょうか。」，エ「彼はまたここに電話しますか。」

2 A：休暇はどうでしたか。

B：よかったです。すばらしい時を過ごしました。

A：週末にもどってきたのですか。

B：いいえ，水曜日です。私はそこに1週間いました。

「いいえ」と言ってから，もどった日を言っているので，ウが答え。ア「同じ場所にまた行きたいですか。」，イ「休暇に行きたかったですか。」，エ「どうやってもどったのですか。」

3 A：今日放課後に私とテニスをしませんか。

B：すみませんが，だめです。今日宿題をしなければなりません。

A：ええ，明日はどうですか。

B：それは大丈夫です。

A：よかった！　明日4時に会いましょう。

「よかった」と言っているので，イが答え。ア「私は明日時間がありません。」，ウ「私たちは今日行けます。」，エ「それは面白かったです。」

4 A：さあ，みなさん。次の質問はとても難しいです。タロウ，あなたは答えを知っていますか。

B：答えは21だと思います。正しいですか。

A：はい，答えは21です。あなたはよくやっていますね。

答えが合っているかどうか確認しているので，エが答え。ア「何かすることを見つけたらどうですか。」，イ「これはあなたにです。」，ウ「どうやってそれを知るのですか。」

5 A：何を探していますか。

B：昨日買った本です。机の上に置いたと思います。

A：あなたの机の上には物が多すぎます。まず机を掃除したらどうですか。

B：はい，そうします。そうする間に本を見つけたいです。

机の上の物が多すぎると言っているので，アが答え。イ「どこでその本を見つけたのですか。」，ウ「誰がその本を書いたのですか。」，エ「その本は何色ですか。」

**3** **(長文読解問題・物語文：語句補充，語彙)**

(全訳)　服は誰にとっても，特に若者にとって非常に重要だ。しかし，なぜ人々が服をア着るのか本当に考えたことはあるだろうか？　服を着る4つの理由がここにある。

最初の理由は私たちの体を覆うことだ。時代や場所が異なる人々は，服について異なる考えを持っている。さまざまな国の人々にあなたの体の(1)どのくらいをカバーすべきかをイ尋ねると，あなたはさまざまな答えをウ得るだろう。アジアやアフリカの一部の地域では，女性が顔を覆っている。長い間，中国の人々は自分の足を(2)見せることは間違っていると考えていた，そしてヨーロッパの人々は過去に彼らの足のどの部分もエ見せなかった。

次の理由は私たちの(3)体をオ保護することだ。服は暑さや寒さ，雪や雨から私たちを守る。重い服やブーツは，外で働く人々を鋭い石や危険な動物から守る。他の人は，機械を使用している(4)間，身を守るために厚い手袋とヘルメットを着用する。

服を着る3番目の理由は便利さだ。ポケットに入れて物を持ち運ぶことができる。何世紀も前，誰もが，食べ物やお金，その他の便利なものを(5)入れるためのバッグなどを持っていた。今日，ほとんどの服にはポケットがある。スーツの中には10個以上あるものもある。

最後の，そしておそらく服を着る最も重要な理由は虚栄心だ。人々は見栄えをカ良くしたいと思っている。彼らは他の人のようになりたいが，他の人(6)とは違って見えたいとも思っている。ダークスーツは他のすべてのダークスーツと同じように見える。しかし，人々は彼らがダークスーツで着るネクタイまたはシャツで彼らの個性を示すことができる。

問1 (1) 量を尋ねるときは<how much ～>を用いる。(2) show が主語になるので動名詞を使う。(3) 後に続く内容は，体を守るために服を着るという内容である。(4) while は「～する間に」という意味を表す。 (5) hold は「(物を)持つ」という意味を表す。
(6) <different from ～>で「～と異なる」という意味を表す。

問2 1「誰かに質問を与える」という意味なので ask「尋ねる」になる。 2「受け取ること」という意味なので get「得る」になる。

**4** (語句整序問題：関係代名詞，不定詞，現在完了，慣用表現)

1 A：ヒロシ，向こうの女の子を見て。彼女は誰だろう。彼女は前回のミーティングにいなかったよ。
B：赤い上着を着ている女の子のことを話しているの？
A：そうだよ。これまで彼女を見たことがないよ。
→ (Are you) talking about the girl who is wearing (the red jacket?) 「赤い上着を着ている」という部分が「女の子」を修飾するので，主格の関係代名詞を使う。

2 A：この新しいコンピューターの使い方を教えてもらえませんか。
B：もちろんです。何をしたいのですか。
A：私はインターネットで本を読みたいです。
→ ( Could ) you show me how to use (this new computer?) <how to ～>で「～する方法(仕方)」という意味を表す。

3 A：トムは今日ここにいません。彼に何があったのですか。
B：彼は自分の国にもどりました。先週彼のためのパーティーを行いました。
A：本当ですか。知りませんでした。
→ He has returned to his country(.) 現在完了の文なので，<have ＋過去分詞>の形になる。

4 A：私の学校のバンドが来月コンサートを開きます。私はドラムを演奏します。
B：わお！ 行きたいです。あなたの祖父母も来ますか。
A：はい，彼らは私のコンサートを楽しみにしています。
→ (Yes, they) are looking forward to my concert(.) <look forward to ～>は「～を楽しみに待つ」という意味を表す。

5 A：私は自分の読書レポートのためにどの本を選ぶべきかわかりません。
B：すでに読んだことがある本について書くと簡単です。
A：その通りです。私はちょうど日本の城に関する本を読みました。
→ (It's) easy to write about a book (you have already read.) <it is ～ to …>で「…することは～である」という意味になる。

**5** (長文読解問題・説明文：語句補充)

(全訳) ジョンは中学生だ。ケンとトムは彼の兄弟だ。メアリーとナンシーは彼の姉妹だ。ある日，ジョンは食べ物のカロリーと，歩いたり自転車に乗ったり，テニスをしたり，ジョギングしたりすることで消費されるカロリー数について学んだ。ジョンは彼らの活動についていくつかの情報を集めました。

ケンは小学生だ。彼は毎日学校に歩いていく。彼の家から学校までは1.5キロだ。しかし，ケンは昨日ジムの家でノートを忘れたので，今日学校に行く前にジムの家を訪れた。それでケンは今日学校に行くためにさらに900メートル歩いた。

ジョンは彼の学校のテニスクラブのメンバーだ。彼はテニスをするのがとても好きだ。今日，彼は30分間ジョギングした後，2時間テニスをした。

メアリーは高校生だ。彼女は毎日3キロ自転車に乗って，学校に通っている。彼女は友達と話すのが大好きだ。彼女は今日の放課後，友人のケイトと一緒に新しいカフェテリアに行った。メアリーはケーキを一枚食べて，ケイトと彼女らの好きな歌手について話した。

ナンシーの大学は彼女の家から5キロのところにあり，彼女はいつも自転車でそこに行く。今朝，彼女はバターを塗ったパンを2枚と，0.2Lのミルクを飲んでから自転車で家を出た。

トムは自転車に乗るのが好きだ。彼は放課後約2km自転車に乗ることがある。しかし，今日の天気はとても良かったので，彼は合計6km自転車に乗った。

表1　さまざまな食品のエネルギー

ケーキ1個　250kcal　　バターを塗ったパン1枚　100kcal

0.2Lのミルク　120kcal

表2　100kcalを燃やす4つの方法

2km歩く　4km自転車に乗る　15分間テニスをする　20分間ジョギングをする

問1 (1)「今日ケンが学校に歩いていくことで燃やしたカロリーと，0.2Lのミルクを飲むカロリーは同じだ。」 ケンは2.4km歩いたので，表2より120kcal消費したことがわかる。表1より，それは0.2Lのミルクと同じカロリーである。 (2)「メアリーは，今日食べたケーキにあるすべてのエネルギーを燃やすには50分間ジョギングしなければならない。」 表1よりケーキ1個のカロリーは250kcalだとわかる。表2より20分ジョギングすると100kcal消費するとわかるので，250kcalを消費するには50分間ジョギングしなければならない。 (3)「ナンシーが今朝大学に着いたとき，彼女は朝食から得た195kcalのエネルギーをまだ持っていた。」 ナンシーは朝バターを塗ったパンを2枚食べ，0.2Lのミルクを飲んだので，表1から320kcalをとったとわかる。ナンシーは自転車で5km走ったので，表2から125kcalを消費したとわかる。よって残るのは195kcalである。

重要　問2　今日2時間テニスをして消費したカロリーと，(1)ケーキ2個とバターを塗ったパン3枚のパンをとることから得られるカロリーは同じであることがわかりました。結果は驚くべきものでした。また，30分間のジョギングで消費したカロリーと，(2)トムが今日自転車に乗って消費したカロリーは同じであることも学びました。

(1) 表2より，テニスを2時間すると800kcalを消費するとわかる。また，ケーキ2個とバターを塗ったパン3枚のパンは，表1から同じ800kcalだとわかるので，ウが答え。ア「ケーキ2個を食べる」，イ「ケーキ2個と0.2Lのミルクをとる」，エ「ケーキ3個と0.2Lのミルクをとる」

(2) 表2より，ジョギングを30分すると150kcalを消費するとわかる。トムは6km自転車で走り，表2より同じ150kcalを消費したとわかるので，エが答え。ア「ケンが今朝学校まで歩いて燃やした」，イ「メアリーが今朝自転車で学校に行くことによって燃やした」，ウ「ナンシーが今朝自転車で大学に行くことによって燃やした」

**6 (長文読解問題・説明文：語句補充，内容吟味)**

(全訳)「大豆肉」について聞いたことがありますか？ それは大豆から作られた肉だ。その肉は1欧米でも人気が出ており，日本でも購入できる。

最近，いくつかの理由で大豆肉を食べる人が増えている。まず，大豆はあなたの健康にとって良い。たとえば，大豆にはたんぱく質とビタミンEがたくさん含まれている。2ある人たちは自分の健康により興味があり，自分の体に良い食べ物を食べたいと思う。

第二に，世界中でより多くの人々が動物の肉を食べている。3多分いつか皆のための十分な動物の肉がなくなるだろう。将来的に動物の肉が食べられなくなるのではないかと心配する人々がいて，大豆の肉を増やし，動物の肉を減らそうとしている。

他の理由で動物の肉を食べない人々もいる。農家は大豆を育てるのに多くの資源を必要としない。しかし，肉用の動物を飼育するには，たくさんの穀物や水が必要だ。4これは，地球温暖化のような他の深刻な問題の危険性を高める可能性がある。

動物を気の毒に思って動物の肉を食べない人も少しいる。彼らは動物の肉を食べることはないが，通常健康である。5彼らは自分たちの食べ物に非常に注意を払っている。たとえば，これらの人々は毎日多くの種類の食物を食べることによって十分なタンパク質を得ようとする。

日本では，これらの事実に気づき，より良い大豆肉を開発しようとしている企業もある。しかし，製品の開発にはまだ多くの問題がある。大豆は植物由来で，彼らにとって動物の肉のような味わいにするのは簡単ではない。努力の結果，年々味が良くなっている。

私たち日本人は何世紀にもわたって大豆を使用しており，「畑の肉」と呼ばれている。私たちはよく豆腐を食べるが，それは大豆肉と同じように大豆を使っている。レストランで大豆肉ハンバーガーを見つけたら，それをぜひ試して，世界の未来について考えてください。

問1　後の部分の内容に合うので，ウが答え。　ア「20世紀にアメリカで食べられた動物の肉だった」動物の肉ではないので，誤り。　イ「ヨーロッパで買えないのは魚だ」本文に関係がない内容なので，誤り。

問2　直後に「自分の体に良い食べ物を食べたいと思う」とあるので，アが答え。　イ「いくつかの食料会社は多くの種類の動物の肉を売っている」前後の内容に合わないので，誤り。
ウ「自分の健康に全く注意しない多くの人々がいる」前後の内容に合わないので，誤り。

問3　後の部分の内容に合うので，ウが答え。　ア「今世界には10年前より少ない数の人々がいる」本文に関係がない内容なので，誤り。　イ「実際には，今日動物の肉を食べている人はいない」本文に関係がない内容なので，誤り。

問4「深刻な問題」という言葉が「地球温暖化」に合うので，イが答え。　ア「多くの動物は暖かい気候を好む」本文に関係がない内容なので，誤り。　ウ「私たちは動物用の家を建てねばならない」本文に関係がない内容なので，誤り。

問5　直後の例の内容に合うので，イが答え。　ア「多くの動物はよく成長するのに大豆が必要だ」本文に関係がない内容なので，誤り。　ウ「私たちは動物の肉を食べずには生きられない」本文に関係がない内容なので，誤り。

問6　2つ前の文にあるcompaniesを指しているので，ア「大豆肉を開発している会社」が答え。
イ「穀物を食べる動物」，ウ「肉のために動物を育てる農家」

重要　問7　ア「私はこの話を読んでとても驚きました。私は豆腐がとても好きで，ほとんど毎日食べています。来年は豆腐が食べられなくなるのではないかと思います。私は豆腐を食べるのを減らします。」豆腐がなくなるとは言っていないので，誤り。イ「とてもおもしろい話でした。私は動物が大好きです。ですから，将来は家にたくさんの動物を飼いたいです。」家で飼う動物について言っていないので，誤り。　ウ「私は数ヶ月前に大豆肉のハンバーガーを食べました。実は味はそれほど悪くありませんでした。今後，企業はより良い大豆肉を開発していくと思います。」大豆肉に関する感想を言っているので，答え。

**★ワンポイントアドバイス★**

②の5には<why don't you ～>が用いられている。これは「～したらどうですか」と勧誘する意味を表す。同じ内容は<how about ～>「～はどうですか」でも表せることを覚えておこう。(例) How about cleaning your desk first?

## ＜理科解答＞

1 問1 イ　問2 エ　問3 ウ　問4 エ　問5 イ　問6 ウ　問7 イ
問8 ア

2 問1 1 カ　2 イ，オ，キ　3 ア 0　イ 8　ウ 4　問2 エ
問3 塩酸A ウ　塩酸B カ

3 問1 ア 1　イ 5　ウ 1　エ 7　オ 3　問2 1 2　2 ア 8　イ 7
ウ 5　3 ア 5　イ 2　4 オ　5 イ

4 問1 1 ア　2 ウ，エ　3 エ　問2 1 Y エ　Z イ　2 ウ
問3 (1) エ　(2) オ

5 問1 ア　問2 ア，ウ，キ　問3 エ　問4 1 ク　2 オ　3 ウ

6 問1 ウ　問2 ① ○　② ×　③ ×　④ ×　問3 ア 2　イ 0
問4 ウ　問5 ウ　問6 ウ　問7 ウ　問8 ① カ　② オ

○配点○

1 各2点×8　2 問1の1・3，問3 各3点×3(問1の3，問3各完答)　問1の2 各1点×3
問2 2点　3 問1のア・イ，ウ～オ，問2の4 各3点×3(問1のア・イ，ウ・オ各完答)
他 各2点×4　4 問1の1・3，問2の1 各2点×3(問2の1完答)　問1の2 各1点×2
問2の2，問3(1)(2) 各3点×3　5 問1，問3 各2点×2　問2 各1点×3
問4 各3点×3　6 問1，問5，問7，問8 各2点×4(問8完答)
他 各3点×4(問2，問3各完答)　計100点

## ＜理科解説＞

1 (小問集合－力，電熱線，混合物，水の電気分解，顕微鏡，分離の法則，気象)

基本　問1 弾性力と重さの単位はN，圧力の単位はPa，電力の単位はWである。

問2 50Vの電圧をかけたとき，200Wの消費電力になるので，流れる電流が，200(W)÷50(V)＝4(A)，抵抗の大きさは，50(V)÷4(A)＝12.5(Ω)である。

基本　問3 塩酸は塩化水素と水の混合物であり，食塩水は食塩と水の混合物である。なお，石油・空気，花こう岩も混合物である。

問4 水素$H_2$は○○，酸素$O_2$は●●，水$H_2O$は○●○で表される。化学反応式は，次のようになる。$2H_2O \rightarrow 2H_2 + O_2$である。

基本　問5 顕微鏡を使う手順は，「低倍率で，最も明るくしてから，ステージにプレパラートを置く。」→「真横から見ながら，プレパラートと対物レンズをできるだけ近づける。」→「プレパラートと対物レンズを遠ざけながらピントを合わせる。」

重要　問6 体細胞分裂においては，染色体の数は変わらないが，減数分裂においては，染色体の数は半

数になる。

重要 問7　温暖前線が通過すると，気温が上がり，風向が東寄りから南寄りになる。一方，寒冷前線が通過すると，気温が下がり，風向が南寄りから北寄りになる。

基本 問8　太陽からの放射は，最初に地面を温める。次に，温められた地面が空気を温める。

**2　(化学変化と質量，酸とアルカリ・中和－重曹の性質)**

重要 問1　1　重曹(炭酸水素ナトリウム)を加熱すると，炭酸ナトリウムと水と二酸化炭素に分解する。このとき起きた化学変化を化学反応式で表すと，次のようになる。

$2NaHCO_3 \rightarrow Na_2CO_3 + H_2O + CO_2$

加熱した時に発生した水が，試験管を加熱している部分に流れこみ，試験管が割れるのを防ぐため，試験管の口を下げるように傾けた状態で加熱する。

重要 2　二酸化炭素の密度は，空気の約1.5倍である。また，二酸化炭素の水溶液である炭酸水は酸性である。　3　0.84gの重曹を加熱すると，0.53gの炭酸ナトリウムが残ったので，0.84(g)－0.53(g)＝0.31(g)軽くなったことがわかる。一方，2.52gの重曹を加熱すると0.62g軽くなったので，分解した重曹の質量は，$0.84(g) \times \frac{0.62(g)}{0.31(g)} = 1.68(g)$である。したがって，反応していない重曹は，2.52(g)－1.68(g)＝0.84(g)である。

重要 問2　重曹にクエン酸を加えると，二酸化炭素が発生する。また，この反応は，吸熱反応なので，溶液の温度が下がる。

重要 問3　こい方の塩酸Aを重曹に加えると，①のグラフのように，途中で完全に中和するので，水素イオンが生じるようになり，液が酸性になる。一方，うすい方の塩酸Bを重曹に加えると，②のグラフのように，途中で完全に中和することがなく，水素イオンが生じることはなく，液はアルカリ性のままである。

**3　(運動とエネルギー－斜面上の物体の運動)**

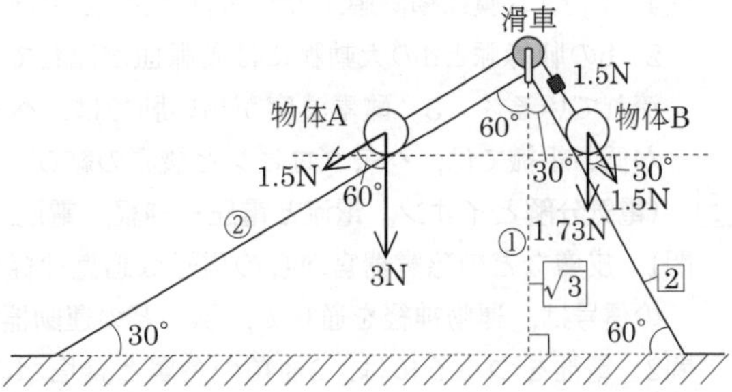


やや難 問1　300gの物体Aにはたらく重力は3Nである。また，斜面の長さと高さの比が2：1なので，重力の斜面方向の成分の大きさは，$3(N) \times \frac{1}{2} = 1.5(N)$である。このとき，物体Aと物体Bを結ぶ糸にかかる力も1.5Nになるので，物体Bにはたらく重力の斜面方向の成分の大きさも1.5Nになる。一方，物体Bが置かれている斜面の長さと高さの比が$2 : \sqrt{3}$なので，物体Bにはたらく重力の大きさは，$1.5(N) \times \frac{2}{\sqrt{3}} = \sqrt{3}(N)$より，1.73Nである。したがって，物体Bの質量は173gである。

やや難 問2　1　物体Aが置かれている斜面の方が傾きが小さいので，速さの変化も小さくなる。したがって，1打点ごとの変化が，3.5(cm)－2.1(cm)＝1.4(cm)の記録テープ①が物体Bの運動のようすを表し，1打点ごとの変化が，3.6(cm)－2.8(cm)＝0.8(cm)の記録テープ②が物体Aの運動のようすを表している。　2　打点Rから打点Sまでの3打点にかかる時間は，3÷25＝0.12(秒)である。また，その間に物体Bが動いた距離は，2.1(cm)＋3.5(cm)＋4.9(cm)＝10.5(cm)なので，平均の速さは，10.5(cm)÷0.12(秒)＝87.5(cm/s)である。　3　打点Xと打点Yの間隔は，4.4(cm)＋0.8(cm)＝5.2(cm)である。　4　同じ時間にすべった距離は，物体の速さに比例する。一方，物体Aと物体Bの速さの比は，記録テープの長さの変化量に比例するので，物体Bの速さは物体Aの速さの1.4(cm)÷0.8(cm)＝1.75(倍)より，約1.8倍である。　5　物体Aと物体Bは同じ高さにあるので，最下点での速さも同じである。

## 4 (地層と岩石，地球と太陽系－岩石，太陽の動き)

重要 問1　1　深成岩の花こう岩のつくりは等粒状組織であり，粒が大きい。また，石英や長石などの無色鉱物を多く含む。　2　ビカリアとナウマンゾウは新生代の示準化石である。また，サンヨウチュウとフズリナは古生代，アンモナイトとキョウリュウは中生代の示準化石である。

3　火山灰などが堆積してできた凝灰岩は比較的加工しやすく，除湿性や耐火性もあるので，建築の材料や土木の石材などに利用されている。

問2　南半球においては，太陽は，「東→北→西」のように反時計回りに動くように見える。

問3　(1)　金星は内惑星であり，エは，地球からは明け方の東の空に見える明けの明星である。

(2)　火星は外惑星であり，オで見ている火星のように，地球からは，一晩中見えるときもあれば，明け方の東の空や夕方の西の空に見えることもあるが，いずれも，ほぼ，欠けずに見える。

## 5 (生物の類縁関係と進化，動物の種類とその生活，ヒトの体のしくみ－生物の進化，ヒトの肺と血管)

問1　ア　シソチョウは，鳥類とは虫類の両方の特徴を持っている。　イ　カエルの前足とハトの翼の骨格のつくりは，外形やはたらきは異なるが，基本的なつくりが同じ相同器官である。

ウ　青色のバラは，遺伝子組み換えの技術によってつくられた。　エ　クジラには，後あしの痕跡器官がある。

重要 問2　節足動物は，無セキツイ動物の仲間であり，足に節があり，体は外骨格におおわれている。また，甲殻類のエビ・昆虫類のチョウ・多足類のムカデも節足動物である。なお，クラゲは腔腸動物，ウミウシ・タニシは軟体動物である。

重要 問3　コケ植物もシダ植物も胞子でふえる。また，シダ植物には維管束がある。雄株と雌株に分かれているのは，コケ植物である。

重要 問4　1　ゴム膜は横隔膜，ガラス管は気管，ペットボトルはろっ骨などをそれぞれ表している。

2　bの肺静脈とdの大動脈には動脈血が流れている。また，aの肺動脈とcの大静脈には静脈血が流れている。　3　酸素濃度が高い肺では，ヘモグロビンと酸素の結びつきが高いが，酸素濃度が低い組織では，ヘモグロビンと酸素の結びつきが低い。

## 6 (電気分解とイオン，電流と電圧－神経，電池，セロハンと麦芽糖)

基本 問1　皮膚などの感覚器官からの信号は感覚神経を通して中枢神経に伝わる。また，中枢神経からの信号は，運動神経を通して，腕などの運動器官に伝わる。

重要 問2　電池をつくるには，2種類の金属と食塩水のような電解質の水溶液が必要である。なお，エタノール・砂糖水は非電解の水溶液である。

問3　電流計を読み取ると30.0mA，電圧計を読み取ると0.60Vである。したがって，電気抵抗の大きさは，$\frac{0.60(\mathrm{V})}{0.0300(\mathrm{A})}=20(\Omega)$である。

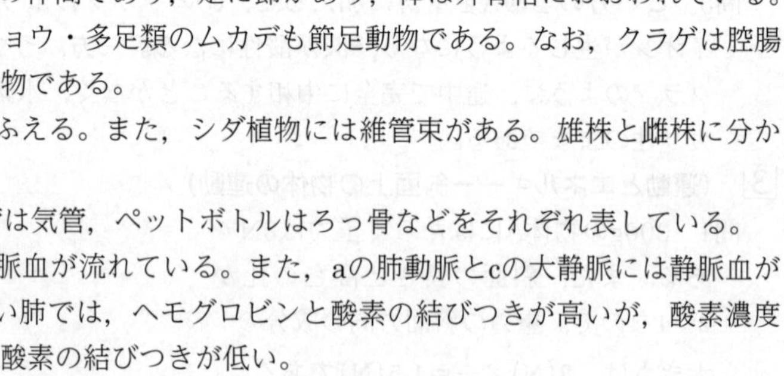

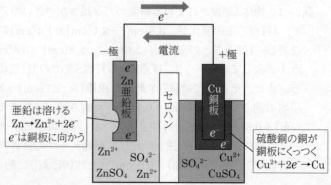


問4　ダニエル電池は，次の図のように，亜鉛板を硫酸亜鉛水溶液$ZnSO_4$にひたし，銅板を硫酸銅水溶液$CuSO_4$にひたし，間をセロハンでしきりをつくり，亜鉛板と銅板を導線でつないだものである。このとき，亜鉛板は－極になり，銅板は＋極にな

る。なお，図中の$e^-$は電子を表している。また，－極では，亜鉛Znはとけ出して亜鉛イオン$Zn^{2+}$になり，質量が減少するが，＋極では，銅イオン$Cu^{2+}$が銅Cuになり，銅板に付着するので質量が増加する。

問5　亜鉛イオンや硫酸イオンがセロハンを通過して，移動する。

問6・問7　ブドウ糖はセロハンの穴よりも小さいので，セロハンの外に出ていく。また，セロハンの外のブドウ糖水溶液に青色のベネジクト液を加えて加熱すると，赤褐色の沈殿が生じる。一方，デンプンはセロハンの穴よりも大きいので，セロハンから外に出ることはできない。したがって，セロハンの外の水にヨウ素液を加えても色の変化は見られない。

問8　電池は化学エネルギーを電気エネルギーに変換する。

★ワンポイントアドバイス★

教科書に基づいた基本問題をすべての分野でしっかり練習しておくこと。その上で，計算問題や思考力を試す問題についてもしっかり練習しておこう。

## ＜社会解答＞

[1] 問1　ウ　問2　エ　問3　ア　問4　ア　[2] 問1　ウ　問2　ア　問3　エ

[3] 問1　ウ　問2　イ　[4] 問1　エ　問2　イ

[5] 問1　ア　問2　ア　問3　エ　[6] 問1　ウ　問2　イ　問3　エ　問4　エ

[7] 問1　イ　問2　カ　問3　ウ　問4　イ　[8] 問1　エ　問2　エ　問3　ア

○配点○

各4点×25　　計100点

## ＜社会解説＞

[1]（地理―ヨーロッパの自然・言語・産業など）

重要　問1　メキシコ湾流の延長として北大西洋を北東に流れ北極海に注ぐ暖流。上空の偏西風とともに西ヨーロッパの気候に大きな影響を与えている。

問2　夏に乾燥し，冬に雨の多い地中海性気候に合った果樹栽培に特色のある農業。アは乾燥地帯の遊牧，イはヨーロッパを代表する混合農業，ウは酪農。

問3　ゲルマン系はドイツやイギリス，北欧，ラテン系はフランスやイタリアなどの南ヨーロッパ。同じキリスト教でもゲルマン系はプロテスタント，ラテン系はカトリックが多い。

問4　2016年の国民投票でEU離脱派が勝利したイギリス。多額の分担金や東ヨーロッパからの移民の流入で仕事を奪われるなど国民の不満が高まっていた。

[2]（日本の地理―農業・工業・観光など）

問1　静岡では牧之原台地などを中心に茶の栽培が盛んで全国の4割近くを占めている。Aは畜産と畑作が中心の北海道，Bは農業産出額も多い千葉，Cはイチゴが全国2位の福岡。

やや難　問2　(い)は食料品の割合が大きい北海道，(ろ)は化学の割合が圧倒的に高い京葉工業地域の千葉，(は)は出荷額の大きな静岡，(に)は福岡。静岡と福岡は自動車メーカーの組立工場がある。

問3　アジアの玄関口であり，ソウルとの距離は東京よりはるかに短い。また，プサンには格安のフェリーも運行している。Pは千葉，Rは北海道，Sは静岡。

**3**　(日本の地理―地形図)

問1　地形図の西側には10m前後の低地が広がり多くが水田に利用されている。ハザードマップではその低地への浸水が想定され，避難場所も東側の高台に設置されている。

問2　低地の東側は等高線が密の崖状になっており，大雨の時には土砂災害も想定される。

**4**　(日本と世界の歴史―古代～中世の政治・文化史など)

問1　14世紀後半に建国された明王朝は倭寇の取り締まりを日本に要求。3代将軍・足利義満は「日本国王臣源」と称して明に朝貢した。Aは唐，Bは宋，Cは元，Dは明。

問2　院政の開始は11世紀末，元の建国は13世紀後半。後鳥羽上皇が承久の乱を起こしたのは1221年。源氏物語は11世紀初め，壬申の乱は7世紀後半，能の大成は14世紀後半。

**5**　(日本の歴史―古代～近世の政治・社会・文化史など)

問1　8世紀初め朝廷は和同開珎を鋳造したもののその流通はほぼ畿内に限定されていたため，元明天皇は蓄銭叙位令を出しその流通の促進を図った。

問2　世界遺産にも登録されている石見銀山は16世紀に本格的に開発され戦国時代には毛利氏や大内氏などが激しい争奪戦を行った。イは5～6世紀，ウは7世紀，エは18世紀。

やや難　問3　寛永通宝は17世紀に鋳造された江戸時代を代表する銭貨。Aは708年に鋳造された和同開珎，Bは室町時代に最も流通した明銭，Cは戦国～江戸初期，Dは明治。

**6**　(日本と世界の歴史―近世～現代の政治・社会史など)

問1　沖縄県の設置は1879年。日清戦争ではロシアはドイツ，フランスを誘ってリャオトン半島の返還を日本に要求。ロシアの南下を警戒するイギリスは日英同盟を結んでこれに対抗した。

重要　問2　a(17世紀後半)→b(横浜の開港は1859年)→c(日清戦争後の1901年)→d(第一次世界大戦中の1918年)→e(世界恐慌は1929年)→f(1947年)の順。

問3　史料は1923年9月1日に発生したマグニチュード7.9の関東大震災。家屋の全焼・倒壊70万戸，死者・行方不明者14万人という壊滅的な被害を首都圏に与えた。

問4　第一次世界大戦では日本は空前の好況を迎え成金といわれる大金持ちが続出した。そうした中，シベリア出兵を見込んだ商人による米の買い占めが起こり米価は高騰した。

**7**　(公民―憲法・政治のしくみなど)

重要　問1　内閣総理大臣は国会議員の中から国会が指名し天皇が任命する。二院の権限はより国民の声を反映する衆議院が優越，予算や法律は過半数の多数で決する。

問2　吉野作造は天皇主権の下，国民のための政治という意味でデモクラシーを民本主義と訳し普通選挙や政党内閣を主張した。平和五原則を主張したのはインドのネールと中国の周恩来。

問3　主権者である国民がその権利を行使するには正しい判断材料が不可欠となる。そのため国などの行政機関が持っている情報を国民が自由に入手する制度が設けられている。

問4　妊娠や出産を機に女性が会社を辞めるために起こるM字カーブ。最近では労働力確保の意味からも社会や企業が女性の働く環境整備などに努めM字カーブは解消しつつある。

**8**　(公民―経済生活など)

重要　問1　インフレとは継続的に物価が上昇する現象。戦後の日本も産業が破壊されたことにより300％を超える急激な物価上昇が起こり貨幣の価値は大幅に下落した。

問2　市中に流通する通貨量が増加すると経済活動は活発に，減少すると停滞する。日本銀行は景気を調整するために国債などの売買を通じて通貨量を調整する(日銀の金融政策)。

問3　世界恐慌の際にアメリカが経済危機打開のためにとった政策。それまでの原則を大幅に修正し政府が積極的に経済に介入し失業者救済のため大規模な公共事業などを行った。

**★ワンポイントアドバイス★**

資料の読み取りは分野を問わず増える傾向にある。普段からいろいろな資料に触れることはもちろんだが，資料やグラフの数字，割合などにも注意しよう。

## ＜国語解答＞

1　問1　①　エ　②　イ　③　ウ　④　ウ　問2　c　問3　イ　問4　ア
　問5　ウ　問6　エ　問7　ア

2　問1　①　ウ　②　ア　③　エ　問2　(a)　イ　(b)　エ　問3　ア　問4　イ
　問5　ア　問6　A　ウ　B　ア　C　イ　問7　ウ　問8　ア

3　問1　イ　問2　A　ウ　B　エ　C　イ　問3　エ　問4　ア　問5　ウ
　問6　イ　問7　エ

○配点○

1　問1・問2　各2点×5　他　各4点×5

2　問1・問2　各2点×5　問6　各3点×3　他　各4点×5

3　問1　2点　問2　各3点×3　他　各4点×5　計100点

## ＜国語解説＞

1　(論説文―大意・要旨，内容吟味，文脈把握，漢字の読み書き，品詞・用法)

問1　①「ゲン義」は，その言葉が本来もっていた意味。②「ボウ頭」は，文章のはじめの部分。「冒」の訓読みは「おか(す)」。③「ソウ対」は，他との関係の上に存在すること。「相」の他の音読みは「ショウ」で，「首相」などの熟語がある。④ここでの「リン郭」は，物事のあらましという意味で用いられている。「輪」の訓読みは「わ」。

基本　問2　cは「はかない」という形容詞の一部で，他はすべて打消しの意味を表す助動詞。

問3　直後で「この世をこの世として『おどろき』目覚めたい，と願ってのこと」と理由を述べており，同じ内容が「日本を」で始まる段落に「生きることが夢のようにしか感じられないこの世から『おどろき』目覚めたいという思い」と書かれている。この「この世から『おどろき』目覚めたいという思い」について，「われわれは」で始まる段落で「何らかの仕方でその世界の外に出て，あらためてその世界を見返したときに，はじめてそれが，何であるかが，ああ，そうだったのか，とわかる」と説明しており，この説明に通じるイが最も適当。この説明に，アの「自分が存在している世界に自身がすっぽりと入り込むことによって」や，エの「自分が存在している世界の中の何かに突き動かされて」は合わない。ウの「夢の正体」を知りたいわけではない。

問4　「日本人には親しい現実感覚」について，同じ文で「この世に生きることが『夢』のようである」と具体的に述べている。この内容を「夢のように生きている」と言い換えているアが適当。イの「色鮮やかな夢を見続ける努力」，ウの「旅のように刺激的な毎日」は，本文で言及がない。直前の段落に「外からの何らかの働きかけなしには，その夢のまどろみから目覚めることはできない」とあるので,「夢のような世界から目覚めることができると信じている」とあるエも適当ではない。

問5　引用された詩は国木田独歩のもので，詩の後に「独歩もまた，生涯,『おどろきたい。』と願った文学者であった」とある。この「おどろきたい」という願望を述べているウが適当。傍線部(3)は，驚き目覚める時よ／その時があってほしいともがいているのだ，という意味で，この意味に，アの「腹立たしさ」，イの「自己嫌悪」，エの「周囲が理解してくれる」はそぐわない。

問6　傍線部(4)の「そこ」は，直前の段落の「何か自分以外のものに『おどろかされる』ことにおいて，はじめて『おどろく』ことができる」ことを指示している。「苦心」というのであるから，何を成し遂げるために「みずからを『おどろかす』何ものかの到来を望み続ける」のかを読み取る。傍線部(4)の一つ前の段落に「世間的な習慣や制度的なものの見方・感じ方にずっぽりと馴れなずんでいる自分をあらためて奮い起こし，新鮮な感受性をもって世界や宇宙に向かい合いたい」とあり，この「世間的な習慣や制度的なものの見方・感じ方」を「日常のきまりきったものの見方」に,「新鮮な感受性をもって世界や宇宙に向かい合いたい」を「新たな感覚で世界を捉え直す」と言い換えて説明しているエが最も適当。他の選択肢は，この内容に合わない。

重要　問7　直前の文に「人生はどうなのか。」とあるので，傍線部(5)の「それ」は「人生」を指示している。「夏休みのように」について，直後の段落で「夏休みの内部において，それなりの展開を持った，メリハリがあっておもしろい，それ自体として充実した時間にする以外ない」と述べており，この「夏休み」を「人生」に置き換えて，人生をメリハリがあって充実したものにするべきだと説明しているアが最も適当。イとエは「夏休み」の比喩に合わない。ウは「日常」について述べており,「人生」を述べるものではない。

**2**　**(論説文―内容吟味，文脈把握，接続語の問題，語句の意味)**

問1　①　前の段落の「生命科学の領域になると，観測者だけでなく……専門家以外の人たちも含まざるをえないという状況」について，後で「人と人がハグをしたり，お母さんが赤ちゃんに母乳をあげると，オキシトシンという神経伝達物質が増えて，落ち着いた感情がもたらされる，といった類の研究結果がある。こういった実験の結果は科学的『事実』である……それがひとたび科学界の『外』に出てしまうと，人に関する事実の記述が，たちまちある種の価値を帯びてしまう」と例を挙げているので，例示の意味を表す語が入る。　②　「『自然主義の誤謬』を犯す「過ちを繰り返すんですか」と問いかける前に対して，後で「自然主義の誤謬を犯さないことを求めても，それはそれで無理筋というものだろう」と相反する内容を述べているので，逆接の意味を表す語が入る。　③　「脳神経科学入門の講義を半年間聴いてきた学生たちは，専門家とは真逆の反応を示した。一般の素人と同じく……さらにあろうことか，適切な説明文でも科学的用語が加わったほうを，より優れた説明と評価したのだ。これは，専門家の判定とは正反対だ」という前を，後で「脳神経科学の知識をもっていることと，それらの知識を適切に使うこととは，まったく別の能力なのである」と言い換えているので，説明の意味を表す語が入る。

問2　(a)　直後の「科学的な知識をもっていると……不適切な場合でも一見科学的な説明をしがちになってしまう」という文脈からも判断できる。むしろそうでなかった方がよいくらい中途半端に，という意味になる。　(b)　あとの「ように」に呼応していることから判断する。

やや難　問3　傍線部(1)は，同じ文の「生命科学の領域」について述べている。「生命科学の領域」について，直後の段落で「もともとは博物学の一分野だった生物学が……新しい領域を広げていくにつれて人とそれ以外の生物との境界はどんどん消失しつづけた」と述べ，さらに「この流れは……人間についての言明に直結するという事態を招来した」と続けて説明している。生命科学の領域が広がるにつれ，専門家以外の人も人間について言葉ではっきり述べることになったからという理由を述べているものを選ぶ。イとウは「生命科学の領域」について述べていない。傍線部(1)に「受け取り手として」とあるので,「観測者となると同時に」とあるエも適当ではない。

やや難 問4 傍線部(2)の「じつはなんの論理的つながりもない」や,直後の文「『気持ちが落ち着くのは良いことだ』という無意識の価値判断や好みがはたらいて初めて,つながっているように感じるにすぎない」から,「オキシトシンが出ると気持ちが落ち着く」という「科学的『事実』」から,「オキシトシンが出る状態にして気持ちを落ち着かせるべきだ」という価値判断が必然的に導き出されるわけではない,ということが読み取れる。この内容を述べているイを選ぶ。「つながっているように感じるにすぎない」に,アの「誰もが賛成するわけではない」とは重ならない。「科学的『事実』」に,ウの「一般社会で常に見られるとは限らない」はそぐわない。傍線部(2)は,「科学的事実」と「価値判断」の関係について述べており,エの「生命科学の研究」と「医学的な見解」の関係について述べているわけではない。

問5 傍線部(3)の前に「だから」とあるので,前に理由が書かれている。一つ前の段落に「ぼくたち人間の特性や性質についての『科学的事実』が世に出たときに……ぼくたち自身,そういう『説明』を求めていることがあるからだ」とあり,この「ぼくたち」を「一般市民」と置き換えて理由としているアが最も適当。イとウについては,本文では述べていない。傍線部(3)の直後の文に「一般市民の側の心構えの問題」とあるので,「科学者」のみについて述べているエも不適当。

重要 問6 A 「脳神経科学を学んだ経験のない一般人」の評価を選ぶ。「不適切な説明であっても科学的な用語が加わっていると……科学用語がない説明より高く評価した」には,(図イ)と(図ウ)が対応するが,ここでは判断できない。 B 「専門家は,科学的用語の有無にかかわらず,不適切な説明文は低く評価した」というのであるから,(図ア)が対応する。 C 「脳神経科学入門の講義を半年間聴いてきた学生たち」の評価を選ぶ。「適切な説明文でも科学的用語が加わったほうを,より優れた説明と評価した」とあるので,(図イ)が対応する。したがって,Aの「脳神経科学を学んだ経験のない一般人」の評価は,(図ウ)が対応する。

重要 問7 傍線部(5)の「知識の魔力」を,直後の段落で「知識の誘惑幻惑効果」と言い換え,一つ後の段落で「説明を受ける側が,内容の妥当性を問わず,一見科学的な装いをまとっただけの説明のほうを好んでしまう」「説明をする側がなまじ科学的な知識をもっていると,実際にはその知識を当てはめるのが不適切な場合でも一見科学的な説明をしがちになってしまう」と説明している。この「知識の魔力」について述べ,「普遍的,かつ強力」を「様々な分野で人に影響を及ぼしている」と言い換えて説明しているウが最も適当。アの「一般市民も,科学者に科学用語をできるだけ多く使うよう要望する」や,エの「専門家も幻惑して知識を仕えさせなくさせる」とは述べていない。イの「一見科学的な装いをまとっただけの説明が適切か否かの判定」の難しさを言っているわけではない。

問8 直後の段落の「これは……科学的知識を日常生活場面の『どこ』に,『どのように』当てはめることができるのか,という適用範囲と形態の問題でもある」が意味するところを読み解く。一般市民にとっては,科学的知識を日常生活場面のどこにどのように当てはめればよいのかがわからないから,と述べているアを選ぶ。「適用範囲と形態の問題」に,イの「科学的な言明の真の意味」はそぐわない。「翻訳」が必要なのは,ウの「日常の生活場面の複雑さ」によるものではない。「翻訳」は比喩的な意味で用いられているので,「日常の言葉とは異なる」とあるエも適当ではない。

**3 (小説―主題・表題,情景・心情,内容吟味,文脈把握,語句の意味)**

問1 「文明の ① 器」で,文明がもたらした便利な道具や機械という意味になる。

重要 問2　A　破線dの後の「『種の起源』……が発行されたのが一八五九年だと知ったときに，私は目玉が飛び出るかと思った。」や「百六十年なんて，がんばれば生きてそうだもん，私。」という小町さんの言葉は，ウの「ゆったりした時間の捉え方を示す」ものである。 B　前の「気をつけなくちゃいけないのは」や，後の「それもひとつの説である，ということを念頭に置くのを忘れちゃだめだ。」は，エにあるように浩弥の「視野を広げよう」とするものである。 C　後の「でも，少なくとも浩弥くんはその本でウォレスを知ったよね……それってじゅうぶんに，この世界にウォレスの生きる場所を作ったということじゃない？」は，小町さんが浩弥に別の見方があることを伝えようとするものであることから判断する。小町さんの会話からは，アの「人間のいい面を見ることが大事だ」とは読み取れない。

問3　同じ会話の「でも，少なくとも浩弥くんはその本でウォレスを知ったよね。そしてウォレスについて，いろんなことを考えている」ことが，「この世界にウォレスの生きる場所を作った」ことになる。後の「誰かが誰かを想う。それが居場所を作るということ……？」からも，ウォレスを知っている人間が増えれば，ウォレスが存在した意味があると述べているエが適当。「生きる場所」に，イの「学問的価値」やウの「功績」はそぐわない。アの「ウォレスの進化論を学んだ人間が世間に出て行った」ことについては述べていない。

問4　前の「ヨーロッパでは，生物はすべて神が最初からその形に創ったもので，これまでもこれからも姿を変えることなんかないって固く信じられていた」時代において，進化論を発表するとどうなる恐れがあるのかを考える。「淘汰される」は，不適当なものは除かれるという意味であることから判断する。

やや難 問5　直後の「百六十年前の人たちに，こんな乗り物があるって話しても誰も信じないだろう……そんなものは空想の世界の話だって」に着目する。ここから，「飛行機」はあり得ないと思われたことが現実になったという事実の象徴であると読み取れる。アの「自分自身の考えを主張すること」や，イの「必ず世間に認めてもらえるはずだという信念」を言っているわけではない。エの「失われた夢」は，傍線部(3)の直後の内容に合わない。

問6　直前の文「歴史に名が刻まれるなんて，うんと後のことよりも……それよりも何よりも，誰かの人生の中で心に残るような絵が一枚でも描けたら。」から理由を読み取る。誰かの心に残る作品が描けたら，自分の生きる意味はあると気づいたから，とあるイが適当。「誰かの人生の中で心に残るような絵が一枚でも描けたら」という思いに，アの「世間が認めてくれる」やウの「評価が高まる」，エの「誰にも認められなくても」は合わない。

重要 問7　本文は，「三十歳になった今も就職ができずにいた」浩弥が，小町さんとの会話や旧友の征太郎の作家デビューの話を通じて，「人の心に残るイラストを描く」という過去の自分の思いに気がついたことを描くものである。この内容の説明として適当なものはエ。アの「世界を変えるために進み出そう」や，ウの「進歩し続ける世界が描かれている」は適当ではない。イの「のぞみちゃんの熱烈な応援」についての描写はない。

★ワンポイントアドバイス★



読解問題では，傍線部や傍線部前後の指示語の指し示す内容をとらえることが基本になる。指示語の指し示す内容を補うことで，文脈を正確に読み取ることができる。

# 2021年度

★★★★★★★★★★★★★★★★★★★★★★★

# 入　試　問　題

# 2021年度

# 国立高等専門学校入試問題

**【数　学】**（50分）〈満点：100点〉

【注意】1. 定規，コンパス，ものさし，分度器及び計算機は用いないこと。
2. 分数の形の解答は，それ以上約分できない形で解答すること。
3. 解答に負の符号がつく場合は，負の符号は，分子につけ，分母にはつけないこと。
4. 根号を含《ふく》む形で解答する場合，根号の中に現れる自然数が最小となる形で解答すること。

**1** 次の各問いに答えなさい。

(1) $-2^2 \div \dfrac{3}{5} + 6 \times \left(\dfrac{1}{3}\right)^2$ を計算すると $\boxed{\text{アイ}}$ である。

(2) 2次方程式 $2x^2+8x-1=0$ を解くと $x=\dfrac{\boxed{\text{ウエ}} \pm \boxed{\text{オ}}\sqrt{\boxed{\text{カ}}}}{\boxed{\text{キ}}}$ である。

(3) 2つの関数 $y=\dfrac{a}{x}$ と $y=-3x+1$ について，$x$ の値《あたい》が1から4まで増加するときの変化の割合が等しい。このとき，$a=\boxed{\text{クケ}}$ である。

(4) 下の図のように，関数 $y=\dfrac{18}{x}$ のグラフと直線 $y=ax-1$ が2点で交わっている。そのうち，$x$ 座標が正であるものをAとする。点Aから $x$ 軸に垂線を引き，その交点をBとする。また，直線 $y=ax-1$ と $x$ 軸との交点をCとすると，BC：CO＝2：1である。このとき，点Aの $y$ 座標は $\boxed{\text{コ}}$ であり，$a=\dfrac{\boxed{\text{サ}}}{\boxed{\text{シ}}}$ である。

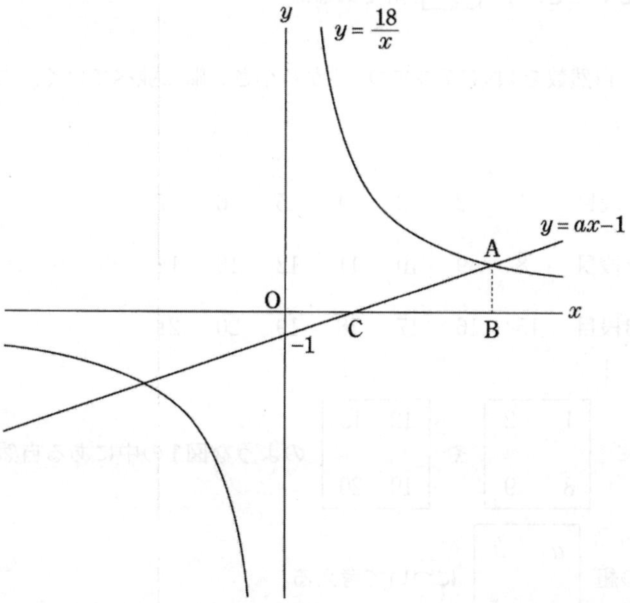

(5) A, B, C, D, Eの5人から，くじ引きで3人の当番を選ぶとき，選び方は全部で[スセ]通りある。

(6) あるクラスにおいて，各生徒が冬休み中に図書館から借りた本の冊数をまとめたところ，右の度数分布表のようになった。このとき，冊数の最頻値（モード）は[ソ]冊である。また，4冊借りた生徒の人《にん》数《ずう》の相対度数は，小数第3位を四捨五入して表すと0.[タチ]である。

| 冊数（冊） | 度数（人） |
|---|---|
| 0 | 6 |
| 1 | 8 |
| 2 | 9 |
| 3 | 5 |
| 4 | 6 |
| 5 | 1 |
| 6 | 1 |
| 合計 | 36 |

(7) 下の図で，2直線$\ell$，$m$は平行であり，同じ印のつけられている角がそれぞれ等しいとき，$\angle x =$[ツテト]°である。

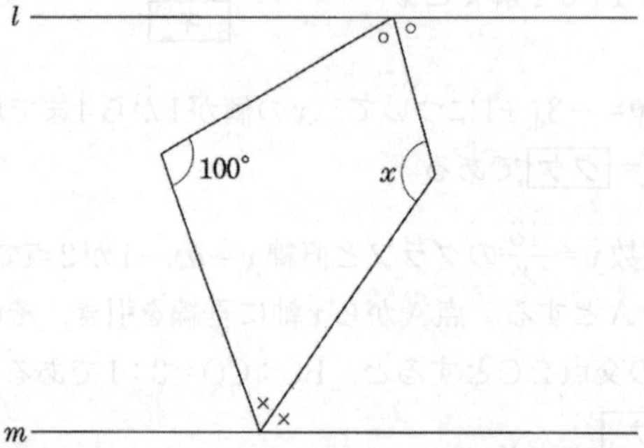


(8) 底面の半径6 cm，高さ$h$ cmの円柱がある。この体積が，半径5 cmの球と半径4 cmの球の体積の和に等しいとき，$h=$[ナ]cmである。

**2** 図1のように，自然数を1段に7つずつ，1から小さい順に並べていく。このとき，次の各問いに答えなさい。

図1

| | | | | | | | |
|---|---|---|---|---|---|---|---|
| 1段目 | 1 | 2 | 3 | 4 | 5 | 6 | 7 |
| 2段目 | 8 | 9 | 10 | 11 | 12 | 13 | 14 |
| 3段目 | 15 | 16 | 17 | 18 | 19 | 20 | 21 |
| ⋮ | | | | ⋮ | | | |

(1) 図2のように，

| | |
|---|---|
| 1 | 2 |
| 8 | 9 |

や

| | |
|---|---|
| 12 | 13 |
| 19 | 20 |

のような図1の中にある自然数を四角で囲ってできる4つの数の組

| | |
|---|---|
| $a$ | $b$ |
| $c$ | $d$ |

について考える。

**図2**

| | | | | | | | |
|---|---|---|---|---|---|---|---|
| 1段目 | 1 | 2 | 3 | 4 | 5 | 6 | 7 |
| 2段目 | 8 | 9 | 10 | 11 | 12 | 13 | 14 |
| 3段目 | 15 | 16 | 17 | 18 | 19 | 20 | 21 |
| ⋮ | | | | ⋮ | | | |

このとき，$ad-bc$の値《あたい》はつねに$-7$になることを次のように証明した。

【証明】

$b$，$c$，$d$をそれぞれ$a$を用いて表し，$ad-bc$を計算すると，

$$\begin{aligned} ad-bc &= a\left(a+\boxed{\text{ア}}\right)-\left(a+\boxed{\text{イ}}\right)\left(a+\boxed{\text{ウ}}\right) \\ &= a^2+\boxed{\text{ア}}\,a-\left(a^2+\boxed{\text{エ}}\,a+\boxed{\text{オ}}\right) \\ &= -7 \end{aligned}$$

となる。　　　　　　　　　　　　　　　　　　　　　　　　　　【証明終わり】

(2)　**図1**の$n$段目において，左から3番目の数を$A$とし，左から4番目の数を$B$とする。このとき，$A$，$B$は$n$を用いて

$A=\boxed{\text{カ}}\,n-\boxed{\text{キ}}$，　$B=\boxed{\text{ク}}\,n-\boxed{\text{ケ}}$

と表される。$AB=1482$であるとき，$n$の値は$\boxed{\text{コ}}$である。

(3)　**図1**の$n$段目にあるすべての自然数の和が861になった。このとき，$n$の値は$\boxed{\text{サシ}}$である。

**3**　ある列車が停止した状態から出発し，$x$秒後には$y$ m進んだ位置にいる。$0 \leqq x \leqq 100$では$y=0.35x^2$という関係があり，100秒後には出発地点から3500 m進んだ位置にいる。また，出発してから100秒以上経過したあとは一定の速さで進み，200秒後には出発地点から10500 m進んだ位置にいる。

このとき，次の各問いに答えなさい。

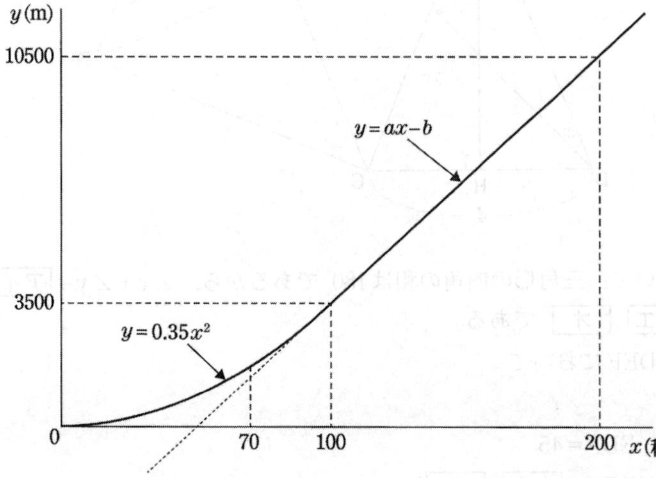

(1) 出発してから100秒以上経過したあとは，$y = ax - b$ という関係があり，$a =$ [アイ]，$b =$ [ウエオカ] である。また，出発してから100秒以上経過したとき，列車は時速 [キクケ] kmで走る。

(2) $x = 70$ のとき，$y =$ [コサシス] である。このとき，列車の先頭が，あるトンネルに入った。列車が完全にトンネルから出たのは出発してから216秒後であったという。列車の全長が420 mのとき，先頭部分がトンネルから出るのは出発してから [セソタ] 秒後であり，トンネルの長さは [チツテト] mである。

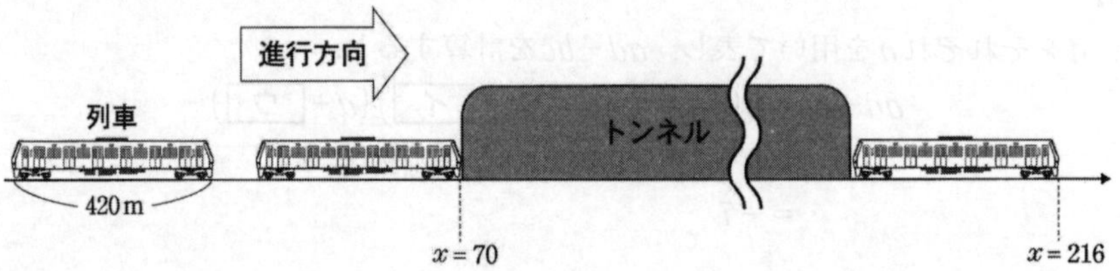


**4** 下の図のように，AB＝ACである二等辺三角形ABCと正方形ACDEがある。線分BEと線分ADの交点をFとし，線分CEと線分ADの交点をGとする。点Aから辺BCに垂線を引き，その交点をHとする。

BC＝4，$\angle$BAC＝45°，$\angle$ABE＝$\angle x$，$\angle$BAH＝$\angle y$ のとき，次の各問いに答えなさい。

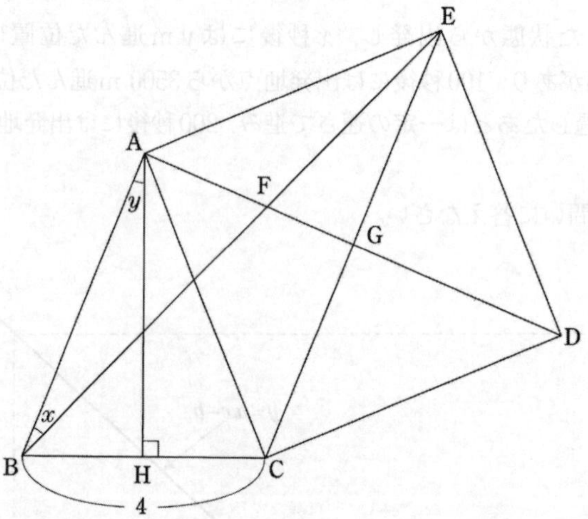


(1) △ABEにおいて，三角形の内角の和は180°であるから，$\angle x + \angle y =$ [アイ]°である。

(2) $\angle$BEC＝[ウエ].[オ]°である。

(3) △ABCと△DEFにおいて

AB＝DE

$\angle$BAC＝$\angle$EDF＝45°

$\angle$ABC＝$\angle$DEF＝[カキ].[ク]°

である。よって，2つの三角形は合同であり，EF＝[ケ]である。

(4) △AEFの面積は [コ] である。

**【英　語】**（50分）〈満点：100点〉

**1** 次の各組の英文がほぼ同じ内容となるよう，（ A ）と（ B ）に入れるのに最も適当な組み合わせをア～エの中からそれぞれ一つずつ選びなさい。

1．I help her and she（　A　）helps me.
She and I help（　B　）.

ア (A) often / (B) forever
イ (A) never / (B) together
ウ (A) too / (B) anyone
エ (A) also / (B) each other

2．He didn't say（　A　）to me when he left.
He said（　B　）to me when he left.

ア (A) anything / (B) something
イ (A) anything / (B) nothing
ウ (A) nothing / (B) anything
エ (A) something / (B) anything

3．My grandfather（　A　）how to send an e-mail.
My grandfather（　B　）send an e-mail.

ア (A) forgot / (B) would
イ (A) doesn't know / (B) can't
ウ (A) didn't ask / (B) would
エ (A) teaches / (B) can't

4．I（　A　）her birthday party.
I had a（　B　）time at her birthday party.

ア (A) enjoyed / (B) good
イ (A) opened / (B) funny
ウ (A) had / (B) hard
エ (A) missed / (B) poor

5．Our school was（　A　）eighty years ago.
Our school is eighty years（　B　）now.

ア (A) building / (B) new
イ (A) build / (B) young
ウ (A) building / (B) age
エ (A) built / (B) old

**2** 次の１～５の会話文の（　　）に入る適切なものを，ア～エの中から一つずつ選びなさい。

1．A：Did you wash your hands when you came home?
B：（　　　　　　）
A：That's good. You should always wash your hands before you eat. Now we can have dinner.

ア I washed my face in the morning.
イ Of course I did.
ウ No, I have never washed them.
エ Oh, no! I forgot.

2．A：Could you tell me the way to the nearest bus stop?
B：Well,（　　　　　　）Follow me, please.
A：Thank you for helping me to get to the bus stop.

ア I'm too tired to go there.
イ I haven't seen it before.
ウ I'm going there, too.
エ I don't think so.

3．A：Excuse me. Which line goes to the national museum?
B：If you want to go there,（　　　　　　）the Blue Line. Then change trains at Green Station.
A：All right. Thank you very much.

ア it's your turn to　　イ go back to your seat into
ウ you have to try to　　エ you must get on

4．A：Hello. This is Suzuki Hiroshi. Is Ms. Okada there?
B：I'm sorry.（　　　　　）
A：It's Suzuki. Suzuki Hiroshi.
B：Thank you. I'm sorry, she is not here now. Shall I take a message?
ア I couldn't hear your name clearly.　　イ How are you today?
ウ Can I ask you something?　　エ I can't see her.

5．A：Hello, what are you looking for today?
B：I broke my pen. I want a new one.（　　　　　）
A：Yes, I think we do. This way, please.
ア Would you like another pen?　　イ Can you say that again, please?
ウ Will you show me the way to your home?　　エ Do you have one like this?

**3** 次の文章をよく読んで，後の問に答えなさい。

A long time ago in America, George was working at a restaurant as a cook. One night, a very rich man ア visited George's restaurant. He ordered many dishes for his dinner.（ 1 ）of the dishes was French fries. The dish was very popular at George's restaurant. George イ cooked it, and then a waitress served it to the man. He ウ started to eat it. He（ 2 ）stopped エ eating and called the waitress. He said to her, "Hey! It's too thick and oily. I cannot eat it.（ 3 ）the cook to make the dish again." Then, she went to the kitchen, told George about the rich man and オ asked George（ 4 ）the dish again.

Once again, George started to cook French fries. This time, he cut the potatoes thinner than the first time. Then, he called the same waitress and told her to（ 5 ）the dish to the man. But he didn't like George's second French fries and sent them back to the kitchen again. George was very angry. So, he cut the potatoes so thin that he could see through them. He wanted to annoy the man. They were（ 6 ）thin to eat with a fork. This time, George served the dish to the man, stood by him and カ waited. The rich man ate it. "Wonderful!" he said.

These were the first potato chips in the world! After that, potato chips became another popular dish at the restaurant.

（注）order 注文する　French fries フライドポテト　waitress ウェイトレス　thick 太い　oily 油っぽい
potato ジャガイモ　thin 薄い　annoy 困らせる　fork フォーク　potato chips ポテトチップス

問１　本文中の（１）～（６）に入れるのに適切なものを，ア～エの中から一つずつ選びなさい。

| | ア | イ | ウ | エ |
|---|---|---|---|---|
| （ 1 ） | This | That | One | Both |
| （ 2 ） | early | still | suddenly | usually |
| （ 3 ） | Hear | Say | Speak | Tell |
| （ 4 ） | cook | cooked | cooking | to cook |
| （ 5 ） | eat | serve | cook | receive |
| （ 6 ） | much | to | too | more |

問２　次の１と２が表す内容と同じ意味で使われている語を，本文中の下線部ア～カからそれぞれ一つずつ選びなさい。

1　do nothing until someone or something arrives or until something happens

2　tell someone that you want them to do something

**4**　次の１～５の会話文の(　　)内の語を並べ替え，それぞれの文を完成しなさい。解答は，(　　)内において**３番目と５番目**にくるものの記号を選びなさい。なお，文頭にくる語も小文字で書かれています。

1．A：We have a baseball game tomorrow.
B：Yes, I ( ア be　イ fine　ウ hope　エ the　オ weather　カ will ).
A：Me, too!

2．A：Excuse me. Can you help me? I am looking for the post office.
B：Sure. Go straight along this street. You ( ア at　イ end　ウ find　エ it　オ the　カ will ) of the street.

3．A：Do you know that Hiroshi broke his leg and he is in the hospital?
B：Yes, I know. He said he wanted something to read. What ( ア about　イ bringing　ウ do　エ him　オ think　カ you ) some comics?
A：That's a good idea.

4．A：Hiroko didn't come to our club after school today. I'm worried about her.
B：Her brother is not feeling well, so she ( ア at　イ care　ウ him　エ is　オ of　カ taking ) home.
A：Oh, that's too bad.

5．A：Have you ever seen this movie?
B：No, but it looks interesting.
A：( ア go　イ I　ウ someone　エ to　オ want　カ with ) me. Are you free this weekend?

**5**　次の文章をよく読んで，後の問いに答えなさい。

Takashi was born on the first day of 2005. When he was born, Takashi's parents were both twenty-eight years old. Just two years and one month later, Takashi's sister was born. The baby was named Naomi. The next day was her mother's birthday. On Naomi's first birthday, she was 9 kg and 74 cm tall and Takashi was 14 kg and 90 cm tall. Takashi's height was just half of his father's. Takashi entered kindergarten that year.

Takashi entered elementary school when he was six years old. On his first day at school, Takashi was 20 kg and 115 cm tall.

Naomi entered kindergarten at the same age as Takashi did. When she entered elementary school, she had the same weight and height as Takashi on the day of his entrance into elementary school. On the day of Naomi's entrance into elementary school, Takashi was, of course, taller than Naomi. The difference between Takashi's height and Naomi's was 15 cm.

Takashi is now a junior high school student. He became fourteen years old this year. He has become a tall boy. He is 170 cm tall now. However, his father's height has not changed since Takashi was born.

（注） height 身長　kindergarten 幼稚園　weight 体重　entrance 入学

［問い］ 本文の内容から考えて，次の１～５の英文の（　　）に入る適切なものをア～エの中からそれぞれ一つずつ選びなさい。

1．Naomi was born in（　　　）.

ア January 2007　イ February 2007

ウ January 2008　エ February 2008

2．When Naomi was born, her mother was（　　　）years old.

ア twenty-eight　イ twenty-nine　ウ thirty　エ thirty-one

3．Takashi was 20 kg when he was（　　　）years old.

ア four　イ five　ウ six　エ seven

4．On Naomi's first day of elementary school, Takashi was（　　　）tall.

ア 74 cm　イ 90 cm　ウ 115 cm　エ 130 cm

5．Takashi's father is（　　　）tall now.

ア 165 cm　イ 170 cm　ウ 175 cm　エ 180 cm

## [ 6 ] 次の文章をよく読んで，後の問いに答えなさい。

*On a boat, a team of scientists is helping a turtle. The turtle is having some trouble, and the scientists find the reason. There is something in its nose. One of the scientists tries to take it out. Finally, after eight long minutes, something long is taken out of the turtle's nose. It is a long plastic straw.*

A lot of people have watched the video of the turtle on the Internet. Now people understand better about this problem. [ 1 ] Since 2000, the production of plastic has increased all over the world, but [ 2 ]. A lot of plastic waste goes into the ocean. Today, scientists think about eight million tons goes into the sea every year. Most of this plastic will never disappear from the oceans.

This ocean plastic hurts a lot of sea animals every year. Some fish eat plastic because [ 3 ] or it's covered with sea plants. Some scientists believe that eating a lot of plastic leads to hunger. After sea animals eat a lot of plastic, [ 4 ]. In some cases, eating sharp pieces of plastic can hurt sea animals and can even kill them.

Plastic is useful to people because [ 5 ], but this is dangerous for sea animals. The scientist said, "The biggest problem is that the plastic items are designed to be thrown away after they are used." For example, we use straws, water bottles, and plastic bags [ 6 ]. About seven hundred different kinds of sea animals have eaten these plastic items. The turtle was lucky because it was rescued and returned to the ocean.

How will plastic waste affect sea animals in the future? "I think we'll know the answers in five to ten years," said the scientist. But by then, a lot more plastic waste will already be in the ocean.

（注） turtle カメ　straw ストロー　production 生産　million 百万　ton トン（重さの単位）
(be) covered with ～　～に覆《おお》われる　lead to hunger 飢餓《きが》をもたらす　sharp 鋭い　item 品物
affect ～に影響する

問1　本文中の空所 [ 1 ] に入れるのに適切なものを次のア～ウの中から一つ選びなさい。

ア　The world's seas are full of plastic.

イ　Turtles have disappeared from the cities.

ウ　Every country is trying to take plastic out of the sea.

問2　本文中の空所 [ 2 ] に入れるのに適切なものを次のア～ウの中から一つ選びなさい。

ア　we reuse all of our plastic waste

イ　we recycle only about 20% of it

ウ　we have decided to give up our easy life

問3　本文中の空所 [ 3 ] に入れるのに適切なものを次のア～ウの中から一つ選びなさい。

ア　it's very hungry and delicious

イ　they know it's dangerous to eat

ウ　it looks like food

問4　本文中の空所 [ 4 ] に入れるのに適切なものを次のア～ウの中から一つ選びなさい。

ア　they become strong and they live longer than we think

イ　their stomachs are full but they don't get enough energy to live

ウ　they still feel hungry and they try to take it out of their noses

問5　本文中の空所 [ 5 ] に入れるのに適切なものを次のア～ウの中から一つ選びなさい。

ア　it is strong and not easily broken

イ　it breaks into pieces quickly and we can rescue it

ウ　they don't usually throw away a lot of waste into the ocean

問6　本文中の空所 [ 6 ] に入れるのに適切なものを次のア～ウの中から一つ選びなさい。

ア　to reduce sea animals in the world

イ　only once before we throw them away

ウ　to find the problems in our environment

問7　本文の内容と合うものを次のア～ウの中から一つ選びなさい。

ア　Plastic waste is a serious problem in the oceans.

イ　The turtle in the video died when it ate a plastic straw.

ウ　Plastic items in the oceans save a lot of sea animals.

**【理　科】**（50分）〈満点：100点〉

**【注意】** 定規，コンパス，ものさし，分度器及び計算機は用いないこと。

**1**　次の文章を読み，下の問1から問3に答えよ。

わたしたちの生活の中で排出される食べ物の残りや排せつ物などの多くの有機物が混入した汚れた水（汚水《おすい》）は，下水道に流れていく。水を汚れたままにしておくと有害なガスが発生するなどして，多くの生物はすめない環境になる。そのため，汚水を河川などの環境中に放出する前に「下水処理場」に集め，様々な処理をする。この処理の一つに，汚水に含《ふく》まれる A有機物を養分（栄養分）として利用できる生物によって酸素を使って分解する過程がある。この過程では多くの酸素を必要とするため，人が空気を供給する。また，この処理過程では，汚水中の有機物を養分として利用できる生物集団の存在が重要である。顕微鏡《けんびきょう》でこれらの生物集団を観察すると，細菌《さいきん》，カビの仲間，ゾウリムシの仲間，そして Bミジンコの仲間などを観察することができ，これらのあいだには「食べる—食べられる」の関係が成り立っている。

問1　下線Aに示す分解によってできるものを次のアからオの中から二つ選べ。

ア　酸素　　　イ　水素　　　ウ　窒素《ちっそ》　　　エ　二酸化炭素　　　オ　水

問2　下線Aの分解では，水に溶解している酸素が使われる。酸素は水温15℃では1Lの水に0.010 g溶け込んでいる。汚水に含まれる有機物1 gを分解するために必要な酸素は1 gである。一人あたり1日に60 gの有機物を排出したとき，この60 gの有機物を分解するためには上記条件の酸素が溶け込んだ水は何L必要か。次のアからクの中から適切なものを選べ。

ア　10 L　　　イ　60 L　　　ウ　100 L　　　エ　600 L

オ　1000 L　　　カ　6000 L　　　キ　10000 L　　　ク　60000 L

問3　下線Bのミジンコは，背骨は持たないが外骨格に覆《おお》われ，体やあしが多くの節からできている。何の仲間に分類される生物か，次のアからエの中から選べ。

ア　脊椎《せきつい》動物　　　イ　節足動物　　　ウ　単細胞生物　　　エ　軟体《なんたい》動物

**2**　ある植物のつくりとはたらきについて［Ⅰ］から［Ⅳ］のように調べた。下の問1から問5に答えよ。

［Ⅰ］　この植物の根，茎《くき》，葉の断面や葉の表面を観察した。図1から図4はいずれかの観察結果である。

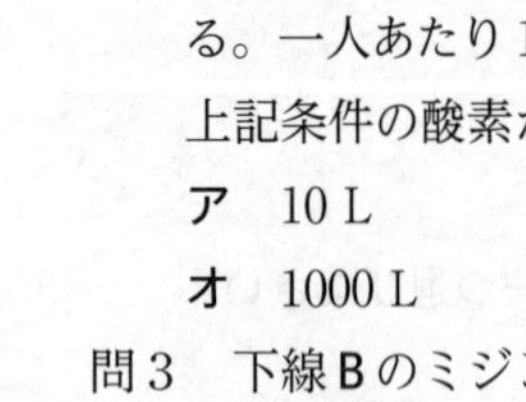

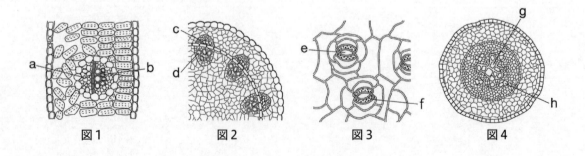


図1

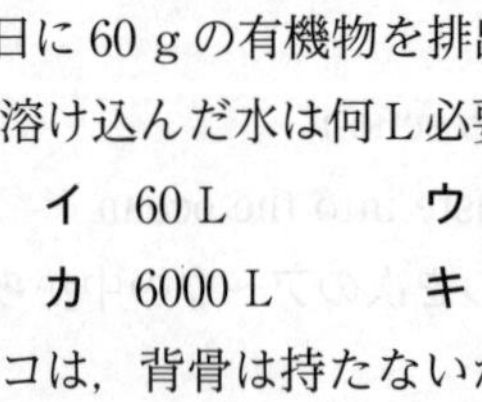


図2

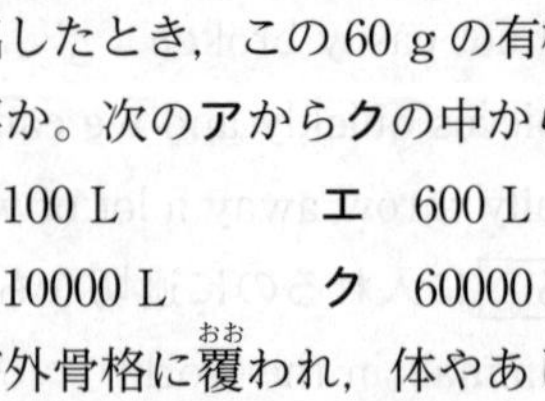


図3

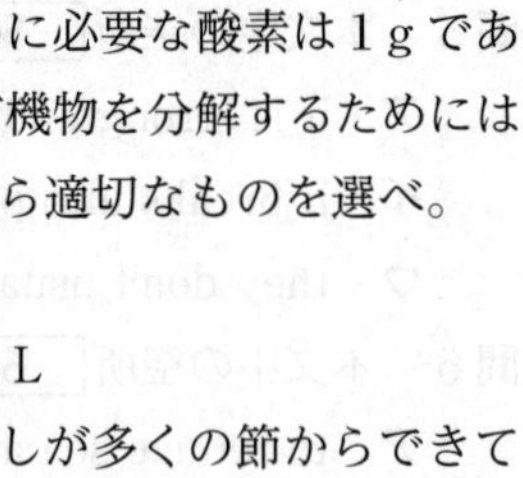


図4

問1　この植物は何の仲間に分類されるか。最も適当なものを次の**ア**から**エ**の中から選べ。

**ア**　単子葉類　　　**イ**　双子葉類　　　**ウ**　裸子《らし》植物　　　**エ**　シダ植物

問2　**図1**から**図4**のように，植物の体は小さなつくりが集まってできている。

1　このことについて述べた次の文の空欄《くうらん》（　①　）から（　③　）にあてはまる言葉の組み合わせとして，最も適当なものを下の**ア**から**エ**の中から選べ。

| |
|---|
| 生物の体をつくる最小単位は（　①　）である。(①) にはさまざまな種類があるが，形やはたらきが同じ (①) の集まりを（　②　）といい，いくつかの (②) が組み合わさって特定のはたらきをする（　③　）となる。そして，さまざまな (③) が集まり，1つの生物体である個体がつくられている。 |

**ア**　①核《かく》　　②器官　　③組織　　**イ**　①核　　②組織　　③器官

**ウ**　①細胞　　②器官　　③組織　　**エ**　①細胞　　②組織　　③器官

2　植物の葉は次の**ア**から**エ**のどれにあたるか。

**ア**　器官　　**イ**　個体　　**ウ**　細胞　　**エ**　組織

［Ⅱ］　この植物を根ごと色水につけて，水の通り道を調べる実験を行った。**図4**の**g**が染まり，**図1**，**図2**にも染まった部分が見られた。

問3　この植物で水が通るところを**図1**から**図4**の**a**から**h**の中から選び，根から吸収されて葉から蒸散されるまでに通る順番を答えよ。

［Ⅲ］　この植物を用いて，葉からの蒸散量を調べる実験を次のような手順で行った。

【実験の手順】

1．**図5**のように，同じくらいの大きさの葉が同じ数だけついている枝を2本用意し，そのままの枝をA，葉を全て取り除いた枝をBとした。

2．同じ量の水が入った試験管を2本用意し，A，Bをそれぞれ入れ，両方の試験管の水面に油を浮かせた。

3．それぞれの総重量を電子てんびん（最小表記 0.1 g）ではかった。

4．これらを風通しの良い場所に置いた。

5．6時間後にそれぞれの総重量を電子てんびんではかり，3．の時との差を比べて，葉からの蒸散量を調べた。

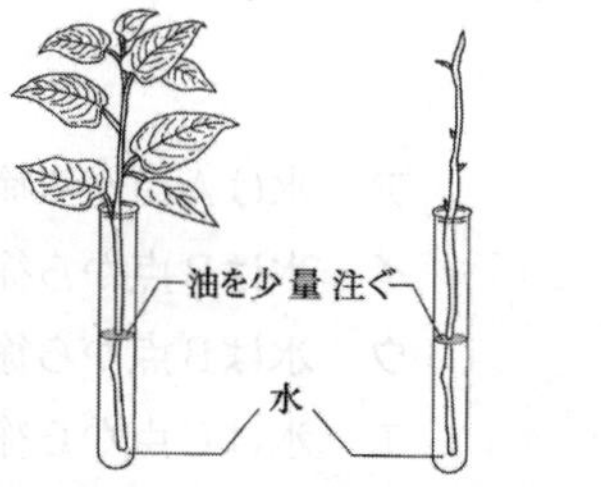


A 葉をつけた枝　B 葉を取り除いた枝

**図5**

問4　この実験の目的を達成するための操作に関する記述のうち，<u>**誤っているもの**</u>を次の**ア**から**エ**の中から選べ。

**ア**　Aの葉には，蒸散を抑えるワセリンを塗《ぬ》るとよい。

**イ**　2本の試験管にいれる水の量は，正確に同じ量にしなくてもよい。

**ウ**　A，Bが入った試験管の水面に油を浮かせなくてもよい。

**エ**　水量の変化を調べるには，メスシリンダーも使用できる。

［Ⅳ］　この植物は「挿《き》し木」でふやすこともできた。挿し木とは，枝を1つ切り取って土に挿し，発根させて育てる方法である。これは無性生殖《せいしょく》を利用したふやし方である。

問５ 無性生殖について述べたものとして，適切なものを次のアから力の中から三つ選べ。

ア　アメーバを顕微鏡《けんびきょう》で観察していると，体が二つに分裂《ぶんれつ》した。

イ　砂糖水に散布した花粉を顕微鏡で観察していると，管を伸ばすものが見つかった。

ウ　無性生殖でふえるときには，子は親と同じ種類の遺伝子を同じ数だけもつ。

エ　無性生殖でふえるときには，子は親と遺伝子の数は同じだが，異なる種類の遺伝子ももつ。

オ　農作物の品種改良をするときには，無性生殖を利用したふやし方が適している。

カ　目的とする形質の農作物を大量に得たいときには，無性生殖を利用したふやし方が適している。

**3**　次の［Ⅰ］，［Ⅱ］に答えよ。

［Ⅰ］　水の状態変化に関する次の問１から問３に答えよ。

問１　図１は，氷を加熱したときの温度変化を表す模式的なグラフである。このグラフに関する記述のうち，最も適当なものを下のアから力の中から二つ選べ。

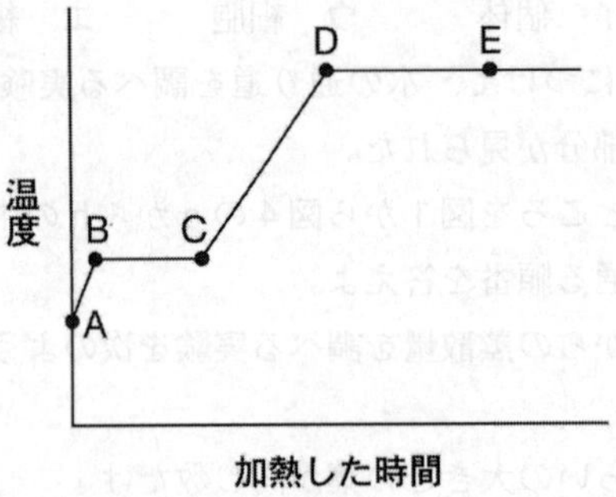


図１

ア　氷はA点から徐々にとけ始め，C点ですべてとけ終わる。

イ　氷はB点から徐々にとけ始め，C点ですべてとけ終わる。

ウ　氷はB点から徐々にとけ始め，D点ですべてとけ終わる。

エ　氷はC点から徐々にとけ始め，D点ですべてとけ終わる。

オ　水はC点では沸騰《ふっとう》しており，E点においても沸騰が続いている。

カ　水はD点では沸騰しており，E点においても沸騰が続いている。

問２　液体の水をペットボトルに入れ，ふたをして冷却《れいきゃく》し，中の水を凍らせた。ペットボトル内の水が液体から固体に変化するとき，水の体積と質量はそれぞれどうなるか。適切なものを次のアからウの中からそれぞれ選べ。

ア　増加する

イ　減少する

ウ　変化しない

問３　水１ｇの温度を１℃上昇させるのに4.2Ｊの熱量が必要である。10℃の水50ｇを40℃にするのに何kJの熱量が必要か。ただし，加えた熱量は温度上昇にのみ用いられるものとする。

［ア］．［イ］kJ

［Ⅱ］ 水（15 $cm^3$）とエタノール（5 $cm^3$）の混合物を用意し，**図2**のような装置を組み立てた。混合物を加熱しながら，フラスコ内の液体と気体の温度を記録し，取り出した液体の性質を調べた。ガラス管から出てきた液体が，約 3 $cm^3$ 溜《た》まったら次の試験管に交換し，同様にして計 3 本の試験管に集めた。**図3**中の**A**と**B**は加熱中の温度計①と②の温度変化のいずれかを示したものである。下の問 4 から問 6 に答えよ。

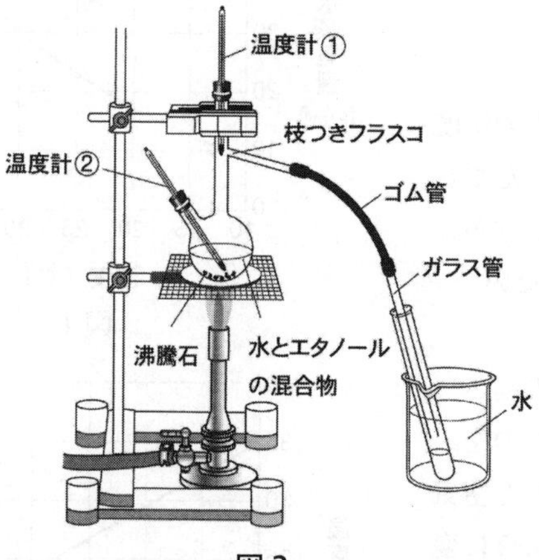


**図2**

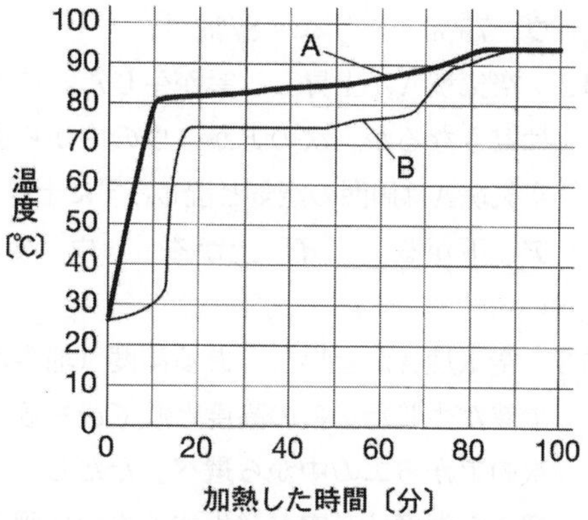


**図3**

問 4　枝つきフラスコに沸騰石を入れた理由として，適切なものを次の**ア**から**エ**の中から選べ。

**ア**　混合物が沸騰するまでの時間を短縮させるため。

**イ**　混合物が沸騰する温度を下げるため。

**ウ**　混合物が沸騰するのを防ぐため。

**エ**　混合物が突沸《とっぷつ》するのを防ぐため。

問 5　温度計①の温度変化を表すグラフは，**図3**の**A**と**B**のどちらか。また，混合物の沸騰が始まる最も適当な加熱時間は，10 分，40 分，70 分のどれか。適切な組み合わせを次の**ア**から**カ**の中から選べ。

| | ア | イ | ウ | エ | オ | カ |
|---|---|---|---|---|---|---|
| 温度計①のグラフ | A | A | A | B | B | B |
| 沸騰が始まる加熱時間〔分〕 | 10 | 40 | 70 | 10 | 40 | 70 |

問 6　試験管に集めた液体に関する記述のうち，**誤っているもの**を次の**ア**から**エ**の中から選べ。

**ア**　3 本の試験管に集めた液体の色は，いずれも無色透明であった。

**イ**　1 本目の試験管の液体にマッチの火をつけると燃えた。

**ウ**　1 本目の試験管の液体のにおいをかぐと，においはなかった。

**エ**　2 本目の試験管の液体は，エタノールと水の両方を含んでいた。

**4** ある地表において，気温35℃で，1 $m^3$ あたりに含まれる水蒸気の質量が30 g の空気の塊《かたまり》（以後，空気塊《くうきかい》Aと呼ぶ）がある。この空気塊Aについて，次の問１から問５に答えよ。

問１　空気塊Aの湿度はいくらか。ある地表における飽和水蒸気量を示した**図１**を参照し，最も近い値《あたい》を次の**ア**から**エ**の中から選べ。

**ア**　30%　　　**イ**　35%

**ウ**　75%　　　**エ**　87%

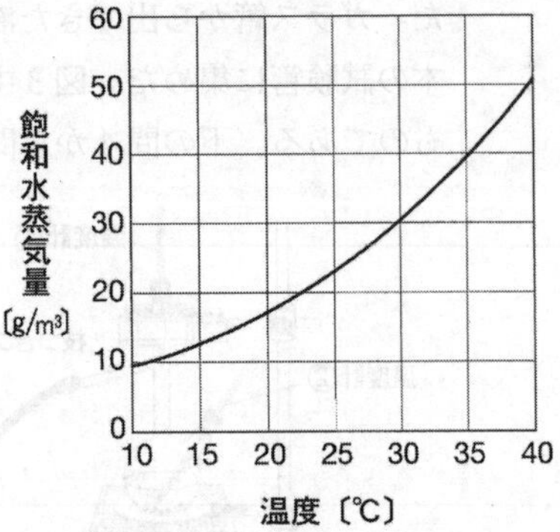

**図１**

問２　空気塊Aが上昇し，雲が生じた。この過程で湿度はどうなるか。次の**ア**から**ウ**の中から選べ。ただし空気塊Aは周囲の空気と混じらずに上昇したとする。

**ア**　下がる　　**イ**　上がる　　**ウ**　変わらない

問３　空気塊Aが上昇し，ある高度（地表からの高さ）で雲が生じた。この高度として最も適当なものを，次の**ア**から**エ**の中から選べ。ただし，上昇した空気塊Aの温度は，雲が発生するまでは**図２**のように変化し，上昇に伴う空気塊Aの膨張の影響は無視してよいものとする。

**ア**　900 m　　**イ**　1500 m

**ウ**　2300 m　　**エ**　2800 m

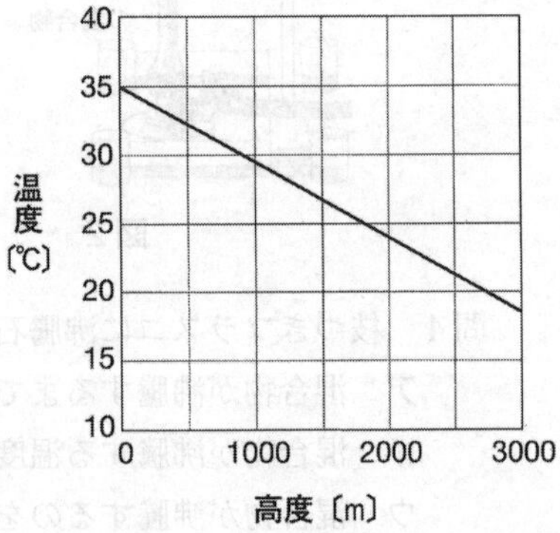

**図２**

問４　**図３**のような，高さ1000 m の直方体の中の空気（以後，空気柱と呼ぶ）を考える。空気塊Aに含まれる水蒸気量〔g/$m^3$〕が，空気柱に均一に存在していたとする（**図３**左）。その水蒸気を**図３**右のようにすべて液体の水にして直下の地面に降らせたとすると，水の厚み**X**は何mになるか。最も近い値を次の**ア**から**エ**の中から選べ。ただし，水の密度は1000 kg/$m^3$（＝1.0 g/$cm^3$）とする。

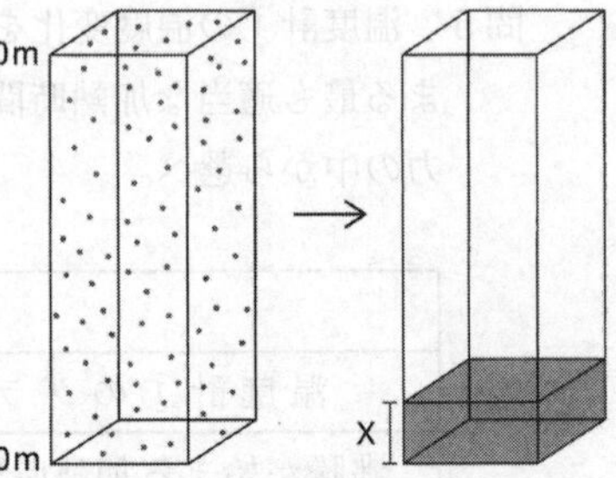

**図３**

**ア**　0.03 m　　**イ**　0.1 m　　**ウ**　0.7 m　　**エ**　2 m

問５　狭い範囲《はんい》で１日（24時間）の降水量が1000 mm に迫るような豪雨《ごうう》（以後「局所的な豪雨」と呼ぶ）が発生することがある。この降水量と問４で得られた値から言えることとして最も適当なものを，次の**ア**から**ウ**の中から選べ。

**ア**　問４で考えた空気柱には，１日の局所的な豪雨の総降水量を十分上回る量の水蒸気が含まれているため，空気中のごく一部の水蒸気が雨として降るだけで局所的な豪雨の総降水量を説明することができる。

**イ**　局所的な豪雨の時には，空気中のほとんどの水蒸気が雨となって地表に降るため，水蒸気を失った後の空気は湿度がほぼ０％になる。

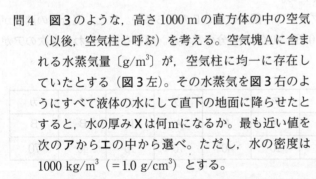

**ウ**　問４で考えた空気柱に含まれる水蒸気量だけでは１日の局所的な豪雨の総降水量には足りないため，湿度の高い空気が風で運ばれてきて特定の場所に集中して雨を降らせていると考えられる。

**5**　次の問１から問４に答えよ。ただし，地球上で質量 100 g の物体にはたらく重力の大きさを１N とする。

問１　次の説明文の空欄（　①　）から（　④　）にあてはまるものとして最も適当なものを下の**ア**から**コ**の中からそれぞれ選べ。ただし，同じ記号を複数回使用してもよい。

地球上で質量 6.0 kg の物体について考える。この物体の月面上での質量は（　①　），重さは（　②　）であり，重力の影響がない状態（無重力状態）での質量は（　③　），重さは（　④　）である。ただし，同じ物体にはたらく月面上の重力の大きさは，地球上の重力の大きさの６分の１とする。

**ア**　60 kg　　**イ**　60 N　　**ウ**　10 kg　　**エ**　10 N　　**オ**　6.0 kg
**カ**　6.0 N　　**キ**　1.0 kg　　**ク**　1.0 N　　**ケ**　0 kg　　**コ**　0 N

問２　**図１**のように一端を固定され水平におかれた質量が無視できるばねの他端を大きさ 0.20 N の力で引いたところ，ばねの長さは 15.0 cm であった。0.60 N の力でそのばねを引いたところ，ばねの長さは 18.2 cm になった。

このばねを大きさ 1.3 N の力で引いたとき，ばねののびは，[**アイ**].[**ウ**] cm である。

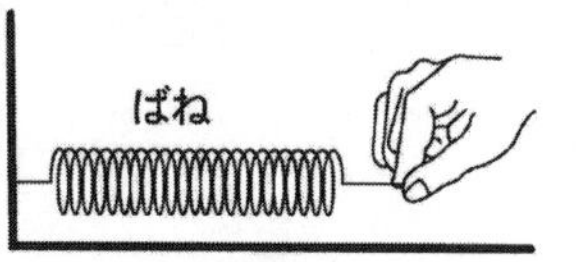

**図１**

問３　**図２**のように台はかりに質量100 g の**物体A**がおかれ，その上に質量600 g の**物体B**がおかれている。**物体B**にはばねがつけられており，そのばねは１N の力を作用させると 1.5 cm のびる。このばねを手で真上に引いていくと台はかりの目盛りの読みは変化した。ただし，ばねの質量は無視できるものとする。次の[**ア**]から[**オ**]に適当な数値を入れよ。

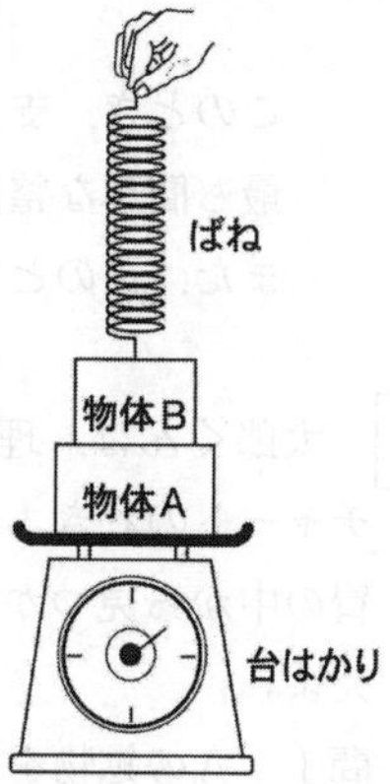

**図２**

（ i ）　ばねがのびていないとき，台はかりが**物体A**を押す力の大きさは[**ア**]N，**物体A**が**物体B**を押す力の大きさは[**イ**]N である。

（ii）　ばねののびが 3.0 cm のとき，**物体A**が**物体B**を押す力の大きさは[**ウ**]N である。

（iii）　台はかりが 200 g を示しているとき，ばねののびは[**エ**].[**オ**] cm である。

問4　質量が無視できるばねAとばねBがある。それぞれのばねに力を加えてばねをのばしたところ図3のような結果が得られた。グラフで示した力の大きさ以上でもばねは壊れず，ばねの特性は失われないものとする。次の［ア］から［カ］に適当な数値を入れよ。

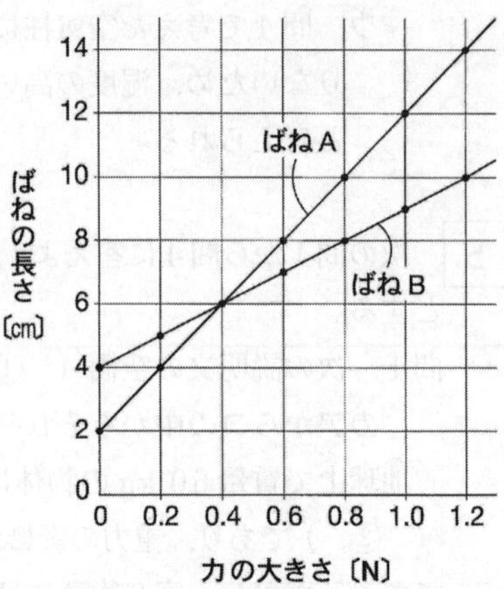

図3

（i）ばねAとばねBを直列につないでばねCをつくった。このばねの長さが18 cmのとき，ばねCに作用している力の大きさはいくらか。

［ア］.［イ］N

（ii）図4のように天井《てんじょう》から質量が無視できる糸で質量が無視できる棒をつるし，その棒の両端にばねAとばねBをつるし，それぞれに質量の異なるおもりをつけたところ，ばねAののびは8 cm，ばねBののびは10 cmで，棒は水平な状態になった。

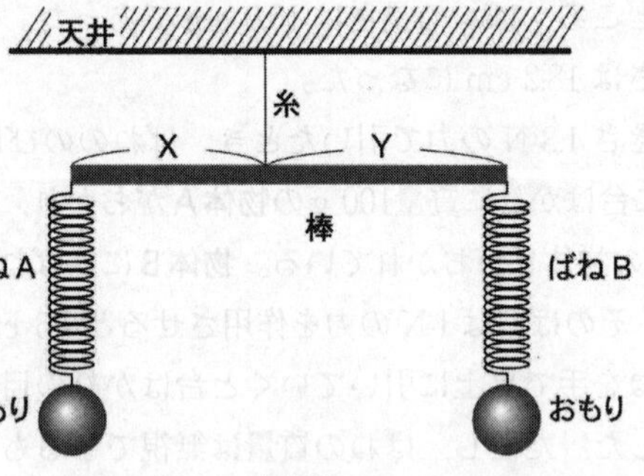

図4

このとき，支点からそれぞれのばねをつけた位置までの長さXとYの比はいくらになるか。最も簡単な整数の比であらわすと，X：Y＝［ウ］：［エ］である。
また，このとき糸が棒を引く力の大きさは［オ］.［カ］Nである。

**6**　太郎くんは，理科室にあった6つの試料AからF［A：石英，B：ある火山の火山灰，C：チャートのれき，D：玄武岩のれき，E：花こう岩のれき，F：恐竜《きょうりゅう》の胃石（恐竜が飲み込み，胃の中から見つかった石）］に興味を持ち，簡単な実験や観察を試みた。次の問1から問4に答えよ。

問1　Aの鉱物をつくる物質について調べたところ，二酸化ケイ素という化合物であることが分かった。物質を混合物，単体，化合物に分類するとき，二酸化ケイ素のように化合物にあてはまるものを，次のアからオの中から選べ。

ア　空気　　イ　窒素　　ウ　アルミニウム　　エ　食塩水　　オ　アンモニア

問2　Bの火山灰を顕微鏡《けんびきょう》で観察し，鉱物の種類を調べたところ，次のページの図1のような結果を得た。火山灰にしめる有色鉱物の割合として正しいものを，下のアからカの中から選べ。

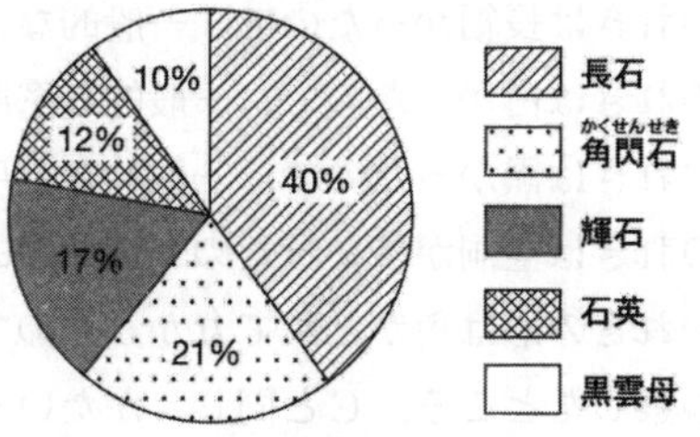


図１

**ア**　27%　　**イ**　31%　　**ウ**　38%　　**エ**　48%　　**オ**　52%　　**カ**　61%

問３　ＣからＥのれきについて，密度を測定するために，軽いひもでしばり，**図２**のようにビーカー中の水につけた。**図２**はＣのれきを水につけた様子を表したもので，それぞれの状態で電子てんびんは図中の数値（g表示）を示した。下の１から３に答えよ。

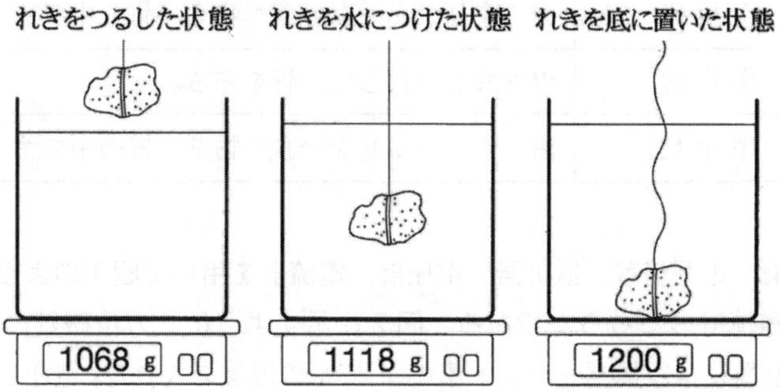


図２

１　Ｃは生物の死がいが堆積してできた岩石である。同様に，生物の死がいが堆積してできた岩石として正しいものはどれか。次の**ア**から**エ**の中から選べ。

**ア**　角閃石　　**イ**　石灰岩　　**ウ**　凝灰岩《ぎょうかい》　　**エ**　はんれい岩

２　**図２**中央のように，れきを水につけた状態で静止させた。れきの表面に泡は見られなかった。この状態で，れきにはたらく浮力として，最も適当なものはどれか。次の**ア**から**オ**の中から選べ。ただし，100 g の物体にはたらく重力の大きさを１N とする。

**ア**　0.5 N　　**イ**　0.8 N　　**ウ**　1.1 N　　**エ**　1.3 N　　**オ**　1.8 N

３　**図３**に示したＤとＥのれきの密度を求めたところ，それぞれ 2.11 g/cm$^3$，2.72 g/cm$^3$ であった。太郎くんはその結果が気になり，玄武岩と花こう岩の一般的な密度を調べたところ，それぞれ 3.0 g/cm$^3$ 前後，2.7 g/cm$^3$ 前後と分かった。測定した玄武岩の密度が，一般的なものより小さかった原因を説明した文として最も適当なものを，次の**ア**から**オ**の中から選べ。

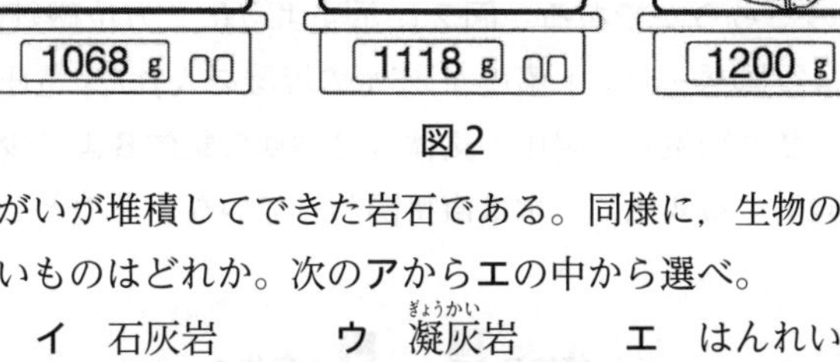

図３

ア　測定した玄武岩のれきは長細かったので，一般的な密度より小さかった。
イ　測定した玄武岩のれきは白かったので，一般的な密度より小さかった。
ウ　測定した玄武岩のれきは黒かったので，一般的な密度より小さかった。
エ　測定した玄武岩のれきは空洞が多かったので，一般的な密度より小さかった。
オ　測定した玄武岩のれきの形は角がとれて丸かったので，一般的な密度より小さかった。

問4　Fの胃石について観察したところ，Cと同じ，かたいチャートでできており，Dのれきのように角がとれていた。このような観察結果をもとに胃石の役割を推測した。この恐竜が生息した時代と胃石の役割の組み合わせとして正しいものを，次のアからエの中から選べ。

| | 生息した時代 | 胃石の役割 |
|---|---|---|
| ア | 古生代 | 胃の酸を中和して，胃を守る。 |
| イ | 古生代 | 歯ですりつぶせない食べ物を，胃の中ですりつぶす。 |
| ウ | 中生代 | 胃の酸を中和して，胃を守る。 |
| エ | 中生代 | 歯ですりつぶせない食べ物を，胃の中ですりつぶす。 |

**7**　電気分解装置，電源装置，抵抗《ていこう》器，電圧計，電流計を用いて**図1**のような回路を組んだ。装置Xは電圧計，電流計のどちらかである。**図2**に示すように，方位磁針の上を導線が通るようにし，電気分解装置には質量パーセント濃度《のうど》が2.5%の塩酸を入れた。電圧をかけると，陽極と陰極ではそれぞれ気体A，Bが発生し，陽極の気体Aは陰極の気体Bより少ないところまでしか集まらなかった。気体の発生する変化に，水は直接関わっていないものとして，下の問1から問7に答えよ。

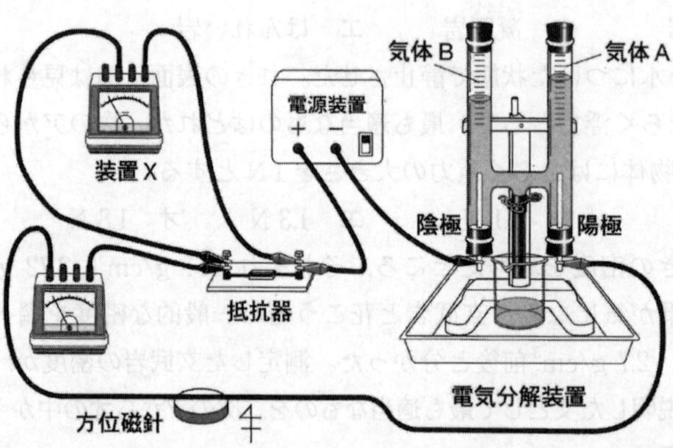


図1

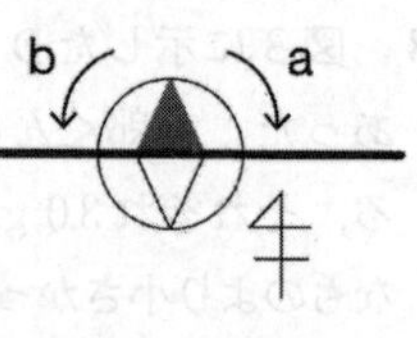


図2

問1　質量パーセント濃度が36%の濃《のう》塩酸がある。この濃塩酸と水を混合し電気分解で使用する2.5%の水溶液を作るためには，濃塩酸100 gに対して水は何g必要か。整数で答えよ。

アイウエ g

問2　次の水溶液のうち，塩酸と同様に溶質が気体である水溶液の場合は○，溶質が気体でない水溶液の場合は×を選んだ組み合わせとして，適切なものはどれか。次のアからコの中から選べ。

| | ア | イ | ウ | エ | オ | カ | キ | ク | ケ | コ |
|---|---|---|---|---|---|---|---|---|---|---|
| 水酸化ナトリウム水溶液 | ○ | ○ | ○ | ○ | ○ | × | × | ○ | × | × |
| 炭酸水 | ○ | ○ | × | ○ | × | ○ | ○ | × | ○ | × |
| アンモニア水 | ○ | ○ | ○ | × | × | ○ | ○ | × | × | × |
| 硝酸《しょうさん》カリウム水溶液 | ○ | × | ○ | × | × | ○ | × | ○ | × | ○ |

問3　電流を流す前の方位磁針を見ると，**図2**のようであった。実際に電流を流したところ，方位磁針の針の向きは変わらなかった。これを説明した次の**ア**から**オ**の中から最も適当なものを選べ。

**ア**　電流が大きければ a の方向に針は振れるはずだが，電流が小さいので振れなかった。

**イ**　電流が大きければ b の方向に針は振れるはずだが，電流が小さいので振れなかった。

**ウ**　地磁気の強さが大きければ a の方向に針は振れるはずだが，地磁気の強さが小さいので振れなかった。

**エ**　地磁気の強さが大きければ b の方向に針は振れるはずだが，地磁気の強さが小さいので振れなかった。

**オ**　電流が大きくても小さくても，針は振れない向きに置かれていた。

問4　塩酸に電流を流すことによって起きた変化を，原子のモデルを用いて表したものとして適切なものを次の**ア**から**オ**の中から選べ。ただし，●と○は原子1個を表すものとし，●と○は種類の異なる原子であることを示しており，必要最小限の個数の原子のモデルを用いている。

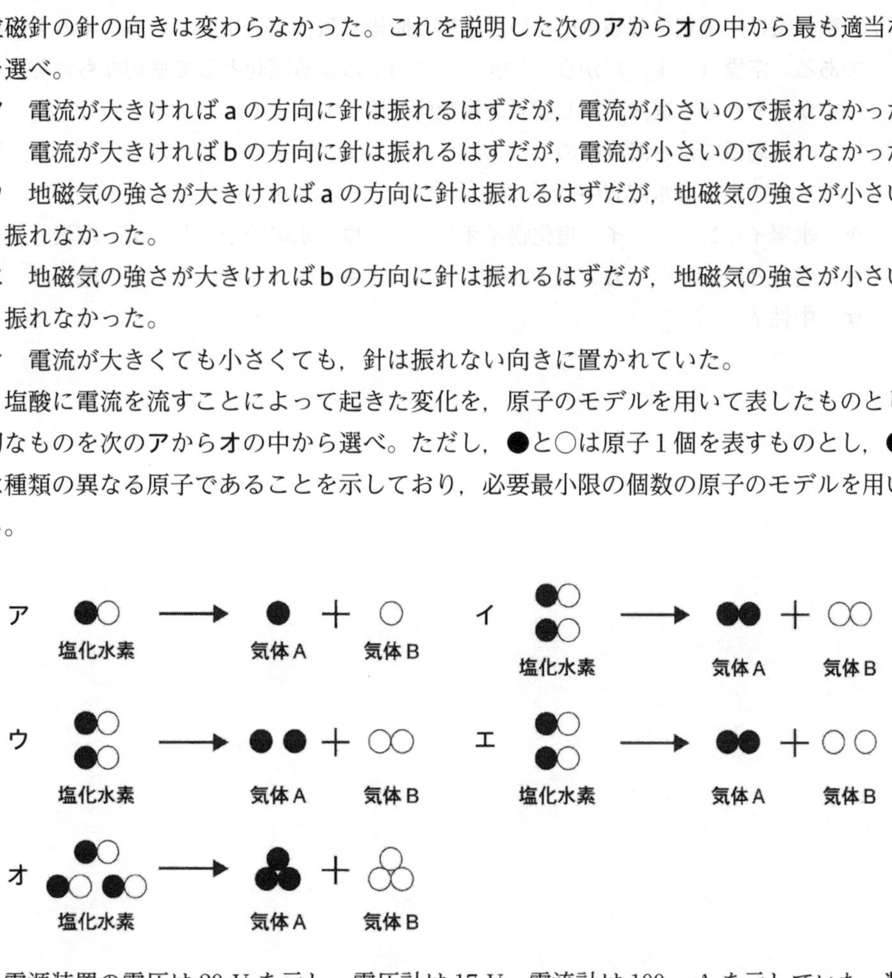


問5　電源装置の電圧は 20 V を示し，電圧計は 17 V，電流計は 100 mA を示していた。**装置X**は何か。また，この抵抗器の抵抗の大きさはいくらか。正しい組み合わせを次の**ア**から**ケ**の中から選べ。

| | ア | イ | ウ | エ | カ | キ | ク | ケ |
|---|---|---|---|---|---|---|---|---|
| 装置X | 電圧計 | 電圧計 | 電圧計 | 電圧計 | 電流計 | 電流計 | 電流計 | 電流計 |
| 抵抗の大きさ〔Ω〕 | 200 | 170 | 20 | 17 | 200 | 170 | 20 | 17 |

問６　抵抗器の抵抗の大きさを２倍のものに取り替えて同じ実験をした。抵抗器を取り替える前に比べて，電流計の示す値はどうなるか。次の**ア**から**オ**の中から選べ。ただし，流れる電流が変化しても，電気分解装置全体の抵抗は変化しないものとする。

**ア**　２倍になる

**イ**　１倍から２倍の間の値になる

**ウ**　１倍になる（変わらない）

**エ**　半分から１倍の間の値になる

**オ**　半分になる

問７　次の文は，電気分解装置において陽極と陰極で気体が発生している仕組みを説明したものである。空欄（　①　）から（　⑥　）に当てはまる語句として適切なものを下の**ア**から**ケ**の中からそれぞれ選べ。同じ記号を複数回使用してもよい。

陽極では水溶液中の（　①　）が（　②　）を（　③　）。

陰極では水溶液中の（　④　）が（　⑤　）を（　⑥　）。

**ア**　水素イオン　　**イ**　塩化物イオン　　**ウ**　水素分子　　**エ**　塩素分子

**オ**　受けとる　　**カ**　失う　　**キ**　陽子　　**ク**　電子

**ケ**　中性子

**【社　会】**（50分）〈満点：100点〉

**1**　次の**図**中の**い**から**に**には，日本を出発する世界一周旅行で訪問した4か国について示している。問1から問4までの各問いに答えよ。なお，**図**中の〇はそれぞれの国の首都の位置を示している。

**図**

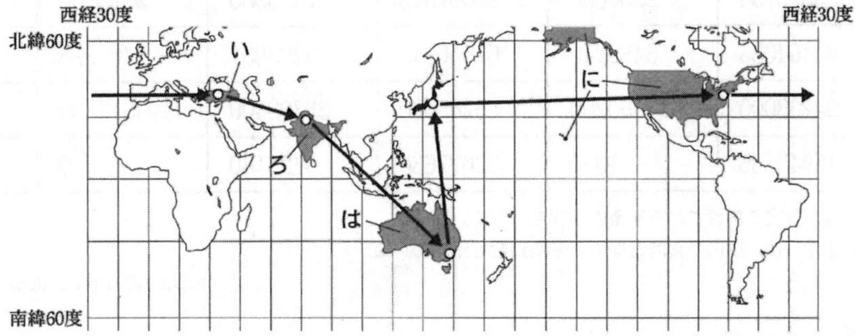


※経線と緯線《いせん》が直角に交わる地図である。経線は15度間隔《かんかく》，緯線は30度間隔で引いている。

問1　次の**A**から**D**の**紀行文**は，**図**中の**い**から**に**のいずれかの国について記したものである。**紀行文**と**図**中で示した国の組み合わせとして正しいものを，下の**ア**から**エ**のうちから一つ選べ。

**紀行文**

**A**　この国では，西部に標高3000 mを超える造山帯の山脈があり，中部には平原が広がっている。中部では，とうもろこしや大豆の畑が多く，コンバインなどの機械を使った大規模な農場があった。とくに，円形の農地が並び，回転式のスプリンクラーで散水する風景には驚いた。

**B**　この国では，東洋と西洋の文化が融合《ゆうごう》しており，米だけでなく小麦を用いた料理もある。また，モスク（イスラム寺院・礼拝《れいはい》所）があるので，調べてみるとイスラム教徒の多い国だと分かった。

**C**　イギリスの植民地であったため，街中にはヨーロッパ風の建築物を見かけた。12月だというのに，気温が高い。農場で羊を多く見かけたので，調べてみると羊毛生産が盛《さか》んな国だった。また，鉄鉱石や石炭などの資源も豊富で，これらは日本や中国にも多く輸出されている。

**D**　この国では東西で降水量が異なっている。東部にある大河川の河口部では米を栽培《さいばい》する水田が多く，西部では米だけでなく小麦を主に栽培していた。また，降水量の多い北東部では，茶栽培が有名で海外にも輸出されている。

**ア**　**A**－**い**　　**イ**　**B**－**ろ**　　**ウ**　**C**－**は**　　**エ**　**D**－**に**

問2　この世界一周旅行では，日本時間12月24日14時発の飛行機で日本を出発した。飛行機で14時間後，**図**中の**に**の国の首都にある空港へ着陸した。着陸後の機内放送で案内された現地時間として最も適当なものを，次の**ア**から**エ**のうちから一つ選べ。

**ア**　12月24日4時　　**イ**　12月24日14時

**ウ**　12月25日4時　　**エ**　12月25日14時

問3　次のページの**表1**は国別の家畜《ちかく》頭数と畜産《ちくさん》物の生産数を示している。**表1**中の**ア**から**エ**には，**図**中の**い**から**に**のいずれかの国が当てはまる。次のページの**解説文**を参考にして，**図**中の**ろ**の国に当てはまるものを，**表1**中の**ア**から**エ**のうちから一つ選べ。

表1　国別の家畜頭数と畜産物の生産数（2018年）

| | 家畜頭数※（頭） | | | 畜産物の生産数※※（頭） | | |
|---|---|---|---|---|---|---|
| | 牛 | 豚 | 羊 | 牛肉 | 豚肉 | 羊肉 |
| ア | 26395734 | 2534030 | 70067316 | 7913300 | 5378100 | 31828400 |
| イ | 184464035 | 8485240 | 61666343 | 9202631 | 8461298 | 19154944 |
| ウ | 94298000 | 74550200 | 5265000 | 33703400 | 124512300 | 2357200 |
| エ | 15943586 | 1361 | 33677636 | 3426180 | 0 | 22627714 |

※家畜頭数とは，国内で飼育される家畜の総数を示している。
※※畜産物の生産数は，国内で食肉となった家畜頭数を示している。

（『FAOSAT/Production』をもとに作成）

解説文

家畜頭数や畜産物の生産数は自然環境だけでなく，それぞれの国の宗教の影響を受ける場合もある。例えば，イスラム教では不浄《ふじょう》なものとして豚を食することが禁じられている。一方で，ヒンドゥー教では牛を神聖な存在とみており，牛肉を食べることを避《さ》けている。

問4　次の表2と表3は，国別の移動電話契約《けいやく》数と国別の在留日本人総数をそれぞれ示している。表2と表3中のWからZは，図中のいからにのいずれかの国が当てはまる。表2と表3中のZに当てはまる国を，下のアからエのうちから一つ選べ。

表2 国別の移動電話契約数※

| | 2000年 | | 2017年 | |
|---|---|---|---|---|
| | 総数（千件） | 100人あたり（件） | 総数（千件） | 100人あたり（件） |
| W | 16133 | 25.5 | 77800 | 96.4 |
| X | 3577 | 0.3 | 1168902 | 87.3 |
| Y | 109478 | 38.8 | 391600 | 120.7 |
| Z | 8562 | 44.9 | 27553 | 112.7 |

表3　国別の在留日本人総数※※

| | 在留日本人総数（人） | |
|---|---|---|
| | 2000年 | 2017年 |
| W | 1030 | 1791 |
| X | 2035 | 9197 |
| Y | 297968 | 426206 |
| Z | 38427 | 97223 |

※移動電話とは，携帯《けいたい》電話・スマートフォンなどの一般の電話網の技術を用いた電話を指す。
※※在留日本人総数には，それぞれの国における日本人の永住者，長期滞在《たいざい》者を含《ふく》む。

（『世界国勢図会《ずえ》2019/20年版』，『海外在留邦人《ほうじん》数調査統計（外務省）』より作成）

ア　い　　イ　ろ　　ウ　は　　エ　に

**2**　23・24ページの図と表を見て，問1から問3までの各問いに答えよ。

問1　図1の①から④は，日本の4つの主な河川の本流の流路を示している。また，それぞれの河川の拡大図には，その河口の位置と本流が流れる県を示している。また，図2は，①から④の河川の河口のいずれかの地点の雨温図である。雨温図の地点として正しいものを，次のアからエのうちから一つ選べ。

ア　①の河口　　イ　②の河口　　ウ　③の河口　　エ　④の河口

問２　**表１**のⅠからⅢは，日本なし，りんご，いちごのいずれかであり，ⅠからⅢの作物の生産量の上位５県を示した。**表１**のⅠからⅢの作物の組み合わせとして正しいものを，次の**ア**から**カ**のうちから一つ選べ。なお**表１**では，①から④の本流が流れる県がⅠからⅢの作物の生産量の上位５県に入っている場合には，県名ではなく①から④の河川の番号で示してある。ただし，複数の①から④の河川の本流が流れる県が生産量の上位５県に入っている場合は，同一の番号が**表１**に重複して書かれている場合がある。

| | ア | イ | ウ | エ | オ | カ |
|---|---|---|---|---|---|---|
| Ⅰ | 日本なし | 日本なし | りんご | りんご | いちご | いちご |
| Ⅱ | りんご | いちご | 日本なし | いちご | 日本なし | りんご |
| Ⅲ | いちご | りんご | いちご | 日本なし | りんご | 日本なし |

問３　**表２**は，**図１**の**A**から**D**までの港もしくは空港の輸入品目上位５品目と総輸入金額に占《し》める割合および総輸入金額を示している。**表２**のＸからＺは，石油，集積回路，魚介類のいずれかである。ＸからＺの品目の組み合わせとして正しいものを，次の**ア**から**カ**のうちから一つ選べ。なお，集積回路とは，半導体の表面に微細かつ複雑な電子回路を組み込んだ電子部品である。また，魚介類には，かんづめを含む。

| | ア | イ | ウ | エ | オ | カ |
|---|---|---|---|---|---|---|
| X | 石油 | 石油 | 集積回路 | 集積回路 | 魚介類 | 魚介類 |
| Y | 集積回路 | 魚介類 | 石油 | 魚介類 | 石油 | 集積回路 |
| Z | 魚介類 | 集積回路 | 魚介類 | 石油 | 集積回路 | 石油 |

**図１　日本の４つの主な河川の本流流路と港と空港**

（●は港，▲は空港）

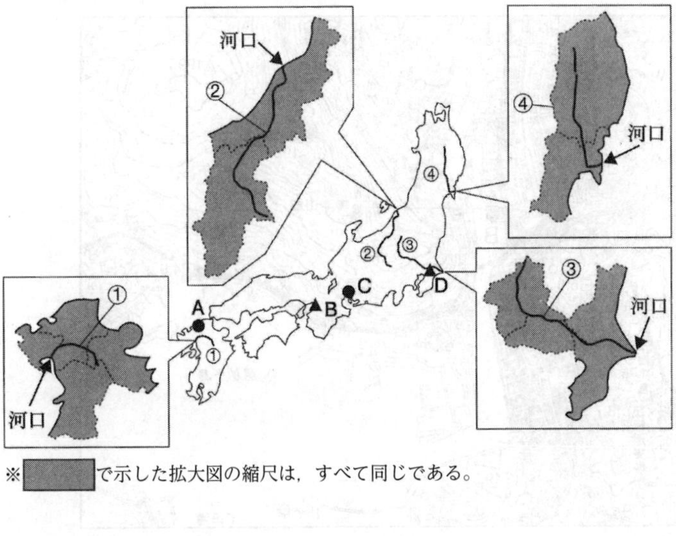


※　　　で示した拡大図の縮尺は，すべて同じである。

**図２　雨温図**

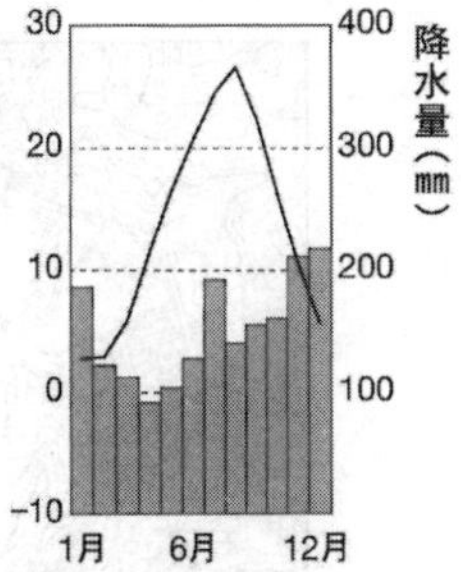


（気象庁資料より作成，
統計期間 1981 〜 2010 年）

**表1　日本なし，りんご，いちごの生産量上位５県**

| | 1位 | 2位 | 3位 | 4位 | 5位 |
|---|---|---|---|---|---|
| Ⅰ | 栃木《とちぎ》県 | ① | ① | 静岡《しずおか》県 | 長崎《ながさき》県 |
| Ⅱ | ③ | ③ | 栃木県 | 福島県 | 鳥取県 |
| Ⅲ | 青森県 | ② | ④ | 山形県 | 福島県 |

（『日本国勢図会《ずえ》 2020/21 年版』より作成）

**表2　A，B，C，D港の輸入品目上位５品目と総輸入金額に占める割合（％）および総輸入金額（億円）**

| | 1位 | 2位 | 3位 | 4位 | 5位 | 総輸入金額 |
|---|---|---|---|---|---|---|
| A | X（7.5） | 家具（5.5） | 絶縁電線・ケーブル（5.1） | 衣類（5.1） | 肉類（4.1） | 10465 |
| B | 医薬品（23.2） | 通信機（14.2） | Y（6.2） | 科学光学機器（4.8） | 衣類（2.9） | 39695 |
| C | 液化ガス（8.4） | Z（7.8） | 衣類（7.1） | 絶縁電線・ケーブル（5.1） | アルミニウム（4.5） | 50849 |
| D | 半導体製造装置（13.7） | 医薬品（12.3） | コンピュータ（8.8） | Y（8.4） | 科学光学機器（6.4） | 129560 |

※絶縁《ぜつえん》電線・ケーブルとは，電線・ケーブルを絶縁《ぜつえん》体で覆《おお》ったもので，電気機器に分類される。
科学光学機器とは，望遠鏡（双眼鏡），顕微鏡《けんびきょう》，カメラ，内視鏡，液晶《えきしょう》画面用偏光板《へんこうばん》フィルム等である。
液化ガスとは，液化天然ガス，液化石油ガス等である。

（『日本国勢図会 2020/21 年版』より作成）

**3**　問1，問2に答えよ。

問1　次の２万5000分の１地形図から読み取ることができる内容として正しいものを，次のアからカのうちから一つ選べ。

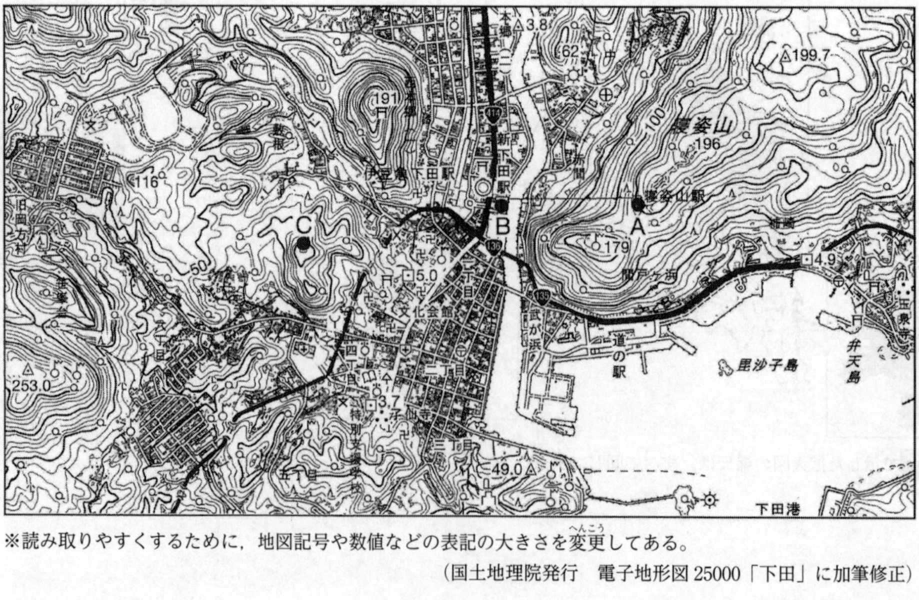


※読み取りやすくするために，地図記号や数値などの表記の大きさを変更《へんこう》してある。

（国土地理院発行　電子地形図 25000「下田」に加筆修正）

**ア**　A地点の北側の斜面には，果樹園が広がっている。

**イ**　A地点とB地点の標高差は，200 m 以上ある。

**ウ**　A地点から16方位で南南東の方角にある島には，工場がある。

**エ**　B地点から16方位で南西の方角にある裁判所の西隣《にしどなり》には，博物館・美術館がある。

**オ**　C地点の標高は，A地点の標高より高い。

**カ**　C地点から16方位で南南東の方角には，消防署がある。

問2　太郎さんは，週末に市内の公園のなかにある池の周囲のランニングコースを走っている。その池の形は完全な円形をしている。ランニングコースは池の外周に沿うように円形に設けられており，起伏はない。太郎さんが，2万5000分の1地形図で池の直径を計測したところ，8 cmであった。実際のランニングコース1周のおおよその距離《きょり》と池のおおよその面積の組み合わせとして最も適当なものを，次の**ア**から**カ**のうちから一つ選べ。なお，円周率は3.14を用いるものとする。

| | ア | イ | ウ | エ | オ | カ |
|---|---|---|---|---|---|---|
| ランニングコース<br>1周の距離（単位：km） | 約3.14 | 約3.14 | 約6.28 | 約6.28 | 約12.56 | 約12.56 |
| 池の面積（単位：km²） | 約3.14 | 約12.56 | 約3.14 | 約12.56 | 約3.14 | 約12.56 |

**4**　中世に出された次の法令を読んで，問1から問3までの各問いに答えよ。なお，この法令は現代語に訳し，一部を変えたり省略したりしてある。

> 一，諸国の守護の職務は，京都・鎌倉《かまくら》の警護を御家人《ごけにん》に命じることと，謀反《むほん》人や殺人犯などを取り締まることなので，それ以外はしてはならない。
> 一，国司や荘園《しょうえん》領主の裁判に幕府が口出ししてはならない。
> 一，<u>地頭</u>は，荘園の年貢《ねんぐ》を差しおさえてはならない。
> 一，武士が20年の間，実際に土地を支配しているならば，その権利を認める。
> 一，女性が養子に所領を譲《ゆず》ることは，律令《りつりょう》では許されていないが，武家の慣習として多く行われているので認める。

問1　この法令に関連する説明として正しいものを，次の**ア**から**エ**のうちから一つ選べ。

**ア**　この法令が出されたのち，幕府は京都に六波羅探題《ろくはらたんだい》を置き，朝廷《ちょうてい》を監視《かんし》するようになった。

**イ**　この法令は御家人のためにつくられたものなので，朝廷の決まりや律令を改めるものではない。

**ウ**　この法令によって，武士が許可なく城を修理したり，無断で縁組したりすることを禁じた。

**エ**　この法令によって，国ごとに守護を置くことがはじめて認められた。

問2　法令中の下線部に関連する説明として正しいものを，次の**ア**から**エ**のうちから一つ選べ。

**ア**　地頭の職務は，御家人を取り締まることである。

**イ**　地頭は，新田開発を奨励《しょうれい》し，備中ぐわや千歯こきなどを普及させて生産力の向上に努めた。

**ウ**　鎌倉時代の武家社会では，女性が地頭になることも認められた。

**エ**　紀伊国阿氐《きいのくにあて》（弖）河荘《がわのしょう》では，農民たちが団結して荘園領主の横暴をやめさせるよう地頭に訴《うった》えた。

問３　次の①から⑤は，中世の人物に関する説明文である。年代の古い順に並べ直したとき，３番目にくる人物と関係が深い寺社を，下のアからオのうちから一つ選べ。

①　11世紀後半に起きた合戦ののちに東北地方で力をのばし，平泉《ひらいずみ》に拠点をおいた。

②　この人物のあとつぎをめぐって，応仁《おうにん》の乱が起こった。

③　後白河上皇の院政を助け，武士として初めて太政大臣《だいじょうだいじん》に就任した。

④　明《みん》との間に国交を結び，朝貢《ちょうこう》の形で勘合《かんごう》貿易をはじめた。

⑤　岐阜《ぎふ》や安土《あづち》の城下町で楽市・楽座を行い，自由な商工業の発展をはかった。

ア　鹿苑寺《ろくおんじ》　　イ　本能寺《ほんのうじ》　　ウ　厳島神社《いつくしまじんじゃ》　　エ　中尊寺《ちゅうそんじ》　　オ　慈照寺《じしょうじ》

**5**　次の文章を読み，問１から問３までの各問いに答えよ。

> 日本列島に勢力を拡大したヤマト政権は，中国の律令《りつりょう》制度を取り入れて701年には大宝律令を完成させ，⑴律令に基づいて政治を行う中央集権の国家を作りあげた。令によって，政治のきまりとすすめ方が定められ，人々には口分田を与えて，⑵税を納めさせる仕組みができあがった。710年には大宝律令に対応した新しい都として平城京がつくられた。平城京を中心に政治が行われた約80年間を⑶奈良《なら》時代とよぶ。

問１　下線部⑴に関して，日本の律令で定められた内容として正しいものを，次のアからオのうちから二つ選べ。なお，解答の順番は問わないこととする。

ア　政治の方針を決める太政官《だいじょうかん》の下《もと》に，さまざまな実務を担当する八つの省を置いた。

イ　ものさしやますを統一して，田畑の等級や面積を調べて検地帳を作成した。

ウ　冠位《かんい》十二階の制を定めて，家柄《いえがら》にとらわれずに能力のある人を取り立てた。

エ　国ごとに中央から国司が派遣《はけん》され，地方の豪族《ごうぞく》から任じた郡司を指揮して地方を治めた。

オ　農民を５戸ずつにまとめて五人組をつくらせ，犯罪防止や年貢《ねんぐ》納入に連帯責任を負わせた。

問２　下線部⑵に関して，次の表のＡからＤには，下の①から④のいずれかが入る。ＢとＣの組み合わせとして正しいものを，後のアからクのうちから一つ選べ。

| 税の種類 | 租 | 調 | 庸《よう》 | 雑徭《ぞうよう》 |
|---|---|---|---|---|
| 税の内容（正丁《せいてい》ひとり分） | Ａ | Ｂ | Ｃ | Ｄ |

※正丁＝21～60歳の男性

①　絹・布（麻布《あさぬの》）や海産物などの特産物を納める。

②　年間60日以内の地方での労役《ろうえき》につく。

③　稲《いね》の収穫《しゅうかく》の約３％を納める。

④　労役の代わりに布（麻布）を納める。

ア　Ｂ－①　Ｃ－②　　イ　Ｂ－①　Ｃ－④　　ウ　Ｂ－②　Ｃ－③

エ　Ｂ－②　Ｃ－①　　オ　Ｂ－③　Ｃ－④　　カ　Ｂ－③　Ｃ－②

キ　Ｂ－④　Ｃ－①　　ク　Ｂ－④　Ｃ－③

問３　下線部(3)の時期には，次の**史料**の和歌などを収めた歌集がつくられた。この歌集の説明として正しいものを，下の**ア**から**エ**のうちから一つ選べ。なお，**史料**の和歌は現代漢字に置きかえている。

> **史料**
> ・からころも　裾《すそ》にとりつき　泣《な》く子《こ》らを　置《お》きてぞ来《き》ぬや　母《おも》なしにして
> ・君《きみ》が行《ゆ》く　海辺《うみべ》の宿《やど》に　霧立《きりた》たば　我《あ》が立《た》ち嘆《なげ》く　息《いき》と知《し》りませ
> ・熟田津《にぎたづ》に　船乗《ふなの》りせむと　月待《つきま》てば　潮《しほ》もかなひぬ　今《いま》は漕《こ》ぎ出《い》でな
> ・あおによし　奈良《なら》の都《みやこ》は　咲《さ》く花《はな》の　にほふがごとく　今《いま》さかりなり

**ア**　天皇の命令を受けて，紀貫之《きのつらゆき》らがこの歌集を編纂《へんさん》した。
**イ**　日本語の発音を表現しやすくした仮名《かな》文字を使って書かれている。
**ウ**　この歌集は琵琶法師《びわほうし》によって広められ，文字を読めない人々にも親しまれた。
**エ**　天皇や貴族だけでなく，農民や防人《さきもり》など庶民《しょみん》の和歌まで広く集めている。

**6**　次の**略年表**とそれに関する**説明文**を読み，問１から問３までの各問いに答えよ。

> **略年表**
> ①　キリスト教の宣教師が，はじめて日本で布教を開始した。
> ②　鎖国《さこく》下の日本にやってきた「最後の宣教師」が，江戸《えど》の切支丹《きりしたん》屋敷で牢死《ろうし》した。
> ③　ロシア使節のラクスマンが根室《ねむろ》に来航した。
> ④　ペリーが浦賀《うらが》に来航した。
> ⑤　津田《つだ》梅子を含む約 60 名の留学生が海外に渡った。

> **説明文「最後の宣教師」について**
> 2014 年に東京都文京区小日向《こひなた》の切支丹屋敷跡から出土した人骨は，国立科学博物館での DNA 分析《ぶんせき》の結果，イタリア人宣教師シドッチのものである可能性が高いことが判明した。「最後の宣教師」と言われる人物である。布教のために日本への潜入を試みたが，屋久島《やくしま》上陸後すぐに捕まって長崎《ながさき》に送られ，さらに江戸で切支丹屋敷に幽閉《ゆうへい》されたのち，牢死した。享《きょう》保《ほう》の改革が始まる２年前のことであった。

問１　次のａからｃは，**略年表**中の①と②の間に起きた出来事について述べたものである。ａからｃを年代の古い順に並べ直したとき正しいものを，下の**ア**から**カ**のうちから一つ選べ。

a　イギリスで名誉革命が起こり，オランダから新しい国王を迎えた。
b　李舜臣《りしゅんしん》《イスンシン》の水軍が日本との戦いで活躍した。
c　オランダ商館が平戸《ひらど》から出島に移された。

**ア**　a→b→c　　**イ**　a→c→b　　**ウ**　b→c→a
**エ**　b→a→c　　**オ**　c→a→b　　**カ**　c→b→a

問2　次の文はある国で起こった出来事を表している。これは**略年表**のどの期間に起きたことか。下のアから**エ**のうちから一つ選べ。

> 経済政策や奴隷《どれい》制の是非《ぜひ》をめぐって南部と北部とが対立し，国を二分する大きな内戦が起こった。

**ア**　①と②の間　　**イ**　②と③の間　　**ウ**　③と④の間　　**エ**　④と⑤の間

問3　**説明文**中の下線部の改革の一環として行われたことを，次の**ア**から**エ**のうちから一つ選べ。

**ア**　株仲間を積極的に公認して営業《えいぎょう》上の特権を与え，代わりに営業税を徴収することで，幕府の収入を増やそうとした。

**イ**　農村から都市に出稼《でかせ》ぎに来ていた人びとに資金を与えて村に帰すことで農村の再生をはかり，ききんに備えて米を備蓄《びちく》させた。

**ウ**　長崎での貿易を活発にするために俵物《たわらもの》と呼ばれた海産物の輸出を奨励《しょうれい》し，大きな沼《ぬま》や蝦夷地《えぞち》の開発を計画した。

**エ**　質素・倹約《けんやく》をかかげて支出を抑え，年貢《ねんぐ》収入の増加をはかり，裁判での刑罰《はいばつ》の基準となる法を定めて裁判を公正にしようとした。

**7**　次の**史料**は，日本を訪れたタタール人イスラム教徒のイブラヒムという人物と，内閣総理大臣をつとめた人物 A との会談についてイブラヒムが書いた記録の一部である（ A のなかにはある人物の名前が入る）。**史料**を読み，問1から問3までの各問いに答えよ。なお，**史料**は出題の都合上表現を一部改めている。

**史料**

前方から一人の男性が歩いてきた。近づくにつれて A その人であるとわかった。挨拶《あいさつ》を交わした。 A は微笑《ほほえ》みながら，

「お人違いでなければ，イブラヒムさんですね」と言った。

「はい，訪問の栄に浴させていただきたく，やってまいりました。」

（中略）

A は，日本で最も偉大な思想家の一人で，かつては大臣職を歴任した。この当時は韓《かん》国統監《こくとうかん》として大きな権力をふるい，何でも思いのままであるという。

（中略）

「私（イブラヒム）は，<u>ロシア国籍《こくせき》のタタール人※で</u>，宗教はイスラムです。」

（中略）

「私たち日本人のイスラムに対する知識は，残念ながらじつに乏《とぼ》しいものです。（中略）私にイスラムの本質について少しご教授いただけないでしょうか。」

（中略）

現在（イブラヒムと A の会談の翌年），朝鮮は正式に日本に統合されている。

※タタール人とは，おもにロシアのヴォルガ川中流域に居住するトルコ系民族であり，イスラム教徒が多い。

問１　**史料**中の［　Ａ　］の人物についての説明として正しいものを，次の**ア**から**エ**のうちから一つ選べ。

**ア**　満州国建国に反対したが，五・一五事件で暗殺された。

**イ**　岩倉使節団の一員であり，大日本帝国《ていこく》憲法の制定に尽力《じんりょく》した。

**ウ**　本格的な政党内閣を成立させ，「平民宰相《さいしょう》」と呼ばれた。

**エ**　国家総動員法の制定や，大政翼賛会《たいせいよくさんかい》の結成を行った。

問２　**史料**の会談が行われた時期として正しいものを，次の**ア**から**エ**のうちから一つ選べ。

**ア**　日清戦争より前　　　**イ**　日清戦争と日露《にちろ》戦争の間

**ウ**　日露戦争と第一次世界大戦の間　　　**エ**　第一次世界大戦と第二次世界大戦の間

問３　**史料**中の下線部のロシア（ソ連）と日本の明治時代以降の関係の説明として正しいものを，次の**ア**から**エ**のうちから一つ選べ。

**ア**　日本はロシアと樺太《からふと》・千島《ちしま》交換条約を結び，樺太を日本が領有し，千島列島をロシアが領有するように取り決めた。

**イ**　第一次世界大戦後にロシア革命が起こると，日本はそれに干渉《かんしょう》するために各国と共同でシベリアに出兵した。

**ウ**　日本は第二次世界大戦中に日ソ中立条約を締結《ていけつ》し，北方の安全を確保したうえで日中戦争を開始した。

**エ**　サンフランシスコ平和（講和）条約によって日本の独立が回復されたが，ソ連は日本との平和条約に調印しなかった。

**8**　次の**写真１**から**３**を見て，問１から問４までの各問いに答えよ。

**写真１**

（ナショナルジオグラフィック HP より作成）

占領《せんりょう》政策を進めるために，連合国軍総司令部（GHQ）の元帥《げんすい》が日本に到着した。

**写真２**

（日本民間放送連盟『民間放送十年史』より作成）

当時「世界一の自立鉄塔」と呼ばれた，展望台付き電波塔が完成した。

**写真３**

（共同通信 HP より作成）

戦後の田中内閣のころ，物価が高騰《こうとう》し，対策を求めて主婦たちがデモ行進した。

問１　**写真１**に関する次の**説明文**中の空欄《くうらん》に当てはまる語句の組み合わせとして正しいものを，下の**ア**から**エ**のうちから一つ選べ。

**説明文**

この人物を最高司令官とするGHQの指示により，日本は国民主権，［　A　］，平和主義を三つの大きな原則として掲《かか》げた新たな憲法を制定した。この憲法のもと，国会は衆議院と［　B　］で構成され，民主的な政治がすすめられることとなった。

**ア**　A－基本的人権の尊重　　B－参議院
**イ**　A－基本的人権の尊重　　B－貴族院
**ウ**　A－天皇の名における司法権　　B－参議院
**エ**　A－天皇の名における司法権　　B－貴族院

問２　**写真２**に関して，この電波塔が完成したころを含む1955年から65年は，「高度経済成長」と呼ばれる，経済が急速に発展した時期のうちに入る。この間に関する，左下のグラフが示している事柄《ことがら》として正しいものを，右下の**ア**から**エ**のうちから一つ選べ。

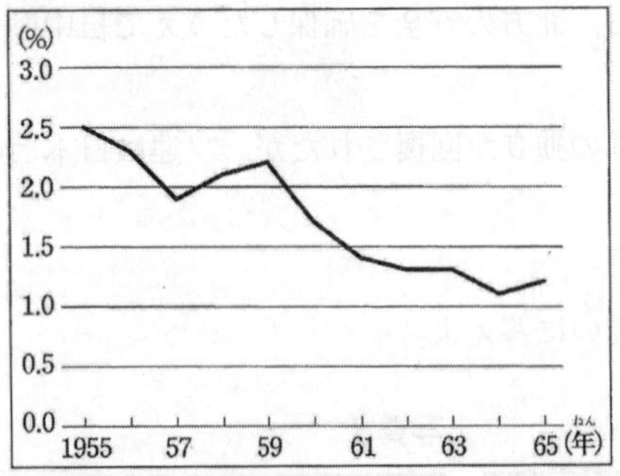


**ア**　テレビ放送を楽しむために人々が購入《こうにゅう》した，白黒テレビの普及の割合。

**イ**　「もはや戦後ではない」と経済白書で表現された，経済成長率。

**ウ**　所得倍増政策など好調な経済を背景とした，完全失業率。

**エ**　東京オリンピックに向けた，全就業者に対する第二次産業の就業者の割合。

問３　**写真３**の時期に起こった，世界的な不況に関する記述として適当でないものを，次の**ア**から**エ**のうちから一つ選べ。

**ア**　中東地域での戦争の影響により，石油の価格が大幅に上がったため，日本など先進国は経済的に大きな影響を受けた。

**イ**　原材料を輸入に頼っている日本では，紙製品や洗剤といった生活必需品《ひつじゅひん》が不足するといわれ，売りおしみや買いだめが起こった。

**ウ**　日本の企業《きぎょう》は省エネルギー・省資源の経営に努め不況を乗り切ろうとしたと同時に，この時期の数年前に日本ではじめて制定された公害対策の法律への対応が求められた。

**エ**　急速な景気悪化への対策のために財政赤字が増大した日本の政府は，税収を増やすため新たに３％の消費税を導入した。

問４　**写真３**のころから，地球環境保全と経済成長の関わりについての課題が世界的に意識されるようになり，その解決にいたる努力がなされている。次のXからZは，その課題解決に向けた考えをまとめたものである。それぞれの考えを，次のページの図中のaからdのいずれかに当てはめたときの組み合わせとして最も適当なものを，右下の**ア**から**ク**のうちから一つ選べ。

X

まずは発展途上国の各国ごとに経済成長をめざし，適切な地球環境保全を行うことができるまで経済力をつけるべきである。

Y

経済成長をしている国々が発展途上国に技術や資金を提供して，各国の状況に合わせて地球環境保全に優先的に取り組むべきである。

Z

多数の国が公正な話し合いを行い，合意を得たうえで地球環境保全と経済成長を両立させる方法を検討すべきである。

**図**

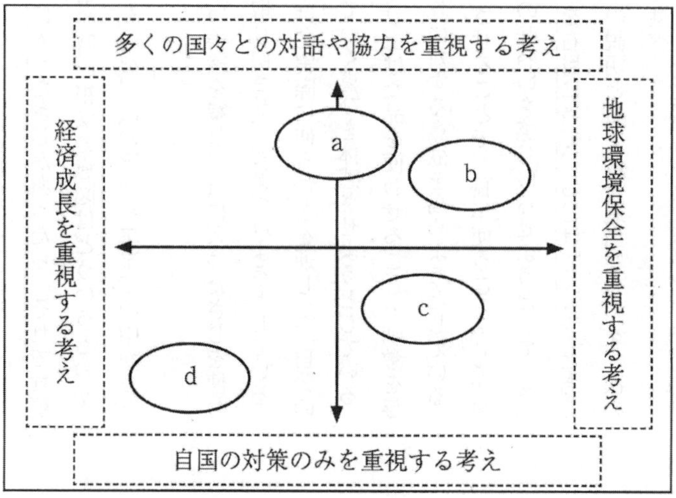


| | X | Y | Z |
|---|---|---|---|
| ア | a | b | c |
| イ | a | c | d |
| ウ | b | c | d |
| エ | b | d | a |
| オ | c | a | b |
| カ | c | d | b |
| キ | d | a | c |
| ク | d | b | a |

問5　本文中に、(4)手始めに、気に入ったさじがあったら、それで食事をしてみろ。とあるが、この時の祖父の意図はどういうものか。その説明として最も適当なものを、次の**ア**から**エ**までの中から一つ選べ。

**ア**　落ち込んで食が進まない美緒を案じ、気に入ったさじを使わせることで食べる意欲を取り戻させ、元気づけようとしている。

**イ**　気に入ったものを見つけて実際に使うことを通して、自分の心が好きなものに向かっていく喜びを体感させようとしている。

**ウ**　職人が丹精を込めて作り上げた品を使わせることで刺激を与え、美緒自身のものづくりに対する意欲を高めようとしている。

**エ**　優れた道具を普段使いさせることで、長年使うことでしか得られない手仕事ならではの味わいを感じ取らせようとしている。

問6　本文中に、(5)黒いスプーンを右目に当て、おどけてみた。とあるが、このときの美緒の様子の説明として最も適当なものを、次の**ア**から**エ**までの中から一つ選べ。

**ア**　自分をほめてくれているような祖父の反応にうれしくなって、いつになく気分が高まり、ついつい子供っぽくふざけてみせた。

**イ**　自分の思いを受け止めてもらえたことに安心して、幼い頃の気分がよみがえり、わざと子供のようにふるまって祖父に甘《あま》えた。

**ウ**　素直に自分の感想を言ってしまったことが恥ずかしくて、おどけたふりをして顔を隠し、照れている自分を悟られまいとした。

**エ**　高価なものの価値をよく知る祖父に、品質を見抜く力を認められたことが誇らしくて、見る目のある自分を自慢《じまん》したくなった。

問7　本文の記述に関する説明として最も適当なものを、次の**ア**から**エ**までの中から一つ選べ。

**ア**　人とうまく関われない孫娘と、好きなことを貫《つらぬ》く祖父との小さな衝突を淡々と描いている。工芸品の色や質感を語り合う中で、美緒が何とか祖父を理解しようとする場面である。

**イ**　自尊心が強く傷つきやすい孫娘と、職人気質《かたぎ》で頑固な祖父との対話を描いている。工芸を音楽にたとえた会話を通して、不器用な二人が徐々に打ち解けていく場面である。

**ウ**　敏感《びんかん》で悩《なや》みを抱える孫娘と、ものづくりの世界で生きてきた祖父との交流を描いている。工芸品に託《たく》した祖父の言葉に触れて、少しずつ美緒が変わっていく場面である。

**エ**　芸術に鋭い感性を示す孫娘と、同じ感性を持つ祖父との師弟関係を平易な表現で描いている。工芸家を目指す美緒と、師である祖父のひそかな喜びを記す場面である。

問1　本文中の、A来歴を披露する、B人の気持ちのあやをすくいとれるの意味として適当なものを、次の**ア**から**エ**までの中から一つ選べ。

A　**ア**　これまでたどってきた経過や歴史を語って聞かせる。

**イ**　素材や作られた工程について細かく語って聞かせる。

**ウ**　作り手が経験してきた人生の道筋を語って聞かせる。

**エ**　どんなところが魅力なのかくわしく語って聞かせる。

B　**ア**　人の感情を読み取って相手に合わせて話すことができる。

**イ**　人が言われて嫌になる言葉を予測し避《さ》けることができる。

**ウ**　人の心の動きを細かいところまで思いやることができる。

**エ**　人が不安に感じている様子を察して慰《なぐさ》めることができる。

問2　本文中に、(1)同じことは私たちの仕事にも言える。とあるが、どういうことか。その説明として最も適当なものを、次の**ア**から**エ**までの中から一つ選べ。

**ア**　優れた職人は、良い品を熱心に探して愛用するコレクターによって育てられる。

**イ**　優れた職人が作り上げた品はバランスが取れており、軽やかで使い心地がよい。

**ウ**　優れた職人は、使い続けるうちに天上のもののように軽くなっていく品を作る。

**エ**　優れた職人が作り上げる品は、見た目の美しさよりも使い心地を優先している。

問3　本文中に、(2)私って本当に駄目だな。とあるが、ここでの美緒の気持ちの説明として最も適当なものを、次の**ア**から**エ**までの中から一つ選べ。

**ア**　仲が良くて楽しそうだと思って入った合唱部の輪に入れず、時間を無駄《むだ》にしてしまったと後悔した。

**イ**　勧誘されるまま合唱部に入った経緯《けいい》を思い出し、一人で決められない自分の決断力のなさを恥じた。

**ウ**　合唱が好きでもないのに部活に参加していたのは不誠実だと気づいて、部員に申し訳ないと思った。

**エ**　合唱が好きだという動機もないままに、ずっと合唱部にいただけの自分に気づいて情けなくなった。

問4　本文中に、(3)丁寧に自分の全体を洗ってみて、とあるが、どういうことか。その説明として最も適当なものを、次の**ア**から**エ**までの中から一つ選べ。

**ア**　嬉しいこともつらいことも体験してきた過去を振り返り、自分が何に喜びを感じるのか改めて考えて、自分を心地よさで満たしてみること。

**イ**　長所を覆《おお》い隠していた欠点を、汚毛の汚れを洗うように一つ一つ取り除くことで、本来持っている長所がはっきりと見えるようにすること。

**ウ**　いいところと悪いところが混じり合っている自分自身をよく観察し、様々な面を細かく見つめ直して、改めて自分について考えてみること。

**エ**　完璧《かんぺき》な人間であろうとするあまり自分を責めてばかりいた、過去の暗い気持ちを洗い流し、前向きな明るい気持ちを取り戻そうとすること。

「待って。そんなの急にいっぱい聞かれても」

「ほら、何も知らない。いやなところなら、いくらでもあげられるのに。」

からかうような祖父の口調に、美緒は顔をしかめる。

「そんなしかめ面《つら》をしないで、自分はどんな『好き』でできているのか探して、身体の中も外もそれで満たしてみろ。」

「好きなことばっかりしてたら駄目にならない？　苦手なことは鍛《きた》えて克服《こくふく》しないと……。」

「なら聞くが。責めてばかりで向上したのか？　鍛えたつもりが壊れてしまった。それがお前の腹じゃないのか。大事なもののための我慢《がまん》は自分を磨く。ただ、つらいだけの我慢は命が削られていくだけだ。」

祖父がテーブルに並べたスプーンを指差した。

「(4)手始めに、気に入ったさじがあったら、それで食事をしてみろ。良いさじで食物を口に運ぶ感触をとことん味わってごらん。」

「えっ、でも……。」

戸惑いながらも梱包していないスプーンと、コレクションが納まった箱を美緒は一つずつ見る。祖父が集めたものは、どれも色や形が美しい。そしておそらく外見のほかにも祖父の心をとらえた何かがある――。しだいに興味がわいてきて、次々とスプーンが入った箱を開けて見る。

木材、金属、動物の角。さまざまな材質のスプーンを持ったあと、最後に残った箱を開けた。

赤や黒、赤紫色に塗られた木製のスプーンが出てきた。無地もあるが、金箔《きんぱく》などで模様が描かれたものや、虹《にじ》色に輝く装飾《そうしょく》が施されているものもある。

一本、一本見ていくなかで、シンプルな黒塗りのスプーンに心惹《ひ》かれた。手にすると、スプーンの先から柄《え》に向かって、真珠色の光が走った。

「おじいちゃん、これはうるし？」

祖父はうなずいた。

「これがいい、これが好き。おじいちゃん、このスプーンをください。」

「美緒はこれが好きか。どうしてこれを選んだ？」

「直感？　何かいい感じ。」

祖父の目がやさしげにゆるんだ。目を細めるとやさしく見えるところは、(注4)太一と似ている。

ほめられているような眼差《まなざ》しに心が弾み、黒いスプーンを見る。

幼い頃《ころ》、壁《かべ》にかかった視力検査表で視力を調べられたことがある。

(5)黒いスプーンを右目に当てて、おどけてみた。

「視力検査……。」

一瞬、不審《ふしん》そうな顔をしたが、祖父はすぐに横を向いた。口もとに軽くこぶしを当てて、笑っている。

おどけた自分が猛烈《もうれつ》に恥ずかしくなり、美緒はスプーンを握った手を膝《ひざ》に置く。

たいして面白くもないだろうに、祖父は目を細めてまだ笑っていた。

（伊吹有喜《いぶきゆき》『雲を紡ぐ』による）

（注1）　クロス＝布。
（注2）　ホームスパン＝手で紡いだ太い羊毛糸を手織りにした厚手の織物。
（注3）　汚毛＝フンなどがついて汚れている、まだ洗っていない羊毛。
（注4）　太一＝美緒の「またいとこ」で、工房を手伝う大学生。

ジャケットを羽織ってみるようにと祖父がすすめた。

袖《そで》に腕を通したとたん、「あれ？」と再び声が出た。手で感じた重量が身体に伝わってこない。肩にも背中にも重みがかからず、着心地がたいそう軽やかだ。それなのに服に守られている安心感がある。

「手で持ったときより、うんと軽い。」

「手紡ぎ、手織りの糸は空気をたくさんはらむから軽くて温かい。身体に触れる布の感触が柔らかいから、着心地が軽快になる。さじにかぎらず、良い職人の仕事は調和と均衡《きんこう》が取れていて心地よいんだ。音楽で言えば」

「ハーモニー？　もしかして。」

「そうだ、よくわかったな。」

「私、中学からずっと合唱部に入ってたの。」

祖父にジャケットを返すと、慈《いつく》しむようにして大きな手が生地を撫《な》でた。

「美緒は音楽が好きなんだな。」

あらためて考えると、合唱はそれほど好きでもなかった。

熱心に部に勧誘《かんゆう》されたことが嬉《うれ》しかった。合唱部はみんな仲が良さそうに見えたから、その輪に入っていると安心できただけだ。

「部活、そんなに好きじゃなかったかも。なんか……(2)私って本当に駄《だ》目《め》だな。」

ジャケットを傍《かたわ》らに置くと、祖父がスプーンの梱包《こんぽう》作業に戻った。

「この間、(注3)汚毛《おもう》を洗っただろう？　どうだった？　ずいぶんフンをいやがっていたが。」

「臭《くさ》いと思ったけど、洗い上がりを見たら気分が上がった。真っ白でフカフカしてて。いいかも、って思うた。汚毛、好きかも。」

そうだろう、と祖父が面白そうに言った。

「美緒も似たようなものだ。自分の性分について考えるのは良いことだが、悪いところばかりを見るのは、汚毛のフンばかり見るのと同じことだ。」

祖父が何を言い出したのかわからず、美緒は作業の手を止める。赤い漆塗《うるしぬ》りのスプーンを取り、祖父が軽く振る。

「学校に行こうとすると腹を壊す。それほどの繊細さがある。良いも悪いもない。駄目でもない。そういう性分が自分のなかにある。ただ、それだけだ。それが許せないと責めるより、一度、(3)丁寧《ていねい》に自分の全体を洗ってみて、その性分を活《い》かす方向を考えたらどうだ？」

「活かすって？　どういうこと？　そんなのできるわけないよ。」

「そうだろうか？　繊細な性分は、B人の気持ちのあやをすくいとれる。ものごとを注意深く見られるし、集中すれば思わぬ力を発揮することもある。へこみとは、逆から見れば突出した場所だ。悪い所ばかり見ていないで、自分の良い点も探してみたらどうだ？」

「ない。そんなの。」

「即答だな。」

祖父がスプーンに目を落とした。

「だって、ないから。自分のことだから、よくわかってる。」

それは本当か、と祖父が声を強めた。

「本当に自分のことを知っているか？　何か好きだ？　どんな色、どんな感触、どんな味や音、香《かお》りが好きだ。何をするとお前の心は喜ぶ？　心の底からわくわくするものは何だ。」

されることにより、地球を循環する物質の量が増加するかもしれないから。

ウ　人類が地球環境に変化をもたらした結果、人類だけは生き残れるが、それ以外の生物は恐竜のように絶滅してしまうかもしれないから。

エ　人類が地球環境に変化をもたらした結果、地球上の物質循環に大きな変化が生じ、人類そのものの生存が困難になるかもしれないから。

**4**　次の文章を読んで、後の問いに答えよ。

**高校二年生の美緒《みお》は、合唱部の友人にからかわれたことがきっかけで、学校に行けなくなった。母との行き違いから、美緒は衝動的に家を飛び出し、祖父の住む盛岡《もりおか》に行く。祖父は毛織物の工房《こうぼう》を営んでおり、美緒はしばらくの間、羊毛を紡《つむ》いで手織りの毛織物を仕立てる作業を学ぶことになった。**

祖父が発送する荷物は大量のスプーンだった。長年、日本と世界のさまざまな土地に行くたびにこつこつ集めてきたもので、木材や金属などでつくられたものが一本ずつ仕切られたケースに整然と納まっていた。

「いつかこのコレクションを持って旅に出ようと思っていた。」

銀色のスプーンをクロス(注1)で磨きながら、祖父が笑った。

「路上に絨毯《じゅうたん》を敷いて、さじをずらりと並べて買ってもらおうかと。興味を持った人には A来歴を披露《ひろう》する。どこの産か、どうやって手にいれたか、どこが魅力《みりょく》か。のんびり客と話をしながら、さじの行商をするんだ。」

「荷物運びとかいらない？　そしたら、私もすみっこにいる。」

「体力的にもう無理だな。一度ぐらいやってみてもよかった。」

祖父が今度は木製のスプーンを布で拭《ふ》いた。素朴《そぼく》な木目をいかしたスプーンで、コーンスープやシチューをすくって食べたらおいしそうだ。

「でも、良い落ち着き先が見つかったんだ。若い友人が料理屋を開くので、彼女に譲《ゆず》る。好きなさじを客が選んで食事をする仕組みにすると言っていた。」

鉱物に本、絨毯や織物。他にも祖父が集めているものはたくさんある。染め場の奥にはエアコンで常に温度と湿度の管理をしているコレクション用の部屋があるほどだ。

「どうしてスプーンを集めたの？」

「口当たりの良さを追求したかったのと、あとはバランスだな。良い職人が削ったさじは軽くて美しい。手に持ったときのバランスが気持ちいいんだ。そのさじで食事をすると軽やかでな。天上の食べものを口にしている気分になる。(1)同じことは私たちの仕事にも言える。」

「スプーンと布って、全然別物っぽく思えるけど……。」

祖父が手を止めると、奥の部屋に歩いていった。すぐに戻ってくると、手には紺《こん》色のジャケットを抱えていた。生地はホームスパン(注2)だ。

「おじいちゃんのジャケット？」

「そうだ。お祖母《ばあ》ちゃんが織ったものだ。持ってごらん。」

渡されたジャケットは、見た目よりうんと軽く感じた。

「あれ？　軽いね。」

「それでもダウンジャケットにくらべると若干《じゅっかん》重いがな。」

**イ**　太陽からのエネルギー流入の変化によって地球の平均気温が下がり、温暖化以前の自然環境が復元した状態。

**ウ**　物質循環のバランスが大きく崩《くず》れ、人間を含《ふく》めた生物種の全てが地球上では生存を続けられなくなった状態。

**エ**　人間の活動によって物質の流出量が増加し、地球全体で見た物質の流入・流出の収支が合わなくなった状態。

問5　本文中に、(3)物質循環という意味では地球という系は閉じているが、常に攪乱的作用を受けている。とあるが、どういうことか。その説明として最も適当なものを、次の**ア**から**エ**までの中から一つ選べ。

**ア**　地球に流れ込んでくるのは、物理的実体を持たない熱エネルギーのみであるが、その熱が地球の物質循環に与える影響は、ますます拡大し続けているということ。

**イ**　地球全体で見れば、物質の動きはバランスが取れているが、地域的に細かく系を設定した場合は、物質循環の定常状態が著しく乱れている地域もあるということ。

**ウ**　地球に外部から物質が流れ込むことはほとんどないが、地球上の物質の動きは、太陽からのエネルギーや地球自体の動きに伴う影響を受け続けているということ。

**エ**　地球全体を視野に入れると、物質の動きについての定常状態は地球誕生時からほとんど変化していないが、変化を促《うなが》す要因は少しずつ蓄積《ちくせき》されているということ。

問6　本文中に、(4)地球という系においてホメオスタシスないし恒常性という性質がこれまであったとしても、未来永劫であり続ける保証はない。とあるが、どういうことか。その説明として最も適当なものを、次の**ア**から**エ**までの中から一つ選べ。

**ア**　地球上の自然環境は、人間の働きかけに応じて人間が生きるために必要な物質を供給し続けてきたが、永遠に物質の供給が続いていくはずはないということ。

**イ**　これまで地球環境は生物と無生物が安定した関係を結び、生物が住むのに適した状態を保ってきたが、今後も永遠にその状態が続くとは限らないということ。

**ウ**　太陽のエネルギーのおかげで、地球の物質循環は動きを止めず、生物も生き続けてきたが、そのエネルギーが減少すれば生物は絶滅するしかないということ。

**エ**　どのような地球環境の変動も、今までのところ、長期的に見れば元の定常状態に戻ってきたと言えるが、これからも同じ状態が続くわけではないということ。

問7　本文中に、(5)ホメオスタシスという性質が常に保証されていると想定することはあまりにも楽観的に過ぎる。とあるが、なぜそう言えるのか。その説明として最も適当なものを、次の**ア**から**エ**までの中から一つ選べ。

**ア**　人類が地球環境に変化をもたらした結果、大気圏の状態に変化が生じ、太陽自体の発熱量も減少して寒冷化していくかもしれないから。

**イ**　人類が地球環境に変化をもたらした結果、新たな物質が生成

性質）の生物にとってこれほどありがたいことはない。（　C　）

しかしながら、(4)地球という系においてホメオスタシスないし恒常性という性質がこれまであったとしても、未来永劫《えいごう》であり続ける保証はない。また、仮に地球という系でホメオスタシスが保たれたとしても、地球上の限られたより小さな系においては定常状態が著しく乱され、物質循環の状態が激変するということは十分あり得る。（　D　）

今から六五〇〇万年前の隕石の衝突によって地球の環境は激変した。(注5)核《かく》の冬のように、粉塵《ふんじん》が空を覆《おお》ったため日差しは地表に届きにくくなり、光合成は難しくなった。この結果植物量は減少し、これを食べていた草食恐竜《きょうりゅう》の数が急激に減った。さらに、これを捕食していた肉食恐竜も存在ができなくなった。こうして恐竜の時代が終焉《しゅうえん》したのである。そして、わずかな量の植物で生きていた小型哺乳類《ほにゅうるい》が、大型爬虫類《はちゅうるい》の恐竜にとって代わるようになる。この小型哺乳類が人類の祖先というわけである。今、人類は隕石の衝突に匹敵するような環境の変化を地球にもたらしているのかもしれない。そうだとしたら、(5)ホメオスタシスという性質が常に保証されていると想定することはあまりにも楽観的に過ぎる。

（細田衛士《ほそだえいじ》『環境と経済の文明史』による）

（注1）活性＝物質が化学反応を起こしやすい性質をもっていること。

（注2）湧水＝地下からわき出る水。

（注3）攪乱＝かき乱すこと。

（注4）有機的＝多くの部分が結びつき、全体が互いに密接に関連し合っているさま。

（注5）核の冬＝核戦争によって大気中に巻き上げられた粉塵で太陽光線がさえぎられて起こると想定される寒冷化現象。

問1　空欄《くうらん》 a 、 b 、 c に入る語として適当なものを、それぞれ次のアからエまでの中から選べ。**ただし、同じ語は二回入らない。**

**ア**　しかし　**イ**　もしくは　**ウ**　すなわち　**エ**　たとえば

問2　次の一文が入るのは、本文中の（　A　）から（　D　）のどこか。最も適当なものを一つ選べ。

その場合、生物種の中には絶滅するものも出てくるだろう。

問3　本文中に、(1)地球上のあらゆる物質は動いており、時とともにその空間上の位置を変える。とあるが、どういうことか。その説明として最も適当なものを、次の**ア**から**エ**までの中から一つ選べ。

**ア**　地球上のすべての物質は、小さく分解された形になって、化学変化を繰り返しながら広範囲を移動し続けているということ。

**イ**　地球上のすべての物質は、人間の視覚でとらえられる範囲で、頻繁《ひんぱん》に出たり入ったりする運動を繰り返しているということ。

**ウ**　地球上のすべての物質は、その形を変えながらも、時間がたつにつれて地球という領域の範囲内を移動しているということ。

**エ**　地球上のすべての物質は、表面上は変化しないように見えても、その内部は分子レベルで常に入れ替わっているということ。

問4　本文中に、(2)全く異なった定常状態へと移行するとあるが、地球環境を例に取った場合は、これはどのような状態になることを意味するか。その説明として最も適当なものを、次の**ア**から**エ**までの中から一つ選べ。

**ア**　地球全体として物質循環のバランスは取れているが、自然環境や生物の生息状況は大きく変化を遂《と》げた状態。

態系」という系が設定できる。また、水の循環を見る場合、河川の流域という系に限って把握《はあく》することも可能である。さらに、経済的な関係に絞《しぼ》って物質の動きを見ることも可能であるが、その場合「経済系」という範囲でものをみることができる。

どのような系を例にとってもよいが、とにかく一つの系を取ったとき、その系には物質が流入する一方その系から物質が流出する。もちろん、短期的には一つの系への物質の流入・流出は一定ではないことがある。自然による揺《ゆ》らぎもあるだろうし、人為《じんい》的な揺らぎもある。[b]、どんな系をとってもその容量（これを環境容量と呼ぶことがある）は有限であるから、一方的に流入が続いたり、一方的に流出が続いたりすることはあり得ない。一つの系への物質の流入・流出が一定になり、系のなかの循環がバランスの取れた状態になったとき、その系は「定常状態」にあるという。

流入・流出の収支が均衡《きんこう》しないと系は乱され、それまであった定常状態は成立しなくなるけれど、系の攪乱《かくらん》(注3)の程度が小さい場合長期的には元の定常状態に復帰することが多い。そのような場合、当初あった定常状態は安定であるという。しかし攪乱の程度が著しく大きい場合、系はもはや元の定常状態を保つことができず、(2)全く異なった定常状態へと移行することもある。そして攪乱の行き着いた末の定常状態において種が絶滅してしまうということもあり得る。

環境問題で領域の範囲を定める場合、通常最も大きなものとしては地球を考えればよい。確かに隕石《いんせき》の衝突などによって、宇宙から物質が流入する場合もあるが、現実的にはその流入量は無視しうるので、ここでは地球を最も大きな物理的な領域として考える。

地球という系は、物質的な流入・流出という意味では閉じているが、エネルギーの流入・流出という意味では閉じていない。常に太陽からエネルギーを受け取っており、また熱を外に排出している。加えて、地球は自転することによって、常に物質の動きに変動の作用を与えている。こうして(3)物質循環という意味では地球という系は閉じているが、常に攪乱的作用を受けている。（ A ）

にもかかわらず、地球は常にある種の定常状態を取り戻そうとする重要な性質があると考えられている。この性質は、ホメオスタシスあるいは恒常《こうじょう》性と呼ばれている。地球という系では、生物と非生物《ひせいぶつ》(注4)が有機的に結びついた結果、外部からの攪乱作用があっても、以前と同じような性質を保とうとする力が働いている。[c]、地球という系は自己調整機能を持っていると考えられるのである。地球という系に自己調整機能が備わっているという仮説を「ガイア仮説」という。この仮説は、J・E・ラブロックという科学者によって唱えられた。（ B ）

ラブロックによれば、生物が地球上に現れて以来、およそ四十億年近くたったが、その間に太陽からの発熱量は増加した。それにもかかわらず、生物にとって自然環境は激変することはなく、地球は生物にとって住みやすい場所であり続けた。この例からもわかるように、地球という系は、何らかの変動要因を与えられているにもかかわらず、恒常性を取り戻そうとしていると考えられるのである。本来化学反応しやすい酸素が、$O_2$という形で大気中のガスの二〇%を占《し》めており、その濃度《のうど》は一定しているのも、地球という系で生物と無生物が安定的な相互関係を結んでいると考えられるからである。活性な酸素が安定的に地球上に存在することは、好気性（酸素に基づく代謝を行う

ウ　この日本の様々な地方で春を惜しんだ古人の思いは、都で春を惜しむのと大した違いはない。

エ　近江の国で春を惜しんだ古人の思いは、都で春を惜しんだ気持ちとほとんど同じくらい深い。

問7　本文中に、(6)悦ばれた とあるが、この「れ」と同じ働きをするものはどれか。最も適当なものを、次のアからエまでの中から一つ選べ。

ア　先生から学生時代に苦労されたお話を聞いた。

イ　卒業写真を見たら先生のことが懐《なつ》かしく思い出された。

ウ　先生は登山中にハチに刺されて困ったそうだ。

エ　先生に指名されてクラスメイトの前で詩の朗読をした。

問8　本文の内容に合致《がっち》するものを、次のアからエまでの中から一つ選べ。

ア　近江という地名には、中国の西湖という地名と同様に深い歴史的な意味合いが込められているのである。

イ　古い時代の和歌をもとにしていれば、今いる地名を和歌に詠まれた地名に置き換えて句を創作してよい。

ウ　古代の貴族と同じ地で同じ感慨《かんがい》を抱いて句を詠むことによって、初めて人々を感動させる作品ができる。

エ　昔の人が詠んだ詩歌を踏まえつつ自分の体験を句に詠むことで、伝統的な詩情とつながることができる。

## 3　次の文章を読んで、後の問いに答えよ。

(1)地球上のあらゆる物質は動いており、時とともにその空間上の位置を変える。極めて瞬時には原子レベルで移動するものもあるだろう。しかし、われわれ人間が日常の感覚でとらえられるかぎりでのモノの移動は、分子レベル、あるいは化合物レベルもしくはそれ以上のレベルである。酸素は$O_2$という分子の形で移動する。(注1)活性である酸素は、他の元素と結びついた形でも動き回る。酸素分子が大気中から消え去らずに動き回るので、酸素を必要とする生物は存在できるのである。

酸素と水素が結びついてできた水（$H_2O$）は大気圏《けん》内を動き回る。地上あるいは河川・海洋から蒸発した水は、再び雨となって地上に戻る。地中に染《し》み込んだ水も(注2)湧水《ゆうすい》となり、あるいは河川に流れ込むことによっていずれは大気に移動し、再び雨となって地上に降り注ぐ。どのような経路をとって循環《じゅんかん》するかは、地理的条件・気象条件などさまざまな条件に依存《いぞん》する。海洋の水は、海洋内部においても移動する。海洋の大きな循環のスピードは極めて緩《ゆる》やかで、千年以上の単位で動くと考えられている。

さて、物質の動きおよびその相互作用を関連付けて捉《とら》えることは、全く無限定の状況では行い得ない。ある領域ないし範囲《はんい》を設定する必要がある。このように定められた領域ないし範囲のことを「系」と呼ぶことがある。系を設定するとき、物質の性質を基にして行う場合もあるし、地理的な条件を基にしてする場合もある。また、どのようにものをみるかということに依存して行う場合もある。

[a]、生物の生息という性質の視点から領域設定を行うと、「生

問1　本文中の、(A)そねみ、(B)吐露する　の意味として適当なものを、それぞれ次のアからエまでの中から一つ選べ。

A　**ア**　あせる気持ち　　**イ**　見下す気持ち

　　**ウ**　嫉妬する気持ち　　**エ**　後悔する気持ち

B　**ア**　心に思っていることを隠さず述べる

　　**イ**　感動のあまり思わず声を出す

　　**ウ**　隠しておきたいことをつい白状する

　　**エ**　無意識に本心を語ってしまう

問2　本文中に、(1)芭蕉の句を非難する　とあるが、尚白は芭蕉の句をどのように批判したのか。その説明として最も適当なものを、次の**ア**から**エ**までの中から一つ選べ。

**ア**　「近江」「行く春」には共通の詩情をささえる伝統的要素がない。

**イ**　「近江」「行く春」は実体験に基づいて用いた表現とは言えない。

**ウ**　「近江」「行く春」にはその語を使わねばならない必然性がない。

**エ**　「近江」「行く春」は情景や状況を思い浮かばせる力が足りない。

問3　本文中に、(2)「尚白が難当たらず」、尚白の非難はマトはずれ、見当違いです。　とあるが、去来が尚白を「見当違い」だとするのは、なぜか。その理由として最も適当なものを、次の**ア**から**エ**までの中から一つ選べ。

**ア**　近江で作られた古歌の伝統を踏まえて惜春の情を詠《よ》んだ句であると尚白は知らないから。

**イ**　芭蕉に対する尚白のひがみによる感情的な非難で句そのものに対する批判ではないから。

**ウ**　湖面がおぼろに霞み渡っている光景を実際に見て詠んだ句だと尚白には分からないから。

**エ**　句には蘇東坡の詩のおもかげが重ね合わされていることを尚白は理解できていないから。

問4　本文中に、(3)もし美人西施のおもかげに比するならば、とあるが、どういう意味か。その説明として最も適当なものを、次の**ア**から**エ**までの中から一つ選べ。

**ア**　もし美人の西施の姿を思い描くならば

**イ**　もし美人の西施の姿になぞらえるならば

**ウ**　もし美人の西施が目の前に現れるならば

**エ**　もし美人の西施が湖を背に立つならば

問5　本文中に、(4)殊に今日の上にはべる　とあるが、どういう意味か。その説明として最も適当なものを、次の**ア**から**エ**までの中から一つ選べ。

**ア**　とりわけ今日の出来ばえは格別でございます。

**イ**　特に実際にその場で作ったものでございます。

**ウ**　今から現実の景色を見て作るのでございます。

**エ**　案外今日の出来事が該当《がいとう》しそうでございます。

問6　本文中に、(5)古人もこの国に春を愛すること、をさをさ都に劣らざるものを　とあるが、どういう意味か。その説明として最も適当なものを、次の**ア**から**エ**までの中から一つ選べ。

**ア**　この地方で春を惜しんだ古人の思いは、都にいた時に比べて日に日に強くなっていたらしい。

**イ**　丹波の国で春を惜しんだ古人の思いが、都で春を惜しむ気持ちより勝っているとは言えない。

て、(注5)蘇東坡《そとうば》の「西湖《せいこ》」の詩のあったことをつけ加えておく必要があるでしょう。西湖の晴雨ともに美しい景色を(3)もし美人西施《せいし》のおもかげに比するならば、その厚化粧をした姿も美しければ、また薄化粧の姿も美しいがごとくであるとよんだものです。

芭蕉たちは湖の景色に接するとき、いつもこの詩を思い浮かべて西湖に思いを馳《は》せ、そこにあるいは中国の美人西施のおもかげを、もしくは、それを日本に移して美女小野小町《おののこまち》のおもかげを思い描いたりしたのでした。去来が「湖水朦朧として」と言ったのも、そうした湖に寄せる共通の詩情にもとづき、そこに、蘇東坡によって「山色朦朧」とよまれた西湖のおもかげを重ね合わせてのことにほかならなかったといっていいでしょう。

ところで去来はここでさらに、(4)「殊に今日の上にはべる」と、とくに「今日の上」に力点をおいて答えている。つまり、これは今日の芭蕉先生の現実の体験の上にもとづき、実際の景色に臨んでの作品ですから、もうふれるなどという非難の介入する余地はありません、というのですね。芭蕉はそれを承《う》けて「しかり」、おまえの言うとおりだと大きく肯定《こうてい》しながら、しかし、(5)「古人もこの国に春を愛すること、をさをさ都に劣らざるものを」と、ちょっと違うことをつけ加えています。

昔の歌人たちも、この近江の国の春光を愛惜《あいせき》したことは、彼らが都の春を愛惜したのにけっして劣らないくらい深かったことだ、というのですね。それは、たとえば(注6)『新古今集《しんこきんしゅう》』に収める(注7)後京極良経《ごきょうごくよしつね》の「あすよりは志賀の花園まれにだにたれかは訪《と》はん春のふる里」とか、(注6)『続後拾遺集《しょくごしゅういしゅう》』に収める(注7)藤原定家《ふじわらのさだいえ》の「さざ波や志賀の花園霞《かす》む日のあかぬ匂ひに浦風《うらかぜ》ぞ吹く」などの和歌を心に置いて、そう言ったものでしょう。去来はそれを聞いて、「この一言、心に徹す」、今の先生のおことばは深く心の中にしみ徹《とお》りました。もし先生が行く歳近江にいらっしゃったならば、どうして去り逝《ゆ》く年を惜しむというような詩情が生まれてきましょうか。また、行く春丹波にいらっしゃったならば、もとよりこうした惜春の詩情は浮かびますまい。「風光」（自然の景色）というものが人を感動せしむることには、昔の歌人を感動させ、今また芭蕉先生を感動させる、古今を一貫《いっかん》して変わらない真実なるものがございますなあ、というふうに心からの共感を示したところ、芭蕉は「汝は去来、ともに風雅を語るべきものなり」と、ことさらに悦びたまひけり」、おまえこそはともに風雅を語るに値《あたい》する人間だと非常に(6)悦ばれたというのです。

（尾形仂《おがたつとむ》『芭蕉の世界』による）

（注1）近江＝今の滋賀《しが》県。
（注2）去来＝芭蕉の門人、向井《むかい》去来。『去来抄』はその著作。
（注3）『野ざらし紀行』＝一六八四年から翌年にかけての旅の紀行文。
（注4）『猿蓑』＝芭蕉円熟期の著作。
（注5）蘇東坡＝中国、宋《そう》時代の文学者・政治家。
（注6）『新古今集』・『続後拾遺集』＝鎌倉《かまくら》時代の和歌集。
（注7）後京極良経・藤原定家＝鎌倉時代の歌人。

## 【国語】（五〇分）〈満点：一〇〇点〉

**1** 次の(1)から(6)までの傍線《ぼうせん》部の漢字表記として適当なものを、それぞれアからエまでの中から一つずつ選べ。

(1) 博物館でドウ像を鑑賞する。　ア 胴　イ 銅　ウ 同　エ 導
(2) 学問をオサめる。　ア 収　イ 納　ウ 治　エ 修
(3) 城の天守カクからのながめ。　ア 角　イ 閣　ウ 格　エ 革
(4) まるまるとコえた馬。　ア 肥　イ 請　ウ 太　エ 越
(5) 円滑に議事をススめる。　ア 促　イ 勧　ウ 薦　エ 進
(6) フルって応募《おうぼ》する。　ア 震　イ 振　ウ 奮　エ 降

**2** 次の文章を読んで、後の問いに答えよ。

行《ゆ》く春を(注1)近江《おうみ》の人と惜《お》しみけり　芭蕉《ばしょう》

先師曰《いわ》く、尚白《しょうはく》が難に、〈近江〉は〈丹波《たんば》〉にも、〈行く春〉は〈行く歳《とし》〉にもふるべし、と言へり。汝《なんじ》いかが聞きはべるや。(注2)去来《きょらい》曰く、尚白が難当たらず。湖水朦朧《もうろう》として、春を惜しむにたよりあるべし。殊《こと》に今日《こんにち》の上にはべる、と申す。先師曰く、しかり。古人もこの国に春を愛すること、をさをさ都に劣らざるものを。去来曰く、この一《いち》言《ごん》、心に徹《てっ》す。行く歳、近江にゐたまはば、いかでかこの感ましまさん。行く春、丹波にいまさば、もとよりこの情浮かぶまじ。風光の人を感動せしむること、真《まこと》なるかな、と申す。先師曰く、汝は去来、ともに風雅を語るべきものなり、とことさらに悦《よろこ》びたまひけり。

（『去来抄《きょらいしょう》』）

尚白という人は、芭蕉の(注3)『野ざらし紀行』の旅の際に入門した人で、近江ではいちばん先輩格の門人であったのですが、(注4)『猿蓑《さるみの》』期になってきますと、芭蕉の新しい動きについて行けなくなってしまって、ちょっとしたAそねみ、ひがみを抱いていたのでしょう。そこで(1)芭蕉の句を非難するといったようなことにもなったのだろうと思いますが、その尚白の非難というのは、「近江は丹波にも、行く春は行く歳にもふるべし」ということであった。つまりこの一句の中で、「行く春」「近江」とあるのを他のことばに置き換えて、たとえば、

行く歳を近江の人と惜しみける

としても、あるいは、

行く春を丹波の人と惜しみける

としたって、一句として成立するじゃないか、というのです。このように一句の中のことばがもうギリギリ、これ以上他には動かせないといった決定度に達してなくて、まだ他のことばに置き換えうるような場合、それを「ふる」、つまり振れる、動くというふうに言います。

芭蕉は去来に、そうした尚白の非難のあったことを伝えて、「汝いかが聞きはべるや」（「聞く」というのは単に耳で聞くという意味ではなく理解し鑑賞するという意味）、おまえはどう受け取るかね、と質問をした。去来は答えて、(2)「尚白が難当たらず」、尚白の非難はマトはずれ、見当違いです。「湖水朦朧として、春を惜しむにたよりあるべし」、近江の国は琵琶《びわ》湖《こ》の面《おもて》も朦朧とうち霞《かす》んで、いかにも惜春《せきしゅん》の情をB吐露《とろ》するのにふさわしいものがあるでしょうと、こう言っております。

「湖水朦朧として」というのは、何でもない文句のようでありますが、その背景に実は芭蕉たちの間の共通の詩情をささえるものとし

MEMO

大切なことはメモしておこうネ！

# 2021年度

# 解　答　と　解　説

《2021年度の配点は解答欄に掲載してあります。》

## ＜数学解答＞

[1] (1) ア －　イ 6　(2) ウ －　エ 4　オ 3　カ 2　キ 2
(3) ク 1　ケ 2　(4) コ 2　サ 1　シ 3　(5) ス 1　セ 0
(6) ソ 2　タ 1　チ 7　(7) ツ 1　テ 3　ト 0　(8) ナ 7

[2] (1) ア 8　イ 1　ウ 7　エ 8　オ 7　(2) カ 7　キ 4　ク 7
ケ 3　コ 6　(3) サ 1　シ 8

[3] (1) ア 7　イ 0　ウ 3　エ 5　オ 0　カ 0　キ 2　ク 5
ケ 2　(2) コ 1　サ 7　シ 1　ス 5　セ 2　ソ 1　タ 0
チ 9　ツ 4　テ 8　ト 5

[4] (1) ア 4　イ 5　(2) ウ 2　エ 2　オ 5　(3) カ 6　キ 7
ク 5　ケ 4　(4) コ 4

○配点○

[1] (4)コ，(6)ソ　各2点×2　(4)サ・シ，(6)タ・チ　各3点×2　他　各5点×6

[2] (2)コ　4点　(3)　6点　他　各2点×5((1)イ・ウ，エ・オ，(2)カ・キ，ク・ケ各完答)

[3] (2)セ・ソ・タ，チ・ツ・テ・ト　各4点×2(各完答)　他　各3点×4((1)ア・イ，ウ・エ・オ・カ，キ・ク・ケ，コ・サ・シ・ス各完答)

[4] (1)，(2)　各4点×2　(3)　各3点×2(カ・キ・ク完答)　(4)　6点　計100点

## ＜数学解説＞

[1] (数の計算，2次方程式，関数，場合の数，統計，角度，体積)

基本　(1)　$-2^2\div\frac{3}{5}+6\times\left(\frac{1}{3}\right)^2=-4\times\frac{5}{3}+6\times\frac{1}{9}=-\frac{20}{3}+\frac{2}{3}=-\frac{18}{3}=-6$

基本　(2)　$2x^2+8x-1=0$　二次方程式の解の公式から，$x=\frac{-8\pm\sqrt{8^2-4\times2\times(-1)}}{2\times2}=\frac{-8\pm\sqrt{72}}{4}=\frac{-8\pm6\sqrt{2}}{4}=\frac{-4\pm3\sqrt{2}}{2}$

基本　(3)　$\left(\frac{a}{4}-\frac{a}{1}\right)\div(4-1)=-3$から，$-\frac{3}{4}a=-9$　$a=-9\times\left(-\frac{4}{3}\right)=12$

(4)　$y=ax-1$…①　①に$y=0$を代入すると，$0=ax-1$　$ax=1$　$x=\frac{1}{a}$　よって，$C\left(\frac{1}{a},\ 0\right)$　BC：CO＝2：1から，BO：CO＝3：1　よって，$B\left(\frac{3}{a},\ 0\right)$　①に$x=\frac{3}{a}$を代入すると，$y=a\times\frac{3}{a}-1=3-1=2$　したがって，点Aの$y$座標は2　$y=\frac{18}{x}$に$y=2$を代入すると，$2=\frac{18}{x}$　$x=9$　よって，A(9，2)　①に点Aの座標を代入すると，$2=9a-1$　$9a=3$　$a=\frac{3}{9}=\frac{1}{3}$

(5)　(A，B，C)，(A，B，D)，(A，B，E)，(A，C，D)，(A，C，E)，(A，D，E)，(B，C，D)，(B，C，E)，(B，D，E)，(C，D，E)の10通り

基本　(6)　最頻値は度数が9人の2冊　4冊借りた生徒の人数の相対度数は，$\frac{6}{36}=\frac{1}{6}=0.166\cdots$から，0.17

(7)　右の図のように補助線を引くと，三角形の内角と外角の関係から，$\angle x=\bigcirc+\times$になる。四角形の内角の和の関係から，$100^\circ+\bigcirc+\times+(\bigcirc+\times)=360^\circ$　$2(\bigcirc+\times)=260^\circ$　$\bigcirc+\times=130^\circ$　よって，$\angle x=130^\circ$

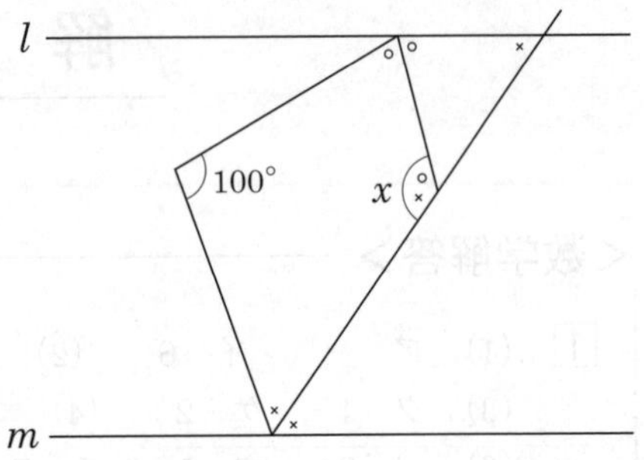


基本　(8)　$\pi\times6^2\times h=\frac{4}{3}\pi\times5^3+\frac{4}{3}\pi\times4^3$より，$36\pi h=\frac{500\pi}{3}+\frac{256\pi}{3}=\frac{756\pi}{3}=252\pi$　$h=\frac{252\pi}{36\pi}=7$(cm)

**2**　(規則性－文字式の利用)

基本　(1)　$b$，$c$，$d$をそれぞれ$a$を用いて表すと，$b=a+1$，$c=a+7$，$d=a+8$　$ad-bc=a(a+8)-(a+1)(a+7)=a^2+8a-(a^2+8a+7)=a^2+8a-a^2-8a-7=-7$

(2)　$\mathrm{A}=7(n-1)+3=7n-7+3=7n-4$，$\mathrm{B}=7(n-1)+4=7n-7+4=7n-3$　$\mathrm{AB}=(7n-4)(7n-3)=49n^2-49n+12$　$49n^2-49n+12=1482$から，$49n^2-49n-1470=0$　$n^2-n-30=0$　$(n+5)(n-6)=0$　$n>0$から，$n=6$

重要　(3)　$(7n-6)+(7n-5)+(7n-4)+(7n-3)+(7n-2)+(7n-1)+7n=861$から，$49n=861+21$　$49n=882$　$n=18$

**3**　(関数の利用)

基本　(1)　$y=ax-b$に(100, 3500)，(200, 10500)を代入すると，$3500=100a-b$…①　$10500=200a-b$…②　②－①から，$7000=100a$　$a=70$　これを①に代入して，$3500=100\times70-b$　$b=7000-3500=3500$　秒速70mから，時速は，$70\times3600=252000$(m)$=252$(km)

(2)　$y=0.35x^2$に$x=70$を代入して，$y=0.35\times70\times70=1715$　$420\div70=6$から，先頭部分がトンネルを出るのは出発してから，$216-6=210$(秒後)　$y=70x-3500$に$x=210$を代入して，$y=70\times210-3500=11200$　よって，トンネルの長さは，$11200-1715=9485$(m)

**4**　(平面図形の計量問題－角度，三角形の合同，面積)

(1)　AB＝AC＝AEから，△ABEは二等辺三角形なので，$\angle\mathrm{AEB}=\angle\mathrm{ABE}=\angle x$　$\angle\mathrm{CAH}=\angle\mathrm{BAH}=\angle y$　$\angle\mathrm{CAE}=90^\circ$　△ABEにおいて，三角形の内角の和は180°であるから，$\angle x+\angle x+2\angle y+90^\circ=180^\circ$　$2(\angle x+\angle y)=90^\circ$　$\angle x+\angle y=45^\circ$

(2)　$\angle y=\frac{\angle\mathrm{BAC}}{2}=\frac{45^\circ}{2}=22.5^\circ$　よって，$\angle x=45^\circ-\angle y=45^\circ-22.5^\circ=22.5^\circ$　$\angle\mathrm{BEC}=\angle\mathrm{AEG}-\angle\mathrm{AEB}=45^\circ-22.5^\circ=22.5^\circ$

(3)　$\angle\mathrm{ABC}=\frac{180^\circ-45^\circ}{2}=67.5^\circ$　$\angle\mathrm{DEF}=\angle\mathrm{DEG}+\angle\mathrm{BEC}=45^\circ+22.5^\circ=67.5^\circ$　△DEF≡△ABCより，EF＝BC＝4

重要　(4)　点AからBEへ垂線AIを引く。△ABHと△BAIにおいて，AB＝BA，$\angle\mathrm{BAH}=\angle\mathrm{ABI}=22.5^\circ$，$\angle\mathrm{AHB}=\angle\mathrm{BIA}=90^\circ$　直角三角形で斜辺と1つの鋭角がそれぞれ等しいことから，△ABH≡△BAI　よって，BH＝AI　AI＝2　したがって，$\triangle\mathrm{AEF}=\frac{1}{2}\times\mathrm{EF}\times\mathrm{AI}=\frac{1}{2}\times4\times2=4$

**★ワンポイントアドバイス★**

4(4)は，(3)でEFを求めていることから，△AEFのEFを底辺とみたときの高さを求めることを考えよう。

## ＜英語解答＞

[1] 1 エ　2 イ　3 イ　4 ア　5 エ
[2] 1 イ　2 ウ　3 エ　4 ア　5 エ
[3] 問1 (1) ウ　(2) ウ　(3) エ　(4) エ　(5) イ　(6) ウ
問2 1 カ　2 オ
[4] (3番目，5番目の順) 1 オ，ア　2 エ，オ　3 オ，イ　4 イ，ウ　5 ウ，ア
[5] 1 イ　2 ウ　3 ウ　4 エ　5 エ
[6] 問1 ア　問2 イ　問3 ウ　問4 イ　問5 ア　問6 イ　問7 ア

○配点○
[1] 各2点×5　他　各3点×30([4]各完答)　計100点

## ＜英語解説＞

### [1] (語句補充問題：副詞，代名詞，助動詞，動詞，受動態)

1 「私は彼女を手伝い，彼女はまた私を手伝います。」,「彼女と私は互いを手伝います。」「お互いに」という意味は，2人ならば each other，3人以上ならば one another と表す。

2 「彼は去るときに私に何も言いませんでした。」 nothing は「何も～ない」という意味を表す。

3 「私の祖父は電子メールの送り方を知りません。」,「私の祖父は電子メールを送れません。」＜ how to ～ ＞で「～する方法(仕方)」という意味を表す。

基本　4 「私は彼女の誕生日パーティーを楽しみました。」＜ have a good time ＞で「楽しむ」という意味を表す。

5 「私たちの学校は80年前に建てられました。」,「私たちの学校は今80歳です。」 上の文は受動態の文なので＜ be 動詞＋過去分詞＞という形にする。

### [2] (会話文問題：適文補充)

1 A：帰宅したときに手を洗いましたか。
B：もちろん，洗いました。
A：それはいいです。食べる前にはいつも手を洗うべきです。さあ夕食を食べましょう。 「それはいい」という発言の内容に合うものはイである。 ア 「朝顔を洗いました。」，ウ「いいえ。私は手を洗ったことがありません。」，エ 「おお，いやだ！ 忘れました。」

2 A：一番近いバス停への道を教えてもらえますか。
B：ええと，私もそこに行くところです。私についてきてください。
A：私がバス停に行くのを助けてくれてありがとうございます。 「私についてきてください」という発言の内容に合うものはウである。 ア「私はそこに行くには疲れすぎています。」，イ 「私はそれを見たことがありません。」，エ 「私はそうは思いません。」

3 A：すみません。どの線が国立博物館に行きますか。
B：そこに行きたいなら，ブルー線に乗らねばなりません。それからグリーン駅で電車を乗り換えてください。
A：わかりました。どうもありがとう。 乗るべき線を説明しているという内容に合うものはエである。 ア 「あなたの番です。」，イ 「あなたの席にもどってください。」，ウ「あなたは試みねばなりません。」

4 A：もしもし。鈴木博です。岡田さんはいらっしゃいますか。

B：すみません。あなたの名前がはっきり聞こえませんでした。

A：鈴木です。鈴木博です。

B：ありがとう。すみませんが，彼女は今ここにいません。伝言をあずかりましょうか。　鈴木さんが自分の名前をくり返しているという内容に合うものはアである。　イ「今日はお元気ですか。」，ウ「何かたずねてもいいですか。」，エ「私は彼女に会えません。」

5 A：いらっしゃいませ。何をお探しですか。

B：私はペンを壊しました。新しいのがほしいです。これのようなのはありますか。

A：はい，あると思います。こちらへどうぞ。　返事の文がdoを使っているので合うものはエである。　ア「他のペンはいかがですか。」，イ「もう一度言ってもらえますか。」，ウ「あなたの家への道を教えてもらえますか。」

**3** （長文読解問題・物語文：語句補充，内容吟味）

（全訳）　昔アメリカで，ジョージは料理人としてレストランで働いていました。ある夜，非常に金持ちの男性がジョージのレストランをア訪れました。彼は夕食にたくさんの料理を注文しました。料理の(1)一つはフライドポテトでした。その料理はジョージのレストランでとても人気がありました。ジョージはそれをイ調理し，その後，ウェイトレスは男にそれを提供しました。彼はそれを食べウ始めました。彼は(2)突然エ食べることをやめ，ウェイトレスを呼びました。彼は彼女に「おい！　厚すぎて油っぽい。私はそれを食べることができない。料理人にもう一度料理を作るように(3)言いなさい。」と言いました。それから，彼女は台所に行き，ジョージに金持ちのことを話し，ジョージにもう一度料理を(4)作るようにオ頼みました。

もう一度，ジョージはフライドポテトを調理し始めました。今回は最初の時よりじゃがいもを薄く切りました。その後，彼は同じウェイトレスを呼び，男に料理を(5)提供するように彼女に言いました。しかし，彼はジョージの2番目のフライドポテトが好きではなく，再び台所に送り返しました。ジョージはとても怒っていました。だから，彼は向こうが見てとれるほど薄くジャガイモをカットしました。彼はその男を困らせたかったのです。それらは薄(6)すぎてフォークで食べられませんでした。今度はジョージが料理を男に出し，彼の側に立ってカ待ちました。金持ちはそれを食べました。「素晴らしい！」と彼は言いました。

これらは世界で最初のポテトチップスでした！　その後，ポテトチップスはそのレストランでもう一つの人気料理になりました。

問1　(1)　＜one of ～＞で「～の中の1つ」という意味になる。　(2)　食べるのを止めた様子を「突然に」と表している。　(3)　＜tell A to ～＞で「Aに～するように言う」という意味になる。　(4)　＜ask A to ～＞で「Aに～するよう頼む」という意味を表す。　(5)　料理を提供することはserveと表す。　(6)　＜too ～ to …＞で「…するには～すぎる」という意味を表す。

重要　問2　1「誰かや何かが来たり，何かが起こるまで何もしないこと」という意味なのでwait「待つ」になる。　2「彼らに何かをしてほしいと誰かに言うこと」という意味なのでask「頼む」になる。

**4** （語句整序問題：接続詞，前置詞，動名詞，進行形，不定詞）

1 A：明日野球の試合があります。

B：はい，天気がいいことを望みます。

A：私もです。

→（Yes, I）hope the weather will be fine（.）　hopeの後に接続詞のthatが使われているが，省略されている。

2　A：すみません。助けてもらえますか。私は郵便局を探しています。
B：もちろんです。この通りをまっすぐ行ってください。通りが終わるところで見つかるでしょう。

→（ You ）will find it at the end（ of the street. ）< at the end of ～ >で「～の終わりに」という意味を表す。

3　A：ヒロシが脚を折って病院にいるのを知っていますか。
B：はい，知っています。彼は何か読むものがほしいと言いました。コミックを何冊か持っていくのはどう思いますか。

→（ What ）do you think about bringing him（ some comics? ）相手に感想を求める時には，<What do you think ~? >という表現を使う。

4　A：ヒロコは今日放課後私たちのクラブに来ませんでした。私は彼女のことを心配しています。
B：彼女の弟が具合が悪いので，彼女は家で彼の世話をしています。
A：ああ，お気の毒に。

→（ she ）is taking care of him at（ home. ）< take care of ～ >で「～の世話をする」という意味を表す。

5　A：あなたはこの映画を見たことがありますか。
B：いいえ，でも面白そうです。
A：私と一緒に行ってくれる人がほしいです。今週末はひまですか。

→ I want someone to go with（ me. ）< want A to ～ >で「A に～してほしい」という意味を表す。

## 5　（長文読解問題・説明文：語句補充）

（全訳）　タカシは2005年の初日に生まれました。彼が生まれたとき，タカシの両親は二人とも28歳でした。ちょうど2年1ヶ月後，タカシの妹が生まれました。その赤ん坊はナオミと名付けられました。翌日は母親の誕生日でした。ナオミの1歳の誕生日には彼女は体重9kg，身長74cmで，タカシは体重14kg，身長90cmでした。タカシの身長は父親の身長の半分に過ぎませんでした。タカシはその年に幼稚園に入りました。

タカシは6歳の時に小学校に入学しました。学校での最初の日，タカシは体重20kg，身長115cmでした。

ナオミはタカシと同じ年齢で幼稚園に入りました。小学校に入学した時，彼女はタカシが小学校に入学した時の体重と身長と同じでした。ナオミが小学校に入学した日，タカシはもちろんナオミより背が高かったです。タカシの身長とナオミの身長の違いは15cmでした。

タカシは今中学生です。彼は今年14歳になりました。彼は背の高い少年になりました。彼は今身長170cmです。しかし，タカシが生まれてから父親の身長は変わっていません。

1　「ナオミは______に生まれました。」 タカシが2005年の1月生まれで，ナオミはその「2年1ヶ月後」に生まれたとあるので，イが答え。

2　「ナオミが生まれたとき，彼女の母親は______歳でした。」 タカシが生まれたとき両親は28歳で，ナオミはその2年後に生まれたので，ウが答え。

3　「タカシは______歳のときに20kgだった。」 タカシが6歳で小学校に入学したときに20kgだったとあるので，ウが答え。

重要　4　「ナオミの小学校最初の日，タカシは______cmだった。」 ナオミが小学校に入学した時タカシが小学校に入学した時の体重と身長と同じだったとある。よってナオミは115cmだったとわかる。また，タカシの身長とナオミの身長の違いは15cmだったとあるので，エが答え。

5 「タカシの父親は今＿＿＿である。」タカシが生まれてから父親の身長は変わっていないとある。その当時タカシの身長は父親の身長の半分で90cmだったとあるので，エが答え。

**6 （長文読解問題・説明文：語句補充，内容吟味）**

（全訳） ボートで，科学者のチームがカメを助けています。カメは何か問題を抱えており，科学者はその理由を見つけます。鼻の中に何かあります。科学者の一人はそれを取り出そうとします。8分の長い時間の後，カメの鼻から長いものが取り出されます。それは長いプラスチックストローです。

多くの人々がインターネット上でカメのビデオを見てきました。今，人々はこの問題についてよりよく理解しています。1世界の海はプラスチックでいっぱいです。2000年以降，プラスチックの生産は世界中で増加していますが，2リサイクル率は約20％に過ぎません。多くのプラスチック廃棄物が海に入ります。今日，科学者たちは毎年約800万トンが海に入ると考えています。このプラスチックのほとんどは海から消えることはありません。

この海のプラスチックは毎年多くの海の動物を傷つけます。魚の中には，3食べ物のように見えるか，海の植物で覆われているので，プラスチックを食べる魚もいます。一部の科学者は，プラスチックをたくさん食べることは飢餓につながると信じています。海の動物がプラスチックをたくさん食べた後，4彼らの胃はいっぱいですが，彼らは生きるのに十分なエネルギーを得ることはありません。いくつかのケースでは，プラスチックの鋭い部分を食べることが海の動物を傷つけ，それらを殺すことさえできます。

プラスチックは5強く，簡単に壊れにくいため，人々に有用ですが，これは海の動物にとって危険です。科学者は，「最大の問題は，プラスチック製品が使われた後に捨てられるように設計されているということだ。」と言いました。例えば，ストロー，ボトル，ビニール袋は6捨てる前に一度だけ使います。約700種類の海の動物がこれらのプラスチックアイテムを食べています。カメは救出され，海に戻されたので，幸運でした。

プラスチック廃棄物は将来，海の動物にどのような影響を与えるのでしょうか。「5年から10年後に答えを知ると思う。」と科学者は言いました。しかし，それまでに，より多くのプラスチック廃棄物がすでに海に存在するでしょう。

問1 直後の文の内容に合うので，アが答え。イ「カメは町々から消え去った。」，ウ「各国は海からプラスチックを取り出そうと努力している。」

問2 直前に but があるので，イが答え。ア「私たちはプラスチック廃棄物のすべてを再利用する」，ウ「私たちは容易な暮らしをあきらめることを決めた」

問3 海の中のプラスティックの様子を表すので，ウが答え。ア「それはとても空腹でおいしい」，イ「それらはそれが食べるのに危険だと知っている」

問4 動物がプラスティックを食べて飢餓に陥る理由を表しているので，イが答え。ア「それらは強くなり，私たちが思う以上に長生きする」，ウ「それらは以前空腹を感じ，それを鼻から取り出そうとする」

問5 プラスティックの特性について説明しているので，アが答え。イ「それはすぐにばらばらに壊れ，私たちはそれを再利用できる」，ウ「彼らはふつう多くのゴミを海に投げ捨てない」

問6 プラスチックは使い捨てされるものだということを説明しているので，イが答え。ア「世界の海の動物を減らすために」，ウ「私たちの環境の問題を見つけるために」

問7 ア 「プラスチック廃棄物は海の深刻な問題だ。」 海にはプラスチック廃棄物が多くあり，動物の生命を脅かしているという内容を書いているので，正しい。 イ 「ビデオの中のカメはプラスティックのストローを食べたときに死んだ。」 文中に書かれていない内容なので，誤り。 ウ 「海の中のプラスティックの物は多くの海の動物を救う。」 文中に書かれていない内容なので，誤り。

**★ワンポイントアドバイス★**

[3]の問1(6)には< too ~ to … >の構文が用いられている。これは< so ~ that S can't … >「とても~なのでSは…できない」で書き換えることができることを覚えておこう。(例)　I am too busy to play. → I am so busy that I can't play.

## ＜理科解答＞

[1]　問1　エ・オ　　問2　カ　　問3　イ

[2]　問1　イ　　問2　1　エ　　2　ア　　問3　1番目　g　　2番目　d　　3番目　b　　4番目　e　　問4　ア　　問5　ア・ウ・カ

[3]　問1　イ・カ　　問2　体積　ア　　質量　ウ　　問3　ア　6　　イ　3　　問4　エ　　問5　エ　　問6　ウ

[4]　問1　ウ　　問2　イ　　問3　ア　　問4　ア　　問5　ウ

[5]　問1　①　オ　　②　エ　　③　オ　　④　コ　　問2　ア　1　　イ　0　　ウ　4　　問3　ア　7　　イ　6　　ウ　4　　エ　7　　オ　5　　問4　ア　0　　イ　8　　ウ　5　　エ　2　　オ　2　　カ　8

[6]　問1　オ　　問2　エ　　問3　1　イ　　2　ア　　3　エ　　問4　エ

[7]　問1　ア　1　　イ　3　　ウ　4　　エ　0　　問2　キ　　問3　オ　　問4　イ　　問5　イ　　問6　エ　　問7　①　イ　　②　ク　　③　カ　④　ア　⑤　ク　　⑥　オ

○配点○

[1]　各3点×3(問1完答)　　[2]　各3点×5(問2・問3・問5各完答)

[3]　問4・問6　各2点×2　　他　各3点×4(問1・問2・問3各完答)

[4]　問4・問5　各3点×2　　他　各2点×3

[5]　問3　ウ　1点　　他　各2点×7(問1・問2・問3アイ・エオ・問4アイ・ウエ・オカ各完答)

[6]　問3　2　3点　　他　各2点×5

[7]　問4　2点　　他　各3点×6(問1・問7各完答)　　　計100点

## ＜理科解説＞

[1]　(生物どうしのつながり－下水処理)

基本　問1　有機物には炭素や水素が含まれているので，酸素によって分解すると，二酸化炭素と水が生じる。

問2　水温15℃では，1Lの水に0.010gの酸素が溶けているので，1gの酸素が溶けている水の重さは，1(L)×1(g)÷0.010(g)＝100(L)である。また，1gの有機物を分解するのに必要な酸素は1gなので，60gの有機物を分解するのに必要な水は，100(L)×60＝6000(L)

基本　問3　ミジンコは，無セキツイ動物の節足動物・甲殻類の仲間である。

[2]　(植物の体のしくみ，生殖と遺伝－植物の体，蒸散，無性生殖)

基本　問1　双子葉植物の茎には形成層がある。

重要 問2　植物の根・茎・葉は，いずれも器官である。

重要 問3　図4のgは根の道管，図2のdはくきの道管，図1のbは葉の道管で，いずれも根から吸収された水の通り道である。また，植物体内の水は，図3のeの気孔から水蒸気になり，体外に出ていく。

問4　ア　Aの葉はそのままにして，気孔をふさがないようにする。　イ　2本の試験管に入れる水の量は，同じでなくても，減少した水の量が分かれば良い。　ウ　水面に油を浮かせなくても，減少した水の量が分かれば良い。　エ　メスシリンダーを使えば，減少した水の量を正確に測ることができる。

問5　ア　アメーバは分裂によって仲間をふやす。　イ　砂糖水に花粉を散布すると，花粉管がのびて，精細胞を卵細胞に届ける。　ウ・エ・カ　無性生殖では，親と子の遺伝子や形質は同じである。　オ　品種改良は有性生殖を利用する。

## 3 (熱と温度，溶液とその性質－水の状態変化，蒸留)

重要 問1　A点～B点では，氷の温度が上がっている。また，B点～C点では，氷がとけている。C点～D点では，水の温度が上がっていて，D点～E点では，水が沸騰している。

重要 問2　水がこおると，質量は変わらないが，体積は約1.1倍になる。

問3　10℃の水50gを40(℃)－10(℃)＝30(℃)上げるのに必要な熱量は，4.2(J)×50(g)×30(℃)＝6300(J)より，6.3kJである。

基本 問4　沸騰石を入れずに加熱すると，突沸が起こり，水がふき出す危険性がある。

問5　Aが温度計②の記録であり，Bが温度計①の記録である。また，10分後にAでは80℃になり，エタノールを多く含む蒸気が出てくる。

問6　1本目の試験管に集まった液体にはエタノールが多く含まれているので，においがあり，マッチの火をつけると燃える。また，2本目の試験に集まった試験管にはエタノールと水の両方が含まれているが，3本目の試験管の液体にはエタノールがほとんどなく，多くは水である。

## 4 (天気の変化－水蒸気量と雲の発生)

問1　35℃の飽和水蒸気量は，図1から約40gなので，湿度は，$\frac{30}{40}\times100=75(\%)$

やや難 問2　空気が上昇すると，膨張して温度が下がるので，湿度が高くなる。

やや難 問3　$1m^3$の空気に含まれている水蒸気量が30gの空気は，図1より，30℃になると，飽和状態になり，雲が発生する。そのときの高度は，図2より，900mと読み取れる。

問4　図3の底面積を$1m^2$とすると，高さが1000mの直方体の体積は$1000m^3$となる。この中に含まれている水蒸気は，$30(g)\times1000(m^3)=30000(g)=30(kg)$である。したがって，水の厚みは，$\frac{30(kg)}{1000(kg)\times1(m^2)}=0.03(m)$

問5　降水量が1000mm＝1mなので，0.03mよりも多い。したがって，湿度の高い空気が運ばれてきたと考えられる。

## 5 (力と圧力－ばねののび)

問1　6.0kgの物体に働く重力は60Nであり，月面上では，$60(N)\times\frac{1}{6}=10(N)$　なお，質量は月面上でも変わらない。

問2　このばねは，0.60(N)－0.20(N)＝0.40(N)の力で，18.2(cm)－15.0(cm)＝3.2(cm)のびるので，1.3Nの力で，$3.2(cm)\times\frac{1.3(N)}{0.40(N)}=10.4(cm)$のびる。

問3　(i)　100gの物体Aの重さは1N，600gの物体Bの重さは6Nである。したがって，台はかりには，1(N)＋6(N)＝7(N)の力がかかる。また，物体Bが物体Aを押す力は6Nなので，物体Aが物体Bを押し返す力も6Nである。　(ii)　1Nで1.5cmのびるばねが3.0cmのびるとき，ばねには，$1(N)\times\frac{3.0(cm)}{1.5(cm)}=2(N)$の力がかかる。したがって，物体Bが物体Aを押す力は，6(N)－2(N)＝

4(N)となり，物体Aが物体Bを押し返す力も4Nとなる。 (iii) 台はかりが200gを示しているときは，ばねにかかる力は，7(N)－2(N)＝5(N)となり，このときのばねののびは，1.5(cm)×5＝7.5(cm)である。

やや難

問4 (i) ばねAとばねBを直列につなぐと，二つのばねには同じ大きさの力がかかる。したがって，図3のグラフから，0.8Nのとき，二つのばねの長さの合計は，10(cm)＋8(cm)＝18(cm)であることがわかる。 (ii) ばねAは，図3のグラフから，0.1Nで1cmのびるので，ばねAにかかる力は，0.1(N)×8＝0.8(N)である。一方，ばねBは，図3のグラフから，0.2Nで1cmのびるので，ばねBにかかる力は，0.2(N)×10＝2(N)である。したがって，糸にかかる力は，0.8(N)＋2(N)＝2.8(N)である。また，てこがつり合っているとき，両端にかかる力の比と，支点からの長さの比が反比例するので，X：Y＝2：0.8＝5：2である。

**6 (地層と岩石，力・圧力ー岩石，浮力)**

基本

問1 空気と食塩水は混合物，ちっ素とアルミニウムは単体である。

問2 有色鉱物である角閃石《かくせんせき》・輝石・黒雲母の割合は，全部で，21(%)＋17(%)＋10(%)＝48(%)である。

問3 1 石灰岩はサンゴや貝殻が堆積してできた岩石である。 2 図2から，れきに働く浮力は，11.18(N)－10.68(N)＝0.50(N)である。 3 火山岩の玄武岩には，空洞が多く，密度が小さくなる。

問4 恐竜は中生代の示準化石である。

**7 (電気分解とイオン，磁界とその変化ー塩酸の電気分解)**

問1 36%の濃塩酸100gに含まれている塩化水素は，100(g)×0.36＝36(g)である。したがって，2.5%の水溶液の質量は，36(g)÷0.025＝1440(g)なので，加える水の質量は，1440(g)－100(g)＝1340(g)である。

問2 炭酸水は二酸化炭素，アンモニア水はアンモニアが溶けた水溶液である。なお，水酸化ナトリウムと硝酸カリウムは固体である。

問3 図2においては，磁力線が北を向いている。

問4 塩酸の電気分解を化学反応式で表すと，次のようになる。$2HCl \rightarrow H_2 + Cl_2$

問5 抵抗器に対して並列につなぐ装置Xは電圧計である。また，抵抗器の抵抗の大きさは，$\frac{17(V)}{0.1(A)}=170(\Omega)$である。

問6 電気分解装置にも抵抗があるので，抵抗器の抵抗だけを2倍にしても，回路に流れる電流の大きさは，半分から1倍の間になる。

問7 陽極では，塩化物イオン$Cl^-$が電子を失って塩素原子Clになり，さらに，2個の塩素原子が結びついて塩素分子$Cl_2$になり，陽極から発生する。また，発生した塩素は水に溶けるので，実際の発生量は少なくなる。陰極では，水素イオン$H^+$が電子を受け取って水素原子Hになり，さらに，2個の水素原子が結びついて水素分子$H_2$になり，陰極から発生する。

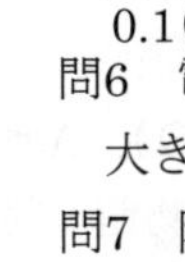

**★ワンポイントアドバイス★**

教科書に基づいた基本問題をすべての分野でしっかり練習しておくこと。その上で，計算問題や思考力を試す問題についてもしっかり練習しておこう。

## ＜社会解答＞

| | | | | | | | |
|---|---|---|---|---|---|---|---|
| [1] | 問1 ウ | 問2 イ | 問3 イ | 問4 ウ | | | |
| [2] | 問1 イ | 問2 オ | 問3 カ | [3] | 問1 カ | 問2 ウ | |
| [4] | 問1 イ | 問2 ウ | 問3 ア | [5] | 問1 ア・エ | 問2 イ | 問3 エ |
| [6] | 問1 ウ | 問2 エ | 問3 エ | [7] | 問1 イ | 問2 ウ | 問3 エ |
| [8] | 問1 ア | 問2 ウ | 問3 エ | 問4 ク | | | |

○配点○

各4点×25([5]問1完答)　計100点

## ＜社会解説＞

[1]　(地理―自然や産業・時差など)

問1　羊の飼育頭数や羊毛の生産では中国に次ぎ世界2位，羊の背に乗った国といわれるオーストラリア。Aはアメリカ，Bはトルコ，Dはインド。

重要　問2　日本とワシントンとの経度差は210度(日本の東経135度に対しワシントンは西経75度)で時差は14時間。出発はワシントン(東部時間)の12月24日0時，飛行時間の14時間を加えると到着は12月24日の14時となる。

問3　インドは中国に次ぐ人口大国で国民の約8割がヒンズー教徒。彼らが神聖とする牛の飼育頭数ではブラジルに次ぐ世界2位。アはオーストラリア，ウはアメリカ，エはトルコ。

問4　国別の在留邦人数はアメリカ・中国・オーストラリア・タイ・カナダの順。Wはトルコ，Xはインド，Yはアメリカ。

[2]　(日本の地理―自然・産業・貿易など)

基本　問1　冬季の降水量が多いことから豪雪地帯で知られる新潟を流れる信濃川。①は筑紫次郎と呼ばれる筑後川，③は流域面積が日本最大の坂東太郎・利根川，④は東北最長の北上川。

問2　日本ナシは千葉・茨城・栃木，リンゴは青森・長野・岩手，イチゴは栃木・福岡・熊本の順。

問3　Aは中国やベトナム，タイなど東南アジアからの水産物輸入が多い博多港，Bは航空機輸送の関西国際空港，Cは成田に次ぐ取扱量を誇る名古屋港，Dは日本1の成田空港。

[3]　(日本の地理―地形図)

重要　問1　消防署の地図記号はさすまたを記号化したY。A地点の北側に広がるのは広葉樹林(Q)，A地点の標高は150m，B地点は0m，A地点の南南東の島にあるのは灯台，裁判所は△，博物館・美術館は血，C地点の標高は100m。

問2　8cm×25000＝200000cm＝2000m＝2km。

[4]　(日本の歴史―中世の政治・社会・文化など)

問1　1232年，北条泰時の下で制定された御成敗式目。頼朝以来の先例や武家社会の道理を基準としたもので，朝廷の支配下や荘園領主の下では従来の公家法や本所法が効力を持っていた。六波羅探題の設置は承久の乱の1221年，ウは武家諸法度，守護地頭の設置は1185年。

問2　鎌倉時代は女性の社会的地位が高く，地頭職を女性が相続する例も珍しくなかった。御家人の取り締まりは侍所，備中ぐわなどは江戸時代，阿弖河荘では地頭の横暴を領主に訴えた。

重要　問3　①→③→④→②→⑤の順。足利義満は「日本国王臣源」と称して明に朝貢した。義満が北山に建設した別荘を彼の死後寺としたのが鹿苑寺でその舎利殿が金閣。

5 (日本の歴史―古代の政治・社会・文化史など)

重要 問1　祭祀の神祇官と政務の太政官が並立，太政官の下に八省が置かれた。国司は任期6年(のちに4年)で中央貴族が派遣された。イは太閤検地，ウは飛鳥時代，オは江戸時代。

問2　租は各地の正倉に保管され地方の財源に，庸・調は都に運ばれたがこれも農民の任務(運脚)とされ，国司の下で働く雑徭と並び当時の農民にとって大きな負担となった。

問3　770年ごろに成立，大伴家持により編纂されたといわれ，国語の音を漢字の意味とは関係なく1字1音で表した万葉仮名で記されている。アは古今和歌集，ウは平家物語。

6 (日本と世界の歴史―近世・近代の政治・経済史など)

問1　名誉革命は1688年，李舜臣は文禄・慶長の役(1592～98年)，出島移転は1641年。

問2　1860年，リンカンが大統領に当選すると翌年南部諸州が合衆国から離脱し内戦が勃発。ペリー来航(1853年)で日本との関係を築いたアメリカだが貿易では出遅れることになった。

重要 問3　徳川吉宗は著しい不作以外は年貢の減免をしない定免法を採用し年貢増収を実現，さらに公事方御定書を制定し裁判の公正を図った。ア・ウは田沼意次，イは松平定信。

7 (日本と世界の歴史―近・現代の政治・外交史など)

問1　岩倉遣欧使節団では副使として欧米を視察，大久保利通の死後は明治政府の中心として日本の近代化に尽力した伊藤博文。アは犬養毅，ウは原敬，エは近衛文麿。

重要 問2　韓国が日本に統合されたのは1910年の日韓併合条約。伊藤博文は日露戦争後初代韓国統監を務めたが，1909年満州のハルビンで安重根に暗殺された。

問3　サンフランシスコ平和条約にはソ連・チェコスロヴァキア・ポーランドは調印を拒否。樺太千島交換条約では千島列島を日本が領有，ロシア革命は第1次世界大戦中に勃発，日ソ中立条約の成立は1941年9月，日中戦争の勃発は1937年。

8 (公民―憲法・日本経済など)

基本 問1　人が生まれながらに持っている権利で最大限に尊重されるが公共の福祉による制約もある。大日本帝国憲法下の貴族院に代わるもので，衆議院に比べると権限は弱い。

問2　好景気では生産が活発となり失業者は減少する。白黒テレビは三種の神器の一つで急速に普及，成長率は10％前後を記録，第2・3次産業の割合が急増し産業構造が高度化していった。

問3　1973年，第4次中東戦争に際しアラブ諸国は石油を武器としたため世界経済は大混乱となった(第1次石油危機)。消費税が導入されたのは1989年。

問4　グローバル化した今日，世界から孤立して存在することはできず互いの主張を理解し両立させる知恵を持つことが大切である。

★ワンポイントアドバイス★

社会を学習するうえでは様々な視点から考えることが大切である。地理・歴史・公民という分野を互いにつながったものとして捉えることを心がけよう。

## ＜国語解答＞

1 (1) イ　(2) エ　(3) イ　(4) ア　(5) エ　(6) ウ

2 問1 A ウ　B ア　問2 ウ　問3 エ　問4 イ　問5 イ　問6 エ

| | |
|---|---|
| | 問7　ア　　問8　エ |
| 3 | 問1　a　エ　b　ア　c　ウ　　問2　D　　問3　ウ　　問4　ア　　問5　ウ<br>問6　イ　　問7　エ |
| 4 | 問1　A　ア　B　ウ　　問2　イ　　問3　エ　　問4　ウ　　問5　イ　　問6　ア<br>問7　ウ |

○配点○

1　各2点×6　　2　問1　各2点×2　　問7　3点　　他　各4点×6

3　問1　各2点×3　　問2　3点　　他　各4点×5

4　問1　各2点×2　　他　各4点×6　　計100点

## ＜国語解説＞

### 1　（漢字の読み書き）

（1）「銅」を使った熟語には，他に「銅貨」「赤銅」などがある。（2）音読みは「シュウ」「シュ」で，「修理」「修験」などの熟語がある。（3）「閣」を使った熟語は，他に「楼閣」「閣僚」などがある。（4）音読みは「ヒ」で，「肥沃」「施肥」などの熟語がある。（5）「勧める」はそうするようにさそう，「薦める」は推薦する，「奨める」は前に動かす，はかどらせるという意味。

（6）音読みは「フン」で，「奮起」「興奮」などの熟語がある。

### 2　（随筆—大意・要旨，内容吟味，文脈把握，語句の意味，品詞・用法，古文の口語訳，表現技法）

問1　A　他人の幸せをねたむこと。直後の「ひがみ」と同類の感情であることもヒントになる。

B　「近江の国」は，「惜春の情を」どうするのにふさわしいと言っているのかを考える。

基本　問2　同じ文で「その尚白の非難というのは，『近江は丹波にも，行く春は行く歳にもふるべし』ということ」と述べている。さらに，直後の文の「この一句の中で，『行く春』『近江』とあるのを他のことばに置き換えて，たとえば，行く歳を近江の人と惜しみける　としても，あるいは，行く春を丹波の人と惜しみける　としたって，一句として成立するじゃないか，というのです」と具体的に述べており，この説明に合うものを選ぶ。

やや難　問3　直後の文で，去来は「『湖水朦朧として，春を惜しむにたよりあるべし』，近江の国は琵琶湖の面も朦朧とうち霞んで，いかにも惜春の情を吐露するのにふさわしい」と続けている。その根拠を，直後の段落で「『湖水朦朧として』というのは……その背景に実は芭蕉たちの間の共通の詩情をささえるものとして，蘇東坡の『西湖』の詩のあったことをつけ加えておく」と述べており，このことを尚白は理解できていないからだとわかる。アの「近江で作られた古歌」が適当ではない。イは句を批判している。ウは，この後で「見当違い」とする別の理由として付け加えている内容なので適当ではない。

問4　「比する」は，比べるという意味。直後の「その厚化粧をした姿も美しければ，また薄化粧の姿も美しいがごとく」に着目する。「ごとく」という表現は，似たものになぞらえるという意味であることから判断する。

問5　傍線部(4)「殊に今日の上にはべる」について，一つ後の文で「つまり，これは今日の芭蕉先生の現実の体験の上にもとづき，実際の景色に臨んでの作品ですから，もうふれるなどという非難の介入する余地はありません，というのですね」と解釈している。「現実の体験の上にもとづき，実際の景色に臨んでの作品」を，「実際にその場で作ったもの」と言い換えているイが適当。

問6　「をさをさ」は，下に打消の語を伴って，めったに，なかなか，という意味を表す。「をさをさ」の意味がわからなくとも，直後の文の「昔の歌人たちも，この近江の国の春光を愛惜したことは，彼らが都の春を愛惜したのにけっして劣らないくらい深かったことだ，というのですね」という説明で意味を確認することができる。

問7　傍線部(6)の「れ」は，尊敬の意味を表す働きで，同じ働きをするものはア。イは自発，ウとエは受身の意味を表す働き。

やや難　問8「行く春を近江の人と惜しみけり」という句は，蘇東坡の「西湖」の詩をふまえた上で芭蕉の「現実の体験の上にもとづき，実際の景色に臨んでの作品」であると去来は賞賛している。それを聞いた芭蕉は「おまえこそはともに風雅を語るに値する人間だと非常に悦ばれた」という内容に合致するのは，「風雅」を「伝統的な詩情」と言い換えたエ。アの「深い歴史的な意味合い」，イの「置き換えて句を創作」，ウの「同じ感慨を抱いて」とは，本文では述べていない。

**3**　**(論説文―大意・要旨，内容吟味，文脈把握，接続語の問題，脱文・脱語補充)**

問1　a「系を設定するとき，物質の性質を基にして行う場合もあるし，地理的な条件を基にしてする場合もある。また，どのようにものをみるかということに依存して行う場合もある」例を，後で「生態系」「河川の流域という系」「経済系」と挙げているので，例示の意味を表す語が入る。

b「一つの系を取ったとき，その系には物質が流入する一方その系から物質が流出する」という前に対して，後で「どんな系をとっても……一方的に流入が続いたり，一方的に流出が続いたりすることはあり得ない」と相反する内容を述べているので，逆接の意味を表す語が入る。

c「地球という系では……以前と同じような性質を保とうとする力が働いている」という前を，後で「地球という系は自己調整機能を持っている」と言い換えているので，説明の意味を表す語が入る。

基本　問2　挿入する一文の内容から，生物種が絶滅する「場合」について述べている部分の後に入る。(D)の前に「地球上の限られたより小さな系においては定常状態が著しく乱され，物質循環の状態が激変する」とあり，この物質状態の激変は生物種の絶滅につながると仮定する。(D)の後の「今から六五〇〇万年前の隕石の衝突によって地球の環境は激変した……こうして恐竜の時代が終焉した」は，「生物種が絶滅する」具体的な例であることからも，挿入する文は(D)に入る。

問3　同じ段落の「極めて瞬時には原子レベルで移動するものもあるだろう……活性である酸素は，他の元素と結びついた形でも動き回る」，直後の段落の「酸素と水素が結びついてできた水($H_2O$)は大気圏を動き回る。地上あるいは河川・海洋から蒸発した水は，再び雨となって地上に戻る……海洋の水は，海洋内部においても移動する。海洋の大きな循環のスピードは極めて緩やかで，千年以上の単位で動く」と説明している。例として挙げられている「水($H_2O$)」は，形を変えながら地球という領域内を動いていることから，ウが適当。アの「小さく分解された形」，イの「人間の視覚でとらえられる範囲」，エの「表面上は変化しないように見えても」とは限らない。

やや難　問4　傍線部(2)を含む「全く異なった定常状態へと移行することもある。そして攪乱の行き着いた末の定常状態において種が絶滅してしまうということもあり得る」について，「しかしながら」で始まる段落で，地球環境を例に取って「仮に地球という系でホメオスタシスが保たれたとしても，地球上の限られたより小さな系においては定常状態が著しく乱され，物質循環の状態が激変する」と同様の内容を述べている。「今から六五〇〇万年前の」で始まる段落で挙げている「恐竜の時代の終焉」の例もヒントにして，地球全体のバランスはとれていても恐竜の生育状況は大きく変わったという内容に通じるアを選ぶ。

問5　傍線部(3)の前に「こうして」とあるので，前の内容に着目する。「地球という系は，物質的な流入・流出という意味では閉じているが……常に太陽からエネルギーを受け取っており，また熱を外に排出している。加えて，地球は自転することによって，常に物質の動きに変動の作用を与えている」という説明に合うウを選ぶ。

やや難 問6　傍線部(4)の「ホメオスタシス」「恒常性」の意味を正確に読み取る。「にもかかわらず」で始まる段落に「地球は常にある種の定常状態を取り戻そうとする重要な性質があると考えられる。この性質は，ホメオスタシスあるいは恒常性と呼ばれている」とある。ここから，傍線部(4)は，地球は常にある種の定常性を取り戻そうとするが，それは永遠に続く保証はないということだとわかる。この「定常性」について，同じ「にもかかわらず」で始まる段落で「地球という系では，生物と非生物が有機的に結びついた結果，外部からの撹乱作用があっても，以前と同じような性質を保とうとする」と説明している。この内容を，具体的に述べているイが適当。

重要 問7　傍線部(5)の前に「そうだとしたら」とあるので，この前の「人類は隕石の衝突に匹敵するような環境の変化を地球にもたらしているかもしれない」が，筆者が地球に「ホメオスタシスという性質が常に保証されていると想定することはあまりに楽観的に過ぎる」とする理由にあたる。同じ最終段落「隕石の衝突によって地球の環境が激変し」「恐竜の時代が終焉した」ように，人類によって地球の環境が激変し人類そのものが生存できるのかどうかを筆者は危惧している。恐竜と人類を重ねているエが適当。他の選択肢の内容は，本文では述べていない。

**4**　**(小説―大意・要旨，情景・心情，内容吟味，文脈把握，語句の意味)**

問1　A　「来歴」は，物事がこれまで経て来た歴史，と考える。直後の「どこの産か，どうやって手にいれたか」に相当する。　B　「あや」には，ときほぐすことで見えてくる人や世の中の入り組んだ仕組みという意味がある。ここでは，「人の気持ち」について言っており，入り組んだ仕組みを「細かいところ」と表現しているウが適当。

問2　傍線部(1)の「同じこと」は，前の「良い職人が削ったさじは軽くて美しい。手に持ったときのバランスが気持ちいい」ことが，「私たちの仕事」でも「同じこと」と言っている。「軽くて美しい」と「バランス」について述べているイが適当。後の「さじにかぎらず，良い職人の仕事は調和と均衡が取れていて心地よいんだ」と言う祖父の言葉にも着目する。

問3　前で「あらためて考えると，合唱はそれほど好きでもなかった。熱心に部に勧誘されたことが嬉しかった。みんな仲が良さそうに見えたから，その輪に入っていると安心できただけだ」と心情を述べ，好きでもないのに合唱部にいただけの自分に対して美緒は「本当に駄目だな」と言っている。アは「輪に入れず」とあるので適当ではない。イは「決断力のなさ」を駄目だと思っているわけではない。ウの「不誠実」「申し訳ない」は，本文からは読み取れない。

問4　祖父は，美緒の悩みを，汚毛を洗うことにたとえている。前の会話の「美緒も似たようなものだ。自分の性分について考えるのは良いことだが，悪いところばかりを見るのは，汚毛のフンばかり見るのと同じことだ」や，同じ会話の「学校に行こうとすると腹を壊す。それほどの繊細さがある。良いも悪いもない。駄目でもない。そういう性分が自分のなかにある。ただ，それだけだ」という祖父の言葉が意味するところを考える。「丁寧に自分の全体を洗ってみて」は，良い悪いではなく自分の性分を丁寧に考えてみることをたとえている。

問5　傍線部(4)の「手始め」は，前の祖父の会話にあるように「自分はどんな『好き』でできているのか探して，身体の中も外もそれで満たす」ための「手始め」である。祖父は，美緒に「気に入ったさじ」を選ばせることから始めて，美緒の身体の中も外も美緒の「好き」で満たそうとしている。この内容を述べているイが適当。アの「食べる意欲」や，ウの「ものづくりに対する意欲」，エの「手仕事ならではの味わいを感じ取らせる」は，いずれも祖父の意図に合わない。

問6　「おどける」は，こっけいなことをしてふざけること。前の「祖父の目がやさしげにゆるんだ……ほめられているような眼差しに心が弾み，黒いスプーンを見る」や，後の「おどけた自分が猛烈に恥ずかしくなる」とあるように，祖父の「ほめられているような眼差し」に，美緒はうれしくなって，ついふざけてしまったとわかる。この美緒の様子や心情にふさわしいアを選ぶ。イの「わざと」，ウの「悟られまい」，エの「自慢したくなった」は，本文からは読み取れない。

重要 問7　本文は，「私って本当に駄目だな」と言っていた美緒が，祖父の言葉や自分の好きなスプーンを選ぶことで，悪い所ばかりではなく自分の良い点や好きなものに目を向けられるようになったことが描かれている。このような美緒の変化の様子を説明しているウが適当。アの「小さな衝突」や，エの「師弟関係」は描かれていない。美緒は最初から祖父に心を開いているので，「徐々に打ち解けていく」とあるイも適当ではない。

**★ワンポイントアドバイス★**

随筆では古文を含んだ文章，論説文では環境と経済に関する文章，小説では現代作家の文章など幅広い文種が取り上げられている。ふだんから意識して幅広い読書を心がけ，苦手だと思う分野の本にも短い内容のものから手に取ってみよう。

# MEMO

大切なことはメモしておこうネ！

# 2020年度

★★★★★★★★★★★★★★★★★★★★★★★★

# 入　試　問　題

## 2020年度

# 国立高等専門学校入試問題

**【数　学】**（50分）〈満点：100点〉

**【注意】** 1. 定規，コンパス，ものさし，分度器及び計算機は用いないこと。
2. 分数の形の回答は，それ以上約分できない形で解答すること。
3. 解答に負の符号がつく場合は，負の符号は，分子につけ，分母にはつけないこと。
4. 根号を含む形で解答する場合，根号の中に現れる自然数が最小となる形で解答すること。

**1** 次の各問いに答えなさい。

(1) $\dfrac{1}{\sqrt{3}} \div \left(-\dfrac{1}{2}\right)^2 - \sqrt{6} \times \dfrac{\sqrt{2}}{4}$ を計算すると $\dfrac{\boxed{\text{ア}}\sqrt{\boxed{\text{イ}}}}{\boxed{\text{ウ}}}$ である。

(2) $x$についての二次方程式$x^2+ax-6=0$の解の１つが－３であるとき，$a$の値は $\boxed{\text{エ}}$ であり，もう１つの解は $\boxed{\text{オ}}$ である。

(3) 関数$y=-\dfrac{1}{4}x^2$について，$x$の値が－３から７まで増加するときの変化の割合は $\boxed{\text{カキ}}$ である。

(4) 右の図のように，関数$y=ax^2$のグラフ上に２点A，Bがあり，関数$y=-x^2$のグラフ上に２点C，Dがある。線分ABと線分CDは$x$軸に平行である。A，Dの$x$座標はそれぞれ２，１であり，台形ABCDの面積は11である。

このとき，$a=\dfrac{\boxed{\text{ク}}}{\boxed{\text{ケ}}}$ である。

ただし，$a>0$である。

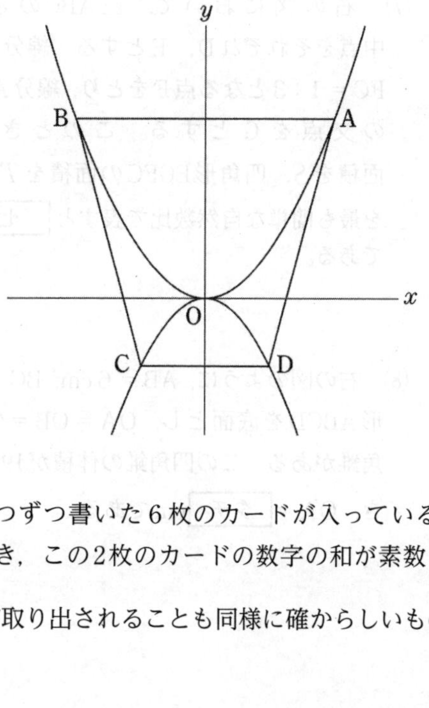


(5) 箱の中に，１，２，３，４，５，６の数字を１つずつ書いた６枚のカードが入っている。この箱の中から，カードを同時に２枚取り出すとき，この2枚のカードの数字の和が素数となる確率は $\dfrac{\boxed{\text{コ}}}{\boxed{\text{サシ}}}$ である。ただし，どのカードが取り出されることも同様に確からしいものとする。

(6) 下の図は，ある中学3年生40人が行った10点満点の試験の点数をヒストグラムで表したものである。平均値を$x$，中央値（メジアン）を$y$，最頻値（モード）を$z$とするとき，$x$，$y$，$z$の関係を正しく表している不等式を，下のⓐからⓕまでの中から選ぶと［ス］である。

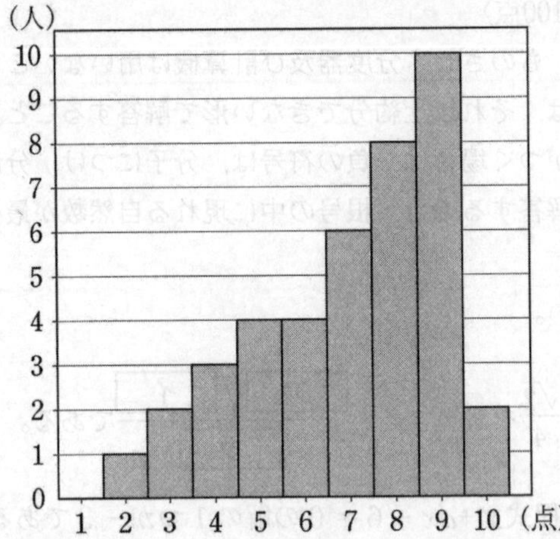


ⓐ$x<y<z$　ⓑ$x<z<y$　ⓒ$y<x<z$
ⓓ$y<z<x$　ⓔ$z<x<y$　ⓕ$z<y<x$

(7) 右の図において，△ABCの辺AB，ACの中点をそれぞれD，Eとする。線分BC上にBF：FC＝1：3となる点Fをとり，線分AFと線分DEの交点をGとする。このとき，△ADGの面積を$S$，四角形EGFCの面積を$T$として$S$：$T$を最も簡単な自然数比で表すと［セ］：［ソ］である。

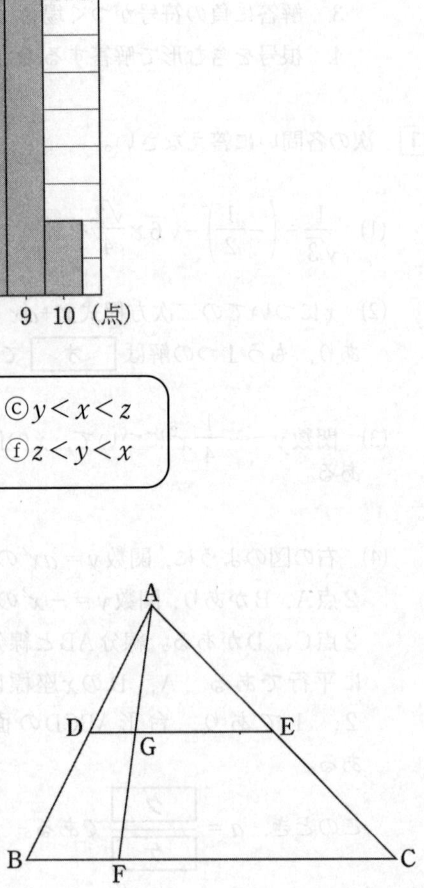


(8) 右の図のように，AB＝6cm，BC＝8cmの長方形ABCDを底面とし，OA＝OB＝OC＝ODの四角錐がある。この四角錐の体積が192cm$^3$であるとき，OA＝［タチ］cmである。

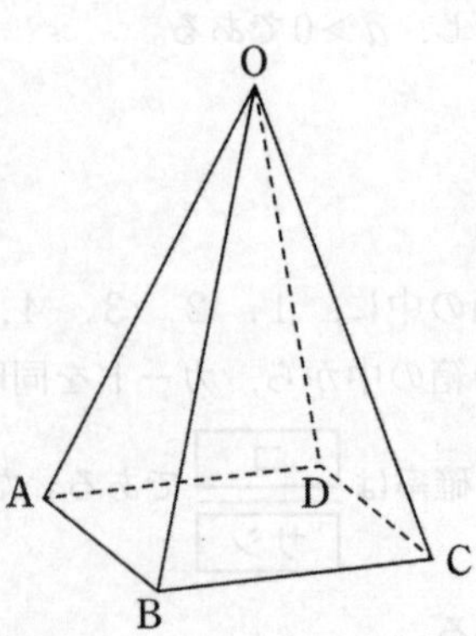

**2** Aさんと B さんは，公園内にある P 地点と Q 地点を結ぶ 1 km のコースを走った。下の図は，A さんと B さんがそれぞれ 9 時 $x$ 分に P 地点から $y$ km 離れているとして，グラフに表したものである。

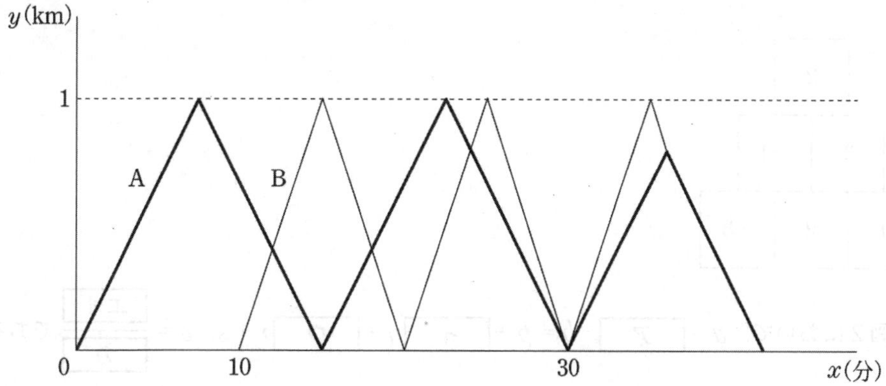


・9 時から 9 時30分まで

A さんは 9 時に P 地点を出発し，一定の速さで走った。そして P 地点と Q 地点の間を 2 往復し，9 時30分に P 地点に戻った。

B さんは 9 時10分に P 地点を出発し，A さんより速い一定の速さで走った。そして P 地点と Q 地点の間を 2 往復し，9 時30分に A さんと同時に P 地点に戻った。

・9 時30分より後

9 時30分に 2 人は同時に，それぞれそれまでと同じ速さで P 地点を出発した。

B さんは Q 地点で折り返して，A さんと出会ってからは A さんと同じ速さで走って P 地点に戻った。

A さんは B さんと出会うと，そこから引き返し，それまでと同じ速さで B さんと一緒に走って同時に P 地点に戻った。そこで，2 人は走り終えた。

このとき，次の各問い答えなさい。

(1) A さんが初めて Q 地点で折り返してから P 地点に戻るまでの $x$ と $y$ の関係を式で表すと $y = -\dfrac{\boxed{\text{ア}}}{\boxed{\text{イウ}}}x + \boxed{\text{エ}}$ である。また，B さんが 9 時10分に P 地点を出発してから Q 地点で折り返すまでの $x$ と $y$ の関係を式で表すと $y = \dfrac{\boxed{\text{オ}}}{\boxed{\text{カ}}}x - \boxed{\text{キ}}$ である。

(2) A さんが 9 時に P 地点を出発した後，初めて 2 人が出会うのは，P 地点から $\boxed{\text{ク}}.\boxed{\text{ケ}}$ km 離れている地点である。

(3) 2 人が最後に P 地点に戻ったのは 9 時 $\boxed{\text{コサ}}$ 分である。

(4) A さんは合計で $\boxed{\text{シ}}.\boxed{\text{ス}}$ km 走った。

**3** 図１のように，横にとなり合う２つの正方形の中に書かれた数の和が，その２つの正方形の真上にある正方形の中の数になるようにする。このとき，次の各問いに答えなさい。

図１

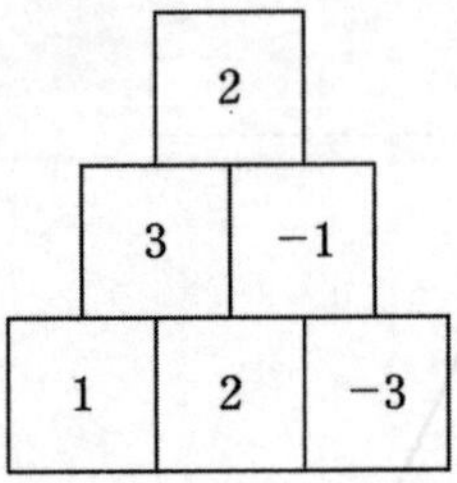


(1)　図２において，$a=$ [ア]，$b=p+$ [イ] $q+$ [ウ] $r+s$，$c=\dfrac{\text{[エオ]}}{\text{[カ]}}$ である。

図２

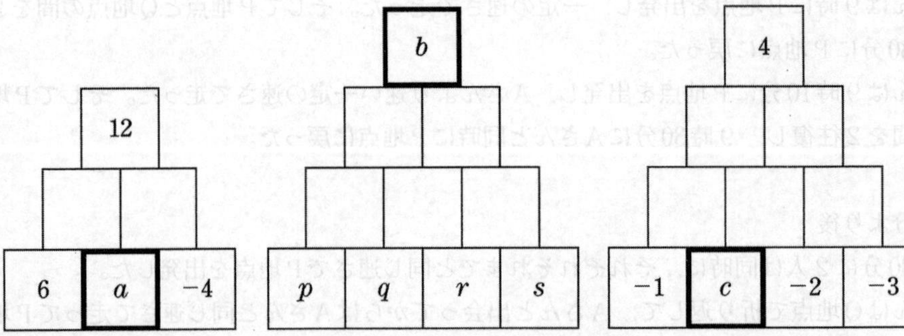


(2)　図３において，どの正方形の中にも，絶対値が６以下の整数しか入らないこととする。このとき，どのように数を入れても，$d=$ [キ] である。よって，条件を満たす $e$ は，全部で [ク] 個ある。

図３

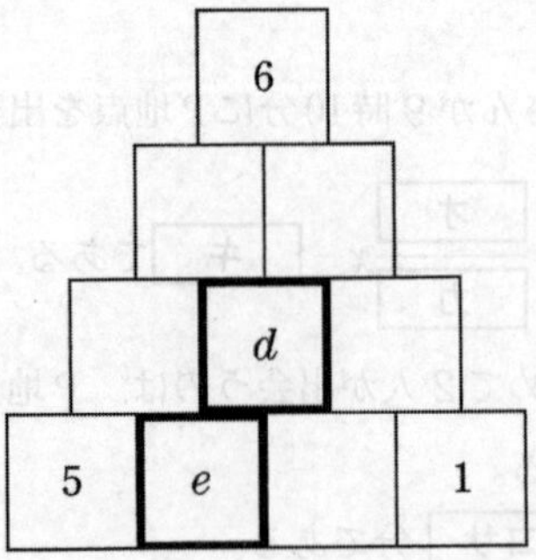

(3)　**図4** において，$f$ = [ケコ]，$g$ = [サ] である。

図4

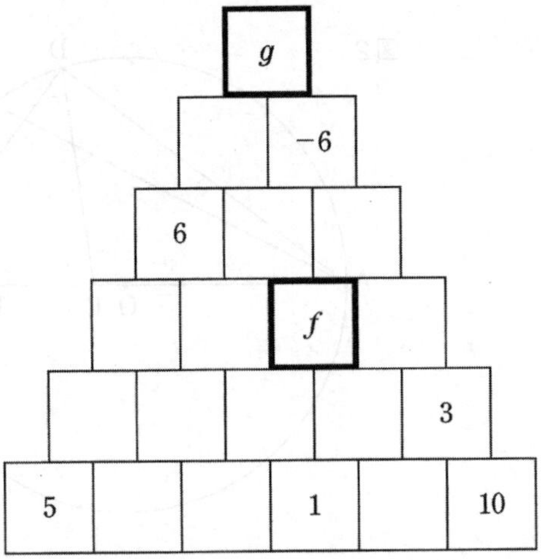


**4**　**図1** のように，長さ２の線分ABを直径とする円Oの周上に点Cをとる。点Cから線分ABに垂線を引き，その交点をHとすると，AH：CH = ２：１である。

図1

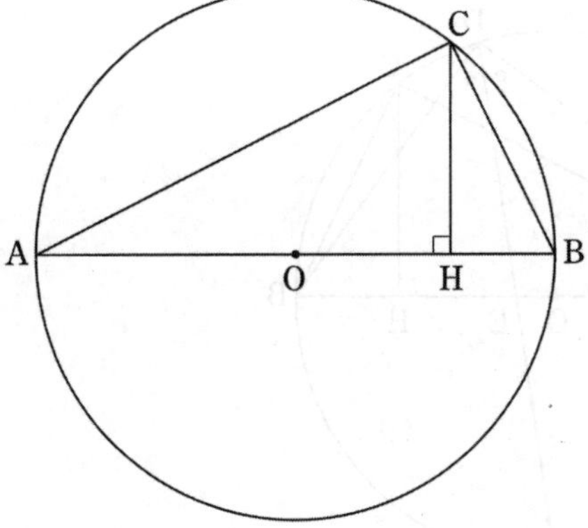


このとき，次の各問いに答えなさい。

(1)　AH = $\dfrac{\boxed{\text{ア}}}{\boxed{\text{イ}}}$ である。

(2)　**図2**のように，弧ABの点Cのある側にAD = AHとなるように点Dをとり，∠ADBの二等分線と線分ABの交点をEとする。このとき，

∠ADE = [ウエ]°

AE = $\dfrac{\boxed{オ}}{\boxed{カ}}$

である。

図2

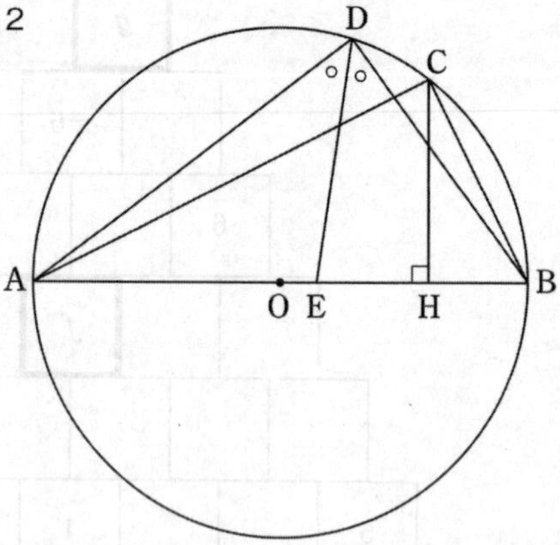


(3)　**図3**のように，**図2**の線分DEをEの方向に延ばした直線と円Oの交点をFとする。このとき，EF = $\dfrac{\boxed{キ}\sqrt{\boxed{ク}}}{\boxed{ケ}}$である。

図3

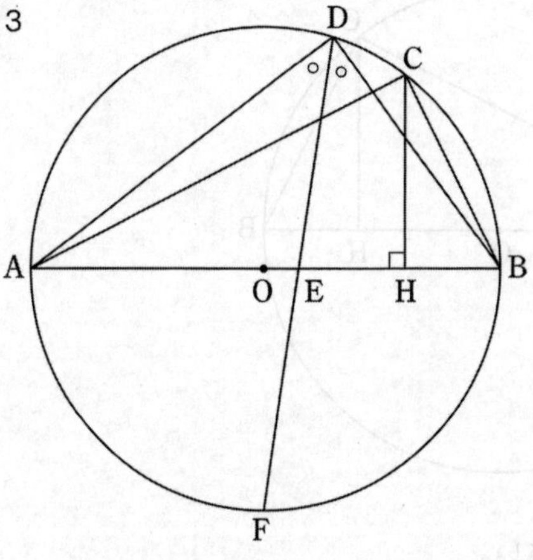

**【英　語】**（50分）〈満点：100点〉

1　次の各組の英文がほぼ同じ意味を表すように，（　A　）と（　B　）に入れるのに最も適当な組み合わせをア～エの中から一つずつ選びなさい。

1.　What is your（　A　）movie?
What is the movie you（　B　）the best?

| | | | |
|---|---|---|---|
| ア (A) best<br>(B) raise | イ (A) interesting<br>(B) want | ウ (A) happy<br>(B) read | エ (A) favorite<br>(B) like |

2.　September（　A　）August.
August comes（　B　）September.

| | | | |
|---|---|---|---|
| ア (A) continues<br>(B) between | イ (A) follows<br>(B) before | ウ (A) comes<br>(B) after | エ (A) jumps<br>(B) next |

3.　When I（　A　）the news, I was very happy.
The news（　B　）me happy.

| | | | |
|---|---|---|---|
| ア (A) heard<br>(B) made | イ (A) knew<br>(B) used | ウ (A) read<br>(B) studied | エ (A) watched<br>(B) lived |

4.　Mary doesn't want to leave Japan（　A　）visiting Kyoto.
Mary wants to visit Kyoto（　B　）she is in Japan.

| | | | |
|---|---|---|---|
| ア (A) while<br>(B) without | イ (A) in<br>(B) before | ウ (A) without<br>(B) while | エ (A) before<br>(B) until |

5.　I'd like to live in a house（　A　）has a large kitchen.
I'd like to live in a house（　B　）a large kitchen.

| | | | |
|---|---|---|---|
| ア (A) that<br>(B) on | イ (A) who<br>(B) in | ウ (A) which<br>(B) with | エ (A) this<br>(B) at |

2　次の1～5の会話文の（　　）に入る適切なものを，ア～エの中から一つずつ選びなさい。

1.　A：Yesterday a man asked me in English where the bus stop was.
B：（　　）
A：I tried. Actually, he understood a little Japanese.
ア　Where was he from?　　イ　Did you answer in English?
ウ　When did you meet him？　　エ　Did he come from the station?

2.　A：Hello. This is Emma. Can I speak to Mary, please?
B：I think（　　　　）. There is no one named Mary here.
A：Oh, I'm sorry.
ア　she will be busy　　イ　you are welcome
ウ　she just came back　　エ　you have the wrong number

3.　A：I want to go to the movie today.
B：Well, it's so nice outside. Let's go to the beach. We can go to the movie tomorrow.
A：（　　　　）because the movie is going to finish today.
ア　Let's go to the beach　　イ　I can't wait until tomorrow

ウ　Let's go to the movie tomorrow　　　エ　We can't go to the park tomorrow

4.　A：Jane will return to our soccer team tomorrow.

B：That's good. How long was she in the hospital?

A：Well, (　　　　). I'm not sure when she got out.

B：Did you visit her?

ア　she broke her leg about two months ago　　　イ　she came from Canada

ウ　she was good at playing soccer　　　エ　she became a doctor

5.　A：Have you been to the new restaurant?

B：Yes. The pizza there was very good. Have you been there?

A：No, but (　　　　). I'm looking forward to it.

ア　I didn't know it was a new shop　　　イ　I ate pizza there with my family last week

ウ　I don't like their food at all　　　エ　I will go there with my sister next Sunday

3　次の文章をよく読んで，後の問いに答えなさい。

John and Mary got married forty years ago. They lived together in a big house in London. However, they felt that they didn't need ( 1 ) a large house. They began to think they should move to a smaller one. Then they found a good house on the next street and they ( 2 ) to buy it. John called a moving company and asked them to take all the furniture to the new house.

There was a very tall and beautiful old clock in the living room of their house. The clock was very special for John because he bought it when he got married. He and his wife loved the clock and enjoyed ( 3 ) to the beautiful sound of its bell. The clock was as tall as John and was more than 30 kg. He planned to put it in the living room of their new house.

When the men from the moving company came, John thought, "Oh, they look very busy. I'm ( 4 ) they won't carry my special clock carefully. They may break it! I will carry it by myself." So he held the clock in his arms and began to walk to the new house.

The clock was so big and heavy ( 5 ) he had to stop many times to have a rest. When he turned a corner, a small boy came along the street. The boy looked at him and began to laugh. The boy said to John, "Hey, why don't you buy a ( 6 ) to know the time?"

(注) move　引っ越す　　moving company　引っ越し業者　　furniture　家具
living room　居間　　carefully　慎重に，注意して　　have a rest　一休みする

問1　本文中の(1)～(6)に入れるのに適切なものを，ア～エの中から一つずつ選びなさい。

| | | | | |
|---|---|---|---|---|
| (1) | ア much | イ so | ウ such | エ very |
| (2) | ア decided | イ forgot | ウ kept | エ learned |
| (3) | ア listen | イ listened | ウ listening | エ to listening |
| (4) | ア afraid | イ glad | ウ going | エ happy |
| (5) | ア that | イ these | ウ they | エ those |
| (6) | ア company | イ house | ウ street | エ watch |

問2　本文の内容と合うものを次のア～オの中から一つ選びなさい。

ア　John wants to live in the new house with his daughter.

イ John took all the furniture to the new house by himself.

ウ John wanted the men from the moving company to break his clock.

エ The small boy thought that John was carrying the clock to know the time.

オ It was easy for John and the men from the moving company to carry the clock together.

4 次の1～6の会話文の(　　)内の語句を並べ替え，それぞれの文を完成しなさい。解答は，(　　)内において**3番目**と**5番目**にくるものの記号を選びなさい。なお，文頭にくる語も小文字で書かれています。

1. A：What is that old building?

   B：That is (ア a hotel　イ built　ウ century　エ in　オ eighteenth　カ the).

   A：Really? I d like to stay there someday.

2. A：Is your basketball team going to join the tournament next month?

   B：Yes, (ア each　イ must　ウ of　エ practice　オ to　カ us) win the tournament. We are practicing for three hours every day.

   A：Wow! You are practicing a lot.

3. A：(ア do　イ know　ウ playing　エ the girl　オ the piano　カ you) on the stage?

   B：Yes, she is Kate. She is my classmate.

4. A：You and Bill are good friends.

   B：Yes. He was (ア me　イ person　ウ spoke　エ the first　オ to　カ who) in this class. He is very kind and helpful.

5. A：Do you know (ア has　イ hospitals　ウ how　エ many　オ our　カ town)?

   B：I think there are five or six.

6. A：Your shirt is very nice. It looks very expensive.

   B：No, it was only ten dollars.

   A：Really? I (ア fifty dollars　イ it　ウ more　エ or　オ thought　カ was).

5 次の文章と図は，ある学校のクラス対抗球技大会(sports festival)に関するものです。これらをよく読んで，後の問いに答えなさい。なお，解答に際しては，問題文と図にある事実以外を考慮する必要はありません。

Takashi is a junior high school student. There are five classes in his school. Mayumi is Takashi's classmate. She is one of the fourteen girls in her class. Kenji, Hiroshi, and Yuri are their friends but not their classmates.

One day, a sports festival was held at their school. They had soccer, basketball, volleyball, and softball tournaments. All the students in each class chose one of the four sports and took part in the games.

Takashi was a member of the soccer team. His team had seven boys and four girls. In his first game, his team played against Kenji's team and won the game. The next game for Takashi's team was the final game. Hiroshi's soccer team won the first game, but they did not play against Takashi's team in the tournament. The diagram shows the results.

Mayumi took part in the basketball tournament. The number of boys and the number of girls on her team was the same. The opponent for their first game was Yuri's team. Mayumi's team got twelve points in the first ten minutes and there was a difference of eight points between the two teams at that time. After that, each team got another twelve points and the game ended. Yuri's team won. Her team won another two games after the game against Mayumi's team.

The volleyball team of Takashi's class had seven girls and no boys. There were nine boys and no girls on the softball team of Takashi's class.

（注）final game　決勝戦　diagram　図　result　結果　opponent　対戦相手

（例）太線は「勝ち上がり」を表す。下の表では，チームSはチームRに勝ち，次の試合でチームTに負けたことを表す。チームTは次の試合でチームPに勝って優勝した。

［問い］　本文の内容から考えて，次の1～5の英文の（　　）に入る適切なものをア～エの中から一つずつ選びなさい。

1. Takashi was on team (　　) in the soccer tournament.
   ア A　イ B　ウ C　エ E
2. Yuri's team got (　　) points in its first game.
   ア 8　イ 12　ウ 28　エ 32
3. Mayumi was on team (　　) in the basketball tournament.
   ア F　イ G　ウ H　エ I
4. Mayumi's team had (　　) members.
   ア 5　イ 6　ウ 7　エ 8
5. Takashi's class has (　　) boys.
   ア 14　イ 19　ウ 33　エ 43

6　次の文章をよく読んで，後の問いに答えなさい。

It is said that English has many more words than most other languages. Why does English have so many words? How does the number of words keep growing? There are several reasons for this.

First, about 1,000 years ago, France occupied England for several hundred years. About 10,000 words came into English at that time. Words like *ticket*, *beef*, and *dinner* are some of these.

Second, in the nineteenth century, English was the language of an empire. England occupied many countries. English people took their culture and language with them to these countries. When they returned to England, [ 1 ].

Third, foreign people often go to English-speaking countries to live and bring new words with them. For example, *concert* and *hamburger* look like English words, but [ 2 ]. Which languages did they come from? Check your dictionary.

Fourth, English uses prefixes and suffixes to create new words. A prefix is the part of a word that is added to the beginning of a word to change its meaning and make a new word. By adding *in, un, im, pre*, dis, lots of new English words can be made. Each prefix has its own meaning. The prefix *pre*, for example, means "before someone or something." So you can easily guess the meaning of the word *prehistory*. It means [ 3 ]. A suffix is the part of a word that is added to the end of a word. If we add *ish, ness, ful, er*, to the end of a word, more words can be made. The suffix *er* means "someone who does something." If you don't know the meaning of the word *trainer*, you can guess it. It means [ 4 ].

Fifth, English is always adding compound words. *Airport*, *bookstore*, *classroom*, and *homework* are some compound words. [ 5 ] For example, *playground* means an area for children to play, especially at a school or in a park.

Finally, many words are just created. *Dog* and *fun* are examples. These words just entered the language, became popular, and then were used widely.

Will the number of English words continue to grow in the future? The answer is "yes." Most English-speaking people don't mind this. However, [ 6 ].

(注)occupy　占領する　　empire　帝国　　prefix　接頭辞　　suffix　接尾辞
beginning　始めの部分　　compound word　複合語　　widely　広く　　mind　気にする

問1　本文中の空所 [ 1 ] に入れるのに適切なものを次のア～ウの中から一つ選びなさい。

ア　they occupied the whole world

イ　they spoke French better than English

ウ　they brought new words back with them

問2　本文中の空所 [ 2 ] に入れるのに適切なものを次のア～ウの中から一つ選びなさい。

ア　they entered English from other languages

イ　they came from different parts of England

ウ　they were originally born in America

問3　本文中の空所 [ 3 ] に入れるのに適切なものを次のア～ウの中から一つ選びなさい。

ア　all the things that will happen in the future

イ　the time in history before people began to write about events

ウ　a short time from now, or after something else happens

問4　本文中の空所 4 に入れるのに適切なものを次のア～ウの中から一つ選びなさい。

ア　a person who teaches people or animals to do a job or skill well

イ　a person who travels on a train to sell and check tickets

ウ　warm clothes that you wear to play sports in winter

問5　本文中の空所 5 に入れるのに適切なものを次のア～ウの中から一つ選びなさい。

ア　They are used only for buildings.

イ　It's easy to guess what they mean.

ウ　It's necessary to know which language they come from.

問6　本文中の空所 6 に入れるのに適切なものを次のア～ウの中から一つ選びなさい。

ア　no new words will be added to the English language

イ　English-speaking people will stop using compound words

ウ　this is a problem for people who learn English as a foreign language

問7　本文の内容と合うものを次のア～ウの中から一つ選びなさい。

ア　France was occupied by England at the end of the eleventh century.

イ　A prefix is put at the end of a word to create a new word.

ウ　To understand more English words, you should know how words are put together.

**【理　科】**（50分）〈満点：100点〉

**【注意】** 定規，コンパス，ものさし，分度器及び計算機は用いないこと。

1　下の問1，問2に答えよ。

問1　けいこさんは，電気抵抗，電源装置とスイッチSを用意して電気回路を作った。この実験で使用するスイッチSは，回路を流れる電流が0.30Aより大きくなると，自動的に開く仕組みを持っている。電源装置の電圧を3.0Vにして，スイッチSを閉じてから，以下の実験1と実験2を行った。下の1，2に答えよ。

実験1　図1のように，抵抗値が2.0Ωの電気抵抗と抵抗$R$を直列につなぎ，スイッチSが開くかどうかを実験した。抵抗$R$の大きさは，3.0Ω，5.0Ω，7.0Ω，9.0Ωのどれかである。

実験2　図2のように抵抗値が30Ωの電気抵抗と抵抗$R$を並列につなぎ，スイッチSが開くかどうかを実験した。抵抗$R$の大きさは，10Ω，20Ω，30Ω，40Ωのどれかである。

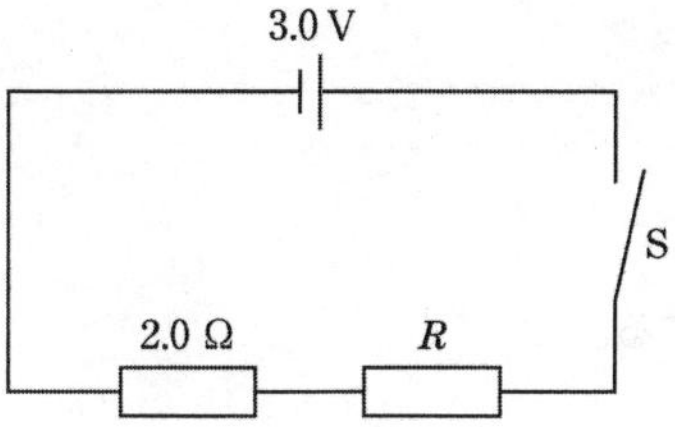


**図1**

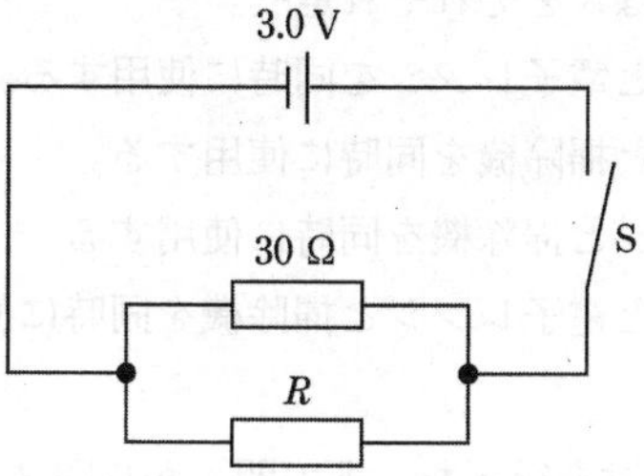


**図2**

1　実験1において，抵抗$R$の大きさについて，スイッチSが開く場合は○，開かない場合は×としたとき，正しい組み合わせを次のアからオの中から選べ。

| | 3.0 Ω | 5.0 Ω | 7.0 Ω | 9.0 Ω |
|---|---|---|---|---|
| ア | ○ | ○ | ○ | ○ |
| イ | ○ | ○ | ○ | × |
| ウ | ○ | ○ | × | × |
| エ | ○ | × | × | × |
| オ | × | × | × | × |

2　実験2において，抵抗$R$の大きさについて，スイッチSが開く場合は○，開かない場合は×としたとき，正しい組み合わせを次のアからオの中から選べ。

| | 10 Ω | 20 Ω | 30 Ω | 40 Ω |
|---|---|---|---|---|
| ア | ○ | ○ | ○ | ○ |
| イ | ○ | ○ | ○ | × |
| ウ | ○ | ○ | × | × |
| エ | ○ | × | × | × |
| オ | × | × | × | × |

問２　かおりさんが留学している国では，コンセントから供給される電源の電圧が 250V である。かおりさんは留学先の家庭で，消費電力が 1500W のエアコン，1250W の電子レンジ，750W の掃除機を使用する。かおりさんの過ごす部屋では，電流の合計が 10A より大きくなると，安全のために電源が遮断され，電気器具が使えなくなる。次の１，２に答えよ。

１　電力について，正しく述べている文を，次の**ア**から**オ**の中から２つ選べ。

**ア**　電力は，１秒間に消費された電気エネルギーに，使用時間をかけたものを表す。

**イ**　電力は，１秒間あたりに消費される電気エネルギーを表す。

**ウ**　電力の大きさは，電気器具にかかる電圧と流れる電流の大きさの和で表される。

**エ**　電力の大きさは，電気器具にかかる電圧と流れる電流の大きさの積で表される。

**オ**　電力の大きさは，電気器具を流れる電流が一定のとき，かかる電圧の大きさに反比例する。

２　次の①から④について，かおりさんの過ごす部屋で使うことができる場合は○，使うことができない場合は×をそれぞれ選べ。

①　エアコンと電子レンジを同時に使用する。

②　エアコンと掃除機を同時に使用する。

③　電子レンジと掃除機を同時に使用する。

④　エアコンと電子レンジと掃除機を同時に使用する。

**２**　消化について次の実験を行った。下の問１から問３に答えよ。

**実験**

①　試験管Ａ，Ｂを用意し，**表**のように溶液を入れて 40℃で 10 分間保った。

②　それぞれの試験管から溶液をとり，試薬を用いてデンプンとデンプンの分解物（デンプンが分解されてできたもの）の有無を調べた。

**表**

| 試験管 | 溶液 | 試薬 X | 試薬 Y |
|---|---|---|---|
| A | 1%デンプン溶液２mL ＋水２mL | × | ○ |
| B | 1%デンプン溶液２mL ＋だ液２mL | ○ | × |

○：反応あり，×：反応なし

問１　この実験に関連して，正しいことを述べている文を次の**ア**から**カ**の中から２つ選べ。

**ア**　試薬Xはヨウ素液である。

**イ**　試験管Aにはデンプンの分解物が含まれていた。

**ウ**　だ液に含まれる消化酵素は温度が高くなるほどよくはたらく。

**エ**　だ液に含まれる消化酵素をリパーゼという。

**オ**　だ液に含まれる消化酵素と同じはたらきをする消化酵素は，すい液にも含まれている。

**カ**　デンプンの最終分解物は小腸で吸収されて毛細血管に入る。

問２　この実験について，友人と次のような会話をした。空欄 (1)，(2) にあてはまる文として適当なものを，下の**ア**から**エ**の中からそれぞれ選べ。

友　人「この実験からいえることは，40℃にすると，だ液がデンプンの分解物に変化する，ということ？」

わたし「それは違うと思うな。こういう実験をすればはっきりするよ。

新しい試験管に（　１　）を入れて 40℃で 10 分間保った後，試験管の液にデンプンとデンプンの分解物があるかを調べよう。（　２　），だ液がデンプンの分解物に変化したのではない，といえるよね。」

（１）の選択肢

**ア**　１％デンプン溶液４mL

**イ**　だ液２mL と１％ブドウ糖水溶液２mL

**ウ**　だ液２mL と水２mL

**エ**　水４mL

（２）の選択肢

**ア**　デンプンが検出されれば

**イ**　デンプンが検出されなければ

**ウ**　デンプンの分解物が検出されれば

**エ**　デンプンの分解物が検出されなければ

問３　図はヒトの体内の器官の一部を模式的に表したものである。下の１から３にあてはまる器官を図中の**ア**から**ク**の中からそれぞれ選べ。なお，同じ選択肢を選んでもよい。

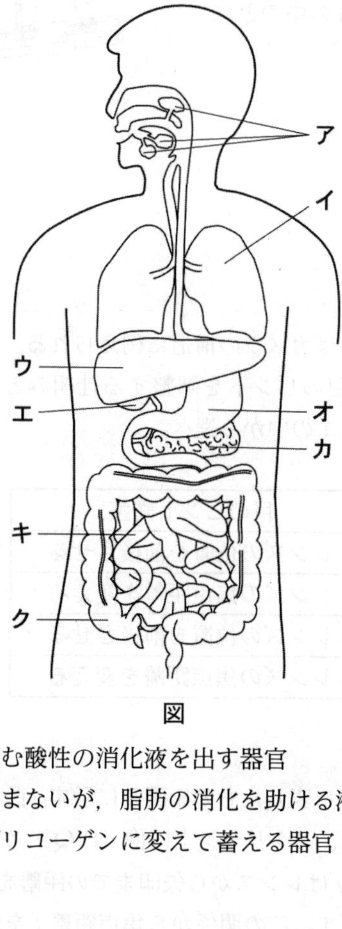


**図**

１　ペプシンを含む酸性の消化液を出す器官

２　消化酵素を含まないが，脂肪の消化を助ける液を出す器官

３　ブドウ糖をグリコーゲンに変えて蓄える器官

3 図１はヒトの目のつくり，図２はヒトの耳のつくりを表している。ヒトの感覚器官と，それに関連する実験について，下の問１から問４に答えよ

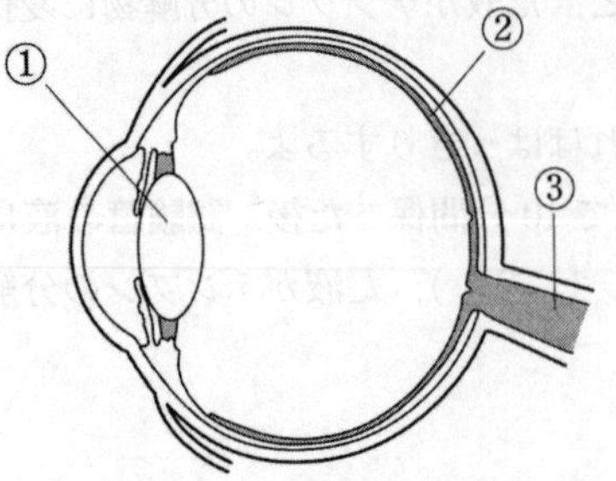


図１

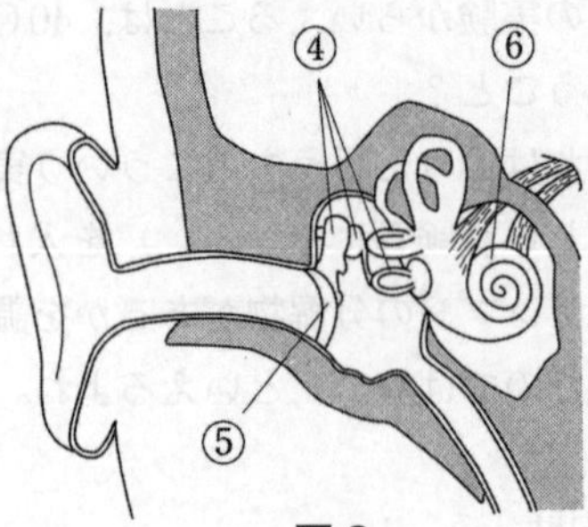


図２

問１　①から⑥のそれぞれの部位の名称を，次の**ア**から**ク**の中から選べ。

**ア**　うずまき管　**イ**　ガラス体　**ウ**　虹彩《こうさい》　**エ**　鼓膜《こまく》　**オ**　耳小骨《じしょうこつ》

**カ**　神経　**キ**　網膜《もうまく》　**ク**　レンズ（水晶体）

問２　図３のように装置を配置すると，スクリーンに像が映った。厚紙には矢印の形の穴が空いており，電球の光を通すようになっている。図１の①から③に対応するものは，図３の中のどれか。次の**ア**から**カ**の中から選べ。

**ア**　電球

**イ**　厚紙

**ウ**　凸レンズ

**エ**　スクリーン

**オ**　光学台

**カ**　対応するものはない

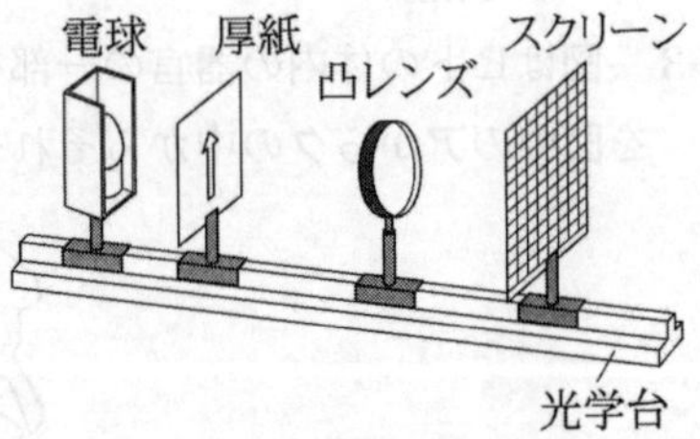


図３

問３　目の構造は，図４のようにしばしばカメラの構造に例えられる。物がはっきり映るために　カメラと目のピントを調整する仕組みとして，正しい組み合わせを次の**ア**から**エ**の中から選べ。

| | カメラのピント調整 | 目のピント調整 |
|---|---|---|
| **ア** | レンズの位置を前後させる | レンズの位置を前後させる |
| **イ** | レンズの位置を前後させる | レンズの焦点距離を変える |
| **ウ** | レンズの焦点距離を変える | レンズの位置を前後させる |
| **エ** | レンズの焦点距離を変える | レンズの焦点距離を変える |

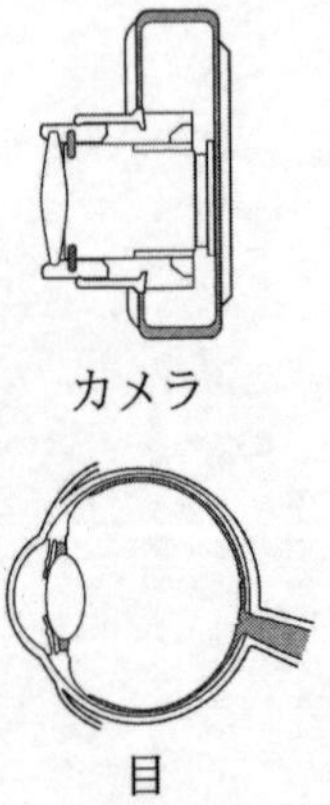


図４

問４　図３の装置と光の進み方を模式的に表したものを図５に示す。凸レンズの左側に矢印（PQ）があり，レンズの位置を調整すると，スクリーン上に像（P′Q′）が映った。このとき，点Qから出た光は点Q′に集まっている。$a$はレンズから矢印までの距離を，$b$はレンズから像までの距離を，$f$はレンズの焦点距離を表す。この関係から焦点距離$f$を求めるとき，次の文の空欄

（1）から（5）にあてはまるものとして適当なものを，各選択肢の中から選べ。

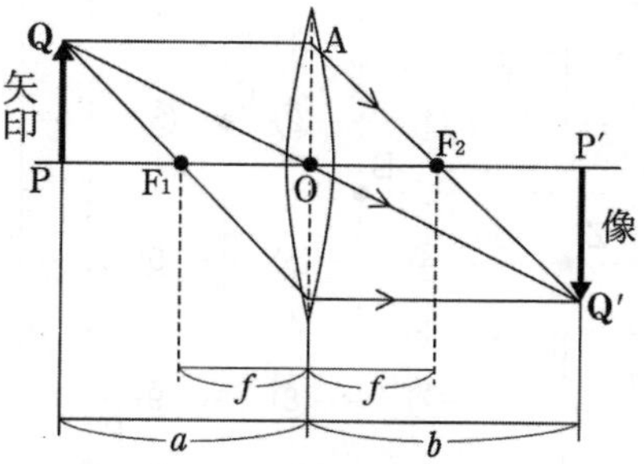


図5

⊿PQOと⊿P′Q′Oは，互いに（　1　）の関係にあり，映った像P′Q′は（　2　）である。PQ：P′Q′は（　3　）である。同様に　⊿P′Q′$F_2$と⊿OA$F_2$は，互いに（　1　）の関係にあり，OA：P′Q′は（　4　）である。PQ ＝OAより，（　3　）＝（　4　）である。これより$f$=（　5　）が言える。

（1），（2）の選択肢

ア　実像　　イ　虚像　　ウ　焦点　　エ　合同　　オ　相似

（3）の選択肢

ア　$a:b$　　イ　$b:a$　　ウ　$a:f$　　エ　$f:a$　　オ　$b:f$　　カ　$f:b$

（4）の選択肢

ア　$a:b$　　イ　$b:a$　　ウ　$(a-f):f$

エ　$f:(a-f)$　　オ　$f:(b-f)$　　カ　$(b-f):f$

（5）の選択肢

ア　$\frac{ab}{a+b}$　　イ　$\frac{a^2}{a+b}$　　ウ　$\frac{b^2}{a+b}$　　エ　$\frac{ab}{a-b}$　　オ　$\frac{a^2}{a-b}$　　カ　$\frac{b^2}{a-b}$

**4**　ある日に大きな地震が発生し，震源から数百 km の範囲で地震の揺れが観測された。図1の地点Aから地点Dではこの地震による地震波を観測した。図1に示された範囲内は全て同じ標高で，点線は10km おきにひいてある。この地震で，地震波であるP波の速さは6.0km/s，S波の速さは4.0km/s，震源の深さ（震源から震央までの距離）は30km であった。地震波が到達するまでの時間と震源からの距離の関係を図2に，地震発生から地震波が各地点に到達するまでの時間と震央からの距離を表に示した。下の問1から問4に答えよ。

問1　震源から60km の地点で大きな揺れ（主要動）が観測されるのは地震発生から何秒後か答えよ。［アイ］秒後

問2　この地震の震央は図1の地点①から地点⑨のどこであると考えられるか。最も適当な地点を選べ。

問3　図1の地点Zは震源から何 km の地点に位置するか整数で答えよ。［アイ］km

問4　この地震による揺れを地点Zで観測したとすると，初期微動継続時間は何秒であるか。次のアからカの中から最も適当なものを選べ。

ア　2.5 秒　　イ　3.3 秒　　ウ　4.2 秒

エ　6.6 秒　　オ　10.0 秒　　カ　12.5 秒

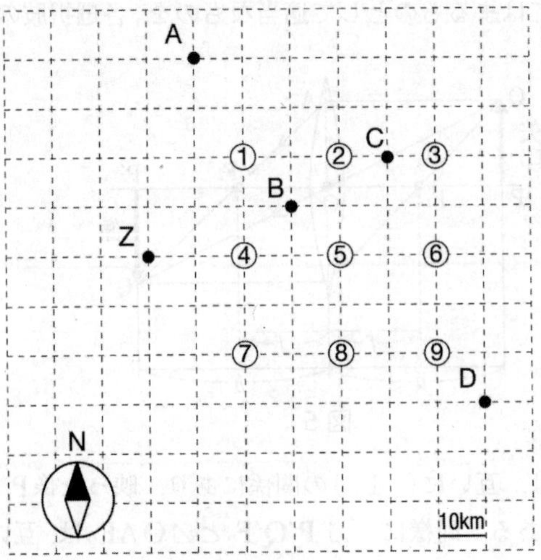


図 1

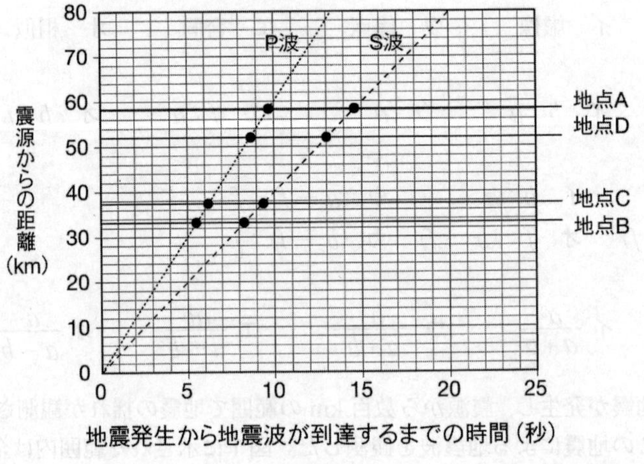


図 2

表

| 地点 | 震央からの距離〔km〕 | P 波の到達時間〔秒〕 | S 波の到達時間〔秒〕 |
|---|---|---|---|
| A | 50.0 | 9.7 | 14.6 |
| B | 14.1 | 5.5 | 8.3 |
| C | 22.4 | 6.2 | 9.4 |
| D | 42.4 | 8.7 | 13.0 |

5　花子さんは，所属する化学クラブで中和に関する実験を行った。まず，AからEの5個のビーカーを準備し，ある濃度のうすい塩酸（以後，塩酸aと呼ぶ）と，ある濃度のうすい水酸化ナトリウム水溶液（以後，水酸化ナトリウム水溶液bと呼ぶ）を，それぞれ別々の割合で混合した。その後，実験1および実験2を行ったところ，**表**に示すような結果になった。下の問1から問4に答えよ。

実験1　各ビーカーの水溶液をそれぞれ試験管に少量とり，フェノールフタレイン溶液を加えて色の変化を調べた。

実験2　各ビーカーの水溶液をそれぞれガラス棒に付けて少量とり，青色リトマス紙に付けて色の変化を調べた。

**表**

| ビーカー | A | B | C | D | E |
|---|---|---|---|---|---|
| 塩酸aの体積〔㎤〕 | 10 | 12 | 14 | 16 | 18 |
| 水酸化ナトリウム水溶液bの体積〔㎤〕 | 30 | 30 | 30 | 30 | 30 |
| 実験1の結果 | 赤色 | 無色 | 無色 | 無色 | 無色 |
| 実験2の結果 | 変化なし | 変化なし | 赤色 | 赤色 | 赤色 |

問1　Eのビーカーの水溶液に亜鉛板を入れたとき，発生する気体を次の**ア**から**オ**の中から選べ。

**ア**　酸素　　**イ**　塩素　　**ウ**　水素　　**エ**　二酸化炭素　　**オ**　窒素

問2　Aのビーカーの水溶液を試験管に少量とり，緑色のBTB溶液を加えると何色に変化するか，次の**ア**から**オ**の中から選べ。

**ア**　無色　　**イ**　青色　　**ウ**　緑色のまま　　**エ**　黄色　　**オ**　赤色

問3　AからEの5個のビーカーに，実験1，実験2を行う前の混合溶液を再度用意し，それらをすべて混ぜ合わせた。その後，この溶液を中和して中性にした。このとき，何の水溶液を何㎤加えたか，次の**ア**から**カ**の中から選べ。

**ア**　塩酸aを12㎤
**イ**　塩酸aを25㎤
**ウ**　塩酸aを30㎤
**エ**　水酸化ナトリウム水溶液bを12㎤
**オ**　水酸化ナトリウム水溶液bを25㎤
**カ**　水酸化ナトリウム水溶液bを30㎤

問4　酸とアルカリの中和において，イオンの数の変化を考える。例えば，100個の水素イオンと70個の水酸化物イオンが混合されると，70個の水酸化物イオンはすべて反応し70個の水分子ができ，30個の水素イオンは未反応のまま残ることになる。

6㎤の塩酸aを新たなビーカーにとり，このビーカーに25㎤の水酸化ナトリウム水溶液bを少しずつ加えた。このときの水溶液中の①ナトリウムイオン，②塩化物イオン，③水酸化物イオンの数の変化を示したグラフとして適切なものを，次の**ア**から**カ**の中からそれぞれ選べ。

ア

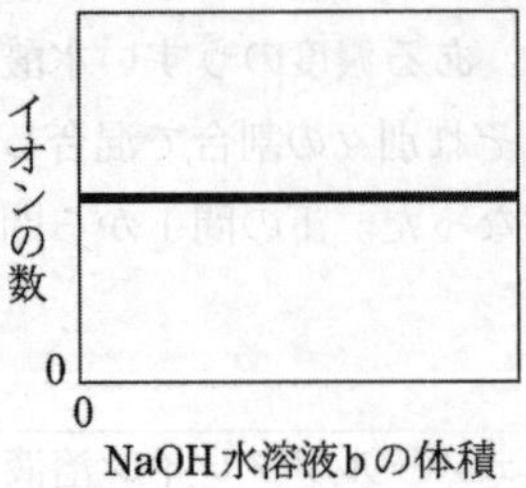


イ

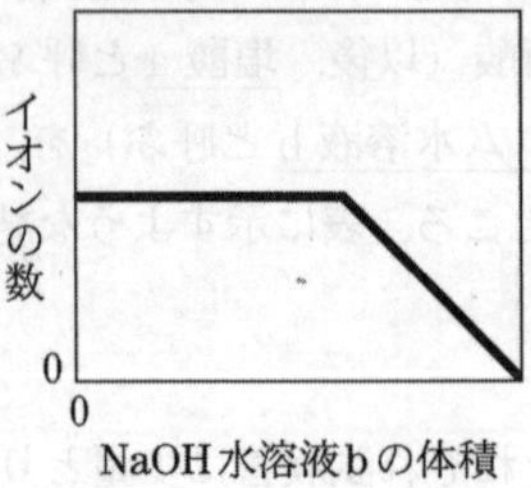


ウ

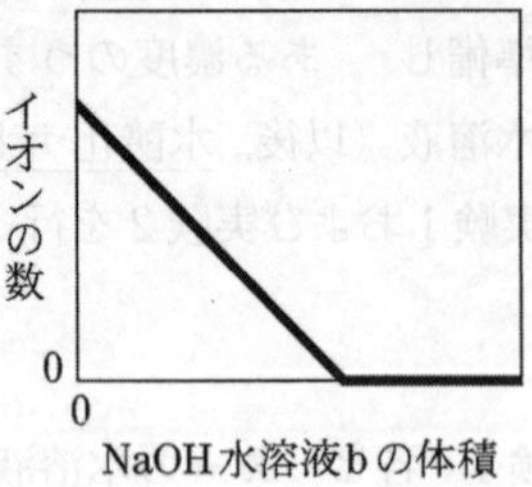


エ

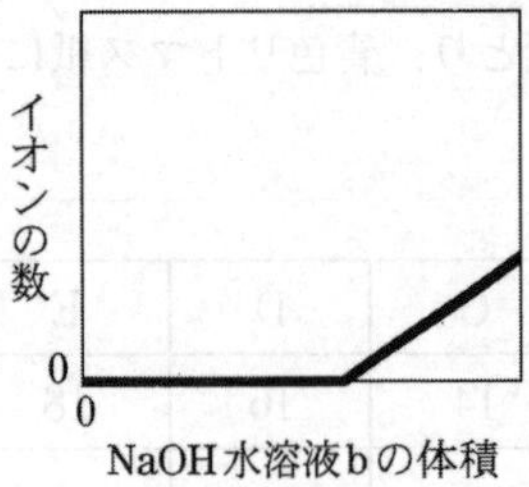


オ

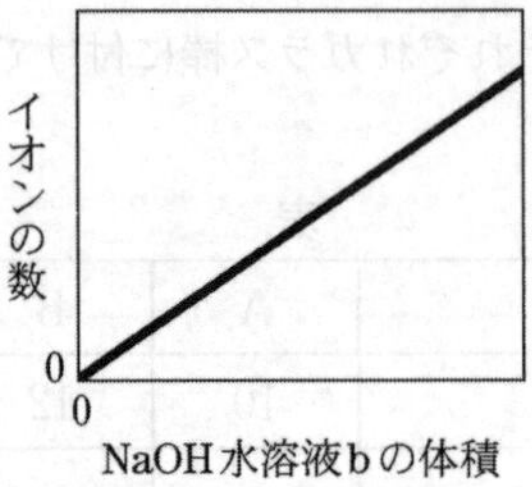


カ

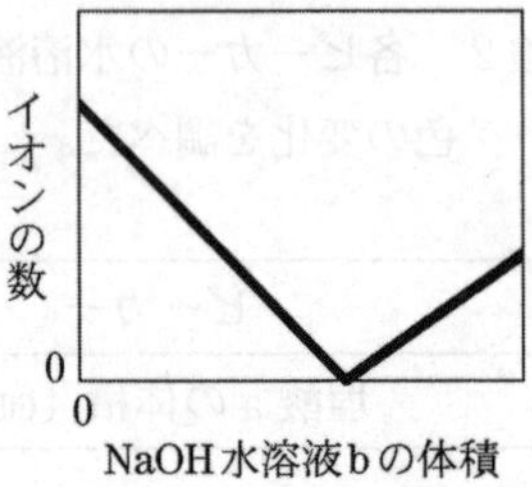


6 図のような実験装置を用いて酸化銀1.00gを十分に加熱したところ，酸化銀が変化するようすが観察された。

同様の実験を酸化銀2.00 g，3.00 g，4.00 g，5.00 gについても行い，加熱前の皿全体の質量と加熱後の皿全体の質量とを測定したところ，表に示すような結果になった。下の問１から問５に答えよ。

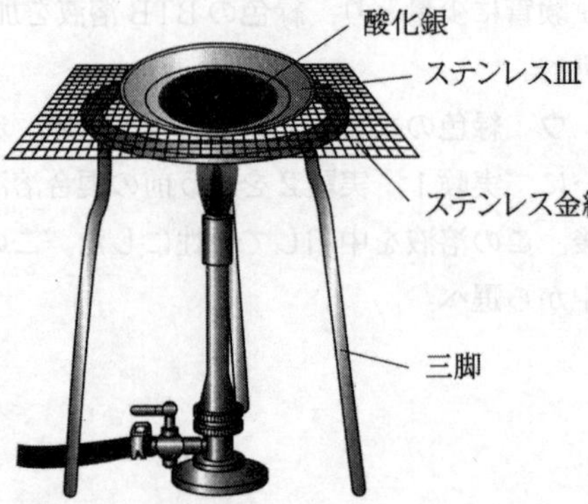


図

表

| | | | | | |
|---|---|---|---|---|---|
| 酸化銀の質量〔g〕 | 1.00 | 2.00 | 3.00 | 4.00 | 5.00 |
| 加熱前の皿全体の質量〔g〕 | 13.56 | 14.55 | 15.58 | 16.54 | 17.53 |
| 加熱後の皿全体の質量〔g〕 | 13.49 | 14.41 | 15.37 | 16.26 | 17.18 |

問１ 次の文は酸化銀が変化するようすを表したものである。（１），（２）にあてはまる色として最も適当なものを下のアからオの中から選べ。

酸化銀を加熱すると固体の色は（　１　）色から（　２　）色に変化した。

ア 青　　イ 赤　　ウ 緑　　エ 黒　　オ 白

問２　酸化銀を加熱すると，銀と酸素に分解することが知られている。この化学変化を次の化学反応式で表した。（ａ）から（ｃ）にあてはまる数字をそれぞれ選べ。なお，この問題では「1」と判断した場合には省略せずに「1」を選ぶこと。

（ａ）$Ag_2O$　→　（ｂ）Ag　＋　（ｃ）$O_2$

問３　ステンレス皿の上に残った固体は，一見すると銀には見えない。そこで，この固体が金属であることを調べたい。調べる方法とその結果として適切なものを，次の**ア**から**オ**の中から3つ選べ。

**ア**　ステンレス製薬さじのはらで残った固体をこすると，きらきらとした光沢が現れる。

**イ**　残った固体に磁石を近づけると引き寄せられる。

**ウ**　残った固体をたたくとうすく広がり，板状になる。

**エ**　残った固体を電池と豆電球でつくった回路にはさむと，豆電球が点灯する。

**オ**　残った固体を水に入れると，よく溶ける。

問４　酸化銀 1.00 g を十分に加熱したときに発生した酸素の質量の値を**表**をもとに求めよ。

［ア］.［イウ］g

問５　酸化銀 6.00g を十分に加熱したときに生成する銀の質量の値を**表**をもとに推定して求めよ。

［ア］.［イウ］g

７　次の文章は「ハビタブルゾーン」について説明したものである。下の問１から問４に答えよ。

地球のように，生命が生存することが可能な領域を「ハビタブルゾーン」と呼ぶ。生命が生存するためには，液体の水が存在することが必要である。惑星に液体の水が存在するための条件の一つに，$_A$恒星からの距離が挙げられる。恒星である太陽からの距離が近すぎず，遠すぎず，$_B$太陽からのエネルギーによりあたためられる惑星の温度が適当であることが必要である。また，$_C$惑星の大気による気圧や温室効果の度合いなども関連していると考えられている。液体の水が存在する地球では，水蒸気，水，氷と状態を変えながら，$_D$水は地球中を循環し，移動している。

問１　下線部Ａに関連して，次の**図１**と**図２**を参考にして，火星が受け取るエネルギー量を試算したい。**図１**は，太陽からの距離と照らされる面積の関係を，**図２**は，太陽から光を受ける面の大きさと光を受ける火星の関係を模式的に表した。以下の文中の空欄（１）から（４）にあてはまる数値はいくらか。後の**ア**から**シ**の中からそれぞれ選べ。

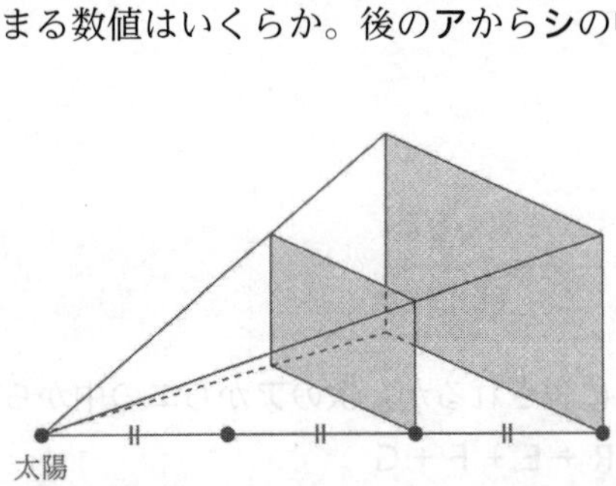


**図１**

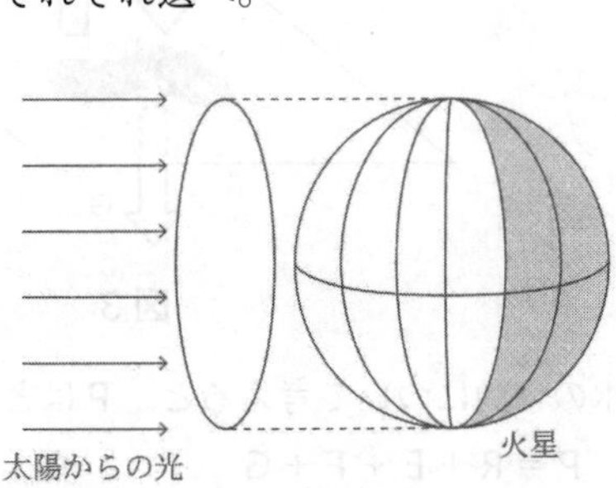


**図２**

太陽から火星までの距離は，太陽から地球までの距離の1.5倍である。太陽光線は太陽から四方八方に均等に放たれ，途中で無くなることはないものとする。図1より，太陽からの距離が1.5倍離れると，(　1　)倍の面積を照らすようになり，単位面積あたりの光のエネルギー量は約(　2　)倍になる。

また，火星の半径は地球の半分であるため，図2より火星が太陽からの光を受ける面は地球の約(　3　)倍になる。

以上より，火星全体が受け取るエネルギー量は，地球の約(　4　)倍になる。

ア $\frac{1}{9}$　イ $\frac{4}{9}$　ウ $\frac{1}{6}$　エ $\frac{1}{4}$　オ $\frac{9}{4}$　カ $\frac{2}{3}$

キ $\frac{1}{2}$　ク $\frac{3}{2}$　ケ 2　コ 4　サ 6　シ 9

問2　下線部Bに関連して，太陽から地球へのエネルギーの伝わり方について，その名称と特徴として正しいものはどれか。次のアからカの中からそれぞれ選べ。

【名称】 ア 対流　イ 放射　ウ 伝導

【特徴】 エ 接触している物質間でエネルギーが移動する

オ 物質の移動に伴いエネルギーが移動する

カ 接触していない物質間でエネルギーが移動する

問3　下線部Cに関連して，太陽系の惑星の大気や表面の特徴について説明した文として，波線部に誤りを含むものはどれか。次のアからエの中から選べ。

ア　水星の大気はほとんど存在しないため，昼夜の温度差が大きい。

イ　金星の大気は主に二酸化炭素から構成されており，温室効果が大きい。

ウ　火星の大気は地球同様，窒素と酸素から構成されている。

エ　木星の表面は気体でおおわれており，大気の動きがうず模様として観測できる。

問4　下線部Dに関連して，水の移動について考える。乾いた平面に，ある一度の降雨により水たまりが生じた。この際の水の移動を図3に模式的に表した。平面に降った水量をR，平面から蒸発した水量をE，水たまりの水量をP，水たまりに入らず平面に残った水量をF，平面から地下に浸透した水量をGとする。なお，図中の矢印は水の移動における出入りを表し，矢印以外に水の移動はないものとする。後の1，2に答えよ。

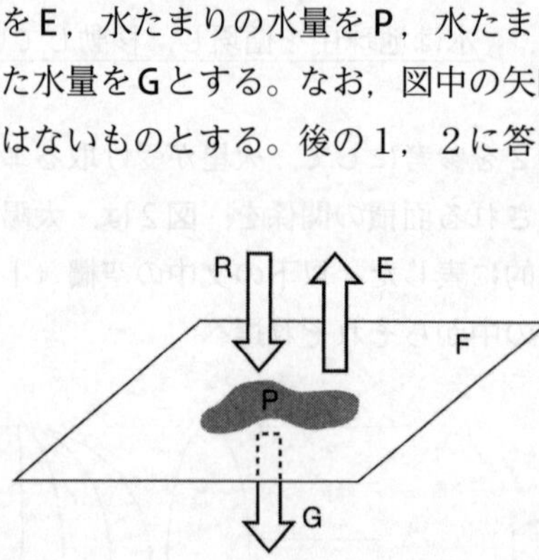


図3

1　水の移動について考えると，Pはどのように表されるか。次のアからエの中から選べ。

ア　P＝R＋E＋F＋G　　イ　P＝－R＋E＋F＋G

ウ　P＝R＋E－F－G　　エ　P＝R－E－F－G

2　この降雨で100 ㎡ の地面に5 mmの降水があり，そのうち10％分が地中に浸透した。浸透した水の量は何Lか。次の**ア**から**ク**の中から選べ。

**ア**　10 L　　**イ**　45 L　　**ウ**　50 L　　**エ**　55 L
**オ**　100 L　　**カ**　450 L　　**キ**　500 L　　**ク**　550 L

**【社　会】**（50 分）〈満点：100 点〉

1　問 1 から問 4 までの各問いに答えよ。

問 1　次の**表 1** は，ヨーロッパ，アフリカ，オセアニア，アジア各州の人口密度と人口高齢化率※を示したものである。**表 1** の **a** から **c** は，ヨーロッパ，アフリカ，オセアニア各州のいずれかである。州の組み合わせとして正しいものを，下の**ア**から**カ**のうちから一つ選べ。

**表 1　各州の人口密度と人口高齢化率**

| | a | b | c | アジア州 |
|---|---|---|---|---|
| 人口密度（2018 年）（人／㎢） | 5 | 34 | 43 | 146 |
| 人口高齢化率（2018 年）（%） | 12.5 | 18.6 | 3.5 | 8.4 |

※　人口高齢化率は，65 歳以上人口の全人口に占める割合である

（『日本国勢図会 2019/20 年版』,『世界国勢図会 2018/19 年版』より作成）

| | ア | イ | ウ | エ | オ | カ |
|---|---|---|---|---|---|---|
| ヨーロッパ州 | a | a | b | b | c | c |
| アフリカ州 | b | c | a | c | a | b |
| オセアニア州 | c | b | c | a | b | a |

問 2　下の**図 1** の**ア**から**エ**は，フランス（2016 年），日本（2017 年），中国（2016 年），インド（2011 年）のいずれかの人口ピラミッドである。次の**説明文**を参考にして，**フランス**の人口ピラミッドを下の**図 1** の**ア**から**エ**のうちから一つ選べ。

**説明文**

- 　フランスは，欧米諸国のなかでも比較的早く人口減少が始まったため，出生率の低下を抑える政策を進め，低下に歯止めをかけることに成功した。
- 　日本は，40 年ほど前から出生率が減少傾向にあり，現在は人口を一定に保つ水準を下回っている。
- 　中国は，1970 年代末から一人っ子政策で人口増加の抑制を試みたが，年代別人口構成はいびつな形になってしまった。
- 　インドは，最近では出生率が抑えられつつあるが，依然として他国と比べて出生率・死亡率ともに高い。

**図 1**

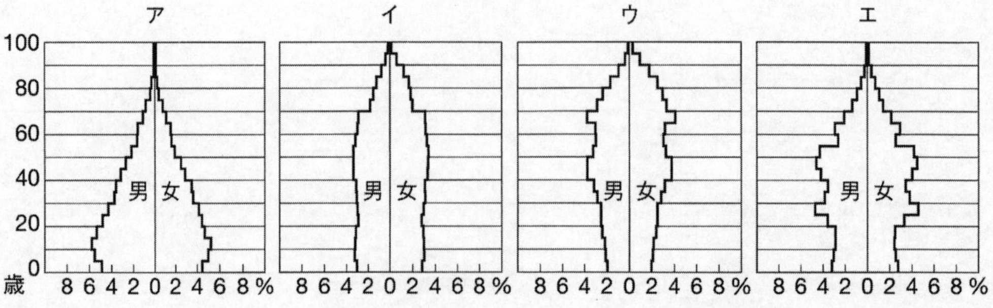


（『世界国勢図会 2018/19 年版』より作成）

問３　下の**図２**中の矢印**ア**から**キ**は，大航海時代以降の世界の人の移動の一部を示したものである。次の説明文に当てはまる矢印を，下の**図２**の**ア**から**キ**のうちから一つ選べ。

**説明文**　　移動元の国々からやって来た人々が，移動先の先住民の国々を滅ぼして植民地として支配した。その結果，矢印のような人の移動が盛んになった。移動して来た人々とその子孫が生活する地域では，先住民も含めて，スペイン語やポルトガル語が話されるようになり、キリスト教も広まった。

**図２　大航海時代以降の世界の人の移動の一部**

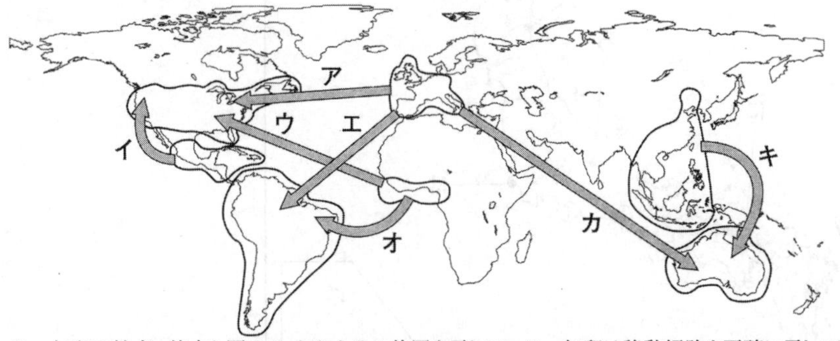


※　矢印の始点・終点と囲みは，おおよその位置を示している。矢印は移動経路を正確に示してはいない。

問４　次の**表２**は，国際連合公用語６言語の母語人口と使用国・地域数を示したものである。**表２**のWからZの言語についての説明として正しいものを，下の**ア**から**エ**のうちから一つ選べ。

**表２　国際連合公用語６言語の母語人口・使用国・地域数**

| 国際連合公用語 | W | スペイン語 | X | Y | ロシア語 | Z |
|---|---|---|---|---|---|---|
| 母語人口（百万人）※ | 1311 | 460 | 379 | 319 | 154 | 77 |
| 使用国・地域数※※ | 39 | 31 | 137 | 59 | 19 | 54 |

※　母語人口は，幼児期に最初に習得する言語の人口である。
※※　使用国・地域数とは，その言語を第一言語として使っている国・地域の数である。
(Ethnologue, Languages of the world. Summary by language size (2019) より作成)

**ア**　Wは中国語であり，母語人口は６言語のうちでは最も多いが，使用国・地域数は50か国を下回っている。

**イ**　Xは英語であり，母語人口は６言語のうち最も多く，使用国・地域数も最も多い。

**ウ**　Yはアラビア語であり，母語人口は６言語のうち最も少なく，使用国・地域数も最も少ない。

**エ**　Zはフランス語であり，母語人口は６言語のうち英語に次いで２番目に多く，使用国・地域数も２番目に多い。

2 図1のいからにの都市について，問1から問3までの各問いに答えよ。

問1　図2中のAからDは，図1のいからにで観測された気温と降水量を示している。図1中の都市と図2のグラフの組み合わせとして正しいものを，後のアからエのうちから一つ選べ。

図1

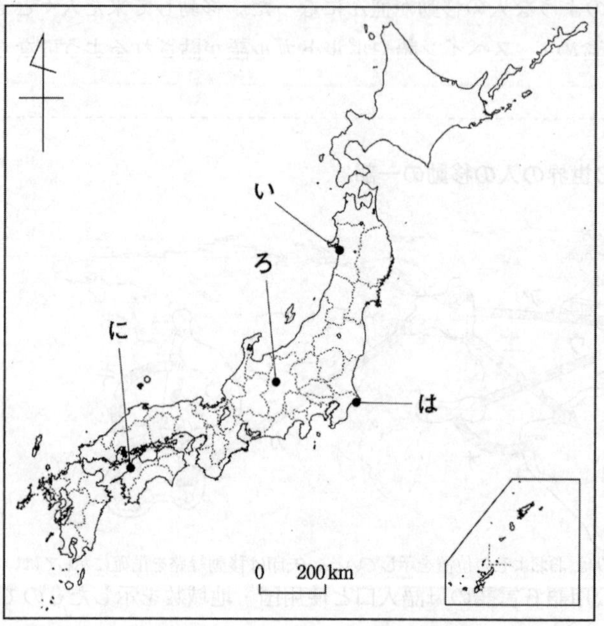


図2

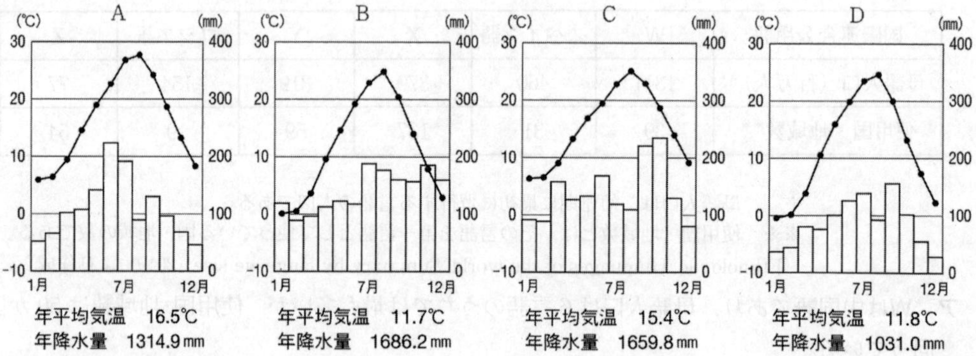


（『理科年表2019年』より作成）

ア　い－A　　イ　ろ－B　　ウ　は－C　　エ　に－D

問2　表1は，県別の品目別農業産出額および総計についてまとめたものである。表1中のアからエは，図1中のいからにの都市が位置する県のいずれかである。図1中のろが位置する県に当てはまるものを，表1中のアからエのうちから一つ選べ。

**表1　品目別農業産出額（2016年）（単位　億円）**

| | 米 | 野菜 | 果実 | 乳用牛 | 豚 | その他 | 総計 |
|---|---|---|---|---|---|---|---|
| ア | 454 | 897 | 557 | 132 | 53 | 372 | 2465 |
| イ | 157 | 243 | 555 | 44 | 126 | 216 | 1341 |
| ウ | 666 | 1927 | 185 | 283 | 499 | 1151 | 4711 |
| エ | 944 | 287 | 72 | 37 | 185 | 220 | 1745 |

（『データでみる県勢2019年版』より作成）

問3　**表2**は，**図1**中の**い**から**に**の都市が位置する県の産業別製造品出荷額および総計についてまとめたものである。**表2**中のXからZは，輸送用機械器具，石油・石炭製品，電子部品・デバイス・電子回路のいずれかである。**表2**中のXからZに当てはまる組み合わせとして正しいものを，下の**ア**から**カ**のうちから一つ選べ。

**表2　産業別製造品出荷額（2017年）（単位　億円）**

| | 食料品 | 電気機械器具 | X | Y | Z | その他 | 総計 |
|---|---|---|---|---|---|---|---|
| **い**の県 | 982 | 256 | 46 | 597 | 3005 | 5960 | 10846 |
| **ろ**の県 | 5557 | 3109 | 74 | 3727 | 5968 | 27770 | 46205 |
| **は**の県 | 14264 | 1609 | 20681 | 1017 | 2033 | 65219 | 104823 |
| **に**の県 | 2591 | 1015 | 3596 | 2804 | 342 | 24232 | 34580 |

※　従業者4名以上の事業所のみを対象とする。
※　デバイスとは，パソコン・スマートフォンなどを構成する内部装置・周辺機器を指す。
※　輸送用機械器具には，自動車・船舶・航空機・鉄道車両等が含まれる。
（『平成29年工業統計表』より作成）

| | ア | イ | ウ | エ | オ | カ |
|---|---|---|---|---|---|---|
| 輸送用機械器具 | X | X | Y | Y | Z | Z |
| 石油・石炭製品 | Y | Z | X | Z | X | Y |
| 電子部品・デバイス・電子回路 | Z | Y | Z | X | Y | X |

3　問1，問2に答えよ。

問1　**表1**は，世界文化遺産が位置する**A**から**C**の3か国について，首都の位置，国際観光客数，日本人観光客数をまとめたものである。**写真1**の①から③は，**表1**中の**A**から**C**の国に位置する世界文化遺産のいずれかを撮影したものである。**表1**中の**A**から**C**と**写真1**の①から③の組み合わせとして正しいものを，後の**ア**から**エ**のうちから一つ選べ。

**表１　世界文化遺産の位置する国と国際観光の状況**

| | 首都の位置 | | 国際観光客数（千人，2015年） | 日本人観光客数（千人，2015年） |
|---|---|---|---|---|
| | 緯度 | 経度 | | |
| A | 北緯　30度 | 東経　31度 | 9139 | 16 |
| B | 北緯　39度 | 東経　116度 | 56886 | 2498 |
| C | 北緯　37度 | 東経　23度 | 23599 | 10 |

（『UNWTO Tourism Highlights 2017 Edition 日本語版』，『観光白書（平成30年版）』より作成）

**写真１**

①

②

③

**ア**　A－①　B－②　**イ**　A－②　B－③　**ウ**　B－①　C－③　**エ**　B－②　C－①

問２　**写真２**は，世界自然遺産に指定された日本のある地域を衛星から撮影したものである。この地域が位置する都道府県の観光について述べたものを，次の**ア**から**エ**のうちから一つ選べ。

**ア**　流氷が近付く２月頃には，多くの観光客が訪れる。

**イ**　西陣織《にしじんおり》などの伝統工芸品が有名で，国際的な観光都市として発展している。

**ウ**　江戸幕府の将軍がまつられた神社があり，国内の修学旅行生も多く訪れる。

**エ**　輪島塗《わじまぬり》などの伝統工芸品が有名で，新鮮な海産物が並ぶ朝市も人気を集めている。

写真２

※この世界自然遺産は，半島とその周辺の海により育まれた多様な生態系が評価された。

（衛星写真より作成）

4　次の**略地図**を見て，問１，問２に答えよ。

**略地図**

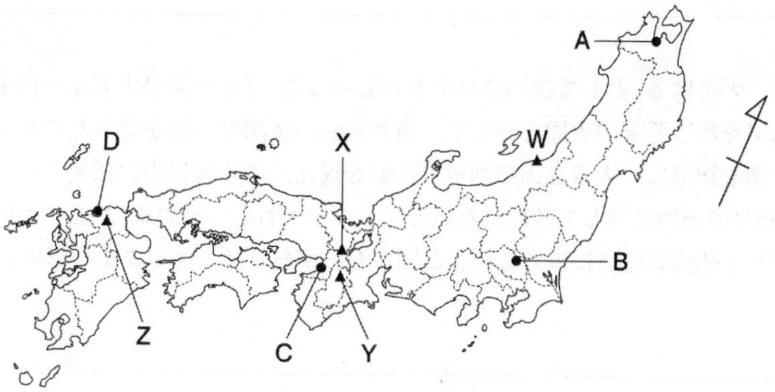


問１　**略地図**中の**A**から**D**は，遺跡や有名な遺物が発見された場所を示している。**い**から**は**の三つの写真と，①から③の三つの説明文を組み合わせたとき，場所・写真・説明文の組み合わせとして正しいものを，後の**ア**から**ク**のうちから一つ選べ。

**い　漢委奴国王印**

**ろ　百舌鳥《もず》古墳群**

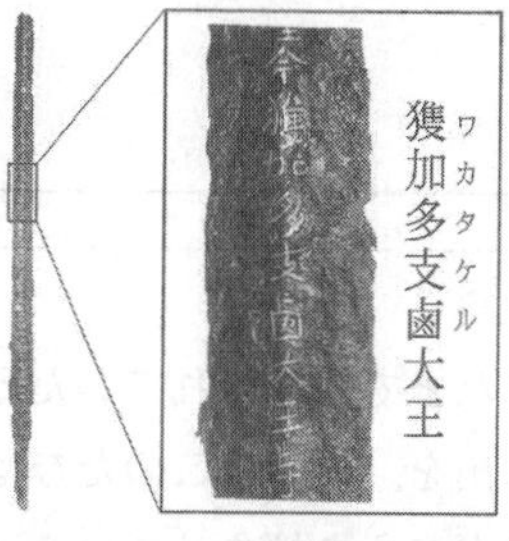

**は　稲荷山古墳出土鉄剣**

（『最新日本史図表』第一学習社，国土地理院HP空中写真より作成）

①　縄文時代に大規模な集落が営まれていたことが明らかになった。
②　１世紀ころ中国の王朝に朝貢して「王」の称号を得た権力者の実在が明らかになった。
③　５世紀ころには朝廷の勢力範囲が大きく広がっていたことが明らかになった。

**ア　A－ろ－①　　イ　A－い－③　　ウ　B－ろ－②　　エ　B－は－①**
**オ　C－は－②　　カ　C－ろ－①　　キ　D－い－②　　ク　D－は－③**

問２　**略地図**中の**W**から**Z**は，７世紀から８世紀にかけて建造された施設の場所を示している。**W**から**Z**についての説明として正しいものを，次の**ア**から**エ**のうちから一つ選べ。

**ア**　**W**は，初期の城柵《じょうさく》の推定地で，坂上田村麻呂はここで征夷大将軍に任命された。
**イ**　**X**は，桓武天皇が建設させた都であり，10年ほどで近くの平安京へ遷《うつ》された。
**ウ**　**Y**は，天智天皇の時代に中国にならって建設された，日本で最初の本格的な都である。
**エ**　**Z**は，唐・百済《くだら》《ペクチェ》連合軍との戦いに敗れた後，外国の侵入に備えて建設された山城《やまじろ》である。

5　次のＡからＤの史料を読み，問１から問３までの各問いに答えよ。なお，いずれの史料も現代語に訳し，一部を変えたり省略したりしてある。

**史料Ａ**

冬十月十五日，天皇は詔《みことのり》として次のようにおっしゃった。「……天平《てんぴょう》十五年十月十五日をもって，人々の救済を願う菩薩《ぼさつ》の大願《たいがん》を発して，盧舎那仏《るしゃなぶつ》の金銅像一体を造りたてまつる。国中の銅を尽くして像を鋳造《ちゅうぞう》し，大きな山を削って仏殿を構え，広く世界中に伝えて……ともに仏恩《ぶつおん》にあずかり，悟りの境地に達して救われたいと思う。……もし一枝の草，ひとすくいの土であっても，持ち寄って仏像の建造に協力したいと願うものがあれば，願うままに認めよ。……」

（続日本紀）

**史料Ｂ**

天下をお治めになること十四年。太子に譲位して上皇となり，世の政《まつりごと》をはじめて院でおとりになった。後に出家なされても，そのまま崩御《ほうぎょ》のときまで政務をおとりになった。退位なされた後も政務をおとりになることなど昔はなかったことである。

（神皇正統記）

**史料Ｃ**

これまで委任されていた政権を返上し，将軍職を辞退したいという徳川内大臣《ないだいじん》からの二つの申し出を，天皇はこのたびはっきりとお聞き入れになった。……未曾有《みぞう》の国難が続き，先代の天皇がお心を悩ませていらっしゃったことのしだいは人々の知るところである。そこで天皇はお考えをお決めになり，王政復古，国威回復の御基本を確立なされたので……

（法令全書）

**史料Ｄ**

保元《ほうげん》の乱，平治《へいじ》の乱……以来，武家の支配が政務を思いのままにしてきたが，元弘《げんこう》三年の今，天下の国政が天皇のもとで一つにまとまったのはすばらしいことである。天皇の御親政は……延喜《えんぎ》・天暦《てんりゃく》の昔に立ちかえって，武家は穏やかに過ごし，庶民も声をそろえて誉めたたえ……貴族がそれぞれの位に昇進したさまは，まことに喜ばしい善政であった。

（梅松論）

※延喜・天暦の昔とは，天皇の親政が理想的におこなわれたと当時の人々が考えていた時期のこと。

問1　AからDの**史料**は，それぞれある出来事を示したものである。**史料A**の時期のようすとして正しいものを，次の**ア**から**エ**のうちから一つ選べ。

**ア**　全国の田畑の面積や土地のよしあしを調べて収穫高を石高で表し，検地帳を作成して，耕作者を記録した。

**イ**　全国の土地の地価を定め，それぞれの土地の所有者を確定して，土地所有者が現金で税を納めることにした。

**ウ**　新しく開墾した土地を私有地にすることが認められたことで，貴族や寺社が大規模な開墾を進め，私有地を広げはじめた。

**エ**　荘園や公領ごとに地頭を置くことが認められ，年貢の取り立てや土地の管理などを行うようになった。

問2　**史料D**の下線部の説明として正しいものを，次の**ア**から**エ**のうちから一つ選べ。

**ア**　この争いで勝利した天皇は，公家や武士を従えて，天皇を中心とした新しい政治をめざして年号を建武《けんむ》と改めた。

**イ**　この争いでは，国司であった人物が武士を率いて瀬戸内海で反乱を起こし，朝廷の貴族に大きな衝撃を与えた。

**ウ**　この争いでは，全国の守護大名が二つの陣営に分かれて10年あまり戦い，戦場になった都は荒廃した。

**エ**　この争いで勝利した人物は，上皇の信任を得て，武士としてはじめて太政大臣《だいじょうだいじん》の位に就き，権力をふるった。

問3　AからDの**史料**が示す出来事を年代の古い順に並べ直したとき，2番目と3番目の間に入る出来事を，次の**ア**から**エ**のうちから一つ選べ。

**ア**　ポルトガルがアジアに進出し，香辛料を中心とする貿易を始めた。

**イ**　ローマ教皇の呼びかけによって，十字軍が数回にわたって遠征した。

**ウ**　インドでシャカ（釈迦《しゃか》，釈迦牟尼《しゃかむに》，ガウタマ＝シッダールタ）が仏教を開いた。

**エ**　女真族《じょしんぞく》が清を建国し，明に代わって，中国を支配した。

6　次のAからDの**自伝**の各文章は，それぞれの時代の女性が「この年」の前後の経験について語った想定の文章である。　問1から問4までの各問いに答えよ。なお，AからDの文中の「この年」は年代順に並べてある。

**自伝**

A　私は地方の中級武士の家の次女に生まれました。政府が近在《きんざい》に洋式製糸場を建てるというので，知人の薦《すす》めで女工に志願しました。私たちは和服の上に袴《はかま》をはき，ブリュナ殿がフランスから招いた女性たちから指導を受けました。フランスの方々は前年末で契約終了となり，この年フランスにお帰りになりました。翌年には西日本で大きな内乱がありました。

B　私は横浜のキリスト教系の女学校へ通いました。新たに赴任された校長の下で，前年の震災で倒壊した校舎の建て替えが始まり，水兵さんの軍服を真似た制服もこの年に採用されました。この頃はまだ女学校へ進学する女性はわずかでしたが，世間では電話交換士やバスガールなどになって働く女性もあらわれました。

C 当時私が通っていた高等女学校では，厚生省の奨励で多くの女生徒がもんぺとよばれる作業着を着させられました。戦争が激しくなると，私は勤労動員で近くの軍需工場へ働きに行かされました。この年，兄は学徒出陣で戦場へ行き，国民学校に通っていた弟は長野県へ集団疎開しました。戦争は翌年に終わりました。

D この年，地方の高校を卒業後直ちに、集団就職で京浜地区の電機会社に就職して，トランジスタラジオ工場で働き始めました。しかし，前年のオリンピックが終わった反動の不景気で会社は私が就職したその年の年末には倒産してしまいました。私は赤坂《あかさか》の洋食屋で新たに雇っていただけることになりました。この二年後にはイギリス出身の有名なモデルさんが来日し，ミニスカートが大流行しました。

問１　次の文章は，自伝のいずれか一つの続きである。この文章が続くと思われる元の自伝を，下のアからエのうちから一つ選べ。

前年まで発行されていた『白樺《しらかば》』には志賀直哉《しがなおや》らが投稿していました。また，芥川龍之介《あくたがわりゅうのすけ》が前年から別の文芸雑誌に「侏儒《しゅじゅ》の言葉」を連載し始めました。そしてなにより私たちを夢中にさせたのが竹久夢二《たけひさゆめじ》の作品で，ある雑誌の表紙に使われたこの年の木版画の「秋のしらべ」もたいへんな人気になりました。また，翌年には東京からのラジオの本放送が始まりました。

ア　A　　イ　B　　ウ　C　　エ　D

問２　次の画像①と②が示す出来事を自伝の年代に対応させたとき，それぞれに当てはまる時期を，下のアからエのうちから一つずつ選べ。

(夢の超特急第一列車の発車式（撮影地：東京駅))

（安達吟光「新皇居於テ正殿憲法発布式之図」の一部分）

ア　Aより前　　イ　AとBの間　　ウ　BとCの間　　エ　CとDの間

問３　次の**表**は**自伝**のＡの年とＢの年の日本の貿易額に生糸，綿花，綿糸が占める割合を示したものである。**表**のＸからＺに当てはまる品目の組み合わせとして正しいと思われるものを，下の**ア**から**カ**のうちから一つ選べ。

**表**

| 品目 | Ａの年の輸入額に占める割合 | Ａの年の輸出額に占める割合 | Ｂの年の輸入額に占める割合 | Ｂの年の輸出額に占める割合 |
|---|---|---|---|---|
| Ｘ | 1.90% | 0% | 24.67% | 0% |
| Ｙ | 17.37% | 0% | 0.18% | 6.12% |
| Ｚ | 0% | 47.63% | 0.11% | 37.81% |

（『日本貿易精覧』東洋経済新報社より作成）

| 品目 | **ア** | **イ** | **ウ** | **エ** | **オ** | **カ** |
|---|---|---|---|---|---|---|
| Ｘ | 綿花 | 綿花 | 綿糸 | 綿糸 | 生糸 | 生糸 |
| Ｙ | 綿糸 | 生糸 | 綿花 | 生糸 | 綿花 | 綿糸 |
| Ｚ | 生糸 | 綿糸 | 生糸 | 綿花 | 綿糸 | 綿花 |

問４　**自伝**のＣとＤの間の時期に起きた出来事を，次の**ア**から**エ**のうちから一つ選べ。

**ア**　中華人民共和国が成立した。　　**イ**　日中平和友好条約が締結された。

**ウ**　アヘン戦争が起きた。　　**エ**　辛亥《しんがい》革命が起きた。

[7]　次のⅠからⅢの内容を読み，問１から問３までの各問いに答えよ。

| |
|---|
| Ⅰ　そもそも国政は，国民の厳粛な信託によるものであつて，(1) その権威は国民に由来し，その権力は国民の代表者がこれを行使し，その福利は国民がこれを享受する。 |

| |
|---|
| Ⅱ　この憲法が国民に保障する (2) 基本的人権は，侵すことのできない永久の権利として，現在及び将来の国民に与へられる。 |

| |
|---|
| Ⅲ　(3) 憲法改正について前項の承認を経たときは，天皇は，国民の名で，この憲法と一体を成すものとして，直ちにこれを公布する。 |

問１　下線部 (1) に関して，次の**図**中のＡからＣは，国会，内閣，裁判所の三権のいずれかで，矢印P, Qはその方向にはたらきかけることができる権限の一部を示している。また，矢印ＸからＺは，国民が三権に対してはたらきかけることができることを示している。ＸからＺについての下の記述の中から，正しいものをすべて選んだものを，後の**ア**から**キ**のうちから一つ選べ。

図

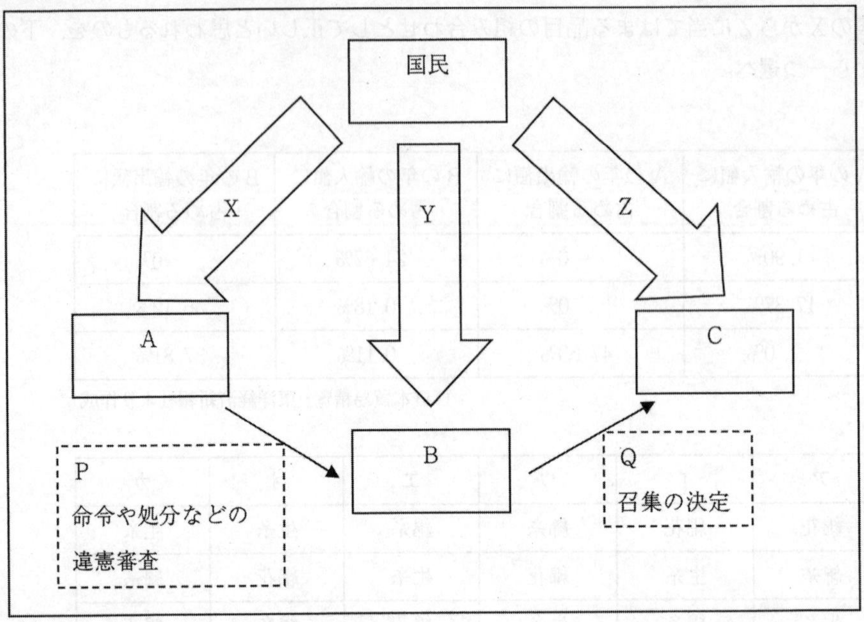


X　国民審査を行い，Aの主な役職を任命する。

Y　報道機関などが行う調査を通じて，Bに対する支持や不支持といった意見を表明する。

Z　投票することにより，Cを構成する議員を選ぶ。

**ア**　X　　**イ**　Y　　**ウ**　Z　　**エ**　XとY

**オ**　XとZ　　**カ**　YとZ　　**キ**　XとYとZ

問２　下線部（2）に関して，次の**説明文**①から④は，日本国憲法で保障されている基本的人権に関わる訴訟を示している。これらの訴訟において，原告側または被告側のいずれかによって主張されたことについての説明として最も適当なものを，下の**ア**から**エ**のうちから一つ選べ。

**説明文**

①　改修した河川の堤防が決壊し，多くの家が流されたり浸水したりしたため，被害を受けた人々が河川の管理にあたっていた国の責任を問い，損害賠償を求めて訴えた。

②　県に薬局の営業許可を求めたところ，近くに他の薬局があるという理由で許可されなかったため，不許可の処分を取り消して営業できるようにすることを求めて訴えた。

③　日本名で就職試験を受けて採用が決まった在日外国人が，のちに日本国籍をもたないことをその企業に伝えたところ採用取り消しとなったため，取り消し無効を求めて訴えた。

④　長年の入院で生活が苦しいため生活保護を受けていたが，兄から仕送りを受けられるようになると生活保護が減額されたため，生活保護の基準が低すぎるとして訴えた。

**ア**　①は，国が責任を負わないことは参政権を十分に保障していないと主張された訴訟である。

**イ**　②は，営業不許可処分は他の薬局の表現の自由の保障のためであると主張された訴訟である。

**ウ**　③は，採用を取り消すことは企業側の職業選択の自由にあたると主張された訴訟である。

エ　④は，生活保護の基準は生存権を十分に満たすものではないと主張された訴訟である。

問3　下線部（3）に関して，憲法改正の発議と承認についての記述として正しいものを，次のアからエのうちから一つ選べ。

ア　憲法改正の発議は，衆議院と参議院が合同で審議し，採決にあたっては二院の定数の合計の3分の2以上の賛成を必要とする。

イ　憲法改正の発議は，衆議院と参議院が別々に審議し，採決にあたってはそれぞれの院でその定数の過半数の賛成を必要とする。

ウ　国会による発議の後，その承認には18歳以上の有権者が投票権をもつ国民投票を実施し，有効投票総数の過半数の賛成を必要とする。

エ　国会による発議の後，その承認には有権者のうち投票の時点で成人となっている者が投票権をもつ国民投票を実施し，有効投票総数の3分の2以上の賛成を必要とする。

**8**　問1から問4までの各問いに答えよ。

問1　わが国における最近の労働および雇用の状況についての説明として正しいものを，次のアからエのうちから一つ選べ。

ア　経済のグローバル化と技術革新の進展によって，賃金のあり方を能力主義から年功序列賃金に見直す企業が増加してきている。

イ　終身雇用を採用している企業の正規雇用者は，採用時に企業と結んだ雇用契約が定年退職するときまで有効となるので，労働組合への加入ができない。

ウ　経済状況に応じて雇用を調整しやすく，正規雇用者に比べて賃金が低い非正規雇用者の割合は，全雇用者の30％を超えている。

エ　成果主義を導入する企業が増加したことで，ワーク・ライフ・バランスの実現が可能となり，働きすぎによる過労死の問題がなくなった。

問2　自由競争が行われている市場では，**図1**のように需要量と供給量が一致するところで商品の価格が決まるとされ，このようにして決まる価格を均衡《きんこう》価格と呼ぶ。しかしながら，さまざまな理由によって需要曲線や供給曲線は移動することがあり，その結果，均衡価格は上昇したり，下落したりすることがある。**図2**に示したように需要曲線が矢印の方向に移動した結果，均衡価格が上昇したとき，その理由として最も適当なものを，下のアからエのうちから一つ選べ。ただし，いずれの場合も他の事情は一定であるとし，また，供給曲線の移動はないものとする。

**図1**

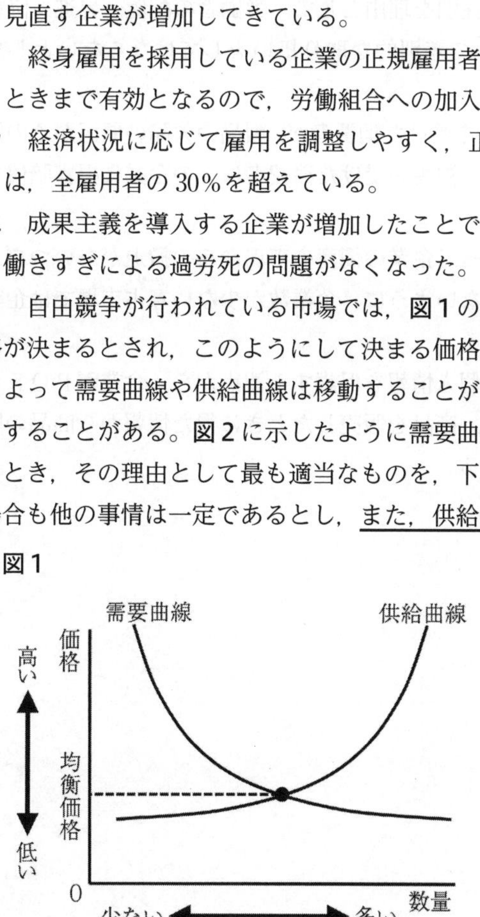


**図2**

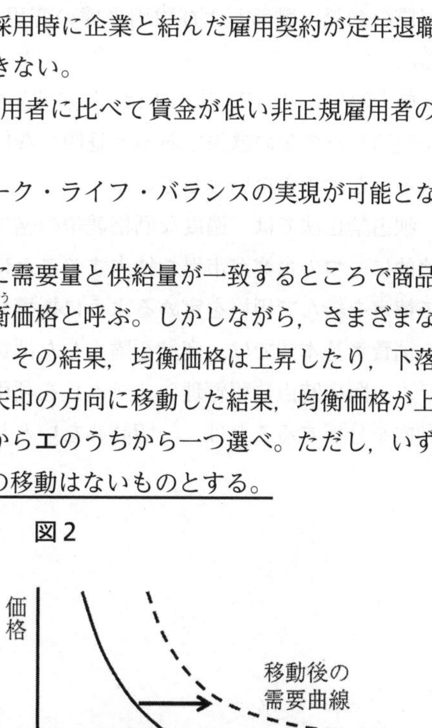

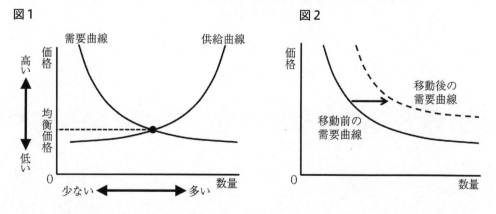

**ア**　この商品がテレビ番組や雑誌で取り上げられて人気が出た。

**イ**　この商品の原材料費が高騰《こうとう》して原材料を入手しにくくなった。

**ウ**　この商品と競合する新たな商品の生産・販売が開始された。

**エ**　この商品の生産に新しい技術が導入され，生産費が低下した。

問３　金融と企業の資金調達についての説明として正しいものを，次の**ア**から**エ**のうちから一つ選べ。

**ア**　預金として預かったお金を，銀行が家計や企業に貸し出しするときには，預金者が貸出先を決めることになる。

**イ**　預金としてお金を預かった銀行は，預金額に応じて，利潤の一部を配当（配当金）として預金者に分配することになる。

**ウ**　株式の売買は証券会社の仲介《ちゅうかい》によって行われるので，企業が株式を発行して資金を調達することを間接金融という。

**エ**　株式会社が倒産したときは，購入した株式の価値がなくなるだけで，株主は出資した金額以上の責任を負うことはない。

問４　私企業は，自社の利潤を追求するだけではなく，法令を遵守《じゅんしゅ》し，社会の一員としての責任を果たさなければならない。企業の経済活動とそれに関連する法律についての説明として正しいものを，次の**ア**から**エ**のうちから一つ選べ。

**ア**　男女雇用機会均等法では，事業主は労働者の性別を理由として，労働者の配置，昇進，降格，退職の勧奨《かんしょう》，職種および雇用形態の変更について差別的な取り扱いをしてはならないとしている。

**イ**　製造物責任法（PL 法）では，欠陥製品で被害を受けた消費者が，製品の欠陥の原因がその製品を製造した企業の過失であると証明しない限り，被害を受けた消費者はその企業に損害賠償を求めることはできないとしている。

**ウ**　独占禁止法では，過度な価格競争の結果によって企業の倒産や市場からの撤退があいつぎ，最終的に一つの企業が市場を独占することにならないように，企業数が少ない寡占《かせん》市場では企業間で協定を結んで価格を定めるように指導している。

**エ**　消費者基本法では，商品を購入した消費者の個人情報を保護する観点から，企業がＰＯＳシステム（販売時点情報管理システム）を利用して，商品を販売したときに得た情報から商品の販売動向を分析することは，一切認めないとしている。

の描写によって、繊細な「わたし」にひそむ不安を表現している。

**エ**　場面の変化に伴い周囲の光の描写が変化し、その推移が「わたし」の心情と重なって、主人公の気分の浮き沈みを表現している。

**ウ**　父が自分に気づいてくれるか心配で、自分が先に父の車を見つけて合図をしようと考えたから。

**エ**　ちっとも自分を見てくれていない父と姉に絶対見つからないよう、暗い方を歩きたかったから。

問4　本文中に、(3)周りの景色はぼやけ、お腹の底が冷たくなった。とあるが、このときの「わたし」についての説明として最も適当なものを、次の**ア**から**エ**までの中から一つ選べ。

**ア**　予想外の事態におびえ、すっかり日が暮れたことにも気づいて、寒さと空腹とで急に目がかすみお腹が痛くなっている。

**イ**　見捨てられるはずはないと思っていたのに、父が自分を完全に無視したとわかり、あまりのショックにあ然としている。

**ウ**　自分が意地を張ってさえいれば、家族のほうから折れてくれるという見通しが外れ、反省しながらも途方に暮れている。

**エ**　家族の車が通り過ぎてしまい、そのうえ自分ではない誰かが乗っていたことに衝撃を受け、悲しみと恐れを感じている。

問5　本文中に、(4)家からじゃないよ、さっきのあの……　とあるが、「わたし」がいいかけてやめたのはなぜか。その説明として最も適当なものを、次の**ア**から**エ**までの中から一つ選べ。

**ア**　父と姉の言うことに逆らうのはまずいと思ったが、二人の態度がさっきと違って優しいことに何かのたくらみを感じたから。

**イ**　父と姉の言うことがおかしいと思って訂正しようとしたが、二人の姿が自分の記憶と違うことに気づき戸惑いを覚えたから。

**ウ**　父と姉の言うことを修正しようとしたが、自分の知らないうちに二人が服を着替えていたとわかって返事をためらったから。

**エ**　父と姉の言うことには納得がいかないと思ったが、自分の記憶が次々と否定されていくため急に自信が持てなくなったから。

問6　本文中に、(5)家に着くまで、わたしは窓越しにずっとその星をみつめつづけた。とあるが、このときの「わたし」についての説明として最も適当なものを、次の**ア**から**エ**までの中から一つ選べ。

**ア**　家族のもとに自分を導いてくれる北極星を目に焼きつけ、今後一人になっても、家族がいることのありがたさを決して忘れまいと心に刻んだ。

**イ**　家族に心配させたことを後悔して、今後は迷わず一人で家に帰れるように、夜空に輝く北極星を決して消えない目印として覚えこもうとした。

**ウ**　北極星を見つめながら様々なことが起きた一日を振り返って、自分の態度を改めて反省し、悲しいときには今日の星空を思い出そうと決めた。

**エ**　家への道順をもう一度記憶し直すとともに、家族と一緒に過ごす安心感に浸り、これから先はけんかをせずに仲良くしようと北極星に誓った。

問7　この小説の表現の特徴を説明したものとして最も適当なものを、次の**ア**から**エ**までの中から一つ選べ。

**ア**　時間の経過に応じて、鮮やかな色彩と光の描写がちりばめられ、その多彩さが家族と「わたし」の揺れ動く関係を表現している。

**イ**　明るい場面に暗い内心を、暗い場面には星の光を取り合わせ、その明暗のコントラストが「わたし」の心の矛盾を表現している。

**ウ**　少女の複雑な内面を一人称視点で描き出し、華やかな色彩と光校が、覚えている通りの順番に現れる。それはわたしがよく知っている道、完璧に記憶に刷りこんであるいつもの道だった。

カーステレオからは、低いヴォリュームで父のお気にいりのフォークソングが流れていた。姉とわたしはでたらめな歌詞をつけて、大声で一緒に歌った。途中、北極星がみつからないというと、姉はすぐ窓におでこをくっつけて、その小さな白い星を指差してくれた。(5)家に着くまで、わたしは窓越しにずっとその星をみつめつづけた。かぼそい光を強く目に焼きつけた。これから先、またひとりぼっちになることがあっても、二度とその光を見失わないように……。

それから三十年の時間が経って、先月、長らく患《わずら》っていた年上のいとこが亡くなった。葬儀の日、喪服《もふく》すがたでそれぞれの住まいから駅に到着した姉とわたしを、父がロータリーで拾った。父はいま、白いプリウスに乗っている。去年買い替えたばかりだというけれど、シートにはすでに煙草《たばこ》の匂いが染《し》みついている。助手席には母が座り、母のうしろにはわたしが座り、わたしの隣に姉が座る。むかしから変わらない、おなじ位置だった。

葬儀の帰りに思うところあって、わたしは助手席のうしろからあの忘れがたい、不可思議な午後の記憶を三人に話して聞かせた。だれも信じてくれなかった。「夢だろう。」と父はいい、「こわい話ね。」と母はいった。姉は後部座席で半分目をつむりながら、げらげらわらっていた。

わたしの頬のほくろは時を経るにつれすこしずつかたちを変えて、いまではすっかりハート形になっている。

(青山七恵《あおやまななえ》「わかれ道」による)

問1　本文中の、(a)おろしたばかり、(b)しおらしく の意味として最も適当なものを、それぞれ次の**ア**から**エ**までの中から選べ。

(a)　**ア**　合わせただけ　**イ**　洗い立て

**ウ**　使い始めてすぐ　**エ**　ちょうど良いくらい

(b)　**ア**　あっさりと　**イ**　あつかましく

**ウ**　こっそりと　**エ**　おとなしく

問2　本文中に(1)まだ赤ちゃんなんだ、と思った。とあるが、「わたし」の気持ちとして最も適当なものを、次の**ア**から**エ**までの中から一つ選べ。

**ア**　決めたとおりに行動できる自分のことを誇らしく思い、無邪気にふるまう子どもたちを幼く感じている。

**イ**　子どもたちの行動が昔の自分のようで懐かしく思い、店では騒がない自分のことを大人だと思っている。

**ウ**　人の迷惑を考えない子どもたちを苦々しく思い、お菓子を買うのを我慢した自分の成長を実感している。

**エ**　ひとりで歩いている自分を頼もしく思い、お菓子を手にしてはしゃぐ子どもたちを冷ややかに見ている。

問3　本文中に、(2)二車線の道路の、左側の歩道を歩いた。とあるが、なぜか。その理由として最も適当なものを、次の**ア**から**エ**までの中から一つ選べ。

**ア**　車にはねられないように、明るい店が並び運転手からよく見える左側を歩きたいと思ったから。

**イ**　父と姉が車から自分を見つけ、声をかけてくれることを待ち受けるような気持ちがあったから。

夏休みにプラネタリウムで覚えた北極星を探そうとした。夜じゅうずっとおなじ場所で光っていて、大むかしの砂漠の旅人たちに帰り道を教えたという星……家の庭から何度も姉とみたことのある星なのに、いまはどんなに目をこらしてもみつけられない。

もしもう一度──歩き出したとき、わたしはこころに誓った。もしもう一度あの車に乗って、家族みんなでおばあちゃんちに行ったり、バッティングセンターでボールを打ったり、デパートに行って食品フロアを歩いたりすることができるのなら、もう二度と車のなかで泣きわめいたりはしない。二度とお姉ちゃんをぶったりしないし、黙っているお父さんをずるだとも思わない。

道はようやく、ゆるいカーブに差しかかりはじめていた。カーブの先には左に折れる道があり、角にはその年できたばかりのコンビニエンスストアが青白く光っていた。そしてその駐車場の一番端に、みなれた深緑色の車が停まっていた。

「なにしてるの?」

ちょうど明るい店内から出てきた姉が、わたしの顔をみておどろいた。

「お父さん、来て。」

姉は半開きになった店のドアの向こうに叫んだ。出てきた父も、わたしをみておなじように目を丸くする。

「歩いてきたの?」

わたしはうなずいた。姉はえーっと大声を出して、持っていた白いビニール袋を振りまわした。

「今日はお母さんと留守番してるはずだったんじゃないの? ここまで家からひとりで歩いてきたの? なんで?」

(4)「家からじゃないよ、さっきのあの……」

いいかけて、わたしは姉の格好に気づいた。姉はワンピースを着ていたけれど、その色は覚えていたえんじ色ではなく、青に近いむらさき色だった。うしろに立つ父は、灰色のセーターによれよれのジーンズを穿いていた。ふたりとも、わたしが覚えていた格好とはすこしだけちがっていた。

「お母さんには、ちゃんといってきたのか?」

父が近づいてきて、からだをかがめる。その朝きれいに剃《そ》ったばかりのひげが、鼻のしたにうっすら生えている。

「ここまで歩いてきたのは立派だけど、こんな時間にひとりで出歩いちゃだめだぞ。お父さんたちとここで会えなかったらどうするつもりだったんだ?」

父はわたしの背中を押して、車に向かわせた。１２の１８。ナンバープレートに並ぶ数字は、わたしの誕生日の日付そのままだった。でも、最後の一桁は7だったはずだ。父がはじめてこの車に乗って家に帰ってきた日、わたしは何度も、「どうしてあと一つちがう番号をもらえなかったの?」と、しつこく文句をいったはずだ。

「お父さん、いつ車の番号変えたの?」

父はわらって、「変えてないよ。」とこたえた。

姉は助手席のドアを開けず、向こうがわに回って後部座席に乗り込んだ。そこにはだれも座っていなかった。置き去りにしてきたはずのポシェットも見当たらなかった。父は車を発進させた。街灯のしたを過ぎていく風景は、ふだんとなにも変わらなかった。住宅街と畑と学すこし離れたところから、細長い卵のパックを手に持った女のひとが、じっとこちらをみていた。そばで小さな男の子が、「お母さん、お母さん。」と花柄のスカートの裾をひっぱっていた。

だれにもみつからないように、わたしは走って店を出た。広い駐車場のどこかには、わたしを探す父の車が停《と》まっているはずだった。でもその車のまえでふたりを待ちぶせて、(b)しおらしく許しを乞《こ》う気はしなかった。バイパス道路とぶつかる大きな交差点の信号は青だった。駆けだすと同時に、横断歩道の青信号が点滅しはじめる。まえかがみになって全速力で走った。渡りきる直前に、信号は赤に変わった。

(2)二車線の道路の、左側の歩道を歩いた。道の左側にはパチンコ店とお好み焼き屋が並んでいて、右側にはガラス張りのマクドナルドがある。もうすこし歩けば、広い市民運動場がみえてくる。まだあたりは明るかった。このまま歩きつづけて、そのうち日が暮れて、夜になってしまってもかまわないと思った。

横の車道ではひっきりなしに、車がわたしを追いこしていった。そのうちの一台が速度をゆるめて助手席の窓を開け、なかにいる父が姉と声を合わせてわたしの名前を呼ぶところを想像した。そうなれば、しばらく振りかえらずにいるつもりだった。そしてたっぷり時間を置いたあと、「ひとりで帰れるから、放っておいて。」と叫んでもいいし、なにもいわずにずっと無視していてもいい。

また一台、車が脇を通りこしていった。

はっとして立ちどまった。父の車だった。

遠ざかっていくその車は、みあやまりようもない、わたしがいつまでもすきになれないあの深緑色の、わたしの誕生日に近い数字がナンバープレートに並ぶ、父の車だった。一瞬だったけれども、後部座席の左側にだれかが座っているのがみえた。顔はこちらを向いていた。スピードをゆるめることなく、車は道の先のカーブに消えていった。(3)奇妙な感覚に囚《とら》われたまま、わたしはしばらくそこに立ちつくしていた。周りの景色はぼやけ、お腹《なか》の底が冷たくなった。

お父さんもお姉ちゃんも、どうしてわたしに気づかなかったんだろう？　歩いているわたしが、家や車のなかにいるわたしとぜんぜんちがうふうに見えたから？　そしてあの子、助手席のうしろに座っていたあの子は……？　ぼんやりしている頭のなかに、徐々にその誰かの輪郭が引かれていった。それは白い上着に濃い色のズボンを穿《は》き、頬にハート形のほくろのあるだれかだった。そのだれかがスーパーでみつけられ、父と姉と一緒にあの車に乗り、わたしのふりをして家に帰るのだ。そして待っていた母に「おかえり」といわれ、食卓のわたしの席に座り、わたしのベッドで眠るのだ。

いつのまにか、すっかり日は暮れていた。対向車のヘッドライトがまぶしい。スーパーのなかではからだじゅうに満ちあふれていた力が、もうどこにもなかった。気づけば目から、涙がぽろぽろあふれていた。

じっとしているうちに、セーター一枚では寒さがこらえがたくなってきた。首をすぼめ、セーターの袖に手をひっこめて、わたしはとぼとぼ歩きはじめた。あれだけ確信していた道のりも、もう定かではなくなっている。もっとまえに右か左に曲がるべきだったかもしれないし、目のまえに見えているカーブの先にはどう道が続いているのか、いつものようにはっきりとは思い出せない。

空の高いところでは星が輝きだしていた。わたしは再び立ちどまり、きである。

4 次の文章を読んで、後の問いに答えよ

父の車で家に帰る途中、後部座席の「わたし」と助手席の姉はけんかをはじめた。二人は泣きわめき、最初は黙っていた父も、ついに「けんかするなら二人とも降りなさい。」と言った。姉は泣きやもうとしたが、一人だけけんかをやめようとする姉にもっと腹が立った「わたし」はかんしゃくを起こし、黄信号の急ブレーキで前につんのめった拍子に、自分でも驚くほど大きな金切り声を上げてしまった。

スーパーのなかは明るかった。

夕食の材料や一週間分のお菓子でいっぱいになったピンク色のカートが、ちょうどわたしの目の高さで通路を行き交っていた。

車から飛びだしたときにはなにも考えられなかったけれど、家族連れでにぎわう店内を一人で歩いているうちに、なにかとても勇気ある、ほかの子どもにはなかなか真似《まね》のできない、立派なことをしたような気持ちになってきた。でもたいしたことじゃない。これは家出なんかじゃない。わたしはひとりで、歩いて家に帰ることを決めただけ。そういいきかせて、胸を張って歩いた。

お菓子売り場で、家の近くのスーパーには売っていないチョコレートのお菓子をみつけた。パッケージの写真には、チョコと一緒にきらきら光る赤や黄色のペンダントが写っていて、必ずどれか一つがなかに入っているらしい。ビニールのがま口が入ったポシェットは後部座席に置いてきた。お金があれば買えたのにと思うと悔しかったけれど、わたしはまだ、ひとりで買い物をしたことがなかった。月に一度、町の本屋に漫画雑誌を買いにいくときは、必ず姉か友だちが一緒だった。

お菓子の箱を戻して、しばらく店内を歩きまわった。通路を走って転んだり、カートにしがみついている小さな子どもたちがたくさんいた。(1)まだ赤ちゃんなんだ、と思った。わたしはひとりでずんずんと売り場の通路を進んでいった。ふしぎとすこしもこころぼそくなかった。端から端まで歩いたらここを出て家に帰ろう、お父さんたちには絶対にみつからないように、ひとりで歩いて家に帰ろう、道はわかってるんだから。からだじゅうに力がみなぎっていた。なにも買えなくたって、このスーパーに売っているもののすべては自分のものだという気さえした。

そのときふと、店内に流れていた音楽が止まった。「迷子のお知らせをいたします。M町からお越しの……」これから帰ろうとしている、ねぎ畑だらけの町の名前だった。続けて呼ばれた名前もわたしの名前だった。年齢もおなじ。「白っぽい上着に、濃い色のズボン……」それだけがちがう。その日わたしが着ていたのは、淡いピンク色のセーターに紺色のスカートだった。

お父さんもお姉ちゃんも、わたしのことをちっともみていないんだ！ その日父が何を着ていたか、姉がなに色の靴をはいていたか、わたしはちゃんとみていたし、はっきり覚えていた。姉はえんじ色のワンピース、父は黒いセーターに(a)おろしたばかりのまだ生地の固いジーンズだ。「右の頬に、ハート形のほくろがあります……」思わず頬に手をやった。わたしのほくろはハート形のほくろじゃなくて、ただの三角形だった。お父さんもお姉ちゃんも、ほんとうになんにもみていない！

**ウ**　過去の蓄積を記録して改良を加える科学のサイクルは、生物が環境に適応するために自らを改変していくあり方に似ているということ。

**エ**　科学的な知見は必ず修正されるべきだという考え方は、生物の多くの種が進化の途中で絶滅していったプロセスに似ているということ。

問6　本文中に(3)「原理的に不完全な」科学的知見　とあるが、科学的知見が「原理的に不完全」であるとはどういうことか。その説明として最も適当なものを、次の**ア**から**エ**までの中から一つ選べ。

**ア**　確度を高めるために仮説を修正し続ける科学は、科学的知見が完全な真理に達したことを判定する仕組みを持たないということ。

**イ**　現実の世界に絶対の真理は存在しないことが論理的に認められたため、科学的知見は常に修正され続ける宿命にあるということ。

**ウ**　科学は不動の真理を目指していないので、どんなに修正を続けても科学的知見が完全な正しさに到達することはないということ。

**エ**　仮説は修正され続ける運命にあり、真理を求める科学的知見であっても確度の低いものが混じっている可能性は高いということ。

問7　本文中に、(4)「神託を担う科学」とあるが、それは科学者の立場からするとどういう態度か。その説明として最も適当なものを、次の**ア**から**エ**までの中から一つ選べ。

**ア**　科学の専門家たちが社会との接点で権威者の言葉を神のお告げのように広め、自分たちが有利になるように社会を変えようとする態度。

**イ**　科学の専門家たちが論文中の専門用語を神のお告げのように利用して、一般の人々の不安をことごとく取り除こうとする宗教的な態度。

**ウ**　科学の専門家たちが専門用語や科学論文の言葉を神のお告げのように扱い、科学的知見を人々に押しつけて批判を許そうとしない態度。

**エ**　科学の専門家たちが科学論文を神のお告げのように披露し、科学的知見がすべて正しいと非専門家に信じさせようとする教条的な態度。

問8　この文章の内容に合致するものを、次の**ア**から**エ**までの中から一つ選べ。

**ア**　多くの「普通の発見」だけでなくノーベル賞を受賞した業績にも誤りがあるという事実は、科学に進歩はないということを象徴している。

**イ**　権威主義に陥ることなく修正を続けて「科学的な根拠」を得た強靭な仮説だけが、現実を説明する「不動の真理」として認められている。

**ウ**　人間には「分からない」状態から逃れてしまいたいという指向性があり、非専門家は科学の権威にすがって安心しようと思いがちである。

**エ**　基礎科学か応用科学かの違いによって「科学的な知見」の適応度は異なるため、非専門家は権威者の言説を参考にして判断すべ信的な考え方であり、いかに美辞を弄しようと、とどのつまりは何かにしがみついているだけなのだ。

（中屋敷均《なかやしきひとし》『科学と非科学』による）

（注1）漸進＝段階を追って少しずつ進むこと。
（注2）『ネイチャー』誌＝英国の科学雑誌。
（注3）教条主義＝特定の考え方を絶対的なものとして機械的に適用しようとする立場。
（注4）可塑性＝自在に変化することのできる性質。
（注5）峻別＝厳しく区別すること。
（注6）塗師＝漆器などの製造に従事する職人。塗り師。
（注7）バグ＝コンピュータのプログラムなどにある欠陥。
（注8）セキュリティーホール＝システムの安全機能上の欠陥。
（注9）寓言＝教訓を述べるためのたとえ話。

問1　空欄［A］に入る語として適当なものを、次の**ア**から**オ**までの中から一つ選べ。

**ア**　ひま　**イ**　いとま　**ウ**　かぎり
**エ**　きり　**オ**　はてし

問2　本文中の、(B)玉石混交の意味として最も適当なものを、次の**ア**から**エ**までの中から一つ選べ。

**ア**　固いものと柔らかいものが入り混じった状態
**イ**　良いものと悪いものが入り混じった状態
**ウ**　新しいものと古いものとの区別がつかない状態
**エ**　本物とにせ物との区別がつかない状態

問3　空欄［a］、［b］、［c］に入る語として適当なものを、それぞれ次の**ア**から**エ**までの中から選べ。ただし、同じ語は二回入らない。

**ア**　もちろん　**イ**　すなわち
**ウ**　たとえば　**エ**　しかし

問4　本文中に、(1)衝撃的なレポートとあるが、なぜ「衝撃的」なのか。その理由として最も適当なものを、次の**ア**から**エ**までの中から一つ選べ。

**ア**　科学界最高の栄誉であるノーベル賞を受賞した医学生物学の業績の中にも、誤った仮説が存在すると証明されたから。
**イ**　修正が許されない医学生物学の業績にさえ、信用できないものが数多く含まれているということが明確になったから。
**ウ**　ノーベル賞だけでなく『ネイチャー』誌に掲載された医学生物学論文までもが、有用でないことが裏づけられたから。
**エ**　現実を正しく説明していると考えられていた医学生物学論文の多くに、誤りが含まれている可能性が高くなったから。

問5　本文中に、(2)それはまるで生態系における生物の「適者生存」のようである。とあるが、どういうことか。その説明として最も適当なものを、次の**ア**から**エ**までの中から一つ選べ。

**ア**　過去の業績をすべて蓄積して活用する科学の姿勢は、長い時間にわたって遺伝子を保存する生物進化のプロセスに似ているということ。
**イ**　科学が絶え間なく仮説を修正して確度を高めるサイクルは、変化を生み出して適応できた生物が生き残るあり方に似ているということ。

的知見に対しても公開されている訳ではもちろんないし、科学的な情報の確度というものを単純に調査規模や分析方法といった画一的な視点で判断して良いのか、ということにも、実際は深刻な議論がある。一つの問題に対して専門家の間でも意見が分かれることは非常に多く、そのような問題を非専門家が完全に理解し、それらを統合して専門家たちを上回る判断をすることは、現実的には相当に困難なことである。

　こういった科学的知見の確度の判定という現実的な困難さに忍び寄って来るのが、いわゆる権威主義である。たとえばノーベル賞を取ったから、『ネイチャー』に載った業績だから、有名大学の教授が言っていることだから、といった権威の高さと情報の確度を同一視して判断するというやり方だ。この手法の利点は、なんと言っても分かりやすいことで、現在の社会で「科学的な根拠」の確からしさを判断する方法として採用されているのは、この権威主義に基づいたものが主であると言わざるを得ないだろう。

[c] こういった権威ある賞に選ばれたり、権威ある雑誌に論文が掲載されるためには、多くの専門家の厳しい審査があり、それに耐えてきた知見はそうでないものより強靭さを持っている傾向が一般的に認められることは、間違いのないことである。また、科学に限らず、音楽家であろうが、塗師《ぬし》(注6)であろうが、ヒヨコ鑑定士であろうが、専門家は非専門家よりもその対象をよく知っている。だから、何事に関しても専門家の意見は参考にすべきである。それも間違いない。多少の不具合はあったとしても、どんな指標も万能ではないし、権威主義による判断も分かりやすくある程度、役に立つなら、それで十分だという考え方もあろうかと思う。

　しかし、なんと言えばよいのだろう。かつてアインシュタインは「何も考えずに権威を敬うことは、真実に対する最大の敵である」と述べたが、この権威主義による言説の確度の判定という手法には、どこか拭い難い危うさが感じられる。それは人の心が持つ弱さと言えばいいのか、人の心理というシステムが持つバグ(注7)、あるいはセキュリティーホール(注8)とでも言うべき弱点と関連した危うさである。端的に言えば、人は権威にすがりつき安心してしまいたい、そんな心理をどこかに持っているのではないかと思うのだ。拠《よ》りどころのない「分からない」という不安定な状態でいるよりは、とりあえず何かを信じて、その不安から逃れてしまいたいという指向性が、心のどこかに潜んでいる。権威主義は、そこに忍び込む。

　そして行き過ぎた権威主義は、科学そのものを社会において特別な位置に置くことになる。(4)「神託を担う科学」である。倒錯した権威主義の最たるものが、科学に従事している研究者の言うことなら正しい、というような誤解であり、また逆に科学に従事する者たちが、非専門家からの批判は無知に由来するものとして、聖典(注9)の寓言《ぐうげん》のような専門用語や科学論文の引用を披露することで、高圧的かつ一方的に封じ込めてしまうようなことも、「科学と社会の接点」ではよく見られる現象である。

　こういった人の不安と権威という構図は、宗教によく見られるものであり、「科学こそが、最も新しく、最も攻撃的で、最も教条的な宗教的制度」というポール・カール・ファイヤアーベントの言は、示唆に富んでいる。「権威が言っているから正しい」というのは、本質的に妄り返される。(2)それはまるで生態系における生物の「適者生存」のようである。ある意味、科学は「生きて」おり、生物のように変化を生み出し、より適応していたものが生き残り、どんどん成長・進化していく。それが最大の長所である。現在の姿が、いかに素晴らしくとも、そこからまったく変化しないものに発展はない。(注3)教条主義に陥らない(注4)〝可塑性〟こそが科学の生命線である。

　しかし、このことは「科学が教えるところは、すべて修正される可能性がある」ということを論理的必然性をもって導くことになる。科学の進化し成長するという素晴らしい性質は、その中の何物も「不動の真理」ではない、ということに論理的に帰結してしまうのだ。たとえば夜空の星や何百年に1回しかやってこない彗星《すいせい》の動きまで正確に予測できたニュートン力学さえも、アインシュタインの一般相対性理論の登場により、一部修正を余儀なくされている。法則中の法則とも言える物理法則でさえ修正されるのである。科学の知見が常に不完全ということは、ある意味、科学という体系が持つ構造的な宿命であり、絶え間ない修正により、少しずつより強靭《きょうじん》で真実の法則に近い仮説ができ上がってくるが、それでもそれらは決して100%の正しさを保証しない。

　より正確に言えば、もし100%正しいところまで修正されていたとしても、それを完全な100%、つまり科学として「それで終わり」と判定するようなプロセスが体系の中に用意されていない。どんなに正しく見えることでも、それをさらに修正するための努力は、科学の世界では決して否定されない。だから科学的知見には、「正しい」 or 「正しくない」という二つのものがあるのではなく、その仮説がどれくらい確からしいのかという確度の問題が存在するだけなのである。

　では、我々はそのような(3)「原理的に不完全な」科学的知見をどう捉えて、どのように使っていけば良いのだろうか？　一体、何が信じるに足るもので、何を頼りに行動すれば良いのだろう？　優等生的な回答をするなら、より正確な判断のために、対象となる科学的知見の確からしさに対して、正しい認識を持つべきだ、ということになるのだろう。

　「科学的な知見」という大雑把なくくりの中には、それが基礎科学なのか、応用科学なのか、成熟した分野のものか、まだ成長過程にあるような分野なのか、あるいはどんな手法で調べられたものなのかなどによって、確度が大きく異なったものが混在している。ほぼ例外なく現実を説明できる非常に確度の高い法則のようなものから、その事象を説明する多くの仮説のうちの一つに過ぎないような確度の低いものまで、幅広く存在している。それらの確からしさを正確に把握して(注5)峻《しゅん》別《べつ》していけば、少なくともより良い判断ができるはずである。

　[ a ]、近年、医学の世界で提唱されている evidence-based medicine（EBM）という考え方では、そういった科学的知見の確度の違いを分かりやすく指標化しようとする試みが行われている。これは医学的な知見（エビデンス）を、調査の規模や方法、また分析手法などによって、階層化して順位付けし、臨床判断の参考にできるように整備することを一つの目標としている。同じ科学的な知見と言っても、より信頼できるデータはどれなのかを判断する基準を提供しようとする、意欲的な試みと言えるだろう。

　[ b ]、こういった非専門家でも理解しやすい情報が、どんな科学

ウ　直立する「槇」、飛び立つ「鴫」と、静から動へ題材を配列した後、「浦の苫屋」という静のものを並べているから。

エ　否定の言い方を用いた三首を取り上げて、「なかりけり」、「なき」、「なかりけり」と変化を持たせて並べているから。

問6　本文中に、(5)こうしたものが象徴的な点景としてとり上げられているのも、中世的な秋といってよい。とあるが、「象徴的な点景」とは**言えないもの**を、次の**ア**から**オ**までの中から**二つ**選び、それぞれ解答欄にマークせよ。なお、解答の順番は問わない。

**ア**　紅葉した木がない秋の夕ぐれの山路

**イ**　沢から今まさに飛び立とうとする鴫

**ウ**　鴫に流浪の自画像を重ねる旅の僧侶

**エ**　古典に多く用いられている花や紅葉

**オ**　古来わびしいものとされる浦の苫屋

問7　本文中の三夕の歌に共通して用いられている修辞技巧は何か。その組み合わせとして最も適当なものを、次の**ア**から**エ**までの中から一つ選べ。

**ア**　体言止め・倒置法　　**イ**　擬人法・体言止め

**ウ**　掛詞・擬人法　　**エ**　倒置法・掛詞

3　次の文章を読んで、後の問いに答えよ。

科学と生命は、実はとても似ている。それはどちらも、その存在を現在の姿からさらに発展・展開させていく性質を内包しているという点においてである。その特徴的な性質を生み出す要点は二つあり、一つは過去の蓄積をきちんと記録する仕組みを持っていること、そしてもう一つはそこから変化したバリエーションを生み出す能力が内在していることである。この二つの特徴が漸進的(注1)な改変を繰り返すことを可能にし、それを長い時間続けることで、生命も科学も大きく発展してきた。

だから、と言って良いのかよく分からないが、科学の歴史を紐《ひも》解けば、たくさんの間違いが発見され、そして消えていった。科学における最高の栄誉とされるノーベル賞を受賞した業績でも、後に間違いであることが判明した例もある。たとえば1926年にデンマークのヨハネス・フィビゲルは、世界で初めて「がん」を人工的に引き起こす事に成功したという業績で、ノーベル生理学・医学賞を受賞した。しかし、彼の死後、寄生虫を感染させることによって人工的に誘導したとされたラットの「がん」は、実際には良性の腫瘍であったことや、腫瘍の誘導そのものも寄生虫が原因ではなく、餌のビタミンA欠乏が主因であったことなどが次々と明らかになった。

ノーベル賞を受賞した業績でも、こんなことが起こるのだから、多くの「普通の発見」であれば、誤りであった事例など、実は枚挙に A がない。誤り、つまり現実に合わない、現実を説明していない仮説が提出されることは、科学において日常茶飯事であり、2013年の(注2)『ネイチャー』誌には、医学生物学論文の70%以上で結果を再現できなかったという(1)衝撃的なレポートも出ている。

しかし、そういった(B)玉石混交の科学的知見と称されるものの中でも、現実をよく説明する「適応度の高い仮説」は長い時間の中で批判に耐え、その有用性や再現性故に、後世に残っていくことになる。そして、その仮説の適応度をさらに上げる修正仮説が提出されるサイクルが繰で、無意識的に結びついているのにちがいない。

（中西進《なかにしすすむ》『ことばのこころ』による）

（注１）『紫式部日記』＝紫式部が中宮彰子に仕えた時の見聞や感想を記したもの。
（注２）遣水＝庭に水を引き入れて流れるようにした水路。
（注３）不断の御読経＝一定の期間、昼夜絶え間なくお経を読むこと。
（注４）寂蓮法師＝平安末期から鎌倉初期の歌人。西行法師、藤原定家も同じ。
（注５）浦の苫屋＝海辺にある粗末な小屋。

問１　本文中に、(1)宮廷の女房たちが優雅な生活を楽しむようになり、じゅうぶんな文化の享受者として、かずかずのことばの花を咲かせるようになった。とあるが、その具体例となる文学作品を、次の**ア**から**エ**までの中から一つ選べ。

**ア**　土佐日記　　**イ**　枕草子
**ウ**　方丈記　　**エ**　徒然草

問２　『紫式部日記』の本文中に、(2)言はむ方なくをかし。とあるが、その現代語訳として最も適当なものを、次の**ア**から**エ**までの中から一つ選べ。

**ア**　言いようもないくらい奇妙である。
**イ**　言うまでもなく笑えて仕方がない。
**ウ**　言う人がいないのは不思議である。
**エ**　言い表しようもないくらい趣深い。

問３　本文中の(a)から(d)の「ない」のうち、**他と異なるもの**を、次の**ア**から**エ**までの中から一つ選べ。

**ア**　さすがという他はない(a)。
**イ**　秋の景物がない(b)。
**ウ**　しつらえにすぎない(c)。
**エ**　そこにあるにちがいない(d)。

問４　本文中に、(3)この文章が名文といえる理由はどこにあるのだろう。とあるが、「この文章が名文といえる理由」はどのような点にあるか。その説明として最も適当なものを、次の**ア**から**エ**までの中から一つ選べ。

**ア**　秋には限定されないさまざまな景物を取り上げながら、全体が一つの生命体として感じられるように秋のけはいを描いている点。
**イ**　季節や年月などによって変化しないものだけを描くことで、かえって移ろいゆく秋のはかなさを体感させるような文章である点。
**ウ**　空と風に焦点をしぼりながら、天地宇宙の全体が秋の涼気とともに緊張へと向かう様子を直覚的な認識にもとづき描いている点。
**エ**　秋という季節にふさわしい景物を次々に描いていくことによって、この国の秋のけはいが十分に感じ取れるような文章である点。

問５　本文中に、(4)まことにみごとだ。とあるが、そう言えるのはなぜか。その説明として最も適当なものを、次の**ア**から**エ**までの中から一つ選べ。

**ア**　『新古今集』を代表する、寂蓮法師、西行法師、藤原定家という三人の名手の和歌を隣り合うように並べているから。
**イ**　「秋の夕暮」という同じ季節や時刻を歌いながらも、山、沢、浦など地勢に応じた様々な趣の和歌を並べているから。

い。

自然は人事を包含してしまうものだということを、この文章を見ながら、わたしはつくづくと思う。

ところで、古典文学について秋をいうのなら、とうぜん三夕《さんせき》の歌にふれなければならない。

三夕とは『新古今集』巻四、秋の歌の上に並べられた三首の夕ぐれの歌のことだ。作者はまさに『新古今集』の中でも、いずれ劣らぬ名手。その作を同じ主題のままに並べたのは、もちろん意図的な配列である。

さびしさはその色としもなかりけり　槙《まき》立つ山の秋の夕暮《ゆうぐれ》（注4）　寂蓮《じゃくれん》法師

心なき身にもあはれは知られけり　鴫《しぎ》立つ沢の秋の夕暮　西行《さいぎょう》法師

見わたせば花も紅葉もなかりけり（注5）　浦の苫屋《とまや》の秋の夕暮　藤原定家《ふじわらのさだいえ》

『新古今集』はよく知られているように、編集をくり返した歌集である。だからこの三首も、現在のこの形について配列の意図を考えることになるが、さて配列は、(4)まことにみごとだ。

まず三者三様、山、沢、浦と場所をかえて、秋の夕ぐれという同じ季節の同じ時刻を歌う形をとる。日本列島の中で、それぞれの地勢に応じて、秋の夕ぐれはこのようですよと、いってもいい。

それでは山はどうか。槙という土地に直立する木々におおわれた山は、どこといって変哲もないのだが、さて秋の夕ぐれの槙山は寂寥《せきりょう》にみちる。

旅人はあわてる。いったいなぜか、と。しかし見まわしてみても、何がどう寂しさを見せるというのでもない。それが日本の秋の山路の夕景だといわれると、どう思うだろう。

なまじ真っ赤に紅葉した木でもあれば、寂寥はよほど軽くなる。しかし「その色としもない」風景こそが、典型的な山路の夕ぐれの秋なのである。

ついで沢では、渡り鳥の鴫が飛び立つことで秋のあわれが身にせまるという。西行は『新古今集』一番の歌人だし、生得《しょうとく》（生まれつき）の歌人とさえいわれているが「自分は心なき身だ。」と、抒情《じょじょう》に溺れることをいったん拒否する。

この「心なき身」とは僧であることをいうのだろう。その上で「あわれ」と受容することで、「あわれ」はいっそう深まる。

彼をそうさせたものは鴫だという。鳥の上に流浪《るろう》の旅の自画像を重ねていることはいうまでもない。

そして最後が浦である。これは『源氏物語』の中に入りこんだ歌だといわれるが、それを切り離してみると、やはり通常のはなやぎをみせる花、紅葉を否定するところに、新しい発見がある。前の二首の山の槙、沢の鴫に対するものが浦の苫屋である。苫屋など、およそ古来わびしいものと相場がきまっていた。

(5)こうしたものが象徴的な点景としてとり上げられているのも、中世的な秋といってよい。いずれも春、夏、冬にはそぐわない点景のように思えるが、いかがであろう。

また三首に共通することば遣いは、「なかりけり」「なき」「なかりけり」という否定である。秋の風景は否定の言い方と、心の深奥《しんおう》の部分

**【国語】**（五〇分）〈満点：一〇〇点〉

**1** 次の(1)から(6)までの傍線部の漢字表記として適当なものを、それぞれアからエまでの中から一つずつ選べ。

(1) 同窓会のカン事を務める。　ア 管　イ 幹　ウ 官　エ 勧

(2) 将軍に対する武士の忠セイ心。　ア 精　イ 聖　ウ 誓　エ 誠

(3) 仏前に花をソナえる。　ア 備　イ 具　ウ 供　エ 据

(4) コウ鉄で造られた船。　ア 鋼　イ 厚　ウ 鉱　エ 剛

(5) 人口の分プを調査する。　ア 府　イ 負　ウ 布　エ 符

(6) 世間の風チョウに流される。　ア 潮　イ 調　ウ 徴　エ 兆

**2** 次の文章を読んで、後の問いに答えよ。

平安時代も十一世紀になると、(1)宮廷の女房たちが優雅な生活を楽しむようになり、じゅうぶんな文化の享受者として、かずかずのことばの花を咲かせるようになった。

秋を述べた名文も多い。とりわけ人びとに親しまれ、暗誦《あんしょう》する人も多いと思われるものは、(注1)『紫式部《むらさきしきぶ》日記』のつぎの部分であろう。

秋のけはひたつままに、土御門殿《つちみかどどの》のありさま、(2)言はむ方なくをかし。池のわたりの梢《こずえ》ども、(注2)遣水《やりみず》のほとりの叢《くさむら》、おのがじし色づきわたりつつ、おほかたの空も艶《えん》なるにもてはやされて、(注3)不断の御読経《みどきょう》の声々あはれまさりけり。やうやう涼しき風のけしきにも、例の、絶えせぬ水のおとなむ、夜もすがら聞きまがはさる。

筆者・紫式部は『源氏物語』の作者であり、さすがという他は(a)ない。とくに、ここは冒頭の部分、いちだんと入念な筆づかいだったはずである。

土御門殿とは中宮彰子《しょうし》の父、藤原道長《ふじわらのみちなが》の邸《やしき》で、いましも彰子は出産のために里の邸に下っている。出産の予定は九月、いまは秋七月の立秋のけはいも実感できる初秋のころと思われる。

さて、(3)この文章が名文といえる理由はどこにあるのだろう。

まず、この描写の中には何一つ、きわ立った秋の景物が(b)ない。梢だって叢だって、いつも見える。遣水も、平凡な庭のしつらえにすぎ(c)ない。特段にどこの何が秋めくというのでもなく、それでいて秋のけはいがたつという季節の体感こそが、じつはこの国の秋の感触なのだろう。

空もおおかたの様子が艶だといい、秋のけはいとともに感じるものは、これまた風のけしきだという。

とくに涼気が漂ってきた、天地宇宙の全体が緊張へと向かっていく、そんな季節の移行が秋なのであろう。

また、きわめて直覚的な季節の認識が、それぞれの景物の中で連動して感じられているのも、この文章の特徴であろう。おおかたの空が艶なる様子だということを中心として、梢や叢の色づきつづける姿も、読経の声々とも、それぞれに空は連動している。

そしてまた、風の様子と遣水の音もばらばらではなく、しかも遣水の夜もすがらの音は読経の声とも聞きまちがえられるというほどに、区別しがたい。

こうした作者の目や耳に、あれこれの景物が一つの生命体をなして感じられることこそ、自然の季節を深めゆく営みとの、いちばん深い対面なのであろう。

この文章が、名文をもって聞こえる理由も、そこにあるにちがい(d)な

# 2020年度

# 解　答　と　解　説

《2020年度の配点は解答欄に掲載してあります。》

## ＜数学解答＞

1　(1)　ア　5　イ　3　ウ　6　(2)　エ　1　オ　2　(3)　－　キ　1
(4)　ク　2　ケ　3　(5)　コ　7　サ　1　シ　5　(6)　ス　a　(7)　セ　1
ソ　9　(8)　タ　1　チ　3

2　(1)　ア　2　イ　1　ウ　5　エ　2　オ　1　カ　5　キ　2　(2)　ク　0
ケ　4　(3)　コ　4　サ　2　(4)　シ　5　ス　6

3　(1)　ア　5　イ　3　ウ　3　エ　1　オ　4　カ　3　(2)　キ　0　ク　7
(3)　ケ　－　コ　3　サ　0

4　(1)　ア　8　イ　5　(2)　ウ　4　エ　5　オ　8　カ　7　(3)　キ　5
ク　2　ケ　7

○配点○

1　(2)　エ　2点　オ　3点　他　各5点×7

2　(1)　各3点×2　(2)　4点　他　各5点×2

3　(1)　エ～カ　2点　他　各3点×6　4　各5点×4　計100点

## ＜数学解説＞

1　(小問群－数の計算，2次方程式，関数の変化の割合，関数・グラフと図形，確率，資料の整理，辺の比と面積の比，四角錘の体積，三平方の定理)

基本　(1)　$\frac{1}{\sqrt{3}}\div\left(-\frac{1}{2}\right)^2-\sqrt{6}\times\frac{\sqrt{2}}{4}=\frac{\sqrt{3}}{3}\times4-\frac{2\sqrt{3}}{4}=\frac{4\sqrt{3}}{3}-\frac{\sqrt{3}}{2}=\frac{5\sqrt{3}}{6}$

基本　(2)　$x^2+ax-6=0$の解の1つが$-3$なので，$(-3)^2-3a-6=0$　$3a=3$　$a=1$　よって，$x^2+x-6=0$　$(x+3)(x-2)=0$　$x=-3,\ 2$　もう1つの解は2

基本　(3)　$y=-\frac{1}{4}x^2$について，$x=-3$のとき，$y=-\frac{9}{4}$　$x=7$のとき，$y=-\frac{49}{4}$　よって，変化の割合は，$\left\{-\frac{49}{4}-\left(-\frac{9}{4}\right)\right\}\div\{7-(-3)\}=-10\div10=-1$

(4)　点A，Dの$y$座標はそれぞれ，$4a$，$-1$　関数$y=ax^2$のグラフは$y$軸について対称なので，B$(-2,\ 4a)$，C$(-1,\ -1)$　AB=4，CD=2，ABとCDの距離は，$4a-(-1)=4a+1$　よって，$\frac{1}{2}\times(4+2)\times(4a+1)=11$　$12a+3=11$　$12a=8$　$a=\frac{8}{12}=\frac{2}{3}$

(5)　6枚のカードから2枚を取り出す取り出し方は，1と2，1と3，1と4，1と5，1と6，2と3，2と4，2と5，2と6，3と4，3と5，3と6，4と5，4と6，5と6の15通りある。その中で2枚の和が素数となるのは，1と2，1と4，1と6，2と3，2と5，3と4，5と6の7通りある。よって，その確率は，$\frac{7}{15}$

(6)　平均値$x$は，$(2\times1+3\times2+4\times3+5\times4+6\times4+7\times6+8\times8+9\times10+10\times2)=280\div40=7$(点)　メジアン$y$は，点数が低い方から20番目が7点，21番目が8点なので7.5点　モード$z$は，10人と最も多い9点　よって，$x<y<z$なので，ⓐが正しい。

重要　(7)　点D，点EはAB，ACの中点なので，中点連結定理により，DE//BC　よって，△ADG∽△ABFとなり，相似比は1：2　相似な図形では面積の比は相似比の2乗だから，△ADG：△ABF＝1：4　よって，△ABF＝4S　△ABFと△AFCは高さが等しいので，面積の比は底辺の長さの比に等しく，BF：FC＝1：3だから，△AFC＝12S　△AGE：△AFC＝$1^2$：$2^2$＝1：4　よって，△AGE：(四角形EGFC)＝1：3　つまり，T＝(四角形EGFC)＝$\frac{3}{4}$△AFC＝$\frac{3}{4}$×12S＝9S　したがって，S：T＝1：9

(8)　長方形の対角線ACを引き，△ABCで三平方の定理を用いると，AC＝$\sqrt{\mathrm{AB}^2+\mathrm{BC}^2}=\sqrt{100}=10$　長方形の対角線の交点はそれぞれの中点で交わるので，その点をPとすると，OPがこの四角錘の高さとなる。よって，$\frac{1}{3}\times(6\times8)\times\mathrm{OP}=192$　OP＝192÷16＝12　AP＝5だから，△OAPに三平方の定理を用いると，OA＝$\sqrt{\mathrm{OP}^2+\mathrm{AP}^2}=\sqrt{169}=13$(cm)

## 2　(方程式の応用－速さ，グラフの活用，直線の式，直線の交点)

基本　(1)　Aさんが初めてQ地点に到着したときは$\left(\frac{15}{2},\ 1\right)$　P地点に戻ったときは(15，0)　その間の変化の割合は，$(0-1)\div\left(15-\frac{15}{2}\right)=-1\div\frac{15}{2}=-\frac{2}{15}$　$y=-\frac{2}{15}x+b$とおいて，(15，0)を代入すると，$0=-2+b$　$b=2$　よって，$y=-\frac{2}{15}x+2$　BさんがP地点を出発するときは(10，0)　Q地点に到着したときは(15，1)　その間の変化の割合は，$(1-0)\div(15-10)=\frac{1}{5}$　$y=\frac{1}{5}x+c$とおいて(15，1)を代入すると，$1=3+c$　$c=-2$　よって，$y=\frac{1}{5}x-2$

(2)　初めて二人が出会う時間と距離は，直線$y=-\frac{2}{15}x+2$と直線$y=\frac{1}{5}x-2$の交点の座標として求めることができる。$-\frac{2}{15}x+2=\frac{1}{5}x-2$　両辺を15倍して整理すると，$-2x+30=3x+30$　$5x=60$　$x=12$　$y=\frac{1}{5}\times12-2=0.4$　よって，P地点から0.4kmの地点である。

重要　(3)　Aさんが9時30分にP地点を出発してからの$x$と$y$の関係式を$y=\frac{2}{15}x+d$とおいて，(30，0)を代入して，$d=-4$　$y=\frac{2}{15}x-4$　Bさんが9時30分に出発してQ地点で折り返してからの$x$と$y$の関係式を$y=-\frac{1}{5}x+e$とおいて，(35，1)を代入すると，$1=-7+e$　$e=8$　よって，$y=-\frac{1}{5}x+8$　よって，AさんとBさんが出会った時刻とP地点からの距離は，$\frac{2}{15}x-4=-\frac{1}{5}x+8$　$2x-60=-3x+120$　$5x=180$　$x=36$　$y=-7.2+8=0.8$　Aさんが0.8km走るときにかかる時間は，$0.8\div\frac{2}{15}=\frac{4}{5}\times\frac{15}{2}=6$　よって，2人がP地点に戻った時刻は，9時42分である。

(4)　Aさんは分速$\frac{2}{15}$kmの速さで42分間走ったのだから，Aさんが走った道のりの合計は，$\frac{2}{15}\times42=\frac{28}{5}=5.6$(km)

## 3　(規則性－整数の和，方程式)

(1)　下から2段目の数を左から$x$，$y$とすると，$x=6+a$，$y=a+(-4)$　その和が12となるのだから，$6+a+a-4=12$　$2a=10$　$a=5$　$(p+q)+(q+r)=p+2q+r$　$(q+r)+(r+s)=q+2r+s$　よって，$b=(p+2q+r)+(q+2r+s)=p+3q+3r+s$　$b=4$，$p=-1$，$q=c$，$r=-2$，$s=-3$とすると，$b=p+3q+3r+s$より，$4=-1+3c+(-6)+(-3)$　$3c=14$　$c=\frac{14}{3}$

やや難　(2)　図3の下の段を左から5，$e$，A，1とすると，2段目は左から$(5+e)$，$(e+\mathrm{A})$，$(\mathrm{A}+1)$となる。よって，$d=e+\mathrm{A}$　$\mathrm{A}=d-e$…①　(1)の$b$より，$6=5+3e+3\mathrm{A}+1$　$3e+3\mathrm{A}=0$…②　②に①を代入すると，$3e+3(d-e)=0$　$3e+3d-3e=0$　$3d=0$　$d=0$　使われる数

が「絶対値が6以下の整数」だから，−6，−5，−4，−3，−2，−1，0，1，2，3，4，5，6である。ところが，下の段の一番左が5であるから，$e$は1以下である。また，右端の数が1だから，Aは5以下であり，$e+a$が0になるには，$e$は−5以上である。よって，$e$は−5から1までの7個ある。

やや難 (3) 右図のように空白の正方形をB～Nとする。一番上が6，下段が5，L，M，1の10個の正方形について，6=5+3L+3M+1 よって，L+M=0 一番上が−6，下段がI，J，K，3の10個の正方形については，−6=I+3J+3K+3 I=L+M=0だから，3J+3K=−9 よって，f=J+K=−3 一番上がg，下段がE，F，f=−3，Gの10個の正方形で考えると，g=E+3F+3×(−3)+G 右下から順に求めると，N=3−10=−7，K=1+(−7)=−6，G=−6+3=−3 J+(−6)=−3から，J=3 F=I+J=0+3=3 E=6−F=3 よって，g=E+3F+3J+G=3+9+(−9)+(−3)=0

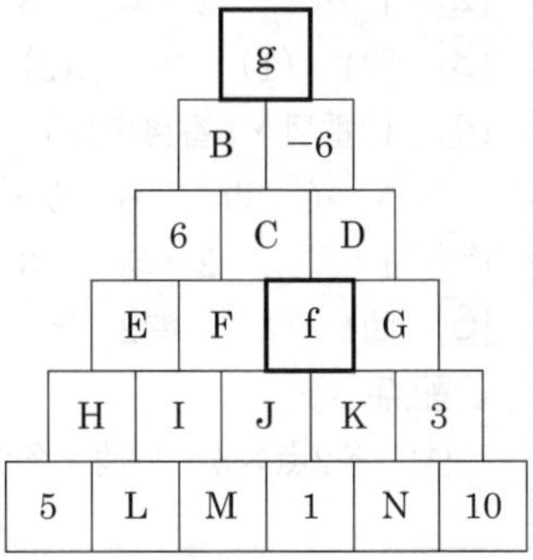


**4** （平面図形－円の性質，相似，角度，角の二等分線，三平方の定理）

重要 (1) 直径に対する円周角なので，∠ACB=90° よって，∠ACH=90°−∠BCH また，CH⊥ABだから，∠CBH=90°−∠BCH よって，∠ACH=∠CBH…① また，∠AHC=∠CHBだから，△AHC∽△CHB よって，AH：CH=HC：HB AH=$x$とすると，HB=$2-x$ CH=$\frac{1}{2}x$ よって，$x:\frac{1}{2}x=\frac{1}{2}x:(2-x)$ $\frac{1}{4}x^2=x(2-x)$ $x^2=8x-4x^2$ $5x^2-8x=0$ $x(5x-8)=0$ AH=$x=\frac{8}{5}$

重要 (2) ∠ADB=90°なので，∠ADE=∠BDE=45° DEは∠ADBの二等分線であり，角の二等分線は，その角と向かい合う辺を，その角を作る2辺の比に分けるから，AE：EB=AD：DB ところで，AD=AH=$\frac{8}{5}$，AB=2だから，△ABDで三平方の定理を用いると，DB=$\sqrt{2^2-\left(\frac{8}{5}\right)^2}=\sqrt{4-\frac{64}{25}}=\sqrt{\frac{36}{25}}=\frac{6}{5}$ よって，AE：EB=$\frac{8}{5}:\frac{6}{5}$=4：3 AE：AB=4：7 よって，AE=$\frac{4}{7}$AB=$\frac{8}{7}$

やや難 (3) 弦AFとBFを引くと，弧BFに対する円周角なので，∠BAF=∠BDF 弧AFに対する円周角なので，∠ABF=∠ADF ∠BDF=∠ADFだから，∠BAF=∠ABF ∠AFBは直径に対する円周角なので90°だから，△AFBは直角二等辺三角形である。よって，AF：BF：AB=1：1：$\sqrt{2}$ AF=BF=$\frac{1}{\sqrt{2}}$AB=$\sqrt{2}$ △AEFと△DEBは2組の角が等しいので相似であり，EF：EB=AF：DB EB=$\frac{3}{7}$AB=$\frac{6}{7}$だから，EF：$\frac{6}{7}=\sqrt{2}:\frac{6}{5}$ EF=$\frac{6\sqrt{2}}{7}\div\frac{6}{5}=\frac{5\sqrt{2}}{7}$

★ワンポイントアドバイス★

1(7)は，相似な三角形の面積の比，高さが共通な三角形の面積の比を考える。2は2点の座標から直線の式を考えるが，平行な直線の傾きは等しいから，2回目以降は求めやすい。3は(2)で規則性をつかむ。4は図形の総合問題。様々な定理が登場する。

## ＜英語解答＞

1　1　エ　2　イ　3　ア　4　ウ　5　ウ

2　1　イ　2　エ　3　イ　4　ア　5　エ

3　問1　(1)　ウ　(2)　ア　(3)　ウ　(4)　ア　(5)　ア　(6)　エ　問2　エ

4　(3番目・5番目の順)　1　エ・オ　2　カ・エ　3　イ・ウ　4　カ・オ
5　イ・カ　6　カ・エ

5　1　イ　2　エ　3　ウ　4　イ　5　イ

6　問1　ウ　問2　ア　問3　イ　問4　ア　問5　イ　問6　ウ　問7　ウ

○配点○

1　各2点×5　他　各3点×30(4各完答)　計100点

## ＜英語解説＞

1　(語句補充問題，形容詞，動詞，前置詞，SVOC，接続詞，関係代名詞)

1　「あなたの好きな映画は何ですか。」，「あなたが一番好きな映画は何ですか。」 favorite は「好きな」という意味を表す形容詞。

基本　2　「9月は8月の後に来ます。」，「8月は9月の前に来ます。」 反対の意味になるものを選ぶ。

3　「そのニュースを聞いた時，私はとても幸せでした。」，「そのニュースは私を幸せにしました。」〈make A B〉で「AをBにする」という意味になる。

4　「メアリーは京都を訪問することなしに日本を離れたくありません。」，「メアリーは日本にいる間に京都を訪問したいです。」〈without ~ing〉で「～することなしに」という意味を表す。

5　「私は大きな台所がある家に住みたいです。」 あるものが備わっていることを表す時は with を使う。

2　(会話文問題：適文補充)

1　A：昨日，男性が英語でバス停はどこかと私にたずねました。
B：あなたは英語で答えましたか。
A：やってみました。実は，彼は少し日本語を理解したのです。
「やってみました」という返事の内容に合うものはイである。ア「彼はどこから来ましたか。」，ウ「彼にいつ会ったのですか。」，エ「彼は駅から来たのですか。」

2　A：もしもし。エマです。メアリーと話せますか。
B：番号が間違っていると思います。ここにはメアリーという人はいません。
A：ああ，ごめんなさい。
「メアリーという人はいない」と言っていることから考える。ア「彼女は忙しいです」，イ「ようこそ」，ウ「彼女はちょうどもどりました」

3　A：私は京映画に行きたいです。
B：外出するのはいいですね。浜辺に行きましょう。映画は明日行けます。
A：映画は今日で終わるので，明日まで待てません。
「映画は今日で終わる」と言っていることから考える。ア「浜辺へ行きましょう」，ウ「明日映画に行きましょう」，エ「明日は公園へ行けません」

4　A：ジェーンは明日私たちのサッカーチームにもどります。
B：それはいいですね。彼女はどれくらいの間病院にいたのですか。

A： ええと，約2か月前に脚を折ったのです。いつ退院したのかは知りません。
B： 彼女を訪問しましたか。
直前の疑問に合うのはアである。イ「彼女はカナダから来ました」，ウ「彼女はサッカーが上手でした」，エ「彼女は医者になりました」

5 A： 新しいレストランへは行きましたか。
B： はい。そこのピザはとてもよかったです。あなたはそこへ行きましたか。
A： いいえ，でも次の日曜日に妹といっしょにそこに行きます。楽しみにしています。
「楽しみにしている」と言っていることから考える。　ア「私はそれが新しい店だとは知りませんでした。」，イ「私は先週家族といっしょにそこでピザを食べました。」，ウ「私は彼らの食べ物がまったく気に入りませんでした。」

**3** (長文読解問題・物語文：語句補充，内容吟味)

(全訳)　ジョンとメアリーは40年前に結婚しました。彼らはロンドンの大きな家に一緒に住んでいました。しかし，彼らは(1)そのような大きな家は必要ないと感じました。彼らは小さな家に移るべきだと考え始めました。それから，彼らは隣の通りに良い家を見つけ，彼らはそれを購入することを(2)決めました。ジョンは引っ越し会社に電話し，家具を全部新しい家に持って行くように頼みました。

彼らの家のリビングルームには，とても背が高くて美しい古い時計がありました。彼は結婚したときにそれを買ったので，時計はジョンにとって非常に特別でした。彼と彼の妻は時計を愛し，その鐘の美しい音を(3)聞くことを楽しみました。時計はジョンと同じくらい背が高く，30kg以上ありました。彼は彼らの新しい家の居間にそれを置くことを計画しました。

引っ越し会社の男性が来たとき，ジョンは「ああ，彼らはとても忙しそうだ。彼らは私の特別な時計を注意深く運ばない(4)かもしれない。彼らはそれを壊すかもしれない！　私は自分でそれを運ぼう。」と思いました。それで，彼は時計を腕に抱きしめ，新しい家に歩き始めました。

時計は大きくて重かった(5)ので，彼は休息を取るために何度も止まらなければなりませんでした。彼が角を曲がると，小さな男の子が通りに沿ってやって来ました。少年は彼を見て笑い始めました。男の子はジョンに「ねえ，時間を知るために(6)腕時計を買ったらどうですか。」と言いました。

問1　(1)　〈 such ～ 〉で「こんな(そんな)～」という意味を表す。　(2)　〈 decide to ～ 〉で「～することを決心する」という意味を表す。　(3)　〈 enjoy ～ ing 〉で「～するのを楽しむ」という意味を表す。　(4)　〈 be afraid that ～ 〉で「～を恐れる」という意味を表す。　(5)　〈 so ～ that … 〉で「とても～なので…」という意味になる。　(6)　大きな時計を運ぶジョンを笑った男の子は，運ぶ苦労がない腕時計を買うことをすすめた。

問2　ア「ジョンは娘と一緒に新しい家に住みたいと思っている。」 娘については書かれていないので，誤り。　イ 「ジョンは家具を全部一人で新しい家に持って行った。」 引っ越し会社に依頼したので，誤り。　ウ 「ジョンは引っ越し会社の男性に時計を壊してほしかった。」 ジョンは時計が壊されることを恐れたので，誤り。　エ 「小さな男の子は，ジョンが時刻を知るために時計を持っていると思った。」 腕時計を買うことをすすめた男の子に当てはまるので，正解。　オ「ジョンと，引っ越し会社から来た男性にとって一緒に時計を運ぶのは容易だった。」 引っ越し会社から来た男性は時計を運んでいないので，誤り。

**4** (語句整序問題：分詞，助動詞，不定詞，関係代名詞，間接疑問文，接続詞の that )

1 A: あの古い建物は何ですか。
B: あれは18世紀にたてられたホテルです。
A: 本当ですか。いつかそこに泊まりたいです。

→ ( That is ) a hotel built in the eighteenth century(.)　built 以下が hotel を修飾している。ホテルは「建てられる」ものなので過去分詞が使われている。

2　A: あなたのバスケットボールチームは来月トーナメントに参加しますか。

　B: はい，私たちは各自がトーナメントで勝てるよう練習しなければなりません。私たちは毎日3時間練習しています。

　A: わお！　たくさん練習していますね。

→ each of us must practice to ( win the tournament. )　不定詞の副詞的用法は「~するために」という意味で目的を表す。

3　A: ピアノを演奏している女の子を知っていますか。

　B: はい，彼女はケイトです。彼女は私のクラスメートです。

→ Do you know the girl playing the piano ( on the stage? )　playing 以下が girl を修飾している。少女がピアノを演奏するので現在分詞が使われている。

4　A: あなたとビルは親友ですね。

　B: はい。彼はこのクラスで最初に私に話しかけてくれた人でした。彼はとても優しくて親切です。

→ ( He was ) the first person who spoke to me ( in this class. )　who 以下が person を修飾している。先行詞が人で，意味上の主語になるので主格の関係代名詞が使われている。

5　A: あなたは私たちの町にいくつ病院があるか知っていますか。

　B: 5つか6つだと思います。

→ ( Do you know ) how many hospitals our town has(?)　間接疑問文なので，〈疑問詞＋主語＋動詞〉の形になる。

6　A: あなたのシャツはいいですね。それはとても高そうに見えます。

　B: いいえ，たった10ドルでした。

　A: 本当ですか。私は50ドルかそれ以上したと思いました。

→ ( I ) thought it was fifty dollars or more(.)　〈 that S V 〉という形の that 節は「~こと」という意味を表す。

5　(長文読解問題・説明文：語句補充)

(全訳)　タカシは中学生です。彼の学校には5つのクラスがあります。マユミはタカシのクラスメートです。彼女はクラスの14人の女の子の一人です。ケンジ，ヒロシ，そしてユリは友達ですが，クラスメートではありません。

ある日，彼らの学校でクラス対抗球技大会が開催されました。彼らはサッカー，バスケットボール，バレーボール，ソフトボールのトーナメントを行いました。各クラスの生徒全員が4つのスポーツのうちの一つを選び，試合に参加しました。

タカシはサッカーチームの一員でした。彼のチームには7人の男子と4人の女子がいました。 初戦ではケンジのチームと対戦し，勝利を収めました。タカシのチームの次の試合は最終戦でした。ヒロシのサッカーチームは初戦で勝利しましたが，大会ではタカシのチームと対戦しませんでした。図はその結果を示しています。

マユミはバスケットボール大会に参加しました。彼女のチームの男子の数と女子の数は同じでした。初戦の相手はユリのチームでした。マユミのチームは最初の10分間で12ポイントを獲得し，その時の両チームの点差は8点でした。その後，各チームはさらに12ポイントを獲得し，ゲームは終了しました。ユリのチームが勝ちました。彼女のチームはマユミのチームとの試合の後，さらに

2試合に勝ちました。

タカシのクラスのバレーボールチームには7人の女子がいて，男子はいませんでした。タカシのクラスのソフトボールチームには9人の男子がいて，女子はいませんでした。

1 「タカシはサッカートーナメントで_____チームにいた。」 タカシのチームはケンジのチームと初戦を勝った後「最終戦」を戦ったとあるので，Bだとわかる。

2 「ユリのチームは最初の試合で_____ポイントを取った。」 初め，ユリのチームとマユミのチームの得点差は8点だった。その後両チームは12点ずつ取ってユリのチームが勝ったとあるので，初めの時にはユリのチームの方が多くの得点を取っていたことがわかる。初めの時にはマユミのチームは12点を取っており，得点差は8点だったとあるので，その時点でユリのチームは20点を取っていたことがわかる。それにさらに12点を加えて，32点取ったのだとわかる。

3 「マユミはバスケットボールのトーナメントで_____チームにいた。」 マユミのチームは初戦でユリのチームに負けたとあるので，マユミのチームはGかHかJのいずれかになる。マユミのチームに勝ったユリのチームはその後2試合に勝ったとあるので，マユミのチームはHだとわかる。

重要 4 「マユミのチームには_____人のメンバーがいた。」 マユミのクラスのサッカーチームには女子が4人いて，バレーボールチームには女子が7人いたとある。また，ソフトボールチームには女子がいなかった。マユミのクラスの女子は全部で14人なので，バスケットボールには女子は3人だったことがわかる。バスケットボールチームでは男女の数が同じなので，男女合わせて6人になる。

5 「タカシのクラスには_____人の男子がいる。」 タカシのクラスのサッカーチームには男子が7人いたとある。4の問いで見たようにバスケットボールチームは男子が3人である。またバレーボールチームには男子がいなかったとある。さらにソフトボールチームには男子が9人だったとあるので，男子は全部で19人になる。

**6** (長文読解問題・説明文：語句補充，内容吟味)

(全訳) 英語は他の多くの言語よりも多くの単語を持っていると言われています。なぜ英語はそんなに多くの単語を持っているのでしょうか。単語数はどのように増加し続けているのでしょうか。これにはいくつかの理由があります。

まず，約1,000年前，フランスは数百年間イギリスを占領しました。当時，約1万語が英語に入りました。「チケット」，「牛肉」，「夕食」などの言葉がそれらの一部です。

第二に，19世紀には，英語は帝国の言語でした。イギリスは多くの国を占領しました。イギリス人は彼らと一緒に文化と言語をこれらの国々に持って行きました。彼らがイギリスに戻ったとき，[1]彼らは自分たちと共に新しい言葉を持ち帰りました。

第三に，外国人たちはしばしば生きるために英語圏の国々に行き，彼らと共に新しい単語をもたらします。例えば，「コンサート」や「ハンバーガー」は英語の単語のように見えますが，[2]他の言語から英語に入ってきたものでした。それはどの言語から来たのでしょうか。辞書で確認してください。

第四に，英語では接頭辞と接尾辞を使用して新しい単語を作成します。接頭語は，単語の先頭に追加される単語の一部で，単語の意味を変更して新しい単語を作成します。in，un，im，pre，dis を追加することで，新しい英語の単語の多くを作ることができます。各接頭語には，それぞれ意味があります。たとえば，pre は「誰かや何かの前」を意味します。ですから，あなたは簡単に「先史時代」という言葉の意味を推測することができます。 それは，[3]人々が出来事について書き始める前の歴史の時間を意味します。接尾語は，単語の末尾に追加される単語の一部です。単語の最後に ish，ness，ful，er を追加すると，より多くの単語を作ることができます。接尾語の er は「何かをする人」を意味します。「トレーナー」という言葉の意味が分からない場合に，それを推測することができます。それは，4人や動物に仕事やスキルをうまくやるように教える人を意味します。

第五に，英語は常に複合語を追加することです。「空港」，「書店」，「教室」，「宿題」は，いくつかの複合的な言葉です。5それらが何を意味するのかを推測するのは簡単です。例えば，「遊び場」とは，特に学校や公園で遊ぶ子供のためのエリアを意味します。

最後に，多くの単語が作成されています。「犬」と「楽しみ」は例です。これらの言葉は言語に入り，普及し，その後広く使われました。

英語の単語数は今後も増え続けるのでしょうか。答えは「はい」です。ほとんどの英語を話す人はこれを気にしません。しかし，6外国語として英語を学ぶ人にとっては問題です。

問1　他の国に行った人々がイギリスにもどった時に起こることを選ぶ。ア「彼らは世界中を占領した」，イ「彼らは英語よりも上手にフランス語を話した」

問2　外国人が英語圏の国々に新しい言葉をもたらしたという内容から考える。イ「それらはイギリスの他の地域からやって来た」，ウ「それらは元々アメリカで生まれた」

問3「先史時代」という言葉の意味を説明している。ア「未来の起こるすべてのこと」，ウ「今からすこし立った時，または何か他のことが起こった後」

問4「トレーナー」という言葉の意味を説明している。イ「チケットを売ったりチェックするために電車で旅行をする人」，ウ「冬にスポーツをするために着る温かい衣服」

問5　複合語の例について説明していることから考える。ア「それらは建物についてだけ使われる。」，ウ「それらがどの言語から来たかを知るのは必要だ。」

問6　英語の言葉は増え続け，英語を話す人たちはそれを気にしないとあり，その直後に「けれども」とあることから考える。ア「英語に新しい言葉が加わることはないだろう」，イ「英語を話す人たちは複合語を使うのを止めるだろう」

重要　問7　ア「フランスは11世紀の終わりにイギリスによって占領された。」「11世紀の終わり」とは言っていないので，誤り。　イ「接頭語は新しい言葉を作るために言葉の終わりに置かれる。」接頭語は言葉の頭に置かれるので，誤り。　ウ「より多くの英単語を理解するために，どのように言葉が結合されるかを知るべきだ。」　接頭語，接尾語，複合語を知ることは英語を学ぶ人にとっての課題だと言っているので，正解。

**★ワンポイントアドバイス★**

1の3にはSVOCの構文が用いられている。その構文の受動態の作り方を覚えておこう。SVOCの構文を受動態にする時はCはそのまま残して，SVOの部分だけを変えて行く。He made me happy. → I was made happy by him.

## ＜理科解答＞

1　問1　1　イ　2　エ　問2　1　イ，エ　2　①　×　②　○　③　○　④　×

2　問1　オ，カ　問2　(1)　ウ　(2)　エ　問3　1　オ　2　エ　3　ウ

3　問1　①　ク　②　キ　③　カ　④　オ　⑤　エ　⑥　ア　問2　①　ウ　②　エ　③　カ　問3　イ　問4　(1)　オ　(2)　ア　(3)　ア　(4)　オ　(5)　ア

4　問1　ア　1　　イ　5　　問2　5　　問3　ア　5　　イ　0　　問4　ウ
5　問1　ウ　　問2　イ　　問3　オ　　問4　①　オ　　②　ア　　③　エ
6　問1　(1)　エ　　(2)　オ　　問2　(a)　2　　(b)　4　　(c)　1　　問3　ア，ウ，エ
　問4　ア　0　　イ　0　　ウ　7　　問5　ア　5　　イ　5　　ウ　8
7　問1　(1)　オ　　(2)　イ　　(3)　エ　　(4)　ア　　問2　(名称)　イ　　(特徴)　カ
　問3　ウ　　問4　1　エ　　2　ウ

○配点○
1　問2　1　3点(完答)　　他　各4点×3(問2　2完答)
2　問1・問2　各3点×2(各完答)　　他　各2点×3
3　問2，問4(1)・(2)　各1点×5　　他　各2点×6(問1①～③・④～⑥各完答)
4　各3点×4(問1・問3各完答)　　5　問3　4点　　他　各2点×5
6　問1　2点(完答)　　他　各3点×4(各完答)　　7　各2点×8(問2完答)
計100点

## ＜理科解説＞

1　(電流と電圧，電力と熱－回路と電流，電気器具と電力)

問1　1　それぞれの抵抗を2.0Ωの抵抗と直列につなぎ，3.0Vの電圧をかけたときに回路に0.30Aの電流が流れるときの抵抗の大きさは，$\frac{3.0}{0.30}$＝10.0(Ω)である。したがって，10.0－2.0＝8.0(Ω)よりも小さいと，0.30Aよりも大きい電流が流れ，スイッチSが開く。

2　30Ωの抵抗と並列につないだときに0.30Aの電流が流れるときの抵抗の大きさをxΩとすると，$\frac{1}{30}+\frac{1}{x}=\frac{1}{10}$より，$x$＝15(Ω)である。したがって，15Ωよりもよりも小さいと，0.30Aよりも大きい電流が流れ，スイッチSが開く。

重要　問2　1　電力(W)＝電圧(V)×電流(A)で求められる。

2　それぞれの電気器具に流れる電流は次のようになる。エアコン：$\frac{1500}{250}$＝6(A)，電子レンジ：$\frac{1250}{250}$＝5(A)，掃除機：$\frac{750}{250}$＝3(A)　　したがって，エアコンと電子レンジを同時に使うと，6＋5＝11(A)の電流が流れ，電源が遮断される。

2　(ヒトの体のしくみ－ヒトの消化器官)

重要　問1　試験管Aにはデンプンが残っているので，反応した試薬Yはヨウ素液，試験管Bには糖が含まれているので，反応した試薬Xはベネジクト液である。また，だ液やすい液にはアミラーゼという消化酵素が含まれている。

やや難　問2　新しい試験管に「だ液2mLと水2mL」を入れて40℃で10分間保つと，「デンプンの分解物が検出されなければ」，だ液がデンプンの分解物に変化したのではないことがわかる。

重要　問3　1　胃液にはタンパク質を消化するペプシンがという消化酵素が含まれている。　2　脂肪の消化を助ける胆汁は，肝臓でつくられて，たんのうにたくわえられる。　3　肝臓は，ブドウ糖をグリコーゲンに変えてたくわえる。

重要　3　(ヒトの体のしくみ，光と音の性質－ヒトの目と耳のつくり，凸レンズと実像)

問1　目や耳のそれぞれの部位は次ページの図のようになっている。

問2　ヒトのレンズ(水晶体)は凸レンズ，網膜はスクリーンと同じ働きをする。

問3　カメラでは，凸レンズの位置を変えて，フィルムに実像がうつるようにするが，ヒトでは，レンズ(水晶体)の厚みを変えて，網膜に実像がうつるようにする。

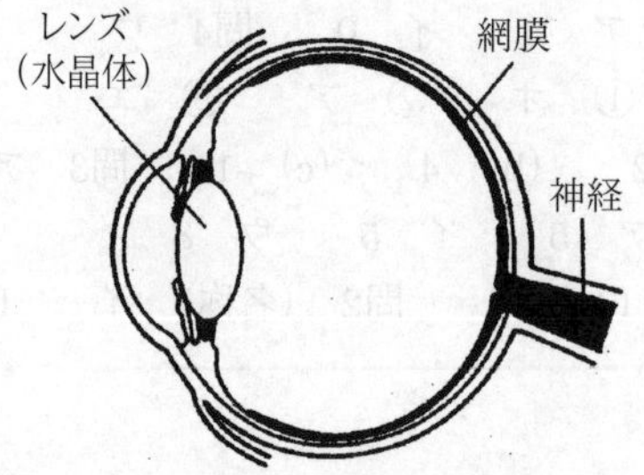


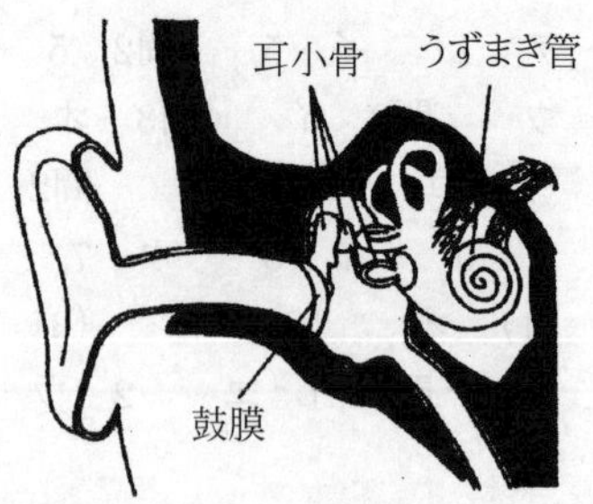


やや難 問4　△PQOと△P′Q′Oが相似の関係にあるので，PQ：P′Q′＝a：bである。一方，△P′Q′$F_2$と△OA$F_2$も相似の関係にあるので，OA：P′Q′＝f：(b－f)である。また，PQ＝OAなので，a：b＝f：(b－f)となり，$f=\frac{ab}{a+b}$より，$\frac{1}{f}=\frac{1}{a}+\frac{1}{b}$である。

4　(大地の動き・地震－地震)

問1　図2から，震源からの距離が60kmの地点にS波が到達する時間は15秒である。

問2　表から，震央は，A地点から最も離れ，次に，D地点から離れている。また，C地点はA地点の半分ほど離れていて，B地点が震央に最も近いので，震央は⑤である。

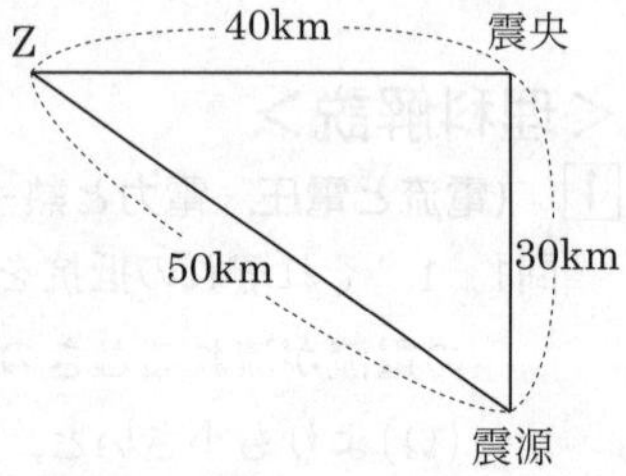


やや難 問3　震源の深さが30km，図1から，震央までの距離は40kmなので，三平方の定理から震源からの距離は，右の図のように50kmである。

やや難 問4　P波の速さが6.0km/s，S波の速さが4.0km/sなので，初期微動継続時間は，$\frac{50}{4.0}-\frac{50}{6.0}=4.16\cdots$(秒)より，約4.2秒である。

5　(酸とアルカリ・中和－塩酸と水酸化ナトリウム水溶液の中和)

問1・問2　表から，Aのビーカーの水溶液はアルカリ性，Bのビーカーの水溶液は中性，C～Eのビーカーの水溶液は酸性である。したがって，Eのビーカーの水溶液に亜鉛を入れると，亜鉛と塩酸が反応して水素が発生する。このときの化学変化を化学反応式で表すと，次のようになる。

$Zn+2HCl \rightarrow ZnCl_2+H_2$

問3　塩酸と水酸化ナトリウム水溶液が完全に中和するときの体積の比は，12：30＝2：5である。一方，A～Eの水溶液をすべて混ぜ合わせると，塩酸は，10＋12＋14＋16＋18＝70($cm^3$)，水酸化ナトリウム水溶液は，30×5＝150($cm^3$)である。したがって，70$cm^3$の塩酸と完全に中和する水酸化ナトリウム水溶液は，$70\times\frac{5}{2}=175$($cm^3$)なので，さらに加える水酸化ナトリウム水溶液は，175－150＝25($cm^3$)である。

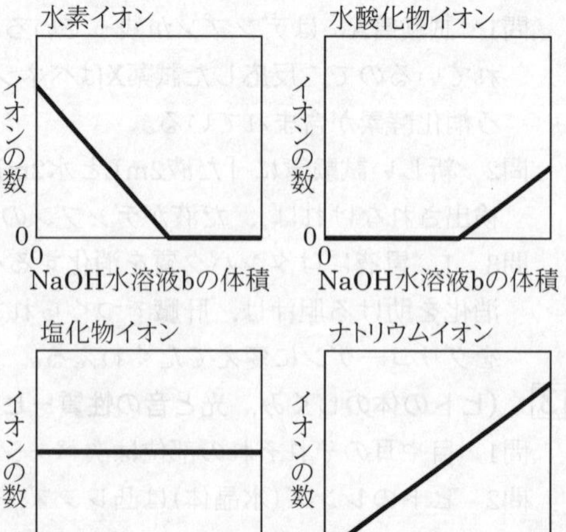


問4　塩酸中には，塩化水素が電離して生じた水素イオンと塩化物イオン，水酸化ナトリウム水溶液中には，水酸化ナトリウムが電離して生じたナトリウムイオンと水酸化物イオンが存在する。したがって，塩酸a中に少しずつ水酸化ナトリウム水溶液bを加えると，水素イオンと水酸化物イオンが反応して水が生じるので，水素イオンの数はしだいに減少して，完全に中和すると0になる。一方，水酸化物イオンの数は，完全に中和するまでは0であるが，中和してからはしだいに

増えてくる。また，塩化物イオンの数は一定であり，ナトリウムイオンの数は，加えた水酸化ナトリウム水溶液bの量に比例する。

**6** **（化学変化と質量－酸化銀の分解）**

重要 問1　黒色の酸化銀$Ag_2O$を加熱すると，白色の銀Agと酸素$O_2$に分解する。

重要 問2　金属の銀には「金属光沢がある。」「電流や熱を通しやすい。」「展性・延性がある。」という性質があるが，磁石には引きつけられない。

問3　銀は金属なので，「金属光沢がある。」「展性・延性がある。」「電流を通す。」の性質を示す。

問4・問5　1.00gの酸化銀から，13.56－13.49＝0.07(g)の酸素が発生する。また，1.00－0.07＝0.93(g)の銀が生じる。したがって，6.00gの酸化銀から生じる銀は，0.93×6＝5.58(g)である。

**7** **（地球と太陽系－ハビタブルゾーン）**

やや難 問1　火星の太陽からの距離は，地球の太陽からの距離の1.5倍なので，光が照らす面積は，$\frac{3}{2}\times\frac{3}{2}=\frac{9}{4}$(倍)であり，単位面積あたりの光のエネルギー量は$\frac{4}{9}$(倍)になる。また，火星の半径は地球の半分なので，火星が太陽からの光を受ける面積は$\frac{1}{2}\times\frac{1}{2}=\frac{1}{4}$(倍)となり，火星全体が受け取るエネルギー量は，地球の$\frac{4}{9}\times\frac{1}{4}=\frac{1}{9}$(倍)になる。

問2　太陽からの熱エネルギーは光の一種である赤外線を通して地球上に届けられる。

問3　火星の大気は，金星と同じように主に二酸化炭素から構成されている。ただし，大気は希薄である。

やや難 問4　1　平面に降った水量Rは，平面から蒸発した水量Eと水たまりの水量Pと平面に残った水量Fと平面から地下に浸透した水量Gの合計なので，R＝E＋P＋F＋Gより，P＝R－E－F－G

2　5mmは0.005mなので，浸透した水の量は，100×0.005×0.1＝0.05($m^3$)である。したがって，0.05×1000＝50(L)である。

★ワンポイントアドバイス★

教科書に基づいた基本問題をすべての分野でしっかり練習しておくこと。その上で，計算問題や思考力を試す問題についてもしっかり練習しておこう。

## ＜社会解答＞

1　問1　エ　　問2　イ　　問3　エ　　問4　ア
2　問1　ウ　　問2　ア　　問3　ウ　　3　問1　エ　　問2　ア
4　問1　キ　　問2　イ　　5　問1　ウ　　問2　エ　　問3　イ
6　問1　イ　　問2　①　エ　　②　イ　　問3　ア　　問4　ア
7　問1　カ　　問2　エ　　問3　ウ
8　問1　ウ　　問2　ア　　問3　エ　　問4　ア

○配点○

6　問2　各2点×2　　他　各4点×24　　計100点

## ＜社会解説＞

### 1 (地理—人口・高齢化・国連公用語など)

重要 問1　世界の人口は75億人を突破，そのうちアジアが6割，アフリカは2割に近づこうとしている。とくにサハラ以南のアフリカでは2050年までに人口が倍増すると予測されている。

問2　フランスの合計特殊出生率は先進国では珍しく1.92と高い。日本は1.4前後で低迷しているが人口を維持するには2.07が必要といわれる。アはインド，ウは日本，エは中国。

問3　16世紀，南アメリカにはスペインやポルトガルが次々に進出，全域を植民地化していった。アルゼンチンなど一部の国を除いて白人とインディオの混血が進んでいる。

問4　公用語には安全保障理事会の言語が反映，これに広大な植民地で使われていたスペイン語を入れた5か国語が指定。その後1973年に中東から北アフリカで多く使われるアラビア語が追加。

### 2 (日本の地理—気候・農業・工業など)

基本 問1　Aは温暖で降水量が少ない瀬戸内の気候，Bは冬季の雪による降水量が多い日本海側の気候，Dは気温の年較差が大きく降水量が少ない中央高地の気候。

問2　長野はリンゴ・ブドウが全国2位，高原野菜のレタスが全国1位と果樹や野菜の栽培が盛んな県。イはミカン王国の愛媛，ウは近郊農業が盛んな千葉，エはコメ全国3位の秋田。

問3　長野は戦後に製糸から精密機械工業に変わったが最近は電子工業に移行しつつある。千葉の埋め立て地には製鉄所や石油化学コンビナートが林立，京葉工業地域は化学工業の割合が高い。

### 3 (地理—世界遺産など)

問1　Aはエジプト(カイロ)。古代エジプト文明を代表するピラミッド。Bは中国(ペキン)。世界最長の建造物・万里の長城。Cはギリシア(アテネ)。アクロポリスの丘に建つパルテノン神殿。

基本 問2　オホーツク海に突き出したアイヌ語で「地の果て」を意味する知床半島。陸地と海の生物の食物連鎖がみられ希少な動植物の生息地となっている。

### 4 (日本の歴史—原始～古代の政治・外交史など)

問1　後漢書東夷伝によると，57年倭の奴国王が使者を派遣し光武帝から金印を授けられたという。奴とは福岡周辺にあった国。Aは縄文最大規模の三内丸山遺跡，Bの稲荷山古墳から出土した鉄剣にあるワカタケル大王は5世紀後半の雄略天皇とみられている。

やや難 問2　桓武天皇は平城京から長岡京に遷都したが暗殺事件などで再び平安京に遷都した。淳足柵《ぬたりのさく》は大化の改新直後，初の本格的な都は持統天皇の藤原京，白村江の戦は唐・新羅連合軍。

### 5 (日本と世界の歴史—古代～近代の政治・社会史など)

重要 問1　743年，聖武天皇は大仏造立の詔を発布，飢饉や疫病，藤原広嗣の反乱などによる危機を乗り切ろうとした。アは豊臣秀吉の太閤検地，イは明治の地租改正，エは鎌倉幕府の成立。

問2　保元の乱で勝利したグループ内部の勢力争い。平清盛はライバルであった源義朝を破り実権を掌握した。アは建武の新政，イは承平・天慶の乱，ウは応仁の乱。

問3　大仏(743年)→院政(1086年)→平治の乱(1159年)→大政奉還(1867年)。十字軍は1096年～。ポルトガルのアジア進出は16世紀以降，釈迦は紀元前5世紀ごろ，清の建国は17世紀。

### 6 (日本と世界の歴史—近・現代の政治・外交史など)

やや難 問1　Aは1876年，Bは1924年，Cは1944年，Dは1965年。ラジオ放送の開始は1925年。

問2　東海道新幹線の開通は東京オリンピック開催直前の1964年10月1日。大日本帝国憲法の発布は1889年2月11日。

問3　開国当初の日本の輸出は8割を生糸に依存，輸入は繊維製品が7割以上を占めた。その後産業革命の進展に伴い日露戦争後には綿布の輸出が輸入を上回るようになった。

問4　1949年，内戦に勝利した毛沢東は中華人民共和国の建国を宣言。日中平和友好条約は1978

年，アヘン戦争は1840～42年，辛亥革命は1911年。

7 （公民―憲法・政治のしくみなど）

問1　Aは裁判所，Bは内閣，Cは国会。国民審査は最高裁判所の裁判官に対する審査であり，裁判官を任命するのは天皇（最高裁判所の長官）と内閣（その他の裁判官）。

問2　生活保護は憲法25条の生存権を具体的に保障するもの。①は損害賠償の請求権，②は営業の自由，③は会社側の解雇権に対し判決は差別的取り扱いとして無効と判断。

重要　問3　各議院の総議員の3分の2以上の賛成で国会が発議，国民投票で過半数の賛成を必要と規定。

8 （公民―労働問題・価格・企業など）

重要　問1　バブル崩壊以降コスト削減のため非正規雇用が拡大，現在では全労働者の4割近くに達している。年功序列から能力主義に，組合への加入は可能，過労死問題は依然として残っている。

問2　所得や人口増，減税，流行などで需要が増えると曲線は右に移動して価格は上昇する。

問3　株式会社は低コストで資金調達ができるうえ責任も出資額の範囲という有限責任から広く普及した会社形態。貸出利率は銀行が主導，預金者は利息，株式による調達は直接金融。

問4　違反すると不法行為となり損害賠償の対象にもなる。製造物製造法では企業は無過失責任，協定は消費者に不利となるので原則禁止，POSシステムは販売動向の分析に利用。

★ワンポイントアドバイス★

資料の読み取りは慣れることが一番である。過去問に当たることはもちろんだが，積極的にいろいろなパターンの資料問題に触れておくことが大切である。

## ＜国語解答＞

1　(1) イ　(2) エ　(3) ウ　(4) ア　(5) ウ　(6) ア

2　問1 イ　問2 エ　問3 ウ　問4 ア　問5 イ　問6 ウ・エ　問7 ア

3　問1 イ　問2 イ　問3 a ウ　b エ　c ア　問4 エ　問5 イ
問6 ア　問7 ウ　問8 ウ

4　問1 (a) ウ　(b) エ　問2 ア　問3 イ　問4 エ　問5 イ
問6 ア　問7 エ

○配点○

1 各2点×6　2 問1・問3・問6・問7　各3点×5　他 各4点×3

3 問1・問3　各2点×4　問2 3点　他 各4点×5

4 問1 各3点×2　他 各4点×6　計100点

## ＜国語解説＞

1 （漢字の読み書き）

(1)　訓読みは「みき」。「カン事」は，会などの世話役のこと。　(2)　訓読みは「まこと」。忠セイ心」は，忠実で正直な心。　(3)　他の訓読みは「とも」。音読みは「キョウ」「ク」で，「供給」「供物」などの熟語がある。　(4)　訓読みは「はがね」。「コウ鉄」は，きわめて強い鉄のこと。

(5)　訓読みは「ぬの」。「布」を使った熟語は，他に「布団」「配布」などがある。　(6)　訓読みは「しお」。「風チョウ」は，時代とともに変わっていく世の中の傾向のこと。

**2**　**(随筆―内容吟味，文脈把握，品詞・用法，古文の口語訳，文学史，表現技法)**

基本　問1　直前に「平安時代も十一世紀になると」とある。平安時代の宮廷生活を描いた作品を選ぶ。

問2　「言はむ方なく」は，言う方法がないほど，と考える。「をかし」は趣深いという意味。

問3　ア・イ・エは，自立語で活用があり，言い切りの形が「い」で終わるので，形容詞。ウは付属語で，活用があるので，打消しの意味を表す助動詞。

重要　問4　この後の段落の冒頭「まず」「また」「そしてまた」に着目する。それぞれの段落で「この文章が名文といえる理由」を述べた後，「この文章が，名文をもって聞こえる理由も，そこにあるにちがいない」とまとめている。「まず」で始まる段落「何一つ，きわ立った秋の景物がない」，「そしてまた」で始まる段落の直後の段落「あれこれの景物が一つの生命体をなして感じられることこそ，自然の季節を深めゆく営み」という内容にふさわしい理由を選ぶ。

問5　直後の文の「三者三様，山，沢，浦と場所をかえて，秋の夕ぐれという同じ季節の同じ時刻を歌う形をとる。日本列島の中で，それぞれの地勢に応じて，秋の夕ぐれはこのようですよと，いってもいい」から理由を読み取る。

やや難　問6　傍線部(5)の「こうしたもの」が指し示しているのは何かを考える。「こうしたもの」は，筆者が「中世的な秋」の点景としているもので，寂蓮法師の歌の「槇立つ山」，西行法師の歌の「鴫立つ沢」，定家の「浦の苫屋」を指し示している。これらにあてはまらないものを選ぶ。

問7　いずれの歌も「秋の夕暮れ」と体言で終わらせている。また，いずれの歌も上の句と下の句を逆にして表現している。

**3**　**(論説文―大意・要旨，内容吟味，文脈把握，接続語の問題，脱文・脱語補充，語句の意味，ことわざ・慣用句)**

問1　直前の「枚挙」は「まいきょ」と読み，一つ一つ数えあげること。「枚挙に［　A　］がない」で，あまりに多すぎて数えきれない，という意味になる。

基本　問2　読みは「ぎょくせきこんこう」。宝石と石が交じりあっているという元の意味から考える。

問3　a　直前の「確からしさを正確に把握して峻別」する例を，後で「医学の世界で提唱されている evidence-based medicine(EBM)という考え方」と挙げているので，例示の意味を表す語が入る。　b「意欲的な試みと言える」という前に対して，後で「こういった非専門家でも理解しやすい情報が……実際は深刻な議論がある」と相反する内容を述べているので，逆接の意味を表す語が入る。　c　「現在の社会で『科学的な根拠』の確からしさを判断する方法として採用されているのは，この権威主義に基づいたものが主であると言わざるを得ない」という前に対して，当然予想される反論を後で「こういった権威ある賞に選ばれたり，権威ある雑誌に論文が掲載される……それに耐えてきた知見はそうでないものより強靭さをもっている傾向が一般的に認められる」と述べているので，当然，無論という意味を表す語が入る。

問4　同じ文の「現実に合わない，現実を説明していない仮説が提出されることは，科学において日常茶飯事」「医学生物学論文の70％以上で結果を再現できなかった」から，「衝撃的」とする理由を読み取る。

問5　傍線部(2)の「それ」は，科学において「仮説の適応度をさらに上げる修正仮説が提出されるサイクルが繰り返される」様子を指しており，この様子が「生物の『適者生存』のよう」と述べている。傍線部(2)の直後の文の「科学は『生きて』おり，生物のように変化を生み出し，より適応していたものが生き残り，どんどん成長・進化していく」という説明に合うものを選ぶ。

問6　傍線部(3)の直前に「そのような」とあるので，前の内容に注目する。直前の段落に「もし

100%正しいところまで修正されていたとしても，それを完全な100%，つまり科学として『それで終わり』と判定するようなプロセスが体系の中に用意されていない。どんなに正しく見えることでも，それをさらに修正するための努力は，科学の世界では決して否定されない」とあり，これが，科学的知見が「原理的に不完全」であることの根拠となっている。

問7 「神託」は神のお告げのことで，直前の文の「行き過ぎた権威主義」を喩えている。「行き過ぎた権威主義」に基づいて，科学者が，傍線部(4)の直後にあるように「科学に従事している研究者の言うことなら正しい」とし，「非専門家からの批判は無知に由来するものとして……高圧的かつ一方的に封じ込めてしまうような」態度をとることをいっている。

重要 問8 「しかし，なんと言えば」で始まる段落の内容にウが合致する。

**4 (小説—情景・心情，内容吟味，文脈把握，脱文・脱語補充，語句の意味，古文の口語訳)**

問1 (a) 「おろす」には，下の方へ移すという意味の他に，新しく使い始めるという意味がある。
(b) 他に，かわいらしい，従順な，けなげな，などの意味がある。

問2 傍線部(1)の「まだ赤ちゃんなんだ」は，直前の文の「通路を走って転んだり，カートにしがみついている小さな子どもたち」に対するものである。一つ前の段落の「家族連れでにぎわう店内を一人で歩いているうちに，なにかとても勇気ある，ほかの子どもにはなかなか真似のできない，立派なことをしたような気持ちになってきた」をふまえ，「わたし」の気持ちを推察する。

問3 直後の段落の「横の車道ではひっきりなしに，車がわたしを追いこしていった。そのうちの一台が速度をゆるめて助手席の窓を開け，なかにいる父が姉と声を合わせてわたしの名前を呼ぶところを想像した」に着目する。「わたし」は，車に乗った父と姉が自分を見つけてくれることを，心の底では期待していることが読み取れる。

問4 傍線部(3)は，一つ前の段落の「遠ざかっていくその車は……父の車だった。一瞬だったけれども，後部座席の左側にだれかが座っているのがみえた。顔はこちらを向いていた」のを見たときの，「わたし」の様子である。設問の注釈にあるように，「わたし」が座るはずの後部座席に「わたし」の知らない誰かを乗せて父の車が走り去っていったときの心情を想像する。傍線部(3)の「周りの景色はぼやけ」は涙が浮かんでいる様子を表し，「お腹の底が冷たくなった」からは「わたし」の言い知れない恐怖の気持ちが感じ取れる。

問5 「わたし」が言いかけたのは「スーパーマーケットからだよ」という言葉である。「わたし」は，「家からひとりで歩いてきたの？」という姉の言葉をおかしいと思い，さらに，「ふたりとも，わたしが覚えていた格好とはすこしだけちがっていた」ことに気づいて，戸惑いを覚えていることを読み取る。

やや難 問6 「その星」とは，北極星のこと。直後の文「かぼそい光を強く目に焼きつけた。これから先，またひとりぼっちになることがあっても，二度とその光を見失わないように……」から，「わたし」の心情を想像する。北極星について，「空の高いところ」で始まる段落に「夜じゅうずっとおなじ場所で光っていて……旅人たちに帰り道を教えたという星……家の庭から何度も姉と見たことのある星なのに，いまはどんなに目をこらしてもみつけられない」とあり，その後の「もしもう一度」で始まる段落では，「わたし」が，家族がいることのありがたさを思い知り，二度と家族を困らせたりしないと「こころに誓った」様子を描写している。ここから，「わたし」にとって北極星は家族のもとに自分を導いてくれるもので，「みつめつづけた」という表現からは，家族のありがたさを決して忘れまいと心に刻む様子がうかがわれる。

重要 問7 冒頭の文「スーパーの中は明るかった」，その後スーパーを出て道を歩いているうちに「いつのまにか，すっかり日は暮れていた。対向車のヘッドライトがまぶしい。スーパーのなかではからだじゅうに満ちあふれていた力が，もうどこにもなかった。気づけば目から，涙がぽろぽろあふれていた」とあるように，それぞれの場面の光の描写と主人公の「わたし」の心情とを重ね合わせて表現している。

**★ワンポイントアドバイス★**

傍線部の前後をしっかり読みこむという基本を大切にしよう。傍線部前後の表現が，選択肢ではどのように置き換えられているのか，しっかりとらえることがポイントだ。

# 2019年度

★★★★★★★★★★★★★★★★★★★★★★★

# 入　試　問　題

## 2019年度

# 国立高等専門学校入試問題

**【数　学】**（50分）〈満点：100点〉

**【注意】** 1　定規，コンパス，ものさし，分度器及び計算機は用いないこと。

2　分数の形の解答は，それ以上約分できない形で解答すること。

3　解答に負の符号がつく場合は，負の符号は，分子につけ，分母にはつけないこと。

4　根号を含む形で解答する場合，根号の中に現れる自然数が最小となる形で解答すること。

**1**　次の各問いに答えなさい。

(1)　$\frac{2}{3}\div\left(-\frac{4}{9}\right)+(-2)^2\times\frac{1}{5}$ を計算すると $\frac{\boxed{\text{アイ}}}{\boxed{\text{ウエ}}}$ である。

(2)　$\frac{1}{\sqrt{75}}\times\frac{\sqrt{45}}{2}\div\sqrt{\frac{3}{20}}$ を計算すると $\boxed{\text{オ}}$ である。

(3)　2次方程式 $x^2-3x-1=0$ を解くと $x=\frac{\boxed{\text{カ}}\pm\sqrt{\boxed{\text{キク}}}}{\boxed{\text{ケ}}}$ である。

(4)　$y$ は $x$ に反比例し，$x=2$ のとき $y=9$ である。このとき，$x$ の値が2から6まで増加するときの変化の割合は $\frac{\boxed{\text{コサ}}}{\boxed{\text{シ}}}$ である。

(5)　50円硬貨3枚と100円硬貨2枚がある。この5枚の硬貨を同時に投げるとき，表が出た硬貨の合計金額が150円となる確率は $\frac{\boxed{\text{ス}}}{\boxed{\text{セソ}}}$ である。ただし，これらの硬貨を投げるとき，それぞれの硬貨は表か裏のどちらかが出るものとし，どちらが出ることも同様に確からしいものとする。

(6)　下の表は生徒10人が最近1か月に読んだ本の冊数を示したものである。この10人が読んだ本の冊数の平均値は $\boxed{\text{タ}}.\boxed{\text{チ}}$ 冊であり，中央値(メジアン)は $\boxed{\text{ツ}}$ 冊である。

| 生　徒 | A | B | C | D | E | F | G | H | I | J |
|---|---|---|---|---|---|---|---|---|---|---|
| 冊数(冊) | 1 | 0 | 2 | 10 | 8 | 6 | 1 | 5 | 9 | 3 |

(7)　右の図のように，円Oの周上に5点A，B，C，D，Eをとる。線分ACは円Oの直径であり，$\overset{\frown}{BC}=\overset{\frown}{CD}=\overset{\frown}{DE}$，$\angle BAC=15°$ である。線分ACとBEの交点をFとするとき，$\angle AFE=\boxed{\text{テト}}°$ である。

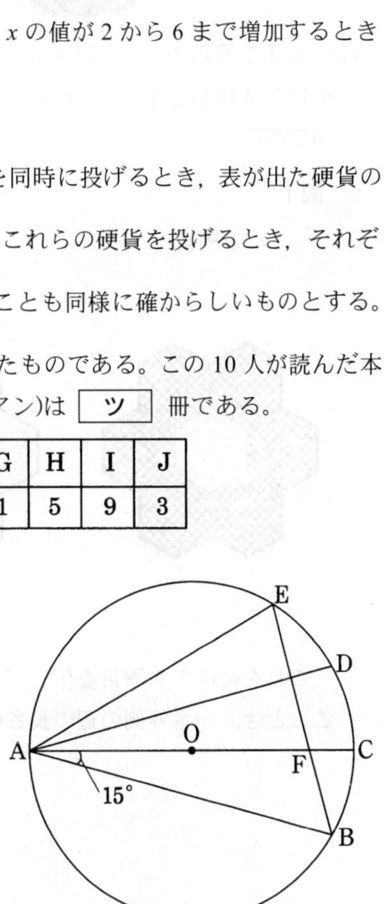

(8) 右の図のように，平行四辺形 ABCD の辺 AD 上に AE：ED＝2：1 となる点 E をとり，辺 AB 上に AF：FB＝1：2 となる点 F をとる。線分 BE と CF の交点を G とするとき，FG：GC を最も簡単な自然数の比で表すと [ナ]：[ニ] である。

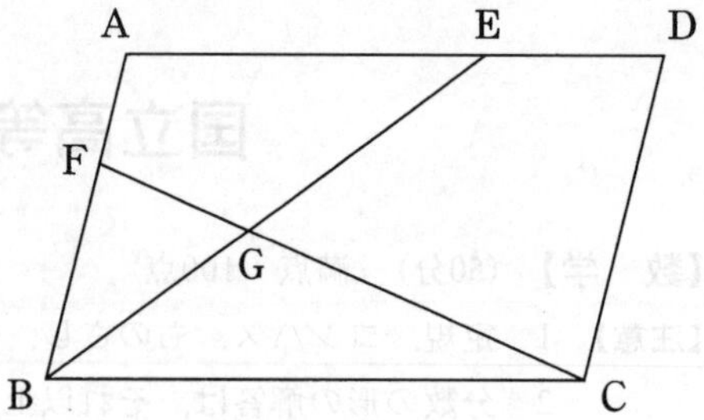


**2** 底面の 1 辺が 5mm の正六角柱の鉛筆を，**写真 1**，**写真 2** のように束ね，床においた。このとき，次の各問いに答えなさい。

**写真 1**

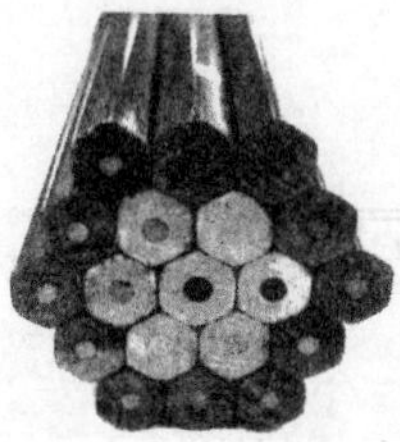

**写真 2**

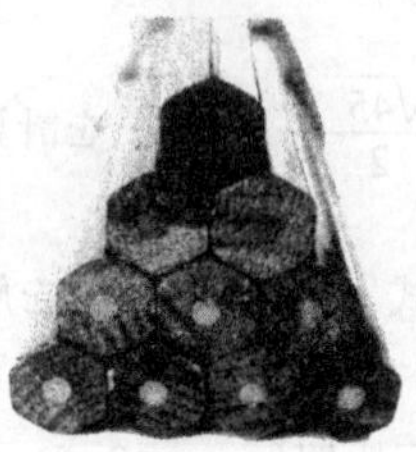

(1) 鉛筆を**写真 1** のように束ねる。**図 1** は，鉛筆を 1 周目として，1 本のまわりに隙《すき》間なく束ね，続けて 2 周目として，1 周目のまわりに隙間なく束ねたものを，鉛筆の六角形の面の方からみた図である。

**図 1**

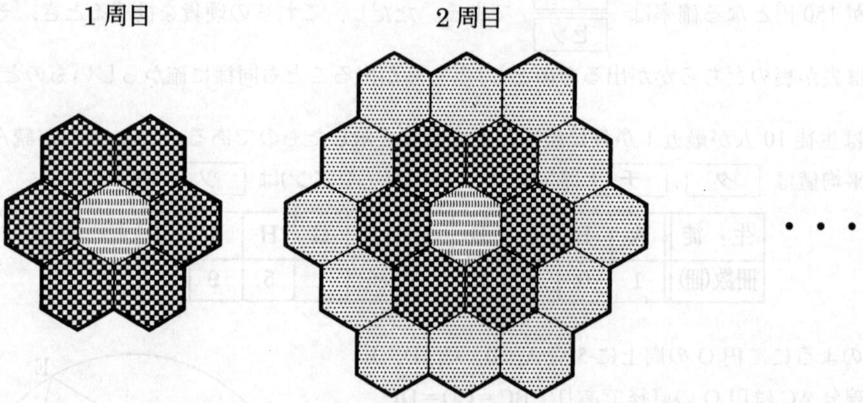


これを続けて 6 周目を作って束ねたとき，一番外側の鉛筆の本数は [アイ] 本である。また，このとき，一番外側の辺の長さの合計（**図 1** の太線部分）は [ウエオ] mm である。

(2) 鉛筆を**写真 2** のように束ねる。**図 2** は，床に接する鉛筆が 2 本で，2 段の鉛筆を束ね，続けて床に接する鉛筆が 4 本で，4 段の鉛筆を束ねたものを，鉛筆の六角形の面の方からみた図である。

**図 2**

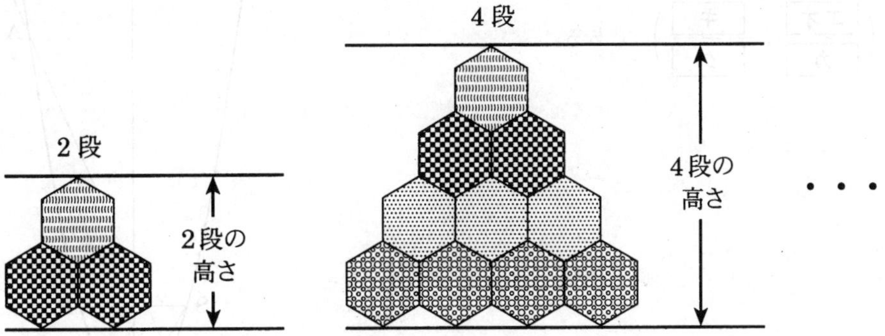


床に接する鉛筆が $2n$ 本で，$2n$ 段の鉛筆を束ねたとき，この束の高さは，$n$ を用いて表すと

$$\boxed{\text{カキ}}\,n+\frac{\boxed{\text{ク}}}{\boxed{\text{ケ}}}\ \text{(mm)}$$

である。また，束の高さが 182.5mm のとき，床に接する鉛筆は $\boxed{\text{コサ}}$ 本である。

$\boxed{3}$ 右の**図 1** のように，関数 $y=ax^2$ のグラフと関数 $y=mx+n$ のグラフが 2 点 A，B で交わっていて，次の 3 つの条件を満たしている。

① 関数 $y=ax^2$ について，$x$ の変域が $-\frac{1}{3}\leqq x\leqq 1$ のとき，$y$ の変域は $0\leqq y\leqq 3$ である。

② 点 A の $x$ 座標は 1，点 B の $x$ 座標は $-\frac{1}{3}$ である。

③ 点 P は関数 $y=ax^2$ のグラフ上にあり，原点 O と点 A の間を動く。

このとき，次の各問いに答えなさい。

(1) $a$ の値は $\boxed{\text{ア}}$ である。

(2) $m$ の値は $\boxed{\text{イ}}$，$n$ の値は $\boxed{\text{ウ}}$ である。

**図 1**

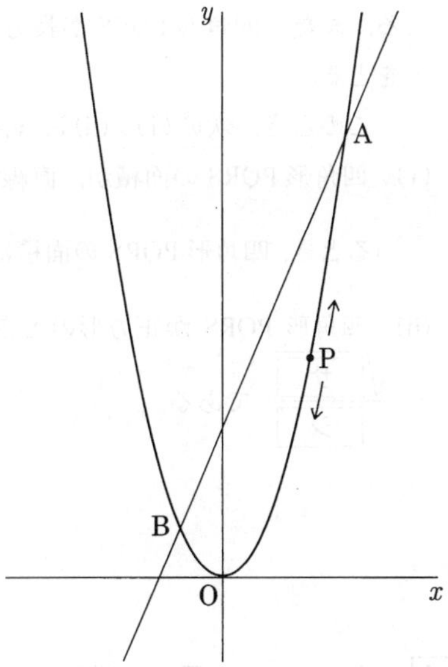

(3)　右の図 2 のように，点 P を通り，$x$ 軸に平行な直線と関数 $y=ax^2$ のグラフの交点を S とする。点 P の $x$ 座標が $\dfrac{1}{2}$ のとき，直線 AB と直線 OS の交点の座標は $\left(\dfrac{\boxed{\text{エオ}}}{\boxed{\text{カ}}},\ \dfrac{\boxed{\text{キ}}}{\boxed{\text{ク}}}\right)$ である。

図 2

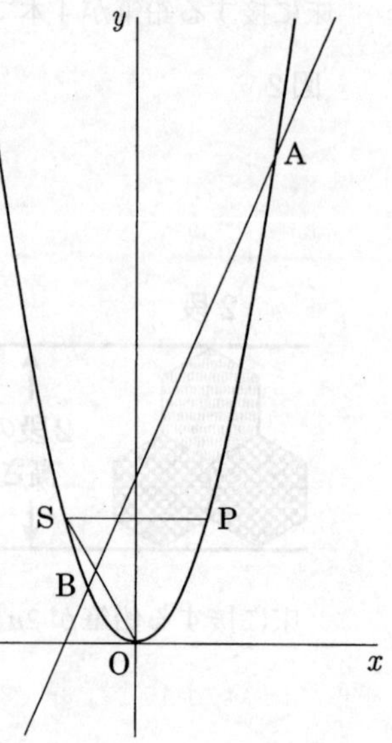


(4)　右の図 3 のように，点 P を通り，$y$ 軸に平行な直線と直線 AB の交点を Q とし，点 P を通り，$x$ 軸に平行な直線と関数 $y=ax^2$ のグラフの交点を S とする。また，四角形 PQRS が長方形となるように点 R をとる。

　このとき，次の(i)，(ii)に答えなさい。

(i)　四角形 PQRS の面積が，直線 AB で二等分されているとき，四角形 PQRS の面積は $\dfrac{\boxed{\text{ケ}}}{\boxed{\text{コ}}}$ である。

(ii)　四角形 PQRS が正方形のとき，点 P の $x$ 座標は $\dfrac{\sqrt{\boxed{\text{サ}}}}{\boxed{\text{シ}}}$ である。

図 3

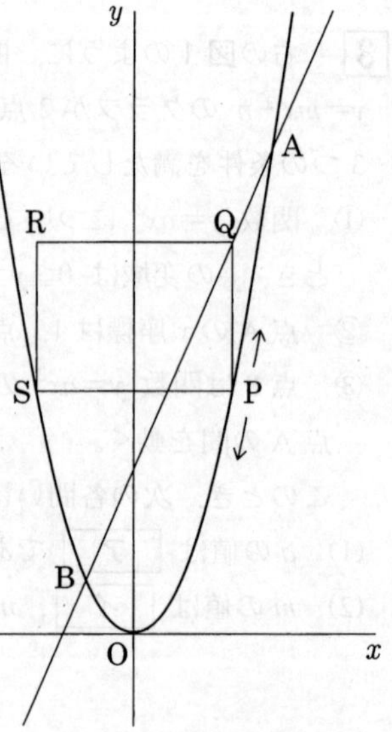


**4**　次のページの図 1 は，横の長さが $17\sqrt{5}$ cm の長方形の紙にぴったり入っている円錐《すい》A の展開図であり，底面の中心とおうぎ形の中心を結ぶ直線は，円錐 A の展開図の対称の軸である。図 2 は，球 O に円錐 A がぴったり入っている様子を表した見取図であり，図 3 は，円錐 A に球 O′ がぴったり入っている様子を表した見取図である。図 4 は，図 2 と図 3 を合わせたものである。

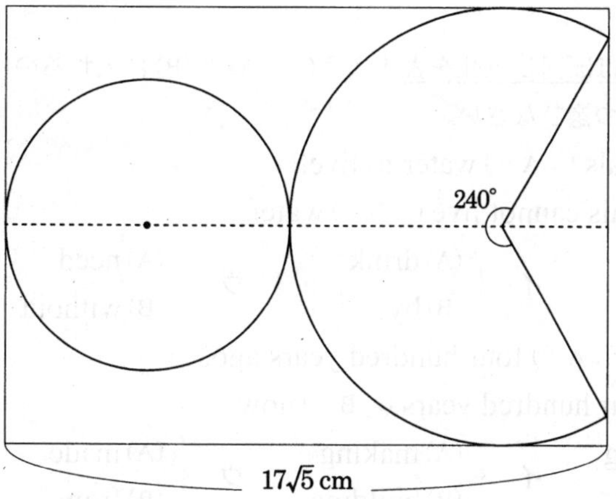


図 1

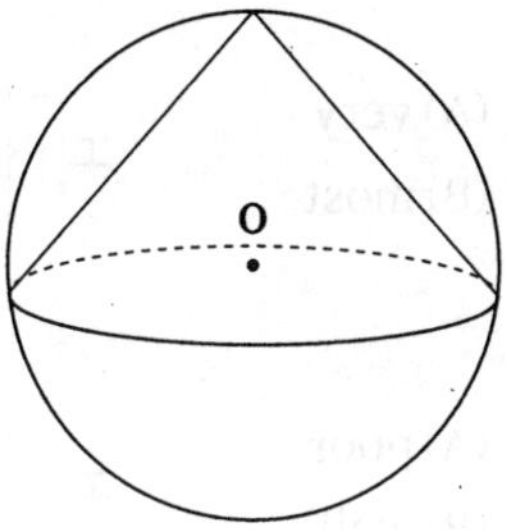


図 2

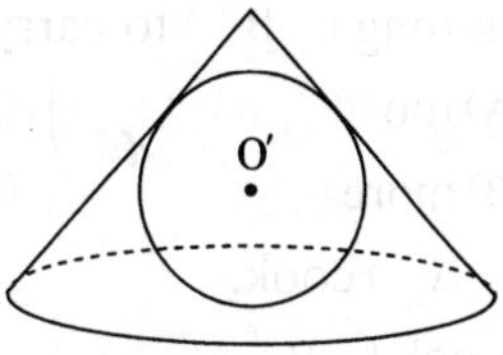


図 3

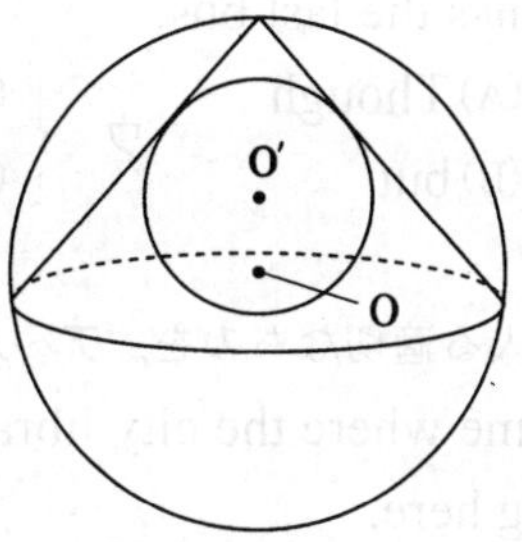


図 4

このとき，次の各問いに答えなさい。

(1)　円錐 A の底面の半径は $\boxed{\text{ア}}\sqrt{\boxed{\text{イ}}}$ cm である。

(2)　円錐 A の高さは $\boxed{\text{ウエ}}$ cm である。

(3)　球 O の半径は $\boxed{\text{オ}}$ cm である。

(4)　円錐 A の体積を $V$，球 O′ の体積を $W$ として $V : W$ を最も簡単な自然数の比で表すと $\boxed{\text{カキ}} : \boxed{\text{ク}}$ である。

(5)　球 O の中心と球 O′ の中心の間の距離は $\boxed{\text{ケ}}$ cm である。

**【英　語】**（50分）〈満点：100点〉

**1**　次の各組の英文がほぼ同じ意味を表すように，(A)と(B)に入れるのに最も適当な組み合わせを**ア**～**エ**の中から一つずつ選びなさい。

(1) Plants and animals (　A　) water to live.
Plants and animals cannot live (　B　) water.

| | | | |
|---|---|---|---|
| ア (A) want / (B) on | イ (A) drink / (B) by | ウ (A) need / (B) without | エ (A) use / (B) for |

(2) This castle was (　A　) four hundred years ago.
This castle is four hundred years (　B　) now.

| | | | |
|---|---|---|---|
| ア (A) building / (B) age | イ (A) making / (B) building | ウ (A) made / (B) from | エ (A) built / (B) old |

(3) Tom is (　A　) strong that he can carry the heavy box.
Tom is strong (　B　) to carry the heavy box.

| | | | |
|---|---|---|---|
| ア (A) too / (B) more | イ (A) so / (B) enough | ウ (A) very / (B) most | エ (A) such / (B) much |

(4) I'm a (　A　) cook.
I can't cook (　B　).

| | | | |
|---|---|---|---|
| ア (A) nice / (B) good | イ (A) wrong / (B) bad | ウ (A) poor / (B) well | エ (A) better / (B) much |

(5) (　A　) you don't hurry up, you will miss the last bus.
Hurry up, (　B　) you will miss the last bus.

| | | | |
|---|---|---|---|
| ア (A) If / (B) or | イ (A) Though / (B) but | ウ (A) When / (B) however | エ (A) Because / (B) and |

**2**　次の1～5の会話文の(　　)に入る適切なものを，**ア**～**エ**の中から一つずつ選びなさい。

1　A：Excuse me. Can you tell me where the city library is?
B：I'm sorry. I'm just visiting here.
A：Oh, I see. (　　　)

ア　I'll visit here.
イ　Here you are.
ウ　I'll ask someone else.
エ　Help yourself.

2　A：Hello. This is John. May I speak to Mr. Tanaka?
B：Sorry, but he's not here now. (　　　)
A：Yes, please. Could you tell him that I'll be late for school?

ア　Can I leave a message?
イ　Can I take a message?
ウ　Can I tell you something?

エ　Can I ask you something?

3　A：Here is a T-shirt I bought for you in Tokyo.
B：Thank you. Where in Tokyo did you buy it?
A：In Harajuku. (　　)
B：Just once. I enjoyed shopping along the street.

ア　Have you ever been there?
イ　When did you buy it?
ウ　How did you go there?
エ　Where have you been?

4　A：We are planning to go swimming this Sunday. Would you like to come?
B：Thanks, but I'm busy this weekend.
A：That's too bad. (　　)
B：OK. Can I bring my brother with me?
A：Sure.

ア　How about next Saturday?
イ　Last Sunday was nice.
ウ　Are you tired?
エ　Have a good time.

5　A：We will have a birthday party for Lisa in the afternoon. Will you help me?
B：OK, Mom. How can I help you?
A：Will you put the cups on the table?
B：Sure. (　　)
A：Six, please.

ア　How old are they?
イ　How much do you need?
ウ　How often do you need?
エ　How many do you need?

3　次の文章は，ロケット(rocket)の製作に情熱を傾けたアメリカ人 Robert Goddard に関するものです。これをよく読んで，後の問いに答えなさい。

Robert Goddard was one of the first American scientists who believed that rockets could fly to the moon. Before Goddard was born, rockets were only used as fireworks or as weapons in wars. Most scientists didn't think that rockets could ( 1 ) to travel into space.

Robert Goddard first started thinking about using rockets for space travel in high school. He graduated from high school in 1904 and made his first rocket while he was a university student. It didn't fly, but he ( 2 ) trying.

Goddard studied hard and became a teacher at a university. One day, he wrote a report about his ideas. In the report, he said that rockets could go to the moon someday. But in

1920, he read a story in *The New York Times* newspaper and was ( 3 ). The story said that Goddard was wrong and rockets could never fly into space. It also said that even high school students knew ( 4 ) about science than Goddard.

Goddard was angry and worked harder to make better rockets. He wanted to make a new kind of rocket ( 5 ) used a special fuel. Finally, ( 6 ) March 16, 1926, his new rocket flew 12 meters high.

Goddard never made a rocket that could fly to the moon, but he had many good ideas. He died in 1945. Later, scientists used his ideas to make bigger and better rockets. When the first men walked on the moon in 1969, *The New York Times* newspaper finally said Goddard's ideas were right.

(注) firework 花火　weapon 武器　space 宇宙　graduate 卒業する
*The New York Times* ニューヨークタイムズ社(米国の新聞社)　fuel 燃料

問1　本文中の(1)～(6)に入れるのに適切なものを，ア～エの中から一つずつ選びなさい。

| | ア | イ | ウ | エ |
|---|---|---|---|---|
| (1) | use | used | be used | be using |
| (2) | hoped | kept | stopped | wanted |
| (3) | agreed | learned | shocked | watched |
| (4) | little | many | much | more |
| (5) | that | these | this | those |
| (6) | at | in | on | with |

問2　本文の内容と合うものを次のア～オの中から二つ選びなさい。

ア　When Goddard was a high school student, he studied fireworks as weapons.
イ　Goddard made his first rocket when he was a university student.
ウ　Goddard became a high school teacher after he graduated from university.
エ　Goddard was the first man who made a rocket which could fly to the moon.
オ　An American newspaper said Goddard's ideas were right after he died.

4　次の1～5の会話文の(　　)内の語句を並べ替え，それぞれの文を完成しなさい。解答は，(　　)内において３番目と５番目にくるものの記号を選びなさい。なお，文頭にくる語も小文字で書かれています。

1　A：This temple is famous for its beautiful garden.
　B：I know. I (ア are　イ heard　ウ on　エ painted　オ the pictures　カ the walls) also beautiful.

2　A：(ア for　イ minutes　ウ more　エ than　オ twenty　カ walking) every day is good for our health.
　B：Yes. I run every morning.

3　A：It's so cold today. Will you (ア drink　イ give　ウ hot　エ me　オ something　カ to)?
　B：OK. How about hot milk?

4　A：Excuse me. (ア arrive　イ at　ウ train　エ Yokohama　オ which

カ will) before noon?

B：Take the next train on Track 2.

5 A：(ア does イ from ウ how エ it オ long カ take) here to the city museum by taxi?

B：About ten minutes.

**5** 次の文章および下の表をよく読んで，後の問いに答えなさい。なお，解答に際しては，問題文に書かれている事実以外を考慮する必要はありません。

Takashi is a junior high school student. He lives with his parents and a sister. His sister is a college student. Mayumi is Takashi's classmate. She lives next to his house. Mayumi has a sister, too. She is an elementary school student. The two families like movies very much.

One Friday afternoon, Takashi's family went to a movie theater. They arrived there at four thirty and chose movies to see. Takashi and his father hurried to buy their tickets because their movie was going to begin in a few minutes. The movie started as soon as they sat in their seats. Takashi's sister chose a different movie and her mother also liked it. They bought tickets and waited for about half an hour before their movie started. After the family enjoyed the movies, they went home together.

The next morning, Takashi saw Mayumi and talked about the movie he saw with his father. She was very excited to hear about it and wanted to see the movie. Then she asked her father to take her to the theater, but he said he had to see the dentist that day. So, they decided to go to the movie the next day. Her mother and sister said they would like to join them. Her father reserved four movie tickets for his family on the Internet.

The next morning, Mayumi's family went to see the movie. They enjoyed the movie very much. After that, they had lunch and went shopping.

（注） movie theater 映画館 reserve 予約する

| 基本料金 | | | |
|---|---|---|---|
| 大人 | 大学生 | 中・高校生 | 小学生 |
| 1,800 円 | 1,500 円 | 1,000 円 | 800 円 |

| インターネット予約特別料金 | |
|---|---|
| 大人 1,800 円を 1,500 円に | 大学生以下は基本料金と同額 |

| 特別料金（大学生以上） | |
|---|---|
| 毎週月曜日・男性 | 1,100 円 |
| 毎週金曜日・女性 | 1,100 円 |

| タイトル | 上映時間 | | |
|---|---|---|---|
| Stories of Love | 9:45～11:45 | 15:00～17:00 | 18:25～20:25 |
| The Robot War | | 14:15～16:00 | 16:35～18:20 |
| The World of Animals | 9:35～11:20 | 13:35～15:20 | 16:35～18:20 |
| Jack the Rabbit | 9:05～10:40 | | 17:05～18:40 |

［問い］　本文の内容から考えて，次の1～5の英文の(　　)に入る適切なものをア～エの中から一つずつ選びなさい。なお，映画のチケットは利用可能な最も安い料金で購入したものとして計算すること。

1　The movie that Takashi's mother and sister saw was (　　).

ア　Stories of Love

イ　The Robot War

ウ　The World of Animals

エ　Jack the Rabbit

2　Takashi's family spent (　　) to see the movies.

ア　4,900 yen　　イ　5,000 yen　　ウ　5,400 yen　　エ　6,100 yen

3　Takashi waited for his mother and sister for about (　　) before they went home.

ア　10 minutes　　イ　15 minutes　　ウ　20 minutes　　エ　30 minutes

4　Mayumi's family spent (　　) to see the movie.

ア　4,000 yen　　イ　4,800 yen　　ウ　5,000 yen　　エ　5,400 yen

5　The movie that Mayumi saw was (　　).

ア　Stories of Love

イ　The Robot War

ウ　The World of Animals

エ　Jack the Rabbit

**6**　次の文章をよく読んで，後の問いに答えなさい。

About 5,000 years ago, people in Egypt made bread with flour and water. They cooked the bread in the sun. When they traveled, they took bread with them. Other people also learned to make it. Bread became an important food in many places.

It is an old tradition to share bread and other food with friends. This tradition is called "breaking bread." The word "companion" (another word for "friend") tells us about this tradition. *Com* is an old word for "with" and *panis* is an old word for "bread." So a companion is "[ 1 ]," a friend.

In every country, family meals are an important tradition. But today people are often busy, and they cannot always eat with their family. Many years ago, the big meal of the day in France was lunch. But today many people are at work or at school at lunch time. So now, [ 2 ]. They often sit down at about 8:00 p.m. to eat and talk for an hour or two.

[ A ] → [ B ] → [ C ]

In some countries, there are traditional times for snacks. In England, for example, people ate a snack between breakfast and lunch called "elevenses." At 11:00 a.m. some people still [ 3 ].

In Spanish, "eleven" is *once*. In Chile, there is snack called *once*. People eat bread, meat, and cake. They drink tea or coffee and talk with friends. But people in Chile don't have their *once* at 11:00 in the morning. They have it around 5:00 in the afternoon.

In the past, many families worked on farms. On holidays and at harvest time, they had "feasts." A "feast" is a very large meal people eat with family and friends. Today, [ 4 ], but there are still traditional harvest feasts in the United States and Canada.

（注） Egypt エジプト　flour 小麦粉　at work 仕事中の　Spanish スペイン語　Chile チリ
in the past 昔は　farm 農場

問1 本文第１段落中の下線部を説明した文として適切なものを，次のア～ウの中から一つ選びなさい。

ア They made bread which looked like the sun.

イ They used energy from the sun to make bread.

ウ They traveled and made bread in many places.

問2 本文中の空所 [ 1 ] に入れるのに適切なものを次のア～ウの中から一つ選びなさい。

ア a person with bread

イ an old tradition with

ウ sharing breakfast with

問3 本文中の空所 [ 2 ] に入れるのに適切なものを次のア～ウの中から一つ選びなさい。

ア every family has a big lunch and a small dinner

イ a few families have a small lunch and a big dinner

ウ many families have a small lunch and a big dinner

問4 本文中の一つの段落を構成する空所 [ A ]～[ C ] には次の①～③の英文が入ります。文脈に合うように正しく並べ替えたものを下のア～ウの中から一つ選びなさい。

① Then they eat a small dinner very late, at about 9:00 p.m.

② So, families can eat a big lunch together.

③ In Spain, however, many stores and companies close for lunch.

ア ①→②→③　　イ ②→③→①　　ウ ③→②→①

問5 本文中の空所 [ 3 ] に入れるのに適切なものを次のア～ウの中から一つ選びなさい。

ア eat too much and don't walk or play outside

イ stop working and have tea with bread or cake

ウ feel hungry but they work hard until lunch time

問6 本文中の空所 [ 4 ] に入れるのに適切なものを次のア～ウの中から一つ選びなさい。

ア fewer families work on farms

イ many people eat three big meals and lots of snacks

ウ many adults and children are often busy at lunch time

問7 本文の内容と合うものを次のア～ウの中から一つ選びなさい。

ア Families in the U.S. don't have traditional harvest feasts any more.

イ The tradition of family meals is important in every country.

ウ People have traditional times for meals because they work for a long time.

**【理　科】**（50分）〈満点：100点〉

**【注意】**　定規，コンパス，ものさし，分度器及び計算機は用いないこと。

**1**　地球，月，太陽に関する，問1から問3に答えよ。

問1　図１は月面上のある位置Ａから撮った写真を模式的に表したものである。ただし，上半分が光っている天体は地球で，その左端が北極であった。地球の周りは暗く，月面は明るい。暗い空間と月面の境は，遠くに見える月の地平線を表している。

図１

1　この写真の撮影者が位置Ａで，地球を正面にして立っていたとすると，撮影者に対して太陽はどこにあることになるか。次のアからカの中から最も適当なものを一つ選べ。

ア　太陽は撮影者の正面にあり，月の地平線の下に隠れている。

イ　太陽は撮影者の正面にあり，地球の裏側に隠れている。

ウ　太陽は撮影者の頭の真上近くにある。

エ　太陽は撮影者の背中の方にあり，月の地平線の上に出ている。

オ　太陽は撮影者の背中の方にあり，月の地平線の下に隠れている。

カ　太陽は撮影者の足下の方にあり，位置Ａから見て月の裏側に隠れている。

2　図１でこの写真を撮影した時，地球の北極から月が見えたとすると，どのような形に見えるか。次のアからエの中から最も適当なものを一つ選べ。

ア　ほぼ新月

イ　ほぼ上弦の月

ウ　ほぼ満月

エ　ほぼ下弦の月

問2　仮に，地球の直径が２倍になったとすると，どのような現象に影響が出ると予想できるか，次のアからオの中から最も適当なものを一つ選べ。

（ここではあくまでも「直径」だけが２倍になり，「質量」や「回転運動の様子」など，他の要素は全く変わらなかったとする。）

ア　地球からは皆既日食が観察できなくなる。

イ　地球からは皆既月食が観察できなくなる。

ウ　地球から観測できる皆既月食の継続時間が変化する。

エ　月の満ち欠けに変化が起き，半月が地球から観察できなくなる。

オ　月の満ち欠けに変化が起き，三日月の形が変化する。

問3　月は空の高いところに見えるときよりも，地平線近くに見えるときの方が，なぜか大きく見えるような気がした。このことについてインターネットを使って調べ学習をして，次のような書き込み記事を見つけた。インターネットの記事には不正確な内容も含まれていることがあるので，気をつけて使わなくてはならない。次のページの１，２に答えよ。

(インターネットで見つけた書き込み記事)

「月は，高度（その天体の地平線からの角度）の違いにより，私には２倍も３倍も大きさが変化して見える気がした。月は一つしかないので，異なる高度で同時に観測して直接比べることはできない。しかし，(A)月と太陽は，部分月食が起こったときに確認できるが，見かけの大きさがほとんど同じである。(B)ある夕方太陽が沈む頃に，空高く頭の上近くに満月が見えた。良いチャンスと思い，月と太陽の見かけの大きさを，手をいっぱいに伸ばし五円玉の穴の大きさと比べてみた。結果は，両方とも見かけの大きさはほぼ同じで，五円玉の穴の中にほぼ収まった（**図２**）。よって地平線近くに見える月が大きく見えるのは，ただの錯覚である。」（太陽を見るときには遮光板も用いた）

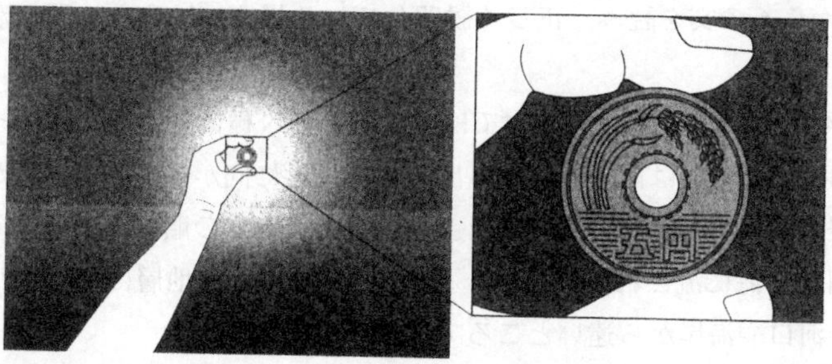


**図２**

1　下線部(A)の記述について，次の**ア**から**ウ**の中から最も適当なものを一つ選べ。

**ア**　この記述は正しい事実を述べている。

**イ**　下線部(A)の「部分月食」が，「皆既日食と金環日食」ならば，正しい。

**ウ**　下線部(A)の「部分月食」が，「皆既月食」ならば，正しい。

2　下線部(B)の記述について，次の**ア**から**エ**の中から最も適当なものを一つ選べ。

**ア**　このような観測を，実際に行うことは可能である。

**イ**　下線部(B)の「満月」が「上弦の月」であれば，そのような観測は可能である。

**ウ**　下線部(B)の「満月」が「下弦の月」であれば，そのような観測は可能である。

**エ**　下線部(B)の「満月」が「三日月」であれば，そのような観測は可能である。

**2**　地球の環境に関わる以下の文章を読んで，問1から問3に答えよ。

地球には磁場(磁界)があり，地球が大きな磁石であると考えることができる。地球が生まれてから46億年の間に(A)地球の磁場のＮ極とＳ極が入れ替わる現象が何度も起きていたことが知られており「地磁気の逆転」と呼ばれている。その証拠は地層中に残された磁力をもつ鉱物の「地層での磁力の向き」を調べることで確認することができる。最近になって日本の研究グループが千葉県にある昔の(B)海で堆積した地層を研究した結果，一番新しいＮ極とＳ極の入れ替わりが約77万年前であったことを示す証拠を見つけた。この「約77万年前」という年代は，(C)地層中の火山灰に含まれる鉱物の詳細な化学分析をおこなって明らかにしたもので，さらに(D)堆積物の中に保存されていた化石を分析することによって当時の(E)気候の変化もわかってきている。過去の地球環境の変化を明らかにすることによって，今後の地球環境の変化を予測することにもつながるため，さらなる研究の進展が期待されている。

問1　次の1から4の文章で説明している鉱物や岩石を，それぞれ下の**ア**から**ク**の中から一つずつ選べ。

1　火山灰などに含まれ，無色もしくは白色の鉱物

2　磁力を持ち磁石に引きつけられる性質を持つ鉱物

3　生物の死がいが海底に堆積してその後固まったもので，クギで傷をつけることができないほどかたい堆積岩

4　生物の死がいが海底に堆積してその後固まったもので，塩酸をかけると地球温暖化に影響を与えると考えられている気体を発生させる堆積岩

**ア**　チャート　**イ**　輝石《きせき》　**ウ**　黒雲母《くろうんも》　**エ**　角閃石《かくせんせき》

**オ**　長石《ちょうせき》　**カ**　カンラン石　**キ**　磁鉄鉱《じてっこう》　**ク**　石灰岩《せっかいがん》

問2　以下の1から6の文を読み，正しく説明している場合には○を，誤りがある場合には×を選べ。

1　下線部(A)に関して，現在の日本では方位磁針のN極は北をさす。よって，地球は南極の方がN極であり，磁力線は南極付近から出て北極付近に向かっていることがわかる。

2　陸地の侵食によってけずりとられた土砂は粒の大きさの順に，れき，砂，泥に区別される。その後，川から海に流されて堆積し，下線部(B)のような地層になる。れきは丸みを帯びたものが多く，河口や海岸から遠いところで堆積しやすい。

3　下線部(C)の鉱物を調べたところ，黒っぽい有色鉱物が多く含まれていた。このことから，この火山灰は激しく爆発的な噴火によってふき出したもので，この噴火によって噴出したマグマの粘りけが強かったことが予想できる。

4　下線部(D)のうち，当時の環境を推測する手がかりとなる化石のことを示準化石という。例えば，サンゴの化石があれば暖かく浅い海だったことがわかる。

5　下線部(E)には海流の変化や風の流れが影響をあたえる。現在の日本列島の上空では偏西風という強い風が常に西に向かって流れており台風の進路にも影響をおよぼしている。

6　プレパラートを作らずに鉱物や小さな化石を拡大して観察したいと考え，双眼実体顕微鏡を使ったところ，上から光を当てているため見た目の色をはっきりと観察することができ，立体的な形の特徴もくわしく観察することができた。

問3　海岸近くの地域において，夏の晴れた日中に太陽の光で地表があたためられ，陸と海との間に温度差ができた。この時にどのような風が吹くか，次の**ア**から**カ**の中から最も適当なものを一つ選べ。

**ア**　海上よりも陸上の気圧が高くなり，海から陸に風が吹く

**イ**　海上よりも陸上の気圧が高くなり，陸から海に風が吹く

**ウ**　海上よりも陸上の気圧が高くなり，海岸線と平行に風が吹く

**エ**　海上よりも陸上の気圧が低くなり，海から陸に風が吹く

**オ**　海上よりも陸上の気圧が低くなり，陸から海に風が吹く

**カ**　海上よりも陸上の気圧が低くなり，海岸線と平行に風が吹く

**3** 畑で育てているエンドウとトウモロコシの観察を行った。問1から問3に答えよ。

観察結果［エンドウ］

エンドウはつるにいくつもの花（**図1**）を咲かせていた。エンドウの花を調べると，おしべやめしべは花弁にしっかりとつつまれていた。

つるにはさや（**図2**）ができていて，中の豆は熟していた。さやを調べると，さやの根もとにはしおれた花弁と細い糸状のもの(A)が数本くっついていた。また，さやの先端にはひも状のものが残っていた。

**図1**

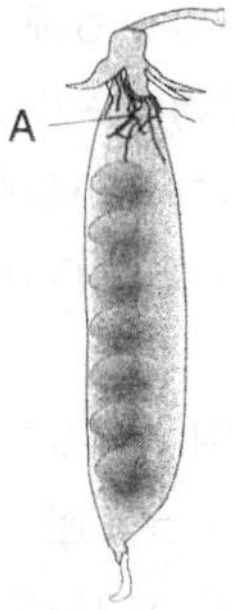


**図2**

観察結果［トウモロコシ］

トウモロコシは，雄花と雌花に分かれていて（**図3**），それぞれ花弁がなかった。十分成長したトウモロコシの実には，たくさんのひげのようなもの(B)がついていて，ひげのようなものをたどると，トウモロコシの実の一粒一粒に1本ずつつながっていた（**図4**）。

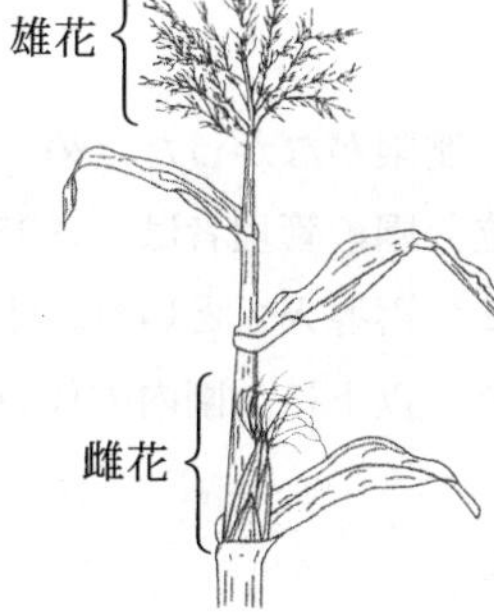


**図3**

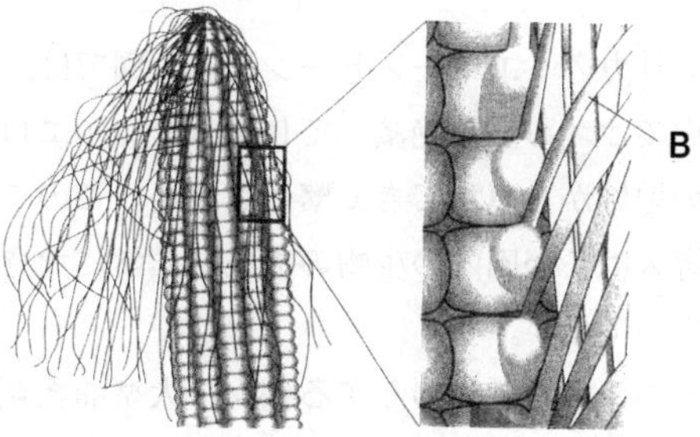


**図4**

問1　次の文章はエンドウの観察結果について述べたものである。空欄にあてはまる言葉の組み合わせとして最も適当なものを，下の**ア**から**ケ**の中から一つ選べ。

「エンドウのさやは，受粉後に（　X　）が変化した（　Y　）で，鳥などに食べられなければ，さやの数と（　Z　）の数は等しい。」

| | X | Y | Z |
|---|---|---|---|
| **ア** | 胚珠 | 種子 | めしべ |
| **イ** | 胚珠 | 種子 | 花 |
| **ウ** | 胚珠 | 子房 | やく |
| **エ** | 種子 | 子房 | 胚珠 |
| **オ** | 種子 | 果実 | 花 |

| | X | Y | Z |
|---|---|---|---|
| **カ** | 種子 | 子房 | やく |
| **キ** | 子房 | 果実 | めしべ |
| **ク** | 子房 | 果実 | 胚珠 |
| **ケ** | 子房 | 種子 | やく |

問2　観察結果にある細い糸状のもの$_{(A)}$とひげのようなもの$_{(B)}$の説明として，最も適当なものを，それぞれ次の**ア**から**オ**の中から一つずつ選べ。

**ア**　花粉がつきやすいように，先端がしめっていたり，ブラシのように分かれている。

**イ**　花がつぼみのときに，花の内部を保護している。

**ウ**　花が咲いているときには，先端に花粉の入った袋がついている。

**エ**　根で吸い上げた水を各細胞に届けている。

**オ**　受粉したときに花粉から伸び，精細胞を卵細胞に届けている。

問3　エンドウもトウモロコシも種子植物のなかまである。種子植物のなかまには，被子植物と裸子植物(a)があり，被子植物はさらに双子葉類(b)と単子葉類(c)に分類することができる。

1　エンドウやトウモロコシが(a)(b)(c)のどれにあてはまるのかを調べるには，どのような特徴がわかればよいか。次の**ア**から**カ**の中から，正しいものを三つ選べ。

**ア**　果実ができるか。

**イ**　根，茎，葉の区別があるか。

**ウ**　花粉が主に虫によって運ばれるか，風によって運ばれるか。

**エ**　花弁の根もとがくっついているか。

**オ**　葉脈がどのように枝分かれしているか。

**カ**　茎を輪切りにしたときに，維管束がどのように分布しているか。

2　エンドウとトウモロコシを(a)(b)(c)のいずれかに分類したとき，エンドウ，トウモロコシと同じなかまを，次の**ア**から**カ**の中からそれぞれ一つずつ選べ。

**ア**　マツ　　**イ**　イヌワラビ　　**ウ**　アサガオ　　**エ**　ゼニゴケ

**オ**　ツユクサ　　**カ**　シイタケ

**4**　アメリカのイエローストーン国立公園では，オオカミ狩りに制限がなかったため，1926年までに公園内でオオカミが絶滅してしまった。イエローストーン国立公園の管理者は，1995年にオオカミを別の地域から連れてきて繁殖させた。このことを「オオカミの再導入」という。オオカミの絶滅と再導入は，公園内の生物の構成に非常に大きな影響を与えた。以下に公園内の代表的な生物の特性について示す。

オオカミ：シカをはじめとする様々な大型哺乳類《ほにゅうるい》を餌にしている。

シカ　　：大型哺乳類で大きな平たい角を持つ。公園内全域に生息する。草食性で，草，木の葉，小枝や木の皮を食べる。ポプラやヤナギなど木々の若芽を好む。

ビーバー：小型の哺乳類で公園内の河川や湿地に生息する。草食性で岸辺のヤナギなどを食べる。

ポプラ　：公園内全域に生えている。成木(十分に成長した木)の高さは10mを超える。

ヤナギ　：公園内の川辺に生えている。成木の高さは平均3m程度である。

問1　右図は食物連鎖の数量的なピラミッドを示したものである。(1)オオカミ，(2)シカ，(3)ポプラは右図の**ア**から**ウ**のいずれかにあてはまる。それぞれの生物に相当する最も適当なものを**ア**から**ウ**より選べ。

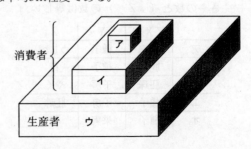

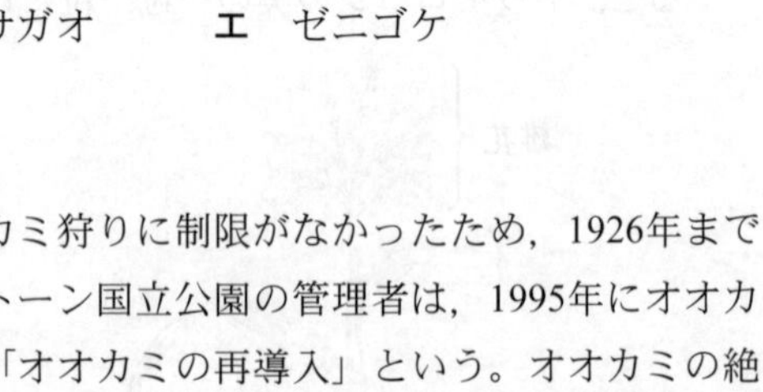

問2　国立公園におけるオオカミ絶滅後からオオカミの再導入前までに起こった生物数の変化の傾向は，次のaからfのどれか。組み合わせとして正しいものを**ア**から**ク**の中から選べ。

a　シカの数が増加した。

b　シカの数が減少した。

c　ポプラおよびヤナギの数が増加した。

d　ポプラおよびヤナギの数が減少した。

e　ビーバーの数が増加した。

f　ビーバーの数が減少した。

**ア**　a, c, e　　**イ**　a, c, f　　**ウ**　a, d, e　　**エ**　a, d, f　　**オ**　b, c, e

**カ**　b, c, f　　**キ**　b, d, e　　**ク**　b, d, f

問3　下の**ア**から**エ**のグラフは，オオカミの再導入後の(1)「オオカミの数」，(2)「シカの数」，(3)「ヤナギの成木数」，(4)「ビーバーの数」の増減を事実に基づいて模式的に表したものである。それぞれの生物にあてはまる最も適当なグラフを選べ。ただし，解答の選択肢は重複しない。

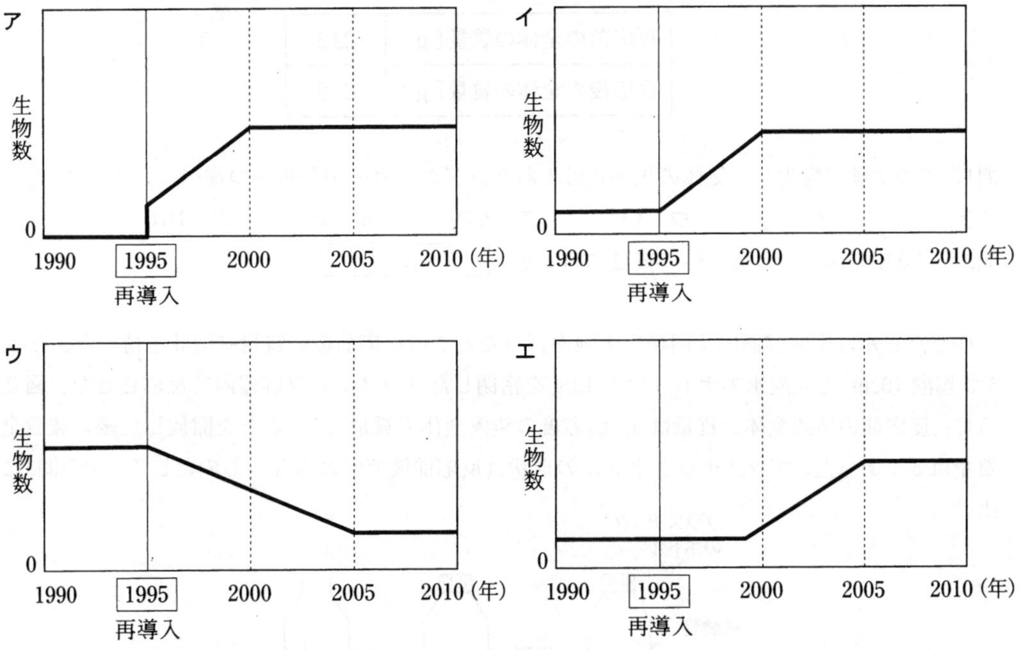


問4　以下の記述で，下線部に誤りのあるものを**ア**から**エ**の中から選べ。

**ア**　オオカミの再導入より前に，シカの個体数を人工的に減らしていたが，1968年にこれを中止したところ，シカの個体数が急速に増加した。その結果，ポプラの若い木の数が減少した。

**イ**　オオカミの再導入より前に一部の地域に「シカ除《よ》け」の囲いを設置したところ，シカ除けの内側でのみポプラの若い木が成長できた。

**ウ**　オオカミの再導入後，ポプラなどの木々の生えている密度が減少した。

**エ**　ある地域でオオカミの再導入後，ポプラの若い木の数が増加した。

**5** ゆうたさんが 5 %塩酸 $10cm^3$ と炭酸水素ナトリウム 1.0g を混合したところ，気体が発生した。**図 1** のように反応前後の装置全体の質量を測定したところ，**表 1** のような結果になった。下の問1，問2に答えよ。

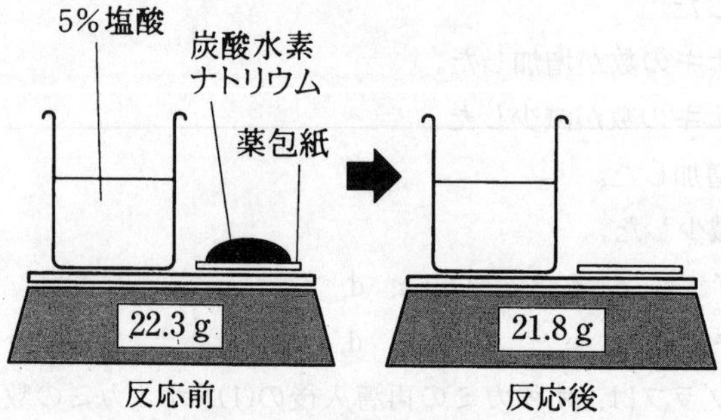


**図 1**

**表 1**

| | |
|---|---|
| 反応前の全体の質量〔g〕 | 22.3 |
| 反応後の全体の質量〔g〕 | 21.8 |

問1　この実験で発生した気体の化学式はどれか。**ア**から**カ**の中から一つ選べ。

**ア**　$O_2$　　**イ**　$N_2$　　**ウ**　CO　　**エ**　$CO_2$　　**オ**　$H_2$　　**カ**　$NH_3$

問2　空気中に出ていった気体の質量は何 g か。［**ア**］.［**イ**］g

ゆうたさんは密閉容器内で同様の実験を行ったときの反応前後の質量に興味を持った。そこで，5% 塩酸 $10cm^3$ と炭酸水素ナトリウム 1.0g を密閉したプラスチック容器内で反応させた。**図 2** のように，反応前の装置全体の質量は a，反応後の装置全体の質量は b，ふたを開放した後の装置全体の質量は c であった。プラスチックボトルの形状は反応前後で変わらないものとして，次の問3に答えよ。

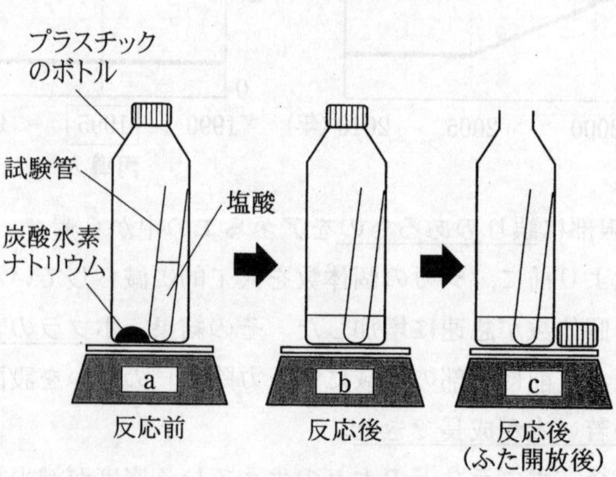


**図 2**

問3　次の式は a，b，c の大小関係を表したものである。①，②にあてはまる記号として適当なものを下の**ア**から**ウ**の中からそれぞれ一つずつ選べ。同じ記号を二回使用してもよい。

a［①］b［②］c

**ア**　>　　**イ**　=　　**ウ**　<

さらにゆうたさんは密閉容器内でスチールウールの燃焼を行った場合，反応前と反応後で質量がどのような値になるかに興味を持った。そこで，酸素で満たした丸底フラスコ内にスチールウールを入れ，電流を通すことによってスチールウールを燃焼させた。**図3**のように，反応前の装置全体の質量はd, 反応後の装置全体の質量はe, ピンチコックを開放したあとの装置全体の質量はfであった。次の問4，問5に答えよ。

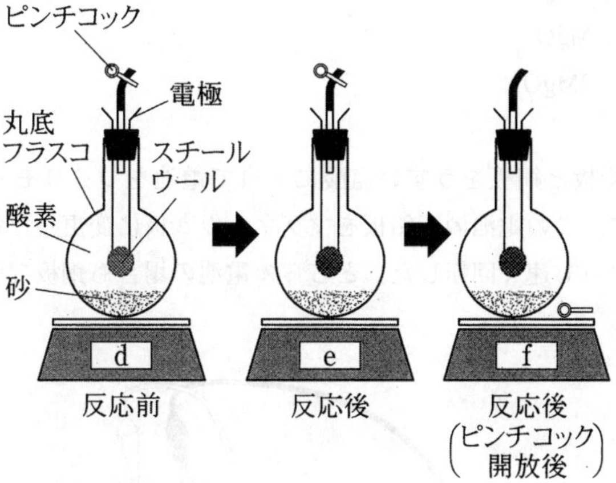


**図3**

問4　次の式はd，e，fの大小関係を表したものである。①，②にあてはまる記号として適当なものを**ア**から**ウ**の中からそれぞれ一つずつ選べ。同じ記号を二回使用してもよい。

d ［ ① ］ e ［ ② ］ f

**ア**　＞　　**イ**　＝　　**ウ**　＜

問5　スチールウールの質量と反応後に生成した固体の質量とを比較したとき，その大小関係を表したものとして適切なもの，そのような大小関係を示した理由として適切なものをそれぞれの選択肢の中から一つ選べ。スチールウールはすべて電極にはさまれたまま反応し，周囲に飛散していないものとする。

【大小関係】

**ア**　スチールウール　＞　反応後の固体

**イ**　スチールウール　＝　反応後の固体

**ウ**　スチールウール　＜　反応後の固体

【理　由】

**ア**　スチールウールをつくっている物質が他の物質と化合したから

**イ**　スチールウールをつくっている物質が分解したから

**ウ**　原子の種類と数が変化していないから

**エ**　スチールウールに電流が流れ，熱が発生したから

**6**　次の**実験1**と**実験2**を行った。後の問1から問4に答えよ。

**実験1**　マグネシウムの粉末をステンレス皿にとり，加熱した。マグネシウムは激しく反応してすべて酸化され，酸化マグネシウムが生じた。

問1　**実験 1** で起こった反応の化学反応式として，最も適当なものを次の**ア**から**カ**の中から一つ選べ。

**ア**　$Mg+O \longrightarrow MgO$

**イ**　$Mg+O_2 \longrightarrow MgO$

**ウ**　$2Mg+O \longrightarrow 2MgO$

**エ**　$2Mg+O_2 \longrightarrow 2MgO$

**オ**　$2Mg+O_2 \longrightarrow MgO$

**カ**　$Mg+O_2 \longrightarrow 2MgO$

**実験 2**　図のように亜鉛板と銅板をうすい塩酸に入れて電池をつくりモーターにつなぐと，モーターが回転した。次に，この電池の亜鉛板をマグネシウム板に変更した電池にすると，モーターが前と同じ向きに前よりも速く回転した。どちらの電池の場合も銅板では同じ気体が発生していた。

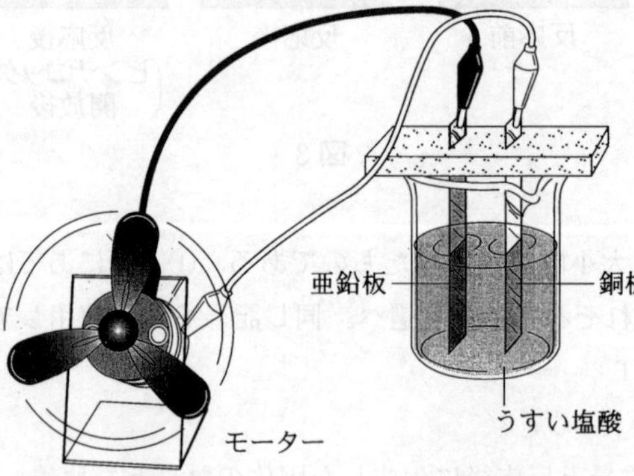


問2　**実験 2** で，銅板で発生した気体の化学式は何か。次の**ア**から**カ**の中から最も適当なものを一つ選べ。

**ア**　H　　**イ**　$H_2$　　**ウ**　Cl　　**エ**　$Cl_2$　　**オ**　O　　**カ**　$O_2$

問3　**実験 2** でマグネシウム板を用いた電池を使いモーターが回転していたときに，マグネシウム板の一部がとけてぼろぼろになるようすが観察された。次の文は，マグネシウム板の表面で起こっている変化について説明したものである。①から③にあてはまる言葉の組み合わせとして最も適当なものを**ア**から**エ**の中から一つ選べ。

マグネシウム（　①　）が電子を（　②　），マグネシウム（　③　）に変化した。

**ア**　①原子　　②受けとって　　③イオン

**イ**　①原子　　②失って　　③イオン

**ウ**　①イオン　　②受けとって　　③原子

**エ**　①イオン　　②失って　　③原子

問4　**実験 2** でうすい塩酸のかわりに，身の回りの液体を使用して電池をつくることにした。そこで，以下の**ア**から**オ**の液体を用意した。電池をつくることができる液体として適当なものを二つ選べ。

**ア**　蒸留水　　**イ**　エタノール　　**ウ**　食塩水　　**エ**　砂糖水　　**オ**　レモン汁

7　右図のように，同じ重さの木片とおもりを，軽くのびない糸でつなぎ，なめらかな滑車を使っておもりをつり下げた。木片は水平面上に置かれており，空気の影響は考えなくてよい。また，おもりが床に着くまでの間に木片が滑車にぶつかることはない。後の問1から問5に答えよ。

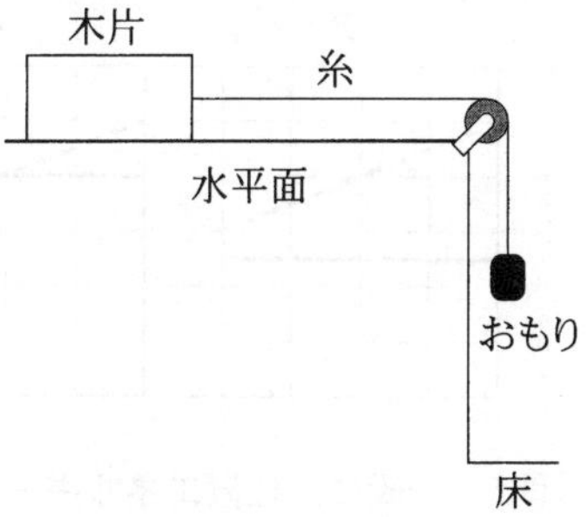


問1，問2では，水平面に摩擦があるものとする。

はじめに木片を手でポンと軽く押すように動かすと，木片は水平面上を運動した。

問1　おもりが床に着くまでの間で，次の文章が正しければ○を，間違っていれば×を選べ。

**ア**　木片が糸を引く力と，糸が木片を引く力は，大きさが同じで互いに逆向きであり，同一直線上にあるので，つりあいの関係である。

**イ**　木片がだんだん遅くなっているとすると，木片の進行方向の力は摩擦力によってだんだん減らされていき，右向きの力がなくなるとやがて止まる。

**ウ**　木片が一定の速さで進んでいるとすると，摩擦力の大きさは，糸が木片を引く力の大きさと等しい。

問2　木片にはたらく摩擦力の大きさがずっと0.20Nだったとき，木片が50cm移動する時の摩擦力のする仕事はいくらか。単位も含めて，次の**ア**から**カ**の中から一つ選べ。

**ア**　0.10W　　**イ**　1.0W　　**ウ**　10W　　**エ**　0.10J　　**オ**　1.0J　　**カ**　10J

問3から問5では，水平面に摩擦がないものとする。

木片を押さないようにそっと放したら，木片はだんだん速くなりながら水平面上を移動した。

問3から問5のグラフは，縦軸がエネルギーで，横軸が移動距離を表している。

問3　右のグラフは，おもりの位置エネルギーの変化を表している。このグラフが右下がりになっている理由として最も適切なものを次の**ア**から**オ**の中から一つ選べ。

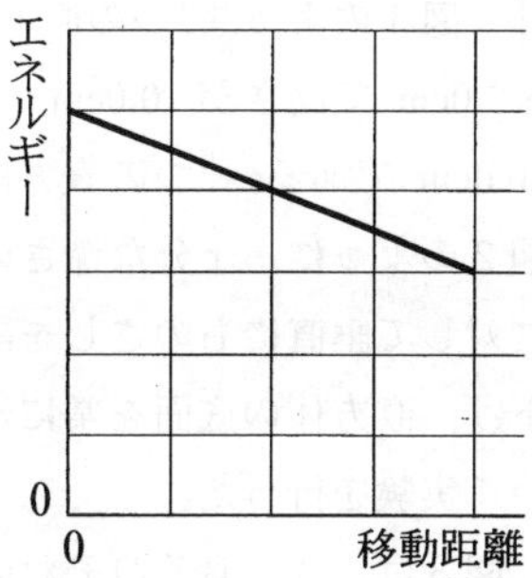


**ア**　おもりが床に着いたから

**イ**　おもりの重さが運動中でも変わらないから

**ウ**　おもりが床に近づくから

**エ**　空気抵抗によってエネルギーが失われるから

**オ**　摩擦によってエネルギーが失われるから

問4　**木片の位置エネルギー**の変化を実線で表したグラフはどれか。次のページの**ア**から**オ**の中から一つ選べ。破線は，問3で示したおもりの位置エネルギーの変化を表しており，高さの基準は木片もおもりも床を基準としている。

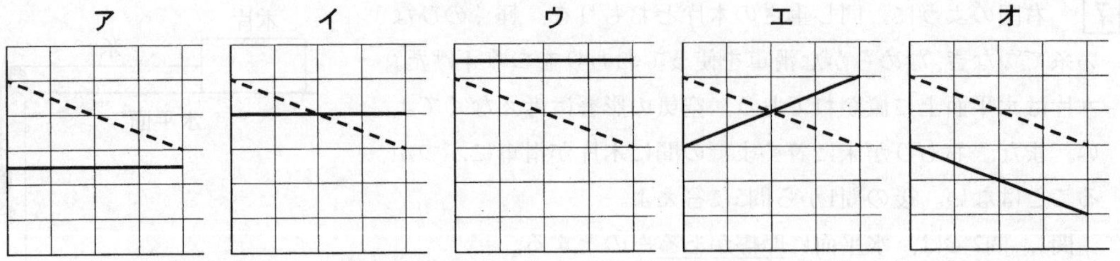


問5　一般に，位置エネルギーと運動エネルギーの和を力学的エネルギーと呼ぶ。木片の力学的エネルギーはだんだん大きくなるが，その増えたエネルギーはおもりが持っていたエネルギーが移ったものであり，ここではおもりと木片の力学的エネルギーの和は保存される。**木片の運動エネルギー**の変化を実線で表したグラフはどれか。次の**ア**から**オ**の中から一つ選べ。破線は，問3で示したおもりの位置エネルギーの変化を表しており，高さの基準は木片もおもりも床を基準としている。

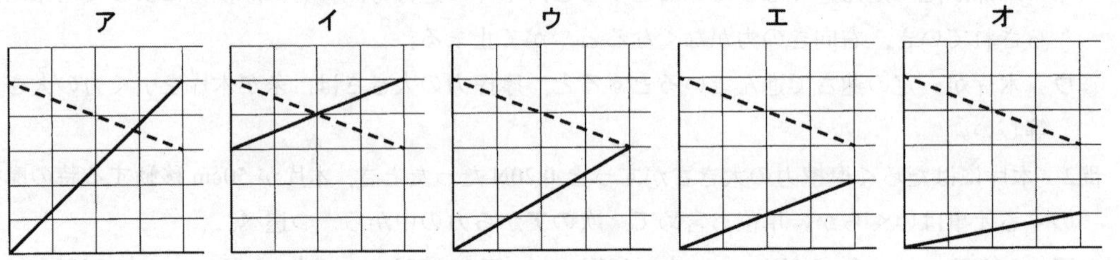


**8**　図１のような2つの直方体A，Bがある。Aは底面が 2.0cm×2.0cm で高さが 10.0cm，Bは底面が 3.0cm×4.0cm で高さが 10.0cm である。2つの直方体は異なる物質でつくられている。

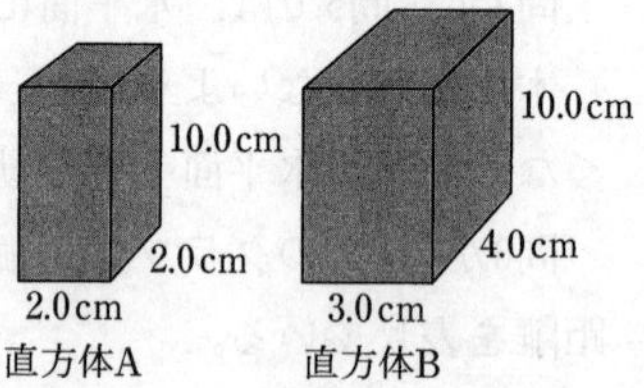

図１

図２のように，十分な深さの水槽に水を入れ，水槽の中に水面に対して垂直にものさしを設置し，直方体をばねばかりにつり下げ，直方体の底面を常に水平に保ったまま水に静かに沈めていく実験を行った。

図３は，A，Bそれぞれの結果をグラフにまとめたものである。横軸の $x$ は水面から直方体の下端までの長さ，縦軸の $F$ はばねばかりが示した値である。

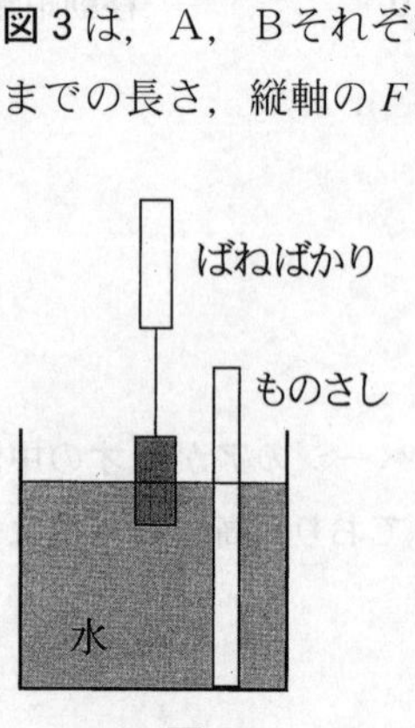

図２

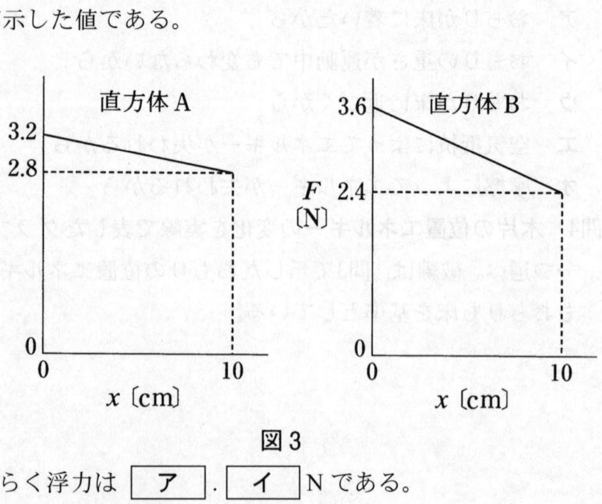

図３

問1　Aの $x$ が 10.0cm のとき，Aにはたらく浮力は [ア].[イ] Nである。

問2　Bで $x$ が 10.0cm より大きくなったとき，グラフはどのようになるか。**図4**の**ア**から**オ**の中から最も適当なものを一つ選べ。

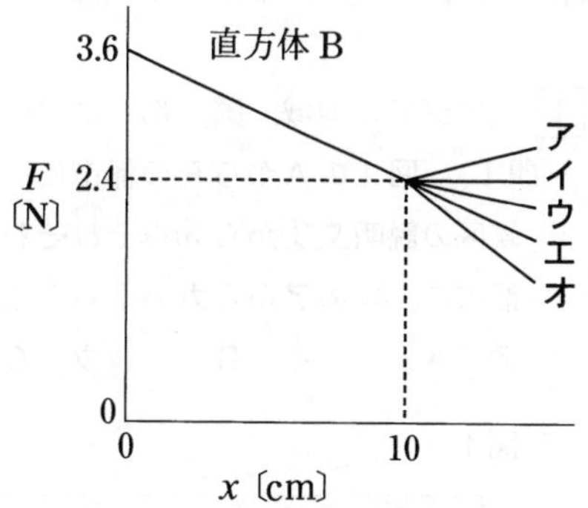


図4

次に**図5**のように，一様な棒の中心にばねばかりをつけ，棒のそれぞれの端に同じ長さの糸でAとBをつり下げ，2つとも水に入れたところ，ある程度水に沈めたとき，棒は水平になった。棒の質量は直方体に比べて十分小さく，無視できるものとする。

問3　このとき $x$ はどちらも [ア].[イ] cmである。

問4　このときばねばかりが示す値は [ア].[イ] N である。

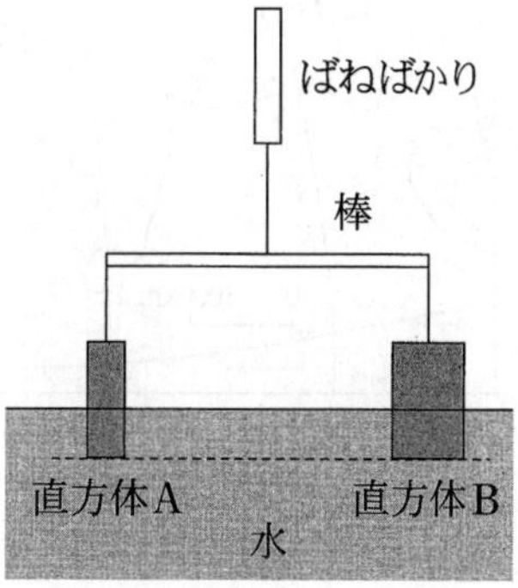


図5

【社　会】（50分）〈満点：100点〉

1　アジアの地域，国，都市について，（問１）から（問４）までの各問いに答えよ。

（問１）　**図１**の**Ａ**から**Ｆ**の都市に，**図２**で示した**い**から**ほ**の雨温図，およびその都市が含まれる気候区の**説明文**①から⑤をそれぞれ一つずつ組み合せると，<u>当てはまらない</u>都市が一つ残る。その都市を，次の**ア**から**カ**のうちから一つ選べ。

**ア**　Ａ　　**イ**　Ｂ　　**ウ**　Ｃ　　**エ**　Ｄ　　**オ**　Ｅ　　**カ**　Ｆ

図１

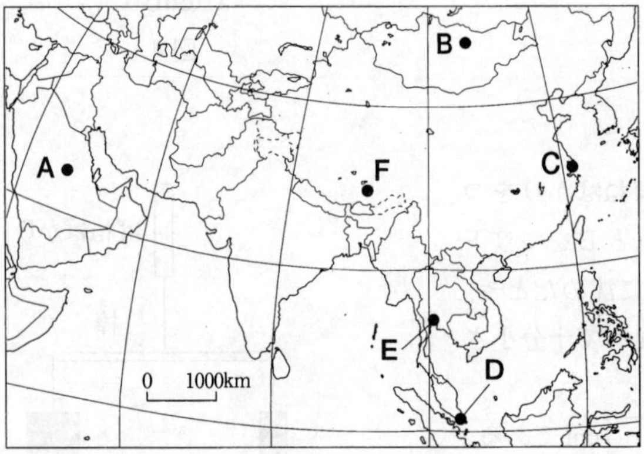


図２

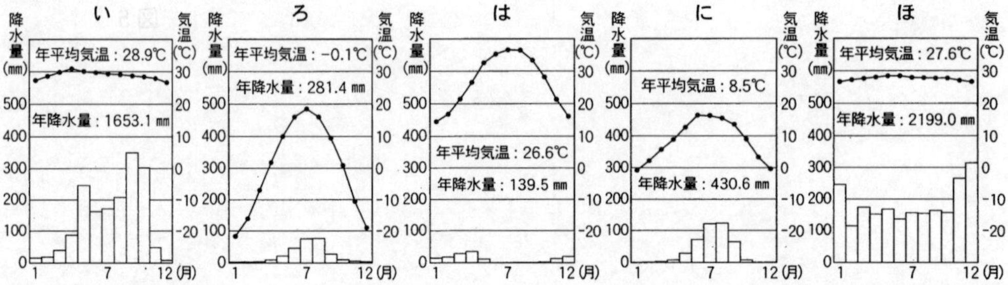


（気象庁ホームページより作成（1981～2010））

**説明文**

①一年中高温多雨で，背の高い密林が形成される地域もある。
②降水量が極度に少なく，樹木が育たない砂漠が広がる。
③標高が非常に高く，同緯度の低地より平均気温が低くなる。
④降水量が少なく，短い草の生える草原が広がる。
⑤一年中高温だが，雨季と乾季がはっきり分かれ，丈の高い草原とまばらな樹林が広がる。

（問２） **表１**は，**図１**の**Ａ**から**Ｆ**の都市が属する国**Ｌ**から**Ｐ**について，その国の面積と人口を示したものである。**Ｌ**から**Ｐ**の国名の組み合わせとして最も適当なものを，下の**ア**から**カ**のうちから一つ選べ。

**表１**

| 都市 | 都市が属する国 | その国の面積（千 $km^2$） | その国の人口（千人）2017 年 |
|---|---|---|---|
| A | L | 2207 | 32938 |
| B | M | 1564 | 3076 |
| C, F | N | 9600 | 1409517 |
| D | O | 0.72 | 5708 |
| E | P | 513 | 69038 |

（『データブック オブ・ザ・ワールド 2018 年版』（二宮書店）より作成）

**ア** Ｌ：パキスタン　Ｍ：モンゴル　Ｎ：中国
**イ** Ｌ：イスラエル　Ｎ：中国　Ｏ：シンガポール
**ウ** Ｍ：ネパール　Ｎ：中国　Ｏ：マレーシア
**エ** Ｌ：サウジアラビア　Ｏ：シンガポール　Ｐ：タイ
**オ** Ｍ：ネパール　Ｎ：中国　Ｐ：インドネシア
**カ** Ｍ：モンゴル　Ｏ：マレーシア　Ｐ：タイ

（問３） **表１**の国のうち，人口密度が一番低い国はどれか。下の**ア**から**オ**のうちから一つ選べ。

**ア** Ｌ　**イ** Ｍ　**ウ** Ｎ　**エ** Ｏ　**オ** Ｐ

（問４） **表２**は，地球温暖化の大きな要因と考えられる $CO_2$（二酸化炭素）の国別の排出量の，2014 年における上位13か国を示したものである。**Ｗ**から**Ｚ**は，それぞれインド，インドネシア，韓国，中国のいずれかの国を示している。**表２**と**解説**を参考に４か国を当てはめていくと，**Ｙ**がどの国に相当するか，下の**ア**から**エ**のうちから一つ選べ。

**表２**

| 2014年国別ランキング | 国 | CO2排出量（百万t） 1990年 | CO2排出量（百万t） 2014年 | 1人当たりCO2排出量（t）（2014年） |
|---|---|---|---|---|
| 1 | W | 2109 | 9135 | 6.66 |
| 2 | アメリカ合衆国 | 4803 | 5176 | 16.22 |
| 3 | X | 530 | 2020 | 1.56 |
| 4 | ロシア | 2163 | 1468 | 10.20 |
| 5 | 日本 | 1041 | 1189 | 9.35 |
| 6 | ドイツ | 940 | 723 | 8.93 |
| 7 | Y | 232 | 568 | 11.26 |
| 8 | イラン | 171 | 556 | 7.12 |
| 9 | カナダ | 420 | 555 | 15.61 |
| 10 | サウジアラビア | 151 | 507 | 16.40 |
| 11 | ブラジル | 184 | 476 | 2.31 |
| 12 | 南アフリカ共和国 | 244 | 437 | 8.10 |
| 13 | Z | 134 | 437 | 1.72 |

（『地理統計 2017 年版』（帝国書院）より作成）

**解説**

$CO_2$ の排出は化石燃料の消費によるところが大きく，工業化の進んだ国で排出量は多くなる。古くからの先進工業国では，1990 年から 2014 年までの排出量は増加が比較的小幅に抑えられているかまたは減少している。一方，先進国より遅れて急激に工業化が進んだ新興国では，1990 年に比べて 2014 年の $CO_2$ 排出量が著しく増加した。

**ア** インド　**イ** インドネシア　**ウ** 韓国　**エ** 中国

**2** （問１）から（問３）までの各問いに答えよ。

（問１） 次ページの**表１**と**表２**に示したＡからＤは，鉄鉱石，天然ガス，石炭，原油の生産高上位５カ国および日本の輸入相手国上位５カ国とその割合を，それぞれ示したものである。このうち，鉄鉱石を示しているものを，次の**ア**から**エ**のうちから一つ選べ。

※天然ガスは日本に輸入された場合は，液化天然ガスを指す。また，天然ガスにはシェールガスを含む。

**ア** Ａ　**イ** Ｂ　**ウ** Ｃ　**エ** Ｄ

（問２） 次ページの**表３**の①から④は，中国，インド，オーストラリア，サウジアラビアの一人あたりの国民総所得である。日本とアメリカ合衆国を参考にして，一人あたりの国民総所得と国の組み合わせとして正しいものを，次の**ア**から**エ**のうちから一つ選べ。

**ア** ①－オーストラリア　②－中国
③－サウジアラビア　④－インド

**イ** ①－オーストラリア　②－インド
③－サウジアラビア　④－中国

**ウ** ①－サウジアラビア　②－インド
③－オーストラリア　④－中国

**エ** ①－サウジアラビア　②－中国
③－オーストラリア　④－インド

（問３） 下の**図**のＷからＹは，京浜工業地帯，中京工業地帯，阪神工業地帯の製造品出荷額の推移を示したものである。ＷからＹの組み合わせとして正しいものを，次の**ア**から**カ**のうちから一つ選べ。

**ア** Ｗ－京浜工業地帯　Ｘ－阪神工業地帯　Ｙ－中京工業地帯
**イ** Ｗ－京浜工業地帯　Ｘ－中京工業地帯　Ｙ－阪神工業地帯
**ウ** Ｗ－中京工業地帯　Ｘ－阪神工業地帯　Ｙ－京浜工業地帯
**エ** Ｗ－中京工業地帯　Ｘ－京浜工業地帯　Ｙ－阪神工業地帯
**オ** Ｗ－阪神工業地帯　Ｘ－京浜工業地帯　Ｙ－中京工業地帯
**カ** Ｗ－阪神工業地帯　Ｘ－中京工業地帯　Ｙ－京浜工業地帯

図　工業地帯の製造品出荷額

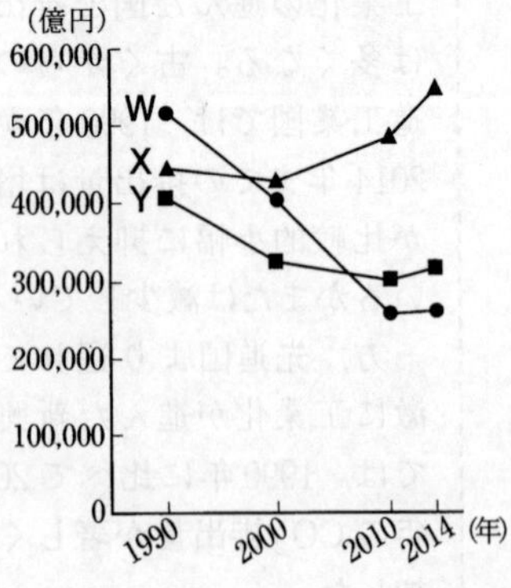


（『日本国勢図会 2016/17』より作成。なお，各工業地帯の製造品出荷額は，次の都府県を合計したものである。
京浜：東京，神奈川　中京：愛知，三重
阪神：大阪，兵庫
また，2002 年以降の統計には，製造品出荷額に新聞・出版業は含まれない。）

表１　鉄鉱石，天然ガス，石炭，原油の生産高上位５カ国とその割合

| | A | B | C | D |
|---|---|---|---|---|
| 1位 | 中国<br>56.5% | 中国<br>29.4% | アメリカ合衆国<br>19.6% | ロシア<br>13.6% |
| 2位 | インド<br>8.6% | オーストラリア<br>25.5% | ロシア<br>19.5% | サウジアラビア<br>13.0% |
| 3位 | アメリカ合衆国<br>7.0% | ブラジル<br>16.6% | カタール<br>4.6% | アメリカ合衆国<br>12.0% |
| 4位 | インドネシア<br>6.0% | インド<br>6.5% | イラン<br>4.5% | 中国<br>5.5% |
| 5位 | オーストラリア<br>4.9% | ロシア<br>4.1% | カナダ<br>4.4% | イラク<br>4.9% |

（%：生産量による百分比　『日本国勢図会 2016/17』より作成）

表２　鉄鉱石，天然ガス，石炭，原油の日本の輸入相手国上位５カ国とその割合

| | A | B | C | D |
|---|---|---|---|---|
| 1位 | オーストラリア<br>65.0% | オーストラリア<br>55.4% | オーストラリア<br>21.9% | サウジアラビア<br>33.4% |
| 2位 | インドネシア<br>17.1% | ブラジル<br>30.9% | マレーシア<br>18.3% | アラブ首長国連邦<br>25.3% |
| 3位 | ロシア<br>8.8% | 南アフリカ共和国<br>5.5% | カタール<br>17.2% | ロシア<br>8.8% |
| 4位 | カナダ<br>4.2% | カナダ<br>3.3% | ロシア<br>8.9% | カタール<br>8.1% |
| 5位 | アメリカ合衆国<br>3.2% | チリ<br>1.5% | インドネシア<br>6.9% | クウェート<br>7.8% |

（%：AとCは重量，Bは金額，Dは容量による百分比
『日本国勢図会 2016/17』より作成）

表３　中国，インド，オーストラリア，サウジアラビアの一人あたりの国民総所得　　単位：ドル

| ① | ② | ③ | ④ | 日本 | アメリカ合衆国 |
|---|---|---|---|---|---|
| 24787 | 1567 | 60360 | 7592 | 37765 | 55794 |

（『日本国勢図会 2016/17』より作成）

**3**　（問１），（問２）に答えよ。

（問１）　次の**表**の①から④はカナダ，アメリカ合衆国，チリ，ニュージーランドの，排他的経済水域面積，国土面積，国土面積に対する排他的経済水域面積の比，人口密度を示したものである。**表**の①から④の国の組み合わせとして正しいものを，次の**ア**から**エ**のうちから一つ選べ。

**表**

| 国 | 排他的経済水域面積（万 $km^2$） | 国土面積（万 $km^2$） | 国土面積に対する排他的経済水域面積の比 | 人口密度（人／$km^2$） |
|---|---|---|---|---|
| ① | 762 | 983.4 | 0.8 | 33 |
| ② | 483 | 26.8 | 17.9 | 17 |
| ③ | 470 | 998.5 | 0.5 | 4 |
| ④ | 229 | 75.6 | 3.0 | 24 |

排他的経済水域の面積には領海を含む。（『海洋白書 2015』，『日本国勢図会 2016/17』より作成）

**ア**　①－アメリカ合衆国　②－ニュージーランド　③－カナダ　④－チリ

**イ**　①－カナダ　②－チリ　③－アメリカ合衆国　④－ニュージーランド

**ウ**　①－アメリカ合衆国　②－チリ　③－カナダ　④－ニュージーランド

**エ**　①－カナダ　②－ニュージーランド　③－アメリカ合衆国　④－チリ

（問２）　下の**図**の**ア**から**エ**は，日本の漁業の1960年代から現在までの遠洋漁業，沖合漁業，沿岸漁業，海面養殖業の，それぞれの生産量の変化を示したものである。**説明文**の漁業の種類に当てはまるものを，**図**の**ア**から**エ**のうちから一つ選べ。

**図**

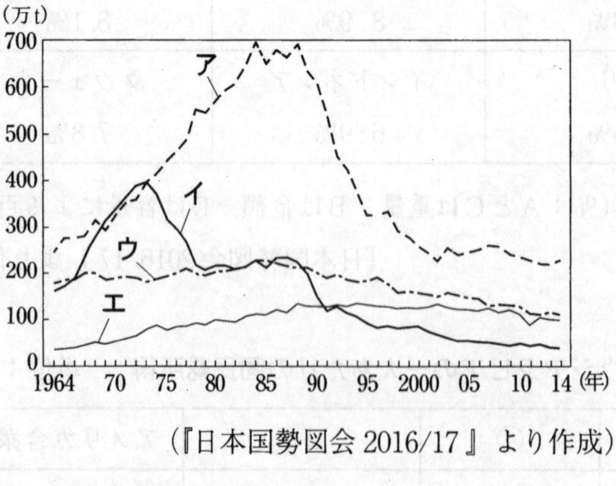


（『日本国勢図会 2016/17』より作成）

**説明文**

この漁業は，船を長時間動かすため燃料となる石油の価格変動の影響を受けやすい。また，排他的経済水域の設定が国際的に広まった影響を大きく受けた。そして，海洋資源の保全などを目的として漁獲量が制限されたため，この漁業の生産量は，総じて減少し続けている。

**4** 次の図を見て，（問１），（問２）に答えよ。

**図**

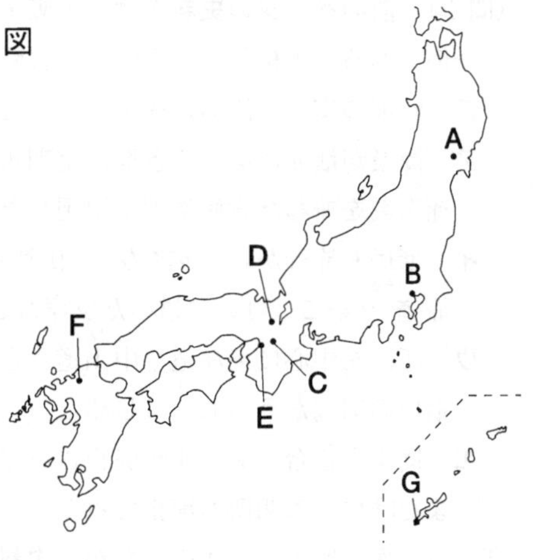


（問１） **図**のＡからＦの地点についての文として誤っているものを，次の**ア**から**カ**のうちから二つ選べ。なお，解答の順番は問わないこととする。

**ア**　Ａを本拠地にした一族は北方の産物や砂金の貿易で栄えて東北地方を支配したが，豊臣秀吉の軍勢によって滅ぼされた。

**イ**　Ｂに幕府が開かれた当初，幕府から正式に渡航を認める証書を得た大名や豪商が東南アジアとの貿易をおこなった。

**ウ**　Ｃの都に設置された市では，各地の品物が取引され，朝廷が鋳造《ちゅうぞう》した貨幣が使用された。

**エ**　Ｄにおかれた幕府は，明との貿易をはじめ，その利益は幕府の財源となった。

**オ**　Ｅが勘合貿易や南蛮貿易の拠点として栄えていたころ，これらの貿易で大量の銀が輸入され，銅が輸出された。

**カ**　Ｆに九州を治める重要な役所が置かれたころ，防衛のために各地から送られた防人《さきもり》のとりまとめもこの役所がおこなった。

（問２） **図**のＧは，中継貿易で栄えた国の都である。尚《しょう》氏が王朝を開いてから，薩摩《さつま》藩に征服されるまでの間と同じ時期に，他の地域で起きた出来事を，次の**ア**から**エ**のうちから一つ選べ。

**ア**　天皇は，仏教は国家を守り，平安をもたらすものと考え，各地に国分寺を建てさせた。

**イ**　阿弥陀仏にすがって極楽浄土に生まれ変わることを願う浄土信仰が広まり，平等院鳳凰堂が建てられた。

**ウ**　法華経を重視した日蓮が，南無妙法蓮華経という題目を唱えることで人も国も救われると説いた。

**エ**　禅宗の寺の建築様式を武士の住まいに取り入れた書院造が生まれ，東山に銀閣が建てられた。

**5** 次の**史料１**，**史料２**を読み，（問１）から（問３）までの各問いに答えよ。なお，いずれの**史料**も現代語に訳し，一部を変えたり省略したりしてある。

**史料１**

…高貴な人や芸能人は別にして，一般の町人は金銀を多くもつ者が世の中に名前を知られるのである。…大阪にも江戸で売る酒を造り始めて一門繁栄している者がいる。…小早船《こばやぶね》で大阪と江戸の間を往復する廻船《かいせん》を作りだして舟問屋《ふなどんや》として有名になった者もいる。…これらは近年のにわか成金で，ここ三十年の間に成功した者ばかりである。

**史料２**

…日本の国力を増すには，□の開発よりほかはない。現状のまま□を放っておいて，万が一「カムサスカ」の先住民が□に移り住むようになれば，□の人々は「ヲ《(オ)》ロシヤ」の命令に服従するようになり，わが国の支配を受けなくなるだろう。

（問１）　前のページの**史料１**は，大阪・京都を中心に町人文化が花開いた時期に出版された書物の一節である。下線部のように，この時期には交通や流通の整備を背景に経済が大きく発展した。この時期の交通と流通の様子について正しいものを，次の**ア**から**エ**のうちから一つ選べ。

**ア**　商業が活発になって各地の定期市《いち》の回数が増え，物資を運ぶ馬借《ばしゃく》や，問《とい》（問丸《といまる》）とよばれる運送業を兼ねた倉庫業者が出現した。

**イ**　庶民も旅行がしやすくなり，伊勢参りや四国巡礼など観光を兼ねた寺社参詣《さんけい》がさかんになり，旅道中《たびどうちゅう》をこっけいに描いた文学なども登場した。

**ウ**　江戸を中心に東海道や中山道《なかせんどう》などの五街道がととのい，参勤交代の巨額な出費によって街道沿いの宿場がうるおいはじめた。

**エ**　同業者組合である座が廃止されて商工業者に自由な営業が認められるようになり，流通のさまたげになる関所も廃止された。

（問２）　次の図①から④のうちから**史料１と同じ時期**に製作された絵画を一つ選び，その絵画と作者名との組み合わせとして正しいものを，次の**ア**から**ク**のうちから一つ選べ。

**ア**　図①－A　　**イ**　図③－A　　**ウ**　図②－B　　**エ**　図④－B

**オ**　図②－C　　**カ**　図③－C　　**キ**　図①－D　　**ク**　図④－D

**【作者名】**

A　狩野永徳《かのうえいとく》　B　菱川師宣《ひしかわもろのぶ》　C　葛飾北斎《かつしかほくさい》　D　雪舟《せっしゅう》

図①

図②

図③

図④

（『図説日本史通覧』（帝国書院）掲載の図をもとに一部改変して作成）

（問３） 29ページの**史料２**は18世紀後半に工藤平助《くどうへいすけ》が著した書物の一節で，文中の ［　　］ にはすべて同じ地名が入る。「この地」の説明文として正しいものを，次の**ア**から**エ**のうちから一つ選べ。

**ア** 貿易によって多くの日本の商人らが「この地」に進出し，やがてそこに住み着いた日本人による日本町《にほんまち》がつくられた。

**イ** 豊臣秀吉の出兵以後，「この地」との国交は途絶えていたが，江戸幕府成立後，対馬《つしま》藩のなかだちによって国交が回復した。

**ウ** 江戸幕府は「この地」に進出していた松前《まつまえ》氏にアイヌとの交易を独占的におこなう権限を与えた。

**エ** 鉱山の採掘や精錬の技術が発達し，「この地」の金銀山，石見《いわみ》・生野《いくの》の銀山，足尾《あしお》・別子《べっし》の銅山が開発された。

**6** （問１）から（問４）までの各問いに答えよ。

**年表**

ア ⇕

岩倉使節団が欧米に派遣され，「この国」にも立ち寄った。

イ ⇕

「この国」の憲法を参考として<u>大日本帝国憲法</u>が発布された。

ウ ⇕

第一次世界大戦が始まり，日本を含めた連合国が「この国」と戦った。

エ ⇕

日本が「この国」とともに戦った第二次世界大戦が終結した。

※年表中の「この国」は全て同一の国であるが，国号や領域は時期によって異なる。

**史料①**

第 151 条　経済生活の秩序は，すべての人に人間たるに値する生活を保障する目的をもつ正義の原則に適合しなければならない。（後略）

第 159 条　労働条件および経済条件を維持し，かつ，改善するための団結の自由は，各人およびすべての職業について，保障される。（後略）

（問１） **史料①**は，**年表**中の「この国」で制定された憲法の条文の一部である。<u>条文の内容から判断して</u>，この憲法が公布されたと考えられる期間を**年表**中の**ア**から**エ**のうちから一つ選べ。

（問２） **年表**中の「この国」の首都で，**ア**から**エ**のいずれかの期間にオリンピック大会が開催された。このオリンピックのようすをレニ・リーフェンシュタール監督がまとめた記録映画は，『民族の祭典』『美の祭典』と題して<u>トーキー映画が娯楽として普及し始めていた当時の日本でも上映された</u>。この頃の「この国」の政治のようすを表したものを次のページの**ア**から**エ**のうちから一つ選べ。

※　音声をともなわないサイレント映画に対して，音声の出る発声映画をトーキーと呼んだ。

**ア**　国王が政治権力の全てをにぎり，議会を開かずに国を治めていた。

**イ**　プロイセン王国が中心になって，国の統一が成し遂げられた。

**ウ**　ナチスが勢力を拡大して権力をにぎり，ヒトラーが独裁を確立していた。

**エ**　大戦で敗北して連合国の占領下で二つの国に分断され，それぞれが新しい憲法を制定した。

（問３）　**年表**中の下線部の大日本帝国憲法の規定とその後の運用について，正しい説明文を次の**ア**から**エ**のうちから一つ選べ。

**ア**　この憲法の規定では，天皇が内閣総理大臣を任命することになっていたが，実際には，大正末期から昭和初期にかけて，衆議院で多数を占めた政党の党首が内閣総理大臣に任命された時期があった。

**イ**　この憲法の規定に従って第一回の衆議院議員選挙が行われ，国会の指名により，我が国で初めての内閣総理大臣が選出された。

**ウ**　この憲法の規定では，陸軍大臣が帝国陸軍を，海軍大臣が帝国海軍を指揮命令することになっていたが，実際には，内閣総理大臣が陸海軍を指揮した。

**エ**　この憲法の規定では，国民の人権は侵すことのできない永久の権利とされていたが，実際には，法律によってしばしば制限された。

（問４）　日本で**史料②**から**史料④**までの三つの史料がそれぞれ発表された時期を**年表**中の**ア**から**エ**の四つの期間の中から一つずつ選んでいくと，どれにも当てはまらない期間が**年表**中に一つだけ残る。その記号を答えよ。

**史料②**

一　広《ひろ》ク会議《かいぎ》ヲ興《おこ》シ万機公論《ばんきこうろん》ニ決《けっ》スベシ

一　上下《しょうか》心ヲ一《いつ》ニシテ盛《さかん》ニ経綸《けいりん》ヲ行《おこな(う)》フベシ

一　官武一途庶民《かんぶいっとしょみん》ニ至《いた》ル迄《まで》，各其志《おのおのそのこころざし》ヲ遂《と》ゲ，人心《じんしん》ヲシテ倦《う》マザラシメンコトヲ要《よう》ス

一　旧来《きゅうらい》ノ陋習《ろうしゅう》ヲ破《やぶ》リ，天地《てんち》ノ公道《こうどう》ニ基《もとづ》クベシ

一　智識《ちしき》ヲ世界《せかい》ニ求《もと》メ，大《おおい》ニ皇基《こうき》ヲ振起《しんき》スベシ

**史料③**

全国に散在する吾が特殊部落民よ，団結せよ。人の世の冷たさがどんなに冷たいか，人間をいたわるということが何かをよく知っている吾々《われわれ》は，心から人生の熱と光を願求礼讃《がんぐらいさん》するものである。水平社はかくして生まれた。人の世に熱あれ，人間《じんかん》に光あれ。（部分要約）

**史料④**

旅順口《りょじゅんこう》包囲軍の中にある弟を歎《なげ》きて

あゝ《(あ)》　を《(お)》とうとよ君《きみ》を泣く　君死にたまふ《(う)》ことなかれ

末に生まれし君なれば　親のなさけはまさりしも

親は刃《やいば》をにぎらせて　人を殺せとを《(お)》しへ《(え)》しや

人を殺して死ねよとて　二十四までをそだてしや（部分）

7 次の文章を読み，（問１）から（問４）までの各問いに答えよ。

日本国憲法では，(1)国民が政治に参加する権利を保障している。例えば，(2)選挙を通じて国会議員を選出することができる。国の政治では，多くの場合，議員は(3)政党を中心に活動しているため，政党の動向を確認することは私たちにとって重要なことといえる。私たちの暮らしがより良くなるように，主権者である国民一人ひとりが，(4)政治に対する意識をより一層高めていかなければならない。

（問１） 下線部(1)に関して，現在の日本の選挙制度における基本原則についての説明として正しいものを，次の**ア**から**エ**のうちから一つ選べ。

**ア** 普通選挙とは，性別，年齢，教育などを理由に選挙権が制限されないことをいう。

**イ** 平等選挙とは，選挙権をもつ国民一人につき一票が与えられていることをいう。

**ウ** 直接選挙とは，直接国税を年間300万円以上納付したものが立候補できることをいう。

**エ** 秘密選挙とは，不正防止のため開票作業の場所が秘密にされることをいう。

（問２） 下線部(2)に関して，次の**表**は選挙のしくみを理解するために作成された架空の選挙結果である。小選挙区のみで議員を選出している１区から５区までの各選挙区からなり，Ａ党からＣ党までの各政党の候補者の獲得票数を示している。各選挙区の立候補者は，Ａ党からＣ党までの各政党から１名ずつの計３名ずつであるとする。この**表**から判断できることとして正しいものを，下の**ア**から**エ**のうちから一つ選べ。

**表**

| | Ａ党 | Ｂ党 | Ｃ党 |
|---|---|---|---|
| １区 | 10万 | 5万 | 3万 |
| ２区 | 7万 | 5万 | 2万 |
| ３区 | 2万 | 25万 | 4万 |
| ４区 | 6万 | 7万 | 8万 |
| ５区 | 15万 | 10万 | 5万 |

**ア** 合計で最も多くの票を獲得した政党と，最も多くの議員が当選した政党は一致しない。

**イ** Ｃ党の候補者は，誰も当選することができなかった。

**ウ** 当選した候補者以外への投票数が最も多いのは，３区である。

**エ** 最も多くの議員が当選したのは，Ｂ党である。

（問３） 下線部(3)に関する説明として適当でないものを，次の**ア**から**エ**のうちから一つ選べ。

**ア** 政党は，国民のさまざまな意見を集約し，国や地方公共団体の政治に国民の声を反映させる役割をもつ。

**イ** 政党は，政治の動きや政策を国民に知らせるだけでなく，議員になりうる，あるいは議員等のリーダーになりうる人材を育てることも行う。

**ウ** 与党《よとう》とは，政権を担う政党のことを指し，野党《やとう》とは，与党以外の政党で，与党の政策を監視・批判し，よりよい政治をすすめられるよう働きかける役割をもつ。

**エ** 連立政権とは，複数の政党によって政権が担われることを指すが，日本では戦後ずっと連立政権によって政権運営がなされてきた。

（問４） 下線部(4)に関して，このことに基づいた将来の具体的な行動を考え，クラスで発表しようとしたときに，その内容として適当でないものを，次の**ア**から**エ**のうちから一つ選べ。

**ア** 選挙の際には候補者の演説会を聞きに行ったり，マニフェストを確認したりするなどして，様々な観点から候補者を比較し，投票する候補者を選ぼうと思います。

**イ** 国の政治を監視するために内閣に設置されているオンブズマン（オンブズパーソン）制度を活用し，国の政治の問題点を指摘していこうと思います。

**ウ** マスメディアが行う報道について，情報を主体的・批判的に読みとく能力を持ち，それに基づいてしっかりとした自分の考えを持ちたいと思います。

**エ** 情報公開法などに基づく情報公開制度を活用し，国の行政機関が保有する情報を入手するなどして，国の政治が適正に行われているか調べようと思います。

**8** 次の文章を読み，（問１）から（問３）までの各問いに答えよ。

先進各国では，高齢化の進展が共通の課題となっており，その対応のために(1)社会保障のあり方が議論されている。日本では，(2)年金制度が高齢者の生活を支える社会保障の一つとなっている。さらなる高齢化の進展が予測される中で，(3)社会保障の費用の負担をどのようにするべきかを考えることが，これまで以上に求められている。

（問１） 下線部(1)に関して，次の**表１**は，**主な国の社会保障負担率と国民負担率**を示したものである。下の**表２**を参考に，**表１**中のＡからＣに当てはまる国名の組み合わせとして最も適当なものを，次のページの**ア**から**カ**のうちから一つ選べ。なお，社会保障負担率とは年金や医療といった保険料などの負担の国民所得に対する割合，国民負担率とは租税負担率と社会保障負担率の合計である。

**表１ 主な国の社会保障負担率と国民負担率**（単位：％）

| 国名 | 社会保障負担率 | 国民負担率 |
|---|---|---|
| アメリカ | 8.3 | 33.3 |
| イギリス | 10.4 | 46.5 |
| フランス | 26.6 | 67.1 |
| A | 22.1 | 53.2 |
| B | 17.6 | 42.5 |
| C | 5.1 | 56.9 |

（財務省『日本の財政関係資料』より作成）

**表２ 主な国の社会保障の負担についての特徴**

| | |
|---|---|
| スウェーデン | 政府などの公的負担を中心としており，国民負担率における租税負担率が比較的高い。イギリスと同様の特徴が見られる。 |
| ドイツ | 国民の保険料負担を中心としており，国民負担率における社会保障負担率が比較的高い。フランスと同様の特徴が見られる。 |
| 日本 | **表１**にあげた国々の中では，国民負担率そのものはそれほど高くはない。アメリカと同様の特徴が見られる。 |

| | | | |
|---|---|---|---|
| **ア** | A－スウェーデン | B－ドイツ | C－日本 |
| **イ** | A－スウェーデン | B－日本 | C－ドイツ |
| **ウ** | A－ドイツ | B－スウェーデン | C－日本 |
| **エ** | A－ドイツ | B－日本 | C－スウェーデン |
| **オ** | A－日本 | B－スウェーデン | C－ドイツ |
| **カ** | A－日本 | B－ドイツ | C－スウェーデン |

(問２) 下線部(2)に関して,次の**表３**は**年金制度の二つの方式とその主な特徴**を示したものである。**表３**を参考として，年金制度の説明として適当でないものを，下の**ア**から**エ**のうちから一つ選べ。

**表３　年金制度の二つの方式とその主な特徴**

| | |
|---|---|
| 積立《つみたて》方式 | 自己および同世代が納めた年金保険料を積み立て，運用利益を加えて自己および同世代が高齢者となったときの給付に充《あ》てる。 |
| 賦課《ふか》方式 | 現時点で中心的に働いている世代が納めている年金保険料を，運用利益を加えながらその時点の高齢者の給付に充てる。 |

**ア**　積立方式は，自己および同世代の自助努力の意味合いが強く，世代間での不公平感が生まれやすい。

**イ**　積立方式は，年金保険料を納めた時の積立額の価値と，高齢者となった時の給付額の価値は，必ずしも一致しない。

**ウ**　賦課方式は，世代間による助け合いの意味合いが強く，社会全体で高齢者の生活を保障しようとするものである。

**エ**　賦課方式は，その時点での高齢者人口の割合が大きくなるほど，年金保険料を納めている世代の負担が増加する。

(問３) 下線部(3)に関して，生徒Ｘと生徒Ｙが次のように異なる視点から意見を述べた。それぞれの生徒の意見に対しての的確な反論を，下の①から③の中から選んだとき，最も適当な組み合わせを，後の**ア**から**カ**のうちから一つ選べ。

生徒Ｘ　国や地方公共団体の負担の割合をさらに大きくするべきだ。
生徒Ｙ　個人の負担の割合をさらに大きくするべきだ。

①そうすると，社会保障に使う予算が減ることになります。
②そうすると，人々が払う税金や年金保険料が増えることになります。
③そうすると，財政赤字が増加することになります。

| | **ア** | **イ** | **ウ** | **エ** | **オ** | **カ** |
|---|---|---|---|---|---|---|
| 生徒Ｘに対する反論 | ① | ① | ② | ② | ③ | ③ |
| 生徒Ｙに対する反論 | ② | ③ | ① | ③ | ① | ② |

すぐお母さんにお願いしたかったから。

ウ　今日のレッスンを休んでしまったわけを南先生に知られてしまう前に、急いで教室に戻りたかったから。

エ　なぜ自分がピアノを弾きたいのかわからなくなって、お母さんに正直な気持ちを聞いてほしかったから。

問5　本文中に、(4)お母さんが膝を折って香音と目線を合わせた。とあるが、その説明として最も適当なものを、次のアからエまでの中から一つ選べ。

ア　レッスンを休んだ香音を強く叱っても無意味だということに気づき、優しく教え諭そうとする母の心情が表れている。

イ　思っていたよりも香音が幼いことに気づき、多くを求めず簡単なことから理解させようとする母の心情が表れている。

ウ　香音の気持ちをあまり考えてこなかった自分の過ちに気づき、娘の本当の思いを知ろうとする母の心情が表れている。

エ　自分を心から恐れている香音の気持ちに気づき、娘の心に寄り添って恐怖を和らげようとする母の心情が表れている。

問6　本文中に、(5)純粋に、事実をありのまま伝えてくれていた。とあるが、その「事実」の説明として最も適当なものを、次のアからエまでの中から一つ選べ。

ア　コンクールで勝つことはもちろん大事ではあるが、演奏で人に勝つよりも、全力を発揮して自分に勝つことの方がもっと重要である。

イ　ピアノを弾いて純粋に楽しむことができればそれでよいのであり、演奏するときに、聴く人から評価されることを求めてはならない。

ウ　演奏には優劣がつけられることもあるが、それが全てではなく、純粋に音楽を演奏する喜びと聴く人を幸せにする喜びも確実にある。

エ　一位になるために人に勝とうと考えるのは誤りで、音楽の魅力を表現すればおのずと結果は出るから、演奏の順位を競う必要はない。

問7　この文章の特徴を説明したものとして最も適当なものを、次のアからエまでの中から一つ選べ。

ア　会話以外の部分においても主人公の心情を細やかに描き、現在の場面に過去を織り交ぜながら、少女の揺れ動く心を表現している。

イ　冷静な店員の言葉を挟み込み、第三者的な視点から母と娘の会話を記すことで、次第に変化する親子の関係を写実的に描いている。

ウ　比喩表現を多用したり、店員の意味ありげな語りかけをところどころに配置したりすることで、少女の繊細な心理を表現している。

エ　人物の発言とその時の表情とが食い違うような描写を重ね、不器用な親子が、次第に距離を縮めていく様子を象徴的に描いている。

ここはそういう世界だから。でも、一位になるためだけに弾くわけでもないのよ。

　あのときは、ただ香音を慰めようとしているのだと思った。でもたぶん、そうじゃない。先生は(5)純粋に、事実をありのまま伝えてくれていた。

「もっとうまくなりたいの。」

　そしてもう一度、いい音を取り戻したい。

　先生の言う「そういう世界」に飛びこもうと、香音は自分で決めたのだ。いい音ね、とあの日ほめてもらった瞬間に。

「わかった。」

　お母さんが香音の頭をひとなでして、腰を伸ばした。

「じゃあ、一緒に先生に謝ろう。」

　香音はお母さんと並んで、門へと足を踏み出した。どこからか、バイエルの調べが聞こえてくる。

（瀧羽《たきわ》麻子《あさこ》『ありえないほどうるさいオルゴール店』による）

（注）バイエル＝初心者向けピアノ教本。

問1　本文中の、(a)もどかしく、(b)不意に　の意味として最も適当なものを、それぞれ次のアからエまでの中から選べ。

(a)　ア　やり切れなく　イ　面倒くさく　ウ　つまらなく
　エ　じれったく

(b)　ア　自然と　イ　忘れた頃に　ウ　思いがけず
　エ　意味もなく

問2　本文中に、(1)反射的に目をそらした。とあるが、この部分の説明として最も適当なものを、次のアからエまでの中から一つ選べ。

ア　ピアノを弾いている南先生を思い出しそうになって、別の何かを見ようとした。

イ　自分が弾けなくなっているピアノを連想させるものから、思わず視線を外した。

ウ　コンクールでの失望を思い出し、ピアノの嫌な記憶を急いでかき消そうとした。

エ　ピアノのレッスンを無断で休んだことに気づかれそうで、とっさに顔を背けた。

問3　本文中に、(2)香音の返事を待たずに、店員さんはせかせかと棚のほうへ歩いていく。とあるが、それはなぜか。その説明として最も適当なものを、次のアからエまでの中から一つ選べ。

ア　香音が自分に気をつかっていると感じて、しばらく一人の時間を与えることで彼女を安心させたいと考えたから。

イ　香音の打ち明け話からピアノをめぐる深い悩みを知って、彼女を救う一曲を見つけてあげたいと意気込んだから。

ウ　香音が本当に欲しいのは違うものなのだと気がついて、彼女が正直な気持ちを話すきっかけを作ろうとしたから。

エ　香音の心にまだ何かがひっかかっている気がして、彼女の心にかなうオルゴールが他にありそうだと思ったから。

問4　本文中に、(3)ほとんど駆け足になっていた。とあるが、それはなぜか。その説明として最も適当なものを、次のアからエまでの中から一つ選べ。

ア　ピアノを続ける決意が固まり、すぐにでも弾きたいと感じて一刻も早く南先生の家に行きたかったから。

イ　やっぱりピアノを続けたい、先生を替えたりしないでほしいと今

「香音！」見たこともないようなこわい顔をして駆けてきたお母さんは、立ちすくんでいる香音の前で仁王立ちになった。

香音は無言でうなだれた。足もとのくろぐろとした影が、穴みたいに見える。いっそ飛びこんでしまいたい。

「どれだけ心配したと思ってるの？」

頭の上から降ってきた声は、頼りなく震えていた。

香音はびっくりして顔を上げた。お母さんは怒っているというよりも、途方に暮れたような顔つきになっていた。

「先生も心配してらしたわよ。今までどこにいたの？」

香音がレッスンに来ないと電話を受けて、探しにきたらしい。

「ごめんなさい。」

「ねえ、香音。ピアノ、弾きたくないの？」

香音は目をみはり、お母さんを見上げた。

「さっき、電話で先生と少しお話ししたの。ちょっとお休みしてもいいんじゃないかって。先週、香音ともそういう話をしたんだって？」

(4)お母さんが膝を折って香音と目線を合わせた。

「お願い。正直に教えて。お母さん、怒らないから。香音のやりたいようにやってほしいと思ってる。」

肩からかけたかばんを、香音は手のひらで軽くなでた。底のほうがぽこりとふくれているのは、角ばった紙箱のせいだ。

店員さんが新しく棚から出してきてくれたオルゴールを聴いて、香音は息をのんだ。バッハでも讃美歌でもない、けれどよく知っている曲が、またもや流れ出したのだった。

「ピアノを習っておられるんですか。」店員さんは優しい声で言った。

「はい。」

でも、と言い足すなんて、ふだんの香音なら考えられないことだった。見ず知らずのおとなに、個人的な打ち明け話をするなんて。

このひとになら、わかってもらえるのではないかと思ったのだ。香音の胸の奥底で響いている音楽をみごとに聴きとってみせた、彼になら。

コンクールで落選したこと、ピアノを弾く気力を失っていること、今日レッスンをすっぽかしてしまったことまで、つっかえつっかえ話した。

店員さんはなにも言わずに耳を傾けてくれた。それから、ふたつのオルゴールをテーブルに並べ直した。

「どちらでも好きなほうを、どうぞ。」

香音は左右のオルゴールを見比べた。洗いざらい話したせいか、いくらか心は軽くなっていた。

深く息を吐き、耳をすます。

「こっちを下さい。」

新しく出してもらったほうを、指さした。店員さんが満足そうに目もとをほころばせ、香音が選んだオルゴールを手にとって、ぜんまいを巻いた。

素朴なバイエル(注)の旋律が、香音の耳にしみとおった。

紙箱に入れてもらったオルゴールをかばんにしまうと、香音はお礼もそこそこに店を飛び出した。無性にピアノを弾きたかった。一刻も早く鍵盤にさわりたくてたまらなかった。

お母さんの目をじっと見て、香音は口を開く。

「わたし、ピアノを続けたい。」

誰もが一位になれるわけじゃない。先週、南先生は香音にそう言った。

ゴールが、テーブルの上にばらばらと散乱している。

「すみません、ちょっとまだ。」

香音はひやひやしてうつむいた。気を散らしてばかりで、身を入れて選んでいないのがわかってしまっただろうか。ただで持っていっていいと気前よくすすめてくれたのに、気を悪くしたのかもしれない。

「少々、お待ち下さい。」無言で香音を見下ろしていた店員さんが、唐突に言った。

耳もとに手をやって、長めの髪をかきあげる。かたちのいい左右の耳に、透明な器具のようなものがひっかかっていることに、香音ははじめて気づいた。

彼はてきぱきと器具をはずし、テーブルの上に置いた。ことり、と軽い音がした。素材はプラスチックだろうか。めがねの端っこをぱつんと切り落としたような、ゆるいカーヴのついたつるの先に、耳栓に似たまるい部品がくっついている。

変わった器具につい見入っている香音を置いて、店員さんは棚のほうへ歩いていった。新たなオルゴールをひとつ手にとって、戻ってくる。

「これはいかがですか。」

自らぜんまいを回してみせる。流れ出したメロディーを聴いて、あっと香音は声を上げてしまった。

「讃美歌？」ついさっき、教会でひさびさに思い返していた曲だった。聖歌隊の十八番で、日曜礼拝でたびたび伴奏したのだ。

安らかな日々だった。コンクールのことも、南先生のことも、知らなかった。鍵盤に指を走らせるのが、ただただ楽しかった。幼稚園の先生にも、友達やその親たちにも感嘆され、聖歌隊からは感謝され、礼拝の参列者の間でも評判だった。香音ちゃんのピアノは神様の贈りものだ、と園長先生は感慨深げに言ったものだ。大切にしなさい。その力はみんなを幸せにするからね。

オルゴールがとまるのを待って、香音は口を開いた。

「これ、下さい。」

「よかった。実は僕も、耳は悪くないんです。」

店員さんは目を細め、香音にうなずきかけた。

「すごくいい音で鳴っている。」

いい音ね。(b)不意に、南先生の声が香音の耳もとで響いた。ぎゅう、と胸が苦しくなった。

「紙箱があるので、入れますね。」

店員さんが腰を上げた。耳の中でこだましている先生の声は気にしないようにして、香音も笑顔をこしらえる。

そこで突然、彼が眉をひそめた。「ん？」

中腰の姿勢でしげしげと見つめられ、香音はどぎまぎして目をふせた。作り笑いが失敗していただろうか。

「あともうひとつだけ、いいですか。」

(2)香音の返事を待たずに、店員さんはせかせかと棚のほうへ歩いていく。

店を出ると、香音は急いで先生の家へ向かった。

途中から、(3)ほとんど駆け足になっていた。門が見えてきたときには汗だくで、息がはずんでいた。そのまま駆け寄ろうとして、つんのめりそうになった。道の先に、香音に負けず劣らず息をきらして走ってくる人影が見えたのだ。

に未知の領域が見つけられなくなってしまい、冒険自体に意味があるのかどうか明確に答えられなくなったからだと考えている。

4 次の文章を読んで、後の問いに答えよ。

小学四年生の香音《かのん》は南先生にピアノを習い、有名なコンクールの地区大会に出場したが、全国大会には進めなかった。その後、香音はなぜかピアノが弾けなくなる。レッスンに行けず歩いていた香音に、オルゴール店の店員が声を掛けた。彼は、どれでも好きなオルゴールを一つくれると言った。

「よかったら、そちらでどうぞ。」

店員さんが奥のテーブルをすすめてくれた。香音は椅子に腰かけて、オルゴールをひとつひとつ聴いてみた。底についているぜんまいを回すと音が鳴る。知っている曲もいくつかあったけれど、そうでないもののほうが多かった。聞き覚えのないメロディーは耳にひっかからずに流れ去り、潔《いさぎよ》く消えていく。

透明な箱の中には、表面に細かいぶつぶつがついた円柱形の部品と、櫛《くし》の歯のようなかたちのひらたい部品が、隣りあわせに配置されている。円柱の突起が歯をはじき、音が出るしくみらしい。

ピアノみたいだ。思いあたり、(1)反射的に目をそらした。なめらかに繰り返されていた旋律が、少しずつぎこちなく間延びして、ついにとまった。

先週、コンクールが終わってはじめてのレッスンで、南先生は心配そうに言った。

「香音ちゃん、大丈夫？音に、元気がなくなってる。」

香音は絶句した。

「香音ちゃんは本当によくがんばったわ。がんばりすぎて、ちょっと疲れちゃったのかもね。無理しないで、しばらくゆっくりしてみたら？」

いたわるように、先生は続けた。

「誰もが一位になれるわけじゃない。ここはそういう世界だから。でも、一位になるためだけに弾くわけでもないのよ。」

あれから一週間、香音はほとんどピアノを弾いていない。

どうしても、ピアノの前に座ろうという気分になれなかった。ピアノを弾きはじめて六年間、こんなことは一度もなかった。

全国大会に進めなかったから、落ちこんでいるわけじゃない。それでやる気を失《な》くしたわけでも、自棄《やけ》になっているわけでもない。ただ、自分でも気づいてしまったのだ。わたしの音には元気がない。そんな音を響かせることも、誰かに聴かせることも、耐えられない。

この機会に別の先生に習ってみたらどう、と昨日お母さんに言われた。黙って首を横に振っただけですませたのは、うまく伝えられる自信がなかったからだ。考えを言葉で言い表すのは、すごく難しい。音楽を使えれば、と香音はいつも(a)もどかしく思う。楽器でうれしい音や悲しい音を鳴らして伝えられたら、わかりやすくて簡単なのに。

南先生は悪くない、と本当は言い返したかった。入賞できなかったのは先生のせいじゃない。わたしの力が足りなかった。だからこそ、がんばらなきゃいけないのに。がんばって練習して、上手になって、お母さんや先生を喜ばせたいのに。

「気に入ったもの、ありましたか。」

店員さんから声をかけられて、香音はわれに返った。聴き終えたオルうなことをたとえているか。その説明として最も適当なものを、次のアからエまでの中から一つ選べ。

ア　目に見えない大きなシステムは総体として働くようになり、人間の思考や行動までも支配するということ。

イ　重層的に錯綜する社会は人間のコントロールがきかなくなって、とらえどころのない姿になるということ。

ウ　社会のシステムは巨大化する傾向があり、人類だけでなくあらゆる生物をその内部に取り込むということ。

エ　人間の社会は多様な要素が分かちがたい状態で絡みあって成立し、つねに複雑に変化していくということ。

問5　本文中に、(3)携帯電話は単なる通信機器という役割を超えて、思考、行動を方向づけする　とあるが、どういうことか。その説明として最も適当なものを、次のアからエまでの中から一つ選べ。

ア　携帯電話が広く普及したことによって、人間の思考や行動がその使用を前提にしたものになったということ。

イ　携帯電話の小型化が進んで持ち運びしやすくなり、屋外での人々の行動が飛躍的に自由になったということ。

ウ　携帯電話は多様な機能が付加されたことで、人々の生活にとってなくてはならない機器になったということ。

エ　携帯電話を持っていることが当たり前になり、持っていない者は社会から疎外される傾向にあるということ。

問6　本文中に、(4)空間も均質になった。とあるが、どういうことか。その説明として最も適当なものを、次のアからエまでの中から一つ選べ。

ア　聖なる力が弱まって多くの小コスモスがまとまりを失った結果、近代の科学的システムがその性質を変化させながら広がったということ。

イ　小コスモスが統合されて高度情報化消費社会が成立していく中で、世界中が同じようなシステムにおおいつくされてしまったということ。

ウ　人口が爆発的に増加して都市や国家が巨大化していく過程で、かつては人々を恐れさせた人食い鬼や魔神が姿を消していったということ。

エ　科学的に正確な記述によって世界が説明されるようになった結果、かつては数多くあった宗教的コスモスが減少してしまったということ。

問7　本文中に、(5)現代は冒険の難しい時代だとされる。とあるが、筆者はその理由をどのように考えているか。その説明として最も適当なものを、次のアからエまでの中から一つ選べ。

ア　原始時代からひたすら冒険や探検を繰り返して、極点からエベレストまで征服してしまった結果、人間にとって混沌と呼べる領域がもはや宇宙空間以外には残されていないからだと考えている。

イ　地球上のあらゆる地理的空白部分に足跡をしるしてきたため、残された領域は命の危険を伴う場所だけとなり、脱システムを求めて冒険や探検を続けることが困難になったからだと考えている。

ウ　人の行っていない場所がほとんどなくなるとともに、画一的なシステムが世界をおおってしまった結果、未知の領域へ出るという本来の意味での冒険が成立しにくくなったからだと考えている。

エ　巨大化したシステムの中に人類が閉じ込められた結果、そこ以外したがる傾向があり、原始の時代からシステムの外に出てひたすら探検、冒険をくりかえしてきた。その結果、二十世紀初頭には北極点、南極点の両極が征服され、一九五三年にはエベレストまで登頂されるにいたった。しかし人類の飽くなき冒険欲はそこでとどまらない。その後も人類はエベレスト以下の山頂を次々に落とし、あらゆる地理的空白部に足跡を記し、記録がないと聞けば、それこそ川の支流のさらに源流の、ジャングルの奥地の、そこに行って何か意味があるんですか、と訊《き》きたくなるような先端や皺《しわ》の中まで足を延ばしてきた。その結果、今ではついに行く場所が無くなってしまったというわけだ。

しかし私は、ことはそんな単純な話ではないと思う。現代において冒険が難しくなったのは、人間があらゆる隙間に足跡を残したからということもあるが、それだけではなく画一的なシステムが地球上の空間領域をフラットにおおいつくしてしまったからという理由も同じくらい大きいのではないだろうか。

（角幡唯介《かくはたゆうすけ》『新・冒険論』による）

（注1）ヘイトスピーチ＝特定の個人や団体を攻撃する差別的な発言や演説。
（注2）錯綜＝物事が入り組むこと。
（注3）渾然一体＝全体が溶けあって、一つになること。
（注4）アメーバ＝体の形を変えながら運動する原生動物。
（注5）鵺＝想像上の生き物。
（注6）コスモス＝秩序と調和をもつ世界。
（注7）処女峰＝まだ誰も登頂したことのない山。

問1 A森羅万象 の意味として最も適当なものを、次のアからエまでの中から一つ選べ。

ア 地球上で起きる様々な気象現象
イ 地球上に生存する全ての植物
ウ 宇宙空間で起こる全ての現象
エ 宇宙に存在する一切の物事

問2 空欄 a ・ b ・ c に入る語として適当なものを、それぞれ次のアからオまでの中から選べ。ただし、同じ語は二回入らない。

ア むしろ　イ しかし　ウ たとえば
エ ただし　オ やがて

問3 本文中に、(1)われわれは近代国民国家的な〜逸脱した思考や行動をとりにくい とあるが、それはなぜか。その説明として最も適当なものを、次のアからエまでの中から一つ選べ。

ア われわれが現代の国家のもとで国民として生きている限り、その社会のシステムによって気づかぬうちに行動や考え方が制約されるから。
イ われわれが日本人として生きる以上、空気を読んだり気遣いをしたりする独特の気質がシステムの一部として働いて行動を制限するから。
ウ 国家の中で生きている国民は無数の複雑な要素によって縛られているせいで意識が混乱してしまい、自由に行動することができないから。
エ 国家のシステムに縛られて生きている人は法律などの社会の仕組みに従わざるをえず、自分自身の行動や思考を制御することがないから。

問4 本文中に、(2)生き物のように蠢いている とあるが、これはどのよいったようにすり合わせはいい加減になった。約束に間に合わなくても携帯で連絡すればいいので遅刻も全然平気である。こうなると携帯がなければ周囲の行動様式の変化についていけないので、携帯を持つことに抵抗を感じていた人もやむなく持つようになり、いっそう広まる。[b]、よほど気合いを入れないかぎり携帯無しでの社会生活は困難になっていき、さらに普及し、携帯があることが前提で社会全体が成り立っていく。このように(3)携帯電話は単なる通信機器という役割を超えて、思考、行動を方向づけするシステムとして機能するようになっていく。携帯電話が登場しただけではシステムは変わらない。携帯というモノが登場し、その機能性にあわせて人間の行動や習慣や思考回路が同調し、それにともなって社会全体の機能自体も変わっていくことで、はじめてそれはシステムとなる。システムとは多様な要素が分割不可能な状態で絡みあったアメーバ(注4)状の現象態なのである。

このように総体としてのシステムは個別の人間の行動に影響をあたえ、特定の行動様式をとらせるように誘導し、管理しようとする。人間はそれぞれ勝手に、電子のようにランダムに飛びまわって生きているわけではなく、システムのもとでまとまって集合的に秩序づけられている。それが、私がシステムと呼ぶもののイメージ的な概念だ。

こうしたシステムの内部でわれわれ人類は生きている（というか生きとし生けるもの、A森羅万象、すべてがそれぞれのシステム内部で生存、存在している）わけだが、このシステムは鵺《ぬえ》(注5)のようにとらえどころ無く、うねうねと移ろいゆく性質を持っているため、時代が進むにつれて巨大化し、さらにいろいろな要素が重層的に錯綜して複雑化する傾向がある。

大昔、聖なる力でまとまった小さくて素朴な宗教的(注6)コスモスがいたるところに散らばっていた時代なら、コスモスを出ればそこはもう冒険の対象となるような混沌《こんとん》とした領域でありえた。[c]小コスモスはやがて統合され都市や国家が発生し、近代国家から工業社会を経て、現代ではグローバルにつながった高度情報化消費社会の成立を見るにいたっている。その間、人口が爆発的に増えたことで、コスモスの外側にあった人食い鬼や魔神が住む混沌とした未知の自然も開発され、郊外には工場やマンションが立ち並び、未知で混沌としていた領域は次々とシステム内部の整然とした世界に組み込まれていった。さらに科学知識の隆盛によりわれわれの世界を見る目も確実に変化し、科学的に正確な記述で世界が説明されるようになり、昔とちがって(4)空間も均質になった。システムはどんどん巨大になり、性質を変化させながら領域をじわじわ広げ、気づくと世界中が似たようなシステムにおおいつくされている。宗教的コスモスの時代とはちがって、都市を離れても、別にそこに混沌があるわけでなく、むしろ世界中どこでも予測可能な整然とした光景が広がっている。どこに行ってもそこはシステム内部であり、どうやったらシステムの外側に出られるのか、というかそれ以前に、システムの外側がどこにあるのかすら分からないような同質的な世界が成立しつつある。

冒険とは脱システムなわけだから、システムが変化すると当然、冒険のあり方も変化せざるをえない。システムが巨大化、複雑化すれば、われわれもその大きな囲いの中に閉じ込められてしまい、その外に出ることは難しくなる。

(5)現代は冒険の難しい時代だとされる。従来の一般的な見方であれば、冒険が難しくなったのは、単にその対象となる処女峰(注7)や地理的な空白部が少なくなったためだと説明されてきた。人間には脱システムして冒険

イ　美へのあこがれが生まれつき強くあり、短歌に限らず「詩人とは何か」について深く考えるのをやめることができない人。

ウ　生まれながらに普通の人より強いイマジネイションの力をもち、何かに惹かれるとそれを言葉で表現せずにいられない人。

エ　普通の人より生まれつき美に強い憧憬を抱いているため、信仰心に導かれて現実世界から完全に抜け出すことができる人。

問7　本文中に、(5)この一寸を決して小さく評価することはできない。とあるが、それはなぜか。その説明として最も適当なものを、次のアからエまでの中から一つ選べ。

ア　花や月へのあこがれを浮力とし、ほんのわずかであっても現実を離脱することによって、西行は名歌を生み出すことができたから。

イ　花や月へのあこがれをほんのわずかであっても断念することで、西行は、現世への執着を捨てて仏道修行に励むことができたから。

ウ　花や月へのあこがれを現世の欲望に変えることにより、西行は、ほんのわずかであっても日々の生活に埋没することができたから。

エ　花や月へのあこがれをばねに、ほんのわずかであっても大地を離れることで、西行は自然の美しさを間近に見ることができたから。

## 3　次の文章を読んで、後の問いに答えよ。

現代の近代的国民国家の多くは国家という単位のもとで国民と呼ばれる人々が生きており、同一の仕組みの政治、行政、司法、経済、法体系のもとで生活している。こうした国家の仕組みはシステムの一部となって起動し、そこで暮らす国民の行動に一定の制約を設けて方向づけしようとする。(1)われわれは近代国民国家的な規範や良識（要するに民主主義や人権意識といったもの）から逸脱した思考や行動をとりにくい。ヘイトスピーチ(注1)なんかをやろうと思っても、普通の感覚の持ち主なら良識やルールに違反することなので自分の内部でブレーキがかかる。一方で、国民の中には歴史や文化、それらに影響をあたえる地勢、風土、あるいは文字、宗教、習俗、習慣などを共有した民族という単位でくくられる人間集団も存在している。たとえば日本人の性格には世間や空気を読んでやたらと気遣いするという独特の気質があると思うが、こうした気質もまた行動を方向づけする力として働き、システムの一部となって駆動するだろう。

こうしてみると人間の社会は、無限ともいえるさまざまな要素が幾層にも分かれて複雑に錯綜《さくそう》(注2)し、絡《から》みあい、渾然《こんぜん》一体(注3)となり、さらに大きな目に見えない総体としてのシステムとなって(2)生き物のように蠢《うごめ》いていることが分かる。システムはわれわれの行動や思考を制御し、方向づける無形の体系であるが、それはわれわれ人間の側から見るとシステムによって考え方が方向づけられ、それにそって行動するよう仕向けられているということでもある。

気づかぬうちにシステムに方向づけられるとは、どういうことか。

[a] 身近にあるモノで考えてみると、携帯電話の普及時なんかがその格好のモデルケースだろう。

携帯電話なるものが誕生する。すると便利なのでそれを使う人が出てくる。使う人が増えると、それにともなって人々の行動様式も変化する。携帯が登場する前、われわれは待ち合わせの約束をするとき何月何日何時に池袋駅西口交番前で、などと事細かに事前にすり合わせしていたが、携帯が登場してからは、金曜午後六時に池袋で、後は適当に電話で、と問1　本文中に、(1)仏教の教理を究めることをその生涯の目的とはしなかった。とあるが、それはなぜか。その理由の説明として最も適当なものを、次のアからエまでの中から一つ選べ。

**ア**　仏道修行について直接議論を交わした結果、西行は明恵の学識の深さには到底かなわないと悟ったから。

**イ**　仏道修行によって現世への思いを捨てることができたので、西行は教理を究める必要がなくなったから。

**ウ**　仏道修行においても西行は、桜の花の美しさを追究することに重点を置いて教理の方は軽く考えたから。

**エ**　仏道修行に入ってからも、西行は桜の花の美しさに心が強く惹かれ歌を詠まずにはいられなかったから。

問2　本文中に、(2)明恵は歌人でもあったが、何より仏道修行と教学研究に努めた人であった。とあるが、明恵の姿勢の説明として最も適当なものを、次のアからエまでの中から一つ選べ。

**ア**　たとえ歌人であっても、法師であるからには時間を無駄にせず、歌と同様仏道にも心を一つにして励むのがよいという姿勢。

**イ**　たとえ歌人であっても、法師であるからには歌よりも仏道修行に努め、仏陀の教えを究めるのが最も重要であるという姿勢。

**ウ**　たとえ歌人であっても、法師であるからには歌道と教学の研究との両立を目指し、努力を重ねなければならないという姿勢。

**エ**　たとえ歌人であっても、法師であるからには歌の出来ばえはともかく、仏陀の教えにそって歌を詠むべきであるという姿勢。

問3　Aの和歌に用いられている修辞技巧を、次のアからエまでの中から一つ選べ。

**ア**　掛詞　**イ**　倒置法　**ウ**　枕詞　**エ**　擬人法

問4　Bの和歌中の、(3)あくがるる（あくがる）は本来どのような意味で、ここでは何を表しているのか。その説明として最も適当なものを、次のアからエの中から一つ選べ。

**ア**　「あくがる」は本来、身体が魂とともに浮かびあがってさまよい歩くという意味で、ここでは身体が浮きあがるくらい強大な浮力を西行が桜に感じていたことを表している。

**イ**　「あくがる」は本来、行けるはずのないような遠く離れた所に移動するという意味で、ここでは遠く離れた桜の名所へ旅をしながら西行が歌を詠んでいたことを表している。

**ウ**　「あくがる」は本来、身体の内部にあるはずの魂が離れて外部に出てしまうという意味で、ここでは魂が離れてしまうほど西行が桜の魅力に強く惹かれたことを表している。

**エ**　「あくがる」は本来、さまよい歩くあまりに魂を見失いかけるという意味で、ここでは桜の美しさを求めてさまよい歩く西行があやうく魂を見失いかけたことを表している。

問5　本文中の(a)から(d)の助動詞のうち、他と意味が異なるものを、次のアからエまでの中から一つ選べ。

**ア**　考え(a)られる。　**イ**　知ら(b)れる歌人

**ウ**　収め(c)られている。　**エ**　大地に引っ張ら(d)れ、

問6　本文中に、(4)天性の詩人とあるが、その意味の説明として最も適当なものを、次のアからエまでの中から一つ選べ。

**ア**　生来のイマジネイションの力によって何かに強く惹かれても、信仰の力で心を身にとどめ美を言葉に表すことができる人。

「アク」という言葉と、「離れる」という意味の「カル」という言葉が結びついてできたものである（『岩波古語辞典』）。したがって、もともとは、「本来あるはずの場所から離れる」という意味の言葉であった。さまよい歩くという意味でもあるが、魂が身から離れてしまうことでもある。したがって「浮かびあがる」ことだと言ってもよい。西行は桜に強大な浮力を感じたのである。

短歌に限らず、広く詩一般を考え、「詩人とは何か」と問うたとき、それに答えることはもちろん容易ではないであろうが、一つの答えとして、普通の人よりも大きなイマジネイションの力をもち、強い憧憬《しょうけい》を抱いてその世界により深く浸ることのできる人、そして現実を離れ、高く「浮かびあがる」ことのできる人である、というものが考え(a)られる。西行の場合には、その浮力がきわめて強かったこと、一度浮かびあがった心がわが身のもとに帰るだろうか、と問うほどに強いものであったことを指摘することができる。そのあらがいがたい力が、同時にそれを表現したいという衝迫を西行のなかに生んだのではないだろうか。信仰の道を歩みながら、内から突きあげてくるものを言葉にせざるをえなかったのであろう。そういう意味で西行は(4)天性の詩人であったと言えるのではないだろうか。

しかし、身から浮かびあがるということは、矛盾をはらんでいる。そのことを指摘した人に上田三四二《うえだみよじ》（一九二三―八九年）がいる。上田は医師であると同時に『湧井《わくい》』や『照径《しょうけい》』などの歌集で知ら(b)れる歌人であるが、文芸評論や随筆ものもした。その一つに『この世　この生―西行・良寛《りょうかん》・明恵・道元《どうげん》』がある。その最後に「地上(注7)一寸《いっすん》ということ」という文章が収め(c)られている。

そこで上田は西行における花月へのあこがれについて次のように述べている。「西行にあっては心の浮力は強大で、かつまた心がすっかり身を離れてしまえばそれは死を意味するから、身は心を離すまいとし、かくして、心を離すまいとする身は心の浮上につれてともにいくばくか浮き上がる。私の見るところ、西行は一寸浮き上がるのである。一寸を軽く見てはならない。重力に抗して人間の身を地上一寸に浮かべるのにいかに強大な心の浮力を必要とするか。西行はそれを、花月への〝託心〟によって実行した。」

われわれは通常、きわめて大きな力によって大地へと引きつけられている。欲望というとてつもなく大きな重力によってこの大地に引っ張ら(d)れ、日々の生活の営みのなかに埋没している。その重力を振り切って一寸浮きあがるためには、当然のことながら、これもまたとてつもなく大きな力がいる。それを西行において可能にしたのが、「花月への〝託心〟」であったというのである。それがきわめて大きな力をもっていたことを、いま引用した歌が如実《にょじつ》に示している。それによって一寸浮かびあがることが可能になったのである。上田が言うように、(5)この一寸を決して小さく評価することはできない。（藤《ふじ》田《た》正勝《まさかつ》『日本文化をよむ』による）

（注1）西行＝平安時代末期の歌人。『山家集』はその歌集。
（注2）明恵＝華厳宗の復興者。
（注3）華厳宗＝奈良時代に栄えた宗派の一つ。
（注4）真言密教＝平安時代初期に空海が開いた真言宗の教え。
（注5）具足＝道具や所持品。
（注6）朗月＝明るく澄んだ月。
（注7）一寸＝約3センチメートル。

## 【国語】（五〇分）〈満点：一〇〇点〉

1 次の(1)から(7)までの傍線部の漢字表記として適当なものを、それぞれアからエまでの中から一つずつ選べ。

(1) 大バンの週刊誌。　ア 番　イ 板　ウ 判　エ 班

(2) 受け入れ態セイを整える。　ア 制　イ 政　ウ 製　エ 勢

(3) 隣国とメイ約を結ぶ。　ア 明　イ 盟　ウ 命　エ 名

(4) 山中の秘キョウを訪ねる。　ア 境　イ 況　ウ 京　エ 興

(5) シ急、連絡をください。　ア 支　イ 至　ウ 始　エ 示

(6) 首相が条約にショ名する。　ア 暑　イ 著　ウ 諸　エ 署

(7) 営業成績が不シンに陥る。　ア 審　イ 伸　ウ 振　エ 信

2 次の文章を読んで、後の問いに答えよ。

（注1）西行《さいぎょう》（一一一八―九〇年）は出家し、三十年ほどにわたって高野山《こうやさん》に庵《いおり》を結んだが、(1)仏教の教理を究めることをその生涯の目的とはしなかった。むしろ、何よりもつねに歌を詠《よ》む人であったと言うことができる。

平安末期から鎌倉前期に出たすぐれた仏教者の一人に（注2）明恵《みょうえ》（一一七三―一二三二年）がいる。明恵は（注3）華厳宗《けごんしゅう》の僧であったが、（注4）真言《しんごん》密教にも深い理解を有しており、長く高野山で暮らした西行の宗教観とも通じるところがあった。同時に和歌にもすぐれ、『明恵上人《しょうにん》和歌集』を残している。あとでも触れるが、西行は晩年に京都・栂尾《とがのお》の明恵のもとを訪れ、和歌をめぐって議論を交わしている。

(2)明恵は歌人でもあったが、何より仏道修行と教学研究に努めた人であった。それは弟子の高信《こうしん》がまとめた『栂尾明恵上人遺訓』のなかの次の言葉からも知られる。「只《ただ》心を一にし、志を全《まっと》うして、徒《いたずら》に過《すご》す時節なく、仏道修行を励むより外《ほか》には、法師の役はなき事也《なり》。……凡《およそ》仏道修行には、何の（注5）具足《ぐそく》も要《い》らぬ也。松風に睡《ねむり》を覚《さま》し、（注6）朗月《ろうげつ》を友として、究め来《きた》り究め去るより外の事なし。」いたずらに時を過ごさず、ただ心を一つにして仏道修行に励み、仏陀《ぶっだ》の教えを究めつくすことが肝要であるというのである。

明恵は歌人である以前に、仏教者であり、仏道の修行に邁進《まいしん》した。それに対して西行は仏教者ではあったが、まず何より歌を詠《うた》うことに力を注いだ。なぜ西行は仏道の修行に専心しなかったのであろうか。おそらくそれは、出家ののちも西行を惹《ひ》きつけてやまないものがあったからであろう。『山家集』に次の歌がある。

A 花にそむ心のいかで残りけん捨てはててきと思ふ我身に

現世への思いはすっかり捨て去ったと思っているのに、そのわが身にどうして桜の花に染まるほどに執着する心が残っているのだろうか、という歌である。桜は西行にとって、おそらくこの世でもっとも美しいものであった。それにいかに西行が強く惹かれたかをこの歌がよく示している。

西行は桜の花の美しさの抵抗しがたい力をくり返し歌にした。次もその一つである。

B (3)あくがるる心はさてもやまざくら散りなんのちや身に帰るべき

桜が咲いているあいだは、心が身からあこがれでてしまって、なんともとどめることができない、しかし散ってしまえば、わが身へと帰ってくるだろうか、という意味である。「あこがれる」というのは、もともとこの「あくがる」という言葉からきたもので、「所、事」を意味する

MEMO

大切なことはメモしておこうネ！

## 2019年度

# 解　答　と　解　説

《2019年度の配点は解答欄に掲載してあります。》

## ＜数学解答＞

**1**　(1)　ア　－　イ　7　ウ　1　エ　0　(2)　オ　1
(3)　カ　3　キ　1　ク　3　ケ　2　(4)　コ　－　サ　3　シ　2
(5)　ス　7　セ　3　ソ　2　(6)　タ　4　チ　5　ツ　4
(7)　テ　7　ト　5　(8)　ナ　4　ニ　9

**2**　(1)　ア　3　イ　6　ウ　3　エ　9　オ　0
(2)　カ　1　キ　5　ク　5　ケ　2　コ　2　サ　4

**3**　(1)　ア　3　(2)　イ　2　ウ　1　(3)　エ　－　オ　2　カ　7　キ　3
ク　7　(4)　(i)　ケ　8　コ　9　(ii)　サ　3　シ　3

**4**　(1)　ア　4　イ　5　(2)　ウ　1　エ　0　(3)　オ　9　(4)　カ　2　キ　5
ク　8　(5)　ケ　3

○配点○

1　(1)～(5)，(7)，(8)　各5点×7　(6)　タ・チ　3点　ツ　2点
2　(1)　各5点×2　(2)　各5点×2
3　(1)　3点　(2)　各2点×2　(3)　4点　(4)　(i)　4点　(ii)　5点
4　各4点×5　計100点

## ＜数学解説＞

**1**　(小問群―数・式の計算，平方根の計算，式の値，関数の変化の割合・変域，確率，資料の整理，円の性質，角度，相似，面積の比，回転体の体積)

基本　(1)　$\frac{2}{3}\div\left(-\frac{4}{9}\right)+(-2)^2\times\frac{1}{5}=\frac{2}{3}\times\left(-\frac{9}{4}\right)+4\times\frac{1}{5}=-\frac{3}{2}+\frac{4}{5}=\frac{-15+8}{10}=\frac{-7}{10}$

基本　(2)　$\frac{1}{\sqrt{75}}\times\frac{\sqrt{45}}{2}\div\sqrt{\frac{3}{20}}=\frac{1}{5\sqrt{3}}\times\frac{3\sqrt{5}}{2}\div\frac{\sqrt{3}}{\sqrt{20}}=\frac{3\sqrt{5}}{10\sqrt{3}}\times\frac{2\sqrt{5}}{\sqrt{3}}=\frac{3\sqrt{5}\times2\sqrt{5}}{10\sqrt{3}\times\sqrt{3}}=\frac{30}{30}=1$

基本　(3)　$x^2-3x-1=0$を二次方程式の解の公式を用いて解くと，$x=\frac{-(-3)\pm\sqrt{(-3)^2-4\times1\times(-1)}}{2\times1}$
$=\frac{3\pm\sqrt{9+4}}{2}=\frac{3\pm\sqrt{13}}{2}$

(4)　$y$が$x$に反比例するとき，対応する$x$と$y$の積は一定であるので，$xy=a$($a$は定数)と表すことができる。$x=2$のとき$y=9$だから$a=18$　$y=\frac{18}{x}$　$x=6$のとき$y=3$　よって，$x$の値が2から6まで増加するときの変化の割合$=\frac{y\text{の値の増加量}}{x\text{の値の増加量}}=\frac{3-9}{6-2}=-\frac{3}{2}$

(5)　50円硬貨を$a$，$b$，$c$，100円硬貨をD，Eとすると，$a$が表と裏の2通りの出方があり，そのそれぞれに対して$b$に2通りずつの出方がある。それらに対して$c$に2通りずつの出方があり，さらに，DにもEにも表と裏の出方が2通りずつあるから，5枚の硬貨の表と裏の出方の総数は，$2^5=$

32(通り)　表が出た硬貨の合計金額が150円となるのは，$a$とD，$b$とD，$c$とD，$a$とE，$b$とE，$c$とE，$a$と$b$と$c$の7通りだから，その確率は$\frac{7}{32}$

(6)　平均値は，$(10+9+8+6+5+3+2+1+1+0)\div 10=4.5$(冊)　10人の生徒の冊数の中央値は，多い方から5番目と6番目の平均で求められるから，$(5+3)\div 2=4$(冊)

重要　(7)　弦CEを引くと，ACは円Oの直径であり，直径に対する円周角は90°だから，$\angle AEC=90°$　等しい弧に対する円周角なので，$\angle BAC=\angle CAD=\angle DAE=15°$　よって，$\angle CAE=30°$なので，$\angle ACE=60°$　弧BCに対する円周角なので，$\angle BEC=\angle BAC=15°$　$\angle AFE$は$\triangle CEF$の外角だから，$\angle AFE=\angle FCE+\angle FEC=60°+15°=75°$

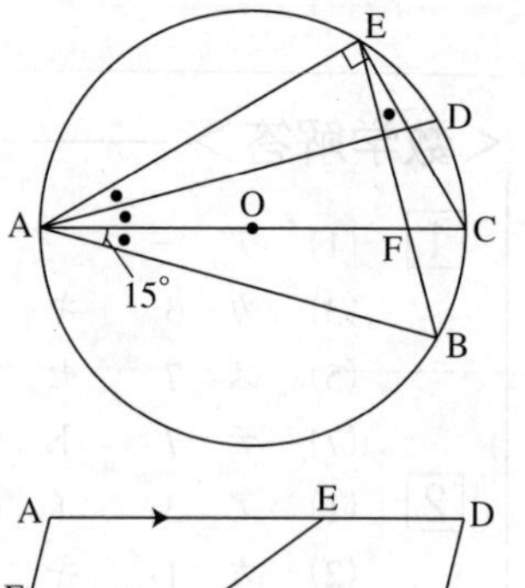


重要　(8)　点Fを通りBCに平行な直線を引いてBEとの交点をHとすると，平行線と線分の比の関係から，FG：CG＝FH：CB　AD＝BC＝$a$とすると，AE：AD＝2：3だから，$AE=\frac{2}{3}a$　FH：AE＝BF：BA＝2：3なので，$FH=\frac{2}{3}AE=\frac{2}{3}\times\frac{2}{3}a=\frac{4}{9}a$

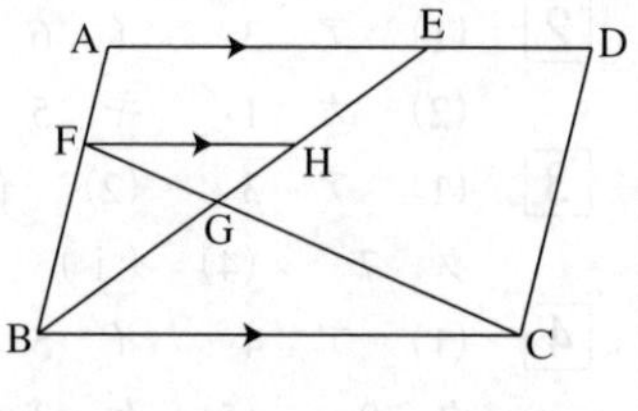


したがって，FG：CG＝FH：CB＝$\frac{4}{9}a:a=4:9$　よって，FG：GC＝4：9

**2**　(その他の問題―数の並び，規則性，長さ，方程式の応用)

(1)　図Ⅰのように，鉛筆の六角形の面の方からみた図を6等分すると，1周目の一番外側の本数は，$1\times 6$(本)，一番外側の辺の長さの合計は，$5\times 3\times 6$(mm)　2周目は，$2\times 6$(本)，$5\times 5\times 6$(mm)　3周目は，$3\times 6$(本)，$5\times 7\times 6$(mm)　よって，6周目は，$6\times 6=36$(本)，$5\times 13\times 6=390$(mm)

図Ⅰ

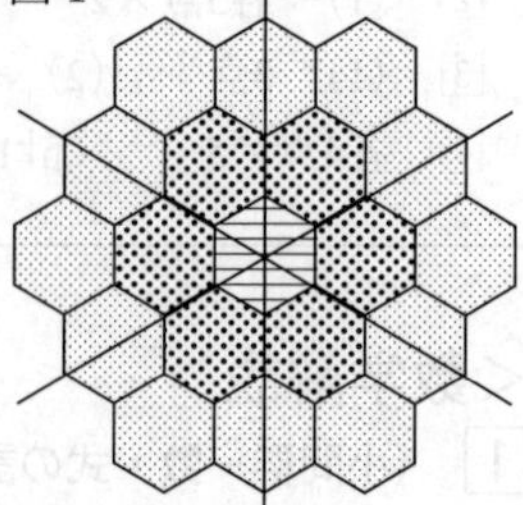

(2)　図Ⅱのように正六角形は6個の合同な正三角形に分けることができる。図の四角形ABOFはひし形で，その対角線はお互いを垂直に2等分するから，$AG=\frac{1}{2}AO=\frac{5}{2}$(mm)　$GD=5+\frac{5}{2}=\frac{15}{2}$(mm)

図Ⅱ

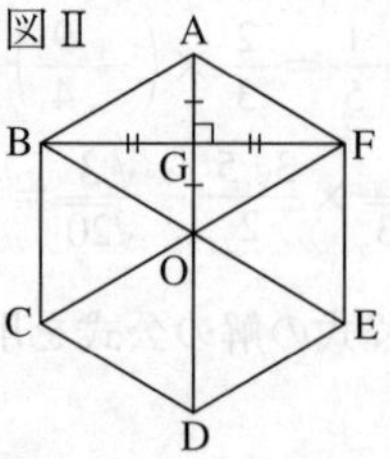


図Ⅲ

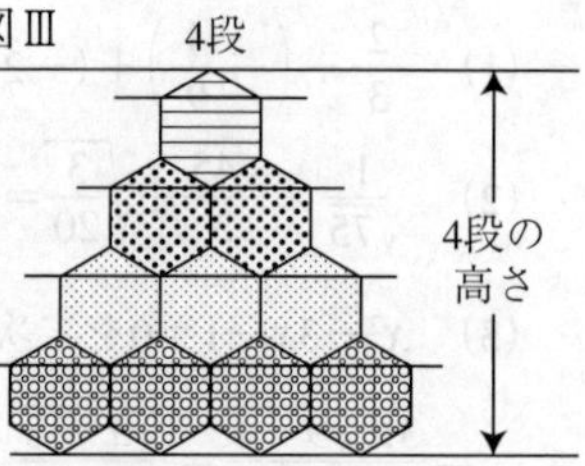


図Ⅲのように直線を引いて考えると，2段の鉛筆を束ねたときの束の高さは，$\frac{15}{2}\times 2+\frac{5}{2}$(mm)　4段のときには，$\frac{15}{2}\times 4+\frac{5}{2}$(mm)　6段のときには，$\frac{15}{2}\times 6+\frac{5}{2}$(mm)　よって，$2n$段のときの高さは，$\frac{15}{2}\times 2n+\frac{5}{2}=15n+\frac{5}{2}$(mm)　また，束の高さが182.5mmのときには，$15n+\frac{5}{2}=182.5$から，$15n=180$　$n=12$　したがって，床に接する鉛筆の本数は，$2n=24$(本)

**3**　**（関数・グラフと図形ー関数のグラフと式，交点の座標，長方形，正方形，面積）**

(1)　$y=ax^2$について，$y$の変域が0以上なので$a>0$である。$x=-\frac{1}{3}$のとき$y=\frac{1}{9}a$　　$x=1$のとき$y=a$であり，$\frac{1}{9}a<a$なので，$x=1$のときに$y=3$である。よって，$3=a\times1^2$　　$a=3$

**重要**　(2)　$y=3x^2$に$x=1$，$-\frac{1}{3}$をそれぞれ代入すると$y=3$，$\frac{1}{3}$　　よって，A$(1,\ 3)$，B$\left(-\frac{1}{3},\ \frac{1}{3}\right)$　直線ABの傾きは，$\frac{y\text{の値の増加量}}{x\text{の値の増加量}}=\left(\frac{1}{3}-3\right)\div\left(-\frac{1}{3}-1\right)=-\frac{8}{3}\div\left(-\frac{4}{3}\right)=2$　直線ABの式を$y=2x+n$とおいて$(1,\ 3)$を代入すると，$3=2+n$　　$n=1$　　よって，直線ABの式は$y=2x+1$であり，$m=2$，$n=1$

(3)　点Pの$x$座標が$\frac{1}{2}$のとき$y=3\times\left(\frac{1}{2}\right)^2=\frac{3}{4}$　　よって，P$\left(\frac{1}{2},\ \frac{3}{4}\right)$　　$y=3x^2$のグラフは$y$軸について対称なので，S$\left(-\frac{1}{2},\ \frac{3}{4}\right)$　　直線OSの傾きは，$\frac{3}{4}\div\left(-\frac{1}{2}\right)=-\frac{3}{2}$　　直線OSの式は，$y=-\frac{3}{2}x$　　直線ABと直線OSの交点の$x$座標は，方程式$2x+1=-\frac{3}{2}x$の解として求められるから，$4x+2=-3x$　　$7x=-2$　　$x=-\frac{2}{7}$　　$y=-\frac{3}{2}\times\left(-\frac{2}{7}\right)=\frac{3}{7}$　　したがって，直線ABと直線OSの交点の座標は$\left(-\frac{2}{7},\ \frac{3}{7}\right)$

**重要**　(4)　(i)　点Pの$x$座標を$p$とすると，P$(p,\ 3p^2)$，Q$(p,\ 2p+1)$，S$(-p,\ 3p^2)$　　点Qは直線AB上にあるので，直線ABが長方形PQRSの面積を二等分するとき，直線ABは点Sを通る。よって，$x=-p$，$y=3p^2$を$y=2x+1$に代入して，$3p^2=-2p+1$　　$3p^2+2p-1=0$　　2次方程式の解の公式を使ってもよいが，左辺を因数分解すると$(3p-1)(p+1)=0$　　$p>0$なので，$p=\frac{1}{3}$

P$\left(\frac{1}{3},\ \frac{1}{3}\right)$，Q$\left(\frac{1}{3},\ \frac{5}{3}\right)$，S$\left(-\frac{1}{3},\ \frac{1}{3}\right)$となるので，$\mathrm{PQ}=\frac{5}{3}-\frac{1}{3}=\frac{4}{3}$　　$\mathrm{SP}=\frac{1}{3}-\left(-\frac{1}{3}\right)=\frac{2}{3}$　　よって，四角形PQRSの面積は，$\frac{4}{3}\times\frac{2}{3}=\frac{8}{9}$

(ii)　四角形PQRSが正方形のとき，PQ＝SPとなる。よって，$(2p+1)-3p^2=p-(-p)$　　$-3p^2=2p-2p-1$　　$3p^2=1$　　$p^2=\frac{1}{3}$　　$p>0$だから，$p=\sqrt{\frac{1}{3}}=\frac{1}{\sqrt{3}}=\frac{\sqrt{3}}{3}$

**4**　**（図形の総合問題ー円錐の展開図，三平方の定理，円錐に外接する球，円錐に内接する球，長さ，体積）**

**重要**　(1)　円錐Aの底面の円の半径を$x$cm，円錐の母線の長さを$r$cmとすると，図Ⅰで，円Qの円周は$2\pi x$で，それがおうぎ形の弧DCEの長さと等しい。弧DCEの長さは，$2\pi r\times\frac{240}{360}=\frac{4\pi r}{3}$　　よって，$2\pi x=\frac{4\pi r}{3}$　　$x=\frac{2}{3}r$　　$\angle\mathrm{DPE}=120^\circ$なので，$\triangle\mathrm{DPF}$は内角の大きさが30°，60°，90°の直角三角形である。よって，PD：PF＝2：1　　$\mathrm{PF}=\frac{1}{2}r$　　したがって，$\mathrm{BF}=\frac{2}{3}r\times2+r+\frac{1}{2}r=17\sqrt{5}$　　$\frac{8r+6r+3r}{6}=17\sqrt{5}$　　$\frac{17r}{6}=17\sqrt{5}$　　$r=6\sqrt{5}$

よって，底面の半径は，$\frac{2}{3}\times6\sqrt{5}=4\sqrt{5}$(cm)

図Ⅰ

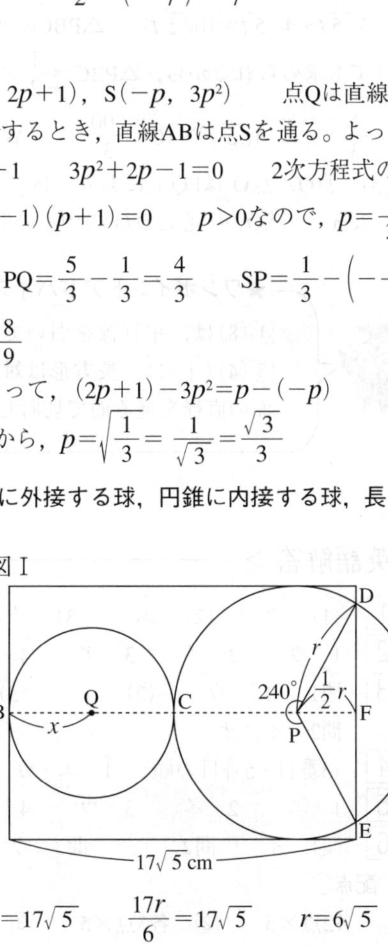

**基本** (2)　円錐Aの底面の半径BQは$4\sqrt{5}$ cm，円錐Aの母線の長さPBは$6\sqrt{5}$ cmなので，△PBQで三平方の定理を用いると，$PQ^2=PB^2-BQ^2=(6\sqrt{5})^2-(4\sqrt{5})^2=100$　　よって，円錐Aの高さPQは$\sqrt{100}=10$(cm)

図Ⅱ

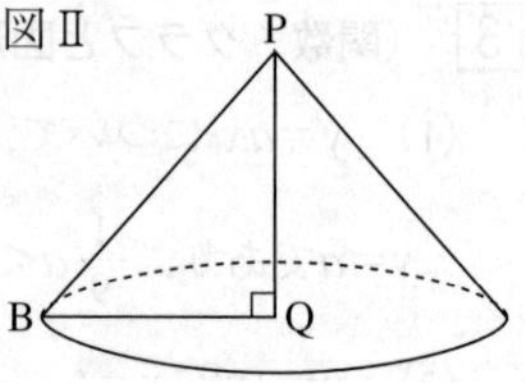


**やや難** (3)　図Ⅲは円錐Aを点P，B，C，Qを通る平面で切ったときの切断面を表している。円錐Aに外接する球Oの中心OはPQ上にあり，各頂点までの距離が等しい。$OP=OB=OC=s$とすると，$OQ=10-s$　　△OBQで三平方の定理を用いると，$BQ^2+OQ^2=OB^2$　$(4\sqrt{5})^2+(10-s)^2=s^2$　　$80+100-20s+s^2=s^2$　　$20s=180$　$s=9$　　球Oの半径は9cmである。

図Ⅲ

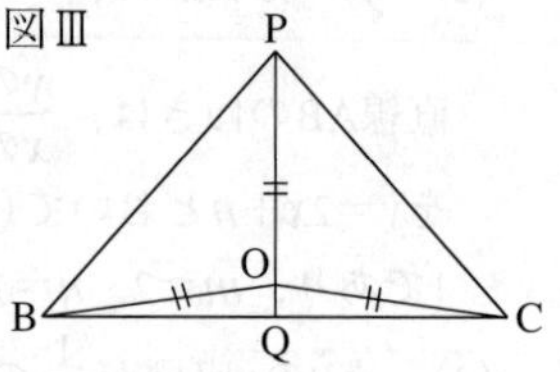


**重要** (4)　図Ⅳは円錐Aに球O′が内接している場合の，点P，B，C，Qを通る平面で切った切断面を表している。点O′はPQ上にあり，△PBCの各辺までの距離が等しい。点O′から各辺までの距離を$t$として△PBCの面積を表すと，$\frac{1}{2}\times PB\times t+\frac{1}{2}\times PC\times t+\frac{1}{2}\times BC\times t=3\sqrt{5}\,t+3\sqrt{5}\,t+4\sqrt{5}\,t=10\sqrt{5}\,t$　　△PBCの面積はBCを底辺，PQを高さとしても求められるから，$\triangle PBC=\frac{1}{2}\times BC\times PQ=40\sqrt{5}$　　よって，$10\sqrt{5}\,t=40\sqrt{5}$　　$t=4$　　$V=\frac{1}{3}\times\pi\times(4\sqrt{5})^2\times10=\frac{800}{3}\pi$　　$W=\frac{4}{3}\pi\times4^3=\frac{256}{3}\pi$　　よって，$\frac{800}{3}\pi:\frac{256}{3}\pi=25:8$

図Ⅳ

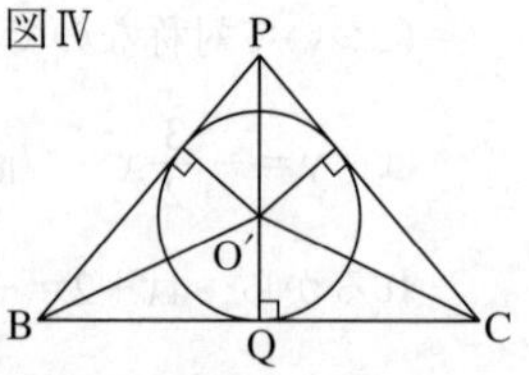


(5)　点O，点O′はPQ上にあり，PO＝9cmだから，QO＝1cm　　また，QO′＝4cmなので，OO′＝3cm　　球Oの中心と球O′の中心の間の距離は3cmである。

**★ワンポイントアドバイス★**

1(8)は，平行線を引いて線分の比を利用する。2(1)は，6等分してみるとよい。3(4)(i)は，長方形は対角線で2等分されることに着目。4は，円錐の頂点と底面の直径を通る面で切断して考える。

## ＜英語解答＞

1　(1)　ウ　(2)　エ　(3)　イ　(4)　ウ　(5)　ア

2　1　ウ　2　イ　3　ア　4　ア　5　エ

3　問1　(1)　ウ　(2)　イ　(3)　ウ　(4)　エ　(5)　ア　(6)　ウ
　問2　イ，オ

4　(3番目・5番目の順)　1　エ・カ　2　ウ・オ　3　オ・カ　4　カ・イ　5　ア・カ

5　1　エ　2　イ　3　ウ　4　イ　5　ウ

6　問1　イ　問2　ア　問3　ウ　問4　ウ　問5　イ　問6　ア　問7　イ

○配点○

1　各2点×5　2　各3点×5　3　各3点×8　4　各3点×5(各完答)　5　各3点×5
6　各3点×7　　計100点

## <英語解説>

**1**　(同音異義語問題：動詞，前置詞，形容詞，副詞，接続詞)

(1)「植物と動物は生きるのに水を必要とする。」「植物と動物は水なしには生きることができない。」

(2)「この城は400年前に建てられた。」「この城は今400歳である。」

(3)「トムはとても強いので，重い箱を運ぶことができる。」「トムは重い箱を運ぶほど十分強い。」

(4)「私は料理が下手だ。」「私は上手に料理ができない。」

(5)「もし急がないと，あなたは最終のバスを逃がすだろう。」「急ぎなさい，そうしないとあなたは最終のバスを逃がすだろう。」

**2**　(会話文問題：適文補充)

1　A：すみません。市立図書館はどこか教えてもらえますか。
B：すみません。私はここを訪れているだけなんです。
A：ああ，そうですか。誰か他の人に尋ねます。
someone は「誰か」という意味。ア「私はここを訪れます。」，イ「はい，どうぞ。」，エ「どうぞご自由に。」

2　A：もしもし。ジョンです。田中先生と話せますか。
B：すみませんが，彼は今ここにいません。伝言をお預かりしましょうか。
A：はい，お願いします。学校に遅れるとお伝えいただけますか。
take a message は「伝言を預かる」という意味。ア「伝言を残してもいいですか。」，ウ「あなたに何か言ってもいいですか。」，エ「あなたに何か尋ねてもいいですか。」

3　A：あなたのために東京で買ったTシャツがここにあります。
B：ありがとう。東京のどこで買ったのですか。
A：原宿です。そこに行ったことがありますか。
B：一度だけ。通り沿いで買い物を楽しみました。
〈have been to ～〉で「～へ行ったことがある」という意味。イ「あなたはそれをいつ買ったのですか。」，ウ「あなたはそこへどうやって行ったのですか。」，エ「あなたはどこへ行ったのですか。」

4　A：私たちは今度の日曜日に水泳に行く計画をしています。あなたも来ませんか。
B：ありがとう，でも今週末は忙しいんです。
A：それは残念です。来週の土曜日はどうですか。
B：大丈夫です。弟も一緒に連れて行っていいですか。
A：もちろんです。
〈how about ～〉で「～はいかがですか」という意味。イ「先週の日曜日は具合が悪かったです。」，ウ「あなたは疲れていますか。」，エ「楽しんでください。」

基本　5　A：私たちは午後にリサのための誕生日パーティーを開くのよ。私を手伝ってくれる？
B：わかったよ，ママ。どうすればいいの？
A：テーブルにカップをならべてくれる？
B：わかった。何個必要なの？
A：6個お願いね。
数を尋ねるときは how many を用いる。ア「彼らは何歳ですか。」，イ「いくら必要ですか。」，ウ「何回必要ですか。」

3 （長文読解問題・説明文：語句補充，内容吟味）

（全訳） ロバート・ゴダードは，ロケットが月に飛ぶことができると信じていた最初のアメリカの科学者の一人でした。ゴダードが生まれる前は，ロケットは花火や戦争での武器としてしか使われていませんでした。ほとんどの科学者はロケットが宇宙への旅行に(1)使われるとは思いませんでした。

ロバート・ゴダードは，最初高校生のときに宇宙旅行にロケットを使うことを考え始めました。彼は1904年に高校を卒業し，大学生のときに最初のロケットを作りました。それは飛びませんでしたが，彼は努力(2)し続けました。

ゴダードは一生懸命勉強して，大学の先生になりました。ある日彼は自分の考えについてのレポートを書きました。レポートにおいて彼は，ロケットはいつか月に行くことができると言いました。しかし，1920年に彼はニューヨークタイムズ社の新聞による話を読んで，(3)ショックを受けました。その話には，ゴダードは間違っていて，ロケットが宇宙に飛ぶことはできないと書いてありました。また，高校生でもゴダードより科学について(4)もっと知っていると書いてありました。

ゴダードは怒り，より良いロケットを作るためにさらに懸命に働きました。彼は，特殊な燃料を使う新しい種類のロケットを作りたいと思いました。ついに1926年3月16日(6)に，彼の新しいロケットは12メートルの高さを飛びました。

ゴダードは月にまで飛べるロケットを作ったことはありませんでしたが，多くの良いアイデアを持っていました。彼は1945年に亡くなりました。その後，科学者たちはより大きくより良いロケットを作るために彼のアイディアを使いました。1969年に最初の人間が月の上を歩いたとき，ニューヨークタイムズ社の新聞はとうとう，ゴダードの考えが正しかったと言いました。

問1 全訳参照。

問2 ア 「ゴダードは高校生のとき，武器としての花火を研究した。」 第1段落の第2文の内容に合わないので，誤り。 イ 「ゴダードは大学生のとき最初のロケットを作った。」 第2段落の第2文の内容に合うので，正しい。 ウ 「ゴダードは大学を卒業してから高校の先生になった。」 第3段落の第1文の内容に合わないので，誤り。 エ 「ゴダードは月まで飛ぶロケットを作った最初の人物だった。」 第5段落の第1文の内容に合わないので，誤り。 オ 「アメリカの新聞は，ゴダードが死んだあとにゴダードの考えは正しいと言った。」 第5段落の最後の文の内容に合うので，正しい。

4 （並べ替え問題：分詞，動名詞，不定詞，疑問詞）

1 A：この寺院は美しい庭で有名です。
B：知っています。壁に描かれている絵もまた美しいと聞きました。
→ (I) heard the pictures painted on the walls are (also beautiful.) painted on the walls が pictures を修飾している。

2 A：毎日20分以上歩くのは私たちの健康に良いです。
B：はい。私は毎朝走ります。
→ Walking for more than twenty minutes (every day is good for our health.) 動名詞を文の主語にしている。

3 A：今日はとても寒いです。何か熱い飲み物をもらえませんか。
B：わかりました。熱いミルクはどうですか。
→ (Will you) give me something hot to drink (?) 形容詞が something を修飾するときは〈something ＋形容詞〉の語順にする。

4 A：すみません。どの電車が正午前に横浜に着きますか。

B：2番線の次の電車に乗ってください。

→ Which train will arrive at Yokohama (before noon ?) 「どの電車が」を主語にする。

5 A：ここから市立博物館までタクシーでどれぐらいかかりますか。

B：約10分です。

→ How long does it take from (here to the city museum by taxi ?) 〈how long ～〉は「どれくらいの間～」という意味で，時間や期間の長さを尋ねるときに用いられる。

5 （長文読解問題・説明文：語句補充）

（全訳） タカシは中学生です。彼は両親と姉妹と一緒に住んでいます。彼の姉妹は大学生です。マユミはタカシの同級生です。彼女は彼の家の隣に住んでいます。マユミにも姉妹がいます。彼女は小学生です。その2つの家族は映画がとても好きです。

ある金曜日の午後，タカシの家族は映画館へ行きました。彼らは4時30分にそこに到着し，見る映画を選びました。その映画はあと数分で始まるので，タカシと彼の父親は急いでチケットを買いに行きました。その映画は彼らが席に座るとすぐに始まりました。タカシの姉は別の映画を選び，母親もそれが気に入りました。彼女らはチケットを買って，映画が始まるまで約30分待ちました。家族は映画を楽しんだ後，一緒に家に帰りました。

翌朝，タカシはマユミに会うと，父と一緒に見た映画について話しました。彼女はそれについて聞いて非常に興奮して，映画を見たいと思いました。それから，彼女は父親に，彼女を劇場に連れて行くように頼みましたが，彼はその日歯医者に行く必要があると言いました。だから，彼らは次の日に映画に行くことにしました。彼女の母と姉も加わりたいと言いました。彼女の父親はインターネットで，彼の家族のために4つの映画のチケットを予約しました。

翌朝，マユミの家族は映画を見に行きました。彼らはその映画をとても楽しみました。その後，彼らは昼食を食べて，買い物に行きました。

1 「タカシの母親と姉が見た映画は______だった。」 第2段落の第2文に，タカシの家族は映画館に4時30分に到着したとあり，また，第2段落の最後から2番目の文に，タカシの母親と姉は映画が始まるまで30分待ったとあるので，エが正解。

2 「タカシの家族は映画を見るために______を使った。」 料金表から父親は1,800円，タカシは1,000円であることがわかる。また，家族が映画館に行ったのは金曜日なので，母親と姉は女性用の特別料金で1,100円ずつだとわかる。よって，イが正解。

重要 3 「家族が帰宅する前にタカシは母親と姉を約______間待った。」 母親と姉が見た映画が終わるのは18時40分である。第2段落の第4文に，タカシと父親が席に着くとすぐ映画が始まったとあるので，その映画は16時35分に始まる The Robot War か The World of Animals だとわかる。その映画が終わるのは18時20分なので，タカシと父親は20分待ったことになる。よって，ウが正解。

4 「マユミの家族は映画を見るために______を使った。」 料金表から父親と母親はインターネット予約特別料金により，1,500円ずつだとわかる。また，マユミは中学生で1,000円，妹は小学生で800円である。よって，イが正解。

5 「マユミが見た映画は______だった。」 マユミはタカシが見た映画を見に行った。タカシが見た映画は The Robot War か The World of Animals のいずれかである。最後の文に，マユミの家族は映画を見たあとに昼食を食べたとあるので，午前中に The World of Animals を見たとわかる。

6 （長文読解問題・説明文：内容吟味，語句補充，文整序）

（全訳） 約5,000年前，エジプトの人々は小麦粉と水でパンを作りました。彼らはそのパンを太陽の下で料理しました。彼らは旅行するとき，パンを持ち歩きました。他の人々もそれを作ることを学びました。パンは多くの場所で重要な食べ物となりました。

パンやその他の食べ物を友人と分かち合うのは古い伝統です。この伝統は「ブレイキング・ブレッド」と呼ばれています。「コンパニオン」という言葉(他の言葉では「友達」)は，この伝統について教えてくれます。「コン」は「～とともに」という意味の古い言葉であり，「パニス」は「パン」という意味の古い言葉です。だからコンパニオンは「$_{1}$パンを持つ人」，友達です。

どの国でも，家族の食事は重要な伝統です。しかし，今日の人々はしばしば忙しいので，彼らはいつも自分の家族と一緒に食べることができません。何年も前，フランスでのその日の大きな食事は昼食でした。しかし，今日，多くの人々は昼食時に仕事や学校で働いています。だから今，$_{2}$多くの家族は，小さな昼食と大きな夕食を食べます。彼らは多くの場合，1，2時間食べて話をするためにだいたい午後8時によく着席します。

$_{A}$しかし，スペインでは，多くの店や企業が昼食のために閉鎖します。$_{B}$それで，家族は一緒に大きな昼食を食べることができます。$_{C}$その後，彼らは非常に遅く，だいたい午後9時頃に小さな夕食を食べます。

一部の国では，伝統的な軽食の時間があります。例えばイギリスでは，「イレブンシス」と呼ばれるスナックを朝食と昼食の間に食べました。午前11時には一部の人々は今でも$_{3}$仕事を停止し，パンやケーキとともにお茶を飲みます。

スペイン語では，「イレブン」は「ワンス」です。チリには「ワンス」と呼ばれるスナックがあります。人々はパンと肉とケーキを食べます。彼らは紅茶やコーヒーを飲んで友達と話をします。しかしチリの人々は午前11時に「ワンス」を食べません。彼らは午後5時頃にそれを食べます。

過去には，多くの家族が農場で働いていました。休日と収穫時に，彼らは「フィースツ(ごちそう)」を食べました。「フィースツ」は，家族や友人と一緒に食べる非常に大きな食事です。今日では，$_{4}$農場で働く家族は少なくなっていますが，米国とカナダではまだ伝統的な収穫時の「フィースツ」があります。

問1 「パンを太陽の下で料理した」とは，太陽の熱を使って調理したということを表すので，イ「彼らはパンを調理するために太陽からのエネルギーを使った。」が正しい。ア「彼らは太陽のように見えるパンを作った。」，ウ「彼らは旅をして，多くの場所でパンを作った。」

問2 「コン」は「～とともに」という意味，「パニス」は「パン」という意味を表すので，ア「パンを持った人」が正しい。イ「～に関わる古い伝統」，ウ「～とパンを分け合う」

問3 多くの人々が昼間は働いたり学校にいたりするので，ウ「多くの家族は小さな昼食と大きな夕食を食べる」が正しい。ア「あらゆる家族が大きな昼食と小さな夕食を食べる」，イ「小さな昼食と大きな夕食を食べる家族は少ない」

問4 「仕事を止める」→「家族で大きい昼食を食べる」→「夜遅くに小さい夕食を食べる」という順になる。

問5 午前11時に食べるスナックについて言っているので，イ「仕事を止めて，パンやケーキを食べながらお茶を飲む」が正しい。ア「食べ過ぎて，外で歩いたり遊んだりしたくない」，ウ「空腹を感じるが，昼食の時間まで熱心に働く」

問6 「フィースツ」は農場で共に働く家族のためのものであったとあり，「今でもなお」と言っているので，ア「農場で働く家族は少なくなっている」が正しい。イ「多くの人々が3回の大きな食事やたくさんのスナックを食べる」，ウ「多くの大人と子供はしばしば昼食時に忙しい」

重要 問7 ア 「合衆国の家族はもはや伝統的な収穫時の『フィースツ』をもっていない。」最後の文の内容に合わないので，誤り。 イ「家族の食事に関する伝統はあらゆる国で重要である。」 第3段落の第1文の内容に合うので，正しい。 ウ 「人々は長い時間働くので，食事用の伝統的な時間を持っている。」 文中に書かれていない内容なので，誤り。

★ワンポイントアドバイス★

1の5には〈命令文, or ～〉が用いられているが，相手から言われたことを実行したときのことを想定する場合には，or ではなく and を使って表す。(例)Hurry up, and you will not miss the last bus.

## ＜理科解答＞

1 問1 1 ウ 2 エ 問2 ウ 問3 1 イ 2 イ

2 問1 1 オ 2 キ 3 ア 4 ク 問2 1 ○ 2 × 3 × 4 × 5 × 6 ○ 問3 エ

3 問1 キ 問2 A ウ B ア 問3 1 ア，オ，カ 2 (エンドウ) ウ (トウモロコシ) オ

4 問1 (1) ア (2) イ (3) ウ 問2 エ 問3 (1) ア (2) ウ (3) イ (4) エ 問4 ウ

5 問1 エ 問2 ア 0 イ 5 問3 ① イ ② ア 問4 ① イ ② ウ 問5 (大小関係) ウ (理由) ア

6 問1 エ 問2 イ 問3 イ 問4 ウ，オ

7 問1 ア × イ × ウ ○ 問2 エ 問3 ウ 問4 ウ 問5 オ

8 問1 ア 0 イ 4 問2 イ 問3 ア 5 イ 0 問4 ア 6 イ 0

**○配点○**

1 問1の2・問2 各3点×2 他 各2点×3 2 問3 2点 他 各1点×10
3 各3点×4(問2・問3は各完答) 4 各3点×4(問1・問3は各完答)
5 問1・問2 各2点×2 他 各3点×3(問2～問5は各完答) 6 各3点×4(問4は完答)
7 問1 各1点×3 他 各3点×4 8 各3点×4(問1・問3・問4は各完答) 計100点

## ＜理科解説＞

**1 (地球と太陽系－月の満ち欠け)**

問1 1 撮影者の上側に太陽があるので，月も地球も上側に太陽の光が当たり明るくなっている。
2 地球の北極から見ると，月は左側半分が光っているので，下弦の月である。

問2 皆既月食は，月が地球の影にすべて入る現象なので，地球の直径が2倍になると，皆既月食の継続時間も2倍になる。

問3 1 皆既日食のときは，月と太陽が同じ大きさに見える。また，金環日食のときは，月が太陽よりもやや小さく見える。 2 夕方に南中するのは上弦の月である。なお，満月は，真夜中に南中する。

**2 (地層と岩石，天気の変化－岩石と鉱物，化石，海風)**

重要 問1 1 長石は，無色もしくは白色の鉱物であり，規則正しく割れる。また，ほとんどの火成岩に含まれている。 2 磁鉄鉱は酸化鉄を主成分とする鉱物である。 3 チャートは，放散虫など

の殻が押し固められてできた，二酸化ケイ素を主成分とした岩石である。 4 石灰岩は，サンゴや貝殻などが押し固められてできた岩石で，炭酸カルシウムを主成分とした岩石であり，塩酸をかけると，二酸化炭素が発生する。

重要 問2 1 地球の南極がN極，北極がS極である。 2 れきは，火口や海岸から近いところに堆積する。 3 黒っぽい有色鉱物を多く含む岩石なので，おだやかな噴火によって吹き出したものであることがわかる。 4 当時の環境を推測する手がかりになる化石を示相化石という。 5 日本の上空には西から東に向かって偏西風が吹いている。 6 双眼実体顕微鏡は，20～40倍と，倍率は低いが，立体的に見ることができる。

重要 問3 夏の晴れた日中は，海よりも陸の方が暖まりやすいので，陸の空気が上昇し，気圧が低くなり，そこに海から陸に向かって海風が吹く。

**3 （植物の種類とその生活ーエンドウとトウモロコシ）**

問1 受粉後，子房は果実に，胚珠は種子になる。また，マメ科のエンドウは，子房がさやになるので，さやの数とめしべの数は等しい。

問2 A エンドウの花にはおしべが10本ついている。 B トウモロコシの花には，花弁やがくがなく，めしべの先には柱頭がひげのようにのびている。

重要 問3 エンドウとトウモロコシは果実ができるので，被子植物の仲間である。また，エンドウやアサガオは，葉脈が網状脈，茎で維管束が輪状に並んでいる双子葉類の仲間，トウモロコシやツユクサは，葉脈が平行脈，茎で維管束が散らばっている単子葉類の仲間である。

**4 （生物どうしのつながりーオオカミの再導入）**

重要 問1 緑色植物のポプラは生産者，草食動物のシカは第1次消費者，肉食動物のオオカミは第2次消費者である。

問2 オオカミが絶滅することで，オオカミに食べられていたシカの数が増加する。また，シカの数が増加したため，ポプラやヤナギの若芽がシカに食べられて，減少する。さらに，ヤナギなどを食べるビーバーの数も減少する。

やや難 問3 ア 1990年から1995年までは0であり，オオカミの再導入の1995年から2000年にかけて増え続けているので，オオカミの数の変化を表している。 イ 1990年から1995年までは一定数あり，オオカミの再導入の1995年から2000年にかけて増え続けているので，シカに食べられていたヤナギの成木数の変化を表している。 ウ オオカミの再導入の1995年から2005年にかけて減り続けているので，シカの数の変化を表している。 エ 1990年から1995年までは一定数あり，オオカミの再導入の1995年から1999年にかけて一定数のまま変わらず，その後，2005年まで増え続けているので，ヤナギなどを食べていたビーバーの数の変化を表している。

やや難 問4 オオカミの再導入後は，ヤナギと同じようにポプラの数も増加するので，ポプラなどの若い木が生えている密度も増加する。

**5 （化学変化と質量ー質量保存の法則）**

重要 問1 この実験で起きた化学変化を化学反応式で表すと，次のようになる。

$NaHCO_3 + HCl \rightarrow NaCl + H_2O + CO_2$

問2 発生した二酸化炭素の質量は，22.3－21.8＝0.5(g)である。

問3 密封容器の質量aとbは同じであるが，ふたを開放した容器cの質量は，発生した二酸化炭素の分だけ小さくなる。

問4・問5 密封容器の質量dとeは同じであるが，ピンチコックを開放した容器fの質量は，スチールウールが酸素と結びついたのと同じ体積の空気が丸底フラスコに入りこみ，質量が大きくなる。

## 6 （化学変化と質量－マグネシウムの燃焼，電池）

基本　問1　銀白色のマグネシウムを燃やすと，白色の酸化マグネシウムが生じる。

重要　問2　銅板の表面では，水素イオン$H^+$が電子$e^-$と結びついて，水素$H_2$が発生する。　$2H^+ + 2e^- \rightarrow H_2$

重要　問3　マグネシウム板の表面では，マグネシウムMgが塩酸に溶けて，マグネシウムイオン$Mg^{2+}$になる。　$Mg \rightarrow Mg^{2+} + 2e^-$

重要　問4　食塩水やレモン水は電流を通すが，蒸留水やエタノールや砂糖水は電流を通さないので，電池をつくることができない。

## 7 （運動とエネルギー－木片とおもりの運動）

問1　ア　木片が糸を引く力と，糸が木片を引く力は，作用・反作用の関係である。　イ　木片にはたらく進行方向の力は，おもりにはたらく重力の大きさと等しく，一定である。　ウ　木片が一定の速さで進んでいるときは，摩擦力の大きさと糸が木片を引く力は等しく，つり合っている。

問2　0.20Nの摩擦力で木片が0.5m移動するので，仕事の大きさは，0.20×0.5＝0.10(J)

問3・問4　位置エネルギーは，高さに比例している。また，おもりの高さはしだいに低くなるので，位置エネルギーも小さくなるが，木片の高さは変化していないので，位置エネルギーは変わらない。さらに，木片はおもりよりも高い所にあるので，木片の位置エネルギーの方が大きい。

やや難　問5　木片は，最初の速さが0なので，運動エネルギーも0から始まる。また，おもりの位置エネルギーが減少した分が，おもりと木片の運動エネルギーの増加した分と等しい。さらに，木片とおもりの質量が等しいので，増加した運動エネルギーのうち，木片とおもりに半分ずつ分けられるので，オのグラフのようになる。以上のことをまとめると，次の①～③ようになる。

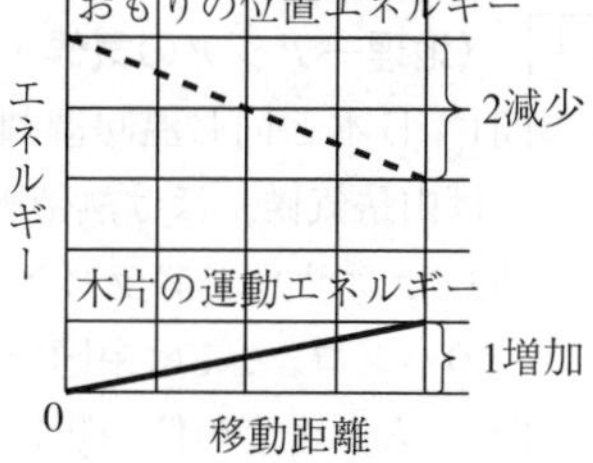


①　木片の力学的エネルギー（増加・1）＝位置エネルギー（一定）＋運動エネルギー（増加・1）　②　おもりの力学的エネルギー（減少・1）＝位置エネルギー（減少・2）＋運動エネルギー（増加・1）　③　木片の力学的エネルギー（増加・1）＋おもりの力学的エネルギー（減少・1）＝一定

## 8 （力・圧力－浮力）

問1　水面から直方体の下端までの距離$x$が10cmのとき，直方体Aはすべて水中に入る。このとき，直方体Aにはたらく浮力は，図3のグラフより，3.2－2.8＝0.4(N)である。

問2　水面から直方体の下端までの距離$x$が10cmのとき，直方体Bはすべて水中に入る。このとき，直方体Bにはたらく浮力は，図3のグラフより，3.6－2.4＝1.2(N)である。また，$x$が10cmよりも大きくなっても，直方体Bにはたらく浮力は，1.2Nのまま変わらないので，ばねばかりが示す値も一定である。

やや難　問3・問4　図3のグラフで，直方体Aが水中に1cm入るごとに，ばねばかりが示す値は，0.4÷10＝0.04(N)ずつ減少し，直方体Bが水中に1cm入るごとに，ばねばかりが示す値は，1.2÷10＝0.12(N)ずつ減少している。したがって，直方体が$x$cm水中に入り，棒が水平になったので，棒の左右のひもにかかる力が等しくなり，$3.2-0.04x=3.6-0.12x$より，$x=5.0$(cm)である。このときに，ばねばかりにかかる力は，(3.2－0.04×5.0)＋(3.6－0.12×5.0)＝6.0(N)である。

**★ワンポイントアドバイス★**

教科書に基づいた基本問題をすべての分野でしっかり練習しておくこと。その上で，計算問題や思考力を試す問題についてもしっかり練習しておこう。

## ＜社会解答＞

1　問1　ウ　問2　エ　問3　イ　問4　ウ
2　問1　イ　問2　ウ　問3　イ
3　問1　ア　問2　イ
4　問1　ア・オ　問2　エ
5　問1　ウ　問2　エ　問3　ウ
6　問1　エ　問2　ウ　問3　ア　問4　イ
7　問1　イ　問2　ア　問3　エ　問4　イ
8　問1　エ　問2　ア　問3　カ

○配点○

1　各4点×4　2　各4点×3　3　各4点×2　4　問1　各2点×2　問2　4点
5　各4点×3　6　各4点×4　7　各4点×4　8　各4点×3　計100点

## ＜社会解説＞

1　（地理－アジアの気候・人口・二酸化炭素排出量など）

重要　問1　日本と同じ温暖湿潤気候のシャンハイ(C)。いはサバナ気候，ろは冷帯，はは砂漠気候，には山岳気候，ほは熱帯雨林気候。

問2　Aはサウジアラビアのリヤド，Bはモンゴルのウランバートル，Dはシンガポール，Eはタイのバンコク，Fは中国(チベット)のラサ。

問3　人口密度の低い順にモンゴル→サウジアラビア→タイ→中国→シンガポールの順。

問4　急速に経済発展している中国やインドは二酸化炭素の排出量も急増している。しかし，一人当たりの排出量ではまだまだ少ない。Wは中国，Xはインド，Zはインドネシア。

2　（地理－日本の工業・貿易・世界の国民総所得など）

問1　鉄鋼業の主原料である鉄鉱石や石炭はオーストラリアに大きく依存，日本企業も現地に進出している。Aは石炭，Cは天然ガス，Dは石油。

問2　2010年，中国の国内総生産は日本を上回って世界第2位に躍進。しかし，人口が日本の約10倍の大国だけに，一人当たりではまだ日本の5分の1に過ぎない。

重要　問3　2000年以降，輸送機器を中心とする中京工業地帯の生産高が大きく伸長。戦後一貫して日本最大の工業地帯だった京浜は，工場の移転や産業構造の変化から生産高が減っている。

3　（地理－排他的経済水域・漁業など）

問1　国土面積はロシア・カナダ・アメリカの順。海洋国である日本も排他的経済水域は世界のベスト10に入る。

問2　1973年の第3回国連海洋法会議以降，200カイリの排他的経済水域を主張する国が増加。折からの石油ショックによる燃料費の増大もあり，遠洋漁業は大きなダメージを受けた。

4　（日本の歴史－古代～近世の政治史など）

問1　平泉を本拠に栄えた奥州藤原氏は源頼朝により滅亡。16世紀以降，新しい生産技術の導入で銀の生産が急増，日本は世界有数の銀生産国となった。

問2　尚巴志が琉球王国を統一したのは15世紀前半，薩摩藩に征服されたのは17世紀初頭。

5　（日本の歴史－近世の政治・経済・文化史など）

問1　上方を中心とする江戸前期の元禄文化。アは室町，イは江戸後期，エは桃山文化。

やや難　問2　浮世絵の開祖といわれる菱川師宣の見返り美人。①は雪舟の水墨画，②は葛飾北斎の富嶽三十六景，③は狩野永徳の唐獅子図屏風。

問3　「赤蝦夷風説考」でロシアとの貿易と蝦夷地の開発を主張。

**6**　（日本と世界の歴史ー近代の政治・外交史など）

重要　問1　1919年，社会権的基本的人権を初めて制定したドイツのワイマール憲法。

問2　1936年のベルリンオリンピック。ナチスの宣伝に利用された「ヒトラーのオリンピック」。

問3　1918年の原敬内閣から，1932年の五・一五事件で暗殺された犬養毅内閣まで政党内閣は継続。

問4　史料②は明治初期の五箇条の御誓文，史料③は大正時代の水平社宣言，史料④は日露戦争を批判した与謝野晶子の歌。

**7**　（公民ー憲法・政治のしくみなど）

問1　1人1票だけでなく，投票価値の平等も求められている。選挙年齢は18歳に引き下げられたが，年齢によって選挙権に制限を加えることは普通選挙に反するものではない。

問2　獲得票が多いのはB党の52万，獲得議席が多いのはA党の3人。C党は4区で当選，当選者以外への投票数(死票)が最も多いのは5区。

問3　55年体制以降は自民党の単独政権が続いたが，1993年の細川護熙《もりひろ》内閣で非自民の連立政権が誕生。それ以降には単独政権はなく連立政権が続いている。

問4　オンブズマンとはスウェーデン語で代理人の意味。行政に関する市民の声を受け調査，是正する目的で設置，国のレベルでは制度化されていない。

**8**　（公民ー社会保障制度）

問1　日本の国民負担率は主要国に比べると低いが，これは財政赤字という形で負担を将来の世代に先送りしているからであり，実際の数字はもっと高いと思われる。

問2　将来のためにお金を積み立てておく方式は，高齢化の影響は少ないが金利変動やインフレの影響を受けやすい。一方現役世代から集めて支払う方式は若年層に負担をかけてしまう。

重要　問3　高齢化の進展に伴い社会保障に関する費用は右肩上がりに上昇し，歳出の3分の1を突破。10月の消費税率アップもその対応策の一つである。

**★ワンポイントアドバイス★**

資料の読み取りは手間のかかるものである。普段からこの種の問題に触れると同時に，選択肢は消去法で確実につぶしていこう。

## ＜国語解答＞

**1**　(1)　ウ　(2)　エ　(3)　イ　(4)　ア　(5)　イ　(6)　エ　(7)　ウ

**2**　問1　エ　問2　イ　問3　イ　問4　ウ　問5　ア　問6　ウ　問7　ア

**3**　問1　エ　問2　a　ウ　b　オ　c　イ　問3　ア　問4　エ　問5　ア
問6　イ　問7　ウ

**4**　問1　(a)　エ　(b)　ウ　問2　イ　問3　エ　問4　ア　問5　ウ　問6　ウ
問7　ア

○配点○

1　各2点×7　2　問3・問5　各2点×2　他　各4点×5

| |
|---|
| 3 問1・問2 各3点×4 他 各4点×5 4 問1 各3点×2 他 各4点×6<br>計100点 |

## ＜国語解説＞

基本 1 （漢字の書き取り）

(1)は普通のものよりサイズが大きいもの。(2)は事態や状況に対する構え。(3)は固く誓って約束すること。(4)は人が足を踏み入れたことがなく，一般に知られていない地域。(5)は非常に急ぐこと。(6)は文書などに自分の氏名を書き記すこと。(7)は成績や業績などが思わしくないこと。

2 （論説文，短歌ー大意・要旨，内容吟味，文脈把握，品詞・用法，表現技法）

問1 (1)直後にあるように，西行は何よりもつねに歌を詠む人であり，さらに後で西行の歌を引用して，出家ののちも西行を惹きつけてやまないもの＝桜に強く惹かれたこと，信仰の道を歩みながら内からつきあげてくるものを言葉にせざるをえなかったことを述べているので，エが適当。出家した後も桜に惹かれて歌を詠まずにいられなかったことを説明していないア，イは不適当。ウの「教理の方は軽く考えた」も述べていないので不適当。

問2 (2)直後で，明恵はただ心を一つにして仏道修行に励み，仏陀の教えを究めつくすことが肝要であるとし，歌人である以前に仏教者であり，仏道の修行に邁進したことを述べているので，イが適当。仏道修行を最優先に考えていたということなので，アの「歌と同様」，ウの「歌道と教学の研究の両立」，エの「仏陀の教えにそって歌を詠むべき」はいずれも不適当。

問3 Aの和歌は「花にそむ心のいかで残りけん(どうして桜の花に染まるほどに執着する心が残っているのだろうか)」「捨てはててきと思ふ我身に(現世への思いはすっかり捨て去ったと思っているのに)」というように，前半の五・七・五と後半の七・七を普通の順序とは逆にしているので，イが用いられている。アは一つの言葉に二つの意味を持たせたもの，ウは決まった言葉の上に置かれる五音(または四音)の語，エは人間ではないものを人間に見立てて表現する技巧。

やや難 問4 (3)は直後の2段落で，もともとは「本来あるはずの場所から離れる」という意味で，魂が身から離れてしまうことでもあり，Aの歌で西行は桜に強大な浮力を感じ，一度浮かびあがった心がわが身に帰るだろうかと問うほど強いものであったことを指摘できると述べているので，ウが適当。桜に強く惹かれたことを説明していないア，「あくがる」の意味が間違っているイ，「あくがる」の意味を「さまよい歩く」ととらえているエはいずれも不適当。

基本 問5 アのみが可能の意味，他は受け身の意味。

重要 問6 (4)のある段落で，詩人とは普通の人よりも大きなイマジネイションの力をもち，その世界により深く浸ることができ，現実を離れ高く「浮かびあがる」ことのできる人であり，西行はその浮力がきわめて強いと同時にそれを表現したいという衝迫(心にわきあがる欲求)を言葉にせざるをえなかったことで(4)といえる，と述べているのでウが適当。信仰を根拠にしているア，エは不適当。イも述べていないので不適当。

重要 問7 (5)直前の段落で，人間の身を地上一寸に浮かべるのには強大な心の浮力を必要とし，西行はそれを花月への“託心”によって実行した，という上田三四二の文章を引用している。われわれが引っ張られている欲望という大きな重力を振り切って，一寸浮きあがることを西行において可能にしたのが「花月への“託心”」であり，それがきわめて大きな力をもっていたことを，A，Bの西行の歌が表していることを(5)のように述べているので，アが適当。イの「断念することで」「仏道修行に励む」とは述べていないので不適当。「日々の生活に埋没」しているのは「われわれ」なのでウも不適当。エの「自然の美しさを間近に見ることができた」も述べていないので不適当。

3 （論説文ー大意・要旨，内容吟味，文脈把握，接続語，脱語補充，語句の意味）

基本 問1　Aの「森羅」は無数に連なること，「万象」はいろいろな形や姿のことで，宇宙に存在するすべてのものという意味なのでエが適当。

問2　aは直後で「身近にあるモノ」を具体例に述べているのでウ，bは引き続いて直後のことが起こるという意味でオ，cは前後で相対する内容が続いているのでイ，がそれぞれ適当。

重要 問3　(1)直後の2段落で，人間の社会は見えない総体としてのシステムがわれわれの行動や思考を制御し，人間の側から見るとシステムによって考え方が気づかぬうちに方向づけられ，それにそって行動するよう仕向けられていることが述べられているので，アが適当。「日本人の性格」は(1)の例として述べているので，日本人に限定しているイは不適当。ウの「意識が混乱してしまい」，エの「自分自身の行動や思考を制御することがない」は述べていないのでいずれも不適当。

問4　(2)はさまざまな要素が複雑に錯綜し，絡みあい，渾然一体となり，総体としてのシステムとなった人間の社会のことで，(2)後「こうした」で始まる段落で，このようなシステムは移ろいゆく性質を持っているため，時代が進むにつれて複雑化する傾向があることを述べているので，エが適当。アの「支配する」，イの「コントロールがきかなくなって」，ウの「あらゆる生物をその内部に取り込む」は述べていないので，いずれも不適当。

問5　(3)直前の，携帯電話を使う人が増えるのにともなって人々の行動様式も変化し，よほど気合いを入れないかぎり携帯無しでの社会生活は困難になっていき，さらに普及し，携帯電話があることが前提で社会全体が成り立っていくということを(3)のように述べているので，アが適当。携帯電話が普及したことを前提とした説明をしていないイ，ウは不適当。エの「社会から疎外される傾向にある」も述べていないので不適当。

重要 問6　(4)前後で，小コスモスが統合された現代ではグローバルにつながった高度情報化消費社会の成立にいたり，未知で混沌としていた領域システム内部の整然とした世界に組み込まれていき，世界中が似たようなシステムにおおいつくされ，システムの外側がどこにあるのか分からないような同質的な世界が成立しつつあることを述べているので，イが適当。宗教的コスモスの変化の説明だけになっているア，エは不適当。世界中が似たようなシステムになっていることを説明していないウも不適当。

やや難 問7　(5)から続く2段落で，システムの外に出て冒険をくりかえしてきた結果，今ではついに行く場所が無くなったが，現代において冒険が難しくなったのは人間があらゆる隙間に足跡を残したからということだけでなく，画一的なシステムが地球上をおおいつくしてしまったからという理由も大きいということを述べているので，ウが適当。「画一的なシステム」を説明していないア，イは不適当。エの「冒険自体に意味があるのかどうか明確に答えられなくなったから」も述べていないので不適当。

4 （小説ー情景・心情，内容吟味，文脈把握，語句の意味）

基本 問1　(a)は思うようにならずじれったいこと。(b)は思いがけないこと。

問2　冒頭の説明にあるように，香音はコンクールの全国大会に進めなかった後，なぜかピアノが弾けなくなった。(1)の「反射的」は無意識のうちに瞬間的に反応するさまで，オルゴールの形や動きから今は弾けなくなっているピアノを思い出して思わず(1)のようになったので，イが適当。無意識の行動ではないア，ウは不適当。ピアノそのものを思い出して(1)のようになっているので，エも不適当。

問3　(2)前で，香音が選んだオルゴールを店員が紙箱に入れようとしたとき，香音の笑顔が作り笑いであることに店員は気づいて眉をひそめていることから，香音にはまだ心にひっかかっていることがあると思い，他のオルゴールもすすめてみようと思って(2)のようにしているので，エが適当。店員が「眉をひそめた」＝香音が何かひっかかって作り笑いをしていることに気づいた，ということを説明していないア，イは不適当。ウの「彼女が正直な気持ちを話すきっかけを作ろうとした」も読み取れないので不適当。

問4　(2)の続きは「店員さんが新しく」～「紙箱に入れてもらった」で始まる段落で，(2)の後で店員が持ってきてくれたオルゴールを聴き，無性にピアノを弾きたくて，一刻も早く鍵盤にさわりたかった香音の様子が描かれている。香音はそのような思いで(3)のようになっているので，アが適当。ピアノを弾きたいという強い思いから(3)のようになっているので，先生に対する思いになっているイ，ウ，「わからなくなって」とあるエは不適当。

重要　問5　本文前半で，コンクールの後ピアノを弾けなくなった香音に，母は別の先生に習うことを提案していることが描かれている。(4)前でレッスンに行ってなかった香音に母は怒っているというより，途方に暮れたような顔つきになっており，香音のやりたいようにやってほしいと話していることから，香音の気持ちがわかっていなかったことで本当の気持ちを知りたいと思い(4)のようにしているので，ウが適当。(4)直後の母の言葉＝香音の本当の気持ちを知りたいという心情を説明していない他の選択肢は不適当。

重要　問6　(5)は「誰もが一位になれるわけじゃない。ここはそういう世界だから。でも，一位になるためだけに弾くわけでもないのよ。」という南先生の言葉のことである。オルゴール店でオルゴールを聴いた香音は，ピアノを弾くことがただただ楽しかったことや香音のピアノはみんなを幸せにすると言われたことを思い出し，店員が選んでくれたオルゴールを聴いたことでピアノを無性に弾きたくなり，南先生の言葉をあらためて思い返していい音を取り戻したいと思っていることから，ウが適当。勝ち負けの説明だけになっているア，エは不適当。イの「聴く人から評価されることを求めてはならない」も読み取れないので不適当。

やや難　問7　ピアノが弾けなくなったことやオルゴールを聴いたときの香音の心情が細かく描かれ，問4でも考察したように，お母さんが香音を探していた場面にオルゴール店での場面が織り交ぜられているので，アが適当。本文は香音の視点で香音の心情の変化を中心に描かれているので，「第三者的な視点」「写実的に」とあるイは不適当。「穴みたいに」などの比喩が用いられているが，多用されていないのでウも不適当。最後の香音とお母さんのやり取りの場面では，発言に沿った表情が描かれているのでエも不適当。

★ワンポイントアドバイス★

小説では誰の視点(主人公あるいは筆者など)で描かれているかをおさえ，その視点を通して心情を読み取っていくことが重要だ。

# 解答用紙集

○月×日　△曜日　天気（合格日和）

◆ご利用のみなさまへ

＊解答用紙の公表を行っていない学校につきましては、弊社の責任において、解答用紙を制作いたしました。

＊編集上の理由により一部縮小掲載した解答用紙がございます。

＊編集上の理由により一部実物と異なる形式の解答用紙がございます。

人間の最も偉大な力とは、その一番の弱点を克服したところから生まれてくるものである。　――カール・ヒルティ――

東京学参株式会社

# 国立高等専門学校　　2024年度

※ 110％に拡大していただくと，解答欄は実物大になります。

## ◇数学◇

**解　答　欄**

| | | | | | | | | | | | | | |
|---|---|---|---|---|---|---|---|---|---|---|---|---|---|
| 1 | (1) | ア | ⊖ | ⓪ | ① | ② | ③ | ④ | ⑤ | ⑥ | ⑦ | ⑧ | ⑨ |
| | (2) | イ | ⊖ | ⓪ | ① | ② | ③ | ④ | ⑤ | ⑥ | ⑦ | ⑧ | ⑨ |
| | | ウ | ⊖ | ⓪ | ① | ② | ③ | ④ | ⑤ | ⑥ | ⑦ | ⑧ | ⑨ |
| | (3) | エ | ⊖ | ⓪ | ① | ② | ③ | ④ | ⑤ | ⑥ | ⑦ | ⑧ | ⑨ |
| | | オ | ⊖ | ⓪ | ① | ② | ③ | ④ | ⑤ | ⑥ | ⑦ | ⑧ | ⑨ |
| | (4) | カ | ⊖ | ⓪ | ① | ② | ③ | ④ | ⑤ | ⑥ | ⑦ | ⑧ | ⑨ |
| | | キ | ⊖ | ⓪ | ① | ② | ③ | ④ | ⑤ | ⑥ | ⑦ | ⑧ | ⑨ |
| | (5) | ク | ⊖ | ⓪ | ① | ② | ③ | ④ | ⑤ | ⑥ | ⑦ | ⑧ | ⑨ |
| | | ケ | ⊖ | ⓪ | ① | ② | ③ | ④ | ⑤ | ⑥ | ⑦ | ⑧ | ⑨ |
| | (6) | コ | ⊖ | ⓪ | ① | ② | ③ | ④ | ⑤ | ⑥ | ⑦ | ⑧ | ⑨ |
| | | サ | ⊖ | ⓪ | ① | ② | ③ | ④ | ⑤ | ⑥ | ⑦ | ⑧ | ⑨ |
| | (7) | シ | ⊖ | ⓪ | ① | ② | ③ | ④ | ⑤ | ⑥ | ⑦ | ⑧ | ⑨ |
| | | ス | ⊖ | ⓪ | ① | ② | ③ | ④ | ⑤ | ⑥ | ⑦ | ⑧ | ⑨ |
| | | セ | ⊖ | ⓪ | ① | ② | ③ | ④ | ⑤ | ⑥ | ⑦ | ⑧ | ⑨ |
| | (8) | ソ | ⊖ | ⓪ | ① | ② | ③ | ④ | ⑤ | ⑥ | ⑦ | ⑧ | ⑨ |
| | | タ | ⊖ | ⓪ | ① | ② | ③ | ④ | ⑤ | ⑥ | ⑦ | ⑧ | ⑨ |

| | | | | | | | | | | | | | |
|---|---|---|---|---|---|---|---|---|---|---|---|---|---|
| 2 | (1) | ア | ⊖ | ⓪ | ① | ② | ③ | ④ | ⑤ | ⑥ | ⑦ | ⑧ | ⑨ |
| | | イ | ⊖ | ⓪ | ① | ② | ③ | ④ | ⑤ | ⑥ | ⑦ | ⑧ | ⑨ |
| | | ウ | ⊖ | ⓪ | ① | ② | ③ | ④ | ⑤ | ⑥ | ⑦ | ⑧ | ⑨ |
| | (2) | エ | ⊖ | ⓪ | ① | ② | ③ | ④ | ⑤ | ⑥ | ⑦ | ⑧ | ⑨ |
| | | オ | ⊖ | ⓪ | ① | ② | ③ | ④ | ⑤ | ⑥ | ⑦ | ⑧ | ⑨ |
| | | カ | ⊖ | ⓪ | ① | ② | ③ | ④ | ⑤ | ⑥ | ⑦ | ⑧ | ⑨ |
| | | キ | ⊖ | ⓪ | ① | ② | ③ | ④ | ⑤ | ⑥ | ⑦ | ⑧ | ⑨ |
| | | ク | ⊖ | ⓪ | ① | ② | ③ | ④ | ⑤ | ⑥ | ⑦ | ⑧ | ⑨ |
| | | ケ | ⊖ | ⓪ | ① | ② | ③ | ④ | ⑤ | ⑥ | ⑦ | ⑧ | ⑨ |
| | (3) | コ | ⊖ | ⓪ | ① | ② | ③ | ④ | ⑤ | ⑥ | ⑦ | ⑧ | ⑨ |
| | | サ | ⊖ | ⓪ | ① | ② | ③ | ④ | ⑤ | ⑥ | ⑦ | ⑧ | ⑨ |

注意事項

1　解答には，必ず**ＨＢの黒鉛筆**を使用し，「マーク部分塗りつぶしの見本」を参考に⬯を塗りつぶすこと。

2　解答を訂正するときは，きれいに消して，消しくずを残さないこと。

3　求めた値に該当する符号や数値の箇所のマーク部分を塗りつぶすこと。具体的な解答方法は，問題用紙の注意事項を確認すること。

4　指定された欄以外を塗りつぶしたり，文字を記入したりしないこと。

5　汚したり，折り曲げたりしないこと。

| マーク部分塗りつぶしの見本 | | | | | |
|---|---|---|---|---|---|
| 良い例 | 悪い例 | | | | |
| ● | レ点 | 棒 | 薄い | はみ出し | 丸囲み |

## 解答欄

| | | | | | | | | | | | | | | |
|---|---|---|---|---|---|---|---|---|---|---|---|---|---|---|
| 3 | (1) | ア | ⊖ | ⓪ | ① | ② | ③ | ④ | ⑤ | ⑥ | ⑦ | ⑧ | ⑨ |
| | (2) | イ | ⓐ | ⓑ | ⓒ | ⓓ | ⓔ | ⓕ | ⓖ | ⓗ | ⓘ | ⓙ | ⓚ |
| | | ウ | ⓐ | ⓑ | ⓒ | ⓓ | ⓔ | ⓕ | ⓖ | ⓗ | ⓘ | ⓙ | ⓚ |
| | | エ | ⓐ | ⓑ | ⓒ | ⓓ | ⓔ | ⓕ | ⓖ | ⓗ | ⓘ | ⓙ | ⓚ |
| | | オ | ⓐ | ⓑ | ⓒ | ⓓ | ⓔ | ⓕ | ⓖ | ⓗ | ⓘ | ⓙ | ⓚ |
| | (3) | カ | ⊖ | ⓪ | ① | ② | ③ | ④ | ⑤ | ⑥ | ⑦ | ⑧ | ⑨ |
| | | キ | ⊖ | ⓪ | ① | ② | ③ | ④ | ⑤ | ⑥ | ⑦ | ⑧ | ⑨ |
| | | ク | ⊖ | ⓪ | ① | ② | ③ | ④ | ⑤ | ⑥ | ⑦ | ⑧ | ⑨ |
| | | ケ | ⊖ | ⓪ | ① | ② | ③ | ④ | ⑤ | ⑥ | ⑦ | ⑧ | ⑨ |
| | (4) | コ | ⊖ | ⓪ | ① | ② | ③ | ④ | ⑤ | ⑥ | ⑦ | ⑧ | ⑨ |
| | | サ | ⊖ | ⓪ | ① | ② | ③ | ④ | ⑤ | ⑥ | ⑦ | ⑧ | ⑨ |
| | | シ | ⊖ | ⓪ | ① | ② | ③ | ④ | ⑤ | ⑥ | ⑦ | ⑧ | ⑨ |
| | | ス | ⊖ | ⓪ | ① | ② | ③ | ④ | ⑤ | ⑥ | ⑦ | ⑧ | ⑨ |

| | | | | | | | | | | | | | |
|---|---|---|---|---|---|---|---|---|---|---|---|---|---|
| 4 | (1) | ア | ⊖ | ⓪ | ① | ② | ③ | ④ | ⑤ | ⑥ | ⑦ | ⑧ | ⑨ |
| | | イ | ⊖ | ⓪ | ① | ② | ③ | ④ | ⑤ | ⑥ | ⑦ | ⑧ | ⑨ |
| | (2) | ウ | ⊖ | ⓪ | ① | ② | ③ | ④ | ⑤ | ⑥ | ⑦ | ⑧ | ⑨ |
| | | エ | ⊖ | ⓪ | ① | ② | ③ | ④ | ⑤ | ⑥ | ⑦ | ⑧ | ⑨ |
| | (3) | オ | ⊖ | ⓪ | ① | ② | ③ | ④ | ⑤ | ⑥ | ⑦ | ⑧ | ⑨ |
| | | カ | ⊖ | ⓪ | ① | ② | ③ | ④ | ⑤ | ⑥ | ⑦ | ⑧ | ⑨ |
| | | キ | ⊖ | ⓪ | ① | ② | ③ | ④ | ⑤ | ⑥ | ⑦ | ⑧ | ⑨ |
| | | ク | ⊖ | ⓪ | ① | ② | ③ | ④ | ⑤ | ⑥ | ⑦ | ⑧ | ⑨ |
| | | ケ | ⊖ | ⓪ | ① | ② | ③ | ④ | ⑤ | ⑥ | ⑦ | ⑧ | ⑨ |
| | | コ | ⊖ | ⓪ | ① | ② | ③ | ④ | ⑤ | ⑥ | ⑦ | ⑧ | ⑨ |
| | | サ | ⊖ | ⓪ | ① | ② | ③ | ④ | ⑤ | ⑥ | ⑦ | ⑧ | ⑨ |
| | | シ | ⊖ | ⓪ | ① | ② | ③ | ④ | ⑤ | ⑥ | ⑦ | ⑧ | ⑨ |
| | | ス | ⊖ | ⓪ | ① | ② | ③ | ④ | ⑤ | ⑥ | ⑦ | ⑧ | ⑨ |

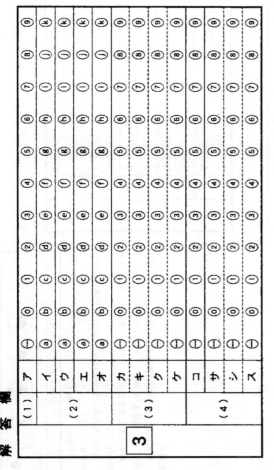

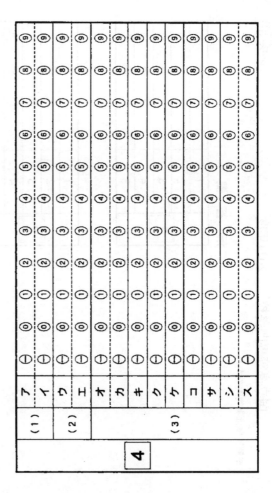

国立高等専門学校　2024年度

# ◇英語◇

※解答欄は実物大です。

## 解答欄

| | | | | | |
|---|---|---|---|---|---|
| 1 | 1 | ㋐ | ㋑ | ㋒ | ㋓ |
| | 2 | ㋐ | ㋑ | ㋒ | ㋓ |
| | 3 | ㋐ | ㋑ | ㋒ | ㋓ |
| | 4 | ㋐ | ㋑ | ㋒ | ㋓ |
| | 5 | ㋐ | ㋑ | ㋒ | ㋓ |

| | | | | | |
|---|---|---|---|---|---|
| 2 | 1 | ㋐ | ㋑ | ㋒ | ㋓ |
| | 2 | ㋐ | ㋑ | ㋒ | ㋓ |
| | 3 | ㋐ | ㋑ | ㋒ | ㋓ |
| | 4 | ㋐ | ㋑ | ㋒ | ㋓ |
| | 5 | ㋐ | ㋑ | ㋒ | ㋓ |

| | | | | | | | | |
|---|---|---|---|---|---|---|---|---|
| 3 | 1 | 3番目 | ㋐ | ㋑ | ㋒ | ㋓ | ㋔ | ㋕ |
| | | 5番目 | ㋐ | ㋑ | ㋒ | ㋓ | ㋔ | ㋕ |
| | 2 | 3番目 | ㋐ | ㋑ | ㋒ | ㋓ | ㋔ | ㋕ |
| | | 5番目 | ㋐ | ㋑ | ㋒ | ㋓ | ㋔ | ㋕ |
| | 3 | 3番目 | ㋐ | ㋑ | ㋒ | ㋓ | ㋔ | ㋕ |
| | | 5番目 | ㋐ | ㋑ | ㋒ | ㋓ | ㋔ | ㋕ |
| | 4 | 3番目 | ㋐ | ㋑ | ㋒ | ㋓ | ㋔ | ㋕ |
| | | 5番目 | ㋐ | ㋑ | ㋒ | ㋓ | ㋔ | ㋕ |
| | 5 | 3番目 | ㋐ | ㋑ | ㋒ | ㋓ | ㋔ | ㋕ |
| | | 5番目 | ㋐ | ㋑ | ㋒ | ㋓ | ㋔ | ㋕ |

| | | | | | | | | |
|---|---|---|---|---|---|---|---|---|
| 4 | 問1 | (1) | ㋐ | ㋑ | ㋒ | ㋓ | | |
| | | (2) | ㋐ | ㋑ | ㋒ | ㋓ | | |
| | | (3) | ㋐ | ㋑ | ㋒ | ㋓ | | |
| | | (4) | ㋐ | ㋑ | ㋒ | ㋓ | | |
| | | (5) | ㋐ | ㋑ | ㋒ | ㋓ | | |
| | | (6) | ㋐ | ㋑ | ㋒ | ㋓ | | |
| | 問2 | (1) | ㋐ | ㋑ | ㋒ | ㋓ | ㋔ | ㋕ |
| | | (2) | ㋐ | ㋑ | ㋒ | ㋓ | ㋔ | ㋕ |

| | | | | | | | |
|---|---|---|---|---|---|---|---|
| 5 | A | 問1 | | ㋐ | ㋑ | ㋒ | ㋓ |
| | | 問2 | (1) | ㋐ | ㋑ | ㋒ | ㋓ |
| | | | (2) | ㋐ | ㋑ | ㋒ | ㋓ |
| | B | 問1 | | ㋐ | ㋑ | ㋒ | ㋓ |
| | | 問2 | | ㋐ | ㋑ | ㋒ | ㋓ |

| | | | | |
|---|---|---|---|---|
| 6 | 問1 | ㋐ | ㋑ | ㋒ |
| | 問2 | ㋐ | ㋑ | ㋒ |
| | 問3 | ㋐ | ㋑ | ㋒ |
| | 問4 | ㋐ | ㋑ | ㋒ |
| | 問5 | ㋐ | ㋑ | ㋒ |
| | 問6 | ㋐ | ㋑ | ㋒ |
| | 問7 | ㋐ | ㋑ | ㋒ |

注意事項

1　解答には，必ず**HBの黒鉛筆**を使用し，「マーク部分塗りつぶしの見本」を参考に◯を塗りつぶすこと。

2　解答を訂正するときは，きれいに消して，消しくずを残さないこと。

3　指定された欄以外を塗りつぶしたり，文字を記入したりしないこと。

4　汚したり，折り曲げたりしないこと。

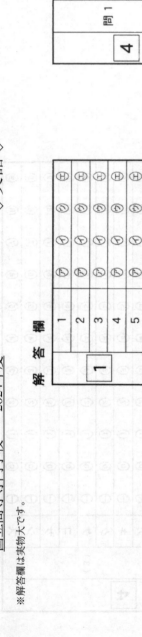

| マーク部分塗りつぶしの見本 | | | | | |
|---|---|---|---|---|---|
| 良い例 | 悪い例 | | | | |
| ● | レ点 | 棒 | 薄い | はみ出し | 丸囲み |

国立高等専門学校　2024年度

※ 105%に拡大していただくと，解答欄は実物大になります。

# ◇理科◇

**解答欄**

| | | | | | | | | | | | | | |
|---|---|---|---|---|---|---|---|---|---|---|---|---|---|
| 1 | 問1 | | ㋐ | ㋑ | ㋒ | ㋓ | ㋔ | ㋕ | ㋖ | ㋗ | | |
| | 問2 | | ㋐ | ㋑ | ㋒ | ㋓ | | | | | | |
| | | | ㋐ | ㋑ | ㋒ | ㋓ | | | | | | |
| | 問3 | ア | ⓪ | ① | ② | ③ | ④ | ⑤ | ⑥ | ⑦ | ⑧ | ⑨ |
| | | イ | ⓪ | ① | ② | ③ | ④ | ⑤ | ⑥ | ⑦ | ⑧ | ⑨ |
| | 問4 | | ㋐ | ㋑ | ㋒ | ㋓ | ㋔ | | | | | |
| | 問5 | | ㋐ | ㋑ | ㋒ | ㋓ | ㋔ | ㋕ | | | | |
| | | | ㋐ | ㋑ | ㋒ | ㋓ | ㋔ | ㋕ | | | | |
| | | | ㋐ | ㋑ | ㋒ | ㋓ | ㋔ | ㋕ | | | | |
| | 問6 | | ㋐ | ㋑ | ㋒ | ㋓ | ㋔ | ㋕ | | | | |
| | | | ㋐ | ㋑ | ㋒ | ㋓ | ㋔ | ㋕ | | | | |
| | 問7 | 1 | ㋐ | ㋑ | ㋒ | ㋓ | ㋔ | ㋕ | | | | |
| | | 2 | ㋐ | ㋑ | ㋒ | ㋓ | | | | | | |
| | 問8 | | ㋐ | ㋑ | ㋒ | ㋓ | | | | | | |

| | | | | | | | | | | | | | | |
|---|---|---|---|---|---|---|---|---|---|---|---|---|---|---|
| 2 | 問1 | ① | | ㋐ | ㋑ | ㋒ | ㋓ | ㋔ | ㋕ | ㋖ | | | |
| | | ② | | ㋐ | ㋑ | ㋒ | ㋓ | ㋔ | ㋕ | ㋖ | | | |
| | | ③ | | ㋐ | ㋑ | ㋒ | ㋓ | ㋔ | ㋕ | ㋖ | | | |
| | 問2 | ① | | ㋐ | ㋑ | ㋒ | ㋓ | ㋔ | ㋕ | ㋖ | | | |
| | | ② | | ㋐ | ㋑ | ㋒ | ㋓ | ㋔ | ㋕ | ㋖ | | | |
| | | ③ | | ㋐ | ㋑ | ㋒ | ㋓ | ㋔ | ㋕ | ㋖ | | | |
| | 問3 | 成分 | | ㋐ | ㋑ | ㋒ | | | | | | | |
| | | ヘモグロビン | | ㋓ | ㋔ | | | | | | | | |
| | 問4 | 1 | ア | ⓪ | ① | ② | ③ | ④ | ⑤ | ⑥ | ⑦ | ⑧ | ⑨ |
| | | | イ | ⓪ | ① | ② | ③ | ④ | ⑤ | ⑥ | ⑦ | ⑧ | ⑨ |
| | | | ウ | ⓪ | ① | ② | ③ | ④ | ⑤ | ⑥ | ⑦ | ⑧ | ⑨ |
| | | 2 | | ㋐ | ㋑ | ㋒ | ㋓ | | | | | | |

注意事項

1　解答には，必ず**ＨＢの黒鉛筆**を使用し，「マーク部分塗りつぶしの見本」を参考に◯を塗りつぶすこと。

2　解答を訂正するときは，きれいに消して，消しくずを残さないこと。

3　数値を解答する場合の解答方法は，問題用紙の注意事項を確認すること。

4　指定された欄以外を塗りつぶしたり，文字を記入したりしないこと。

5　汚したり，折り曲げたりしないこと。

| マーク部分塗りつぶしの見本 | | | | | |
|---|---|---|---|---|---|
| 良い例 | 悪い例 | | | | |
| ● | レ点 | 棒 | 薄い | はみ出し | 丸囲み |

**解 答 欄**

| | | | | |
|---|---|---|---|---|
| 3 | 問 1 | (i) | | ㋐ ㋑ |
| | | (ii) | | ㋐ ㋑ |
| | | (iii) | | ㋐ ㋑ |
| | 問 2 | ① | | ㋐ ㋑ ㋒ |
| | | ② | | ㋓ ㋔ |
| | | ③ | | ㋕ ㋖ |
| | 問 3 | 1 | | ㋐ ㋑ ㋒ |
| | | 2 | ア | ⓪ ① ② ③ ④ ⑤ ⑥ ⑦ ⑧ ⑨ |
| | | | イ | ⓪ ① ② ③ ④ ⑤ ⑥ ⑦ ⑧ ⑨ |
| | | | ウ | ⓪ ① ② ③ ④ ⑤ ⑥ ⑦ ⑧ ⑨ |
| | | 3 | | ㋐ ㋑ ㋒ ㋓ ㋔ ㋕ ㋖ ㋗ |

| | | | |
|---|---|---|---|
| 4 | 問 1 | | ㋐ ㋑ ㋒ ㋓ ㋔ |
| | 問 2 | ア | ⓪ ① ② ③ ④ ⑤ ⑥ ⑦ ⑧ ⑨ |
| | | イ | ⓪ ① ② ③ ④ ⑤ ⑥ ⑦ ⑧ ⑨ |
| | 問 3 | | ㋐ ㋑ ㋒ ㋓ |
| | 問 4 | 気体の色 | ㋐ ㋑ |
| | | 密度 | ㋒ ㋓ |
| | | リトマス紙 | ㋔ ㋕ ㋖ |
| | 問 5 | 1 | ㋐ ㋑ ㋒ ㋓ ㋔ |
| | | 2 | ㋐ ㋑ ㋒ ㋓ |

| | | | | |
|---|---|---|---|---|
| 5 | 問 1 | (i) | | ○ × |
| | | (ii) | | ○ × |
| | | (iii) | | ○ × |
| | 問 2 | ア | | ⓪ ① ② ③ ④ ⑤ ⑥ ⑦ ⑧ ⑨ |
| | | イ | | ⓪ ① ② ③ ④ ⑤ ⑥ ⑦ ⑧ ⑨ |
| | | ウ | | ⓪ ① ② ③ ④ ⑤ ⑥ ⑦ ⑧ ⑨ |
| | 問 3 | 1 | | ㋐ ㋑ ㋒ ㋓ ㋔ ㋕ ㋖ |
| | | 2 | ア | ⓪ ① ② ③ ④ ⑤ ⑥ ⑦ ⑧ ⑨ |
| | | | イ | ⓪ ① ② ③ ④ ⑤ ⑥ ⑦ ⑧ ⑨ |
| | | 3 | ア | ⓪ ① ② ③ ④ ⑤ ⑥ ⑦ ⑧ ⑨ |
| | | | イ | ⓪ ① ② ③ ④ ⑤ ⑥ ⑦ ⑧ ⑨ |
| | | | ウ | ⓪ ① ② ③ ④ ⑤ ⑥ ⑦ ⑧ ⑨ |
| | | 4 | ア | ⓪ ① ② ③ ④ ⑤ ⑥ ⑦ ⑧ ⑨ |
| | | | イ | ⓪ ① ② ③ ④ ⑤ ⑥ ⑦ ⑧ ⑨ |
| | | | ウ | ⓪ ① ② ③ ④ ⑤ ⑥ ⑦ ⑧ ⑨ |

| | | | |
|---|---|---|---|
| 6 | 問 1 | | ㋐ ㋑ ㋒ ㋓ |
| | 問 2 | 1 | ㋐ ㋑ ㋒ ㋓ |
| | | 2 | ㋐ ㋑ ㋒ ㋓ |
| | 問 3 | | ㋐ ㋑ ㋒ ㋓ |
| | 問 4 | | ㋐ ㋑ ㋒ ㋓ |
| | 問 5 | | ㋐ ㋑ ㋒ ㋓ ㋔ ㋕ |
| | 問 6 | | ㋐ ㋑ ㋒ |

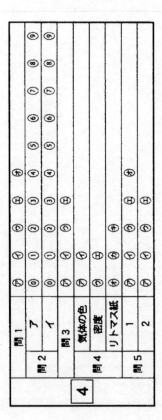

国立高等専門学校　2024年度

# ◇社会◇

※ 110%に拡大していただくと，解答欄は実物大になります。

## 解　答　欄

| 1 | | |
|---|---|---|
| | 問 1 | ㋐ ㋑ ㋒ ㋓ |
| | 問 2 | ㋐ ㋑ ㋒ ㋓ |
| | 問 3 | ㋐ ㋑ ㋒ ㋓ ㋔ ㋕ |
| | 問 4 | ㋐ ㋑ ㋒ ㋓ |

| 2 | | |
|---|---|---|
| | 問 1 | ㋐ ㋑ ㋒ ㋓ ㋔ ㋕ |
| | 問 2 | ㋐ ㋑ ㋒ ㋓ ㋔ ㋕ |
| | 問 3 | ㋐ ㋑ ㋒ ㋓ |

| 3 | | |
|---|---|---|
| | 問 1 | ㋐ ㋑ ㋒ ㋓ ㋔ ㋕ |
| | 問 2 | ㋐ ㋑ ㋒ ㋓ ㋔ ㋕ |

| 4 | | |
|---|---|---|
| | 問 1 | ㋐ ㋑ ㋒ ㋓ ㋔ ㋕ |
| | 問 2 | ㋐ ㋑ ㋒ ㋓ ㋔ ㋕<br>㋖ ㋗ ㋘ ㋙ |

| 5 | | |
|---|---|---|
| | 問 1 | ㋐ ㋑ ㋒ ㋓ ㋔ ㋕ |
| | 問 2 | ㋐ ㋑ ㋒ ㋓ |
| | 問 3 | ㋐ ㋑ ㋒ ㋓ |

| 6 | | |
|---|---|---|
| | 問 1 | ㋐ ㋑ ㋒ ㋓ |
| | 問 2 | ㋐ ㋑ ㋒ ㋓ |
| | 問 3 | ㋐ ㋑ ㋒ ㋓ |
| | 問 4 | ㋐ ㋑ ㋒ ㋓ ㋔ ㋕ |

| 7 | | |
|---|---|---|
| | 問 1 | ㋐ ㋑ ㋒ ㋓ |
| | 問 2 | ㋐ ㋑ ㋒ ㋓ |
| | 問 3 | ㋐ ㋑ ㋒ ㋓ |
| | 問 4 | ㋐ ㋑ ㋒ ㋓ |

| 8 | | |
|---|---|---|
| | 問 1 | ㋐ ㋑ ㋒ ㋓ |
| | 問 2 | ㋐ ㋑ ㋒ ㋓ |
| | 問 3 | ㋐ ㋑ ㋒ ㋓ ㋔ ㋕ |

注意事項

1　解答には，必ず**HBの黒鉛筆**を使用し，「マーク部分塗りつぶしの見本」のとおりに◯を塗りつぶすこと。

2　解答を訂正するときは，きれいに消して，消しくずを残さないこと。

3　指定された欄以外を塗りつぶしたり，文字を記入したりしないこと。

4　汚したり，折り曲げたりしないこと。

| マーク部分塗りつぶしの見本 | | | | | |
|---|---|---|---|---|---|
| 良い例 | 悪い例 | | | | |
| ● | レ点 | 棒 | 薄い | はみ出し | 丸囲み |

国立高等専門学校　2024年度

※解答欄は実物大になります。

# ◇国語◇

## 解答欄

| | | | | | | |
|---|---|---|---|---|---|---|
| 1 | 問1 | ① | ㋐ | ㋑ | ㋒ | ㋓ |
| | | ② | ㋐ | ㋑ | ㋒ | ㋓ |
| | | ③ | ㋐ | ㋑ | ㋒ | ㋓ |
| | | ④ | ㋐ | ㋑ | ㋒ | ㋓ |
| | 問2 | | ⓐ | ⓑ | ⓒ | ⓓ |
| | 問3 | | ㋐ | ㋑ | ㋒ | ㋓ |
| | 問4 | | ㋐ | ㋑ | ㋒ | ㋓ |
| | 問5 | | ㋐ | ㋑ | ㋒ | ㋓ |
| | 問6 | | ㋐ | ㋑ | ㋒ | ㋓ |
| | 問7 | | ㋐ | ㋑ | ㋒ | ㋓ |
| | 問8 | | ㋐ | ㋑ | ㋒ | ㋓ |

| | | | | | | |
|---|---|---|---|---|---|---|
| 2 | 問1 | ① | ㋐ | ㋑ | ㋒ | ㋓ |
| | | ② | ㋐ | ㋑ | ㋒ | ㋓ |
| | | ③ | ㋐ | ㋑ | ㋒ | ㋓ |
| | 問2 | (a) | ㋐ | ㋑ | ㋒ | ㋓ |
| | | (b) | ㋐ | ㋑ | ㋒ | ㋓ |
| | 問3 | | ㋐ | ㋑ | ㋒ | ㋓ |
| | 問4 | | ㋐ | ㋑ | ㋒ | ㋓ |
| | 問5 | | ㋐ | ㋑ | ㋒ | ㋓ |
| | 問6 | | ㋐ | ㋑ | ㋒ | ㋓ |
| | 問7 | | ㋐ | ㋑ | ㋒ | ㋓ |
| | 問8 | | ⓐ | ⓑ | ⓒ | ⓓ |
| | 問9 | | ㋐ | ㋑ | ㋒ | ㋓ |

| | | | | | | |
|---|---|---|---|---|---|---|
| 3 | 問1 | (a) | ㋐ | ㋑ | ㋒ | ㋓ |
| | | (b) | ㋐ | ㋑ | ㋒ | ㋓ |
| | 問2 | | ㋐ | ㋑ | ㋒ | ㋓ |
| | 問3 | | ㋐ | ㋑ | ㋒ | ㋓ |
| | 問4 | | ㋐ | ㋑ | ㋒ | ㋓ |
| | 問5 | | ㋐ | ㋑ | ㋒ | ㋓ |
| | 問6 | | ㋐ | ㋑ | ㋒ | ㋓ |
| | 問7 | | ㋐ | ㋑ | ㋒ | ㋓ |

注意事項

1　解答には，必ず**HBの黒鉛筆**を使用し，「マーク部分塗りつぶしの見本」のとおりに◯を塗りつぶすこと。

2　解答を訂正するときは，きれいに消して，消しくずを残さないこと。

3　指定された欄以外を塗りつぶしたり，文字を記入したりしないこと。

4　汚したり，折り曲げたりしないこと。

| マーク部分塗りつぶしの見本 | | | | | |
|---|---|---|---|---|---|
| 良い例 | 悪い例 | | | | |
| ● | レ点 | 棒 | 薄い | はみ出し | 丸囲み |

# 国立高等専門学校　2023年度

※ 119％に拡大していただくと，解答欄は実物大になります。

## ◇数学◇

**解　答　欄**

| | | | | | | | | | | | | | |
|---|---|---|---|---|---|---|---|---|---|---|---|---|---|
| 1 | (1) | ア | ⊖ | ⓪ | ① | ② | ③ | ④ | ⑤ | ⑥ | ⑦ | ⑧ | ⑨ |
| | (2) | イ | ⊖ | ⓪ | ① | ② | ③ | ④ | ⑤ | ⑥ | ⑦ | ⑧ | ⑨ |
| | | ウ | ⊖ | ⓪ | ① | ② | ③ | ④ | ⑤ | ⑥ | ⑦ | ⑧ | ⑨ |
| | (3) | エ | ⊖ | ⓪ | ① | ② | ③ | ④ | ⑤ | ⑥ | ⑦ | ⑧ | ⑨ |
| | | オ | ⊖ | ⓪ | ① | ② | ③ | ④ | ⑤ | ⑥ | ⑦ | ⑧ | ⑨ |
| | | カ | ⊖ | ⓪ | ① | ② | ③ | ④ | ⑤ | ⑥ | ⑦ | ⑧ | ⑨ |
| | (4) | キ | ⊖ | ⓪ | ① | ② | ③ | ④ | ⑤ | ⑥ | ⑦ | ⑧ | ⑨ |
| | | ク | ⊖ | ⓪ | ① | ② | ③ | ④ | ⑤ | ⑥ | ⑦ | ⑧ | ⑨ |
| | (5) | ケ | ⊖ | ⓪ | ① | ② | ③ | ④ | ⑤ | ⑥ | ⑦ | ⑧ | ⑨ |
| | | コ | ⊖ | ⓪ | ① | ② | ③ | ④ | ⑤ | ⑥ | ⑦ | ⑧ | ⑨ |
| | | サ | ⊖ | ⓪ | ① | ② | ③ | ④ | ⑤ | ⑥ | ⑦ | ⑧ | ⑨ |
| | | シ | ⊖ | ⓪ | ① | ② | ③ | ④ | ⑤ | ⑥ | ⑦ | ⑧ | ⑨ |
| | (6) | ス | ⊖ | ⓪ | ① | ② | ③ | ④ | ⑤ | ⑥ | ⑦ | ⑧ | ⑨ |
| | | セ | ⊖ | ⓪ | ① | ② | ③ | ④ | ⑤ | ⑥ | ⑦ | ⑧ | ⑨ |
| | | ソ | ⊖ | ⓪ | ① | ② | ③ | ④ | ⑤ | ⑥ | ⑦ | ⑧ | ⑨ |
| | | タ | ⊖ | ⓪ | ① | ② | ③ | ④ | ⑤ | ⑥ | ⑦ | ⑧ | ⑨ |
| | (7) | チ | ⊖ | ⓪ | ① | ② | ③ | ④ | ⑤ | ⑥ | ⑦ | ⑧ | ⑨ |
| | | ツ | ⊖ | ⓪ | ① | ② | ③ | ④ | ⑤ | ⑥ | ⑦ | ⑧ | ⑨ |
| | (8) | テ | ⊖ | ⓪ | ① | ② | ③ | ④ | ⑤ | ⑥ | ⑦ | ⑧ | ⑨ |
| | | ト | ⊖ | ⓪ | ① | ② | ③ | ④ | ⑤ | ⑥ | ⑦ | ⑧ | ⑨ |
| | | ナ | ⊖ | ⓪ | ① | ② | ③ | ④ | ⑤ | ⑥ | ⑦ | ⑧ | ⑨ |

注意事項

1　解答には，必ず**ＨＢの黒鉛筆**を使用し，「マーク部分塗りつぶしの見本」を参考に◯を塗りつぶすこと。
2　解答を訂正するときは，きれいに消して，消しくずを残さないこと。
3　求めた値に該当する符号や数値の箇所のマーク部分を塗りつぶすこと。具体的な解答方法は，問題用紙の注意事項を確認すること。
4　指定された欄以外を塗りつぶしたり，文字を記入したりしないこと。
5　汚したり，折り曲げたりしないこと。

| マーク部分塗りつぶしの見本 | | | | | |
|---|---|---|---|---|---|
| 良い例 | 悪い例 | | | | |
| ● | レ点 | 棒 | 薄い | はみ出し | 丸囲み |

解答欄

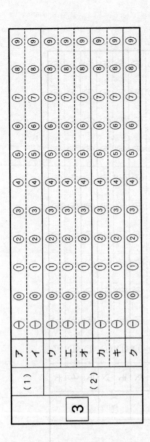

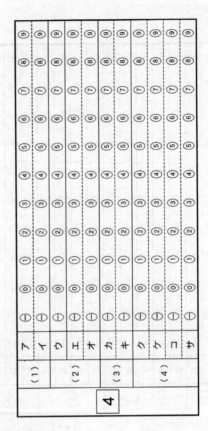

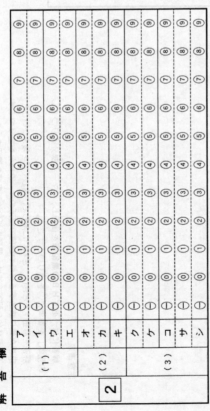

国立高等専門学校　2023年度

# ◇英語◇

※ 119%に拡大していただくと，解答欄は実物大になります。

## 解　答　欄

| 1 | | | | | |
|---|---|---|---|---|---|
| | 1 | ㋐ | ㋑ | ㋒ | ㋓ |
| | 2 | ㋐ | ㋑ | ㋒ | ㋓ |
| | 3 | ㋐ | ㋑ | ㋒ | ㋓ |
| | 4 | ㋐ | ㋑ | ㋒ | ㋓ |
| | 5 | ㋐ | ㋑ | ㋒ | ㋓ |

| 2 | | | | | |
|---|---|---|---|---|---|
| | 1 | ㋐ | ㋑ | ㋒ | ㋓ |
| | 2 | ㋐ | ㋑ | ㋒ | ㋓ |
| | 3 | ㋐ | ㋑ | ㋒ | ㋓ |
| | 4 | ㋐ | ㋑ | ㋒ | ㋓ |
| | 5 | ㋐ | ㋑ | ㋒ | ㋓ |

| 3 | | | | | | | | |
|---|---|---|---|---|---|---|---|---|
| | 問1 | (1) | ㋐ | ㋑ | ㋒ | ㋓ | | |
| | | (2) | ㋐ | ㋑ | ㋒ | ㋓ | | |
| | | (3) | ㋐ | ㋑ | ㋒ | ㋓ | | |
| | | (4) | ㋐ | ㋑ | ㋒ | ㋓ | | |
| | | (5) | ㋐ | ㋑ | ㋒ | ㋓ | | |
| | | (6) | ㋐ | ㋑ | ㋒ | ㋓ | | |
| | 問2 | (1) | ㋐ | ㋑ | ㋒ | ㋓ | ㋔ | ㋕ |
| | | (2) | ㋐ | ㋑ | ㋒ | ㋓ | ㋔ | ㋕ |

| 4 | | | | | | | | |
|---|---|---|---|---|---|---|---|---|
| | 1 | 3番目 | ㋐ | ㋑ | ㋒ | ㋓ | ㋔ | ㋕ |
| | | 5番目 | ㋐ | ㋑ | ㋒ | ㋓ | ㋔ | ㋕ |
| | 2 | 3番目 | ㋐ | ㋑ | ㋒ | ㋓ | ㋔ | ㋕ |
| | | 5番目 | ㋐ | ㋑ | ㋒ | ㋓ | ㋔ | ㋕ |
| | 3 | 3番目 | ㋐ | ㋑ | ㋒ | ㋓ | ㋔ | ㋕ |
| | | 5番目 | ㋐ | ㋑ | ㋒ | ㋓ | ㋔ | ㋕ |
| | 4 | 3番目 | ㋐ | ㋑ | ㋒ | ㋓ | ㋔ | ㋕ |
| | | 5番目 | ㋐ | ㋑ | ㋒ | ㋓ | ㋔ | ㋕ |
| | 5 | 3番目 | ㋐ | ㋑ | ㋒ | ㋓ | ㋔ | ㋕ |
| | | 5番目 | ㋐ | ㋑ | ㋒ | ㋓ | ㋔ | ㋕ |

| 5 | | | | | | |
|---|---|---|---|---|---|---|
| | 問1 | (1) | ㋐ | ㋑ | ㋒ | ㋓ |
| | | (2) | ㋐ | ㋑ | ㋒ | ㋓ |
| | | (3) | ㋐ | ㋑ | ㋒ | ㋓ |
| | 問2 | | ㋐ | ㋑ | ㋒ | ㋓ |
| | 問3 | | ㋐ | ㋑ | ㋒ | ㋓ |

| 6 | | | | |
|---|---|---|---|---|
| | 問1 | ㋐ | ㋑ | ㋒ |
| | 問2 | ㋐ | ㋑ | ㋒ |
| | 問3 | ㋐ | ㋑ | ㋒ |
| | 問4 | ㋐ | ㋑ | ㋒ |
| | 問5 | ㋐ | ㋑ | ㋒ |
| | 問6 | ㋐ | ㋑ | ㋒ |
| | 問7 | ㋐ | ㋑ | ㋒ |

注意事項

1　解答には，必ず**HBの黒鉛筆**を使用し，「マーク部分塗りつぶしの見本」を参考に◯を塗りつぶすこと。

2　解答を訂正するときは，きれいに消して，消しくずを残さないこと。

3　指定された欄以外を塗りつぶしたり，文字を記入したりしないこと。

4　汚したり，折り曲げたりしないこと。

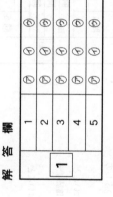

| マーク部分塗りつぶしの見本 | | | | | |
|---|---|---|---|---|---|
| 良い例 | 悪い例 | | | | |
| ● | レ点 | 棒 | 薄い | はみ出し | 丸囲み |

# ◇理科◇

**国立高等専門学校　2023年度**

※125%に拡大していただくと、解答欄は実物大になります。

## 解答欄

**1**

| | | ⓪ ① ② ③ ④ ⑤ ⑥ ⑦ ⑧ ⑨ |
| --- | --- | --- |
| 問1 | ア | |
| | イ | |
| 問2 | | |
| 問3 | | |
| 問4 | | |
| 問5 | | |
| 問6 | | |
| 問7 | | |
| 問8 | ① | |
| | ② | |

**2**

| | | |
| --- | --- | --- |
| 問1 | | |
| 問2 | | |
| 問3 | | |
| 問4 | | |

**3**

| | | |
| --- | --- | --- |
| 問1 | ア | |
| | イ | |
| | ウ | |
| 問2 | | |
| 問3 | | |
| 問4 | | |
| 問5 | ア | |
| | イ | |
| | ウ | |
| 問6 | | |

注意事項
1　解答には、必ずHBの黒鉛筆を使用し、「マーク部分塗りつぶしの見本」を参考に○を塗りつぶすこと。
2　解答を訂正するときは、きれいに消して、消しくずを残さないこと。
3　数値を解答する場合の解答方法は、問題用紙の注意事項を確認すること。
4　指定された欄以外を塗りつぶしたり、文字を記入したりしないこと。
5　汚したり、折り曲げたりしないこと。

マーク部分塗りつぶしの見本

| 良い例 | 悪い例 | | | | |
| --- | --- | --- | --- | --- | --- |
| ● | レ点 | 棒 | 薄い | はみ出し | 丸囲み |

**解　答　欄**

| | | | | | | | | | | |
|---|---|---|---|---|---|---|---|---|---|---|
| 4 | 問 1 | ① | | ㋐ | ㋑ | ㋒ | ㋓ | ㋔ | ㋕ | ㋖ |
| | | ② | | ㋐ | ㋑ | ㋒ | ㋓ | ㋔ | ㋕ | ㋖ |
| | 問 2 | 1 | | ㋐ | ㋑ | ㋒ | ㋓ | | | |
| | | 2 | 観測される時間帯 | ㋐ | ㋑ | ㋒ | | | | |
| | | | 月の形 | ㋓ | ㋔ | ㋕ | | | | |
| | 問 3 | | | ㋐ | ㋑ | ㋒ | ㋓ | | | |

| | | | | | | | |
|---|---|---|---|---|---|---|---|
| 5 | 問 1 | | ㋐ | ㋑ | ㋒ | ㋓ | ㋔ |
| | 問 2 | | ㋐ | ㋑ | ㋒ | ㋓ | ㋔ |
| | 問 3 | 1 | ㋐ | ㋑ | ㋒ | ㋓ | ㋔ |
| | | 2 | ㋐ | ㋑ | ㋒ | ㋓ | ㋔ |
| | 問 4 | | ㋐ | ㋑ | ㋒ | ㋓ | ㋔ |

| | | | | | | | | | | | | |
|---|---|---|---|---|---|---|---|---|---|---|---|---|
| 6 | 問 1 | | ㋐ | ㋑ | ㋒ | ㋓ | | | | | | |
| | 問 2 | | ㋐ | ㋑ | ㋒ | ㋓ | | | | | | |
| | | | ㋐ | ㋑ | ㋒ | ㋓ | | | | | | |
| | 問 3 | | ㋐ | ㋑ | ㋒ | ㋓ | ㋔ | ㋕ | ㋖ | ㋗ | | |
| | 問 4 | | ㋐ | ㋑ | ㋒ | ㋓ | | | | | | |
| | 問 5 | ア | ⓪ | ① | ② | ③ | ④ | ⑤ | ⑥ | ⑦ | ⑧ | ⑨ |
| | | イ | ⓪ | ① | ② | ③ | ④ | ⑤ | ⑥ | ⑦ | ⑧ | ⑨ |
| | 問 6 | 数値 | ㋐ | ㋑ | ㋒ | ㋓ | ㋔ | ㋕ | ㋖ | | | |
| | | 単位 | ㋗ | ㋘ | ㋙ | ㋚ | ㋛ | | | | | |

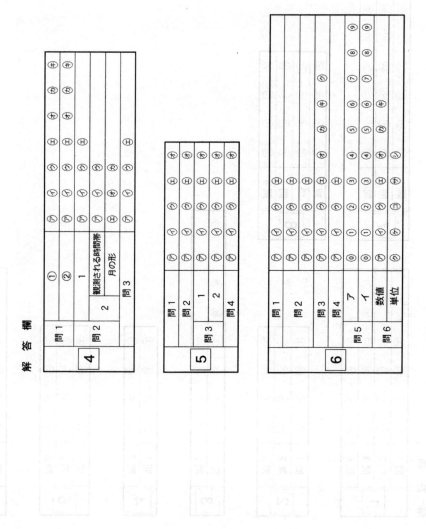

国立高等専門学校　2023年度

# ◇社会◇

※ 111％に拡大していただくと，解答欄は実物大になります。

## 解　答　欄

| | | | | | | | | | |
|---|---|---|---|---|---|---|---|---|---|
| 1 | 問 1 | ㋐ | ㋑ | ㋒ | ㋓ | | | | |
| | 問 2 | ㋐ | ㋑ | ㋒ | ㋓ | | | | |
| | 問 3 | ㋐ | ㋑ | ㋒ | ㋓ | ㋔ | ㋕ | | |
| | 問 4 | ㋐ | ㋑ | ㋒ | ㋓ | | | | |
| 2 | 問 1 | ㋐ | ㋑ | ㋒ | ㋓ | | | | |
| | 問 2 | ㋐ | ㋑ | ㋒ | ㋓ | | | | |
| | 問 3 | ㋐ | ㋑ | ㋒ | ㋓ | | | | |
| 3 | 問 1 | ㋐ | ㋑ | ㋒ | ㋓ | ㋔ | ㋕ | ㋖ | ㋗ |
| | 問 2 | ㋐ | ㋑ | ㋒ | ㋓ | | | | |
| 4 | 問 1 | ㋐ | ㋑ | ㋒ | ㋓ | | | | |
| | 問 2 | ㋐ | ㋑ | ㋒ | ㋓ | | | | |
| 5 | 問 1 | ㋐ | ㋑ | ㋒ | ㋓ | | | | |
| | 問 2 | ㋐ | ㋑ | ㋒ | ㋓ | | | | |
| | 問 3 | ㋐ | ㋑ | ㋒ | ㋓ | | | | |
| 6 | 問 1 | ㋐ | ㋑ | ㋒ | ㋓ | | | | |
| | 問 2 | ㋐ | ㋑ | ㋒ | ㋓ | | | | |
| | 問 3 | ㋐ | ㋑ | ㋒ | ㋓ | ㋔ | ㋕ | | |
| | 問 4 | ㋐ | ㋑ | ㋒ | ㋓ | | | | |
| 7 | 問 1 | ㋐ | ㋑ | ㋒ | ㋓ | | | | |
| | 問 2 | ㋐ | ㋑ | ㋒ | ㋓ | ㋔ | ㋕ | | |
| | 問 3 | ㋐ | ㋑ | ㋒ | ㋓ | ㋔ | ㋕ | | |
| 8 | 問 1 | ㋐ | ㋑ | ㋒ | ㋓ | | | | |
| | 問 2 | ㋐ | ㋑ | ㋒ | ㋓ | | | | |
| | 問 3 | ㋐ | ㋑ | ㋒ | ㋓ | | | | |
| | 問 4 | ㋐ | ㋑ | ㋒ | ㋓ | | | | |

注意事項

1　解答には，必ず**HBの黒鉛筆**を使用し，「マーク部分塗りつぶしの見本」のとおりに◯を塗りつぶすこと。

2　解答を訂正するときは，きれいに消して，消しくずを残さないこと。

3　指定された欄以外を塗りつぶしたり，文字を記入したりしないこと。

4　汚したり，折り曲げたりしないこと。

| マーク部分塗りつぶしの見本 | | | | | |
|---|---|---|---|---|---|
| 良い例 | 悪い例 | | | | |
| ● | レ点 | 棒 | 薄い | はみ出し | 丸囲み |

国立高等専門学校　2023年度

※解答欄は実物大になります。

# ◇国語◇

注意事項

1　解答には，必ず**HBの黒鉛筆**を使用し，「マーク部分塗りつぶしの見本」のとおりに◯を塗りつぶすこと。

2　解答を訂正するときは，きれいに消して，消しくずを残さないこと。

3　指定された欄以外を塗りつぶしたり，文字を記入したりしないこと。

4　汚したり，折り曲げたりしないこと。

| マーク部分塗りつぶしの見本 | | | | | |
|---|---|---|---|---|---|
| 良い例 | 悪い例 | | | | |
| ● | レ点 | 棒 | 薄い | はみ出し | 丸囲み |

## 解　答　欄

| 1 | | | | | |
|---|---|---|---|---|---|
| 問1 | ① | ㋐ | ㋑ | ㋒ | ㋓ |
| | ② | ㋐ | ㋑ | ㋒ | ㋓ |
| | ③ | ㋐ | ㋑ | ㋒ | ㋓ |
| | ④ | ㋐ | ㋑ | ㋒ | ㋓ |
| 問2 | | ⓐ | ⓑ | ⓒ | ⓓ |
| 問3 | | ㋐ | ㋑ | ㋒ | ㋓ |
| 問4 | | ㋐ | ㋑ | ㋒ | ㋓ |
| 問5 | | ㋐ | ㋑ | ㋒ | ㋓ |
| 問6 | | ㋐ | ㋑ | ㋒ | ㋓ |
| 問7 | | ㋐ | ㋑ | ㋒ | ㋓ |

| 2 | | | | | |
|---|---|---|---|---|---|
| 問1 | ① | ㋐ | ㋑ | ㋒ | ㋓ |
| | ② | ㋐ | ㋑ | ㋒ | ㋓ |
| | ③ | ㋐ | ㋑ | ㋒ | ㋓ |
| 問2 | (a) | ㋐ | ㋑ | ㋒ | ㋓ |
| | (b) | ㋐ | ㋑ | ㋒ | ㋓ |
| 問3 | | ㋐ | ㋑ | ㋒ | ㋓ |
| 問4 | A | ㋐ | ㋑ | ㋒ | ㋓ |
| | B | ㋐ | ㋑ | ㋒ | ㋓ |
| | C | ㋐ | ㋑ | ㋒ | ㋓ |
| 問5 | | ㋐ | ㋑ | ㋒ | ㋓ |
| 問6 | | ㋐ | ㋑ | ㋒ | ㋓ |
| 問7 | | ㋐ | ㋑ | ㋒ | ㋓ |
| 問8 | | ㋐ | ㋑ | ㋒ | ㋓ |

| 3 | | | | | |
|---|---|---|---|---|---|
| 問1 | (a) | ㋐ | ㋑ | ㋒ | ㋓ |
| | (b) | ㋐ | ㋑ | ㋒ | ㋓ |
| 問2 | | ㋐ | ㋑ | ㋒ | ㋓ |
| 問3 | | ㋐ | ㋑ | ㋒ | ㋓ |
| 問4 | | ㋐ | ㋑ | ㋒ | ㋓ |
| 問5 | | ㋐ | ㋑ | ㋒ | ㋓ |
| 問6 | | ㋐ | ㋑ | ㋒ | ㋓ |
| 問7 | | ㋐ | ㋑ | ㋒ | ㋓ |

国立高等専門学校　2022年度

※ 119%に拡大していただくと，解答欄は実物大になります。

# ◇数学◇

**解　答　欄**

| | | | | | | | | | | | | | |
|---|---|---|---|---|---|---|---|---|---|---|---|---|---|
| 1 | (1) | ア | − | 0 | 1 | 2 | 3 | 4 | 5 | 6 | 7 | 8 | 9 |
| | (2) | イ | − | 0 | 1 | 2 | 3 | 4 | 5 | 6 | 7 | 8 | 9 |
| | | ウ | − | 0 | 1 | 2 | 3 | 4 | 5 | 6 | 7 | 8 | 9 |
| | | エ | − | 0 | 1 | 2 | 3 | 4 | 5 | 6 | 7 | 8 | 9 |
| | (3) | オ | − | 0 | 1 | 2 | 3 | 4 | 5 | 6 | 7 | 8 | 9 |
| | | カ | − | 0 | 1 | 2 | 3 | 4 | 5 | 6 | 7 | 8 | 9 |
| | | キ | − | 0 | 1 | 2 | 3 | 4 | 5 | 6 | 7 | 8 | 9 |
| | | ク | − | 0 | 1 | 2 | 3 | 4 | 5 | 6 | 7 | 8 | 9 |
| | (4) | ケ | − | 0 | 1 | 2 | 3 | 4 | 5 | 6 | 7 | 8 | 9 |
| | | コ | − | 0 | 1 | 2 | 3 | 4 | 5 | 6 | 7 | 8 | 9 |
| | (5) | サ | − | 0 | 1 | 2 | 3 | 4 | 5 | 6 | 7 | 8 | 9 |
| | | シ | − | 0 | 1 | 2 | 3 | 4 | 5 | 6 | 7 | 8 | 9 |
| | (6) | ス | − | 0 | 1 | 2 | 3 | 4 | 5 | 6 | 7 | 8 | 9 |
| | | セ | − | 0 | 1 | 2 | 3 | 4 | 5 | 6 | 7 | 8 | 9 |
| | (7) | ソ | − | 0 | 1 | 2 | 3 | 4 | 5 | 6 | 7 | 8 | 9 |
| | | タ | − | 0 | 1 | 2 | 3 | 4 | 5 | 6 | 7 | 8 | 9 |
| | (8) | チ | − | 0 | 1 | 2 | 3 | 4 | 5 | 6 | 7 | 8 | 9 |
| | | ツ | − | 0 | 1 | 2 | 3 | 4 | 5 | 6 | 7 | 8 | 9 |

注意事項

1　解答には，必ず**ＨＢの黒鉛筆**を使用し，「マーク部分塗りつぶしの見本」を参考に〇を塗りつぶすこと。
2　解答を訂正するときは，きれいに消して，消しくずを残さないこと。
3　求めた値に該当する符号や数値の箇所のマーク部分を塗りつぶすこと。具体的な解答方法は，問題用紙の注意事項を確認すること。
4　指定された欄以外を塗りつぶしたり，文字を記入したりしないこと。
5　汚したり，折り曲げたりしないこと。

| マーク部分塗りつぶしの見本 | | | | | |
|---|---|---|---|---|---|
| 良い例 | 悪い例 | | | | |
| ● | レ点 | 棒 | 薄い | はみ出し | 丸囲み |

解答欄

| | | | | | | | | | | | | | |
|---|---|---|---|---|---|---|---|---|---|---|---|---|---|
| 2 | (1) | ア | ⊖ | ⓪ | ① | ② | ③ | ④ | ⑤ | ⑥ | ⑦ | ⑧ | ⑨ |
| | | イ | ⊖ | ⓪ | ① | ② | ③ | ④ | ⑤ | ⑥ | ⑦ | ⑧ | ⑨ |
| | (2) | ウ | ⊖ | ⓪ | ① | ② | ③ | ④ | ⑤ | ⑥ | ⑦ | ⑧ | ⑨ |
| | | エ | ⊖ | ⓪ | ① | ② | ③ | ④ | ⑤ | ⑥ | ⑦ | ⑧ | ⑨ |
| | | オ | ⊖ | ⓪ | ① | ② | ③ | ④ | ⑤ | ⑥ | ⑦ | ⑧ | ⑨ |
| | | カ | ⊖ | ⓪ | ① | ② | ③ | ④ | ⑤ | ⑥ | ⑦ | ⑧ | ⑨ |
| | | キ | ⊖ | ⓪ | ① | ② | ③ | ④ | ⑤ | ⑥ | ⑦ | ⑧ | ⑨ |
| | | ク | ⊖ | ⓪ | ① | ② | ③ | ④ | ⑤ | ⑥ | ⑦ | ⑧ | ⑨ |
| | | ケ | ⊖ | ⓪ | ① | ② | ③ | ④ | ⑤ | ⑥ | ⑦ | ⑧ | ⑨ |
| | (3) | コ | ⊖ | ⓪ | ① | ② | ③ | ④ | ⑤ | ⑥ | ⑦ | ⑧ | ⑨ |
| | | サ | ⊖ | ⓪ | ① | ② | ③ | ④ | ⑤ | ⑥ | ⑦ | ⑧ | ⑨ |
| | | シ | ⊖ | ⓪ | ① | ② | ③ | ④ | ⑤ | ⑥ | ⑦ | ⑧ | ⑨ |
| | (4) | ス | ⊖ | ⓪ | ① | ② | ③ | ④ | ⑤ | ⑥ | ⑦ | ⑧ | ⑨ |
| | | セ | ⊖ | ⓪ | ① | ② | ③ | ④ | ⑤ | ⑥ | ⑦ | ⑧ | ⑨ |

| | | | | | | | | | | | | | |
|---|---|---|---|---|---|---|---|---|---|---|---|---|---|
| 3 | (1) | ア | ⊖ | ⓪ | ① | ② | ③ | ④ | ⑤ | ⑥ | ⑦ | ⑧ | ⑨ |
| | | イ | ⊖ | ⓪ | ① | ② | ③ | ④ | ⑤ | ⑥ | ⑦ | ⑧ | ⑨ |
| | (2) | ウ | ⊖ | ⓪ | ① | ② | ③ | ④ | ⑤ | ⑥ | ⑦ | ⑧ | ⑨ |
| | | エ | ⊖ | ⓪ | ① | ② | ③ | ④ | ⑤ | ⑥ | ⑦ | ⑧ | ⑨ |
| | | オ | ⊖ | ⓪ | ① | ② | ③ | ④ | ⑤ | ⑥ | ⑦ | ⑧ | ⑨ |
| | (3) | カ | ⊖ | ⓪ | ① | ② | ③ | ④ | ⑤ | ⑥ | ⑦ | ⑧ | ⑨ |
| | | キ | ⊖ | ⓪ | ① | ② | ③ | ④ | ⑤ | ⑥ | ⑦ | ⑧ | ⑨ |
| | | ク | ⊖ | ⓪ | ① | ② | ③ | ④ | ⑤ | ⑥ | ⑦ | ⑧ | ⑨ |
| | | ケ | ⊖ | ⓪ | ① | ② | ③ | ④ | ⑤ | ⑥ | ⑦ | ⑧ | ⑨ |
| | | コ | ⊖ | ⓪ | ① | ② | ③ | ④ | ⑤ | ⑥ | ⑦ | ⑧ | ⑨ |
| | | サ | ⊖ | ⓪ | ① | ② | ③ | ④ | ⑤ | ⑥ | ⑦ | ⑧ | ⑨ |

| | | | | | | | | | | | | | |
|---|---|---|---|---|---|---|---|---|---|---|---|---|---|
| 4 | (1) | ア | ⊖ | ⓪ | ① | ② | ③ | ④ | ⑤ | ⑥ | ⑦ | ⑧ | ⑨ |
| | | イ | ⊖ | ⓪ | ① | ② | ③ | ④ | ⑤ | ⑥ | ⑦ | ⑧ | ⑨ |
| | | ウ | ⊖ | ⓪ | ① | ② | ③ | ④ | ⑤ | ⑥ | ⑦ | ⑧ | ⑨ |
| | | エ | ⊖ | ⓪ | ① | ② | ③ | ④ | ⑤ | ⑥ | ⑦ | ⑧ | ⑨ |
| | (2) | オ | ⊖ | ⓪ | ① | ② | ③ | ④ | ⑤ | ⑥ | ⑦ | ⑧ | ⑨ |
| | | カ | ⊖ | ⓪ | ① | ② | ③ | ④ | ⑤ | ⑥ | ⑦ | ⑧ | ⑨ |
| | | キ | ⊖ | ⓪ | ① | ② | ③ | ④ | ⑤ | ⑥ | ⑦ | ⑧ | ⑨ |
| | (3) | ク | ⊖ | ⓪ | ① | ② | ③ | ④ | ⑤ | ⑥ | ⑦ | ⑧ | ⑨ |
| | | ケ | ⊖ | ⓪ | ① | ② | ③ | ④ | ⑤ | ⑥ | ⑦ | ⑧ | ⑨ |
| | | コ | ⊖ | ⓪ | ① | ② | ③ | ④ | ⑤ | ⑥ | ⑦ | ⑧ | ⑨ |
| | (4) | サ | ⊖ | ⓪ | ① | ② | ③ | ④ | ⑤ | ⑥ | ⑦ | ⑧ | ⑨ |
| | | シ | ⊖ | ⓪ | ① | ② | ③ | ④ | ⑤ | ⑥ | ⑦ | ⑧ | ⑨ |

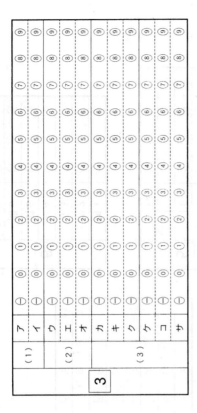

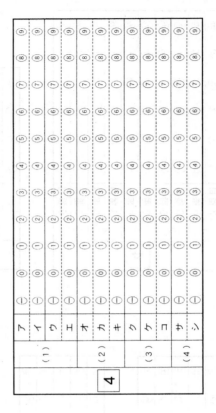

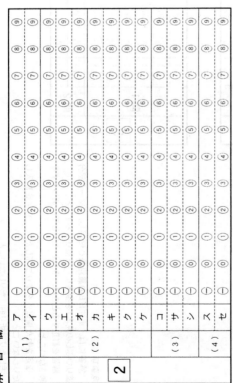

国立高等専門学校　2022年度

# ◇英語◇

※ 111%に拡大していただくと，解答欄は実物大になります。

## 解答欄

| 1 | | | | | |
|---|---|---|---|---|---|
| | 1 | ㋐ | ㋑ | ㋒ | ㋓ |
| | 2 | ㋐ | ㋑ | ㋒ | ㋓ |
| | 3 | ㋐ | ㋑ | ㋒ | ㋓ |
| | 4 | ㋐ | ㋑ | ㋒ | ㋓ |
| | 5 | ㋐ | ㋑ | ㋒ | ㋓ |

| 2 | | | | | |
|---|---|---|---|---|---|
| | 1 | ㋐ | ㋑ | ㋒ | ㋓ |
| | 2 | ㋐ | ㋑ | ㋒ | ㋓ |
| | 3 | ㋐ | ㋑ | ㋒ | ㋓ |
| | 4 | ㋐ | ㋑ | ㋒ | ㋓ |
| | 5 | ㋐ | ㋑ | ㋒ | ㋓ |

| 3 | | | | | | | | |
|---|---|---|---|---|---|---|---|---|
| 問 1 | (1) | ㋐ | ㋑ | ㋒ | ㋓ | | |
| | (2) | ㋐ | ㋑ | ㋒ | ㋓ | | |
| | (3) | ㋐ | ㋑ | ㋒ | ㋓ | | |
| | (4) | ㋐ | ㋑ | ㋒ | ㋓ | | |
| | (5) | ㋐ | ㋑ | ㋒ | ㋓ | | |
| | (6) | ㋐ | ㋑ | ㋒ | ㋓ | | |
| 問 2 | (1) | ㋐ | ㋑ | ㋒ | ㋓ | ㋔ | ㋕ |
| | (2) | ㋐ | ㋑ | ㋒ | ㋓ | ㋔ | ㋕ |

| 4 | | | | | | | | |
|---|---|---|---|---|---|---|---|---|
| 1 | 3番目 | ㋐ | ㋑ | ㋒ | ㋓ | ㋔ | ㋕ |
| | 5番目 | ㋐ | ㋑ | ㋒ | ㋓ | ㋔ | ㋕ |
| 2 | 3番目 | ㋐ | ㋑ | ㋒ | ㋓ | ㋔ | ㋕ |
| | 5番目 | ㋐ | ㋑ | ㋒ | ㋓ | ㋔ | ㋕ |
| 3 | 3番目 | ㋐ | ㋑ | ㋒ | ㋓ | ㋔ | ㋕ |
| | 5番目 | ㋐ | ㋑ | ㋒ | ㋓ | ㋔ | ㋕ |
| 4 | 3番目 | ㋐ | ㋑ | ㋒ | ㋓ | ㋔ | ㋕ |
| | 5番目 | ㋐ | ㋑ | ㋒ | ㋓ | ㋔ | ㋕ |
| 5 | 3番目 | ㋐ | ㋑ | ㋒ | ㋓ | ㋔ | ㋕ |
| | 5番目 | ㋐ | ㋑ | ㋒ | ㋓ | ㋔ | ㋕ |

| 5 | | | | | | |
|---|---|---|---|---|---|---|
| 問 1 | (1) | ㋐ | ㋑ | ㋒ | ㋓ |
| | (2) | ㋐ | ㋑ | ㋒ | ㋓ |
| | (3) | ㋐ | ㋑ | ㋒ | ㋓ |
| 問 2 | (1) | ㋐ | ㋑ | ㋒ | ㋓ |
| | (2) | ㋐ | ㋑ | ㋒ | ㋓ |

| 6 | | | | |
|---|---|---|---|---|
| | 問 1 | ㋐ | ㋑ | ㋒ |
| | 問 2 | ㋐ | ㋑ | ㋒ |
| | 問 3 | ㋐ | ㋑ | ㋒ |
| | 問 4 | ㋐ | ㋑ | ㋒ |
| | 問 5 | ㋐ | ㋑ | ㋒ |
| | 問 6 | ㋐ | ㋑ | ㋒ |
| | 問 7 | ㋐ | ㋑ | ㋒ |

注意事項

1　解答には，必ず**HBの黒鉛筆**を使用し，「マーク部分塗りつぶしの見本」を参考に◯を塗りつぶすこと。

2　解答を訂正するときは，きれいに消して，消しくずを残さないこと。

3　指定された欄以外を塗りつぶしたり，文字を記入したりしないこと。

4　汚したり，折り曲げたりしないこと。

| マーク部分塗りつぶしの見本 | | | | | |
|---|---|---|---|---|---|
| 良い例 | 悪い例 | | | | |
| ● | レ点 | 棒 | 薄い | はみ出し | 丸囲み |

国立高等専門学校　2022年度

※ 118％に拡大していただくと，解答欄は実物大になります。

# ◇理科◇

## 解　答　欄

| | | | | | | | | | |
|---|---|---|---|---|---|---|---|---|---|
| 1 | 問 1 | ㋐ | ㋑ | ㋒ | ㋓ | ㋔ | | | |
| | 問 2 | ㋐ | ㋑ | ㋒ | ㋓ | ㋔ | ㋕ | ㋖ | ㋗ |
| | 問 3 | ㋐ | ㋑ | ㋒ | ㋓ | ㋔ | | | |
| | 問 4 | ㋐ | ㋑ | ㋒ | ㋓ | | | | |
| | 問 5 | ㋐ | ㋑ | ㋒ | ㋓ | ㋔ | ㋕ | | |
| | 問 6 | ㋐ | ㋑ | ㋒ | ㋓ | | | | |
| | 問 7 | ㋐ | ㋑ | ㋒ | ㋓ | | | | |
| | 問 8 | ㋐ | ㋑ | ㋒ | ㋓ | | | | |

| | | | | | | | | | | | | | |
|---|---|---|---|---|---|---|---|---|---|---|---|---|---|
| 2 | 問 1 | 1 | | ㋐ | ㋑ | ㋒ | ㋓ | ㋔ | ㋕ | | | | |
| | | 2 | | ㋐ | ㋑ | ㋒ | ㋓ | ㋔ | ㋕ | ㋖ | | | |
| | | | | ㋐ | ㋑ | ㋒ | ㋓ | ㋔ | ㋕ | ㋖ | | | |
| | | | | ㋐ | ㋑ | ㋒ | ㋓ | ㋔ | ㋕ | ㋖ | | | |
| | | 3 | ア | ⓪ | ① | ② | ③ | ④ | ⑤ | ⑥ | ⑦ | ⑧ | ⑨ |
| | | | イ | ⓪ | ① | ② | ③ | ④ | ⑤ | ⑥ | ⑦ | ⑧ | ⑨ |
| | | | ウ | ⓪ | ① | ② | ③ | ④ | ⑤ | ⑥ | ⑦ | ⑧ | ⑨ |
| | 問 2 | | | ㋐ | ㋑ | ㋒ | ㋓ | ㋔ | | | | | |
| | 問 3 | 塩酸A | | ㋐ | ㋑ | ㋒ | ㋓ | ㋔ | ㋕ | | | | |
| | | 塩酸B | | ㋐ | ㋑ | ㋒ | ㋓ | ㋔ | ㋕ | | | | |

注意事項

1　解答には，必ず**ＨＢの黒鉛筆**を使用し，「マーク部分塗りつぶしの見本」を参考に◯を塗りつぶすこと。

2　解答を訂正するときは，きれいに消して，消しくずを残さないこと。

3　数値を解答する場合の解答方法は，問題用紙の注意事項を確認すること。

4　指定された欄以外を塗りつぶしたり，文字を記入したりしないこと。

5　汚したり，折り曲げたりしないこと。

| マーク部分塗りつぶしの見本 | | | | | |
|---|---|---|---|---|---|
| 良い例 | 悪い例 | | | | |
| ● | レ点 | 棒 | 薄い | はみ出し | 丸囲み |

**解 答 欄**

| | | | | | | | | | | | | |
|---|---|---|---|---|---|---|---|---|---|---|---|---|
| 3 | 問 1 | | ア | ⓪ | ① | ② | ③ | ④ | ⑤ | ⑥ | ⑦ | ⑧ | ⑨ |
| | | | イ | ⓪ | ① | ② | ③ | ④ | ⑤ | ⑥ | ⑦ | ⑧ | ⑨ |
| | | | ウ | ⓪ | ① | ② | ③ | ④ | ⑤ | ⑥ | ⑦ | ⑧ | ⑨ |
| | | | エ | ⓪ | ① | ② | ③ | ④ | ⑤ | ⑥ | ⑦ | ⑧ | ⑨ |
| | | | オ | ⓪ | ① | ② | ③ | ④ | ⑤ | ⑥ | ⑦ | ⑧ | ⑨ |
| | 問 2 | 1 | | ① | ② | | | | | | | | |
| | | 2 | ア | ⓪ | ① | ② | ③ | ④ | ⑤ | ⑥ | ⑦ | ⑧ | ⑨ |
| | | | イ | ⓪ | ① | ② | ③ | ④ | ⑤ | ⑥ | ⑦ | ⑧ | ⑨ |
| | | | ウ | ⓪ | ① | ② | ③ | ④ | ⑤ | ⑥ | ⑦ | ⑧ | ⑨ |
| | | 3 | ア | ⓪ | ① | ② | ③ | ④ | ⑤ | ⑥ | ⑦ | ⑧ | ⑨ |
| | | | イ | ⓪ | ① | ② | ③ | ④ | ⑤ | ⑥ | ⑦ | ⑧ | ⑨ |
| | | 4 | | ㋐ | ㋑ | ㋒ | ㋓ | ㋔ | ㋕ | ㋖ | ㋗ | | |
| | | 5 | | ㋐ | ㋑ | ㋒ | | | | | | | |

| | | | | | | | | | |
|---|---|---|---|---|---|---|---|---|---|
| 4 | 問 1 | 1 | | ㋐ | ㋑ | ㋒ | ㋓ | | |
| | | 2 | | ㋐ | ㋑ | ㋒ | ㋓ | ㋔ | ㋕ |
| | | | | ㋐ | ㋑ | ㋒ | ㋓ | ㋔ | ㋕ |
| | | 3 | | ㋐ | ㋑ | ㋒ | ㋓ | | |
| | 問 2 | 1 | Y | ㋐ | ㋑ | ㋒ | ㋓ | | |
| | | | Z | ㋐ | ㋑ | ㋒ | ㋓ | | |
| | | 2 | | ㋐ | ㋑ | ㋒ | ㋓ | | |
| | 問 3 | (1) | | ㋐ | ㋑ | ㋒ | ㋓ | ㋔ | ㋕ |
| | | (2) | | ㋐ | ㋑ | ㋒ | ㋓ | ㋔ | ㋕ |

| | | | | | | | | | | |
|---|---|---|---|---|---|---|---|---|---|---|
| 5 | 問 1 | | ㋐ | ㋑ | ㋒ | ㋓ | | | | |
| | 問 2 | | ㋐ | ㋑ | ㋒ | ㋓ | ㋔ | ㋕ | ㋖ | |
| | | | ㋐ | ㋑ | ㋒ | ㋓ | ㋔ | ㋕ | ㋖ | |
| | | | ㋐ | ㋑ | ㋒ | ㋓ | ㋔ | ㋕ | ㋖ | |
| | 問 3 | | ㋐ | ㋑ | ㋒ | ㋓ | ㋔ | | | |
| | 問 4 | 1 | ㋐ | ㋑ | ㋒ | ㋓ | ㋔ | ㋕ | ㋖ | ㋗ |
| | | 2 | ㋐ | ㋑ | ㋒ | ㋓ | ㋔ | ㋕ | | |
| | | 3 | ㋐ | ㋑ | ㋒ | ㋓ | ㋔ | ㋕ | ㋖ | ㋗ |

| | | | | | | | | | | | | |
|---|---|---|---|---|---|---|---|---|---|---|---|---|
| 6 | 問 1 | | ㋐ | ㋑ | ㋒ | ㋓ | | | | | | |
| | 問 2 | ① | ◎ | ⊗ | | | | | | | | |
| | | ② | ◎ | ⊗ | | | | | | | | |
| | | ③ | ◎ | ⊗ | | | | | | | | |
| | | ④ | ◎ | ⊗ | | | | | | | | |
| | 問 3 | ア | ⓪ | ① | ② | ③ | ④ | ⑤ | ⑥ | ⑦ | ⑧ | ⑨ |
| | | イ | ⓪ | ① | ② | ③ | ④ | ⑤ | ⑥ | ⑦ | ⑧ | ⑨ |
| | 問 4 | | ㋐ | ㋑ | ㋒ | ㋓ | | | | | | |
| | 問 5 | | ㋐ | ㋑ | ㋒ | ㋓ | ㋔ | ㋕ | | | | |
| | 問 6 | | ㋐ | ㋑ | ㋒ | ㋓ | | | | | | |
| | 問 7 | | ㋐ | ㋑ | ㋒ | ㋓ | ㋔ | ㋕ | | | | |
| | 問 8 | ① | ㋐ | ㋑ | ㋒ | ㋓ | ㋔ | ㋕ | ㋖ | | | |
| | | ② | ㋐ | ㋑ | ㋒ | ㋓ | ㋔ | ㋕ | ㋖ | | | |

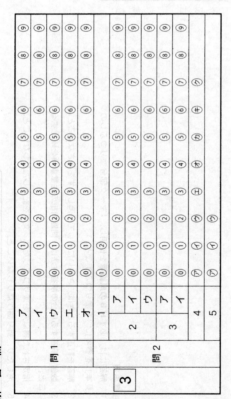

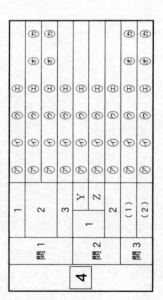

国立高等専門学校　2022年度

# ◇社会◇

※ 111%に拡大していただくと，解答欄は実物大になります。

## 解　答　欄

| | | | | | | | |
|---|---|---|---|---|---|---|---|
| 1 | 問 1 | ㋐ | ㋑ | ㋒ | ㋓ | | |
| | 問 2 | ㋐ | ㋑ | ㋒ | ㋓ | | |
| | 問 3 | ㋐ | ㋑ | ㋒ | ㋓ | ㋔ | ㋕ |
| | 問 4 | ㋐ | ㋑ | ㋒ | ㋓ | | |

| | | | | | | | |
|---|---|---|---|---|---|---|---|
| 2 | 問 1 | ㋐ | ㋑ | ㋒ | ㋓ | | |
| | 問 2 | ㋐ | ㋑ | ㋒ | ㋓ | ㋔ | ㋕ |
| | 問 3 | ㋐ | ㋑ | ㋒ | ㋓ | | |

| | | | | | |
|---|---|---|---|---|---|
| 3 | 問 1 | ㋐ | ㋑ | ㋒ | ㋓ |
| | 問 2 | ㋐ | ㋑ | ㋒ | ㋓ |

| | | | | | |
|---|---|---|---|---|---|
| 4 | 問 1 | ㋐ | ㋑ | ㋒ | ㋓ |
| | 問 2 | ㋐ | ㋑ | ㋒ | ㋓ |

| | | | | | | |
|---|---|---|---|---|---|---|
| 5 | 問 1 | ㋐ | ㋑ | ㋒ | ㋓ | |
| | 問 2 | ㋐ | ㋑ | ㋒ | ㋓ | |
| | 問 3 | ㋐ | ㋑ | ㋒ | ㋓ | ㋔ |

| | | | | | | | |
|---|---|---|---|---|---|---|---|
| 6 | 問 1 | ㋐ | ㋑ | ㋒ | ㋓ | | |
| | 問 2 | ㋐ | ㋑ | ㋒ | ㋓ | ㋔ | ㋕ |
| | 問 3 | ㋐ | ㋑ | ㋒ | ㋓ | ㋔ | ㋕ |
| | 問 4 | ㋐ | ㋑ | ㋒ | ㋓ | | |

| | | | | | | | |
|---|---|---|---|---|---|---|---|
| 7 | 問 1 | ㋐ | ㋑ | ㋒ | ㋓ | | |
| | 問 2 | ㋐ | ㋑ | ㋒ | ㋓ | ㋔ | ㋕ |
| | 問 3 | ㋐ | ㋑ | ㋒ | ㋓ | | |
| | 問 4 | ㋐ | ㋑ | ㋒ | ㋓ | | |

| | | | | | |
|---|---|---|---|---|---|
| 8 | 問 1 | ㋐ | ㋑ | ㋒ | ㋓ |
| | 問 2 | ㋐ | ㋑ | ㋒ | ㋓ |
| | 問 3 | ㋐ | ㋑ | ㋒ | ㋓ |

注意事項

1　解答には，必ず**HBの黒鉛筆**を使用し，「マーク部分塗りつぶしの見本」のとおりに◯を塗りつぶすこと。
2　解答を訂正するときは，きれいに消して，消しくずを残さないこと。
3　指定された欄以外を塗りつぶしたり，文字を記入したりしないこと。
4　汚したり，折り曲げたりしないこと。

| マーク部分塗りつぶしの見本 | | | | | |
|---|---|---|---|---|---|
| 良い例 | 悪い例 | | | | |
| ● | レ点 | 棒 | 薄い | はみ出し | 丸囲み |

<u>国立高等専門学校　2022年度</u>

※解答欄は実物大になります。

# ◇国語◇

**解　答　欄**

| 1 | | | | | | |
|---|---|---|---|---|---|---|
| | 問1 | ① | ㋐ | ㋑ | ㋒ | ㋓ |
| | | ② | ㋐ | ㋑ | ㋒ | ㋓ |
| | | ③ | ㋐ | ㋑ | ㋒ | ㋓ |
| | | ④ | ㋐ | ㋑ | ㋒ | ㋓ |
| | 問2 | | ⓐ | ⓑ | ⓒ | ⓓ |
| | 問3 | | ㋐ | ㋑ | ㋒ | ㋓ |
| | 問4 | | ㋐ | ㋑ | ㋒ | ㋓ |
| | 問5 | | ㋐ | ㋑ | ㋒ | ㋓ |
| | 問6 | | ㋐ | ㋑ | ㋒ | ㋓ |
| | 問7 | | ㋐ | ㋑ | ㋒ | ㋓ |

| 2 | | | | | | |
|---|---|---|---|---|---|---|
| | 問1 | ① | ㋐ | ㋑ | ㋒ | ㋓ |
| | | ② | ㋐ | ㋑ | ㋒ | ㋓ |
| | | ③ | ㋐ | ㋑ | ㋒ | ㋓ |
| | 問2 | (a) | ㋐ | ㋑ | ㋒ | ㋓ |
| | | (b) | ㋐ | ㋑ | ㋒ | ㋓ |
| | 問3 | | ㋐ | ㋑ | ㋒ | ㋓ |
| | 問4 | | ㋐ | ㋑ | ㋒ | ㋓ |
| | 問5 | | ㋐ | ㋑ | ㋒ | ㋓ |
| | 問6 | A | ㋐ | ㋑ | ㋒ | |
| | | B | ㋐ | ㋑ | ㋒ | |
| | | C | ㋐ | ㋑ | ㋒ | |
| | 問7 | | ㋐ | ㋑ | ㋒ | ㋓ |
| | 問8 | | ㋐ | ㋑ | ㋒ | ㋓ |

| 3 | | | | | | |
|---|---|---|---|---|---|---|
| | 問1 | | ㋐ | ㋑ | ㋒ | ㋓ |
| | 問2 | A | ㋐ | ㋑ | ㋒ | ㋓ |
| | | B | ㋐ | ㋑ | ㋒ | ㋓ |
| | | C | ㋐ | ㋑ | ㋒ | ㋓ |
| | 問3 | | ㋐ | ㋑ | ㋒ | ㋓ |
| | 問4 | | ㋐ | ㋑ | ㋒ | ㋓ |
| | 問5 | | ㋐ | ㋑ | ㋒ | ㋓ |
| | 問6 | | ㋐ | ㋑ | ㋒ | ㋓ |
| | 問7 | | ㋐ | ㋑ | ㋒ | ㋓ |

注意事項

1　解答には，必ず**HBの黒鉛筆**を使用し，「マーク部分塗りつぶしの見本」のとおりに◯を塗りつぶすこと。

2　解答を訂正するときは，きれいに消して，消しくずを残さないこと。

3　指定された欄以外を塗りつぶしたり，文字を記入したりしないこと。

4　汚したり，折り曲げたりしないこと。

| マーク部分塗りつぶしの見本 | | | | | |
|---|---|---|---|---|---|
| 良い例 | 悪い例 | | | | |
| ● | レ点 | 棒 | 薄い | はみ出し | 丸囲み |

# 国立高等専門学校　2021年度

※129％に拡大していただくと，解答欄は実物大になります。

## ◇数学◇

**解　答　欄**

| | | | | | | | | | | | | | |
|---|---|---|---|---|---|---|---|---|---|---|---|---|---|
| 1 | （1） | ア | ⊖ | ⓪ | ① | ② | ③ | ④ | ⑤ | ⑥ | ⑦ | ⑧ | ⑨ |
| | | イ | ⊖ | ⓪ | ① | ② | ③ | ④ | ⑤ | ⑥ | ⑦ | ⑧ | ⑨ |
| | （2） | ウ | ⊖ | ⓪ | ① | ② | ③ | ④ | ⑤ | ⑥ | ⑦ | ⑧ | ⑨ |
| | | エ | ⊖ | ⓪ | ① | ② | ③ | ④ | ⑤ | ⑥ | ⑦ | ⑧ | ⑨ |
| | | オ | ⊖ | ⓪ | ① | ② | ③ | ④ | ⑤ | ⑥ | ⑦ | ⑧ | ⑨ |
| | | カ | ⊖ | ⓪ | ① | ② | ③ | ④ | ⑤ | ⑥ | ⑦ | ⑧ | ⑨ |
| | | キ | ⊖ | ⓪ | ① | ② | ③ | ④ | ⑤ | ⑥ | ⑦ | ⑧ | ⑨ |
| | （3） | ク | ⊖ | ⓪ | ① | ② | ③ | ④ | ⑤ | ⑥ | ⑦ | ⑧ | ⑨ |
| | | ケ | ⊖ | ⓪ | ① | ② | ③ | ④ | ⑤ | ⑥ | ⑦ | ⑧ | ⑨ |
| | （4） | コ | ⊖ | ⓪ | ① | ② | ③ | ④ | ⑤ | ⑥ | ⑦ | ⑧ | ⑨ |
| | | サ | ⊖ | ⓪ | ① | ② | ③ | ④ | ⑤ | ⑥ | ⑦ | ⑧ | ⑨ |
| | | シ | ⊖ | ⓪ | ① | ② | ③ | ④ | ⑤ | ⑥ | ⑦ | ⑧ | ⑨ |
| | （5） | ス | ⊖ | ⓪ | ① | ② | ③ | ④ | ⑤ | ⑥ | ⑦ | ⑧ | ⑨ |
| | | セ | ⊖ | ⓪ | ① | ② | ③ | ④ | ⑤ | ⑥ | ⑦ | ⑧ | ⑨ |
| | （6） | ソ | ⊖ | ⓪ | ① | ② | ③ | ④ | ⑤ | ⑥ | ⑦ | ⑧ | ⑨ |
| | | タ | ⊖ | ⓪ | ① | ② | ③ | ④ | ⑤ | ⑥ | ⑦ | ⑧ | ⑨ |
| | | チ | ⊖ | ⓪ | ① | ② | ③ | ④ | ⑤ | ⑥ | ⑦ | ⑧ | ⑨ |
| | （7） | ツ | ⊖ | ⓪ | ① | ② | ③ | ④ | ⑤ | ⑥ | ⑦ | ⑧ | ⑨ |
| | | テ | ⊖ | ⓪ | ① | ② | ③ | ④ | ⑤ | ⑥ | ⑦ | ⑧ | ⑨ |
| | | ト | ⊖ | ⓪ | ① | ② | ③ | ④ | ⑤ | ⑥ | ⑦ | ⑧ | ⑨ |
| | （8） | ナ | ⊖ | ⓪ | ① | ② | ③ | ④ | ⑤ | ⑥ | ⑦ | ⑧ | ⑨ |

注意事項《じこう》

1　解答には，必ず**HBの黒鉛筆を**使用し，「マーク部分塗りつぶしの見本」を参考に◯を塗りつぶすこと。

2　解答を訂正《ていせい》するときは，きれいに消して，消しくずを残さないこと。

3　求めた値《あたい》に該当する符号や数値の箇所のマーク部分を塗りつぶすこと。具体的な解答方法は，問題用紙の注意事項を確認すること。

4　指定された欄《らん》以外を塗りつぶしたり，文字を記入したりしないこと。

5　汚したり，折り曲げたりしないこと。

| マーク部分塗りつぶしの見本 | | | | | |
|---|---|---|---|---|---|
| 良い例 | 悪い例 | | | | |
| ● | レ点 | 棒 | 薄い | はみ出し | 丸囲み |

解 答 欄

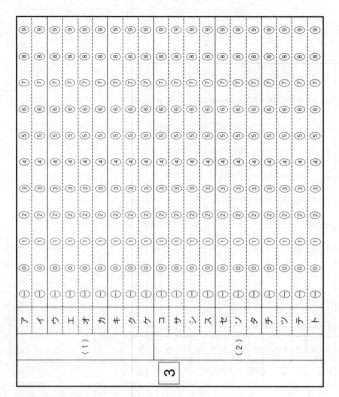

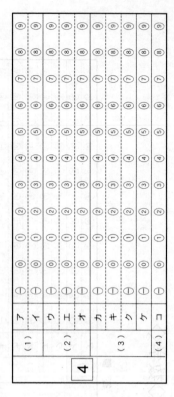

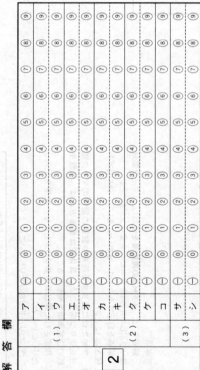

国立高等専門学校　2021年度

# ◇英語◇

※121％に拡大していただくと，解答欄は実物大になります。

**解　答　欄**

| | | | | | |
|---|---|---|---|---|---|
| 1 | 1 | ㋐ | ㋑ | ㋒ | ㋓ |
| | 2 | ㋐ | ㋑ | ㋒ | ㋓ |
| | 3 | ㋐ | ㋑ | ㋒ | ㋓ |
| | 4 | ㋐ | ㋑ | ㋒ | ㋓ |
| | 5 | ㋐ | ㋑ | ㋒ | ㋓ |

| | | | | | |
|---|---|---|---|---|---|
| 2 | 1 | ㋐ | ㋑ | ㋒ | ㋓ |
| | 2 | ㋐ | ㋑ | ㋒ | ㋓ |
| | 3 | ㋐ | ㋑ | ㋒ | ㋓ |
| | 4 | ㋐ | ㋑ | ㋒ | ㋓ |
| | 5 | ㋐ | ㋑ | ㋒ | ㋓ |

| | | | | | | | | |
|---|---|---|---|---|---|---|---|---|
| 3 | 問1 | (1) | ㋐ | ㋑ | ㋒ | ㋓ | | |
| | | (2) | ㋐ | ㋑ | ㋒ | ㋓ | | |
| | | (3) | ㋐ | ㋑ | ㋒ | ㋓ | | |
| | | (4) | ㋐ | ㋑ | ㋒ | ㋓ | | |
| | | (5) | ㋐ | ㋑ | ㋒ | ㋓ | | |
| | | (6) | ㋐ | ㋑ | ㋒ | ㋓ | | |
| | 問2 | 1 | ㋐ | ㋑ | ㋒ | ㋓ | ㋔ | ㋕ |
| | | 2 | ㋐ | ㋑ | ㋒ | ㋓ | ㋔ | ㋕ |

| | | | | | | | | |
|---|---|---|---|---|---|---|---|---|
| 4 | 1 | 3番目 | ㋐ | ㋑ | ㋒ | ㋓ | ㋔ | ㋕ |
| | | 5番目 | ㋐ | ㋑ | ㋒ | ㋓ | ㋔ | ㋕ |
| | 2 | 3番目 | ㋐ | ㋑ | ㋒ | ㋓ | ㋔ | ㋕ |
| | | 5番目 | ㋐ | ㋑ | ㋒ | ㋓ | ㋔ | ㋕ |
| | 3 | 3番目 | ㋐ | ㋑ | ㋒ | ㋓ | ㋔ | ㋕ |
| | | 5番目 | ㋐ | ㋑ | ㋒ | ㋓ | ㋔ | ㋕ |
| | 4 | 3番目 | ㋐ | ㋑ | ㋒ | ㋓ | ㋔ | ㋕ |
| | | 5番目 | ㋐ | ㋑ | ㋒ | ㋓ | ㋔ | ㋕ |
| | 5 | 3番目 | ㋐ | ㋑ | ㋒ | ㋓ | ㋔ | ㋕ |
| | | 5番目 | ㋐ | ㋑ | ㋒ | ㋓ | ㋔ | ㋕ |

| | | | | | |
|---|---|---|---|---|---|
| 5 | 1 | ㋐ | ㋑ | ㋒ | ㋓ |
| | 2 | ㋐ | ㋑ | ㋒ | ㋓ |
| | 3 | ㋐ | ㋑ | ㋒ | ㋓ |
| | 4 | ㋐ | ㋑ | ㋒ | ㋓ |
| | 5 | ㋐ | ㋑ | ㋒ | ㋓ |

| | | | | |
|---|---|---|---|---|
| 6 | 問1 | ㋐ | ㋑ | ㋒ |
| | 問2 | ㋐ | ㋑ | ㋒ |
| | 問3 | ㋐ | ㋑ | ㋒ |
| | 問4 | ㋐ | ㋑ | ㋒ |
| | 問5 | ㋐ | ㋑ | ㋒ |
| | 問6 | ㋐ | ㋑ | ㋒ |
| | 問7 | ㋐ | ㋑ | ㋒ |

注意事項《じこう》

1　解答には，必ず**HBの黒鉛筆**を使用し，「マーク部分塗りつぶしの見本」を参考に◯を塗りつぶすこと。

2　解答を訂正するときは，きれいに消して，消しくずを残さないこと。

3　指定された欄《らん》以外を塗りつぶしたり，文字を記入したりしないこと。

4　汚したり，折り曲げたりしないこと。

| マーク部分塗りつぶしの見本 | | | | | |
|---|---|---|---|---|---|
| 良い例 | 悪い例 | | | | |
| ● | レ点 | 棒 | 薄い | はみ出し | 丸囲み |

国立高等専門学校　2021年度

※125％に拡大していただくと，解答欄は実物大になります。

注意事項《じこう》

1　解答には，必ず**HBの黒鉛筆を**使用し，「マーク部分塗りつぶしの見本」を参考に◯を塗りつぶすこと。

2　解答を訂正《ていせい》するときは，きれいに消して，消しくずを残さないこと。

3　数値を解答する場合の解答方法は，問題用紙の注意事項を確認すること。

4　指定された欄《らん》以外を塗りつぶしたり，文字を記入したりしないこと。

5　汚したり，折り曲げたりしないこと。

| マーク部分塗りつぶしの見本 | | | | | |
|---|---|---|---|---|---|
| 良い例 | 悪い例 | | | | |
| ● | レ点 | 棒 | 薄い | はみ出し | 丸囲み |

# ◇理科◇

**解　答　欄**

| | | | |
|---|---|---|---|
| 1 | 問1 | | ㋐ ㋑ ㋒ ㋓ ㋔ |
| | | | ㋐ ㋑ ㋒ ㋓ ㋔ |
| | 問2 | | ㋐ ㋑ ㋒ ㋓ ㋔ ㋕ ㋖ ㋗ |
| | 問3 | | ㋐ ㋑ ㋒ ㋓ |

| | | | |
|---|---|---|---|
| 2 | 問1 | | ㋐ ㋑ ㋒ ㋓ |
| | 問2 | 1 | ㋐ ㋑ ㋒ ㋓ |
| | | 2 | ㋐ ㋑ ㋒ ㋓ |
| | 問3 | 1番目 | ⓐ ⓑ ⓒ ⓓ ⓔ ⓕ ⓖ ⓗ |
| | | 2番目 | ⓐ ⓑ ⓒ ⓓ ⓔ ⓕ ⓖ ⓗ |
| | | 3番目 | ⓐ ⓑ ⓒ ⓓ ⓔ ⓕ ⓖ ⓗ |
| | | 4番目 | ⓐ ⓑ ⓒ ⓓ ⓔ ⓕ ⓖ ⓗ |
| | 問4 | | ㋐ ㋑ ㋒ ㋓ |
| | 問5 | | ㋐ ㋑ ㋒ ㋓ ㋔ ㋕ |
| | | | ㋐ ㋑ ㋒ ㋓ ㋔ ㋕ |
| | | | ㋐ ㋑ ㋒ ㋓ ㋔ ㋕ |

| | | | |
|---|---|---|---|
| 3 | 問1 | | ㋐ ㋑ ㋒ ㋓ ㋔ ㋕ |
| | | | ㋐ ㋑ ㋒ ㋓ ㋔ ㋕ |
| | 問2 | 体積 | ㋐ ㋑ ㋒ |
| | | 質量 | ㋐ ㋑ ㋒ |
| | 問3 | ア | ⓪ ① ② ③ ④ ⑤ ⑥ ⑦ ⑧ ⑨ |
| | | イ | ⓪ ① ② ③ ④ ⑤ ⑥ ⑦ ⑧ ⑨ |
| | 問4 | | ㋐ ㋑ ㋒ ㋓ |
| | 問5 | | ㋐ ㋑ ㋒ ㋓ ㋔ ㋕ |
| | 問6 | | ㋐ ㋑ ㋒ ㋓ |

**解 答 欄**

| | | | | | | | | | | | | |
|---|---|---|---|---|---|---|---|---|---|---|---|---|
| 4 | 問 1 | | ㋐ | ㋑ | ㋒ | ㋓ | | | | | | |
| | 問 2 | | ㋐ | ㋑ | ㋒ | | | | | | | |
| | 問 3 | | ㋐ | ㋑ | ㋒ | ㋓ | | | | | | |
| | 問 4 | | ㋐ | ㋑ | ㋒ | ㋓ | | | | | | |
| | 問 5 | | ㋐ | ㋑ | ㋒ | | | | | | | |

| | | | | | | | | | | | | |
|---|---|---|---|---|---|---|---|---|---|---|---|---|
| 5 | 問 1 | ① | ㋐ | ㋑ | ㋒ | ㋓ | ㋔ | ㋕ | ㋖ | ㋗ | ㋘ | ㋙ |
| | | ② | ㋐ | ㋑ | ㋒ | ㋓ | ㋔ | ㋕ | ㋖ | ㋗ | ㋘ | ㋙ |
| | | ③ | ㋐ | ㋑ | ㋒ | ㋓ | ㋔ | ㋕ | ㋖ | ㋗ | ㋘ | ㋙ |
| | | ④ | ㋐ | ㋑ | ㋒ | ㋓ | ㋔ | ㋕ | ㋖ | ㋗ | ㋘ | ㋙ |
| | 問 2 | ア | ⓪ | ① | ② | ③ | ④ | ⑤ | ⑥ | ⑦ | ⑧ | ⑨ |
| | | イ | ⓪ | ① | ② | ③ | ④ | ⑤ | ⑥ | ⑦ | ⑧ | ⑨ |
| | | ウ | ⓪ | ① | ② | ③ | ④ | ⑤ | ⑥ | ⑦ | ⑧ | ⑨ |
| | 問 3 | ア | ⓪ | ① | ② | ③ | ④ | ⑤ | ⑥ | ⑦ | ⑧ | ⑨ |
| | | イ | ⓪ | ① | ② | ③ | ④ | ⑤ | ⑥ | ⑦ | ⑧ | ⑨ |
| | | ウ | ⓪ | ① | ② | ③ | ④ | ⑤ | ⑥ | ⑦ | ⑧ | ⑨ |
| | | エ | ⓪ | ① | ② | ③ | ④ | ⑤ | ⑥ | ⑦ | ⑧ | ⑨ |
| | | オ | ⓪ | ① | ② | ③ | ④ | ⑤ | ⑥ | ⑦ | ⑧ | ⑨ |
| | 問 4 | ア | ⓪ | ① | ② | ③ | ④ | ⑤ | ⑥ | ⑦ | ⑧ | ⑨ |
| | | イ | ⓪ | ① | ② | ③ | ④ | ⑤ | ⑥ | ⑦ | ⑧ | ⑨ |
| | | ウ | ⓪ | ① | ② | ③ | ④ | ⑤ | ⑥ | ⑦ | ⑧ | ⑨ |
| | | エ | ⓪ | ① | ② | ③ | ④ | ⑤ | ⑥ | ⑦ | ⑧ | ⑨ |
| | | オ | ⓪ | ① | ② | ③ | ④ | ⑤ | ⑥ | ⑦ | ⑧ | ⑨ |
| | | カ | ⓪ | ① | ② | ③ | ④ | ⑤ | ⑥ | ⑦ | ⑧ | ⑨ |

| | | | | | | | | | | | | |
|---|---|---|---|---|---|---|---|---|---|---|---|---|
| 6 | 問 1 | | ㋐ | ㋑ | ㋒ | ㋓ | ㋔ | | | | | |
| | 問 2 | | ㋐ | ㋑ | ㋒ | ㋓ | ㋔ | ㋕ | | | | |
| | 問 3 | 1 | ㋐ | ㋑ | ㋒ | ㋓ | | | | | | |
| | | 2 | ㋐ | ㋑ | ㋒ | ㋓ | ㋔ | | | | | |
| | | 3 | ㋐ | ㋑ | ㋒ | ㋓ | ㋔ | | | | | |
| | 問 4 | | ㋐ | ㋑ | ㋒ | ㋓ | | | | | | |

| | | | | | | | | | | | | |
|---|---|---|---|---|---|---|---|---|---|---|---|---|
| 7 | 問 1 | ア | ⓪ | ① | ② | ③ | ④ | ⑤ | ⑥ | ⑦ | ⑧ | ⑨ |
| | | イ | ⓪ | ① | ② | ③ | ④ | ⑤ | ⑥ | ⑦ | ⑧ | ⑨ |
| | | ウ | ⓪ | ① | ② | ③ | ④ | ⑤ | ⑥ | ⑦ | ⑧ | ⑨ |
| | | エ | ⓪ | ① | ② | ③ | ④ | ⑤ | ⑥ | ⑦ | ⑧ | ⑨ |
| | 問 2 | | ㋐ | ㋑ | ㋒ | ㋓ | ㋔ | ㋕ | ㋖ | ㋗ | ㋘ | ㋙ |
| | 問 3 | | ㋐ | ㋑ | ㋒ | ㋓ | ㋔ | | | | | |
| | 問 4 | | ㋐ | ㋑ | ㋒ | ㋓ | ㋔ | | | | | |
| | 問 5 | | ㋐ | ㋑ | ㋒ | ㋓ | ㋔ | ㋕ | ㋖ | ㋗ | ㋘ | |
| | 問 6 | | ㋐ | ㋑ | ㋒ | ㋓ | ㋔ | | | | | |
| | 問 7 | ① | ㋐ | ㋑ | ㋒ | ㋓ | ㋔ | ㋕ | ㋖ | ㋗ | ㋘ | |
| | | ② | ㋐ | ㋑ | ㋒ | ㋓ | ㋔ | ㋕ | ㋖ | ㋗ | ㋘ | |
| | | ③ | ㋐ | ㋑ | ㋒ | ㋓ | ㋔ | ㋕ | ㋖ | ㋗ | ㋘ | |
| | | ④ | ㋐ | ㋑ | ㋒ | ㋓ | ㋔ | ㋕ | ㋖ | ㋗ | ㋘ | |
| | | ⑤ | ㋐ | ㋑ | ㋒ | ㋓ | ㋔ | ㋕ | ㋖ | ㋗ | ㋘ | |
| | | ⑥ | ㋐ | ㋑ | ㋒ | ㋓ | ㋔ | ㋕ | ㋖ | ㋗ | ㋘ | |

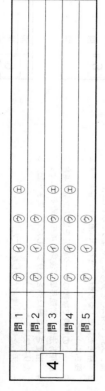

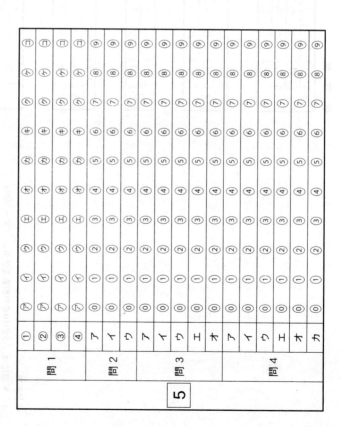

国立高等専門学校　2021年度

# ◇社会◇

※128%に拡大していただくと，解答欄は実物大になります。

**解　答　欄**

| | | | | | | | |
|---|---|---|---|---|---|---|---|
| 1 | 問 1 | ㋐ | ㋑ | ㋒ | ㋓ | | |
| | 問 2 | ㋐ | ㋑ | ㋒ | ㋓ | | |
| | 問 3 | ㋐ | ㋑ | ㋒ | ㋓ | | |
| | 問 4 | ㋐ | ㋑ | ㋒ | ㋓ | | |

| | | | | | | | |
|---|---|---|---|---|---|---|---|
| 2 | 問 1 | ㋐ | ㋑ | ㋒ | ㋓ | | |
| | 問 2 | ㋐ | ㋑ | ㋒ | ㋓ | ㋔ | ㋕ |
| | 問 3 | ㋐ | ㋑ | ㋒ | ㋓ | ㋔ | ㋕ |

| | | | | | | | |
|---|---|---|---|---|---|---|---|
| 3 | 問 1 | ㋐ | ㋑ | ㋒ | ㋓ | ㋔ | ㋕ |
| | 問 2 | ㋐ | ㋑ | ㋒ | ㋓ | ㋔ | ㋕ |

| | | | | | | |
|---|---|---|---|---|---|---|
| 4 | 問 1 | ㋐ | ㋑ | ㋒ | ㋓ | |
| | 問 2 | ㋐ | ㋑ | ㋒ | ㋓ | |
| | 問 3 | ㋐ | ㋑ | ㋒ | ㋓ | ㋔ |

| | | | | | | | |
|---|---|---|---|---|---|---|---|
| 5 | 問 1 | ㋐ | ㋑ | ㋒ | ㋓ | ㋔ | |
| | | ㋐ | ㋑ | ㋒ | ㋓ | ㋔ | |
| | 問 2 | ㋐ | ㋑ | ㋒ | ㋓ | ㋔ | ㋕ |
| | | ㋖ | ㋗ | | | | |
| | 問 3 | ㋐ | ㋑ | ㋒ | ㋓ | | |

| | | | | | | | |
|---|---|---|---|---|---|---|---|
| 6 | 問 1 | ㋐ | ㋑ | ㋒ | ㋓ | ㋔ | ㋕ |
| | 問 2 | ㋐ | ㋑ | ㋒ | ㋓ | | |
| | 問 3 | ㋐ | ㋑ | ㋒ | ㋓ | | |

| | | | | | |
|---|---|---|---|---|---|
| 7 | 問 1 | ㋐ | ㋑ | ㋒ | ㋓ |
| | 問 2 | ㋐ | ㋑ | ㋒ | ㋓ |
| | 問 3 | ㋐ | ㋑ | ㋒ | ㋓ |

| | | | | | | | |
|---|---|---|---|---|---|---|---|
| 8 | 問 1 | ㋐ | ㋑ | ㋒ | ㋓ | | |
| | 問 2 | ㋐ | ㋑ | ㋒ | ㋓ | | |
| | 問 3 | ㋐ | ㋑ | ㋒ | ㋓ | | |
| | 問 4 | ㋐ | ㋑ | ㋒ | ㋓ | ㋔ | ㋕ |
| | | ㋖ | ㋗ | | | | |

注意事項《じこう》

1　解答には，必ず**HBの黒鉛筆を**使用し，「マーク部分塗りつぶしの見本」を参考に◯を塗りつぶすこと。

2　解答を訂正《ていせい》するときは，きれいに消して，消しくずを残さないこと。

3　一つの問題で複数のマーク部分を塗りつぶす場合の解答方法は，問題用紙の注意事項を確認すること。

4　指定された欄《らん》以外を塗りつぶしたり，文字を記入したりしないこと。

5　汚したり，折り曲げたりしないこと。

| マーク部分塗りつぶしの見本 | | | | | |
|---|---|---|---|---|---|
| 良い例 | 悪い例 | | | | |
| ● | レ点 | 棒 | 薄い | はみ出し | 丸囲み |

# 国立高等専門学校　2021年度

※120%に拡大していただくと，解答欄は実物大になります。

# ◇国語◇

**解　答　欄**

| | | | | | |
|---|---|---|---|---|---|
| 1 | (1) | ㋐ | ㋑ | ㋒ | ㋓ |
| | (2) | ㋐ | ㋑ | ㋒ | ㋓ |
| | (3) | ㋐ | ㋑ | ㋒ | ㋓ |
| | (4) | ㋐ | ㋑ | ㋒ | ㋓ |
| | (5) | ㋐ | ㋑ | ㋒ | ㋓ |
| | (6) | ㋐ | ㋑ | ㋒ | ㋓ |

| | | | | | | |
|---|---|---|---|---|---|---|
| 2 | 問1 | A | ㋐ | ㋑ | ㋒ | ㋓ |
| | | B | ㋐ | ㋑ | ㋒ | ㋓ |
| | 問2 | | ㋐ | ㋑ | ㋒ | ㋓ |
| | 問3 | | ㋐ | ㋑ | ㋒ | ㋓ |
| | 問4 | | ㋐ | ㋑ | ㋒ | ㋓ |
| | 問5 | | ㋐ | ㋑ | ㋒ | ㋓ |
| | 問6 | | ㋐ | ㋑ | ㋒ | ㋓ |
| | 問7 | | ㋐ | ㋑ | ㋒ | ㋓ |
| | 問8 | | ㋐ | ㋑ | ㋒ | ㋓ |

| | | | | | | |
|---|---|---|---|---|---|---|
| 3 | 問1 | a | ㋐ | ㋑ | ㋒ | ㋓ |
| | | b | ㋐ | ㋑ | ㋒ | ㋓ |
| | | c | ㋐ | ㋑ | ㋒ | ㋓ |
| | 問2 | | Ⓐ | Ⓑ | Ⓒ | Ⓓ |
| | 問3 | | ㋐ | ㋑ | ㋒ | ㋓ |
| | 問4 | | ㋐ | ㋑ | ㋒ | ㋓ |
| | 問5 | | ㋐ | ㋑ | ㋒ | ㋓ |
| | 問6 | | ㋐ | ㋑ | ㋒ | ㋓ |
| | 問7 | | ㋐ | ㋑ | ㋒ | ㋓ |

| | | | | | | |
|---|---|---|---|---|---|---|
| 4 | 問1 | A | ㋐ | ㋑ | ㋒ | ㋓ |
| | | B | ㋐ | ㋑ | ㋒ | ㋓ |
| | 問2 | | ㋐ | ㋑ | ㋒ | ㋓ |
| | 問3 | | ㋐ | ㋑ | ㋒ | ㋓ |
| | 問4 | | ㋐ | ㋑ | ㋒ | ㋓ |
| | 問5 | | ㋐ | ㋑ | ㋒ | ㋓ |
| | 問6 | | ㋐ | ㋑ | ㋒ | ㋓ |
| | 問7 | | ㋐ | ㋑ | ㋒ | ㋓ |

注意事項《じこう》

1　解答には，必ず**HBの黒鉛筆**を使用し，「マーク部分塗りつぶしの見本」のとおりに◯を塗りつぶすこと。

2　解答を訂正《ていせい》するときは，きれいに消して，消しくずを残さないこと。

3　指定された欄《らん》以外を塗りつぶしたり，文字を記入したりしないこと。

4　汚したり，折り曲げたりしないこと。

| マーク部分塗りつぶしの見本 | | | | | |
|---|---|---|---|---|---|
| 良い例 | 悪い例 | | | | |
| ● | レ点 | 棒 | 薄い | はみ出し | 丸囲み |

# 国立高等専門学校　2020年度

※131％に拡大していただくと，解答欄は実物大になります。

# ◇数学◇

**解答欄**

| | | | | | | | | | | | | | |
|---|---|---|---|---|---|---|---|---|---|---|---|---|---|
| 1 | (1) | ア | ⊖ | ⓪ | ① | ② | ③ | ④ | ⑤ | ⑥ | ⑦ | ⑧ | ⑨ |
| | | イ | ⊖ | ⓪ | ① | ② | ③ | ④ | ⑤ | ⑥ | ⑦ | ⑧ | ⑨ |
| | | ウ | ⊖ | ⓪ | ① | ② | ③ | ④ | ⑤ | ⑥ | ⑦ | ⑧ | ⑨ |
| | (2) | エ | ⊖ | ⓪ | ① | ② | ③ | ④ | ⑤ | ⑥ | ⑦ | ⑧ | ⑨ |
| | | オ | ⊖ | ⓪ | ① | ② | ③ | ④ | ⑤ | ⑥ | ⑦ | ⑧ | ⑨ |
| | (3) | カ | ⊖ | ⓪ | ① | ② | ③ | ④ | ⑤ | ⑥ | ⑦ | ⑧ | ⑨ |
| | | キ | ⊖ | ⓪ | ① | ② | ③ | ④ | ⑤ | ⑥ | ⑦ | ⑧ | ⑨ |
| | (4) | ク | ⊖ | ⓪ | ① | ② | ③ | ④ | ⑤ | ⑥ | ⑦ | ⑧ | ⑨ |
| | | ケ | ⊖ | ⓪ | ① | ② | ③ | ④ | ⑤ | ⑥ | ⑦ | ⑧ | ⑨ |
| | (5) | コ | ⊖ | ⓪ | ① | ② | ③ | ④ | ⑤ | ⑥ | ⑦ | ⑧ | ⑨ |
| | | サ | ⊖ | ⓪ | ① | ② | ③ | ④ | ⑤ | ⑥ | ⑦ | ⑧ | ⑨ |
| | | シ | ⊖ | ⓪ | ① | ② | ③ | ④ | ⑤ | ⑥ | ⑦ | ⑧ | ⑨ |
| | (6) | ス | ⓐ | ⓑ | ⓒ | ⓓ | ⓔ | ⓕ | | | | | |
| | (7) | セ | ⊖ | ⓪ | ① | ② | ③ | ④ | ⑤ | ⑥ | ⑦ | ⑧ | ⑨ |
| | | ソ | ⊖ | ⓪ | ① | ② | ③ | ④ | ⑤ | ⑥ | ⑦ | ⑧ | ⑨ |
| | (8) | タ | ⊖ | ⓪ | ① | ② | ③ | ④ | ⑤ | ⑥ | ⑦ | ⑧ | ⑨ |
| | | チ | ⊖ | ⓪ | ① | ② | ③ | ④ | ⑤ | ⑥ | ⑦ | ⑧ | ⑨ |

注意事項

1　解答には，必ず**HBの黒鉛筆**を使用し，「マーク部分塗りつぶしの見本」を参考に◯を塗りつぶすこと。
2　解答を訂正するときは，きれいに消して，消しくずを残さないこと。
3　求めた値に該当する符号や数値の箇所のマーク部分を塗りつぶすこと。具体的な解答方法は，問題用紙の注意事項を確認すること。
4　指定された欄以外を塗りつぶしたり，文字を記入したりしないこと。
5　汚したり，折り曲げたりしないこと。

| マーク部分塗りつぶしの見本 | | | | | |
|---|---|---|---|---|---|
| 良い例 | 悪い例 | | | | |
| ● | レ点 | 棒 | 薄い | はみ出し | 丸囲み |

**解 答 欄**

| | | | | | | | | | | | | | |
|---|---|---|---|---|---|---|---|---|---|---|---|---|---|
| 2 | (1) | ア | ⊖ | ⓪ | ① | ② | ③ | ④ | ⑤ | ⑥ | ⑦ | ⑧ | ⑨ |
| | | イ | ⊖ | ⓪ | ① | ② | ③ | ④ | ⑤ | ⑥ | ⑦ | ⑧ | ⑨ |
| | | ウ | ⊖ | ⓪ | ① | ② | ③ | ④ | ⑤ | ⑥ | ⑦ | ⑧ | ⑨ |
| | | エ | ⊖ | ⓪ | ① | ② | ③ | ④ | ⑤ | ⑥ | ⑦ | ⑧ | ⑨ |
| | | オ | ⊖ | ⓪ | ① | ② | ③ | ④ | ⑤ | ⑥ | ⑦ | ⑧ | ⑨ |
| | | カ | ⊖ | ⓪ | ① | ② | ③ | ④ | ⑤ | ⑥ | ⑦ | ⑧ | ⑨ |
| | | キ | ⊖ | ⓪ | ① | ② | ③ | ④ | ⑤ | ⑥ | ⑦ | ⑧ | ⑨ |
| | (2) | ク | ⊖ | ⓪ | ① | ② | ③ | ④ | ⑤ | ⑥ | ⑦ | ⑧ | ⑨ |
| | | ケ | ⊖ | ⓪ | ① | ② | ③ | ④ | ⑤ | ⑥ | ⑦ | ⑧ | ⑨ |
| | (3) | コ | ⊖ | ⓪ | ① | ② | ③ | ④ | ⑤ | ⑥ | ⑦ | ⑧ | ⑨ |
| | | サ | ⊖ | ⓪ | ① | ② | ③ | ④ | ⑤ | ⑥ | ⑦ | ⑧ | ⑨ |
| | (4) | シ | ⊖ | ⓪ | ① | ② | ③ | ④ | ⑤ | ⑥ | ⑦ | ⑧ | ⑨ |
| | | ス | ⊖ | ⓪ | ① | ② | ③ | ④ | ⑤ | ⑥ | ⑦ | ⑧ | ⑨ |

| | | | | | | | | | | | | | |
|---|---|---|---|---|---|---|---|---|---|---|---|---|---|
| 3 | (1) | ア | ⊖ | ⓪ | ① | ② | ③ | ④ | ⑤ | ⑥ | ⑦ | ⑧ | ⑨ |
| | | イ | ⊖ | ⓪ | ① | ② | ③ | ④ | ⑤ | ⑥ | ⑦ | ⑧ | ⑨ |
| | | ウ | ⊖ | ⓪ | ① | ② | ③ | ④ | ⑤ | ⑥ | ⑦ | ⑧ | ⑨ |
| | | エ | ⊖ | ⓪ | ① | ② | ③ | ④ | ⑤ | ⑥ | ⑦ | ⑧ | ⑨ |
| | | オ | ⊖ | ⓪ | ① | ② | ③ | ④ | ⑤ | ⑥ | ⑦ | ⑧ | ⑨ |
| | | カ | ⊖ | ⓪ | ① | ② | ③ | ④ | ⑤ | ⑥ | ⑦ | ⑧ | ⑨ |
| | (2) | キ | ⊖ | ⓪ | ① | ② | ③ | ④ | ⑤ | ⑥ | ⑦ | ⑧ | ⑨ |
| | | ク | ⊖ | ⓪ | ① | ② | ③ | ④ | ⑤ | ⑥ | ⑦ | ⑧ | ⑨ |
| | (3) | ケ | ⊖ | ⓪ | ① | ② | ③ | ④ | ⑤ | ⑥ | ⑦ | ⑧ | ⑨ |
| | | コ | ⊖ | ⓪ | ① | ② | ③ | ④ | ⑤ | ⑥ | ⑦ | ⑧ | ⑨ |
| | | サ | ⊖ | ⓪ | ① | ② | ③ | ④ | ⑤ | ⑥ | ⑦ | ⑧ | ⑨ |

| | | | | | | | | | | | | | |
|---|---|---|---|---|---|---|---|---|---|---|---|---|---|
| 4 | (1) | ア | ⊖ | ⓪ | ① | ② | ③ | ④ | ⑤ | ⑥ | ⑦ | ⑧ | ⑨ |
| | | イ | ⊖ | ⓪ | ① | ② | ③ | ④ | ⑤ | ⑥ | ⑦ | ⑧ | ⑨ |
| | (2) | ウ | ⊖ | ⓪ | ① | ② | ③ | ④ | ⑤ | ⑥ | ⑦ | ⑧ | ⑨ |
| | | エ | ⊖ | ⓪ | ① | ② | ③ | ④ | ⑤ | ⑥ | ⑦ | ⑧ | ⑨ |
| | | オ | ⊖ | ⓪ | ① | ② | ③ | ④ | ⑤ | ⑥ | ⑦ | ⑧ | ⑨ |
| | | カ | ⊖ | ⓪ | ① | ② | ③ | ④ | ⑤ | ⑥ | ⑦ | ⑧ | ⑨ |
| | (3) | キ | ⊖ | ⓪ | ① | ② | ③ | ④ | ⑤ | ⑥ | ⑦ | ⑧ | ⑨ |
| | | ク | ⊖ | ⓪ | ① | ② | ③ | ④ | ⑤ | ⑥ | ⑦ | ⑧ | ⑨ |
| | | ケ | ⊖ | ⓪ | ① | ② | ③ | ④ | ⑤ | ⑥ | ⑦ | ⑧ | ⑨ |

◇英語◇

※121％に拡大していただくと、解答欄は実物大になります。

解 答 欄

**1**

| | 1 | | | | | |
| | 2 | | | | | |
| | 3 | | | | | |
| | 4 | | | | | |
| | 5 | | | | | |

**2**

| | 1 | | | | | |
| | 2 | | | | | |
| | 3 | | | | | |
| | 4 | | | | | |
| | 5 | | | | | |

**3**

| | 問1 | (1) | | | | | |
| | | (2) | | | | | |
| | | (3) | | | | | |
| | | (4) | | | | | |
| | | (5) | | | | | |
| | | (6) | | | | | |
| | 問2 | | | | | | |

**4**

| 1 | 3番目 | | | | | | |
| | 5番目 | | | | | | |
| 2 | 3番目 | | | | | | |
| | 5番目 | | | | | | |
| 3 | 3番目 | | | | | | |
| | 5番目 | | | | | | |
| 4 | 3番目 | | | | | | |
| | 5番目 | | | | | | |
| 5 | 3番目 | | | | | | |
| | 5番目 | | | | | | |
| 6 | 3番目 | | | | | | |
| | 5番目 | | | | | | |

**5**

| | 1 | | | | | |
| | 2 | | | | | |
| | 3 | | | | | |
| | 4 | | | | | |
| | 5 | | | | | |

**6**

| | 問1 | | | | | |
| | 問2 | | | | | |
| | 問3 | | | | | |
| | 問4 | | | | | |
| | 問5 | | | | | |
| | 問6 | | | | | |
| | 問7 | | | | | |

注意事項
1 解答には、必ずHBの黒鉛筆を使用し、「マーク部分塗りつぶしの見本」を参考に○を塗りつぶすこと。
2 解答を訂正するときは、きれいに消して、消しくずを残さないこと。
3 指定された欄以外を塗りつぶしたり、文字を記入したりしないこと。
4 汚したり、折り曲げたりしないこと。

| 良い例 | マーク部分塗りつぶしの見本 | | | | |
|---|---|---|---|---|---|
| | | 悪い例 | | | |
| ● | レ点 | 棒 | 薄い | はみ出し | 丸囲み |

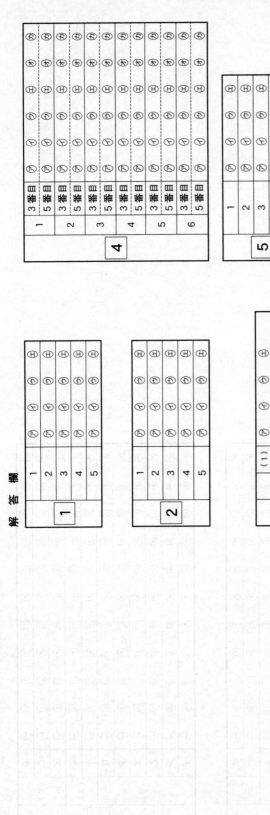

国立高等専門学校　2020年度

※125%に拡大していただくと，解答欄は実物大になります。

# ◇理科◇

**解　答　欄**

| | | | | | | | | |
|---|---|---|---|---|---|---|---|---|
| 1 | 問1 | 1 | | ㋐ | ㋑ | ㋒ | ㋓ | ㋔ |
| | | 2 | | ㋐ | ㋑ | ㋒ | ㋓ | ㋔ |
| | 問2 | 1 | | ㋐ | ㋑ | ㋒ | ㋓ | ㋔ |
| | | | | ㋐ | ㋑ | ㋒ | ㋓ | ㋔ |
| | | 2 | ① | ○ | × | | | |
| | | | ② | ○ | × | | | |
| | | | ③ | ○ | × | | | |
| | | | ④ | ○ | × | | | |

| | | | | | | | | | | |
|---|---|---|---|---|---|---|---|---|---|---|
| 2 | 問1 | | ㋐ | ㋑ | ㋒ | ㋓ | ㋔ | ㋕ | | |
| | | | ㋐ | ㋑ | ㋒ | ㋓ | ㋔ | ㋕ | | |
| | 問2 | （1） | ㋐ | ㋑ | ㋒ | ㋓ | | | | |
| | | （2） | ㋐ | ㋑ | ㋒ | ㋓ | | | | |
| | 問3 | 1 | ㋐ | ㋑ | ㋒ | ㋓ | ㋔ | ㋕ | ㋖ | ㋗ |
| | | 2 | ㋐ | ㋑ | ㋒ | ㋓ | ㋔ | ㋕ | ㋖ | ㋗ |
| | | 3 | ㋐ | ㋑ | ㋒ | ㋓ | ㋔ | ㋕ | ㋖ | ㋗ |

**注意事項**

1　解答には，必ず**HBの黒鉛筆を**使用し，「マーク部分塗りつぶしの見本」を参考に◯を塗りつぶすこと。
2　解答を訂正するときは，きれいに消して，消しくずを残さないこと。
3　数値を解答する場合の解答方法は，問題用紙の注意事項を確認すること。
4　指定された欄以外を塗りつぶしたり，文字を記入したりしないこと。
5　汚したり，折り曲げたりしないこと。

| マーク部分塗りつぶしの見本 | | | | | |
|---|---|---|---|---|---|
| 良い例 | 悪い例 | | | | |
| ● | レ点 | 棒 | 薄い | はみ出し | 丸囲み |

**解 答 欄**

| | | | | | | | | | | |
|---|---|---|---|---|---|---|---|---|---|---|
| 3 | 問1 | ① | ア | イ | ウ | エ | オ | カ | キ | ク |
| | | ② | ア | イ | ウ | エ | オ | カ | キ | ク |
| | | ③ | ア | イ | ウ | エ | オ | カ | キ | ク |
| | | ④ | ア | イ | ウ | エ | オ | カ | キ | ク |
| | | ⑤ | ア | イ | ウ | エ | オ | カ | キ | ク |
| | | ⑥ | ア | イ | ウ | エ | オ | カ | キ | ク |
| | 問2 | ① | ア | イ | ウ | エ | オ | カ | | |
| | | ② | ア | イ | ウ | エ | オ | カ | | |
| | | ③ | ア | イ | ウ | エ | オ | カ | | |
| | 問3 | | ア | イ | ウ | エ | | | | |
| | 問4 | (1) | ア | イ | ウ | エ | オ | | | |
| | | (2) | ア | イ | ウ | エ | オ | | | |
| | | (3) | ア | イ | ウ | エ | オ | カ | | |
| | | (4) | ア | イ | ウ | エ | オ | カ | | |
| | | (5) | ア | イ | ウ | エ | オ | カ | | |

| | | | | | | | | | | | | |
|---|---|---|---|---|---|---|---|---|---|---|---|---|
| 4 | 問1 | ア | 1 | 2 | 3 | 4 | 5 | 6 | 7 | 8 | 9 | 0 |
| | | イ | 1 | 2 | 3 | 4 | 5 | 6 | 7 | 8 | 9 | 0 |
| | 問2 | | 1 | 2 | 3 | 4 | 5 | 6 | 7 | 8 | 9 | |
| | 問3 | ア | 1 | 2 | 3 | 4 | 5 | 6 | 7 | 8 | 9 | 0 |
| | | イ | 1 | 2 | 3 | 4 | 5 | 6 | 7 | 8 | 9 | 0 |
| | 問4 | | ア | イ | ウ | エ | オ | カ | | | | |

| | | | | | | | | |
|---|---|---|---|---|---|---|---|---|
| 5 | 問1 | | ア | イ | ウ | エ | オ | |
| | 問2 | | ア | イ | ウ | エ | オ | |
| | 問3 | | ア | イ | ウ | エ | オ | カ |
| | 問4 | ① | ア | イ | ウ | エ | オ | カ |
| | | ② | ア | イ | ウ | エ | オ | カ |
| | | ③ | ア | イ | ウ | エ | オ | カ |

| | | | | | | | | | | | | |
|---|---|---|---|---|---|---|---|---|---|---|---|---|
| 6 | 問1 | (1) | ア | イ | ウ | エ | オ | | | | | |
| | | (2) | ア | イ | ウ | エ | オ | | | | | |
| | 問2 | (a) | 1 | 2 | 3 | 4 | 5 | 6 | 7 | 8 | 9 | |
| | | (b) | 1 | 2 | 3 | 4 | 5 | 6 | 7 | 8 | 9 | |
| | | (c) | 1 | 2 | 3 | 4 | 5 | 6 | 7 | 8 | 9 | |
| | 問3 | | ア | イ | ウ | エ | オ | | | | | |
| | | | ア | イ | ウ | エ | オ | | | | | |
| | | | ア | イ | ウ | エ | オ | | | | | |
| | 問4 | ア | 1 | 2 | 3 | 4 | 5 | 6 | 7 | 8 | 9 | 0 |
| | | イ | 1 | 2 | 3 | 4 | 5 | 6 | 7 | 8 | 9 | 0 |
| | | ウ | 1 | 2 | 3 | 4 | 5 | 6 | 7 | 8 | 9 | 0 |
| | 問5 | ア | 1 | 2 | 3 | 4 | 5 | 6 | 7 | 8 | 9 | 0 |
| | | イ | 1 | 2 | 3 | 4 | 5 | 6 | 7 | 8 | 9 | 0 |
| | | ウ | 1 | 2 | 3 | 4 | 5 | 6 | 7 | 8 | 9 | 0 |

| | | | | | | | | | | |
|---|---|---|---|---|---|---|---|---|---|---|
| 7 | 問1 | (1) | ア | イ | ウ | エ | オ | カ | | |
| | | | キ | ク | ケ | コ | サ | シ | | |
| | | (2) | ア | イ | ウ | エ | オ | カ | | |
| | | | キ | ク | ケ | コ | サ | シ | | |
| | | (3) | ア | イ | ウ | エ | オ | カ | | |
| | | | キ | ク | ケ | コ | サ | シ | | |
| | | (4) | ア | イ | ウ | エ | オ | カ | | |
| | | | キ | ク | ケ | コ | サ | シ | | |
| | 問2 | 名称 | ア | イ | ウ | | | | | |
| | | 特徴 | エ | オ | カ | | | | | |
| | 問3 | | ア | イ | ウ | エ | | | | |
| | 問4 | 1 | ア | イ | ウ | エ | | | | |
| | | 2 | ア | イ | ウ | エ | オ | カ | キ | ク |

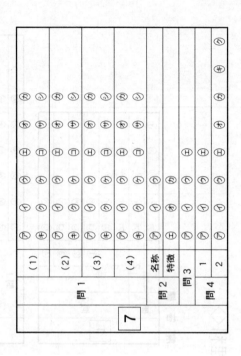

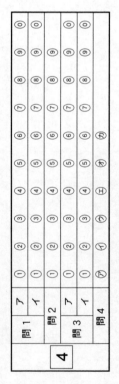

国立高等専門学校　2020年度

※120%に拡大していただくと，解答欄は実物大になります。

# ◇社会◇

**解　答　欄**

| | | | | | | | | | |
|---|---|---|---|---|---|---|---|---|---|
| 1 | 問1 | ㋐ | ㋑ | ㋒ | ㋓ | ㋔ | ㋕ | | |
| | 問2 | ㋐ | ㋑ | ㋒ | ㋓ | | | | |
| | 問3 | ㋐ | ㋑ | ㋒ | ㋓ | ㋔ | ㋕ | ㋖ | |
| | 問4 | ㋐ | ㋑ | ㋒ | ㋓ | | | | |
| 2 | 問1 | ㋐ | ㋑ | ㋒ | ㋓ | | | | |
| | 問2 | ㋐ | ㋑ | ㋒ | ㋓ | | | | |
| | 問3 | ㋐ | ㋑ | ㋒ | ㋓ | ㋔ | ㋕ | | |
| 3 | 問1 | ㋐ | ㋑ | ㋒ | ㋓ | | | | |
| | 問2 | ㋐ | ㋑ | ㋒ | ㋓ | | | | |
| 4 | 問1 | ㋐ | ㋑ | ㋒ | ㋓ | ㋔ | ㋕ | ㋖ | ㋗ |
| | 問2 | ㋐ | ㋑ | ㋒ | ㋓ | | | | |
| 5 | 問1 | ㋐ | ㋑ | ㋒ | ㋓ | | | | |
| | 問2 | ㋐ | ㋑ | ㋒ | ㋓ | | | | |
| | 問3 | ㋐ | ㋑ | ㋒ | ㋓ | | | | |
| 6 | 問1 | ㋐ | ㋑ | ㋒ | ㋓ | | | | |
| | 問2 ① | ㋐ | ㋑ | ㋒ | ㋓ | | | | |
| | 問2 ② | ㋐ | ㋑ | ㋒ | ㋓ | | | | |
| | 問3 | ㋐ | ㋑ | ㋒ | ㋓ | ㋔ | ㋕ | | |
| | 問4 | ㋐ | ㋑ | ㋒ | ㋓ | | | | |
| 7 | 問1 | ㋐ | ㋑ | ㋒ | ㋓ | ㋔ | ㋕ | ㋖ | |
| | 問2 | ㋐ | ㋑ | ㋒ | ㋓ | | | | |
| | 問3 | ㋐ | ㋑ | ㋒ | ㋓ | | | | |
| 8 | 問1 | ㋐ | ㋑ | ㋒ | ㋓ | | | | |
| | 問2 | ㋐ | ㋑ | ㋒ | ㋓ | | | | |
| | 問3 | ㋐ | ㋑ | ㋒ | ㋓ | | | | |
| | 問4 | ㋐ | ㋑ | ㋒ | ㋓ | | | | |

注意事項

1　解答には，必ず**HBの黒鉛筆を**使用し，「マーク部分塗りつぶしの見本」を参考に◯を塗りつぶすこと。

2　解答を訂正するときは，きれいに消して，消しくずを残さないこと。

3　指定された欄以外を塗りつぶしたり，文字を記入したりしないこと。

4　汚したり，折り曲げたりしないこと。

| マーク部分塗りつぶしの見本 | | | | | |
|---|---|---|---|---|---|
| 良い例 | 悪い例 | | | | |
| ● | レ点 | 棒 | 薄い | はみ出し | 丸囲み |

国立高等専門学校　2020年度

※120%に拡大していただくと，解答欄は実物大になります。

# ◇国語◇

解　答　欄

| | | | | | |
|---|---|---|---|---|---|
| 1 | (1) | ㋐ | ㋑ | ㋒ | ㋓ |
| | (2) | ㋐ | ㋑ | ㋒ | ㋓ |
| | (3) | ㋐ | ㋑ | ㋒ | ㋓ |
| | (4) | ㋐ | ㋑ | ㋒ | ㋓ |
| | (5) | ㋐ | ㋑ | ㋒ | ㋓ |
| | (6) | ㋐ | ㋑ | ㋒ | ㋓ |

| | | | | | | |
|---|---|---|---|---|---|---|
| 2 | 問1 | ㋐ | ㋑ | ㋒ | ㋓ | |
| | 問2 | ㋐ | ㋑ | ㋒ | ㋓ | |
| | 問3 | ㋐ | ㋑ | ㋒ | ㋓ | |
| | 問4 | ㋐ | ㋑ | ㋒ | ㋓ | |
| | 問5 | ㋐ | ㋑ | ㋒ | ㋓ | |
| | 問6 | ㋐ | ㋑ | ㋒ | ㋓ | ㋔ |
| | | ㋐ | ㋑ | ㋒ | ㋓ | ㋔ |
| | 問7 | ㋐ | ㋑ | ㋒ | ㋓ | |

| | | | | | | | |
|---|---|---|---|---|---|---|---|
| 3 | 問1 | | ㋐ | ㋑ | ㋒ | ㋓ | ㋔ |
| | 問2 | | ㋐ | ㋑ | ㋒ | ㋓ | |
| | 問3 | a | ㋐ | ㋑ | ㋒ | ㋓ | |
| | | b | ㋐ | ㋑ | ㋒ | ㋓ | |
| | | c | ㋐ | ㋑ | ㋒ | ㋓ | |
| | 問4 | | ㋐ | ㋑ | ㋒ | ㋓ | |
| | 問5 | | ㋐ | ㋑ | ㋒ | ㋓ | |
| | 問6 | | ㋐ | ㋑ | ㋒ | ㋓ | |
| | 問7 | | ㋐ | ㋑ | ㋒ | ㋓ | |
| | 問8 | | ㋐ | ㋑ | ㋒ | ㋓ | |

| | | | | | | |
|---|---|---|---|---|---|---|
| 4 | 問1 | (a) | ㋐ | ㋑ | ㋒ | ㋓ |
| | | (b) | ㋐ | ㋑ | ㋒ | ㋓ |
| | 問2 | | ㋐ | ㋑ | ㋒ | ㋓ |
| | 問3 | | ㋐ | ㋑ | ㋒ | ㋓ |
| | 問4 | | ㋐ | ㋑ | ㋒ | ㋓ |
| | 問5 | | ㋐ | ㋑ | ㋒ | ㋓ |
| | 問6 | | ㋐ | ㋑ | ㋒ | ㋓ |
| | 問7 | | ㋐ | ㋑ | ㋒ | ㋓ |

注意事項

1　解答には，必ず**HBの黒鉛筆を**使用し，「マーク部分塗りつぶしの見本」のとおりに◯を塗りつぶすこと。

2　解答を訂正するときは，きれいに消して，消しくずを残さないこと。

3　指定された欄以外を塗りつぶしたり，文字を記入したりしないこと。

4　汚したり，折り曲げたりしないこと。

| マーク部分塗りつぶしの見本 | | | | | |
|---|---|---|---|---|---|
| 良い例 | 悪い例 | | | | |
| ● | レ点 | 棒 | 薄い | はみ出し | 丸囲み |

国立高等専門学校　2019年度

◇数学◇

注意事項

1　解答には，必ずＨＢの黒鉛筆を使って，「マーク部分塗りつぶしの見本」を参考に◯を塗りつぶすこと。

2　解答を訂正するときは，きれいに消して，消しくずを残さないこと。

3　求めた値に該当する符号や数値の箇所のマーク部分を塗りつぶすこと。具体的な解答方法は，問題用紙の注意事項を確認すること。

4　指定された欄以外を塗りつぶしたり，文字を記入したりしないこと。

5　汚したり，折り曲げたりしないこと。

| 良い例 | 悪い例 | | | | |
|---|---|---|---|---|---|
| ● | レ点 | 棒 | 薄い | はみ出し | 丸囲み |

| | | | | | | | | | | | | | |
|---|---|---|---|---|---|---|---|---|---|---|---|---|---|
| 1 | (1) | ア | ⊖ | ⓪ | ① | ② | ③ | ④ | ⑤ | ⑥ | ⑦ | ⑧ | ⑨ |
| | | イ | ⊖ | ⓪ | ① | ② | ③ | ④ | ⑤ | ⑥ | ⑦ | ⑧ | ⑨ |
| | | ウ | ⊖ | ⓪ | ① | ② | ③ | ④ | ⑤ | ⑥ | ⑦ | ⑧ | ⑨ |
| | | エ | ⊖ | ⓪ | ① | ② | ③ | ④ | ⑤ | ⑥ | ⑦ | ⑧ | ⑨ |
| | (2) | オ | ⊖ | ⓪ | ① | ② | ③ | ④ | ⑤ | ⑥ | ⑦ | ⑧ | ⑨ |
| | (3) | カ | ⊖ | ⓪ | ① | ② | ③ | ④ | ⑤ | ⑥ | ⑦ | ⑧ | ⑨ |
| | | キ | ⊖ | ⓪ | ① | ② | ③ | ④ | ⑤ | ⑥ | ⑦ | ⑧ | ⑨ |
| | | ク | ⊖ | ⓪ | ① | ② | ③ | ④ | ⑤ | ⑥ | ⑦ | ⑧ | ⑨ |
| | | ケ | ⊖ | ⓪ | ① | ② | ③ | ④ | ⑤ | ⑥ | ⑦ | ⑧ | ⑨ |
| | (4) | コ | ⊖ | ⓪ | ① | ② | ③ | ④ | ⑤ | ⑥ | ⑦ | ⑧ | ⑨ |
| | | サ | ⊖ | ⓪ | ① | ② | ③ | ④ | ⑤ | ⑥ | ⑦ | ⑧ | ⑨ |
| | | シ | ⊖ | ⓪ | ① | ② | ③ | ④ | ⑤ | ⑥ | ⑦ | ⑧ | ⑨ |
| | (5) | ス | ⊖ | ⓪ | ① | ② | ③ | ④ | ⑤ | ⑥ | ⑦ | ⑧ | ⑨ |
| | | セ | ⊖ | ⓪ | ① | ② | ③ | ④ | ⑤ | ⑥ | ⑦ | ⑧ | ⑨ |
| | | ソ | ⊖ | ⓪ | ① | ② | ③ | ④ | ⑤ | ⑥ | ⑦ | ⑧ | ⑨ |
| | (6) | タ | ⊖ | ⓪ | ① | ② | ③ | ④ | ⑤ | ⑥ | ⑦ | ⑧ | ⑨ |
| | | チ | ⊖ | ⓪ | ① | ② | ③ | ④ | ⑤ | ⑥ | ⑦ | ⑧ | ⑨ |
| | | ツ | ⊖ | ⓪ | ① | ② | ③ | ④ | ⑤ | ⑥ | ⑦ | ⑧ | ⑨ |
| | (7) | テ | ⊖ | ⓪ | ① | ② | ③ | ④ | ⑤ | ⑥ | ⑦ | ⑧ | ⑨ |
| | | ト | ⊖ | ⓪ | ① | ② | ③ | ④ | ⑤ | ⑥ | ⑦ | ⑧ | ⑨ |
| | (8) | ナ | ⊖ | ⓪ | ① | ② | ③ | ④ | ⑤ | ⑥ | ⑦ | ⑧ | ⑨ |
| | | ニ | ⊖ | ⓪ | ① | ② | ③ | ④ | ⑤ | ⑥ | ⑦ | ⑧ | ⑨ |

| | | | | | | | | | | | | | |
|---|---|---|---|---|---|---|---|---|---|---|---|---|---|
| 2 | (1) | ア | ⊖ | ⓪ | ① | ② | ③ | ④ | ⑤ | ⑥ | ⑦ | ⑧ | ⑨ |
| | | イ | ⊖ | ⓪ | ① | ② | ③ | ④ | ⑤ | ⑥ | ⑦ | ⑧ | ⑨ |
| | | ウ | ⊖ | ⓪ | ① | ② | ③ | ④ | ⑤ | ⑥ | ⑦ | ⑧ | ⑨ |
| | | エ | ⊖ | ⓪ | ① | ② | ③ | ④ | ⑤ | ⑥ | ⑦ | ⑧ | ⑨ |
| | | オ | ⊖ | ⓪ | ① | ② | ③ | ④ | ⑤ | ⑥ | ⑦ | ⑧ | ⑨ |
| | (2) | カ | ⊖ | ⓪ | ① | ② | ③ | ④ | ⑤ | ⑥ | ⑦ | ⑧ | ⑨ |
| | | キ | ⊖ | ⓪ | ① | ② | ③ | ④ | ⑤ | ⑥ | ⑦ | ⑧ | ⑨ |
| | | ク | ⊖ | ⓪ | ① | ② | ③ | ④ | ⑤ | ⑥ | ⑦ | ⑧ | ⑨ |
| | | ケ | ⊖ | ⓪ | ① | ② | ③ | ④ | ⑤ | ⑥ | ⑦ | ⑧ | ⑨ |
| | | コ | ⊖ | ⓪ | ① | ② | ③ | ④ | ⑤ | ⑥ | ⑦ | ⑧ | ⑨ |
| | | サ | ⊖ | ⓪ | ① | ② | ③ | ④ | ⑤ | ⑥ | ⑦ | ⑧ | ⑨ |

| | | | | | | | | | | | | | |
|---|---|---|---|---|---|---|---|---|---|---|---|---|---|
| 3 | (1) | ア | ⊖ | ⓪ | ① | ② | ③ | ④ | ⑤ | ⑥ | ⑦ | ⑧ | ⑨ |
| | (2) | イ | ⊖ | ⓪ | ① | ② | ③ | ④ | ⑤ | ⑥ | ⑦ | ⑧ | ⑨ |
| | | ウ | ⊖ | ⓪ | ① | ② | ③ | ④ | ⑤ | ⑥ | ⑦ | ⑧ | ⑨ |
| | (3) | エ | ⊖ | ⓪ | ① | ② | ③ | ④ | ⑤ | ⑥ | ⑦ | ⑧ | ⑨ |
| | | オ | ⊖ | ⓪ | ① | ② | ③ | ④ | ⑤ | ⑥ | ⑦ | ⑧ | ⑨ |
| | | カ | ⊖ | ⓪ | ① | ② | ③ | ④ | ⑤ | ⑥ | ⑦ | ⑧ | ⑨ |
| | | キ | ⊖ | ⓪ | ① | ② | ③ | ④ | ⑤ | ⑥ | ⑦ | ⑧ | ⑨ |
| | | ク | ⊖ | ⓪ | ① | ② | ③ | ④ | ⑤ | ⑥ | ⑦ | ⑧ | ⑨ |
| | (4) (i) | ケ | ⊖ | ⓪ | ① | ② | ③ | ④ | ⑤ | ⑥ | ⑦ | ⑧ | ⑨ |
| | | コ | ⊖ | ⓪ | ① | ② | ③ | ④ | ⑤ | ⑥ | ⑦ | ⑧ | ⑨ |
| | (ii) | サ | ⊖ | ⓪ | ① | ② | ③ | ④ | ⑤ | ⑥ | ⑦ | ⑧ | ⑨ |
| | | シ | ⊖ | ⓪ | ① | ② | ③ | ④ | ⑤ | ⑥ | ⑦ | ⑧ | ⑨ |

| | | | | | | | | | | | | | |
|---|---|---|---|---|---|---|---|---|---|---|---|---|---|
| 4 | (1) | ア | ⊖ | ⓪ | ① | ② | ③ | ④ | ⑤ | ⑥ | ⑦ | ⑧ | ⑨ |
| | | イ | ⊖ | ⓪ | ① | ② | ③ | ④ | ⑤ | ⑥ | ⑦ | ⑧ | ⑨ |
| | (2) | ウ | ⊖ | ⓪ | ① | ② | ③ | ④ | ⑤ | ⑥ | ⑦ | ⑧ | ⑨ |
| | | エ | ⊖ | ⓪ | ① | ② | ③ | ④ | ⑤ | ⑥ | ⑦ | ⑧ | ⑨ |
| | (3) | オ | ⊖ | ⓪ | ① | ② | ③ | ④ | ⑤ | ⑥ | ⑦ | ⑧ | ⑨ |
| | (4) | カ | ⊖ | ⓪ | ① | ② | ③ | ④ | ⑤ | ⑥ | ⑦ | ⑧ | ⑨ |
| | | キ | ⊖ | ⓪ | ① | ② | ③ | ④ | ⑤ | ⑥ | ⑦ | ⑧ | ⑨ |
| | | ク | ⊖ | ⓪ | ① | ② | ③ | ④ | ⑤ | ⑥ | ⑦ | ⑧ | ⑨ |
| | (5) | ケ | ⊖ | ⓪ | ① | ② | ③ | ④ | ⑤ | ⑥ | ⑦ | ⑧ | ⑨ |

国立高等専門学校　2019年度　◇英語◇

注意事項

1　解答には，必ずＨＢの黒鉛筆を使って，「マーク部分塗りつぶしの見本」を参考に⬯を塗りつぶすこと。
2　解答を訂正するときは，きれいに消して，消しくずを残さないこと。
3　指定された欄以外を塗りつぶしたり，文字を記入したりしないこと。
4　汚したり，折り曲げたりしないこと。

| 良い例 | 悪い例 | | | | |
|---|---|---|---|---|---|
| ● | レ点 | 棒 | 薄い | はみ出し | 丸囲み |

| 1 | | | | | |
|---|---|---|---|---|---|
| | (1) | ㋐ | ㋑ | ㋒ | ㋓ |
| | (2) | ㋐ | ㋑ | ㋒ | ㋓ |
| | (3) | ㋐ | ㋑ | ㋒ | ㋓ |
| | (4) | ㋐ | ㋑ | ㋒ | ㋓ |
| | (5) | ㋐ | ㋑ | ㋒ | ㋓ |

| 2 | | | | | |
|---|---|---|---|---|---|
| | 1 | ㋐ | ㋑ | ㋒ | ㋓ |
| | 2 | ㋐ | ㋑ | ㋒ | ㋓ |
| | 3 | ㋐ | ㋑ | ㋒ | ㋓ |
| | 4 | ㋐ | ㋑ | ㋒ | ㋓ |
| | 5 | ㋐ | ㋑ | ㋒ | ㋓ |

| 3 | | | | | | | |
|---|---|---|---|---|---|---|---|
| | 問1 | (1) | ㋐ | ㋑ | ㋒ | ㋓ | |
| | | (2) | ㋐ | ㋑ | ㋒ | ㋓ | |
| | | (3) | ㋐ | ㋑ | ㋒ | ㋓ | |
| | | (4) | ㋐ | ㋑ | ㋒ | ㋓ | |
| | | (5) | ㋐ | ㋑ | ㋒ | ㋓ | |
| | | (6) | ㋐ | ㋑ | ㋒ | ㋓ | |
| | 問2 | | ㋐ | ㋑ | ㋒ | ㋓ | ㋔ |
| | | | ㋐ | ㋑ | ㋒ | ㋓ | ㋔ |

| 4 | | | | | | | | |
|---|---|---|---|---|---|---|---|---|
| | 1 | 3番目 | ㋐ | ㋑ | ㋒ | ㋓ | ㋔ | ㋕ |
| | | 5番目 | ㋐ | ㋑ | ㋒ | ㋓ | ㋔ | ㋕ |
| | 2 | 3番目 | ㋐ | ㋑ | ㋒ | ㋓ | ㋔ | ㋕ |
| | | 5番目 | ㋐ | ㋑ | ㋒ | ㋓ | ㋔ | ㋕ |
| | 3 | 3番目 | ㋐ | ㋑ | ㋒ | ㋓ | ㋔ | ㋕ |
| | | 5番目 | ㋐ | ㋑ | ㋒ | ㋓ | ㋔ | ㋕ |
| | 4 | 3番目 | ㋐ | ㋑ | ㋒ | ㋓ | ㋔ | ㋕ |
| | | 5番目 | ㋐ | ㋑ | ㋒ | ㋓ | ㋔ | ㋕ |
| | 5 | 3番目 | ㋐ | ㋑ | ㋒ | ㋓ | ㋔ | ㋕ |
| | | 5番目 | ㋐ | ㋑ | ㋒ | ㋓ | ㋔ | ㋕ |

| 5 | | | | | |
|---|---|---|---|---|---|
| | 1 | ㋐ | ㋑ | ㋒ | ㋓ |
| | 2 | ㋐ | ㋑ | ㋒ | ㋓ |
| | 3 | ㋐ | ㋑ | ㋒ | ㋓ |
| | 4 | ㋐ | ㋑ | ㋒ | ㋓ |
| | 5 | ㋐ | ㋑ | ㋒ | ㋓ |

| 6 | | | | |
|---|---|---|---|---|
| | 問1 | ㋐ | ㋑ | ㋒ |
| | 問2 | ㋐ | ㋑ | ㋒ |
| | 問3 | ㋐ | ㋑ | ㋒ |
| | 問4 | ㋐ | ㋑ | ㋒ |
| | 問5 | ㋐ | ㋑ | ㋒ |
| | 問6 | ㋐ | ㋑ | ㋒ |
| | 問7 | ㋐ | ㋑ | ㋒ |

国立高等専門学校　　2019年度　　　　◇理科◇

注意事項

1　解答には，必ずＨＢの黒鉛筆を使って，「マーク部分塗りつぶしの見本」を参考に◯を塗りつぶすこと。
2　解答を訂正するときは，きれいに消して，消しくずを残さないこと。
3　数値を解答する場合の解答方法は，問題用紙の注意事項を確認すること。
4　指定された欄以外を塗りつぶしたり，文字を記入したりしないこと。
5　汚したり，折り曲げたりしないこと。

| 良い例 | 悪い例 | | | | |
|---|---|---|---|---|---|
| ● | レ点 | 棒 | 薄い | はみ出し | 丸囲み |

| 1 | | | | | | | | |
|---|---|---|---|---|---|---|---|---|
| 問1 | 1 | ㋐ | ㋑ | ㋒ | ㋓ | ㋔ | ㋕ |
| | 2 | ㋐ | ㋑ | ㋒ | ㋓ | | |
| 問2 | | ㋐ | ㋑ | ㋒ | ㋓ | ㋔ | |
| 問3 | 1 | ㋐ | ㋑ | ㋒ | | | |
| | 2 | ㋐ | ㋑ | ㋒ | ㋓ | | |

| 2 | | | | | | | | | |
|---|---|---|---|---|---|---|---|---|---|
| 問1 | 1 | ㋐ | ㋑ | ㋒ | ㋓ | ㋔ | ㋕ | ㋖ | ㋗ |
| | 2 | ㋐ | ㋑ | ㋒ | ㋓ | ㋔ | ㋕ | ㋖ | ㋗ |
| | 3 | ㋐ | ㋑ | ㋒ | ㋓ | ㋔ | ㋕ | ㋖ | ㋗ |
| | 4 | ㋐ | ㋑ | ㋒ | ㋓ | ㋔ | ㋕ | ㋖ | ㋗ |
| 問2 | 1 | ◯ | ⊗ | | | | | | |
| | 2 | ◯ | ⊗ | | | | | | |
| | 3 | ◯ | ⊗ | | | | | | |
| | 4 | ◯ | ⊗ | | | | | | |
| | 5 | ◯ | ⊗ | | | | | | |
| | 6 | ◯ | ⊗ | | | | | | |
| 問3 | | ㋐ | ㋑ | ㋒ | ㋓ | ㋔ | ㋕ | | |

| 3 | | | | | | | | | | |
|---|---|---|---|---|---|---|---|---|---|---|
| 問1 | | ㋐ | ㋑ | ㋒ | ㋓ | ㋔ | ㋕ | ㋖ | ㋗ | ㋘ |
| 問2 | A | ㋐ | ㋑ | ㋒ | ㋓ | ㋔ | | | | |
| | B | ㋐ | ㋑ | ㋒ | ㋓ | ㋔ | | | | |
| 問3 | 1 | ㋐ | ㋑ | ㋒ | ㋓ | ㋔ | ㋕ | | | |
| | | ㋐ | ㋑ | ㋒ | ㋓ | ㋔ | ㋕ | | | |
| | | ㋐ | ㋑ | ㋒ | ㋓ | ㋔ | ㋕ | | | |
| | 2 エンドウ | ㋐ | ㋑ | ㋒ | ㋓ | ㋔ | ㋕ | | | |
| | 2 トウモロコシ | ㋐ | ㋑ | ㋒ | ㋓ | ㋔ | ㋕ | | | |

| | | | | | | | | | | | | |
|---|---|---|---|---|---|---|---|---|---|---|---|---|
| 4 | 問 1 | (1) | ㋐ | ㋑ | ㋒ | | | | | | | |
| | | (2) | ㋐ | ㋑ | ㋒ | | | | | | | |
| | | (3) | ㋐ | ㋑ | ㋒ | | | | | | | |
| | 問 2 | | ㋐ | ㋑ | ㋒ | ㋓ | ㋔ | ㋕ | ㋖ | ㋗ | | |
| | 問 3 | (1) | ㋐ | ㋑ | ㋒ | ㋓ | | | | | | |
| | | (2) | ㋐ | ㋑ | ㋒ | ㋓ | | | | | | |
| | | (3) | ㋐ | ㋑ | ㋒ | ㋓ | | | | | | |
| | | (4) | ㋐ | ㋑ | ㋒ | ㋓ | | | | | | |
| | 問 4 | | ㋐ | ㋑ | ㋒ | ㋓ | | | | | | |

| | | | | | | | | | | | | |
|---|---|---|---|---|---|---|---|---|---|---|---|---|
| 5 | 問 1 | | ㋐ | ㋑ | ㋒ | ㋓ | ㋔ | ㋕ | | | | |
| | 問 2 | ア | ⓪ | ① | ② | ③ | ④ | ⑤ | ⑥ | ⑦ | ⑧ | ⑨ |
| | | イ | ⓪ | ① | ② | ③ | ④ | ⑤ | ⑥ | ⑦ | ⑧ | ⑨ |
| | 問 3 | ① | ㋐ | ㋑ | ㋒ | | | | | | | |
| | | ② | ㋐ | ㋑ | ㋒ | | | | | | | |
| | 問 4 | ① | ㋐ | ㋑ | ㋒ | | | | | | | |
| | | ② | ㋐ | ㋑ | ㋒ | | | | | | | |
| | 問 5 | 大小関係 | ㋐ | ㋑ | ㋒ | | | | | | | |
| | | 理由 | ㋐ | ㋑ | ㋒ | ㋓ | | | | | | |

| | | | | | | | |
|---|---|---|---|---|---|---|---|
| 6 | 問 1 | ㋐ | ㋑ | ㋒ | ㋓ | ㋔ | ㋕ |
| | 問 2 | ㋐ | ㋑ | ㋒ | ㋓ | ㋔ | ㋕ |
| | 問 3 | ㋐ | ㋑ | ㋒ | ㋓ | | |
| | 問 4 | ㋐ | ㋑ | ㋒ | ㋓ | ㋔ | |
| | | ㋐ | ㋑ | ㋒ | ㋓ | ㋔ | |

| | | | | | | | | |
|---|---|---|---|---|---|---|---|---|
| 7 | 問 1 | ア | ◎ | ⊗ | | | | |
| | | イ | ◎ | ⊗ | | | | |
| | | ウ | ◎ | ⊗ | | | | |
| | 問 2 | | ㋐ | ㋑ | ㋒ | ㋓ | ㋔ | ㋕ |
| | 問 3 | | ㋐ | ㋑ | ㋒ | ㋓ | ㋔ | |
| | 問 4 | | ㋐ | ㋑ | ㋒ | ㋓ | ㋔ | |
| | 問 5 | | ㋐ | ㋑ | ㋒ | ㋓ | ㋔ | |

| | | | | | | | | | | | | |
|---|---|---|---|---|---|---|---|---|---|---|---|---|
| 8 | 問 1 | ア | ⓪ | ① | ② | ③ | ④ | ⑤ | ⑥ | ⑦ | ⑧ | ⑨ |
| | | イ | ⓪ | ① | ② | ③ | ④ | ⑤ | ⑥ | ⑦ | ⑧ | ⑨ |
| | 問 2 | | ㋐ | ㋑ | ㋒ | ㋓ | ㋔ | | | | | |
| | 問 3 | ア | ⓪ | ① | ② | ③ | ④ | ⑤ | ⑥ | ⑦ | ⑧ | ⑨ |
| | | イ | ⓪ | ① | ② | ③ | ④ | ⑤ | ⑥ | ⑦ | ⑧ | ⑨ |
| | 問 4 | ア | ⓪ | ① | ② | ③ | ④ | ⑤ | ⑥ | ⑦ | ⑧ | ⑨ |
| | | イ | ⓪ | ① | ② | ③ | ④ | ⑤ | ⑥ | ⑦ | ⑧ | ⑨ |

国立高等専門学校　2019年度

◇社会◇

注意事項

1　解答には，必ずＨＢの黒鉛筆を使って，「マーク部分塗りつぶしの見本」を参考に◯を塗りつぶすこと。
2　解答を訂正するときは，きれいに消して，消しくずを残さないこと。
3　一つの問題で複数のマーク部分を塗りつぶす場合の解答方法は，問題用紙の注意事項を確認すること。
4　指定された欄以外を塗りつぶしたり，文字を記入したりしないこと。
5　汚したり，折り曲げたりしないこと。

| 良い例 | 悪い例 | | | | |
|---|---|---|---|---|---|
| ● | レ点 | 棒 | 薄い | はみ出し | 丸囲み |

| | | | | | | | | | |
|---|---|---|---|---|---|---|---|---|---|
| 1 | 問1 | ㋐ | ㋑ | ㋒ | ㋓ | ㋔ | ㋕ | | |
| | 問2 | ㋐ | ㋑ | ㋒ | ㋓ | ㋔ | ㋕ | | |
| | 問3 | ㋐ | ㋑ | ㋒ | ㋓ | ㋔ | | | |
| | 問4 | ㋐ | ㋑ | ㋒ | ㋓ | | | | |
| 2 | 問1 | ㋐ | ㋑ | ㋒ | ㋓ | | | | |
| | 問2 | ㋐ | ㋑ | ㋒ | ㋓ | | | | |
| | 問3 | ㋐ | ㋑ | ㋒ | ㋓ | ㋔ | ㋕ | | |
| 3 | 問1 | ㋐ | ㋑ | ㋒ | ㋓ | | | | |
| | 問2 | ㋐ | ㋑ | ㋒ | ㋓ | | | | |
| 4 | 問1 | ㋐ | ㋑ | ㋒ | ㋓ | ㋔ | ㋕ | | |
| | | ㋐ | ㋑ | ㋒ | ㋓ | ㋔ | ㋕ | | |
| | 問2 | ㋐ | ㋑ | ㋒ | ㋓ | ㋔ | ㋕ | | |
| 5 | 問1 | ㋐ | ㋑ | ㋒ | ㋓ | | | | |
| | 問2 | ㋐ | ㋑ | ㋒ | ㋓ | ㋔ | ㋕ | ㋖ | ㋗ |
| | 問3 | ㋐ | ㋑ | ㋒ | ㋓ | | | | |
| 6 | 問1 | ㋐ | ㋑ | ㋒ | ㋓ | | | | |
| | 問2 | ㋐ | ㋑ | ㋒ | ㋓ | | | | |
| | 問3 | ㋐ | ㋑ | ㋒ | ㋓ | | | | |
| | 問4 | ㋐ | ㋑ | ㋒ | ㋓ | | | | |
| 7 | 問1 | ㋐ | ㋑ | ㋒ | ㋓ | | | | |
| | 問2 | ㋐ | ㋑ | ㋒ | ㋓ | | | | |
| | 問3 | ㋐ | ㋑ | ㋒ | ㋓ | | | | |
| | 問4 | ㋐ | ㋑ | ㋒ | ㋓ | | | | |
| 8 | 問1 | ㋐ | ㋑ | ㋒ | ㋓ | ㋔ | ㋕ | | |
| | 問2 | ㋐ | ㋑ | ㋒ | ㋓ | | | | |
| | 問3 | ㋐ | ㋑ | ㋒ | ㋓ | ㋔ | ㋕ | | |

国立高等専門学校　　2019年度

◇国語◇

注意事項

1　解答には，必ずＨＢの黒鉛筆を使って，「マーク部分塗りつぶしの見本」を参考に◯を塗りつぶすこと。
2　解答を訂正するときは，きれいに消して，消しくずを残さないこと。
3　指定された欄以外を塗りつぶしたり，文字を記入したりしないこと。
4　汚したり，折り曲げたりしないこと。

| 良い例 | 悪い例 | | | | |
|---|---|---|---|---|---|
| | レ点 | 棒 | 薄い | はみ出し | 丸囲み |

| | | | | | |
|---|---|---|---|---|---|
| 1 | （1） | ㋐ | ㋑ | ㋒ | ㋓ |
| | （2） | ㋐ | ㋑ | ㋒ | ㋓ |
| | （3） | ㋐ | ㋑ | ㋒ | ㋓ |
| | （4） | ㋐ | ㋑ | ㋒ | ㋓ |
| | （5） | ㋐ | ㋑ | ㋒ | ㋓ |
| | （6） | ㋐ | ㋑ | ㋒ | ㋓ |
| | （7） | ㋐ | ㋑ | ㋒ | ㋓ |

| | | | | | |
|---|---|---|---|---|---|
| 2 | 問1 | ㋐ | ㋑ | ㋒ | ㋓ |
| | 問2 | ㋐ | ㋑ | ㋒ | ㋓ |
| | 問3 | ㋐ | ㋑ | ㋒ | ㋓ |
| | 問4 | ㋐ | ㋑ | ㋒ | ㋓ |
| | 問5 | ㋐ | ㋑ | ㋒ | ㋓ |
| | 問6 | ㋐ | ㋑ | ㋒ | ㋓ |
| | 問7 | ㋐ | ㋑ | ㋒ | ㋓ |

| | | | | | | | |
|---|---|---|---|---|---|---|---|
| 3 | 問1 | | ㋐ | ㋑ | ㋒ | ㋓ | |
| | 問2 | a | ㋐ | ㋑ | ㋒ | ㋓ | ㋔ |
| | | b | ㋐ | ㋑ | ㋒ | ㋓ | ㋔ |
| | | c | ㋐ | ㋑ | ㋒ | ㋓ | ㋔ |
| | 問3 | | ㋐ | ㋑ | ㋒ | ㋓ | |
| | 問4 | | ㋐ | ㋑ | ㋒ | ㋓ | |
| | 問5 | | ㋐ | ㋑ | ㋒ | ㋓ | |
| | 問6 | | ㋐ | ㋑ | ㋒ | ㋓ | |
| | 問7 | | ㋐ | ㋑ | ㋒ | ㋓ | |

| | | | | | | |
|---|---|---|---|---|---|---|
| 4 | 問1 | （a） | ㋐ | ㋑ | ㋒ | ㋓ |
| | | （b） | ㋐ | ㋑ | ㋒ | ㋓ |
| | 問2 | | ㋐ | ㋑ | ㋒ | ㋓ |
| | 問3 | | ㋐ | ㋑ | ㋒ | ㋓ |
| | 問4 | | ㋐ | ㋑ | ㋒ | ㋓ |
| | 問5 | | ㋐ | ㋑ | ㋒ | ㋓ |
| | 問6 | | ㋐ | ㋑ | ㋒ | ㋓ |
| | 問7 | | ㋐ | ㋑ | ㋒ | ㋓ |

高校入試実戦シリーズ

# 実力判定テスト10

全11タイトル
定価:
各1,100円(税込)

## 志望校の過去問を解く前に 入試本番の直前対策にも

### 準難関校(偏差値58～63)を目指す方

『偏差値60』

3教科
英語 / 国語 / 数学

### 難関校(偏差値63～68)を目指す方

『偏差値65』

5教科 英語 / 国語 / 数学 / 理科 / 社会

### 最難関校(偏差値68以上)を目指す方

『偏差値70』

3教科
英語 / 国語 / 数学

## POINT

◇入試を想定したテスト形式(全10回)
▶プロ講師が近年の入試問題から厳選
▶回を重ねるごとに難度が上がり着実にレベルアップ

◇良問演習で実力アップ
▶入試の出題形式に慣れる
▶苦手分野をあぶり出す

東京学参
gakusan.co.jp

全国の書店、またはECサイトで
ご購入ください。

書籍の詳細は
こちらから

～公立高校志望の皆様に愛されるロングセラーシリーズ～

# 公立高校入試シリーズ

・全国の都道府県公立高校入試問題から良問を厳選
※実力錬成編には独自問題も！
・見やすい紙面、わかりやすい解説

## 数学

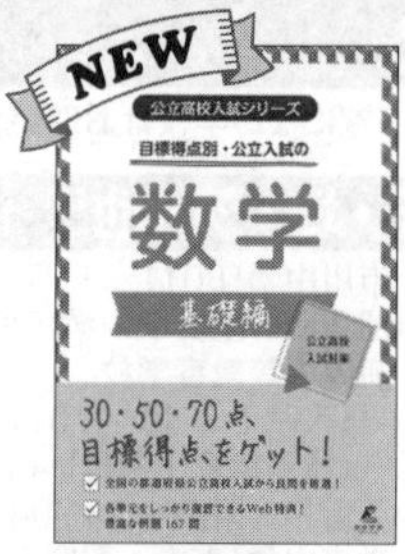


合格のために必要な点数をゲット

### 目標得点別・公立入試の数学 基礎編

- 効率的に対策できる！　30・50・70点の目標得点別の章立て
- web解説には豊富な例題167問！
- 実力確認用の総まとめテストつき

定価：1,210円（本体1,100円＋税10％）／ISBN：978-4-8141-2558-6

応用問題の頻出パターンをつかんで80点の壁を破る！

### 実戦問題演習・公立入試の数学 実力錬成編

- 応用問題の頻出パターンを網羅
- 難問にはweb解説で追加解説を掲載
- 実力確認用の総まとめテストつき

定価：1,540円（本体1,400円＋税10％）／ISBN：978-4-8141-2560-9

## 英語

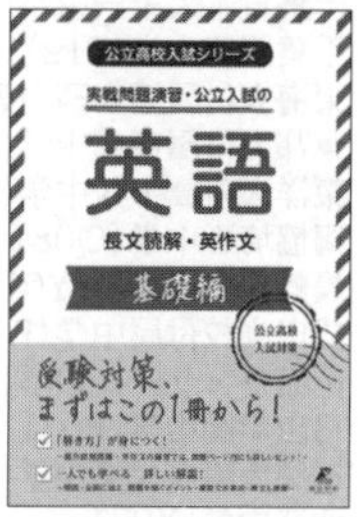


「なんとなく」ではなく確実に長文読解・英作文が解ける

### 実戦問題演習・公立入試の英語 基礎編

- 解き方がわかる！　問題内にヒント入り
- ステップアップ式で確かな実力がつく

定価：1,100円（本体1,000円＋税10％）／ISBN：978-4-8141-2123-6

公立難関・上位校合格のためのゆるがぬ実戦力を身につける

### 実戦問題演習・公立入試の英語 実力錬成編

- 総合読解・英作文問題へのアプローチ手法がつかめる
- 文法、構文、表現を一つひとつ詳しく解説

定価：1,320円（本体1,200円＋税10％）／ISBN：978-4-8141-2169-4

## 理科

短期間で弱点補強・総仕上げ

### 実戦問題演習・公立入試の理科

- 解き方のコツがつかめる！　豊富なヒント入り
- 基礎～思考・表現を問う問題まで
重要項目を網羅

定価：1,045円（本体950円＋税10％）
ISBN：978-4-8141-0454-3

## 社会

弱点補強・総合力で社会が武器になる

### 実戦問題演習・公立入試の社会

- 基礎から学び弱点を克服！　豊富なヒント入り
- 分野別総合・分野複合の融合など
あらゆる問題形式を網羅
※時事用語集を弊社HPで無料配信

定価：1,045円（本体950円＋税10％）
ISBN：978-4-8141-0455-0

## 国語

最後まで解ききれる力をつける

### 形式別演習・公立入試の国語

- 解き方がわかる！　問題内にヒント入り
- 基礎～標準レベルの問題で
確かな基礎力を築く
- 実力確認用の総合テストつき

定価：1,045円（本体950円＋税10％）
ISBN：978-4-8141-0453-6

東京学参の
# 中学校別入試過去問題シリーズ

＊出版校は一部変更することがあります。一覧にない学校はお問い合わせください。

## 東京ラインナップ

あ　青山学院中等部(L04)
麻布中学(K01)
桜蔭中学(K02)
お茶の水女子大附属中学(K07)
か　海城中学(K09)
開成中学(M01)
学習院中等科(M03)
慶應義塾中等部(K04)
啓明学園中学(N29)
晃華学園中学(N13)
攻玉社中学(L11)
国学院大久我山中学
　(一般・CC)(N22)
　(ＳＴ)(N23)
駒場東邦中学(L01)
さ　芝中学(K16)
芝浦工業大附属中学(M06)
城北中学(M05)
女子学院中学(K03)
巣鴨中学(M02)
成蹊中学(N06)
成城中学(K28)
成城学園中学(L05)
青稜中学(K23)
創価中学(N14)★
た　玉川学園中学部(N17)
中央大附属中学(N08)
筑波大附属中学(K06)
筑波大附属駒場中学(L02)
帝京大中学(N16)
東海大菅生高中等部(N27)
東京学芸大附属竹早中学(K08)
東京都市大付属中学(L13)
桐朋中学(N03)
東洋英和女学院中学部(K15)
豊島岡女子学園中学(M12)
な　日本大第一中学(M14)
日本大第三中学(N19)
日本大第二中学(N10)
は　雙葉中学(K05)
法政大学中学(N11)
本郷中学(M08)
ま　武蔵中学(N01)
明治大付属中野中学(N05)
明治大付属八王子中学(N07)
明治大付属明治中学(K13)
ら　立教池袋中学(M04)
わ　和光中学(N21)
早稲田中学(K10)
早稲田実業学校中等部(K11)
早稲田大高等学院中学部(N12)

## 神奈川ラインナップ

あ　浅野中学(O04)
栄光学園中学(O06)
か　神奈川大附属中学(O08)
鎌倉女学院中学(O27)
関東学院六浦中学(O31)
慶應義塾湘南藤沢中等部(O07)
慶應義塾普通部(O01)
さ　相模女子大中学部(O32)
サレジオ学院中学(O17)
逗子開成中学(O22)
聖光学院中学(O11)
清泉女学院中学(O20)
洗足学園中学(O18)
捜真女学校中学部(O29)
た　桐蔭学園中等教育学校(O02)
東海大付属相模高中等部(O24)
桐光学園中学(O16)
な　日本大中学(O09)
は　フェリス女学院中学(O03)
法政大第二中学(O19)
や　山手学院中学(O15)
横浜隼人中学(O26)

## 千・埼・茨・他ラインナップ

あ　市川中学(P01)
浦和明の星女子中学(Q06)
か　海陽中等教育学校
　(入試Ⅰ・Ⅱ)(T01)
　(特別給費生選抜)(T02)
久留米大附設中学(Y04)
さ　栄東中学(東大・難関大)(Q09)
栄東中学(東大特待)(Q10)
狭山ヶ丘高校付属中学(Q01)
芝浦工業大柏中学(P14)
渋谷教育学園幕張中学(P09)
城北埼玉中学(Q07)
昭和学院秀英中学(P05)
清真学園中学(S01)
西南学院中学(Y02)
西武学園文理中学(Q03)
西武台新座中学(Q02)
専修大松戸中学(P13)
た　筑紫女学園中学(Y03)
千葉日本大第一中学(P07)
千葉明徳中学(P12)
東海大付属浦安高中等部(P06)
東邦大付属東邦中学(P08)
東洋大附属牛久中学(S02)
獨協埼玉中学(Q08)
な　長崎日本大中学(Y01)
成田高校付属中学(P15)
は　函館ラ・サール中学(X01)
日出学園中学(P03)
福岡大附属大濠中学(Y05)
北嶺中学(X03)
細田学園中学(Q04)
や　八千代松陰中学(P10)
ら　ラ・サール中学(Y07)
立命館慶祥中学(X02)
立教新座中学(Q05)
わ　早稲田佐賀中学(Y06)

## 公立中高一貫校ラインナップ

北海道　市立札幌開成中等教育学校(J22)
宮　城　宮城県仙台二華・古川黎明中学校(J17)
市立仙台青陵中等教育学校(J33)
山　形　県立東桜学館・致道館中学校(J27)
茨　城　茨城県立中学・中等教育学校(J09)
栃　木　県立宇都宮東・佐野・矢板東高校附属中学校(J11)
群　馬　県立中央・市立四ツ葉学園中等教育学校・
市立太田中学校(J10)
埼　玉　市立浦和中学校(J06)
県立伊奈学園中学校(J31)
さいたま市立大宮国際中等教育学校(J32)
川口市立高等学校附属中学校(J35)
千　葉　県立千葉・東葛飾中学校(J07)
市立稲毛国際中等教育学校(J25)
東　京　区立九段中等教育学校(J21)
都立大泉高等学校附属中学校(J28)
都立両国高等学校附属中学校(J01)
都立白鷗高等学校附属中学校(J02)
都立富士高等学校附属中学校(J03)
都立三鷹中等教育学校(J29)
都立南多摩中等教育学校(J30)
都立武蔵高等学校附属中学校(J04)
都立立川国際中等教育学校(J05)
都立小石川中等教育学校(J23)
都立桜修館中等教育学校(J24)
神奈川　川崎市立川崎高等学校附属中学校(J26)
県立平塚・相模原中等教育学校(J08)
横浜市立南高等学校附属中学校(J20)
横浜サイエンスフロンティア高校附属中学校(J34)
広　島　県立広島中学校(J16)
県立三次中学校(J37)
徳　島　県立城ノ内中等教育学校・富岡東・川島中学校(J18)
愛　媛　県立今治東・松山西中等教育学校(J19)
福　岡　福岡県立中学校・中等教育学校(J12)
佐　賀　県立香楠・致遠館・唐津東・武雄青陵中学校(J13)
宮　崎　県立五ヶ瀬中等教育学校・宮崎西・都城泉ヶ丘高校附属中学校(J15)
長　崎　県立長崎東・佐世保北・諫早高校附属中学校(J14)

公立中高一貫校
「適性検査対策」
問題集シリーズ

総合編　作文問題編　資料問題編　数と図形編　生活と科学編　実力確認テスト編

私立中・高スクールガイド
THE《ザ》 私立
私立中学＆高校の学校生活がわかる！

東京学参の

# 高校別入試過去問題シリーズ

＊出版校は一部変更することがあります。一覧にない学校はお問い合わせください。

## 東京ラインナップ

あ　愛国高校(A59)
青山学院高等部(A16)★
桜美林高校(A37)
お茶の水女子大附属高校(A04)
か　開成高校(A05)★
共立女子第二高校(A40)★
慶應義塾女子高校(A13)
啓明学園高校(A68)★
国学院高校(A30)
国学院大久我山高校(A31)
国際基督教大高校(A06)
小平錦城高校(A61)★
駒澤大高校(A32)
さ　芝浦工業大附属高校(A35)
修徳高校(A52)
城北高校(A21)
専修大附属高校(A28)
創価高校(A66)★
た　拓殖大第一高校(A53)
立川女子高校(A41)
玉川学園高等部(A56)
中央大高校(A19)
中央大杉並高校(A18)★
中央大附属高校(A17)
筑波大附属高校(A01)
筑波大附属駒場高校(A02)
帝京大高校(A60)
東海大菅生高校(A42)
東京学芸大附属高校(A03)
東京農業大第一高校(A39)
桐朋高校(A15)
都立青山高校(A73)★
都立国立高校(A76)★
都立国際高校(A80)★
都立国分寺高校(A78)★
都立新宿高校(A77)★
都立墨田川高校(A81)★
都立立川高校(A75)★
都立戸山高校(A72)★
都立西高校(A71)★
都立八王子東高校(A74)★
都立日比谷高校(A70)★
な　日本大櫻丘高校(A25)
日本大第一高校(A50)
日本大第三高校(A48)
日本大第二高校(A27)
日本大鶴ヶ丘高校(A26)
日本大豊山高校(A23)
は　八王子学園八王子高校(A64)
法政大高校(A29)
ま　明治学院高校(A38)
明治学院東村山高校(A49)
明治大付属中野高校(A33)
明治大付属八王子高校(A67)
明治大付属明治高校(A34)★
明法高校(A63)
わ　早稲田実業学校高等部(A09)
早稲田大高等学院(A07)

## 神奈川ラインナップ

あ　麻布大附属高校(B04)
アレセイア湘南高校(B24)
か　慶應義塾高校(A11)
神奈川県公立高校特色検査(B00)
さ　相洋高校(B18)
た　立花学園高校(B23)
桐蔭学園高校(B01)
東海大付属相模高校(B03)★
桐光学園高校(B11)
な　日本大高校(B06)
日本大藤沢高校(B07)
は　平塚学園高校(B22)
藤沢翔陵高校(B08)
法政大国際高校(B17)
法政大第二高校(B02)★
や　山手学院高校(B09)
横須賀学院高校(B20)
横浜商科大高校(B05)
横浜市立横浜サイエンスフロンティア高校(B70)
横浜翠陵高校(B14)
横浜清風高校(B10)
横浜創英高校(B21)
横浜隼人高校(B16)
横浜富士見丘学園高校(B25)

## 千葉ラインナップ

あ　愛国学園大附属四街道高校(C26)
我孫子二階堂高校(C17)
市川高校(C01)★
か　敬愛学園高校(C15)
さ　芝浦工業大柏高校(C09)
渋谷教育学園幕張高校(C16)★
翔凜高校(C34)
昭和学院秀英高校(C23)
専修大松戸高校(C02)
た　千葉英和高校(C18)
千葉敬愛高校(C05)
千葉経済大附属高校(C27)
千葉日本大第一高校(C06)★
千葉明徳高校(C20)
千葉黎明高校(C24)
東海大付属浦安高校(C03)
東京学館高校(C14)
東京学館浦安高校(C31)
な　日本体育大柏高校(C30)
日本大習志野高校(C07)
は　日出学園高校(C08)
や　八千代松陰高校(C12)
ら　流通経済大付属柏高校(C19)★

## 埼玉ラインナップ

あ　浦和学院高校(D21)
大妻嵐山高校(D04)★
か　開智高校(D08)
開智未来高校(D13)★
春日部共栄高校(D07)
川越東高校(D12)
慶應義塾志木高校(A12)
さ　埼玉栄高校(D09)
栄東高校(D14)
狭山ヶ丘高校(D24)
昌平高校(D23)
西武学園文理高校(D10)
西武台高校(D06)
た　東京農業大第三高校(D18)
は　武南高校(D05)
本庄東高校(D20)
や　山村国際高校(D19)
ら　立教新座高校(A14)
わ　早稲田大本庄高等学院(A10)

## 北関東・甲信越ラインナップ

あ　愛国学園大附属龍ヶ崎高校(E07)
宇都宮短大附属高校(E24)
か　鹿島学園高校(E08)
霞ヶ浦高校(E03)
共愛学園高校(E31)
甲陵高校(E43)
国立高等専門学校(A00)
さ　作新学院高校
（トップ英進・英進部）(E21)
（情報科学・総合進学部）(E22)
常総学院高校(E04)
た　中越高校(R03)＊
土浦日本大高校(E01)
東洋大附属牛久高校(E02)
な　新潟青陵高校(R02)
新潟明訓高校(R04)
日本文理高校(R01)
は　白鷗大足利高校(E25)
ま　前橋育英高校(E32)
や　山梨学院高校(E41)

## 中京圏ラインナップ

あ　愛知高校(F02)
愛知啓成高校(F09)
愛知工業大名電高校(F06)
愛知みずほ大瑞穂高校(F25)
暁高校（3年制）(F50)
鶯谷高校(F60)
栄徳高校(F29)
桜花学園高校(F14)
岡崎城西高校(F34)
か　岐阜聖徳学園高校(F62)
岐阜東高校(F61)
享栄高校(F18)
さ　桜丘高校(F36)
至学館高校(F19)
椙山女学園高校(F10)
鈴鹿高校(F53)
星城高校(F27)★
誠信高校(F33)
清林館高校(F16)★
た　大成高校(F28)
大同大大同高校(F30)
高田高校(F51)
滝高校(F03)★
中京高校(F63)
中京大附属中京高校(F11)★
中部大春日丘高校(F26)★
中部大第一高校(F32)
津田学園高校(F54)
東海高校(F04)★
東海学園高校(F20)
東邦高校(F12)
同朋高校(F22)
豊田大谷高校(F35)
な　名古屋高校(F13)
名古屋大谷高校(F23)
名古屋経済大市邨高校(F08)
名古屋経済大高蔵高校(F05)
名古屋女子大高校(F24)
名古屋たちばな高校(F21)
日本福祉大付属高校(F17)
人間環境大附属岡崎高校(F37)
は　光ヶ丘女子高校(F38)
誉高校(F31)
ま　三重高校(F52)
名城大附属高校(F15)

## 宮城ラインナップ

さ　尚絅学院高校(G02)
聖ウルスラ学院英智高校(G01)★
聖和学園高校(G05)
仙台育英学園高校(G04)
仙台城南高校(G06)
仙台白百合学園高校(G12)
た　東北学院高校(G03)★
東北学院榴ヶ岡高校(G08)
東北高校(G11)
東北生活文化大高校(G10)
常盤木学園高校(G07)
は　古川学園高校(G13)
ま　宮城学院高校(G09)★

## 北海道ラインナップ

さ　札幌光星高校(H06)
札幌静修高校(H09)
札幌第一高校(H01)
札幌北斗高校(H04)
札幌龍谷学園高校(H08)
は　北海高校(H03)
北海学園札幌高校(H07)
北海道科学大高校(H05)
ら　立命館慶祥高校(H02)

★はリスニング音声データのダウンロード付き。

### 都道府県別 公立高校入試過去問 シリーズ

- 全国47都道府県別に出版
- 最近数年間の検査問題収録
- リスニングテスト音声対応

### 公立高校入試対策 問題集シリーズ

- 目標得点別・公立入試の数学（基礎編）
- 実戦問題演習・公立入試の数学（実力錬成編）
- 実戦問題演習・公立入試の英語（基礎編・実力錬成編）
- 形式別演習・公立入試の国語
- 実戦問題演習・公立入試の理科
- 実戦問題演習・公立入試の社会

### 高校入試特訓問題集 シリーズ

- 英語長文難関攻略33選（改訂版）
- 英語長文テーマ別難関攻略30選
- 英文法難関攻略20選
- 英語難関徹底攻略33選
- 古文完全攻略63選（改訂版）
- 国語融合問題完全攻略30選
- 国語長文難関徹底攻略30選
- 国語知識問題完全攻略13選
- 数学の図形と関数・グラフの融合問題完全攻略272選
- 数学難関徹底攻略700選
- 数学の難問80選
- 数学　思考力―規則性とデータの分析と活用―

〈ダウンロードコンテンツについて〉

本問題集のダウンロードコンテンツ、弊社ホームページで配信しております。現在ご利用いただけるのは「2025年度受験用」に対応したもので、**2025年3月末日**までダウンロード可能です。弊社ホームページにアクセスの上、ご利用ください。
※配信期間が終了いたしますと、ご利用いただけませんのでご了承ください。


高校別入試過去問題シリーズ

**国立高等専門学校　2025年度**

ISBN978-4-8141-2897-6

[発行所] 東京学参株式会社
〒153-0043　東京都目黒区東山2-6-4


書籍の内容についてのお問い合わせは右のQRコードから　⇒

※書籍の内容についてのお電話でのお問い合わせ、本書の内容を超えたご質問には対応できませんのでご了承ください。


※本書のコピー、スキャン、デジタル化等の無断複製は著作権法上での例外を除き禁じています。本書を代行業者等の第三者に依頼してスキャンやデジタル化することは、　たとえ個人や家庭内での利用であっても著作権法上認められておりません。



2024年5月30日　初版